[MIRROR]

理 想 国 译 丛

025

imaginist

为了人与书的相遇

理想国译丛序

"如果没有翻译，"批评家乔治·斯坦纳（George Steiner）曾写道，
"我们无异于住在彼此沉默、言语不通的省份。"而作家安东尼·伯吉斯
（Anthony Burgess）回应说："翻译不仅仅是言词之事，它让整个文化
变得可以理解。"

这两句话或许比任何复杂的阐述都更清晰地定义了理想国译丛的初衷。

自从严复与林琴南缔造中国近代翻译传统以来，译介就被两种趋势支配。

它是开放的，中国必须向外部学习，它又有某种封闭性，被一种强烈的
功利主义所影响。严复期望赫伯特·斯宾塞、孟德斯鸠的思想能帮助中
国获得富强之道，林琴南则希望茶花女的故事能改变国人的情感世界。
他人的思想与故事，必须以我们期待的视角来呈现。

在很大程度上，这套译丛仍延续着这个传统。此刻的中国与一个世纪前
不同，但她仍面临诸多崭新的挑战，我们迫切需要他人的经验来帮助我
们应对难题，保持思想的开放性是面对复杂与高速变化的时代的唯一方
案。但更重要的是，我们希望保持一种非功利的兴趣：对世界的丰富性、
复杂性本身充满兴趣，真诚地渴望理解他人的经验。

[英]奥兰多·费吉斯 著　　郭丹杰　曾小楚 译

娜塔莎之舞：
俄罗斯文化史

NATASHA'S DANCE

A CULTURAL HISTORY OF RUSSIA

四川人民出版社

四川省版权局著作权合同登记号：图［进］21-2017-682

图书在版编目(CIP)数据

娜塔莎之舞：俄罗斯文化史 / (英) 奥兰多·费吉斯著；曾小楚, 郭丹杰译.
—成都：四川人民出版社, 2018.3（2023.12 重印）

ISBN 978-7-220-10669-9

Ⅰ.①娜… Ⅱ.①奥… ②曾… ③郭… Ⅲ.①文化史 – 俄罗斯
Ⅳ.①K512.03

中国版本图书馆CIP数据核字(2017)第330915号

NATASHA ZHI WU：ELUOSI WENHUASHI

娜塔莎之舞：俄罗斯文化史

［英］奥兰多·费吉斯著；曾小楚，郭丹杰译

责任编辑：张　丹　李洪烈

特邀编辑：吴晓斌

装帧设计：陆智昌

内文制作：陈基胜

出版发行　四川人民出版社（成都市三色路238号）

网　　址　http://www.scpph.com

E – mail　scrmcbs@sina.com

印　　刷　山东临沂新华印刷物流集团有限责任公司

开　　本　965mm×635mm　1/16

印　　张　54.25

字　　数　715千

版　　次　2018 年 3 月第 1 版

印　　次　2023 年 12 月第 10 次

书　　号　978-7-220-10669-9

定　　价　139. 00 元

如发现印装质量问题，影响阅读，请与发行部联系调换。

电话：（010）84255532 转6085

"娜塔莎起舞" 与俄罗斯文化之婆娑丽影

张建华

一、从书名说开去

作为奥兰多·费吉斯（Orlando Figes）同行和拥趸（fans），几乎他的每部著作我都曾翻阅过。我钦佩他出神入化的俄文阅读和理解能力，钦佩他在俄国历史、文学、文化和哲学诸多领域的纵横捭阖，钦佩他将史学的求实与文学的想象有机结合，但更为钦佩的是他为每部著作的巧思命名，因为书名即是书的灵魂。

《耳语者：斯大林时代苏联的私人生活》（*The Whisperers ：Private Life in Stalin's Russia*，2007）之所以获得了广泛的社会反响并被翻译成 20 余种文字，"耳语者"的书名无疑发挥了不可或缺的作用。Whisperers 意为"窃窃私语的人"，语出自美国恐怖和奇幻小说作家洛夫克拉夫特（H. P. Lovecraft，1890—1937）在 1930 年完成的科幻小说《暗夜呢喃》（*The Whisperer in Darkness*），是其以外星种族米–戈（Mi-Go）为主题的克苏鲁神话系列的一种。但是，在《耳语者》中，作者叙述的却不是"科幻故事"或"传奇神话"，而是讲述了1924—1953年间苏联社会的真实历史，这段历史备受后人的毁誉和臧否。在这里，"耳语者"之所以"不敢高声语"，所担心的不是"恐惊天上人"，而是不能惊动"身边人"、"周围人"，甚至是"枕边人"，尤其是不敢惊动无处不在、无影无形和无所不能的"老大哥"（Big Brother）。

奥兰多·费吉斯于2012年出版的《寄给我你的问候：一个爱情与求生的真实故事》（*Just Send Me Word: A True History of Love and Survival in the Gulag*）[1]，是以"纪念协会"提供的真实信件为素材，写出的感人至深的真实历史和故事。"寄给我你的问候"（Just Send Me Word）语出俄苏著名女诗人阿赫玛托娃（1889—1966）在1946年创作的著名诗篇《在梦里》（*Bo Che*）的英译 *In Dream*，内有诗句："既然在这个世界上我们无法相遇 / 你只有在午夜时分 / 透过星星寄给我你的问候。"[2] 书中的男女主人公在离别的14年里，在"古拉格"的严密监视下通信1300多封，阿赫玛托娃的诗句"寄给我你的问候"是他们坚守爱情和热爱生命的真实写照。

本书书名《娜塔莎之舞》（*Natasha's Dance*）则典出俄国大文豪列夫·托尔斯泰（1828—1910）的皇皇巨著《战争与和平》的经典片断。对此，奥兰多·费吉斯在本书的"导言"里已做了详细交代。[3]

"娜塔莎"（Natasha），一个多么清丽的俄国姑娘的名字，它与另一个中国人熟悉的名字"卡秋莎"（Katyusha）一样，是极为流行的俄国（苏联）女性的名字，在19世纪的俄国文学和20世纪的苏联文学作品中更为常见。"娜塔莎"是源自拉丁语的"娜塔利亚"（Natalia）的爱称，意为"诞生"。"卡秋莎"是源自希腊语的"叶卡捷琳娜"的爱称，意为"纯洁"。

在《战争与和平》中，娜塔莎是一个灵魂人物，她出身名门，深受欧洲古典贵族教育，是一个单纯、快乐、活泼和善良的少女。在接受战争洗礼之后，她逐渐成熟，最终成为志向高远和意志坚定的"新女性"。她是托尔斯泰道德理想和"新人"的化身。

奥兰多·费吉斯在本书中解释说："我的目的，是要通过与托尔斯泰展示娜塔莎之舞同样的方式来探索俄罗斯文化：将其视为一系列的特殊经历或具创造性的社会活动，能以许多不同方式展现和理解。"

"娜塔莎之舞"揭开了俄罗斯"文化认同"和"身份认同"的创伤。

在彼得大帝以"野蛮"方式治理俄国的"野蛮"，试图强行将俄国航船拖上"欧化"（"西化"）轨道之前，在俄国盛行的是多神教文化 + 拜占庭文化 + 蒙古–鞑靼文化。蒙古–鞑靼人长达两个多世纪的东方式统治和彼得大帝欧化改革造成了巨大的反差。未来的"斯拉夫派"和"西方派"之争以及 20 世纪初产生的"欧亚主义派"思潮即源于彼得大帝改革，准确地说源于社会分裂状态下的"本土"俄罗斯和"文明"俄罗斯之分。

"本土"俄罗斯是民族化的模式，集体主义、社会公正、平等主义、反私有制观念在这里发挥着支配作用。它的文化形象是圣像、木版画、文献古籍、圣训录、宗教教化作品、民歌、壮士歌、民族仪式等。俄国最基层的组织村社，其成员的通用语言是民族语言俄语。

"文明"俄罗斯是欧化的模式，是彼得大帝苦心打造的理想国，主要存在于贵族阶层和上流社会，它的文化形象是庄园、沙龙、舞会、鼻烟、意大利歌剧。其通用语言是舶来品——法语或德语。

"本土"俄罗斯与"文明"俄罗斯对抗的结果，就是在一个国家里实际上分化出了拥有完全不同的价值观和理想的两个社会，进而导致俄罗斯社会分裂的悲剧。因此，当含着金钥匙出生，并在全真的贵族教育环境中长大的"娜塔莎"偶然地在"农民大叔"的林中小屋里翩翩起舞时，"突然发觉自己的身上流着农民的血液"，一下子就撕开了俄罗斯"文化认同"和"身份认同"的百年创伤。

冯维津（1744—1792）在18世纪80年代首先提出了俄罗斯的东西方属性这个"文化命题"。半个世纪之后，恰达耶夫（1794—1856）在《哲学书简》中感叹："我们不属于西方，也不属于东方。我们既无西方的传统，也无东方的传统。我们似乎置身于时间之外……"[4]

在本书中，奥兰多·费吉斯给出了答案："欧化了的俄罗斯人有着分裂的人格。他的思维一分为二。表面上，他有意识地按照约定俗成的欧洲惯习生活；然而他的内心又为俄罗斯的风俗和情感所影响。"

"娜塔莎之舞"代表了独特的俄罗斯民族"性格"[5]和"民族心理"（mentality）。

20世纪俄国最著名的哲学家别尔嘉耶夫（1874—1948）认为日耳曼是男人的民族，俄罗斯只能是女人的民族。然而，更有学者称俄罗斯是一个性格刚烈的民族，尚武、善战、扩张是它藏在骨子里的东西。

俄罗斯的民族性格，天然地孕育于俄国这方水土。俄国是世界上领土最大的国家，横跨欧亚大陆，拥有郁郁葱葱的森林、一望无际的平原、四通八达的河流。这块土地特别厚爱俄罗斯人，给他们提供了丰富的自然资源，用俄罗斯人的话说就是在他们的地底下埋藏着门捷列夫化学元素周期表上的所有物质。大自然的慷慨给了俄罗斯人一无际涯的空间、丰富的资源，也给了俄罗斯人高大魁伟的身躯，宽广豁达的胸怀，慷慨、豪爽而忧郁的性格，坚韧、顽强的毅力，超强的天赋和创造力。

大名鼎鼎的"铁血首相"俾斯麦（Otto von Bismarck，1815—1898）曾担任普鲁士驻俄大使。有一次他在彼得堡郊外风雪交加的原始森林里迷路了，就在他不知所措之时，听到俄国马车夫嘴里反复地说着一个词"Ничего"（音译：尼切沃），并且示意他不要紧张。最后他们终于安全地走出了森林，俾斯麦也因此永远记住了马车夫说的那个词，并且弄懂了它的含义："没关系"。这个词让他深刻理解了俄罗斯的民族性格。

奥兰多·费吉斯用了较大的篇幅描写了1825年十二月党人起义事件，并赞颂了十二月党人背后的无名英雄——他们的妻子。沙皇尼古拉一世命这些同样出身贵族的十二月党人妻子与"罪犯丈夫"断绝关系，为此还专门修改了不准贵族离婚的法律。出人意料的是，绝大多数十二月党人的妻子坚决要求随同丈夫一起流放西伯利亚。恼羞成怒的沙皇下令：凡决定跟随丈夫流放的妻子，将不得携带子女，永世不得返回家乡，并永久取消贵族身份与特权。跟随丈夫或爱人流放的十二月党人妻子们义薄云天的壮举，浇开了西伯利亚荒蛮原野上绚烂的爱情之花。然后当1887年有位记者找到十二月党人妻子中最后辞世的达夫多娃时，她仅轻声地说："诗人们把我们赞颂成女英雄。我们哪是什么女英雄，我们只是去找我们的丈夫罢了……"[6]

历史的时钟在1917年11月7日（俄历10月25日）敲响，但"娜塔莎之舞"并没有止步，尽管这位旧时代的贵族小姐需要花大力气在新时代找到自己的位置，尽管新政权致力建立的"新文化"与"旧文化"产生了些许的政治与时空的错位。

"十月革命"与其称为短暂的和疾风暴雨式的"政治革命"和"社会革命"，不如将其视为长时段的"思想革命"和"文化革命"，因为与旧制度的政治决裂往往形式剧烈而过程简捷，而与旧文化的文化决裂乃至新文化建构虽然波澜不惊但背后却涡流暗结并且过程复杂。在十月革命的背景之下，建立一种既不同于历史上的以贵族精英文化为核心的俄罗斯文化，又不同于泛滥于世的资产阶级文化的全新文化，是年轻的苏维埃政权和红色领袖的历史使命。因此，在十月革命胜利的第三天（1917 年 11 月 9 日），人民委员会就建立了教育人民委员部，并将其视为自己的"强力部门"。列宁在晚年的政治遗嘱中特别强调："从前我们是把重心放在而且也应该放在政治斗争、革命、夺取政权等方面，而现在重心改变了，转到和平的'文化'组织工作上去了"，并且"只要实现了这个文化革命，我们的国家就能成为完全社会主义的国家了"。[7]

这种红色文化被冠之以"苏维埃文化"。"红色苏联""红色政权""红色领袖""红军""红海军"，这一个个鲜活的政治和历史符号，为 20 世纪的世界历史打上了深深的红色烙印。著名红色诗人马雅可夫斯基（1893—1930）在路经美国有感而著的《苏联护照》中自豪地写道："看吧 / 羡慕吧 / 我是苏联的公民。"

"苏维埃文化"是政治型的国家文化，而非历史型的民族文化，因为"苏维埃人""苏维埃社会"和"苏维埃国家"本身就是政治概念，而非历史上通用的民族概念。"苏维埃文化"是较短时间形成的主观的动员型文化，非长时期渐进形成的客观的进化型文化，它是苏维埃政权自上而下的行政动员和苏联人民自下而上的主动响应与主动创造的双向作用而形成的。"苏维埃文化"是大众型文化，而非精英型文化，因为此种文化的创造者是广大的苏联人民，而非仅限于少数政治精英和知识精英。苏联人民是此种文化真正的和最有发言权的体验者与享受者，因此"苏维埃文化"必须反映人民大众的物质生活和精神世界。

奥兰多·费吉斯在本书中写道："在塑造苏维埃新人的过程中，艺术家也起到核心的作用。是斯大林在 1932 年首次使用了这个著名的短语，把艺术家称为'人类灵魂的工程师'。"因此，旧知识分子的改造与新知识分子——苏维埃知识分子的塑造就是"文化革命"

和"苏维埃文化"建设的重要内容。著名历史学家、苏联中央执行委员会委员、红色教授学院首任院长波克罗夫斯基（1868—1932）院士在 1928 年宣布："我们已经进入需要苏维埃政权所承认的学者的时代……现在我们需要积极参加社会主义建设的学者。"斯大林在 1936 年宣布："我国知识界也发生了巨大的变更……我们苏联的知识界，是与工人阶级和农民骨肉相连的完全新的知识界。"[8] 它意味着，伴随社会主义改造的结束，苏维埃知识分子队伍与"苏维埃文化"已经历史性地形成了。

在冷战时代和反共文化背景下成长起来的奥兰多·费吉斯并没有否定"苏维埃文化"或者将其污名化，而是以历史学家的"史德"与"史识"将"苏维埃文化"视为俄国文化史（Cultural History of Russia）的重要组成部分，并用了较多的篇幅叙述了其在文学、戏剧、建筑、音乐、电影和日常文化等文化领域的巨大成就，以及"娜塔莎们"在跨入新时代后经历的痛苦与欢乐。奥兰多·费吉斯将其称之为"透过苏维埃看俄罗斯"（Russia Through the Soviet Lens）。

二、俄国文化史的宿命与使命

"文化史"（Cultural history）作为历史学的一个重要领域和叙史体例，也曾经是俄国史学的重要组成部分。帝俄时代的著名史学家兼政治家米留科夫（1859—1943）就著有两卷本的《俄国文化史纲》并闻名于世。但是在 1917 年十月革命后的激情燃烧的岁月里，在苏维埃政权的"宏大革命叙事"的背景下，以革命情怀和大众文化为本质的新文化——"苏维埃文化"，取代了原来以精英意识和贵族文化为本质的旧文化——俄罗斯文化。"文化史"在苏联史学体系下也渐渐式微，其地位被政治史和经济史取代。

1993 年初，就是苏联解体尚未完全落幕之时，美国政治学家和历史学家、哈佛大学教授亨廷顿（Samuel P. Huntington，1927—2008）在美国《外交》杂志发表《文明的冲突》（Clash of Civilizations），毫不客气地将俄罗斯民族、国家和文化列为"顽劣"之列，从而使俄罗斯学术界连发"余震"，并极大地提升了对"文化"、"文明"和"文明史观"的关注。

亨廷顿于1995年应邀到俄罗斯作学术访问，在莫斯科国际关系学院、俄罗斯科学院等机构发表演讲和辩论。《社会科学与当代》《自由思想》《国际生活》《哲学问题》《世界经济与国际关系》等杂志设立"圆桌会议"专栏，大量刊发俄罗斯学者相关文章。法国高等社会科学院中亚研究所所长玛尔莱娜·拉吕埃勒（Marlène Laruelle）在《文化学——俄罗斯新的"老套思想"》中评论道："尽管教科书的作者们未必赞同亨廷顿提出的世界未来冲突论的观点，但他们都认同这样一个观念，即两极化之后的世界只有通过'文明论'的图解才能解释：西方文化区或曰'大西洋主义'文化区与'斯拉夫—东正教'空间相对峙，而'伊斯兰世界'将不得不在同西方或者俄罗斯结盟间做出选择。"[9]

在如此现实和紧迫的背景下，古老的"文化史"在俄罗斯复兴，并且还产生了一门新兴学科——"文化学"。

在史学研究领域，文化史成为当代俄罗斯史学最引人注目的一个亮点。大学里普遍设立俄国文化史教研室，开设不同时期的俄国文化史课程，出版了一系列俄罗斯文化与文明史的著作。[10] 研究领域涉及了许多全新的或从前较少涉及的内容，如贵族庄园史、知识分子思想史、风俗史、贵族生活史、决斗史、首都和外省文化史、婚俗史、农民史、商人史、政治文化史、性别史、城市生活史等。

俄罗斯颇有影响的莫斯科大学教授谢缅尼科娃，在已十余次再版的大学教科书《世界文明共同体中的俄罗斯》的序言中曾申明："首先是历史经验问题以及人们生活的历史经验问题的重要性，在任何时期从来没有像 20 世纪末的俄罗斯那样紧迫。这些问题不仅仅是甚至不光是让学者，而且还使各种各样的公民着迷。到处都有关于俄国历史的争论：在公共汽车上、吸烟室里、工厂车间乃至厨房里。于是产生了这样一种印象，正是国家历史，以及对它的评价在人们中间划分出了要比对今天的实际问题评价严重得多的鸿沟……必须帮助青年大学生认识俄罗斯社会的历史特点，帮助他们形成远离国内战争综合征和苏联时代所养成的陈规陋习的世界观。"她宣布："本教科书的任务是给出俄国历史道路的完整观点，从文明角度展现不同社会水平的国家的建立和发展过程，厘清东西方两大文明中心之间的相互关系。将历史资料运用于比较分析之中，将俄国史与西方和东方国家的历史做比较。"[11]

"文化学"学科的建立和研究方法的广泛运用是当前俄罗斯学术界另一个更大的亮点。[12] 许多大学的哲学系、社会学系、政治学系纷纷设立文化学教学和研究机构，并且出现了众多的原马克思主义哲学教研室"变身"为"文化学教研室"的突出现象。在俄罗斯颇受欢迎的《俄罗斯学》的作者沙波瓦洛夫在该书的序言里开宗明义提出问题："你们的传统是什么？你们的根在哪里？你们在哪里生活？怎样获得食物？怎样管理国家？怎样解决棘手的权力和自由问题？如何划分民族集团和社会阶层？如何对待深刻的、自古即有的众多问题？你们从生到死一生的路标如何转换？你们是如何相爱、结婚、生育和抚育自己的孩子的？你们是如何工作、娱乐和体现自己在艺术与文学方面的创造精神的？为保护文明免于衰落采取了什么样的联系和组织原则？你们崇拜什么样的上帝？什么样的信仰影响你并给你以力量？你们承认什么样的关系？什么样的信念在驱使你？什么样的文化背景影响你的生活？什么样的幻想和神话激励着你们？什么样的威胁使你们无助？什么能给你们以战斗的勇气？什么样的混乱现象使你们恐惧懈怠？什么样的共同感觉使你们联合为一个整体？"[13]

1990 年开始出版《文化·传统·教育年鉴》，1996 年开始出版《文化学》杂志。1995 年，俄罗斯联邦教育部第一次制订了经过大学 5 年学习取得文化学专业所必需的标准。随后教育部设立了文化学副博士学位，2000 年又设立了文化学博士学位。研究领域包括俄罗斯文明与世界文明、性别与婚姻、民族性与国家性、俄国与西方、大众文化、精英文化、民族主义与爱国主义、世界主义与普世主义等。在许多院校，文化学课成为最受欢迎的课程，成为跨学科和专业的人文教育体系的核心课程。俄罗斯高校的文化学课程一般在大学二年级开设，约 100 学时，名称多为"文化史""文明史""世界文化史""俄国文化史"及"文化史及理论"。文化史和文化学课程被俄罗斯教育界视为帮助大中学生树立世界观、价值观、爱国主义观、国际主义观的重要课程。

值得一提的是，在俄罗斯学术界和俄罗斯联邦政府有重点和有选择地翻译和介绍欧美学者关于俄罗斯文化与俄国文化史的研究的同时，奥兰多·费吉斯每部著作的出版几乎都受到俄罗斯社会的关注。《耳语者》英文版于 2007 年出版后，俄罗斯"王朝"基金会立即与他签署了俄文版权转让协议，将决定由俄罗斯阿斯达（ACT）出版集团旗下的考鲁斯（Corpus）出版社出版，但终因奥兰多·费吉斯在 2010 年卷入对俄罗斯政府的批评而未果，但这足以说明，谨慎并孤傲的俄罗斯学术界对奥兰多·费吉斯著作的学术性和可读性的价值判断。

三、奥兰多·费吉斯：其人其作其风

奥兰多·费吉斯实在是一个备受争议和特立独行的职业历史学家。

奥兰多·费吉斯拥有自己的个人主页（http://www.orlandofiges.com/），上列他的全部著作及档案文献，供读者无偿或有偿阅读和使用。他在自我介绍栏目中写有如下文字："奥兰多·费吉斯是伦敦大学伯贝克（Birkbeck）学院历史学教授。 他于 1959 年出生于伦敦。他以'双星第一'（Double-Starred First）的成绩毕业于剑桥大学三一学院。1984 年至 1999 年，他是剑桥大学三一学院的历史学讲师。"

在 19 世纪至 20 世纪灿若群星的英国史学大师级人物中，许多人如阿克顿（Lord Acton, 1834—1902）、巴勒克拉夫（Geoffrey Barraclough, 1908—1984）、伯林（Isaiah Berlin, 1909—1997）、卡尔（Edward Carr, 1892—1982）、霍布斯鲍姆（Eric Hobsbawm, 1917—2012）以及身兼政治家和史学家的丘吉尔（Winston Churchill, 1874—1965）都极为关注"Russia"（"USSR"）这个"欧洲大门口的陌生人"。因此，这位 1959 年出生的奥兰多·费吉斯实在是英国史学界名副其实的"晚辈后生"。

在英国这个史学大国里，奥兰多·费吉斯虽然资历尚浅，但与他的史学前辈和同辈相比，在他身上又体现了非常明显的专业倾向和叙史风格：

第一，与绝大多数英国史学家不同，奥兰多·费吉斯的学术兴趣专注俄国（苏联），并以俄国史和苏联史的研究为专守志业。自 1989 年出版《俄国农民与内战：伏尔加河畔的农村革命，1917—1921》（*Peasant Russia, Civil War: The Volga Countryside in Revolution, 1917—1921*）之后，他一口气完成了《人民的悲剧》（*A People's Tragedy*, 1996）、《俄国革命解说：1917 年的语言与符号》（*Interpreting the Russian Revolution: The Language and Symbols of 1917*, 1999, 与鲍里斯·克洛尼茨基合著）、《娜塔莎之舞》、《耳语者》、《克里米亚》（*Crimea*, 2010）、《古拉格之恋》和 2014 年最

新出版的《革命的俄国，1891—1991》(*Revolutionary Russia，1891—
1991*)。

英国著名的文学评论周刊《泰晤士报·文学副刊》(*The Times
Literary Supplement*)在 2008 年将《人民的悲剧》列为"第一次
世界大战发生以来最具影响力的一百本书"之列。[14] 这本书获得了
1972 年由沃尔夫森基金会设立的旨在鼓励公共写作和公共史学的
"沃尔夫森历史奖"(Wolfson History Prize)，他获得了 1959 年创
立以英国商人史密斯(W. H. Smith)命名并旨在"鼓励给英国带来
国际尊重的作家"的"史密斯文学奖"(The W. H. Smith Literary
Award)、NCR 图书大奖、"今日朗文历史图书奖"(Longman-History
Today Awards)和"洛杉矶时报图书奖"(Los Angeles Times
Book Prize)。《娜塔莎之舞》和《耳语者》都入选了 1999 年设立并
专门颁发给优秀的英文非虚构作品的"塞缪尔·约翰逊奖"(Samuel
Johnson Prize)决选名单，而且他的著作已经被翻译成 28 种语言
出版。

奥兰多·费吉斯受邀参加英国著名在线的人文社会科学出版
商 Brill 出版的《俄国历史杂志》(*Journal Russian History*)编辑委
员会，他受邀担任《纽约书评》(*New York Review of Books*)和
一些国家广播电台和电视台的评论员。他还是 1820 年由英国国王
乔治四世亲自创立、目的在于"奖励文学业绩和激发文学人才"的
英国皇家文学学会(Royal Society of Literature)的正式会员。[15]

第二，奥兰多·费吉斯的研究领域在时间断限上横跨了俄罗斯
帝国、苏联与当代俄罗斯三个历史时期；在研究内容方面，不仅关
注俄国(苏联)历史，同时兼及俄国(苏联)文化、文学、艺术、
民族、社会等诸多方面；在叙史方式上，他的历史著作具有极强的
文学性，因而收获了广泛的读者群体和社会影响，但也因此而招致

来自历史学界同行们的批评和非议。

《耳语者》在欧美获得了英国皇家文学学会颁发的"翁达杰奖"（Ondaatje Prize）、法国文学大奖"美第奇奖"（Prix Médicis）和意大利文学大奖"罗马奖"（Premio Roma），它在中国的出版同样引起了极大的社会反响，入选深圳读书月2014"年度十大好书"。他在该书前言中强调他的研究和写作使用的资料全部出自1988年苏联民间为收集斯大林时期受害者和幸存者档案的"记忆协会"（Memorial Society）提供的文献，此书目的在于作者"探讨各式家庭如何应对苏维埃政权的压力……这些人都是《耳语者》的英雄。本书在真正意义上是他们的书，我只提供了发言的机会。对我们来说，这些只是故事，对他们来说，是他们的人生"。

我本人曾在2014年撰写了《耳语者》的书评，本人亦强调："《耳语者》展现与描述国家命运、制度存废或领袖功过的'宏大叙史'不同的苏联历史细节，奥兰多·费吉斯完成了1920年代末肇始的法国年鉴学派提出的'目光向下'即关心普罗大众命运的史学使命，完成了1960年代中期兴起的'新社会文化史'所倡议的历史学（History）的价值在于讲述'他的故事'（His Story）和'她的故事'（Her Story）的史学责任。"[16]

然而，恰恰是这本为他获得国际声誉的著作也引来了一片批评之声。美国老资格苏联问题专家、《布哈林政治传记，1888—1938》（*Bukharin and the Bolshevik Revolution: A Political Biography, 1888-1938*）的作者斯蒂芬·F. 科恩（Stephen F. Cohen，1938—　）认真地将书中引用的俄文原始档案与"纪念协会"的档案加以对照，认为《耳语者》中使用的文献资料存在着"令人吃惊"的错误。其他批评者则认为《耳语者》的叙述过于文学化，内容方面过于追求情节化，相当多的文学化描写让专业读者对史实的真实性产生了怀疑。

《娜塔莎之舞》出版后同样获得了极高的国际反响，进入2003

年度的"塞缪尔·约翰逊奖"决选名单。美国作家施梅曼（Serge Schmemann）曾经担任《纽约时报》驻苏联记者，他给予《娜塔莎之舞》极高的评价："奥兰多·费吉斯成功地描述了俄国文化的无比深厚和强大力量，概述了俄国历史上的重要问题和事件。奥兰多·费吉斯以一种让读者更深刻理解俄国的方式来书写，这种方式比仅仅去叙述统治者如何专制、征服者如何残暴和战争如何残酷更高明。用俄国人自己的话谈'俄罗斯问题'，如何寻找亚洲之根，探求俄国农民之谜，如何养育出如此多的伟大作家、诗人、画家和作曲家，是其著作的过人之处。"

英国伦敦国王玛丽学院（Queen Mary, University of London）的俄国史教授卡洛琳·布鲁克（Caroline Brooke）著有《莫斯科：文化史（城市景观）》和《莫斯科：文化和文学史（城市和想象）》。她在专门为《娜塔莎之舞》写的书评的结尾强调："奥兰多·费吉斯的故事并不新颖，但它涉猎广泛并且讲得漂亮。带着他对生动散文的精妙目光，他描绘的世界变得栩栩如生。书中收录的彩色插图非常漂亮，而批判性的文献目录也是一个有用的补充，它收录了俄国文化史不同领域中许多新近出版的（英语）专著。作为一部专门写给普通读者的著作，《娜塔莎之舞》可能没有直接迎合到《革命的俄国》的读者的品味。但阅读这本书完全是一种享受，它也同样值得收藏。"

然而，对于《娜塔莎之舞》的批评之声也随之响起。剑桥大学教授蕾切尔·波隆斯基（Rachel Polonsky）在《泰晤士报·文学副刊》上撰文批评奥兰多·费吉斯在该书中展现的各式各样的瑕疵，除对书中征引资料的来源提出疑问之外，也对该书的写作风格提出了疑义：《娜塔莎之舞》究竟是史著还是小说？究竟是史实还是虚构？另一位重量级的美国历史学家比尼恩（T. J. Binyon）也对《娜塔莎之舞》提出了严厉的批评："书中俯拾皆是的史实错误比瓦隆布罗萨秋天的落叶还要多。"

于是，笔者发现了一个惊人的现象：奥兰多·费吉斯的叙史方式——史学与文学结合恰好成了他的最大优点和最大缺点。他的著作几乎每本都获得了极其广泛的社会反响，甚至还获得了来自文学领域的褒奖，正是由于其著作的可读性和文学性。而来自欧美史学界同行的激烈批评和屡屡声讨，指责的正是其著作的资料真实性和历史写作的文学性。

奥兰多·费吉斯的叙史风格在一定程度上受其母亲——英国著名女性主义作家埃娃·费吉斯（Eva Unger Figes，1932—2012）的影响。埃娃·费吉斯的创作风格与绝大部分作品都是历史写实和非虚构，她的第一部小说《界线》（Equinox）就是根据自己的犹太家族在纳粹德国时代柏林的恐怖生活史和她本人随家族于 1939 年移居英国之后的个人情感史而创作的。她描写了一个从纳粹德国移居英国的犹太人马丁，他在童年时代就来到了伦敦，但直至成年并结婚仍然感觉自己与英国格格不入，与他的英国妻子、不得意的诗人和编辑伊丽莎白的关系也变得纷乱不堪，最后不得不开始了漫长的离婚历程。毫无疑问，来自成功的作家兼母亲的埃娃·费吉斯的这种将真实历史与一定虚构结合的创作风格影响了她的儿子、未来的历史学家奥兰多·费吉斯，尤其在他们母子的笔下，对极权主义政治都给予了特别的批判和揭露。奥兰多·费吉斯的姐姐肯特（Kent Figes）也是女承母业，是英国较有名气的作家和编辑家。奥兰多·费吉斯在《娜塔莎之舞》最后的"致谢"中特别提及他的母亲通读了手稿，"我的母亲，娥娃·费吉斯，她的文学品味是我所有作品的试金石"。

此外，奥兰多·费吉斯在大学读书、毕业和走上职业历史学家的时代恰好是由美国历史学家于 20 世纪 70 年代发起并主导的"语言与文化学转向"（Linguistic and Cultural Turns）的时代，尽管从此国际史学的主阵地就由欧洲转向美国，但英国仍然以其老牌"史学帝国"之余勇在冠之以"新文化史""新思想史""新社会史"的新史学领域分得一席重要之地。这种新的历史学潮流不可能不对初出茅庐并雄心勃勃的年轻史学家奥兰多·费吉斯产生深刻的影响。

还有更为重要的一点是不能忽视的，那就是俄国文化本身的特质使然。自19世纪初，"俄罗斯诗歌的太阳"普希金（1799—1837）与莱蒙托夫（1814—1841）、果戈理（1809—1852）等人开创了俄国文化的"黄金时代"，到19世纪末20世纪初由伟大作家陀斯妥耶夫斯基（1821—1881）、列夫·托尔斯泰（1828—1910）与"俄罗斯诗歌的月亮"阿赫玛托娃等人开创了俄国文化的"白银时代"。在一个多世纪里，培育了俄国文化的绚丽之花，也养育了俄国文化的特质——文学中心主义。

原因在于：俄国曾是偏安于欧洲一隅的穷乡僻壤，知识分子和政治精英出世甚晚但负有强烈的使命感，无论是批评家、史学家抑或作家、诗人和艺术家。在十二月党人起义的震撼下，沙皇政府强化了国家机器对思想文化的控制，导致进步人士自由表达思想和愿望的"公共空间"（Public Space）丧失。于是，他们寓情于诗画，寄志于小说，以春秋笔法隐晦曲婉地表达自己的政治理想和思想，通过一系列的"多余的人""忏悔的贵族""奥勃洛莫夫性格""新人""旧人""美妇人""泼留希金"的文学形象抨击时政，呼唤新时代。每一部文学作品、每一幕戏剧、每一幅绘画、每一曲音乐的背后都蕴含了丰富的政治、哲学、宗教和社会批评的元素，所有的新思想和新启蒙都是通过"文学"这个"中心枢纽"而展现。

专注19—20世纪俄国历史与文化史研究的奥兰多·费吉斯不能不受此"文学中心主义"的影响，在自己的史学著作中更多地采用了"新文化史"和"新思想史"[17]主张的"语境"（Context）、"修辞"（Rhetoric）、"隐喻"（Metaphor）和"反讽"（Irony），即传统史学中并不常见的"虚构"和"想象"下的文学色彩。

本人认为，在这一点上奥兰多·费吉斯不仅顺应了国际史学的发展趋势，不仅体现了俄国文化的"文学中心主义"特质，而且大大地强化了其史学著作的大众阅读性，完成了从专业史学（Professional History）向公共史学（Public History）的转化。

值得一提的是，奥兰多·费吉斯在书后提供一个极为详细、内容庞杂而条缕清晰的相关英文书刊介绍和短评，它对俄国文化史感兴趣的研究者而言，极具参考价值。

最后，让笔者再缀上几句轻松之语吧！

在《战争与和平》里，贵族小姐娜塔莎在"农民大叔"的小木屋里，伴着大叔演奏的巴拉莱卡琴声和灰眼睛的阿尼西娅轻声唱起的民歌《在大街上》，突然忘记了身份，放下了矜持，"双手叉腰，动了动肩膀"，愉快地闻歌起舞了。

那么，尊敬的各位读者，在翻开本书之前，能否闭目试想一下：在这本书中，"娜塔莎们"将在何种乐曲或民歌中翩翩起舞呢？

我情愿选择俄国最著名的一首民歌，它历经帝俄——苏联——俄罗斯三个时代，而没有被历史和政治湮灭，它就是《卡林卡》（又译《雪球花》）。这是一首在俄罗斯南方和黑海一带广为流传的为婚礼舞蹈伴唱的民歌，它既有舒缓的歌唱旋律，也有热烈的跳舞节奏，极富浓郁的哥萨克风格。

好吧！让我们在由远方而渐近、由轻曼而激越、由悠远而欢快的《卡林卡》的旋律中，开始我们的俄罗斯文化史之旅吧！

致莉迪亚与爱丽丝

目 录

关于本书地图及文本的说明

地图：地图中所显示的地名皆为 1917 年以前俄国所用名称，已在文中的适当位置给出对应的苏联名称。自 1991 年起，大部分俄国城市已恢复革命前名称。

俄语名称：本书中俄语名称的拼写参照（美国国会图书馆）标准音译系统，但保留了那些为大众所熟知的俄语名称的常用英语拼写，如托尔斯泰、柴可夫斯基、彼得大帝等。为便于发音，已对某些俄语名称进行了少许修改，如将"Vasilii"修改为"Vasily"。

日期：1700—1918 年间，俄国使用儒略历，比西欧使用的格里高利历晚 13 天。本书中，1918 年 2 月苏俄改用格里高利历之前所使用的日期，均为儒略历日期。

公制使用：所有距离、重量及面积的测量结果均在公制系统中 给出。

注释：本书中所引用的文学作品尽可能取自书店可获得的英文翻译作品。

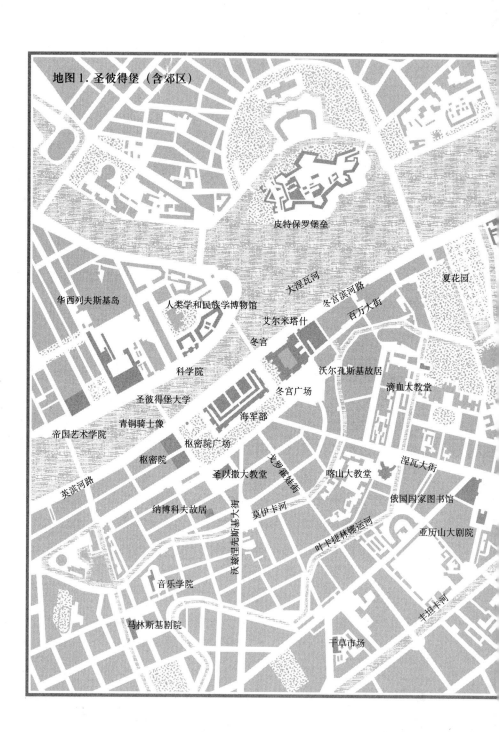

地图1. 圣彼得堡（含郊区）

皮特保罗堡垒

大涅瓦河

冬宫滨河路

夏花园

华西列夫斯基岛

人类学和民族学博物馆

艾尔米塔什

百万大街

冬宫

沃尔孔斯基故居

科学院

冬宫广场

滴血大教堂

圣彼得堡大学

青铜骑士像

海军部

帝国艺术学院

枢密院广场

涅瓦大街

英滨河路

枢密院

圣以撒大教堂

喀山大教堂

俄国国家图书馆

纳博科夫故居

沃兹涅先斯基大街

莫伊卡河

叶卡捷林娜运河

亚历山大剧院

丰坦卡河

音乐学院

马林斯基剧院

干草市场

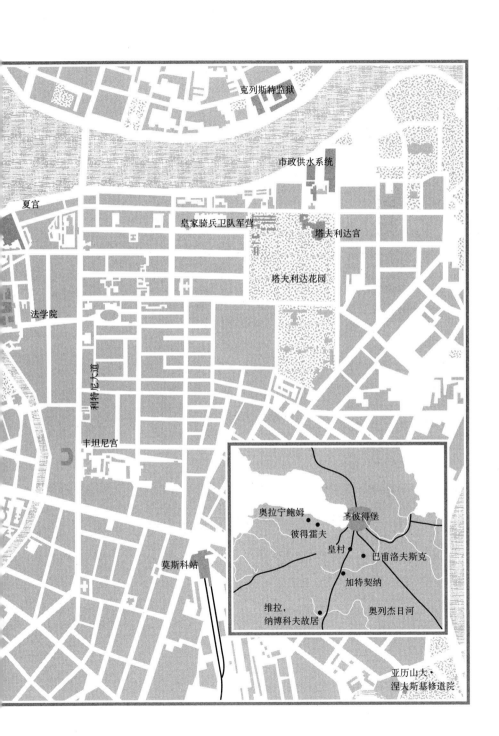

克列斯特监狱

市政供水系统

夏宫

皇家骑兵卫队军营

塔夫利达宫

塔夫利达花园

法学院

利特尼大道

丰坦尼宫

奥拉宁鲍姆

圣彼得堡

彼得霍夫

皇村

巴甫洛夫斯克

莫斯科站

加特契纳

维拉，
纳博科夫故居

奥列杰日河

亚历山大·
涅夫斯基修道院

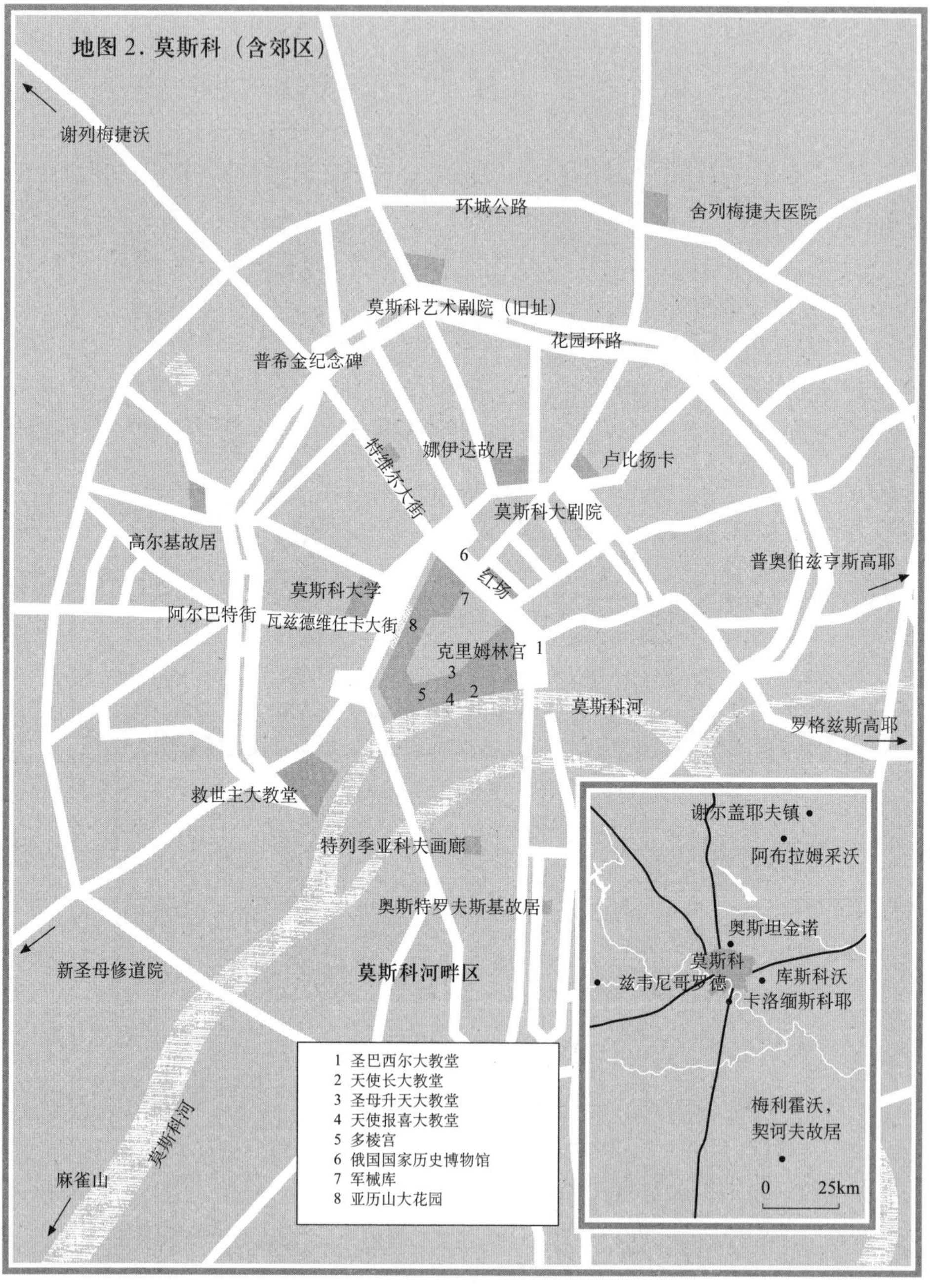

地图 2. 莫斯科（含郊区）

谢列梅捷沃

环城公路

舍列梅捷夫医院

莫斯科艺术剧院（旧址）

普希金纪念碑

花园环路

娜伊达故居

卢比扬卡

特维尔大街

莫斯科大剧院

高尔基故居

莫斯科大学

普奥伯兹亨斯高耶

阿尔巴特街

瓦兹德维任卡大街 8

6

红场

7

克里姆林宫 1

3

5 4 2

莫斯科河

罗格兹斯高耶

救世主大教堂

特列季亚科夫画廊

奥斯特罗夫斯基故居

新圣母修道院

莫斯科河畔区

麻雀山

莫斯科河

1	圣巴西尔大教堂
2	天使长大教堂
3	圣母升天大教堂
4	天使报喜大教堂
5	多棱宫
6	俄国国家历史博物馆
7	军械库
8	亚历山大花园

谢尔盖耶夫镇

阿布拉姆采沃

奥斯坦金诺

莫斯科

兹韦尼哥罗德

库斯科沃

卡洛缅斯科耶

梅利霍沃，
契诃夫故居

0   25km

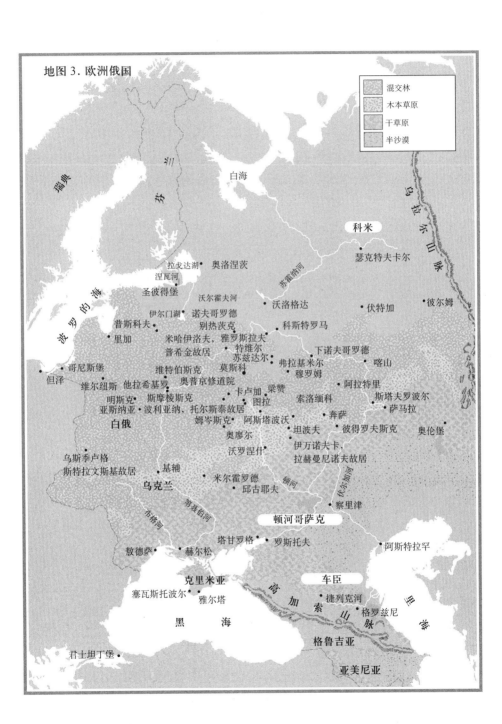

地图 3. 欧洲俄国

混交林
木本草原
干草原
半沙漠

瑞典

芬兰

白海

乌拉尔山脉

科米

瑟克特夫卡尔

拉戈达湖　奥洛涅茨

苏霍纳河

涅瓦河

圣彼得堡

沃尔霍夫河

沃洛格达

伏特加

彼尔姆

波罗的海

伊尔门湖　诺夫哥罗德

别热茨克

科斯特罗马

普斯科夫

米哈伊洛夫，雅罗斯拉夫

下诺夫哥罗德

里加

普希金故居

特维尔

弗拉基米尔

喀山

哥尼斯堡

苏兹达尔

穆罗姆

维特伯斯克

莫斯科

但泽

维尔纽斯

他拉希基诺

奥普京修道院

阿拉特里

明斯克

斯摩棱斯克

卡卢加

梁赞

索洛缅科

斯塔夫罗波尔

亚斯纳亚·波利亚纳，托尔斯泰故居

图拉

奔萨

萨马拉

白俄

姆岑斯克

阿斯塔波沃

坦波夫

彼得罗夫斯克

奥伦堡

奥廖尔

伊万诺夫卡，

拉赫曼尼诺夫故居

乌斯季卢格

沃罗涅什

斯特拉文斯基故居

基辅

顿河

伏尔加河

乌克兰

米尔霍罗德

邱古耶夫

察里津

第聂伯河

顿河哥萨克

布格河

塔甘罗格

罗斯托夫

敖德萨

赫尔松

阿斯特拉罕

里海

克里米亚

车臣

塞瓦斯托波尔

雅尔塔

捷列克河

高加索山脉

格罗兹尼

黑海

格鲁吉亚

君士坦丁堡

亚美尼亚

导 言

　　托尔斯泰的《战争与和平》中有这样著名的美妙一幕：从树林中狩猎归来，娜塔莎·罗斯托娃和哥哥尼古拉被"大叔"（娜塔莎这么叫他）邀请去他朴素的小木屋里做客。"大叔"是退休军官，品行高尚但有些古怪，和他同住的还有农庄里一个结实健壮的农奴，女管家阿尼西娅。从老人对她温柔的态度明显能看出，她就是他没有名分的"妻子"。阿尼西娅端进来一整盘俄罗斯特色家常饮食：腌蘑菇、加了酪乳的黑麦饼、蜜饯、蜂蜜气泡酒、白兰地药酒和各式伏特加。吃过饭后，狩猎随从的房间里传出了巴拉莱卡琴声。这只是一段简单的乡村民谣，按理说不会是一位伯爵小姐所喜欢的。但看到自己的小侄女几乎要随之起舞，"大叔"也就叫人拿来自己的吉他。他吹掉上面的灰尘，朝阿尼西娅眨了下眼睛，精准地踩着俄罗斯舞逐渐加速的节奏，唱起了著名情歌《在大街上》。尽管娜塔莎之前从没听过这首民歌，但她心中涌起了一种莫名的感觉。"大叔"唱起歌来就像农民那样，确信歌曲的含义就蕴含在歌词之中，只为突出歌词的曲调"自然而然就哼唱出来"。在娜塔莎看来，这种直抒胸臆的唱法让整首曲子都带有鸟鸣般的质朴魅力。然后"大叔"便招呼大家一起来跳。

> "来，小侄女！"大叔向娜塔莎挥了挥那只离开琴弦的手。
>
> 娜塔莎扔掉身上的披肩，快步走到大叔跟前，双手叉腰，   xxvi
> 动了动肩膀，站住了。
>
> 这个受过法籍家庭女教师教育的伯爵小姐是何时何地、又
> 是如何从她呼吸的俄罗斯空气中汲取了这种精神的？并且从其
> 中得到了早已被披肩舞（pas de châle）挤掉的舞姿？而这正是
> 大叔所期待于她的那种学不来教不会的俄罗斯的精神和舞姿。
> 她刚一站稳，微微含笑，那神态庄严、高傲、狡黠、欢乐，顷
> 刻之间，尼古拉和所有在场的人最初那阵担心——担心她做的
> 不像那么一回事——就全部消失了，并且他们在欣赏她了。
>
> 她做得正像那么回事，并且是地地道道，简直丝毫不爽，
> 阿尼西娅·费奥多罗夫娜立刻递给她一条为了做得更好的不可
> 或缺的手帕。她透过笑声流出了眼泪：这个陌生的有教养的伯
> 爵小姐，身材纤细，举止文雅，满身绫罗绸缎，竟能体会到阿
> 尼西娅的内心世界，以及阿尼西娅的父亲、婶婶、大娘，每一
> 个俄罗斯人的内心世界。*[1]

是什么让娜塔莎如此本能般跟上这支舞的节奏？她为何毫不
费力便能领会这个被社会阶层和教育远远隔离的乡村文化呢？我们
是不是应该假设，一个像俄罗斯这样的国家可能是由各种看不见摸
不着却与生俱来的情感纽带联系在一起的，就像托尔斯泰在这个浪

---

* 译文出自《战争与和平》，列夫·托尔斯泰著，刘辽逸译，人民文学出版社 2004 年版，第
  571 页。——译注

漫场景中让我们不禁想到的那样？这个问题将我们带到了本书的核心。本书虽然自称是一部文化史，但读者在其中将看到的不仅仅是《战争与和平》这样的伟大作品，也包括娜塔莎披肩上的刺绣和乡村歌曲的表达手法。诸如此类，它们融为一体，并非作为艺术的丰碑，而是民族意识的表现，与政治和意识形态、社会习俗和信念、民间传说和宗教、习惯和惯例，以及与所有其他微小的精神现象一起，构成了一种文化和一种生活方式。我要论证的不是艺术对生活的呈现，尽管种种关于这个时期的回忆表明，确实有贵族妇女就这样跳起了民间舞蹈，[2] 但娜塔莎之舞不能被当作一种现实经验的文字记录来看待。我想说的是，艺术可以作为信念的承载——在这里，托尔斯泰渴求的是一个包含俄罗斯农民和 "1812 年的孩子" 的广泛　　xxvii
共同体；后者作为自由派的贵族与爱国者，是《战争与和平》众多场景的主要人物。

　　俄罗斯邀请文化史家去探寻艺术作品表层之下的存在。过去的 200 年间，在议会政治和出版自由阙如的情况下，俄罗斯的艺术一直是政治、哲学和宗教争论的竞技场。正如托尔斯泰在《关于〈战争与和平〉》（1868）中写到的那样，俄罗斯传统下的文学巨作并非欧洲意义上的小说。[3] 它们是富含象征性的沉思，具有繁复的诗性结构，犹如抽象意义的具体再现，是检验观念的实验室；同时，与科学或宗教一样，其生命力的来源在于对真理的追求。所有这些作品的首要主题都是俄罗斯——它的人物、它的历史、它的习俗惯例、它的精神实质，以及它的命运。以一种超凡——如果不是俄罗斯独有——的形式，这个国家的艺术活力几乎全部奉献给了对把握自身民族身份的探求。没有任何一个地方的艺术家要承受如此巨大的压力，肩负起道德领袖和民族先知的重担，而国家对他们的恐惧和迫害又是如此之甚。在政治理念上，他们与俄罗斯当局格格不入；在教育水平上，他们又与俄罗斯农民生分；于是，艺术家全靠自己，通过文学与艺术来创建一个价值和理念意义上的民族共同体。做一个俄罗斯人意味着什么？俄罗斯在世界上的地位与使命是什么？而真正的俄罗斯又在哪里？欧洲还是亚洲？圣彼得堡还是莫斯科？是沙皇的帝国，还是娜塔莎的"大叔"所住的、只有一条街道的泥泞村庄？在俄罗斯文化的黄金年代里，这些"受诅咒的问题"在每一个严肃知识分子的脑海中阴魂不散：从普希金到帕斯捷尔纳克，包括文学评论者与历史学者、画家与作曲家、神学与哲学人士。它们就是本书试图探讨的、隐藏在艺术表面之下的问题。这里所涉及的作品代表着一部观念史，包含了种种俄国借以理解自身民族的概念思想。如果我们观察足够仔细，或许可以窥见这个民族的内心世界。

　　娜塔莎之舞就是这样一个开场白。它的核心是两个完全不同的世界相遇：上层阶级的欧洲文化与农民的俄罗斯文化。1812年战争是两者第一次联手推动了民族的形成。受到了农奴爱国热情的鼓舞，娜塔莎那一代的贵族开始突破他们自身阶层的外国传统，转而寻求一种建立在"俄罗斯"原则基础之上的民族意识。他们用母语取代法语，并将自己的风俗和衣着、饮食习惯和室内设计品位都俄罗斯化了；他们走入乡村去了解民间传说、舞蹈和音乐，希望能够在所有艺术形式中塑造一种民族风格，来接近和教育普罗大众。像娜塔莎的"大叔"一样（在《战争与和平》的结尾还加上了她哥哥），一些人放弃了圣彼得堡的宫廷文化，而试着与庄园中的农民一起过一种更淳朴（也更"俄罗斯"）的生活。

　　这两个世界的复杂互动，对民族意识以及19世纪的所有艺术都起到了至关重要的影响。它是本书的主要内容。但接下来讲述的故事并不意味着，这种互动所产生的结果是某个单一的"民族"文化。俄罗斯太复杂，社会分隔严重，政治上过于分歧，地理定义太不明晰，也许还失之辽阔——这些都使得其民族传统不可能是单一文化。

我的出发点毋宁说是去欣赏俄罗斯文化形态中那纯粹的多样性。托尔斯泰的这个段落之所以如此具有启发性，正是在于它用一段舞蹈将形形色色的人串联起来：娜塔莎和她哥哥，对他们来说，陌生的乡村世界瞬间展现了它的魅力；他们的"大叔"，住在这里却不属于这个世界；阿尼西娅，虽说是一名农妇，却与"大叔"共同居住在娜塔莎世界的边缘；还有狩猎随从和其他家仆，无疑带着惊奇的乐趣（或许还有其他心态）观赏这位美丽的伯爵小姐跳着他们的舞蹈。我的目的，是要通过与托尔斯泰展示娜塔莎之舞同样的方式来探索俄罗斯文化：将其视为一系列的特殊经历或具创造性的社会活动，能以许多不同方式展现和理解。

通过这种折射的方式来看待文化，是对其纯粹、有机或本质观的挑战。并不存在托尔斯泰所想象的那种"纯正的"俄罗斯民间舞蹈，大多数俄罗斯"民歌"实际上都是来自城镇，就像娜塔莎随之起舞的那段旋律一样。[4]托尔斯泰笔下的乡村文化，其部分元素可能来自亚细亚草原——由13到15世纪统治俄罗斯的蒙古骑兵引入，他们大部分后来都定居下来，经营贸易、放牧牛羊或成为农场工人。娜塔莎的披肩几乎肯定是从波斯输入的；虽然1812年以后俄罗斯农民样式的披肩开始流行，但使用的装饰图案很可能参考了来自远东的同类商品。巴莱拉卡琴发展自冬不拉，这是一种起源于中亚、类似吉他的乐器（现在仍在哈萨克音乐中普遍使用），于16世纪引进俄罗斯。[5]至于俄罗斯的民间舞蹈传统，按照19世纪一些民俗学家的看法，其源头便是远东的舞蹈形式。俄罗斯舞蹈更多是以队列或者圆圈呈现，而非双人舞；手和肩膀的动作对节奏的掌握不亚于脚的作用；而且女性舞者微妙的玩偶姿态和保持头的静止也是非常重要的。与娜塔莎在她人生第一次舞会上与安德烈公爵跳的华尔兹舞相比，这真是太不一样了，她模仿这些动作的时候一定感到非常陌生——毫无疑问在围观的农民眼中也是如此。然而，如果说这

xxix

乡村一幕背后并不存在所谓的俄罗斯传统，如果说这里呈现的任何
文化因素都是舶来品的话，则娜塔莎之舞的意义，便在于为本书将
要阐释的观点提供了一种象征，即纯粹的民族文化是不存在的，只
有围绕着它虚构出来的表象，就像娜塔莎跳的民间舞蹈一样。

　　我的目的并不是"解构"这些表象；套用当前学院派文化史家
的术语，声称俄罗斯的民族性不过是智识的"建构"，这也不是我
想做的事。早在"俄罗斯"或"俄罗斯的欧洲部分"这样的概念，
以及任何其他民族认同神话出现以前，就已经存在一种足够真实的
俄罗斯。古老的莫斯科公国蕴含着某种历史意义上的俄罗斯，直到
18 世纪彼得大帝生搬来欧洲文明的那一套之前，它与西方迥然有异。
在托尔斯泰生活的年代，赋予这个古老的俄罗斯生命的，依然是教
会的传统，是商人与土地贵族的习俗，是帝国的 6000 万农民——
他们散居在 50 万个遍布森林和草原的偏远村庄中，几个世纪以来
生活方式几乎没有任何变化。这就是娜塔莎之舞一幕中震撼人心的
俄罗斯脉搏。托尔斯泰设想有一种共同意识，将这位年轻的伯爵小　　xxx
姐与俄罗斯的农夫农妇联系起来，这当然不是凭空捏造。因为，正
如本书所要阐明的那样，存在着一种俄罗斯气质，它是一套本土的
习俗与信念，一种内在、情感、本能。它一代代传承，有助于塑造
人们的个性，维系共同体的黏合。事实证明，这种捉摸不定的气质
比任何俄罗斯政府都更持久、更有意义：它让人们拥有了挺过其历
史上最黑暗时刻的心灵，并给那些 1917 年之后逃离苏俄的人提供
情感联系的纽带。我的目的不是去否定这种民族意识，而是指出，
人们对它的领会要借助于各种神话（myths）。知识阶层被推动着去
做欧洲人，他们与源远流长的俄罗斯渐行渐远，把祖国的语言和行
为方式忘得一干二净，以至于到了托尔斯泰的时代，当他们力图重
新拾回"俄国人"的身份时，不得不借助历史传说和艺术创作来再
造这个民族。通过文学与艺术，他们重新发现了自己的"俄国性"，

正如娜塔莎通过舞蹈的仪式找到了自己的"俄国性"一样。因此，本书的目的不仅仅是揭穿这些作品的虚构性，而是去探索、去解释它们对塑造俄国民族意识所拥有的非凡力量。

　　围绕着对俄罗斯的民族想象，涌现了19世纪几种重要的社会思潮：斯拉夫派，他们笃信"俄罗斯灵魂"以及农民中纯正的基督性，还崇拜彼得大帝之前的传统俄罗斯，将其视为真正的"俄罗斯"生活方式的旗手——他们将这种生活方式理想化，并致力于将其提倡为18世纪以来精英阶层所接纳的欧洲文化以外的另一种选择；西化派，与前者针锋相对，他们崇拜圣彼得堡这个"通往西方的窗口"，这个在沼泽地上凭空而起的经典城市，它是其将俄罗斯按欧洲模式改造、按部就班追求自身启蒙的象征；民粹派，他们与托尔斯泰的观点相去不远，认为农民是天然的社会主义者，其乡村组织将成为新社会的一种范式；斯基泰派，他们将俄罗斯视为一种来源于亚洲草原的文化，"富有自然活力"，在即将到来的革命中，将要一扫暮气沉沉的欧洲文明，建立一个人类与自然、艺术与生命合而为一的新文化。这些神话不只是对民族身份的种种"建构"。从最崇高的个人身份、民族认同，到最日常的衣着服饰、饮食习惯或所使用的语言类型等事物，它们除了发展关于"自我"的概念，更在塑造俄国的政治理念与效忠对象上发挥了关键作用。斯拉夫派就是典型。他们心中"俄罗斯"的概念是一种按照纯正基督教原则运行的父权制家庭，这在19世纪中期几十年间成为一种新政治共同体的组织核心，成员囊括了旧式的外省乡绅、莫斯科商人和知识分子、神职人员还有个别部门的政府官僚。不同的团体被这种关于俄罗斯民族的概念拢到一起，足以表明其在政治想象中的持久影响。作为一场政治运动，斯拉夫主义影响了政府对自由贸易和对外政策的立场，也影响了乡绅对国家和农民的态度。作为一场广泛的文化运动，斯拉夫派采用特定的谈话与衣着方式、社会交往和行为准则，有所

xxxi

区别的建筑与室内设计风格，还有他们自己的文学与艺术品位。他们穿树皮鞋和自家纺的大衣，蓄络腮胡，吃白菜汤，喝格瓦斯，住乡村小木屋，还建造颜色鲜艳的洋葱顶教堂。

　　在西方人的想象中，这些文化样式经常被视为"纯正俄罗斯风味"。但这种认识也是一种神话：异域俄国的神话。这种印象最早是由俄罗斯芭蕾舞团输出的，他们就跳着异国情调版的娜塔莎之舞；之后由里尔克、托马斯·曼和弗吉尼亚·伍尔芙等外国作家参与塑造，他们将陀思妥耶夫斯基奉为最伟大的小说家，兜售他们自己版本的"俄罗斯灵魂"。如果说有一种神话需要驱除，那就是这种将俄罗斯视为异域和他方的观点。很长时间以来，俄国人都在抱怨西方公众不理解他们的文化，西方人只是在远远地观察，而不愿意像对待他们自己的文化那样去了解俄国文化内在的精妙之处。尽管在某种程度上，这种抱怨是基于怨恨和受伤的民族自豪感，但它并非妄言。我们倾向于将俄罗斯的艺术家、作家和作曲家归类为某个"民族"的文化群体，不是把他们作为个体进行评判，而是看他们有多 xxxii 符合这个僵化的定见。我们期望俄国人有"俄罗斯风情"——他们的艺术风格就是淳朴的图饰、洋葱顶教堂钟声，以及一颗饱满的"俄罗斯灵魂"，所以好辨别得很。在1812—1917年间，这就是人们对俄国及其在欧洲文化中心地位的标准理解。俄罗斯传统中那些伟大的文化人物，如卡拉姆津、普希金、格林卡、果戈理、托尔斯泰、屠格涅夫、陀思妥耶夫斯基、契诃夫、列宾、柴可夫斯基、里姆斯基-科萨科夫、佳吉列夫、斯特拉文斯基、普罗科菲耶夫、肖斯塔科维奇、夏加尔、康定斯基、曼德尔施塔姆、阿赫玛托娃、纳博科夫、帕斯捷尔纳克、梅耶荷德还有爱森斯坦，他们不仅仅是"俄国人"，也同样是欧洲人。这两种身份紧密融合，互相依赖。和这些文化人一样，不管俄国人多么努力想要压抑这两种身份中的一个，这仍然是不可能的。

对那些欧化的俄国人来说，待人接物的方式有两种且非常不同。在圣彼得堡的沙龙和舞厅，以及宫廷或剧院的公开场合，他们非常"得体"（comme il faut）：几乎像演员一样展示自己的欧洲风范。但是在不那么正式的私人生活领域中，也许是下意识地，他们自然而然地又成了俄罗斯人。娜塔莎对"大叔"的造访就描述了这样的一种转换：不同于她处处谨言慎行的家、罗斯托夫的豪宅或是沙皇接见的舞会，"大叔"在农村的家是一个截然不同的世界，在这里她的天性可以自由发挥。毫无疑问，她很享受这样放松的社交场合，一曲舞蹈胜过千言万语。我们将会看到，这种变得"更俄罗斯"的惬意感觉，为娜塔莎所属阶层的许多俄国人所共享，包括她的"大叔"。造访乡间别墅（dacha），在树林中打猎、泡澡堂，还有纳博科夫所谓的"采蘑菇（hodit'po gribï）这项极具俄罗斯传统的运动"[6]——这些朴素的消遣不仅仅是对田园生活的回归，它们还是一个人俄罗斯品性的表达。解读这样的习惯是本书的目标之一。通过艺术作品和小说、日记和信件、回忆录和法令文件等材料，作者力图掌握俄罗斯身份认同的结构方式。

"身份认同"是近来时髦的一个术语，但除非一个人能指出它 xxxiii 如何具体影响了自己与他人的关系和待人接物的方式，否则它就没多大意义。一种文化并不仅仅是由艺术作品和文学词语构成的，它还包括不成文的规矩、符号和象征、仪式和姿态，以及一种普遍情感，能赋予这些作品以共性，丰富人们的内心生活。所以读者在这里会发现，像《战争与和平》这样的文学作品，是日常生活场景（童年、婚姻、宗教生活、与大自然的呼应、饮食习惯、对待死亡的态度）的镜头交切，在其中我们有可能分辨出民族意识的轮廓。通过这些场景，我们或许得以意识到一种俄罗斯情感，它无声无息地孕育于生活之中，如同托尔斯泰在他著名的娜塔莎之舞一幕中所构思的那样。

现在该说一下全书的结构了。本书是对一种文化的阐释，而

非通史，所以读者应该留心，其中讨论某些文化巨人的篇幅可能与
其巨大成就并不相称。我以专题的形式，每一章分别探讨俄罗斯文
化认同的不同线索，从 18 世纪讲到 20 世纪，但是为了各个专题内
部的贯通，在某些地方并不一定遵循严格的时间顺序。有很短的两
处（第三、第四两章的最后一小节）讲到了 1917 年之后的内容。
个别之处涉及额外的历史时段、政治事件或文化机构，我会为普通
读者提供基本的解释（更多信息或请参见大事年表）。我的故事止
于勃列日涅夫时代。在那时，本书描绘的文化传统已经走到了其生
命周期的尽头，之后发生的可能就是新传统的开端。最后，某些主
题将在整本书中反复出现，呈现复杂的变调及系谱，如圣彼得堡的
文化史，以及对两大贵族家族——沃尔孔斯基家族与舍列梅捷夫家
族——的论述。这些顺序的穿插和转折意义，只有在读完全书之后
方能理解。

第一章

欧化的俄罗斯

俄国沙皇亚历山大一世于圣彼得堡皇宫前大阅兵图。本杰明·派特森绘，约 1803 年。现藏于牛津的阿什莫林博物馆。

第一节

1703 年春天一个雾蒙蒙的早上，十几个俄罗斯人骑着马穿过涅瓦河的入海口，这是一片荒凉的沼泽地，涅瓦河在这里汇入波罗的海。这些人在寻找一处地方建造要塞抵抗瑞典人——当时瑞典和俄罗斯正在打仗——和这片长期遭到遗弃的沼泽地的主人。但是，在位于侦察队伍前面的沙皇看来，宽阔的河流蜿蜒流入大海的景象，对于内陆国家俄罗斯而言充满了希望和前途。当他们来到岸边的时候，他下了马，用随身佩戴的刺刀割下两块泥炭，并将它们在沼泽地上摆成了十字形。接着彼得说："这里应该建一座城。"[1]

很少有地方比这里更不适合做欧洲第一大国的首都了。涅瓦河三角洲的沼泽地上小岛星罗棋布，上面长满了葱郁的树木。春天冰雪融化，这里被一片浓雾笼罩，而大风又常常使河水漫过堤岸，总之，这不是一处适宜人类居住的地方，甚至那些夏天冒险去那里的渔民也不愿逗留过久。狼和熊是这里唯一的居民。[2] 1000 年以前这片地区还在海平面以下。一条水道将波罗的海和拉多加湖连接起来，海峡中的岛屿就是今天的普尔科沃和帕尔戈洛沃高地。即使在叶卡捷琳娜二世统治的 18 世纪晚期，她在普尔科沃的山丘上建造的夏宫皇村（Tsarskoe Selo）*，仍然被当地人称为 Sarskoe Selo。这个名字来源于芬兰语中的"岛屿"（saari）一词。

　　彼得的士兵们往下挖掘，发现一米左右深的地方就是水。北面的地势稍微高一点，是唯一可以建立坚实地基的地方。在 4 个月的时间里，工程热火朝天地进行着，至少有一半的劳工死亡。为了建造彼得保罗要塞，征召了 2 万人，他们徒手挖泥、拖曳木头和石头，或者就用肩背，用衣服兜着搬运泥土。[3] 建造的规模和速度都很惊人。在几年的时间里，这个河口变成了一个充满活力的建筑工地，而且，随着 1709—1710 年瑞俄之战俄罗斯取得了一系列的胜利，牢牢控制了海岸线之后，这个城市的变化简直可以用日新月异来形容。来自高加索和西伯利亚等边远地区的 25 万农奴和士兵，夜以继日地砍伐森林、挖掘运河、铺设道路和建造宫殿。[4] 木匠和石匠（法令规定他们不得到别处工作）涌进这座新城市。货运马车夫、凿冰者、雪橇主、船夫和工人都来这里找工作，每一处空地上密密麻麻搭建着简易的木制窝棚，他们就睡在里面。刚开始，一切工作都是用原始的手工工具，以一种简单粗陋的方式完成的：斧头比锯子在数量上更占优势，他们并且用未经剥皮的树干，配上用细小的桦树枝做成的车轮，制作出简易的手推车。对石料的需求巨大，因此每一艘抵达城里的船只或者车辆，都必须携带一定吨位的岩石。然而，各种新兴工业很快涌现，它们加工砖头、玻璃、云母和油布，与此同时，一间间造船厂很快就使这座城市的水上交通更加繁忙，大大小小的船只卸下石料，而每年则有成千上万的原木沿着河水顺流而下。

5

---

* 皇村又称普希金城，约在圣彼得堡南部 25 公里处，意思是"沙皇的村落"，这里一直是过去沙皇和俄国王公贵族夏天的住所。——译注

　　仿佛一则俄国童话故事中的魔幻城市，圣彼得堡以神奇的速度
建立起来，而关于它的一切都是如此辉煌和新鲜，以至于它很快成
为一个充满神话色彩的地方。当彼得宣布"这里应该建一座城"时，
他的话正像上帝说的那句"要有光"。而且根据传说，他说这句话
的时候，刚好有一只鹰掠过他的头顶，停在两棵桦树的树顶，这两
棵桦树紧紧地交织在一起，形成了一个拱形。18 世纪的颂歌作者将
彼得提升到神的位置：他是三位一体的泰坦、尼普顿和马尔斯*。他
们将"彼得的城"（Petropolis）比做古代的罗马。这和彼得采用了
和古罗马最高统治者一样的"大帝"（Imperator）称号有联系，他
在新的卢布硬币上铸上自己的头像，并且仿效凯撒大帝加上花冠和
铠甲。普希金的叙事诗《青铜骑士》（1833）的开头几句非常著名
（每一位俄罗斯的学龄儿童都能背诵），诗歌通过一位受上帝眷顾者
之口，将彼得堡神话般的建造过程具象化：

　　　　那里，在寥廓的海波之旁

　　　　他站着，充满了伟大的思想，

　　　　向远方凝视……[†] [5]

多亏了普希金的诗句，这个传说才变成了民间故事。这座以彼得的
守护神命名的城市，随着政治的变化，一共被改过三次名字，现在　　6
仍然被它的居民叫做"彼得"。[‡]

---

*　Titan、Neptune、Mars，分别为古希腊罗马神话中的巨人神族、海神和战神。——译注

†　译文出自《青铜骑士》，普希金著，查良铮译，请参见 http://yuedu.163.com/source/
　　6dac64b7-dacc-4843-91da-510ec3fc9a3a_4。——译注

‡　这个名字在俄语中的发音为"Pyotr"——因此"彼得"（起源于荷兰语 Sankt Piter Burkh
　　的拼写和发音）意味着它是一个有点外国味的名字，正如约瑟夫·布罗茨基指出的那样，
　　对于这个一点也不俄国的城市，这个名字某种程度上听起来挺适合（请参考约瑟夫·布罗
　　茨基的散文集《小于一》中的《一座改名城市的指南》）。——原注

从一开始，这座神奇地从海平面升起来的城市就在大众的心目中拥有传奇的地位。俄国人说彼得在空中建造了这座城市，然后再将它像一个巨大的模型一样放到地上。这是唯一能解释在沙上建城的理由。首都彼得堡没有打地基这件事，成为彼得堡神话的基础，也是俄罗斯众多文学和艺术作品灵感的来源。在这个神话故事里，彼得堡是一座虚幻的城市，一个充满了奇幻和幽灵的超现实王国，一个《启示录》中描绘的陌生国度。它是果戈理的《彼得堡的故事》（1835）中孤独的鬼魂以及陀思妥耶夫斯基的小说《罪与罚》（1866）中像拉斯柯尼科夫这样的幻想主义者和杀人犯的故乡。从普希金的《青铜骑士》到别雷的《彼得堡》（1913—1914），摧毁一切的大洪水经常成为这座城市关于世界末日传说的主题。但是这个预言却有着现实基础：因为这座城市正是建造在地面之上的。为了抬升地基，街道上铺了大量的碎石子，以免其被水淹没。城市早期洪水泛滥频繁，使各种修复和加固的工作成为必要，也导致它的地势越来越高。1754年，当现在的冬宫（彼得堡的第四座建筑）开始建造时，它用来打地基的地面比50年前足足升高了3米。

在水面上建造，而且石料全部依赖进口，这一点彼得堡违反了自然法则。建造河堤所用的著名花岗岩来自芬兰和卡累利阿；宫殿所用的大理石来自意大利、乌拉尔和中东；辉长岩和斑岩来自瑞典；粗粒玄武岩和板岩来自奥涅加湖；砂岩来自波兰和德国；石灰华来自意大利；瓷砖来自低地国家和吕贝克。只有石灰石从当地开采。[6]如此大规模地运输石块只有金字塔才能超过它。法尔孔奈所创作的彼得大帝骑马雕像，巨大的花岗岩底座高达12米，周长将近30米。这块大石头的重量大约660万吨，从发现它的森林空地到首都13公里的距离，1000个人花了18个月的时间搬运。一开始他们使用滑轮组，后来出动一艘特别建造的驳船。[7]普希金的《青铜骑士》将这座屹立不拔的纪念碑变成了俄罗斯命运的象征。圣伊萨克大教

搬运为彼得大帝青铜骑士像基座所用的巨大花岗岩。版画。根据 A. P. 达维多夫 1782 年的绘画所制。

堂的 36 根粗大的花岗岩石柱,先用大锤和凿子整体雕琢,凭借人力搬到 30 多公里外芬兰湾的驳船上,再从那里运到圣彼得堡,用木头制成的巨型起重机完成安装。[8] 沉甸甸的大石块在冬天的时候搬运,因为在雪地上拖拽比较容易,尽管这意味着,必须等到春天冰雪融化时才能把它们用船运走。即便如此,完成这项工作也需要一支几千人的军队和 200 匹马拉雪橇。[9]

　　彼得堡的发展与其他城市都不同,无法用商业和地缘政治来解释,应该说它是一件艺术品。正如法国作家斯塔尔夫人 1812 年来访时所说的:"这里的一切创造都是为了视觉上的效果。"有时候整座城市看起来像是一个巨大的舞台布景——它的建筑和人民只不过是舞台上的道具而已。习惯于城市多种建筑风格混杂的欧洲观光客来到彼得堡后,每每惊讶于它那种不同寻常的做作之美,常将它跟舞台作比较。"每跨出一步，我都为建筑与舞台装饰的结合惊奇不已。"游记作者德·古斯丁侯爵在 19 世纪 30 年代如此写道，"彼得大帝和他的继任者将他们的首都看成一个大剧院。"[10] 在某种意义上，圣彼得堡只不过是后来另一座舞台之城"波将金村"更宏大的版本罢了：后者是为了取悦叶卡捷琳娜二世，在她的船只驶过的第聂伯河沿岸，用纸板一夜之间拼搭起来的经典之作。

　　圣彼得堡被认为是由自然元素——水、石和天空所组成。18 世纪它的建筑全景画充分体现了这个概念，强调所有这些元素在艺术上的和谐。[11] 一直很喜欢大海的彼得为宽阔而湍急的涅瓦河和开阔的天空所吸引，它们成为他这座舞台的背景。阿姆斯特丹（他去过那里）和威尼斯（他只是从书本和绘画上了解过）激发了他最初的灵感，使他让宫殿沿着运河和河堤展开布局。但是彼得对建筑风格的爱好非常广泛，他借鉴了自己喜爱的各个欧洲首都。彼得堡的教堂采用朴素的古典巴洛克风格，和莫斯科色彩鲜艳的洋葱式圆顶迥然而异，它们是伦敦的圣保罗大教堂、罗马的圣彼得大教堂和里加那些尖顶教堂（现在位于拉脱维亚）的混合体。17 世纪 90 年代的欧洲之旅使彼得带回来一些建筑师和工程师、工匠和艺术家、家具设计师和景观园艺师。*18 世纪的圣彼得堡聚居着一大群苏格兰人、德意志人、法国人和意大利人。彼得在建造"天堂"时丝毫不吝惜花费。即使在和瑞典人激战正酣的那几年，他也经常过问修筑的细节。为了使夏园"胜过凡尔赛宫"，他下令从波斯运来牡丹和柑橘树，从中东运来观赏鱼，甚至从印度运来各类鸣禽，尽管它们极少能挨过俄罗斯的严寒。[12] 对于宫殿应有的整体外观、屋顶高度、阳台铁栏杆样式，以及"临堤岸一侧"墙壁的统一，彼得都颁布了法令，

9

---

* 在彼得大帝统治时期，圣彼得堡的主要建筑师是多梅尼科·特雷齐尼（Domenico Trezzini，来自意大利）、让·勒布隆（Jean Leblond，来自法国）和乔治·马塔尔诺维（Georg Mattarnovy，来自德意志）。——原注

必须严格按照他批准的设计施工。为了使城市更加美观，彼得甚至命令将屠宰场按照洛可可的风格重建。[13]

"这个首都充斥着各式各样假冒伪劣的建筑，剽窃自意大利、法国和荷兰。"阿尔加罗蒂伯爵在18世纪中叶写道。[14] 到了19世纪，这种关于彼得堡是西方风格的复制品的观点变成了老生常谈。亚历山大·赫尔岑，这位19世纪的作家和哲学家曾经说过，圣彼得堡"区别于所有其他欧洲城市的地方，就在于它跟它们每一个都非常相似"。[15] 但是，尽管借鉴的痕迹很明显，圣彼得堡还是有它自己的特点，那就是位于天地之间的开阔场景、宏伟的规模，以及整齐划一的建筑群，这些都使它具有一种独特的艺术上的和谐感。佳吉列夫的圈子对18世纪的圣彼得堡极为推崇，作为其中一位有影响力的人物，艺术家亚历山大·贝诺瓦捕捉到了这种和谐的概念，1902年他写道："如果说它很美，那是作为一个整体，或毋宁说来自美的汇聚。"[16] 古老的欧洲城市都是花了几百年的时间累积，最终呈现为不同时代风格的华丽建筑集合；而彼得堡完全是在50年内按照同一套标准建起来的，也只有它能够为这种构建标准提供如此大的施展空间。阿姆斯特丹和罗马的建筑师受到空间的限制，不得不见缝插针地构思他们的建筑。但是在彼得堡他们却能够放开手脚实现他们的古典主义理想。笔直的线条和直角得以在辽阔的全景中尽情地呼吸。由于四周都是水，建筑师可以将宅邸建得又宽又矮，并且利用建筑物在河中的倒影来平衡它们的比例，制造出一种毫无疑问非常美丽壮观的效果。水的存在为沉重的巴洛克风格增添了一丝轻盈，给排列在两岸的建筑物带来些许动感。冬宫就是一个很好的例子。尽管气势恢宏（有1050个房间、1886扇门、1945个窗户和117条楼梯），但是它给人的感觉就像是在岸边漂浮；沿着蓝色外墙齐整排列的白色柱子倒映在涅瓦河潺潺的流水中，制造出一种切分节奏的韵律。

这种建筑上整齐划一的关键，便是对城市一系列的街道和广场、   10

运河和公园做整体规划，使它们在河流和天空的背景下形成一个和谐的网络。第一次真正的规划可以追溯到 1737 年，即彼得死后第 12 年，圣彼得堡有序发展委员会的成立。它的核心思想是使这座城市以海军总部为起点，沿三条射线呈扇形辐射开去，就像罗马的波波洛广场一样。海军总部的金色尖顶因此成为这座城市的象征和地理中心，从在此交汇的三条长街（涅瓦大街、戈罗霍娃街和沃兹涅先斯基大街）的尽头都能够望到它。从 18 世纪 60 年代起，随着圣彼得堡砖石建筑委员会的设立，这座城市的整体规划特色更加明显。在时髦的涅瓦大街上建造的宫殿，对石料的使用被要求执行严格的标准，而且要保持统一的外墙。这些规定强调了一种艺术理念，即街道必须以一直延伸到视力所及之处的直线方式来设计。其体现在艺术家 M. I. 马克哈耶夫的作品之中，1753 年他受伊丽莎白女皇的委托，为纪念圣彼得堡建城 50 周年而设计了一系列井然有序的景观。然而整体上的管控并非仅为了视觉上的和谐：首都的区域规划也体现了社会的等级秩序。冬宫和夏园周围的贵族居住区，与干草市场附近的职员和商人居住区（陀思妥耶夫斯基的圣彼得堡），或者更远处工人居住的郊区之间，被一系列运河和街道明显地划分开来。看过爱森斯坦的电影《十月》（1928）的读者会知道，为了阻止工人进入中心区域，涅瓦河上的桥梁是可以拉起来的。

圣彼得堡不只是一座城市。它是一项影响深远的乌托邦工程，目的是从文化上将俄罗斯人重新塑造成欧洲人。在《地下室手记》（1864）中，陀思妥耶夫斯基称它为"世界上最抽象和最有意为之的城市"。[17]"圣彼得文化"的每一方面都是为了否定"中世纪"（17 世纪）的莫斯科公国（Muscovy）。彼得认为，为了成为彼得堡的公民，必须将莫斯科那些昔日俄国"黑暗"和"落后"的风俗抛弃，作为一个欧洲化的俄罗斯人，跨进西方进步和启蒙的现代世界。

莫斯科公国的文明是一种宗教文明，它植根于东正教会的精神 11

传统可以追溯到拜占庭时期。在某些方面，它和中欧的中世纪文化很相似，两者在宗教、语言、风俗习惯等很多方面都有联系，但是历史和文化上它一直隔绝于欧洲之外。它的西部领土只不过是欧洲大陆上的一个落脚点：波罗的海沿岸的土地直到18世纪20年代才被纳入俄罗斯版图，而乌克兰西部和大部分的波兰领土则要等到18世纪末。与中欧不同，莫斯科公国极少受到文艺复兴和16世纪欧洲宗教改革的影响，也没有参与地理大发现或者近代的科学革命。它没有欧洲意义上的大城市，没有扶持艺术的王公贵族或者宗教权贵，也没有真正的公民或者中产阶级。除了修道院之外，不存在大学或者公立学校。

教会的统治地位阻碍了俄罗斯世俗艺术的发展，而欧洲早在文艺复兴之后就已成形。在俄罗斯的日常生活中，圣像才是人们关注的焦点。作为生活物件和艺术品，圣像随处可见，不仅仅在家里和教堂，也包括商店和办公室，或者是路边的神龛。它和欧洲起源于文艺复兴的世俗绘画传统几乎没有任何联系。诚然，17世纪晚期俄罗斯的圣像画家比如西蒙·乌沙科夫，已经开始摆脱中世纪僵化的拜占庭风格，代之以西方巴洛克式的古典技法，诉诸感性。然而欧洲来的游客还是无一例外地为俄罗斯视觉艺术的原始状态感到震惊。"扁平而且丑陋，"17世纪60年代来到俄罗斯宫廷的英国医生塞缪尔·科林斯，在看到克里姆林宫的圣像时评论道，"如果你看到他们画的圣像，你会认为它们简直就是镀了金的姜饼。"[18]第一批世俗的肖像画(巴尔松纳肖像画)直到17世纪50年代才出现,但是,它们仍然保留着扁平的圣像风格。1645—1676年在位的沙皇阿列克谢是第一位我们模模糊糊知道他长什么样的俄罗斯君主。而其他类型的绘画（静物、风景、寓言、风俗）在俄罗斯的艺术总类中完全没有出现，这种现象一直持续到彼得大帝统治时期，甚至还要更晚。

除了绘画，其他形式的世俗艺术同样受到俄罗斯教会的阻碍。　12

器乐（与神圣的歌唱相对）被认为是一种罪行，受到教会当局的无情迫害。但是，在游方艺人、乐师或者弹奏古斯里琴（一种齐特琴）、演唱"英雄歌谣"的吟游艺人（skomorokhi，斯特拉文斯基在芭蕾舞剧《彼得鲁什卡》中重点介绍过）之间，却保持着丰富的民间传统。后者带着铃鼓和古斯里琴在各个村庄游荡，避开教会的耳目。文学的发展也同样受到教会无处不在的掣肘。没有印刷的报纸或者期刊，也没有印刷的剧本或者诗歌，尽管随着 17 世纪晚期廉价印刷技术的推广，以插图版画（lubki）形式印制民间故事和《圣经》的印刷业非常兴盛。在 1682 年彼得登上沙皇宝座时，成立于 16 世纪 60 年代的莫斯科印刷厂出版的非宗教类书籍不会超过3 种。[19]

　　彼得不喜欢莫斯科公国的俄罗斯。他鄙视它那陈旧的文化和狭隘的观念、它对迷信的恐惧和对西方的憎恶。政治迫害很常见，来自外国的异教徒在红场被公开活活烧死——最后一位被烧死的是新教徒，在 1689 年，当时彼得 17 岁。青年彼得在郊外的"日耳曼区"消磨了不少时光，那是莫斯科的外国人在教会的压力下被迫定居的地方。他穿西方人的服装，刮掉了络腮胡，而且跟东正教徒不一样，他在大斋期吃肉。这位年轻的沙皇游历北欧，亲自掌握了最新的科学技术，俄罗斯必须拥有这些技术才能成为大陆上的军事强国。他在荷兰学习造船，在伦敦拜访天文台、兵工厂、皇家造币厂和皇家学会，在哥尼斯堡则学会了如何制造大炮。他从这些旅行中挑选出那些他要把俄罗斯变成一个现代欧洲国家所需要的东西：一支仿效荷兰和英国的海军，几间仿效瑞典和普鲁士的军事学校，一套借鉴自日耳曼人的法律体系，从丹麦人那里套用的（文官）等级制。彼得委托绘制战争场面和肖像画，以此来宣扬他的国威；他还为彼得堡的欧式宫殿购买雕像和装饰画。

　　新首都的每一样东西都旨在迫使俄罗斯人采取一种更加欧式的

生活方式。彼得对他的贵族耳提面命：应该住在什么样的地方，如   13
何建造他们的房子，应该蓄有多少仆人，在宴会上如何用餐，应该
穿什么样的衣服和剪什么样的发型，遵守哪些宫廷礼仪，以及在上
流社会应该如何说话。在这个被他所强制的国都，没有一样东西是
顺其自然的。这些强迫性规定使得圣彼得堡给人一种充满敌意和压
抑的印象。这正是 19 世纪"虚幻的城市"这个神话产生的根源，
作为威胁俄罗斯式生活的外来者，它将在未来的俄罗斯文学和艺术
中扮演主要的角色。贝诺瓦写道："在彼得堡，有一种类似古罗马
的精神，坚韧不拔，追求秩序，渴望一丝不苟的完美生活，这对一
般懒散的俄罗斯人来说难以忍受，却无疑有一定的吸引力。"贝诺
瓦将这座城市比作一个"全副武装的警官"，一板一眼，而俄罗斯
人却像是一个"蓬头垢面的老妈子"。[20] 在 19 世纪，这座帝都形象
的特点就是纪律。德·古斯丁形容彼得堡"与其说是一个国家的首都，
更像是一支军队的总参谋部"。[21] 而赫尔岑则说它千篇一律使他想
起了"军营"。[22] 这是一座缺乏"人味"的城市，主宰它的是抽象
而对称的建筑物，而不是居民的生活。事实上，如此设计，为的就
是把俄罗斯人组织起来，像士兵一样整齐划一。

　　然而，在这个欧洲梦的表面之下，过去的俄罗斯仍然若隐若
现。迫于沙皇的命令，贵族们为自己在彼得堡的豪宅修建了古色古
香的门面，但庭院深处却犹如莫斯科的农家院，家禽家畜到处乱窜。
彼得不得不颁布各种规定，禁止牛和猪在他那漂亮的欧式马路上
闲逛。[23] 但即便是涅瓦大街，所有街道中最"欧洲"的一条，也被
一种"俄罗斯"式的"扭曲"给毁了。按照设计，本来这是一条以
海军总部为起点的正规"大道"（prospekt），笔直地连接 3 公里外
另外一端的亚历山大·涅夫斯基修道院，由两组工人从两端同时施
工。但是这些人却没能保持直线，所以当 1715 年街道完工时，在
两队人马会合的地方，街道很明显地扭了下腰。[24]

第二节

丰坦卡河畔的舍列梅捷夫宫是彼得堡传统的一个传奇象征，城里的居民管它叫"喷泉宫"。1926 年至 1952 年，诗人安娜·阿赫玛托娃一直断断续续地住在这里侧楼的公寓里，她把它看成内心珍贵的精神世界，一个她与过去那些伟大心灵共处的地方。普希金、克雷洛夫、丘特切夫和茹科夫斯基——他们都曾经住在这里。

> 对于这所辉煌的房子
> 我没有特别的要求
> 但事实却是我几乎一生
> 都是作为一名穷人
> 住在喷泉宫……
> 那著名的屋顶之下
> 我赤条条地来又赤条条地离开……[25]

彼得计划将西方文化移植到俄罗斯的土地上，而舍列梅捷夫宫的历史就是其缩影。1712 年彼得将一块沼泽地赠给了波尔塔瓦战役中的陆军元帅鲍里斯·舍列梅捷夫，当时这里位于彼得堡的郊区，茂密的森林令建好的舍列梅捷夫宫呈现一派田园风光。对于他忠心的仆人，彼得的慷慨不止于此，他命令他们沿着丰坦卡河建造中规中矩的欧式宫殿，作为沙皇的彼得堡发展计划的一部分。传说这个地方在 1712 年的时候还是一片荒地，但阿赫玛托娃认为那里曾经有过一个瑞典农庄，因为她辨认出了几棵比彼得的时代还要久远的橡树。[26]

　　到了 18 世纪初，舍列梅捷夫家族已经成为一个非常富有的庞大家族，与皇室关系密切。他们是罗曼诺夫家族的远亲，担任军事将领和外交官时又对皇室忠心耿耿，因此得到了大片的土地作为奖赏。鲍里斯·舍列梅捷夫长期支持彼得。1697 年他陪伴沙皇展开其第一次欧洲之旅，并成为俄罗斯驻波兰、意大利和奥地利的外交大使。他参加过对瑞典人的战争，1705 年成为俄国第一位被册封的伯爵（graf）——这个彼得从欧洲引进的头衔，是俄罗斯贵族西化运动的一部分。鲍里斯属于最后一代的波雅尔（boyars），这是莫斯科公国的贵族阶层，他们的财富和权利都来源于沙皇的赏赐（由于被新晋的贵族所取代，这个阶层在彼得统治的后期消失了）。莫斯科公国并没有西方意义上的贵族——一个能与沙皇分庭抗礼的地主阶层。从 16 世纪开始，这个国家就已经扫清了地方领主的准封建权利，并将所有的贵族（dvoriane）变成了皇室的仆人（dvor）。莫斯科公国被认为是一个世袭制国家，是沙皇的个人领地，而贵族在法律上只是沙皇的"奴隶"。* 根据贡献的大小，沙皇会赐给贵族们土地和农奴，但与西方不同，这些并非是他们完全的私有财产，而且只有

---

* 直到 19 世纪，所有等级的贵族，包括伯爵和男爵，还必须在致沙皇的信件上使用格式化
的落款："你谦卑的奴隶"。——原注

在为沙皇服务时才能享有。只要被怀疑有一丝不忠，他们的爵位和领地就会被剥夺。

在 18 世纪以前，俄罗斯并不存在富丽堂皇的"贵族之家"。大多数沙皇的臣僚都住在木头制成的房子里，并不比农民的小木屋大多少，里面的家具非常简陋，用的是陶罐或者木罐。据 17 世纪 30 年代派驻俄罗斯的特使荷尔斯泰因公爵亚当·奥莱留斯描述，很少有俄国贵族睡得起羽毛床垫；相反，"他们躺在铺了垫子、稻草、席子或者衣服的长凳上，冬天则睡在炕上……跟仆人……鸡和猪（躺）在一起……"[27] 贵族们极少到他们辖下的庄园去。在沙皇广袤的帝国里，他们被四处差遣，因此既没有时间也不打算在一个地方落地生根。他们把自己的庄园看成是一种收入的来源，随时准备用来交换或者出售。比如说，图拉附近美丽的亚斯纳亚−博利尔纳庄园，在 17 世纪和 18 世纪早期就被易手过不止 20 次。在纸牌游戏和狂饮比赛中，它被同时许给不同的人，历经出借和交换、抵押和再抵押，为解决其所有权的法律纠纷持续了多年，直到 18 世纪 60 年代，沃尔孔斯基家族将它买了下来，最终作为母亲一方的遗产传给了小说家托尔斯泰。[28] 由于这种频繁的变动，贵族们极少对土地进行真正的投资，没有形成发展庄园或者建造府邸的普遍思想，也没有那些西欧自中世纪以来形成的趋势：家族领地逐渐集中在一个地方，拥有一代一代传下去的财产，以及与当地居民形成的紧密联系。

17 世纪时，莫斯科公国波雅尔的文化水平还远远落后于欧洲的贵族。奥莱留斯认为他们"是野蛮人……对于重要的自然科学和艺术（只有）一些粗糙的概念"。[29] 科林斯博士抱怨，"他们不知道如何吃煮熟的豆子和胡萝卜，只会像猪一样，连壳和皮一起嚼"。[30] 这种落后是由于俄罗斯在 1230 年左右至 15 世纪中期被蒙古人所统治。鞑靼人对波雅尔的风俗和习惯留下了深刻的影响。在西方文艺复兴时期的 300 多年里，俄罗斯和欧洲文明没有半点联系。这个

17世纪莫斯科公国制服。版画。出自亚当·奥莱留斯所著的《莫斯科公国与波斯游记》
(Hamburg: Schleswig, 1669)。

刚刚走出蒙古人统治的国家比13世纪初还要封闭，那时的基辅罗
斯，作为第一个由松散的部落联盟组成的俄罗斯国家，已经和拜占
庭建立了亲密的关系。古老的贵族家庭受到削弱，变得对莫斯科政
权更加顺服，后者的经济和军事力量是将俄罗斯从蒙古可汗手中解
放出来的关键。莫斯科公国时期（大约1550—1700年）的俄罗斯
贵族并不是欧洲人概念中的地主，他是国王的仆人。在物质文化方
面他和普通人几乎没有什么分别。他像商贩一样穿着半东方式的长
袍（kaftan）和毛皮大衣。和商人与农民一样，他通过《治家格言》
来贯彻家长的权威——这本16世纪的手册教导俄罗斯人如何用《圣
经》和桦树条来管教他们的家庭。俄罗斯贵族的态度是出了名的粗

鲁，即使像鲍里斯·舍列梅捷夫这样的权贵有时也像个粗鲁的醉汉。彼得在英国逗留期间，他的随从住在日记作者约翰·伊夫林位于肯特郡萨耶斯庄园的别墅里。在他们下榻的三个月里庄园被糟蹋得惨不忍睹——客人挖开了草坪，扯烂了窗帘，破坏了家具，还拿家族成员的画像来练习打靶——伊夫林因此不得不向俄罗斯宫廷提交一份巨额账单。[31] 大多数的贵族都不识字，其中许多人甚至连个位数的加法都不会。[32] 他们很少旅行，也很少接触那些被迫居住在莫斯科郊区一个特定区域的欧洲人，因此，对于新奇的外来事物，贵族们总是持不信任的态度。他们仍然生活在教会古老的礼制下，其历法是从创世纪的那一年（亚当出生）即公元前 5509 年 * 开始计算的。

随着彼得社会改革的开展，贵族成为俄罗斯引进西方生活方式的代表，而他们的宫殿则成为展示这种生活方式的舞台。他们的宅邸不仅仅是贵族的住所，他们的庄园也远远不止是贵族的狎戏之地或者独立的经济体：它们成为了当地的文化中心。

彼得将所有的贵族都变成沙皇的仆人，由此确立了这个近代绝对主义（欧洲）国家的基础。传统波雅尔阶层享有一些特定的权利，这些特权源于他们对土地和农奴的监护——曾经存在着一个批准沙皇法令的"波雅尔委员会"，或称杜马，直到 1711 年才由参议会代替。但是彼得手下的新贵族，其权力和特权大小完全根据他们在政府部门和军队中的位置高低。彼得制定了"官秩表"，按照贵族的职位（而不是他们的出身）排列，并且允许向为国家做出贡献的平民授勋。这种几乎军事化的等级划分对贵族的生活方式有着深远的影响。读过果戈理作品的读者会知道，俄罗斯的贵族痴迷于等级制。每一个等级（彼得的"官秩表"一共分为十四等）都有特定的服装。

---

* 1700 年彼得大帝引进了西方的历法（儒略历）。但当欧洲其他国家改用格里高列历——比儒略历早 13 天，俄罗斯仍然继续使用儒略历，直到 1918 年才废除。从时间上来说，俄罗斯帝国一直都落后于西方。——原注

从白色到黑色的裤子、从红色到蓝色的绶带、从银线到金线，或者
是简单地加一根条纹，这些仪式化的东西在贵族们秩序井然的生活
中有着重大的意义。每一个等级都有自己的贵族头衔和着装方式：
"尊贵的大人阁下"是对最高两个级别贵族的称呼，"阁下"则是对
那些第三等或者第四等贵族的称呼，依次类推。在致函其他等级时，
必须遵守严格而复杂的礼仪。对于比自己年轻的贵族，人们可以直
接就署上自己的姓氏；但是给年长的贵族，除了署上自己的姓氏，
还必须加上头衔和官爵，否则会被认为是不敬，结果可能演变成一
次丑闻或者一场决斗。[33] 按照规矩，在政府部门任职的贵族应该在
他上级家人的命名日和生日那两天上门祝贺，还包括所有的宗教节
日。在彼得堡的舞会和公开场合，长辈站着的话晚辈就不能坐，要
不然会被认为犯了严重的过失。因此，在剧院里，低级官员会一直
站在舞台的侧门，以防有高级官员在表演开始后才入场。每位官员
任何时刻都必须恪守本分。G. A. 里姆斯基-科萨科夫（作曲家 N. A. 19
里姆斯基-科萨科夫的一位远房祖先）1810 年被踢出了近卫军，因
为他在一次舞会后的晚餐上，松开了制服领子上的第一颗扣子。[34]
等级制度还表现在许多物质特权上。驿站的马匹被严格地按照旅客
的地位分配。宴会上，食物先要端给与主人一起坐在俄罗斯 P 形桌
子顶端的高等级客人，随后才端给桌子尾端的低等级客人。如果桌
子顶端的客人还要第二份，那么这道菜桌子尾端的客人根本就吃不
到了。波将金公爵有一次邀请一位小贵族来他的府邸参加晚宴，这
名客人被安排坐在桌子的尾端。事后公爵问他对食物是否满意。"非
常满意，阁下，"客人回答道，"每一道菜我都看到了。"[35]

　　舍列梅捷夫家族很快就爬到了这个新统治集团的顶端。1719 年
鲍里斯·舍列梅捷夫去世的时候，沙皇告诉舍列梅捷夫的遗孀说自
己会"像父亲一样"对待他的孩子。他唯一幸存的儿子彼得·舍列
梅捷夫是在宫廷长大的，并经过精心挑选，成为太子（彼得二世）

的少数几个伴当之一。[36] 在近卫军度过了青少年时期之后，舍列梅捷夫先后成为安娜女皇和伊丽莎白女皇的侍从。在叶卡捷琳娜二世统治时期，他成为一名参议员，并且是第一个由贵族选举产生的元帅。不像其他随着政权更替而起落的宠臣，舍列梅捷夫连续六朝留任。家族的人脉、权臣特鲁别茨科伊公爵的保护、与叶卡捷琳娜二世外交顾问尼基查·帕宁伯爵的关系，都使得舍列梅捷夫免于成为任何一位君主心血来潮的牺牲品。他是俄罗斯第一个西方意义上的独立贵族。

　　舍列梅捷夫家族的惊人财富和这种新的信任有很大的关系。拥有超过 80 万公顷的土地和超过 20 万"登记在案的农奴"（这意味着实际的农奴数量可能有 100 万），到了 1788 年彼得·舍列梅捷夫去世时，拥有广袤土地的舍列梅捷夫家族已经成为世界上最大的地主。在金钱方面，1790 年代他们的年收入大约为 63 万卢布（6.3 万英镑），这个数字同样非常可观，比英国最大的领主都要高出许多，贝特福德和德文郡的公爵、谢尔本伯爵和罗金厄姆侯爵每年的收入最多也只有大约 5 万英镑。[37] 跟大多数的贵族一样，舍列梅捷夫家族的财富主要来源于沙皇所赏赐的大量土地和农奴，作为其为国家做出贡献的回报。在俄罗斯领土大为扩张的 16 世纪和 18 世纪之间，最富有的贵族世家全都属于沙皇政府的核心，因此得到沙皇慷慨的赏赐，获得了俄罗斯南部和乌克兰的肥沃土地。他们包括舍列梅捷夫家族、斯特罗加诺夫家族、德米多夫家族、达维多夫家族、沃龙佐夫家族和尤苏波夫家族。跟 18 世纪越来越多的权贵一样，舍列梅捷夫家族也在贸易中大赚了一笔。这一百年俄罗斯的经济飞速发展，作为大片森林、造纸厂和工厂、商店以及其他城市资产的主人，舍列梅捷夫家族获得了巨额的利润。到了 18 世纪末期，除了罗曼诺夫家族以外，舍列梅捷夫家族的富有程度几乎是其他任何俄罗斯贵族的两倍。这部分是因为，大多数的俄罗斯贵族都将家产分给所

有的儿子（有时甚至还包括女儿），而舍列梅捷夫家族则将大部分
财产传给他的首位男性继承人。联姻也是舍列梅捷夫家族成为顶级
富豪的一个关键因素——特别是1743年彼得·舍列梅捷夫和瓦尔
瓦拉·切尔卡斯卡娅那令人瞩目的婚姻，瓦尔瓦拉是另外一个极为
富有的家族的女继承人，通过这桩婚事，舍列梅捷夫家族获得了莫
斯科郊外美丽的奥斯坦基诺庄园（Ostankino）。18世纪下半叶，他
们的儿子尼古拉·彼得罗维奇（首位经营俄罗斯剧院的伟大人物）
在这座庄园上投入了巨额的资金，使奥斯坦基诺成为舍列梅捷夫家
族王冠上的一颗明珠。

　　舍列梅捷夫家族将大量的金钱花在他们的豪宅上——常常比他
们的收入还要多，因此到了19世纪中期，他们已经背负了几百万
卢布的债务。[38]大肆挥霍成为俄罗斯贵族阶层一个显著的弱点。部
分是由于愚蠢，另一部分原因是这个阶层无需多少努力便可快速获
取财富的习惯。这些财富多半以沙皇赏赐的形式出现，目的是为了
创建一个可与凡尔赛或者波茨坦相媲美的超级宫廷。为了在这种以
宫廷为核心的文化竞争中取得成功，贵族需要一种极奢华的生活方 21
式。华丽的宫殿、进口的艺术品和家具、大肆铺张的欧式舞会和宴会，
这些成为贵族等级和地位的重要象征，并且可能使他们在宫中获得
沙皇的青睐和提拔。

　　舍列梅捷夫家族的很大一部分支出用在为数众多的家奴身上。
这个家族拥有一大批穿着制服的听差。单单是喷泉宫就有340名仆
人，每一道门上都站一个亲随；而所有的房子加起来，舍列梅捷夫
家族的家奴远远超过1000人。[39]前簇后拥是一个存在大量农奴的
国家的奢侈享受。跟它一比较，即便是最显赫的英国家庭所拥有的
仆人数目也少得可怜：在1840年代，德文郡公爵的查茨沃斯庄园
里只有18名家仆。[40]外国人总是惊讶于俄罗斯宫廷的仆人之多。
即使身为法国大使，塞居尔伯爵也为一座私人宅邸可以拥有500名

仆人而感到吃惊。[41] 拥有大量的仆人是俄罗斯贵族一个与众不同的弱点——也许是导致他们最终灭亡的一个原因。即使是外省的中等贵族家庭也会雇用超过他们财力的大量仆人。莫斯科地区的一位小公务员德米特里·斯韦别耶夫回忆说，他的父亲在 1800 年代拥有 1 辆英国马车，配有 6 匹丹麦马、4 名马车夫、2 名御马夫和 2 名穿制服的侍从，而这些仅仅是为了他每年短期的莫斯科之旅。家族的庄园里有 2 名厨师、1 名男仆和 1 名助手，1 名管家和 4 名门卫，1 名私人理发师和 2 名裁缝、6 名侍女、5 名洗衣妇、8 名园丁、16 名厨房杂工和其他各类工作人员。[42] 梁赞省的中等贵族谢利瓦诺夫，祖上在 1740 年代曾在宫廷服侍过，直到 1810 年代他们家里还延续着宫里的那一套规矩。他们雇用了数量惊人的仆人——其中有 80 个身穿墨绿色制服的侍从，头戴扑了粉的假发，脚上蹬着马尾毛编成的特制鞋子，被吩咐要倒退着走出房间。[43]

在舍列梅捷夫家里，衣服是另一笔很大的花销。尼古拉·彼得罗维奇跟他的父亲一样，是欧洲大陆时尚的坚定追随者，他每年花在进口服装布料上的钱相当于几千英镑。一份 1806 年的衣橱清单显示他拥有至少 37 种不同类型的宫廷服装，所有这些服装都用金线缝制，或是墨绿色或者深棕色的羊绒，或是当时流行颜色的其他编织品。单排扣的燕尾服有 10 套，双排扣的 18 套；54 件大礼服；2 件白皮大衣，一件用北极熊的毛皮制成，另外一件则是雪狼；6 件棕皮大衣，17 件羊毛夹克，119 条裤子（53 件白色的，48 件黑色的），14 件丝绸睡衣，2 件用于化装舞会的粉红色塔夫绸面具斗篷，2 套衬有蓝色和黑色绸缎的黑色塔夫绸威尼斯套装，39 件绣有金线和银线的法国丝绸长袍，8 件天鹅绒长袍（其中一件是淡紫色，上面有黄色的斑点），63 件马甲、42 条围巾、82 双手套、23 顶三角帽、9 双靴子和超过 60 双鞋子。[44]

娱乐上也没少花钱。舍列梅捷夫家本身就是一个小宫廷。他们

家在莫斯科主要的两座庄园——奥斯坦基诺和库斯科沃——都以奢
华的娱乐项目著称，有音乐会、歌剧、烟火和招待几千名客人的舞
会。舍列梅捷夫家非常好客，简直毫无限度。俄罗斯的贵族有在吃
饭时间敞开大门的风俗，而喷泉宫在遵守这种传统时相当慷慨，午
饭和晚饭经常会有 50 名客人。常在那里用餐的作家伊凡·克雷洛
夫回忆说，有一个客人根本谁都不认识，却连续几年在那里蹭饭。"记
在舍列梅捷夫账上"成了俄语一个约定俗成的短语，意思就是"免
费招待"。[45]

　　几乎所有舍列梅捷夫家的东西都从欧洲进口。即便是那些俄罗
斯随处可见的基本物品（橡木、纸张、粮食、蘑菇、奶酪和黄油），
也是国外的好，虽然要花更多的钱。档案馆保存着彼得·舍列梅捷
夫在 1770—1788 年间购买外国物品的购物清单。他通过圣彼得堡
的外国商人，或者是一些特别委托的代理人为他进口货物。衣服、
珠宝和布料直接从巴黎、通常是凡尔赛的裁缝手里购买，葡萄酒来
自波尔多，巧克力、烟草、食品杂货、咖啡、糖果和乳制品来自阿
姆斯特丹，啤酒、狗和马车则来自英国。这里有一份舍列梅捷夫的
购物清单：

　　　　柔和材料制成的长衫   23
　　　　用金线和珍珠缝制的女式背心
　　　　丝绸制成的深褐色长袍和裤子，配上黄色的女式背心
　　　　两侧镶上蓝边的红色棉布长袍
　　　　用金线缝制的蓝色女式丝绸背心
　　　　用布料缝制的长袍和裤子，配上用金线和银线缝制的木莓
　　色女式丝绸背心
　　　　巧克力色的长袍和裤子，配上绿色的女式丝绒背心
　　　　黑色天鹅绒大礼服

带有斑点和 24 颗银扣的黑色天鹅绒燕尾服

2 件用金线和银线缝制的单珠地女式背心

7 阿尔申[*]的法国丝绸，用于制作女式背心

24 对用于制作睡衣的花边袖口

12 阿尔申用于制作裤子的黑色面料，3 阿尔申的各类黑色天鹅绒丝带

150 磅上等烟草

60 磅普通烟草

36 罐发蜡

72 瓶糖浆

金黄色鼻烟壶

2 桶扁豆

2 磅香草

60 磅松露油

200 磅意大利通心粉

240 磅帕尔玛干酪

150 瓶腌凤尾鱼

12 磅马提尼克（Martinique）咖啡

24 磅黑胡椒

20 磅白胡椒

6 磅小豆蔻

80 磅葡萄干

160 磅无籽葡萄干

12 瓶英国干芥末

各种火腿和培根、香肠

---

* 1 阿尔申（arshin）相当于 71 厘米。——原注

　　做牛奶冻的模具

　　600 瓶勃艮第白葡萄酒

　　600 瓶勃艮第红葡萄酒

　　200 瓶起泡香槟酒

　　100 瓶不起泡的香槟酒

　　100 瓶玫瑰香槟酒。[46]

　　如果说鲍里斯·舍列梅捷夫是最后一名传统波雅尔，那么他的儿子彼得也许就是第一位俄罗斯欧式绅士，且绝对是最显赫的。没有什么比建造一座欧式的宫殿更能清楚地展示一位贵族从莫斯科公国波雅尔向俄罗斯贵族的转变。在宫殿那壮观的屋顶之下，是欧洲艺术的大集合。它的沙龙和舞厅仿佛是一个舞台，贵族们轮番表演各自的仪态风度以及欧洲做派。但贵族的宫殿不仅仅是一座建筑或者社交的场合，它被认为是一股文明的力量，是俄罗斯这块充满乡土气的沙漠上的欧洲文化绿洲，而它的建筑、绘画和藏书，它的农奴乐团和歌剧，它风景如画的庭园和堪称模范的农场，都被用来作为一种公众启蒙的手段。从这个意义上来说，宫殿就是彼得堡本身的反映。

　　如同俄罗斯这个国家，喷泉宫原来是用木头建造的，是鲍里斯·舍列梅捷夫在晚年匆忙建成的一座单层乡间别墅。18 世纪 40 年代彼得·舍列梅捷夫以石头重新扩建。这个时期正是圣彼得堡宫殿建造热潮的开始，此前伊丽莎白女皇下令在那里修筑自己的大型皇家宫殿，如我们现在知道的丰坦卡河畔的夏宫（1741—1744）、皇村的叶卡捷琳娜宫（1749—1752）以及冬宫（1754—1762）。所有这些巴洛克式的建筑杰作都出自意大利建筑师巴尔托洛梅奥·拉斯特雷利之手，16 岁那年来到俄罗斯的他，出色地将意大利和俄罗斯两种巴洛克风格完美融合，使之成为圣彼得堡特有的一种风格。

位于奥斯坦基诺的舍列梅捷夫家族剧院。照片版权所有者：威廉·C·布伦菲尔德。

不同于欧洲的巴洛克宫殿，这里的建筑以宏大的规模、丰富的形式和大胆的色彩闻名，喷泉宫就是其代表。这座宫殿可能正是拉斯特雷利本人设计的；确切地说，拉斯特雷利在皇村的主要助手萨瓦·切瓦金斯基负责监督整座建筑的施工，他是来自特维尔的一个小贵族，毕业于海军学校，后来成为俄罗斯第一位杰出的建筑师。古典风格的外墙上装饰着华丽的狮子头像和军徽，宣扬舍列梅捷夫家族的煊赫荣耀，铁制围栏和各道大门也延续着同样的主题。宫殿后面是巨大的花园，令人想起皇村的庭园，道路两旁立着从意大利运来的大理石雕像、英格兰式的人工岩洞和一座中式凉亭，更有趣的是还有几座喷泉，以显得与宫殿的名字相符。[47]

　　喷泉宫内部是典型的欧式装潢，雕像、浮雕、家具都反映了一种极为奢华的品位。（来自法国的）墙纸刚刚时兴，第一次在俄罗斯的使用似乎就是在这里。[48]彼得·舍列梅捷夫是一位时尚弄潮儿，房子几乎每年都要重新装修。楼上是一个宏大的接待厅，有镶木地板和挑高的壁画天顶，用于举办舞会和音乐会。一侧是清一色的落地窗，可以眺望河面，另一侧是一面面巨大的镜子和缀着金叶的烛台，这种设计收效奇佳，使房间显得异常透亮。宫殿的侧楼有一个特别建造的小教堂，安放着几尊珍贵的圣像；楼上走廊展示着一系列绘画作品，另有一个珍品古玩博物馆，一个藏书近 2 万册（其中大部分是法文书）的图书馆，由农奴艺术家创作的家族和皇室肖像的画廊，以及舍列梅捷夫家族大量购买的欧洲油画藏品，其中不乏拉斐尔、凡·戴克、柯勒乔、委罗内塞、贝内特和伦勃朗的作品。今天它们被收藏在冬宫的艾尔米塔什博物馆。[49]

　　区区一座喷泉宫显然不能满足舍列梅捷夫家族，他们又建造了两座甚至更加奢侈的宫殿，一座在库斯科沃，一座在莫斯科西郊的奥斯坦基诺。位于莫斯科南部的库斯科沃庄园，尽管其简朴的木式建筑给人一种农家大院的感觉，却有着宏伟的构想。房子的前面是一望无际的人工湖，足以模拟一场海战并容纳 5 万名观众；收藏有几百幅画的博物馆、各式各样的凉亭和人造岩洞，一个用于夏季演出的露天剧院，以及一个规模更大的室内剧院（18 世纪 80 年代刚建成时，它是俄罗斯最先进的剧院），可以容纳 150 位观众，舞台纵深足以应付法国大歌剧中的场景变换。[50] 尼古拉·彼得罗维奇将　26
舍列梅捷夫家的歌剧事业带到顶峰，1789 年库斯科沃的室内剧院烧毁之后，他又在奥斯坦基诺重新建造了一座。奥斯坦基诺剧院可以容纳 260 名观众，比库斯科沃那一座还要大，技术设备也要复杂许多；它的特殊配置可以将剧场的正厅覆上一层地板，使其瞬时化身为舞厅。

第三节

　　贵族的文明是以数以百万农奴手工艺者的劳动为基础的。俄罗斯在技术方面的任何匮乏，都为无限供应的廉价劳力所弥补，甚至有过之而无不及。冬宫的壮丽辉煌使游客叹为观止：那一望无尽的镶花金叶地板，华丽的地毯和浮雕，那比头发还要细的丝线所做的丝织品，装着雕有童话故事场景的宝石的微型盒子，或者是孔雀石上错综复杂的镶嵌工艺。这一切都是许多年来无名的农奴艺术家不为人知的劳动成果。

　　农奴对舍列梅捷夫家的宫殿和艺术来说必不可少。每年在舍列梅捷夫家的 20 万农奴中，都有几百名幸运儿脱颖而出，被培训成艺术工作者——建筑师和雕刻家、家具制造工、装饰画工、镀金工、刻版工、园艺师、舞台技师，以及演员、歌手和音乐家。为了掌握工艺，这些农奴多被送往国外或者宫中。但是技术的有限可以用庞大的数量来弥补。在库斯科沃有一支铜管乐队，为了节约训练的时间，每一位乐手都只学习吹奏一个音符。乐手的人数取决于一首曲子中不同音符的数量，他们只为那属于他们的一刻发声。[51]

阿尔古诺夫一族在俄罗斯艺术的发展中扮演着重要角色，他们全都是舍列梅捷夫家的农奴。费多·阿尔古诺夫，作为建筑师和雕塑家，设计和建造了喷泉宫的多数大厅。他的兄弟伊凡·阿尔古诺夫向宫廷画家格奥尔格·格洛特学画，迅速成名，成为俄罗斯首屈一指的肖像画家。1759 年，他为未来的叶卡捷琳娜二世画了一幅肖像画，在那个皇室画像首选欧洲画家的年代，这是一种罕见的荣耀。伊凡的大儿子巴维尔·阿尔古诺夫是建筑师，在奥斯坦金诺和喷泉宫与夸伦吉（著名的意大利建筑师）一起工作。伊凡的小儿子，雅科夫·阿尔古诺夫，因其 1812 年为亚历山大一世画的肖像画而著名。但是阿尔古诺夫三兄弟中最有名的还是老二尼古拉，他毫无疑问是 19 世纪俄罗斯最出色的画家之一。[52]

这些搞艺术创作的农奴，处境既复杂又微妙。其中有些得到他们主人极大的推崇和奖励。在舍列梅捷夫家，工资最高的是那些被看好的厨师和歌手。18 世纪 90 年代，尼古拉·彼得罗维奇每年付给他的厨师 850 卢布（是其英国贵族家中同行薪水的 4 倍），而他最优秀的歌剧演唱家的年薪是 1500 卢布。但是其他农奴艺术家的工资则少得可怜：掌管喷泉宫所有艺术事务的伊凡·阿尔古诺夫，每年只能拿到 40 卢布。[53] 农奴艺术家比其他仆人地位要高。他们的吃住环境较好，而且能够作为自由艺术家，时不时为宫廷、教堂或者其他的贵族工作，赚取佣金。然而，跟所有农奴一样，他们是主人的财产，也会像其他人一样挨主人的鞭子。对那些渴望自主的艺术家来说，这样的奴役是一种可怕的障碍。伊凡·阿尔古诺夫作为喷泉宫的艺术总管，他得监督宫殿内部设计装潢的翻新，组织假面舞会和化装舞会，为戏剧演出画布景，还要组织烟火表演。没完没了的琐碎家务永远等着他。为了替主人跑腿，他常常得中断自己的艺术事业，稍有差错还会遭到罚款，甚至挨打。伊凡到死都是一名农奴，但是他的儿子们终获解放。根据尼古拉·彼得罗维奇的遗

28

愿，22 名家奴在 1809 年获得人身自由，其中包括尼古拉和雅科夫·阿尔古诺夫。9 年以后，尼古拉·阿尔古诺夫被选入皇家美术学院，成为俄罗斯第一位农奴出身而获得国家荣誉的艺术家。[54]

阿尔古诺夫最令人难忘的一幅肖像画，其主人公是另外一位舍列梅捷夫家的前农奴：普拉斯科维娅·舍列梅捷夫伯爵夫人。阿尔古诺夫画笔下的她，围着红色的披肩，脖子上挂着丈夫尼古拉·彼得罗维奇闪闪发亮的相片吊坠。在这幅肖像画绘制的时候（1802），伯爵和他的奴隶、他的歌剧女主角结婚的事还瞒着公众和宫廷，直到她去世后才曝光。阿尔古诺夫凭借这幅有预见性的动人画像传达出他们人生的悲剧性。这不是一般的爱情故事，我们将看到的，是一个富有艺术天分的奴隶所遭受的困境，以及整个社会的道德成见。

普拉斯科维娅生于一个农奴之家，位于舍列梅捷夫在雅罗斯拉夫尔省尤赫迪斯科（Yukhotsk）地区的庄园。她的父亲和祖父都是铁匠，所以他们家就获得了库兹涅佐夫这个姓氏（Kuznetsov，意为 "铁匠"），尽管所有的农奴都叫她的父亲伊凡为 "驼背佬"。18 世纪 70 年代中期，伊凡成为库斯科沃的首席铁匠，他们家获得了属于自己的一座木头房子和房子后面的一大块菜地。伊凡将他头两个儿子送去学习裁缝，第三个儿子则成为舍列梅捷夫乐团的一名乐手。当时普拉斯科维娅的美貌和嗓音已经非常出名，彼得·舍列梅捷夫让她学唱歌剧。普拉斯科维娅掌握了意大利语和法语，这两种语言她都能够流利地说和写。而传授她歌唱、表演和舞蹈技巧的是这个国家最顶尖的教师。1779 年，她 17 岁，人生第一次登台，于安德烈·格雷特里的喜剧《友谊的考验》在俄罗斯的首演中扮演女仆。接着，不到一年，她就在安东尼奥·萨契尼的歌剧《殖民地》中扮演贝琳达，那是她的首次主演。[55] 从那时起，几乎所有女主角非她莫属。普拉斯科维娅拥有一副唱女高音的好嗓子，吐字清晰，音域

29

又广。舍列梅捷夫家的歌剧团在18世纪最后20年里崛起并在整个俄罗斯占主导地位，与普拉斯科维娅的广受欢迎密不可分。她是俄罗斯第一位真正的超级巨星。

普拉斯科维娅与伯爵的罗曼史原本完全可以是一部喜剧。18世纪的舞台充斥着女仆爱上年轻潇洒的贵族公子的故事。普拉斯科维娅自己就曾经扮演过《阿纽塔》中的年轻女奴，在这部广受欢迎的歌剧中，美丽的女主角由于出身卑微而无法嫁给王子。尼古拉·彼得罗维奇并不漂亮也不潇洒，这是事实。他几乎比普拉斯科维娅大20岁，又矮又胖，长期受病痛折磨使他患上抑郁症和强迫症。[56]但他是一位浪漫的人，对艺术的感知极其敏锐，并且他和普拉斯科维娅都很喜欢音乐。看着普拉斯科维娅在他的庄园里从一个小姑娘成长为他歌剧团的女主角，他认为她的精神之美不亚于她的容貌。他爱上了她。"我对她怀有最温柔和最热烈的感情，"他在1809年写道，

> 但是我苦苦思索，想知道这究竟是在追求肉体的愉悦，还是在形体之美以外，渴望一种对思想和灵魂的滋润。我发现自己对灵与肉的渴求更胜于一般的友情，于是我对所爱之人的品性进行了长期的观察。她洁身自好，真挚、有爱心、坚贞而且忠诚。她对上帝有神圣且真诚的信仰。这些品质比她的美貌更加让我着迷，因为它们比所有外在美都要强大，而且极为珍稀。[57]

这桩罗曼史的开端却并非他写的那样。年轻的伯爵喜欢打猎和追求年轻女孩；直到1788年父亲去世，他开始管理家族的庄园时为止，尼古拉·彼得罗维奇的大部分时间都花在追求这些感官刺激上。这位年轻的老爷经常声称他对这些农奴女孩拥有"特权"。白天，

当女孩们在工作时，他会在庄园里她们的房间那儿转来转去，往他看中的女孩屋里扔手帕。晚上他就会来找她，临走前再让她交还手帕。1784 年一个夏天的傍晚，普拉斯科维娅正赶着她父亲的两头牛到河边，却被几条恶狗盯上。适逢打猎归来的伯爵骑马经过，他把狗喝住，走近普拉斯科维娅。他已经听说她的父亲打算把她嫁给一位当地的护林人。那一年她 16 岁——对于一名农奴女孩来说，这个年龄出嫁算是晚的了。伯爵问她是否有这件事，当她回以肯定时，伯爵说他将禁止这桩婚姻。"这不是你应有的命运！今天你是农民，但明天你会成为一位夫人！"说完，伯爵转头骑马就走。[58]

我们并不确切知道伯爵和普拉斯科维娅何时成为事实上的"丈夫和妻子"。刚开始，她只是获得主人青睐的众多女歌手中的一个。伯爵用珠宝来命名他最喜欢的歌手和舞蹈演员——"祖母绿"（科瓦列娃）、"石榴石"（什利科娃）、"珍珠"（普拉斯科维娅）——并且送给她们大量贵重的礼物和奖金。在给自己会计的信中，舍列梅捷夫称其为"我家的女孩"。她们经常陪伴在伯爵左右，冬天跟随他去圣彼得堡，夏天再一起返回库斯科沃。[59]一切都表明她们是伯爵的女人——需要提到一点，在和普拉斯科维娅结婚之前，他把其他女孩都嫁了出去并给了她们嫁妆。[60]

将女奴收房在 18 世纪和 19 世纪早期是非常普遍的做法。讽刺的是，在俄罗斯的贵族中，这被视为一种欧式礼仪和文明的标志。她们中的一些，像舍列梅捷夫家的，享受着礼物和各种赞助；但是其他人却只能生活在地主老爷的绝对权力阴影下。谢尔盖·阿克萨科夫在他的《家族纪事》（1856）中，讲述了一个远房亲戚的故事：此人在他的女奴中建起了一个后宫：任何反对的人，包括他自己的妻子，都被痛打一顿或关禁闭。[61]这类行为在 19 世纪的回忆录中比比皆是。[62]其中最为详细和有趣的故事来自雅努阿琉斯·涅维洛娃的笔下，她的父亲曾是年过八旬的老贵族彼得·科舒卡洛夫的庄园管事。老贵族家中有一个特别设置的角落，男性不得涉足，12 名到 15 名最漂亮的年轻女奴在此与世隔绝，由一位名叫娜塔莉亚·伊凡诺夫娜的大管家管理。娜塔莉亚曾是科舒卡洛夫的情妇，并为他生了 7 个儿子。主人的房间就在这后宫之中。他上床的时候，所有的女孩都陪伴着他，和他一起祷告，并将她们的垫子铺在他的床周围。其中的一个会帮主人脱衣服，伺候他上床，并给所有人念一个神话故事。之后，他们共度良宵。早晨起来，科舒卡洛夫穿上衣服，祷告，喝一杯茶，享受他的烟斗，然后就会开始他的"惩罚"。那些不听话的姑娘，或者仅仅为了他的乐趣，会被用桦树枝鞭打，或者扇耳光；其他人则要像狗一样在地上爬。这些嗜虐的暴力是科舒卡洛夫性"游戏"的一部分，但是它也有管教和震慑的作用。一位女孩被指控与一位男仆私通，先是在仓库里被关了一整个月，然后当着所有农奴的面和她的爱人一起被鞭打，直到行刑者筋疲力尽，而这两个人则被打得血肉模糊。尽管如此残暴，科舒卡洛夫却花很大的心血培养他的女孩子。她们都能读会写，其中一些人还懂法语；涅维洛娃甚至能背诵普希金的《巴赫奇萨赖的泪泉》。她们身着欧式服装，上教堂时坐在特定的地方。当她们在后宫的位置被更年轻的女孩取代时，她们会被嫁给主人的农奴猎手（他们是主人男仆中的精英），并且都有一份自己的嫁妆。[63]

到了 18 世纪 90 年代初，普拉斯科维娅已经成为舍列梅捷夫未公开的妻子。吸引他的不再仅仅是肉体的愉悦，就像他所说的，还包括她那美丽的心灵。接下来的 10 年里，伯爵将在对她的爱和他自己崇高的社会地位之间痛苦徘徊。他觉得不娶普拉斯科维娅是不道德的，但是贵族的傲气却不允许他这么做。在 18 世纪注重身份的俄罗斯贵族阶层中，和农奴结婚是一件极为罕见的事情——尽管这在 19 世纪会变得相对普遍——并且对一位像他这样显赫的权贵来说，是无法想象的。甚至无法确定，如果他娶了普拉斯科维娅，他们生下的孩子是不是合法继承人。

伯爵的两难境地是许多喜歌剧中贵族所面临的问题。尼古拉·彼得罗维奇是一个多愁善感的人，在18世纪的最后20年，这种情感席卷了整个俄罗斯。他监制的许多作品都反映了社会习俗和自然感情之间的各种斗争。其中一部是伏尔泰的《纳尼娜》(1749)，在这部作品中，男主角奥尔本伯爵爱上了他可怜的被监护人，被迫在自己的浪漫感情和社会习俗之间做出选择，后者禁止他与地位卑微的女孩结婚。最终他选择了爱情。由于他的境况和这部剧是如此相似，尼古拉·彼得罗维奇将纳尼娜的角色给了安娜·伊祖姆多娃，尽管普拉斯科维娅是当时的首席女演员。[64] 在剧院里，观众为这对地位不平等的情侣叹息不已，并为这类反映基本的启蒙思想的作品叫好：所有人都是平等的。但在实际生活中，他们并不这么认为。

普拉斯科维娅和伯爵的秘密关系让她的处境难以忍受。在他们私通的头几年里，她仍然和其他农奴一起住在库斯科沃。但是纸包不住火，她的同伴都知道了他们的关系，她们为她的特殊地位感到愤怒并恶语相向。而她的家人试图从这种关系中获得好处，当她不能满足他们的要求时，后者便诅咒她。与此同时，伯爵也在考虑离开她。他会跟她解释他必须对家庭尽责、不得不娶一名地位相当的女子，而她则会百般压抑内心的痛苦折磨，静静地听着，只在他离去后才任凭泪水潸然。为了使普拉斯科维娅和自己免被恶毒的流言中伤，伯爵特意在主宅附近建造了一座简单的木制别墅，这样他就能够秘密地造访她。她不得见任何人，除了剧院或者教堂哪儿也不能去，只能靠弹大键琴或者做针线活来消磨时间。但是这并不能阻止农奴们的流言蜚语在莫斯科流传开来：客人们会来她的房子附近窥探，有时甚至会嘲讽这位"农民新娘"。[65] 对于伯爵来说，这足以使他放弃库斯科沃。在1794—1795年间，他搬进了奥斯坦基诺

33

的新宫，在这里，他可以为普拉斯科维娅提供更加奢侈也更加私密的住处。

　　然而，即使在奥斯坦基诺，普拉斯科维娅的处境也极为困难。她不仅被农奴所憎恨，还为社会所唾弃。只有凭借坚强的性格，她才能维持自己的尊严。极具象征意味的是，她那些最伟大的角色往往都是悲剧的女主角。1797 年 4 月，新登基的保罗一世驾临奥斯坦基诺，为了欢迎他上演了《萨姆奈特人的婚姻》，其中的伊莲娜一角便是普拉斯科维娅最为出色的演出。[66] 格雷特里的这部歌剧写的就是她的故事。在这个萨姆奈特人的部落里，女子被禁止向男子表达爱慕之情。伊莲娜打破了这种规定，宣告了自己对武士帕尔梅诺的感情，可帕尔梅诺既不愿意也不能够娶她。她遭到萨姆奈特酋长严厉的谴责并被逐出部落。于是她乔装打扮成一名士兵，参加了帕尔梅诺对罗马人的战斗。在战斗中一位士兵救了萨姆奈特酋长一命。胜利后，萨姆奈特部队返回家乡，酋长下令必须找到这位不知名的士兵。原来就是伊莲娜。她英雄般的事迹最后征服了帕尔梅诺，他无视部落的习俗，宣布自己爱她。这却是普拉斯科维娅的最后一次登台。

　　在《萨姆奈特人的婚姻》演出之前，保罗一世召见了尼古拉·彼得罗维奇。伯爵是沙皇的一位老朋友。舍列梅捷夫家位于米里纳亚大街（Millionaia Street）的房子离冬宫只有一箭之遥，伯爵在那里长大，小时候他经常去拜访保罗，保罗比他小 3 岁且非常喜欢他。1782 年他陪伴未来的沙皇和他的妻子微服出游。保罗脾气暴躁又十分严厉，大多数贵族与他疏远，而舍列梅捷夫是少数几位与他相处得来的显贵之一。保罗于 1796 年登基，他随即任命舍列梅捷夫为高级内臣，掌管宫廷。伯爵对服务于朝廷一点兴趣也没有——吸引他的是莫斯科和艺术——但他别无选择。他搬到了彼得堡，住进了喷泉宫。正是在这个时期普拉斯科维娅的病第一次发作。症状非常　　34

明显：肺结核。她的歌唱事业现在结束了，生活的天地仅限于喷泉宫的一个私密房间，那里和接待外人的大厅完全隔离开来，是特意为她所建的。

　　普拉斯科维娅被困在喷泉宫并非仅仅由于她的病。关于一个农奴女孩住在宫殿里的谣言甚嚣尘上。自尊自重的人当然不会提及，但是大家都心知肚明。当伯爵首次来到彼得堡时，大家很自然地以为他会带上夫人。"各式各样的传闻，"他的朋友谢尔巴托夫公爵写信说，"这座城市已经给你结了十几次婚了，因此我认为如果得见伯爵夫人偕同光临，将是一件令人高兴的事。"[67] 可以想见，当贵族们发现这位最为抢手的单身汉居然将自己浪费在一个女奴身上时，是如何的失望、愤怒和被辜负。在他们看来，伯爵居然和农奴一起像夫妻那样生活，这简直就是背叛——特别是考虑到下面这个事实（这件事后来成了一个传奇般的故事），那就是叶卡捷琳娜二世曾经试图撮合他和她的孙女，女大公亚历珊德拉·帕夫洛夫娜，而他拒绝了。上流社会容不下他，舍列梅捷夫家族与他断绝关系，陷入了财产继承的纷争。喷泉宫的接待大厅一片萧然，仅剩下那些儿时的忠实朋友，例如谢尔巴托夫公爵，或者是艺术家，像诗人德尔扎文和建筑师夸伦吉，这些人超越了社会的势利偏见。保罗一世也在其中。好几次他隐瞒身份从喷泉宫的后门溜进来，不是探望生病的伯爵，就是来听普拉斯科维娅唱歌。1797年2月，她在喷泉宫的音乐厅里举办了一场小型音乐会，参加者有沙皇和几位亲密的朋友。保罗为普拉斯科维娅的演唱所倾倒，并将自己手上戴的一枚钻石戒指赠送给她，就是阿尔古诺夫画像上她戴着的那枚。[68]

　　部分原因是沙皇在精神上的支持，伯爵决定蔑视社会习俗，迎娶普拉斯科维娅做自己的合法妻子。一直以来，尼古拉·彼得罗维奇都相信舍列梅捷夫家族和其他的贵族不同，在社会一般水准之上，他这种傲慢的态度无疑激起了社会上某些人的反感。[69] 1801年伯

35

爵给了普拉斯科维娅自由身，并最终于11月6日在莫斯科郊外波瓦斯卡亚（Povarskaya）的一处小小的乡村教堂里，与她举行了秘密的结婚仪式。谢尔巴托夫公爵、几位密友以及仆人是这场婚礼唯一的见证者。一场无声无息的婚事，他们的结婚证书淹没在当地的教区档案里，直到1905年才被发现。[70]

一年后儿子德米特里出生，他跟父亲一样，都在喷泉宫的私人礼拜堂里受洗。但是生产使普拉斯科维娅的身体更加虚弱，再加上严重的肺结核，挣扎了三个星期的她最终还是撒手人寰。6年之后，仍然处于悲痛之中的伯爵，在给儿子的遗嘱中回顾了妻子的死：

> 你的母亲很容易就怀上了你，这应是一个好的开始；她会毫无痛苦地将你带到这个世界来，她的身体也不会因为生产而变得虚弱，而我作为父亲将获得至高的喜悦。但是，我最亲爱的儿子，你必须知道，我还没来得及感受这种快乐，还没来得及轻吻你那娇嫩的脸庞，你的母亲就被病魔击倒，她的死使我瞬间由天堂掉进地狱。我向上帝奉上最迫切的祈祷，希望能挽回她的生命；我召集了专家和医生，希望能让她恢复健康。但第一个到来的医生无视我一再的请求，冷血地拒绝提供帮助。她的性命危在旦夕，其他人竭尽所能，用尽了各种方法，但是都无力回天。我的痛苦和悲伤几乎也使我随她而去。[71]

就在他生命中最为绝望的时刻，整个彼得堡的上流社会都抛弃了他。他公布了普拉斯科维娅的死讯，着手准备葬礼，并且根据东正教的传统，留有时间让客人在盖棺之前来喷泉宫瞻仰她的遗容。[72]然而只有很少的人到来，以至于习俗规定的三天实际上缩短为区区5个小时。送葬的人也很少，一张单子就可以列完——他们全程参加了葬礼并且一直护送灵柩从喷泉宫到亚历山大·涅夫斯 36

基修道院，她就葬在伯爵父亲的旁边。在场的人有普拉斯科维娅的密友，主要是歌剧院的农奴演员；一些喷泉宫的仆人，他们是她人生最后几年唯一接触的人；一两位教堂职员；普拉斯科维娅的忏悔神父；建筑师贾科莫·夸伦吉；还有几位伯爵的贵族朋友。皇室没有来人（保罗一世已于 1801 年被暗杀）；几个古老的贵族家族也没有；而所有的一切中最让人震惊的，可能是舍列梅捷夫家族也没有一个人来。[73] 伯爵伤透了心，这在 6 年之后仍是如此苦涩。

> 我以为我的朋友们喜欢我、尊敬我、和我一起共享快乐时光，但是当我的妻子死去，我极度绝望的时候，我发现没有人来安慰我，也没有人来分担我的哀愁。我体会到了人间的残酷。在她的遗体下葬时，那些自称是我的朋友的人，没有任何人对这件悲伤的事情表现出一丝一毫的感情，或者是履行一名基督徒的护灵责任。[74]

极度悲伤的伯爵辞去了宫廷的职位，背离上流社会回到了乡下，为了纪念妻子，他晚年献身于宗教研究和慈善事业。我们很容易得出结论说，他是带着些许悔恨甚至是内疚的心理去做这些事的，也许是想要对普拉斯科维娅所属的农奴阶层做出补偿。他解放了他最喜爱的几十个家奴，花费大量的金钱建造乡村学校和医院，建立起护理孤儿的信托基金，资助修道院，使它们在农作物歉收时分给农民粮食，降低庄园上农奴的税赋。[75] 然而，他最宏大的计划，是以普拉斯卡维亚的名义在莫斯科郊外建立一座救济院，即舍列梅捷夫医院（the Strannoprimnyi Dom），在 1803 年的当时，这座救济院从某种意义上说，是俄罗斯帝国最大的公立医院，拥有男女病房各16 间。他如此写道："我妻子的死使我震惊不已，只有全副身心地投入完成她关心穷人和病人的遗愿，这样我才能感到心安。"[76] 好

多年来，这位悲伤的伯爵都会微服离开喷泉宫，走到彼得堡的大街 37
上向穷人发钱。[77] 他死于 1809 年，他是全俄罗斯最富有，无疑也
是最孤独的贵族。在他写给儿子的遗嘱中，他几乎彻底地拒斥了自
己一生成就所体现的文明。"我对稀有事物的爱好和热情，"

> 不过是一种虚荣的展示，就像我希望用人们从未见过或者
> 听过的东西来吸引他们的注意一样……我已经意识到，这种一
> 时的辉煌只能带来瞬间的满足感，然后就会从我同时代人的眼
> 前消失。它在心灵上几乎没有留下一点烙印。这一切到底是为
> 了什么？[78]

普拉斯科维娅死后，伯爵向新沙皇亚历山大一世写了封信，告
诉他自己结婚的事，并（成功地）恳求他承认德米特里作为自己唯
一合法继承人的权利。[79] 他说自己的妻子只是铁匠库兹涅佐夫的养
女，她实际是一个古老的波兰贵族之女，即西部省份的科瓦列夫斯
基家族。[80] 这样的编造，一方面，是为了使德米特里从众多他与女
奴的私生子中脱颖而出（从提出财产要求的人数看来，比他年长的
一共有 6 个）。[81] 然而整件事和一部喜歌剧出奇地相似——它根本
就是《阿纽塔》的结局。剧中爱上了贵族的女仆，原来就是贵族出身，
只不过当初被地位卑微的养父母所领养罢了。因此，她最终得偿所
愿。看来，伯爵似乎想给自己的人生来个艺术创作式的收尾。

普拉斯科维娅天赋聪明，而且性格坚强。她是那个年代俄罗斯
最优秀的歌唱家，不但识字而且精通好几种语言。然而直到死前一
年，她的身份还是农奴。她会是什么感受？她如何回应社会对她的
偏见？面对自己虔诚的宗教信仰，她如何能接受婚外性关系的罪行，
又如何看待自己对伯爵的感情？极少有人有机会听一个农奴忏悔。
但是 1863 年，在刚刚去世的歌唱家塔季扬娜·什利科娃（舍列梅 38

捷夫的"石榴石")的遗物中发现了一份文件。塔季扬娜是普拉斯科维娅一生的好朋友，是她1803年之后在喷泉宫将德米特里抚养成人，并视如己出。这份字迹娟秀整洁的文件，是普拉斯科维娅以"祷告"的形式写给上帝的信，落笔时她已经知道自己将不久于人世。死前她将这封信交给自己的好朋友，并叮嘱不许让伯爵看到。这封祈祷信的语言不成章法而且意思模糊，表达的感情由于愧疚和悔恨而混乱，但是那种对得救的强烈愿望是毋庸置疑的：

> ……噢仁慈的主啊，一切的善良和无尽的慈善之源，我向你忏悔我犯过的罪，并将我所有的罪恶和非法行为放在你的眼前。我有罪，我的主啊，而我的病和我身上所有的伤疤都是对我的严厉惩罚。我承担着繁重的体力劳动，而我赤裸的身体被玷污了。我的身体被罪恶的镣铐和思想给玷污了。我是坏人。我很骄傲。我很丑陋和淫荡。我的体内住着一个魔鬼。哭吧，我的天使，我的灵魂已经死了。它现在在棺材里，一动不动，被悲伤所压倒，因为，我的主啊，我的卑鄙而非法的行为已经杀死了我的灵魂。但是跟我的罪行相比，我主的力量是无边的，比所有海洋里的沙子还要多，我在深深的绝望之中祈求您，全能的主啊，不要拒绝我的请求。我祈求得到您的祝福。我祈祷您的仁慈。惩罚我吧，我的主，但是请不要让我死去。[82]

第四节

　　宫廷和舍列梅捷夫等家族拥有的小型私人剧院主宰着18世纪俄罗斯的音乐生活。公共剧院在欧洲城市中历史悠久，但在1780年代之前，它在俄罗斯的文化生活里实际上并不占主要地位。贵族们喜欢和自己阶层的人为伍，他们很少到公共剧院去。公共剧院主要吸引城里的职员和商人，上演的都是一些杂耍和喜歌剧。"在我们那个时候，"公爵夫人扬科娃回忆说，"是接到主人的个人邀请之后再去（他家的剧院），而不是到那种只要付了钱就可以进去的地方，大家认为这样更加有教养。而且说真的，在我们的亲密朋友当中，谁家没有自己的私人剧院呢？"[83]

　　在18世纪晚期到19世纪早期之间，共有173座庄园拥有农奴剧院，300座庄园拥有农奴乐队。[84] 除了舍列梅捷夫家族、冈察洛夫家族、萨尔特科夫家族、奥尔洛夫家族、舍佩廖夫家族、托尔斯泰家族和纳晓金家族，全都拥有大型的农奴剧团和独立的剧院，它们一律模仿叶卡捷琳娜二世的宫廷剧院（冬宫的艾尔米塔什剧院和皇村的中国剧院）而且可与其媲美。叶卡捷琳娜二世设立了俄罗斯

39

剧院的模式。她自己写剧本和喜歌剧；她开启了俄罗斯剧院高雅法
国风格的流行；也恰恰是她具备启蒙思想，率先推动剧院成为培养
公共礼仪和鉴赏品位的学校。在叶卡捷琳娜二世统治时期，农奴剧
院在贵族的庄园里扮演着重要的角色。

　　1762 年，彼得三世解除了贵族必须为国家服役的强制性规定。
彼得的妻子，叶卡捷琳娜二世，希望她的贵族能跟欧洲的贵族一样。
这是贵族文化史上的一个转折点。在解除了国家义务之后，许多贵
族回到乡村建设他们的庄园。接下来几十年是奢华宫殿涌现的黄金
时期。这些宫殿拥有画廊、赏心悦目的公园和花园，以及首次在俄
罗斯农村出现的乐队和剧院。庄园不再仅仅作为经济单位或者生活
场所，它成为俄罗斯广袤乡土上的欧洲文化孤岛。

　　舍列梅捷夫家的农奴剧团是其中最重要的一个剧团，在俄罗斯
的歌剧发展史上扮演了重要角色。它丝毫不逊于圣彼得堡的宫廷剧
院，而且被认为比莫斯科最好的剧院（现址为莫斯科大剧院）要高
出许多。这家莫斯科剧院的英籍管理人迈克尔·梅德克斯抱怨说，
不收门票的库斯科沃剧院使他的剧院门可罗雀。[85] 彼得·舍列梅捷
夫在 1760 年代创建了库斯科沃的农奴剧团。他不是那种对艺术感
兴趣的人，剧院是他豪华庄园上的一处时尚点缀，使他有资格款待
皇室成员。1775 年叶卡捷琳娜二世大驾光临，在库斯科沃的露天剧
院里观看了一出法国歌剧的演出。这促使舍列梅捷夫自 1777 年起，
花 10 年的工夫组建一支正规的剧团，规模要足以上演女皇如此喜
爱的外国歌剧。这支剧团的管理任务交给他的儿子尼古拉·彼得罗
维奇。尼古拉这几年遍游欧洲，对法国和意大利歌剧非常熟悉，他
以巴黎歌剧院的水准打造他的农奴剧团。尼古拉从各地的庄园里挑
选年幼的农奴，将他们训练成剧院乐团的乐手或者剧团的歌手。另
外还有一位教小提琴的日耳曼人、一位教声乐的法国教师、一位教
意大利语和法语的老师、一位本国的合唱团指挥，和几位外籍芭蕾

40

舞老师，他们大多数来自宫廷。舍列梅捷夫剧团是俄罗斯第一支上演独立芭蕾舞剧的剧组，而18世纪普遍的做法是将芭蕾舞作为歌剧的一部分。在尼古拉·彼得罗维奇的指导下，舍列梅捷夫剧团演出了超过20场法式和俄式芭蕾舞剧，其中许多都是首演，很久以后它们才在俄罗斯的宫廷演出。[86] 库斯科沃是俄罗斯芭蕾舞的诞生地。

　　同样，俄罗斯歌剧也孕育于此。舍列梅捷夫剧团率先使用俄语演唱歌剧，这刺激了本土作品的创作。最早的一部是《阿纽塔》（1772年在皇村首演），它于1781年在库斯科沃上演；而由克尼亚兹宁编写剧本、瓦西里·帕什科维奇主唱的《举止带来的不幸》，1779年在艾尔米塔什剧院首演，一年不到就在库斯科沃演出。* 在18世纪的前四分之三时间里，俄罗斯的歌剧都是从国外引进。早期是意大利人组织。1731年，一群来自德累斯顿宫廷的意大利歌手表演了乔瓦尼·里斯托利的《卡兰德罗》。安娜女皇被这种"不可思议的异国风情表演"迷住了，她雇用了弗朗切斯科·阿拉亚的威尼斯剧团，让他们常驻她圣彼得堡的宫廷。1736年女皇生日那天，威尼斯剧团在冬宫演出了《爱的力量》。从阿拉亚开始，直到19世纪，意大利人一直占据着俄罗斯宫廷乐团总管这个位置，只有两人例外。结果就是，第一批俄罗斯作曲家都受到了意大利风格的强烈影响。马克西姆·别列佐夫斯基、德米特里·博尔特尼扬斯基和叶夫斯季格涅伊·福民全都拜圣彼得堡的意大利人为师，而且后来都被送往意大利进修。在马蒂尼神父（Padre Martini）的作曲学校里，别列佐夫斯基是莫扎特的同学。†

41

---

* 《米宁和波扎尔斯基》（*Minin and Pozharsky*，1811）的作曲家斯特潘·杰格捷罗夫（Stepan Degterov），原来是舍列梅捷夫家的一名农奴。——原注

† 别列佐夫斯基被挑选到博洛尼亚的音乐学院学习。他于1775年返回俄罗斯，并在两年后自杀身亡。塔可夫斯基的电影《乡愁》（1983），就是通过别列佐夫斯基一生的故事对背井离乡者所作的评论。电影讲述了一个来到意大利的俄国人，他努力追寻自己的二重身（doppelgänger），一位苦命同胞——18世纪的俄罗斯作曲家——的故事。——原注

　　圣彼得堡和威尼斯之间的紧密联系由格林卡、柴可夫斯基和斯特拉文斯基所延续。讽刺的是，俄罗斯民族歌剧的倡导者，是一位名叫卡特林诺·卡沃斯的威尼斯人。1798年卡沃斯来到彼得堡，这里令他想起了故乡，于是很快便爱上了它。1803年亚历山大一世取得了对公共剧院的掌握，他让卡沃斯领导彼得堡大剧院，直到那时为止，这是唯一一所上演歌剧的公共剧院，且清一色都是意大利歌剧。卡沃斯将彼得堡大剧院建设成俄罗斯歌剧的一个据点。他用俄语撰写了以国家英雄主义为主题的剧本，例如《伊利亚勇士》（1807），而他的音乐也受到俄罗斯和乌克兰民间歌曲的很大影响。格林卡的许多歌剧音乐被民族主义者拥为俄罗斯传统的根基，其实类似的曲调卡沃斯早就写过了。俄罗斯音乐的"民族特色"就这样由一个外国人首开先河。[*]

　　法国人在特点鲜明的俄罗斯音乐风格的发展中也发挥了不小的作用。1762年，叶卡捷琳娜二世夺权后所采取的首批行动之一，便是邀请一个法国歌剧团来彼得堡宫廷。她在位期间，这个宫廷剧团一直都是欧洲最好的剧团之一。他们首演过许多杰出的歌剧，包括乔万尼·帕伊谢洛的《塞维利亚的理发师》（1782）。这出法国喜歌剧有着淳朴的乡村场景，依赖方言和民间音乐，对早期的俄罗斯歌剧和歌唱剧产生了重要影响，如《阿纽塔》[类似于法瓦尔[†]的《安涅塔与留本》]、《圣彼得堡集市》和《米勒的魔术师》（改编自卢梭的《乡村占卜师》）等。这些歌剧是舍列梅捷夫剧团的主要保留剧目，42

---

[*]　卡沃斯与俄罗斯歌剧的故事并非到此为止。1853年莫斯科大剧院被大火焚毁之后，卡特林诺的儿子，建筑师阿尔贝托·卡沃斯对其进行重新设计。圣彼得堡的马林斯基剧院也出自其手笔。他的女儿卡米尔·卡沃斯嫁给了宫廷建筑师和肖像画家尼古拉·贝诺瓦（Nikolai Benois），贝诺瓦一家是18世纪90年代因法国大革命逃到圣彼得堡，而他们的儿子亚历山大·贝诺瓦，则和谢尔盖·佳吉列夫一起创立了俄罗斯芭蕾舞团。——原注

[†]　法瓦尔（Charles-Simon Favart，1710—1792），法国剧作家，18世纪著名的歌词作者。

　　　　　　　　　　　　　　　　　　　　　　　　　　　　　——译注

在库斯科沃和奥斯坦基诺频繁上演。其中所刻画的滑稽农民形象，以及它们那取自民间歌曲的主题风格，表达出一种新兴的俄罗斯民族意识。

在首批面世的俄罗斯歌剧中，包括 1781 年舍列梅捷夫家族专门为库斯科沃的露天剧院而委托创作的《嫉妒》，或称《库斯科沃的船夫》。它是对舍列梅捷夫家的宫殿和庄园的颂歌，后者正好作为歌剧演出的舞台背景。[87] 这些作品完美地显示出，宫殿本身已经变成某种俄罗斯贵族生活秀，一个展示财富和欧洲风范的巨大舞台。

宫殿和庄园的设计与装饰都极尽夸张。庄园入口处那高高耸立的石拱门标志着另外一个世界的入口。如诗如画的花园和庄园宅邸的布局，像极了舞台上为制造某种情感或者戏剧效果而做的布景。农夫塑像，丛林中的牛群雕塑，或者英式庄园风格的寺庙、湖泊和洞穴，更加深了这种做作的感觉。[88] 几可乱真的奇淫巧技在库斯科沃俯拾即是。木质的主宅雕刻得犹如石造，而花园里费多·阿尔古诺夫那非比寻常的石窟亭更是别有风趣：它的内墙铺满了人造的贝壳和海洋生物，而它巴洛克式的圆顶（参照彼得堡的建筑）则被建成了喷泉的形状。

从日常生活和公共娱乐来看，宫殿也是某种程度上的剧院。贵族的生活起居，如早祷、早午晚餐、更衣、办公和打猎、洗澡和就寝等，必须进退有节，这些都有详细的记录，主人和为数众多的随侍家奴都需要谙熟于心。沙龙和舞会这样的社交场合，贵族展示他们的欧式礼仪和高雅品位，上演仪式化的文明生活方式。女人们戴上假发，贴上美人痣，都自觉地要出尽风头；她们跳着舞，在钢琴的伴奏下一展歌喉，不时卖弄风情。而花花公子们则化社交为艺术：一举一动无不经过精心的排练。如同叶甫盖尼·奥涅金，他们十足在为登台前的演出做准备。

　　　　　至少花三个小时

　　　　　端详自己于镜子。[89]

礼节要求他们时刻注意自己的举止符合规范：行走站立，出入房间，举手投足乃至于微笑和点头的方式，每一个姿势和动作都有详细的规定。因此，舞会和接待室的四面墙上都镶有镜子，以便这些时髦人士能够观察自己的表现。

　　在 18 世纪的俄罗斯，上流社会是有意识地将生活当成舞台。俄罗斯的贵族并非天生的"欧洲人"，欧式礼仪对他们来说极不自然。人们不得不学习这些礼仪，如同学习一门外语，对西方的刻意模仿成为一种约定俗成的习惯。这一切的始作俑者是彼得大帝——他按照欧洲的模式重塑了自己和他的贵族。1698 年，他从欧洲回来后做的第一件事，便是要求所有的波雅尔脱下他们的长袍，换上西式礼服。为了显示与过去彻底决裂，他禁止他们蓄须。按照传统这可是圣洁的象征，现在沙皇则拿起剪刀到那些不自觉的朝臣家里去。*彼得要求他的贵族按欧洲的时尚方式娱乐：他与警察局局长一起，亲自监督舞会的客人名单，决定哪些应该被他所选定的主人剔除出去。贵族要学会说法语，有礼貌地交谈以及跳小步舞。在半亚洲的莫斯科公国，妇女们大门不出二门不迈，现在却要把她们的身体挤进紧身胸衣和优雅的社会生活中去。

　　在一本名为《体面青年之鉴》的礼仪手册里，这些新式社交礼仪有着详细的解释。书是彼得从德文原版那里润色改编的，里头建议读者不要"吐出嘴里的食物"，不要"用刀来清洁牙齿"，也不要"擤鼻涕像吹喇叭那么响"，诸如此类。[90] 要遵守这种礼仪，一举一

44

---

*　东正教认为胡须是上帝和基督（两者在画像中都留有胡须）的象征，而且也是男人的象征（雄性动物也有胡子）。由于彼得的禁令，蓄胡成为一种"俄罗斯人"的代表，以及对他改革的反抗。——原注

动必须有意为之，这和俄罗斯人自然而然或"与生俱来"的行为模式迥然不同；在这种时候，一个俄罗斯人理应有意地表现得和他广大同胞格格不入。像《体面青年之鉴》这一类的书建议俄罗斯的贵族去想象自己正处在一班外国人中间，同时，又时刻记住自己是一名俄罗斯人。这么做的目的并不是为了变成欧洲人，而是为了表现得像个欧洲人。就像一名时刻注意自己舞台形象的演员一样，贵族被告知要从俄罗斯人的角度来观察自己的行为。这是鉴定其身上外国特质的唯一方式。[91]

　　贵族的日记和回忆录里满是关于年轻贵族在社会上应该有何种行为举止的描述。"目的不是为了真的变成欧洲人，而是看起来像。"一个贵族在回忆录里写道。[92] 在这个社会，外表就是一切，成功依赖于一系列微妙的礼仪规范，而它们只表现在那些有教养的人身上。时尚的服装，良好的举止，谦恭而温和、高雅的谈吐以及优雅的舞姿——这些都是表现"得体"的内涵。托尔斯泰将它们归结为一流的法语、经过精心修饰的长指甲，以及"永远一副优雅而轻蔑的倦怠神情"。[93] 按照普希金的说法，精心修饰过的指甲和有教养的倦怠神情也是花花公子的典型特征（正如奥雷斯特·基普连斯基那幅著名画像中的诗人形象，此画很可能就是在喷泉宫画的）。

　　欧化了的俄罗斯人有着分裂的人格。他的思维一分为二。表面上，他有意识地按照约定俗成的欧洲习惯生活；然而他的内心又为俄罗斯的风俗和情感所影响。当然了，两者的界限并不绝对：刻意为之的"俄罗斯性"不是没有，这在斯拉夫主义者那里非常明显；而欧洲的生活习惯根深蒂固到了看上去、感觉起来都"非常自然"的程度，这也完全有可能。但是总的说来，欧化了的俄罗斯人在公共场合是一个"欧洲人"；而在私底下则是一个"俄罗斯人"，他们无须思考，就能表现得像个真正的俄罗斯人。这是他们的祖先留下的遗产，任何欧洲的影响都无法完全抹去。它使像娜塔莎这样的伯

45

《莫斯科的药浴》。吉拉德·德拉巴斯画，1790 年。现藏于莫斯科的普希金博物馆。图片来源：AKG London。

爵小姐跳起了俄罗斯舞蹈。每一位俄罗斯贵族，不管他变得多么像个欧洲人，俄罗斯乡村生活的习俗和信仰、习惯和节奏都会使他产生一种谨慎而本能的共鸣。考虑到贵族出生在乡村，在农奴的陪伴下度过了自己的童年，而且一生中的大部分时间都住在庄园里，如同广袤的俄罗斯乡土海洋中的一处欧洲文化孤岛，这种情况实在是再正常不过了。

　　宫殿的布局体现了贵族情感上的这种区分。巨大的接待室里总是空荡荡冷飕飕，正式的欧洲礼仪是这里标准的行为规范；除此之外的私人房间，如卧室和闺房、书房和起居室、教堂和圣像室，还有一直通往仆人生活区的走廊，在这里占主导地位的往往是一种非正式的、"俄罗斯式的"生活方式。有时候这种区分被有意识地维护。舍列梅捷夫伯爵重新安排了喷泉宫的房间，这样左侧，也就是沿河堤的那一侧成为他的社交场所，而右侧以及那些面向后花园的房间则对外封闭，是他的禁脔。前者铺满镶花地板和镶嵌有镜子的大理石墙壁，再加上没有火炉，一片冰冷；与它们相比，后者的感觉和风格完全不一样，它们有着暖色调的布局，加上墙纸、地毯和俄罗斯的火炉。[94] 看起来，伯爵想创造一个私密且更加"俄罗斯式的"家庭空间，供其与普拉斯科维娅在里面休息。

　　1837 年，圣彼得堡的冬宫遭受了一场大火，熊熊烈火在 80 公里以外的村庄都可以看到。大火先从一间木制的地下室里烧起来，不久就蔓延到楼上，那里的房间，除了外墙是石头之外，全部是用木头建造的。对一座基于《启示录》的神话而构建起来的城市来说，这场大火的象征性意义并没有被忽视：古老的俄罗斯正在大肆报复。每一座宫殿宏大的接待室之下都有一个"木制的俄罗斯"。从喷泉宫那辉煌的白色舞厅里，你可以通过镜子后面一扇隐蔽的门溜出去，走下一段楼梯，来到仆人们的生活区——另一个世界。这里的厨房明火整天不灭，院子里有一座储藏室，农民用马车将农产品交到这里，还有一座马车车库、铁匠铺、几间工坊、马厩和牛棚，一间鸟舍、一间很大的温室、洗衣房，木制的桑拿室（banya）或者说浴室。[95]

　　洗桑拿浴是一项古老的俄罗斯传统。从中世纪开始，它就成为一种非常受欢迎的全国性习俗，如果一个礼拜不洗至少三次桑拿浴，就会被看成外国人。每一个贵族家庭都有自己的桑拿浴室。城里和乡村总是有公共浴室，男人和女人在那里坐着进行蒸气浴，还按照当地的风俗，用嫩的桦树枝互相抽打，然后再一起到雪地里打滚，以这种方法降温。由于公共浴室的名声不好，容易滋生淫乱和疯狂的行为，彼得大帝试图消灭这种浴室，把它看成是中世纪俄罗斯的残留，并鼓励在圣彼得堡的宫殿和宅邸里建造西式的浴室。但是，尽管为此耗费巨资，贵族还是更喜欢俄罗斯式的桑拿浴，而且到了 18 世纪末，几乎每一座圣彼得堡的宫殿里都有一间这样的浴室。[96] 桑拿浴被认为具有特殊的治愈能力——它被称为"百姓的首席医生"（第二是伏特加，第三是生大蒜）。关于它的神奇效果民间流传各种各样的说法。[97] 洗桑拿浴是对肉体和心灵的一次双重净化，在重大典礼活动中属于必不可少的习俗。桑拿浴室是分娩的好去处：它温暖、干净又私密。在持续 40 天的一系列沐浴仪式中，母亲洗净了象征着女人堕落的分娩血污，因为按照基督教会的观点和一般的民间信仰，基督出生时是无血的。[98] 在婚前的仪式中，桑拿浴还扮演着确保女人纯洁的角色：婚礼前一天的晚上，新娘要由伴娘陪着洗桑拿浴。另一些地方的习俗是婚礼前一天的晚上，新娘和新郎都要洗。这些并不只是农民才有的仪式。在 17 世纪的最后几十年里，外省的贵族甚至是宫廷也这么做。沙皇阿列克谢的新娘，依据 1670 年代的风俗，在婚礼前夜要去桑拿浴室沐浴，这期间一支唱诗班在外面唱着圣歌，洗完后她方接受神父的祝福。[99] 这种混合了异教和基督教的沐浴仪式，在主显节和忏悔节（"洁净星期一"）同样很重要，净身和虔诚祈祷是这两个节日的主要活动。在这些宗教节日里，俄罗斯人通常会全家团聚，不分身份地位一起整理房屋，冲洗地板，清理橱柜，扔掉任何腐烂或者不圣洁的食物，然后，等一切都收拾干净之后，自己也到浴室去清洗身体。

　　在贵族的豪宅里，楼上的沙龙属于一个完全不同的欧式世界。每一座重要的贵族之家都有自己的沙龙，作为举办音乐会和化装舞会、晚宴和晚会的场地，有时候甚至会召开诗歌朗诵会，邀请当时最负盛名的俄罗斯诗人参加。喷泉宫的设计跟其他同类建筑一样，处处为沙龙的举办考虑。它有一条宽敞的车道，足以迎接四驾马车的隆重到来；客人们在门厅脱去大衣，便能在"展示"意味十足的楼梯过道以及巨大的接待室里，秀出他们高雅的服装和礼仪。女人是这些场合的明星。每一个沙龙都围着一位特别的女主人打转，她美丽、迷人而且充满机智——比如托尔斯泰《战争与和平》中的安娜·舍雷尔，或者是普希金《叶甫盖尼·奥涅金》中的塔蒂亚娜。俄罗斯的女人早期被隔绝于公共场合之外，这时则在 18 世纪欧洲文化中扮演着领导角色。在俄罗斯国家历史上，甚至第一次连续出现了几位女性统治者。妇女越来越有教养而且对欧洲艺术造诣颇深。到了 18 世纪晚期，有文化的贵族妇女在上流社会已经司空见惯——这种情况如此普遍，以致那些没有受过教育的会成为大家耻笑的对象。18 世纪 80 年代，法国大使塞居尔伯爵住在彼得堡，他在回忆自己这段经历时，认为俄罗斯女人"在逐步完善自己方面，早已超过了男人：你已经看到一些优雅的妇女和女孩，她们仪态万千，能流利地说七八种语言，弹奏几种乐器，而且对法国、意大利和英国那些最有名的浪漫作家和诗人了如指掌"。跟她们相比，男人就没什么好说的了。[100]

　　女人定下了沙龙的礼仪标准：吻手礼、芭蕾舞式的屈膝礼以及纨绔子弟偏女气的服装都反映了她们的影响。沙龙上的谈话也有着很明显的女性化特点。它轻松而诙谐，自然地从一个话题跳到另一个话题，即使是最微不足道的事情也可以具有迷人的魅力。不过多地谈论政治或者哲学那样的"男性"严肃话题，是一种礼貌，就像普希金在《叶甫盖尼·奥涅金》中所强调的那样：

> 谈话进行得生动活泼；
> 当女主人面轻松地胡扯，
> 毫不装腔作势，谈笑风生。
> 有时也插进些既不俗气，
> 也没有学究味的高明话题，
> 不谈永恒真理，却也正经，
> 这种谈话是自由而生动，

48

不会让任何人耳朵惊恐。*[101]

普希金说沙龙谈话的目的是调情（他曾宣称人生的目的就是为了"使自己变得对女人有吸引力"）。普希金的朋友证实了他的谈吐和他的诗一样令人难忘，而他的哥哥列夫则说，他真正的天赋在于和女人调情。[102]

　　在普希金的时代，文学作品的读者大体上都是女性。在《叶甫盖尼·奥涅金》中，我们第一次遇到女主角塔蒂亚娜时，她手里正拿着本法文书。这个时期发展起来的俄罗斯文学语言，是由像普希金这样的诗人自觉创作的，反映了沙龙的女性品位和风格。在普希金登上文坛之前，俄罗斯几乎没有民族文学（这就是他拥有神圣地位的原因）。斯塔尔夫人在19世纪早期写道："在俄罗斯，文学只存在于几位男士之间。"[103] 到了1830年代，当俄罗斯文学不断蓬勃发展，类似这样的偏见就成了普希金等爱国作家写作讽刺作品的根源。在他的小说《黑桃皇后》（1834）里，讲述了这样一个故事：一位经历过叶卡捷琳娜二世统治时期的老伯爵夫人，她要求孙子给她带本新的小说；当孙子问她俄国小说如何时，这位老伯爵夫人吃惊不已："难道有俄国小说吗？"[104] 然而在斯塔尔夫人写作的时期，俄罗斯的确还没有重要的经典文学作品，这令那些有文化的俄罗斯人感到非常尴尬。1802年，诗人和历史学家尼古拉·卡拉姆津编了一本《俄罗斯伟大作家名录》，从远古的吟游诗人博扬（Bojan）一直到作者生活的时代，总共只有20个人。18世纪文学所取得的最高成就——安季奥奇·康捷米尔公爵的讽刺作品，瓦西里·特列季阿科夫斯基和帕维尔·苏马罗科夫的颂歌，罗蒙诺索

---

*　译文出自《普希金全集第4卷：诗体长篇小说·戏剧》，肖马、吴笛主编，智量、冀刚译，浙江文艺出版社1997年版，第251页。——译注

49

夫 * 和杰尔查文的诗歌，雅科夫·克尼亚兹宁的悲剧和丹尼斯·冯
维辛的喜剧——这些都难以称得上是民族文学。他们的作品均源于
新古典主义文学的传统。一些只不过是将欧洲的文学作品翻译成俄
语，给每个角色安上俄国名字，再将故事搬到俄罗斯罢了。叶卡
捷琳娜二世的御用编剧弗拉基米尔·卢金，就改写了大量的法国
戏剧。18 世纪 60 年代的冯维辛也这么做。在 18 世纪最后的 25 年
里，俄罗斯出版了大约 500 种文学作品，但是只有 7 种是俄罗斯
原创的。[105]

　　19 世纪前几十年，民族文学的缺席一直困扰着俄罗斯的年轻知
识分子。卡拉姆津认为原因在于缺乏那些有助于欧洲社会形成的机
构和组织（如文学团体、期刊、报纸）。[106] 俄罗斯的读者群体非常
小——只占 18 世纪全体人口微不足道的一部分，而出版则控制在
教会和宫廷手中。作家纯粹靠写作为生，即使不是完全不可能，也
是非常困难的。就像他们的贵族，18 世纪的大多数俄罗斯作家都不
得不为政府工作；而那些对公家饭碗嗤之以鼻、努力靠自身写作糊
口的人，总是像寓言家伊凡·克雷洛夫一样，落得赤贫。克雷洛夫
本人沦落到去富人家里做孩子们的家庭教师，有一段时间他还在喷
泉宫工作过。[107]

　　然而，民族文学发展最大的障碍，是文学语言的不成熟。在法
国或者英国，大多数作家能够实现我手写我口；但是俄罗斯的书面
语和口语之间有着巨大的差别。18 世纪的俄罗斯书面语是一种毫不
优美的语言混合体，由古老的教会斯拉夫语、一种被称为"公署体"
（Chancery）的官僚术语和从波兰引进的拉丁语所组成。没有固定
的语法或者拼写方法，许多抽象的词语也没有清晰的解释。这是一

50

---

*　米哈伊尔·罗蒙诺索夫（Mikhail Lomonosov，1711—1765），俄罗斯著名科学家、诗人、
教育家，在物理、哲学、文学等诸多领域均做出过开创性贡献。——译注

种学究式的晦涩语言，和上流社会的口语（基本上是法语）以及俄罗斯农民所讲的大白话没有什么联系。

　　这就是 19 世纪初俄罗斯诗人所面临的挑战：必须创造一种以社会中人们所说的语言为基础的文学。问题的关键在于，在作家的词库里，没有可以用来表达其思想和感觉的俄语词汇。一些基本的文学概念在俄罗斯的口语中还未形成，其中大部分和个体的主观世界有关——"姿态""同情""隐私""冲动"和"想象力"——这些词不用法语根本无法表达。[108] 而且，由于实际上整个社会的物质文化都是从西方输入的，基本的生活物品根本没有俄语词，正如普希金所说的：

　　　　但是长裤、背心和礼服——

　　　　这些词俄语里都无。[109]

　　因此，俄罗斯的作家们不得不改写或者借用法语，表达上流社会读者的情感，再现他们所生活的世界。卡拉姆津和他文学上的门徒（包括年轻的普希金）努力想"按人们说话的方式写作"——　　51
这里指的是有品位和有文化的人的说话方式，特别是文明社会那些"受过良好教育的妇女"，他们意识到，这些人才是他们的"主要读者"。[110] 这种"沙龙风格"从法语的语法和措词中获得了一定的轻松和雅致，但过度地借用法语和使用新兴词汇，便显得不得章法且啰唆。这便使得它和 18 世纪的教会斯拉夫语一样，远离了人民群众的朴素语言。托尔斯泰在《战争与和平》的开头几段中，便对这种扭捏作态的社会及其语言作出讽刺：

　　　　安娜·帕夫洛夫娜已经咳嗽了几天。正如她所说的，她患了 la grippe（流感）；grippe 是圣彼得堡出现的新词，只有那些精英人物才使用。[111]

　　然而这种沙龙风格是文学语言进化的必要阶段。直到俄罗斯拥有更为广泛的读者群，以及有更多的作家愿意将朴素的口语作为他们的文学语言之前，除此别无捷径。即使到了 19 世纪早期，普希金等诗人努力创造俄语词汇以挣脱外国语言的桎梏，他们仍然需要向沙龙的听众解释这些词语的含义。因此，普希金在他的小说《村姑小姐》中，不得不在"个性"的俄语词 samobytnost 后面用括号加上 individualité，它的法语解释 。[112]

第五节

1779 年 11 月，圣彼得堡的艾尔米塔什宫廷剧院首演了克尼亚兹宁的喜歌剧《举止带来的不幸》。在此上演这出嘲讽盲目模仿外国的滑稽剧真是个巨大的讽刺。这座位于冬宫、最近才由意大利人夸伦吉建造起来的豪华剧院，是最负盛名的外国剧团"法国歌剧团"的大本营。观众都是上流社会的成员，无一例外穿着最新款的法国服装，顶着最新潮的发型。这正是克尼亚兹宁的歌剧所指责的道德堕落。歌剧讲的是一对农奴恋人卢基安和阿纽塔，受到管家克利缅季的嫉妒；他破坏他们的好事，希望阿纽塔嫁给自己。他们的主人是愚蠢的贵族夫妇费留林（意为"傻子"），两公婆唯一的人生目标就是对巴黎时尚的亦步亦趋。费留林夫妇决定，他们必须拥有一辆当下最时髦的四轮大马车。为了筹措资金，他们吩咐克利缅季将一些农奴卖去参军。克利缅季挑了卢基安。最终，这对恋人用法式沙龙那种富于感情的语言向主人求情，卢基安重获自由。此前，在费留林夫妇眼中，像他们这样的农奴完全不会有诸如爱情的情感困扰。但是，当卢基安和阿纽塔开口说起法国人那套陈腔滥调，一切就变得不同起来。[113]

　　将彼得堡装模作样的外国腔调视为社会道德沦丧，这是克尼亚兹宁等人讽刺剧的主题。彼得堡的花花公子们穿着时髦的服装，举止浮夸，说着娘娘腔的法语，已经成为"俄罗斯男人"的一个反面典型。他们是喜剧中的笑柄，如康捷米尔的讽刺诗《贫穷的教训》（1729）中的梅多，以及冯维辛的《旅长》（1769）中的伊凡。这些喜剧包含有民族意识的成分，是以外国和本土的对立为基础的。花花公子们颓废而造作的举止与农民淳朴而自然的美德形成了对比；而欧洲城市中的物质诱惑则反衬俄罗斯乡村的精神价值。这些纨绔子弟不仅用外语跟他们的俄罗斯长者交谈（后者无法理解，因此闹出了很多笑话），而且还按照一种外国的道德准则生活，威胁了俄罗斯的父权传统。赫拉斯科夫（Kheraskov）的喜剧《讨厌的人》，和《举止带来的不幸》同一年在彼得堡上演。剧中，公子哥儿斯托维德的朋友无法说服一名年轻女孩违抗父母的意志与其约会，他便建议朋友"这么告诉她，在巴黎，人们是很看不上那种对父母依恋的人"。这个很容易受到别人影响的女孩听信了这种说法，接着斯托维德复述了她是怎么跟她父亲说话的："'走开！在法国，爸爸们才不会粘着子女不放，只有那些商人才让自己的女儿吻他们的手。'随后她朝他啐了一口。"[114]

　　所有这些讽刺作品，骨子里都将西方看成一种和俄罗斯行为准则相对立的观念。它们的道德教诲非常明确：通过对西方奴颜婢膝的模仿，贵族已经彻底丧失了自身的民族意识。他们在努力适应外国人的同时，变成了自己同胞眼中的外国人。

　　崇拜法国且因此鄙视俄罗斯的贵族角色在所有这些喜剧中屡见不鲜。"我为什么生在俄罗斯？"苏马罗科夫的《怪物》（1750）中，迪乌列兹如此哀叹，"噢，大自然！你难道不为给了我一个俄罗斯父亲而感到羞耻吗？"迪乌列兹极度鄙视他的俄罗斯老乡，以致在该剧的结局里，他甚至要求跟一个熟人决斗，因为那人胆敢称他为"我的俄罗斯同胞和兄弟"。[115] 在冯维辛的《旅长》一剧中，伊凡认为法国是他的"精神故乡"，仅仅因为他曾拜一个法国车夫为师。在去过一趟法国之后，伊凡宣称："任何人只要去过法国，就有权利认为自己不再是俄罗斯人。"[116]

这类文学形象成为 19 世纪戏剧舞台的主流。亚历山大·格里博耶多夫的《聪明误》（1822—1824）中，恰茨基在旅行时被欧洲文化深深吸引，以致回来后无法忍受莫斯科的生活。他再次出发前往巴黎，并宣称对俄罗斯的生活毫不留恋。恰茨基是 19 世纪俄罗斯文学里俯拾皆是的"多余的人"的典型：普希金的《叶甫盖尼·奥涅金》、莱蒙托夫《当代英雄》（1840）中的毕巧林、屠格涅夫的《罗亭》（1856）。他们所有的烦恼都源自一种与祖国的格格不入。

现实生活中不乏恰茨基这样的人。19 世纪 70 年代，陀思妥耶夫斯基在德国和法国的俄国流亡团体里就遇到不少：

> [流亡者中] 各种各样的人都有，但是绝大部分——如果并非全部的话——都或多或少地痛恨俄罗斯，其中有些人是基于道德的原因，认为"对于像他们这样高贵而聪明的人来说，在俄罗斯几乎无英雄用武之地"，其他人则只是单纯地讨厌俄罗斯——当然，他会列举一些具体的因素：她的气候、她的土地、她的森林、她的生活方式、她那些被解放了的农奴、她的历史——简而言之，几乎讨厌她的一切。[117]

但是并非只有流亡者脱离了祖国——或那些腰缠万贯的俄国人，他们几乎一辈子都待在德国和法国的温泉及海边度假区。整个欧化教育的观念，就是为了让俄罗斯人在巴黎就像在圣彼得堡一样自在。这种教育造成了一定程度的世界主义，后者是俄罗斯文化最

54

为持久的优势之一。它使那些受过教育的阶级自认为属于一个更加广阔的欧洲文明，这是19世纪俄罗斯民族文化取得登峰造极成就的关键。普希金、托尔斯泰、屠格涅夫、柴可夫斯基、佳吉列夫和斯特拉文斯基——他们全都将自己的俄罗斯属性与一种欧洲文化身份相结合。在《安娜·卡列尼娜》，这部托尔斯泰写于19世纪70年代巅峰时期的作品中，通过深深爱上谢尔巴茨基一家的列文之眼，他召唤出这个欧洲世界具有的神奇魅力：

> 看起来似乎很奇怪，康斯坦丁·列文爱他们一家，特别是他们家的女性。他记不起自己的母亲了，而他仅有的姐姐又比他大得多，所以，他第一次看到有教养而正直的名门望族家庭内部的生活，那种因为他父母双亡而失去了的生活，是在谢尔巴茨基家里。那个家庭的每个成员，特别是女性，在他看来好像都笼罩在一层神秘的诗意的帷幕里，他不仅在她们身上看不出缺点，而且在包藏她们诗意的帷幕之下，他想象着最崇高的感情和应有尽有的完美。为什么这三位年轻的小姐一定要今天说法语，明天说英语；为什么她们要在一定的时间轮流地弹钢琴，琴声直传到她们哥哥的楼上的房间，两位大学生总是在那间房里用功；为什么她们要那些法国文学、音乐、绘画、跳舞的教师来教她们；为什么在一定的时间，这三位年轻的小姐要穿起绸外衣——多莉是穿着一件长的，纳塔利娅是半长的，而基蒂的是短得连她那双穿着紧紧的红色长袜的俏丽小腿都完全露在外面——同琳诺小姐一道，乘坐马车到特维尔林荫路去；为什么她们要由一个帽子上有金色帽徽的仆人侍卫着，在特维尔林荫路上来回散步——这一切和她们的神秘世界所发生的其他更多的事，他都不懂，但是他确信在那里所做的每件事都是美好的，

而他爱的就是这些事情的神秘。*[118]

　　然而，这种属于欧洲的感觉也造成了精神上的分裂。"我们俄国人有两个祖国：俄罗斯和欧洲。"陀思妥耶夫斯基写道。亚历山大·赫尔岑便是这种欧化精英的一个典型例子。在巴黎与他见过面后，陀思妥耶夫斯基说赫尔岑并不是离开祖国——他天生就是一个异乡人。米哈伊尔·萨尔蒂科夫-谢德林，这位19世纪的作家很好地解释了这种内在流亡的情况，他回忆起19世纪40年代时说："在俄罗斯，我们只在具体行动中存在，或者就像当时说的，我们有一种'生活模式'。我们去上班、给亲戚写信、到餐馆吃饭、彼此交谈等等。但是精神上我们都是法国的居民。"[119]对这些欧化的俄罗斯人来说，"欧洲"自然并不仅是一个地名，而是心灵之乡，他们通过教育、语言、信仰以及对待事物的共识而生活于其中。

　　他们如此迷恋外语，母语的使用反倒成为问题。作为俄罗斯文化的拥护者，也是俄罗斯科学院迄今为止唯一一位女院长，达什科娃公爵夫人接受了最优秀的欧式教育。"我们学习四门不同的语言，而且能够说一口流利的法语，"她在回忆录中写道，"但是我的俄语却很糟糕。"[120]卡尔·涅谢尔罗迭伯爵，这位来自波罗的海的德意志人，1815—1856年间作为俄罗斯的外交大臣，却不能用他所代表的国家的语言书写，甚至连说都不会。法语是上流社会的通用语言，在贵族家庭人与人的交往中必不可少。举个例子，沃尔孔斯基家族（他们的故事将在本书逐步展开）彼此之间主要就讲法语。卡拉姆小姐在沃尔孔斯基家里当法语教师，据她回忆，在她为这个家庭服务的50年里，除了向仆人发号施令之外，她从未听过沃尔孔

55

---

*　译文出自《安娜·卡列尼娜》，列夫·托尔斯泰著，周扬、谢素台译，人民文学出版社1956年版，下同。——译注

斯基家的人说过一句俄语。甚至连谢尔盖·沃尔孔斯基伯爵，这位在 1812 年成为亚历山大沙皇最为宠信的助手，他的妻子玛丽亚（娘家姓雷亚夫斯卡娅）也是如此。尽管玛丽亚实际上在乌克兰长大，那里的贵族更倾向于使用俄语，但是她却不能正确地拼写。她给丈夫写信用的是法语；她从仆人那里学来的俄罗斯话非常原始，而且充满了农民俚语。这是一种普遍存在的矛盾现象，俄罗斯最温文尔雅的文明人却只会说一口农民腔的俄语，而这还是他们小时候从仆人那里学来的。[121] 这就是托尔斯泰《战争与和平》中的欧洲文化里头的俄罗斯人"说着高雅的法语，而我们的祖辈不仅说，连思考都是用法语"。[122] 他们在使用俄语与人交谈时，就如同那些只在俄罗斯住了一年的法国人一样。

　　这种对俄语的忽视，在地位最高的贵族中体现得最为明显也最持久，他们一直以来都是欧化得最彻底的人（其中不少还有外国血统）。在一些家庭里，除非星期天和宗教节日，孩子们被禁止说俄语。在叶卡捷琳娜·戈利岑伯爵夫人所接受的全部教育中，只有七节课是俄语课。她的母亲看不起俄国文学，认为果戈理的小说是"给马车夫看的"。戈利岑家的孩子有一位法语家庭教师，如果她发现孩子们说俄语，就会用一条红布绑在他们的脖子上作为惩罚，像是魔鬼的舌头。[123] 安娜·勒隆在"女子中学"读书时也有类似的经历，那是莫斯科最好的贵族学校。女孩一旦被抓到说俄语，身上的白围裙就会被脱掉，而且一整天都要戴着一个红色的铃铛，像傻瓜一样站在课室的角落里；甚至吃饭的时候也要站着，而且要等别人吃完才轮到她们。[124] 其他孩子说俄语受到的惩罚甚至更加严厉——有时甚至会被锁在房间里。[125] 贵族们似乎普遍认为，俄语就像是一个魔鬼，必须在孩子们年纪还小的时候将其根除；即便最为孩子气的感受也要用外语表达。因此，《安娜·卡列尼娜》里才会出现这微小却意味深长的一幕：在奥布隆斯基家的客厅，当时多莉的小女

56

儿走进来，她的母亲正和列文说着话：

> "你真是太、太荒唐了！"多莉重复着说，同时温柔地看着
> 他。"很好，那么，就像我们从未说过这件事。怎么了，塔尼娅？"
> 她用法语问刚刚走进来的小姑娘。
> "我的铲子在哪，妈妈？"
> "我用法语问你，你就应该用法语回答我。"
> 　小姑娘努力地想，但是却记不起法语的铲子该怎么说；她
> 的母亲给她提示，然后用法语告诉她应该到哪里去找。所有这
> 些都给列文留下了极不愉快的印象。
> 　在他看来，多莉家里的一切东西和孩子们再也不像之前那
> 样充满魅力了。
> 　"她为什么要跟孩子们说法语？"他想，"这显得太做作，
> 而且不自然，孩子们也感觉到了这一点。学习法语但是却没有
> 学习真诚。"他这么想着，完全没有意识到其实多莉已经一遍又
> 一遍地思考过这个问题，然而还是决定必须按照这种方式教孩
> 子们说法语，即使要付出真诚的代价也在所不惜。[126]

　类似这样的观点在 19 世纪的贵族家庭中比比皆是，这样的教
育理念塑造了对俄罗斯最具创造性的一批人才。19 世纪 20 年代，
当托尔斯泰还是个小男孩的时候，他的家庭教师是一位德意志人，
托尔斯泰在《童年》（1852）一书中对他做过令人难忘的刻画。他
的姨母教他法语。但是除了几本普希金的诗集，托尔斯泰在 9 岁上
学之前根本没有接触过俄罗斯文学。屠格涅夫的家庭教师分别来自
法国和德意志，但是他学会了用俄语阅读和书写，这是他父亲一位
男仆的功劳。直到 8 岁他才第一次看到俄语书：他闯进了一间锁起
来的屋子，里头是他父亲收藏的俄语作品。即使到了 19 世纪和 20

世纪之交，仍然有俄罗斯贵族几乎不讲他们同胞的语言。弗拉基米尔·纳博科夫描绘他的"卢卡舅舅"，一位古怪的外交官，说着一种

> 混合了法语、英语和意大利语的考究语言，这些都比他的母语流利得多。当他使用俄语时，总是会滥用或者歪曲一些本来约定俗成甚至极为平易的话，比如他会坐在桌子旁边，突然叹口气，说："跟田野里的刀片一样孤独。"（*Je suis triste et seul comme une bylinka v pole*）[127]

1916年年底卢卡舅舅在巴黎去世，他是最后一代来自旧世界的俄罗斯贵族。

　　东正教信仰距离欧化的精英们同样很遥远，因为宗教在贵族的成长过程中扮演着次要的角色。贵族家庭受法国启蒙运动的世俗文化所浸淫，认为他们的孩子们没有必要学习俄罗斯的信仰，尽管由于习惯和风俗使然，他们仍旧按规定给孩子领洗，并且遵守东正教的日常仪式。在许多贵族的家中，伏尔泰的观点占据着统治地位，形成了一种对宗教更为宽容的态度——来自外国的家庭教师和农奴共处同一屋檐下，贵族的宅邸成为不同信仰共存的场所，这也没有什么不妥。东正教信仰主要存在于仆人的生活区，从这一点来说，它处于社会的最底层——地位在德意志家庭教师的新教和法国家庭教师的天主教之下。这种等级次序坚不可摧，直到19世纪70年代之前，不存在俄语版的《圣经》——只有《诗篇》和《祈祷书》。赫尔岑读的是德语版《新约全书》，然后跟着他那属于路德教派的母亲一起去莫斯科的教堂做礼拜。直到15岁（鉴于莫斯科大学的入学要求），他的父亲才聘请了一名俄罗斯神父教授他东正教的诸般礼节。托尔斯泰孩提时没有接受过正规的宗教教育，而屠格涅夫

58

的母亲则公开鄙视东正教，她认为这是一种平民的宗教。因此每天阅读一段托马斯·厄·肯培[*]作品的法语译文，就代替了通常所做的餐前祈祷。这种高高在上、将东正教视为一种"农民信仰"的态度，在贵族阶层中普遍存在。赫尔岑讲了一个晚宴主人的故事：当被问到是否出于个人信仰而供应四旬斋食物时，他回答说，那"完全而且仅仅是为仆人准备的"。[128]

为了与欧洲的这种统治地位抗衡，像克尼亚兹宁和赫拉斯科夫等人的讽刺作品开始用一种不同于西方的价值观来描绘俄罗斯人的特征。外国人虚伪，俄罗斯人真诚；欧洲重视理性，而俄罗斯人在意灵魂。这些对比奠定了 19 世纪俄罗斯民族叙事的基调。其论述的核心是对脚下土地一种古老而浪漫的理想——一个未被文明腐蚀过的纯净、"自然"的俄罗斯。圣彼得堡充满欺骗和虚荣，如同一个自恋的败家子，在涅瓦河边顾影自怜。真正的俄罗斯只存在于外省，那里没有人惺惺作态也不受外来风俗的影响，保存着纯粹"俄罗斯人"的美德。

对一些人来说，问题在于莫斯科和圣彼得堡之间的反差。18 世纪晚期，人们为莫斯科和外省由来已久的乡绅文化辩护，以对抗彼得大帝所建立的欧化国家，此即斯拉夫运动的源头。据说，那些地主乡绅比彼得的朝臣和官吏们更亲近广大群众的风俗和信仰。作家米哈伊尔·谢尔巴托夫公爵便是这些传统贵族的积极拥护者。他在《俄斐国之旅》（1784）一书中，描绘了一个北方国家，其国王佩雷加（Perega）的统治基于新城佩雷加拉（Peregrab）。作为谢尔巴托夫这部讽刺小说所嘲笑的对象，佩雷加拉跟圣彼得堡很相似，既复杂又国际化，与俄斐（Ophir）的民族传统格格不入。俄斐老百姓

59

---

* 托马斯·厄·肯培（Thomas à Kempis，1380—1471），基督教著名圣徒，著有《效法基督》（*The Imitation of Christ*）一书。——译注

依然固守着前首都克瓦莫（也就是莫斯科）的道德传统。故事最后，佩雷加拉的人民起来反抗，城市陷落，俄斐重新回到克瓦莫那种淳朴的生活。在卢梭的时代，对未遭破坏的过去做田园牧歌般的描写是非常普遍的。即使是卡拉姆津，这位肯定不抱怀旧情结的欧化主义者，也在他的小说《纳塔利娅》（1792）中，将昔日"真正的俄罗斯人"以及"我们祖先高尚而淳朴的生活"理想化了。

对其他人来说，俄罗斯的美德保存在乡村的传统之中。在冯维辛的讽刺剧《纨绔少年》（1782）里，"老派思想家"斯塔罗东笃信基督，人们能在这位朴素的乡村神秘主义者身上找到不少类似美德。"只要有一颗心，有一个灵魂，你就将永远是个人，"斯塔罗东说，"其他的一切都是过眼云烟。"[129] 人们越来越取得共识，即真正的俄罗斯受到彼得堡外国风俗的掩盖和压迫。它源于人们对淳朴乡村的深情向往，这在卡拉姆津博人热泪的故事《可怜的丽莎》（1792）中一览无遗。一个淳朴的卖花女孩被一个从圣彼得堡来的纨绔子弟欺骗了感情，最终跳湖自杀。这个故事包含了"真正的俄罗斯在农村"这一新愿景的所有元素：理想化的俄罗斯农村，尽管丽莎由于贫穷而不得不出走；腐化堕落的城市，充满了外国做派；命运悲惨却真挚动人的俄罗斯女主角；以及基于爱情的理想婚姻。

诗人将乡村标榜为一处古朴天然的避风港，如彼得·维亚泽姆斯基：

> 这里没有锁链，
> 对虚荣也不会无限眷恋。[130]

而尼古拉·诺维科夫这样的作家，则认为乡村是保留了民族风俗的地方。那里才是俄罗斯人的家，他们的生活越亲近土地，就越回归本性。[131] 在诗人、工程师、建筑师、民俗学者尼古拉·利沃夫看来，

60

俄罗斯人的主要特征是自然率真。

> 在外国一切都按部就班，
> 说话要经过斟酌，走路要小心翼翼。
> 但我们俄罗斯人可是火爆脾气，
> 我们说起话来都是电闪雷鸣。[132]

利沃夫将欧化的俄罗斯人那种充满繁文缛节的生活，与俄罗斯农民自然率性的行为和创造力相比较。他号召俄罗斯的诗人将自己从古典主义的规则中解放出来，到民间歌曲和诗歌的自由旋律中去汲取灵感。

对淳朴的农民生活的向往，其核心是认为它具有道德上的纯洁性。首次提出民族的最高美德存在于它最卑微的民众之中的，是激进的讽刺作家亚历山大·拉季谢夫。他的理由是牙齿。在其《从圣彼得堡到莫斯科的旅程》（1790）一书中，拉季谢夫回忆自己遇见一群穿着传统节日盛装的农妇，她们开怀大笑，"露出了两排比最纯净的象牙还要白的牙齿"。 那些牙齿都烂光了的贵族小姐和太太，"要是看到了这样的牙齿肯定会发疯"：

> 来吧，我亲爱的莫斯科和彼得堡的小姐太太们，来看看她们的牙齿，向她们学习如何保持牙齿的整洁吧。她们没有牙医，也没有每天使用牙刷和牙粉。随便挑一个出来，让她张开嘴巴给你看她的牙齿：没有一个人的呼吸会感染你的肺。而你的呼吸，是的，你的呼吸倒可能使她们传染上病菌……具体是哪一种病，我可不敢说。[133]

61

第六节

　　18世纪圣彼得堡的城市全景图中，开阔的天空和留白将它与一个更加广阔的世界联系起来。笔直的线条伸向遥远的地平线，令我们想象，地平线的那一端就是触手可及的欧洲其他国家。俄罗斯对欧洲的渴望一直以来都是圣彼得堡"存在的理由"（raison d'être）。它不仅仅是彼得"通向欧洲的窗口"——就像普希金曾经描绘过的一样——而且还是一扇打开的大门，欧洲人通过这扇门来到俄罗斯，而俄罗斯人也通过这扇门走向世界。

　　对于受过教育的俄罗斯精英阶层来说，欧洲并不仅仅只是一个旅游的好去处。它还是一种文化的理想，文明的精神源头，欧洲之行就是一次朝圣。为了寻求自我提升和启蒙向西方取经，在这一方面彼得大帝为他们做出了示范。在接下来的200年，俄罗斯人追随彼得一路向西。彼得堡的贵族子弟都到巴黎、哥廷根和莱比锡的大学读书。《叶甫盖尼·奥涅金》一书中，在迷人的青年学生连斯基身上由普希金赋予的"哥廷根之魂"，成为一代又一代俄罗斯贵族心目中欧洲的象征：

他名叫弗拉基米尔·连斯基，

一副十足的哥廷根神气，

正当青春年少，相貌英俊，

是个康德的崇拜者和诗人。

他从烟雾弥漫的德国

把学问的果实带回家乡；

爱好自由的种种幻想，

热烈而又相当古怪的性格，

永远洋溢着热情的谈话，

直垂到两肩的黑色卷发。* [134]

　　俄罗斯文艺界最初涌现的人物都是从国外学艺：俄罗斯第一位真正的诗人特列季亚科夫斯基被彼得送往巴黎大学，第一批世俗画画家安德烈·马特维耶夫和米哈伊尔·阿夫拉莫夫则在法国和荷兰学习，至于贝雷佐夫斯基、福明、博尔特尼扬斯基，众所周知他们是在意大利进修音乐。俄罗斯第一位杰出的学者和科学家米哈伊尔·罗蒙诺索夫在马尔堡学习化学，后来回国帮助创立莫斯科大学，现在这所大学还以他的名字命名。普希金曾打趣说，这位博学者"是我们的第一所大学"。[135]

　　到欧洲游学是贵族人生中一条重要的必经之路。自 1762 年摆脱公职义务的束缚后，俄罗斯的绅士对世界野心勃勃，急于探索。戈利岑们和加加林们去了巴黎，达什科夫们和杰米多夫们则成群结队扑向维也纳。但英国是他们最喜欢去的地方。这是一个繁荣的国度，乡绅独立不受拘束，是俄罗斯的贵族梦寐以求的对象。他们如

62

---

* 　译文出自《普希金文集第 5 卷：叶甫盖尼·奥涅金》，智量译，人民文学出版社 1995 年版，第 61—62 页。——译注

此醉心于英国，几乎到了否定自我的地步。"为什么我生来不是一个英国人？"达什科娃公爵夫人如此哀叹，她经常拜访英国，对这个国家极为崇拜，那本有名的《一个俄罗斯贵妇的旅程》（1775）收录了她对英国的极尽赞美之词。[136] 俄罗斯人蜂拥来到这个"统于一尊的岛屿"*，接受它那漂亮房子的最新风格和设计之熏陶，掌握庄园管理和景观园艺的最新技术，采购工艺品、四轮马车和假发等文明生活所必需的一切装备。

交流促生了旅游文学，它在塑造俄罗斯相对于西方的自我认知上起了关键作用。卡拉姆津的《一位俄国旅行家的书信》（1791—1801）是这类题材作品中影响最大的一部，这本书用欧洲生活的理念和价值观教育了整整一代俄罗斯人。1789 年 5 月，卡拉姆津离开圣彼得堡后，先去了波兰、德国和瑞士；下一年的春天，他来到被革命热潮席卷的法国，再经由伦敦返回俄罗斯首都。卡拉姆津向他的读者们提供了作为模范的欧洲世界全景，包括名胜古迹、剧院和博物馆，以及著名的作家和哲学家。其笔下的"欧洲"犹如传说中的桃花源，许多人是通过这本书才第一次接触到欧洲，但此后寻寻觅觅却一无所获。1839 年历史学家米哈伊尔·波戈金去巴黎时，就随身带着它。甚至到了 1925 年，诗人马雅可夫斯基也是通过卡拉姆津作品里的情感来回应对巴黎的观感。[137] 这本书教会了俄罗斯人如何像个有修养的欧洲人那样行事和感觉。在信中，卡拉姆津表现得泰然自若，与欧洲人平起平坐。他描写自己与康德和赫尔德的从容对话，显示在欧洲的文化丰碑之前，他并不是野蛮的斯基泰人，而是早已通过书本和绘画作品对它们烂熟于心的一个彬彬有礼的文明人。此书的观点影响深远：欧洲与俄罗斯非常接近，而俄罗斯正是欧洲文明的一部分。

63

---

* the sceptred isle, 语出莎士比亚《理查二世》。——编注

　　与此同时，卡拉姆津也表达了俄罗斯人欧洲身份认同的不自信。每到一处，他总会发现俄罗斯在欧洲人心目中的落后形象。去哥尼斯堡（Königsberg）的路上，两位德国人"为俄国人居然会说外语而感到吃惊"。在莱比锡，教授们说俄罗斯人跟"野蛮人差不多"，根本不相信他们会有自己的作家。法国人更甚，他们恩赐俄罗斯人高尚的法国文化，鄙视后者"像猴子一样只知道模仿"。[138]有时候这种言论使卡拉姆津大受刺激，因此有些夸大了俄罗斯的成就。然而，他在欧洲游历后却得出结论，即这些人的思维方式和他自己国家的人完全不同。尽管经过一个世纪的改革，但是在他看来，俄罗斯人也许仅仅在表面上实现欧化。他们接受了西方的礼仪和风俗习惯。但是欧洲的价值观和情感依然未能渗透到他们的精神世界。[139]

　　卡拉姆津的怀疑得到许多受过良好教育的俄罗斯人的认同，这些人努力地想给"欧化"下定义。1836年，哲学家恰达耶夫被认定为疯子，因为他绝望地写道，尽管俄罗斯人也许能够模仿西方，但是他们却没有能力内化欧洲的核心价值观和理念。然而，正如赫尔岑所指出的那样，恰达耶夫只不过说出了每一个有思想的俄罗斯人多年来的感受而已。这种面对欧洲时缺乏自信、饱含嫉妒和愤怒的复杂情绪，依然存在于俄罗斯的民族意识之中。

　　就在卡拉姆津动身去欧洲之前5年，作家、文官丹尼斯·冯维辛与妻子一起游历了德国和意大利。这并不是他们的首次欧洲之旅。1777—1778年，为了治好冯维辛的偏头痛，他们去了德国和法国的温泉疗养院。现在由于中风，冯维辛的一条手臂瘫痪，说话含糊不清，只能再次出国。以笔记和家信的形式，冯维辛记下了对国外生活和不同民族特点的观察。他的《旅行书简》是俄罗斯作家首次将俄罗斯的精神传统描绘成一种不同于西方，而且实际上优于西方的精神传统。

64

　　冯维辛并不是一个民族主义者。他精通七国语言，穿着时髦的服装，头戴假发，不折不扣一个圣彼得堡世界公民的形象。他以言辞犀利和思维敏捷著称，这在他那些反对崇拜法国的讽刺作品中有很好的体现。但是，如果说冯维辛对上流社会的浅薄和虚伪习俗感到厌恶的话，那么这和排外没有关系，更多是源于他自身对社会的疏离感和优越感。事实上冯维辛是一名厌世者。不管是在巴黎还是圣彼得堡，他瞧不起整个上流社会，这个他在外交部担任高级官员时所身处的世界。冯维辛早期在国外所写的书信中，所有的国家都被描绘成一个样子。1778年从法国他写道："我已经知道，所有的国家都是坏人多过好人，人到了哪里都一样，每个国家都是聪明人很少，而蠢货到处都是，因此一句话，我们的国家并不比别人差。"这种文化相对论的立场，所凭借的是把世界看作一种共同体的启蒙思想的基本理念。"那些优秀的人形成了自己的单一民族，不管他们来自哪个国家。"冯维辛总结道。[140] 然而，在第二次欧洲之旅中，冯维辛对欧洲的偏见更加严重。他毫不客气地谴责它的成就。法国作为"西方"的标志，是冯维辛主要抨击的目标，也许部分原因在于他没有被巴黎的沙龙所接纳。[141] 巴黎是"一座道德堕落的城市"，"充满了谎言和虚伪"，光会腐蚀俄罗斯的年轻人，他们来这里寻找那了不得的"社交礼仪"。这是一座充满物质贪欲的城市，信奉"有钱即是上帝"；这是一座虚荣和徒有其表的城市，在这里，"表面的礼节和规矩决定了一切"，"友谊、诚实和精神价值没有任何意义"。法国人大肆宣扬他们的"自由"，但是普通法国人的真实境况却跟奴隶一样——"穷人要吃饱只能像奴隶那样出卖苦力，因此'自由'只是一句空话。"法国哲学家都是骗子，因为他们没有将自己宣扬的理论付诸实践。冯维辛的结论是，总而言之，欧洲距离俄罗斯人想象中的理想国度还非常遥远，是时候承认"我们的生活方式更好"了：

65

　　假如我明智的年轻同胞对俄罗斯盛行的种种恶习和混乱感到愤怒，并从心里开始感到正在疏远她，那么，让他爱上祖国的最好方法，莫过于尽快把他送到法国去，越快越好。[142]

　　那些冯维辛用来描绘欧洲的词语，异常频繁地出现在随后的俄罗斯游记中。"腐化"和"堕落"、"虚假"和"肤浅"、"物质至上"和"任性自私"——这些就是俄罗斯词典里的欧洲。赫尔岑的《法意书简》(1847—1852)和陀思妥耶夫斯基的《冬天里的夏天印象》(1862)，都附和冯维辛的观点。这种一脉相承使得旅行仅仅是个借口，人们借机对欧洲和俄罗斯之间的文化关系发表一番具有哲学意味的看法。这些词语的不断重复标志着一种意识形态的出现——以西方为鉴，反衬俄罗斯的独特之处。实际上每一个俄罗斯作家，从普希金到斯拉夫主义者，都在重复这种认为西方道德腐败的观点。赫尔岑和陀思妥耶夫斯基以此为核心，认为俄罗斯注定成为堕落西方的救世主。认为法国既虚假又浅薄的看法成为共识。对卡拉姆津来说，巴黎是一个"充满了肤浅的辉煌和魅力"的都市；果戈理认为它"只有一层闪闪发光的表面，掩盖了底下欺诈和贪婪的深渊"。[143]维亚泽姆斯基将法国刻画成一个"故弄玄虚和虚情假意的国度"。审查官和文学家亚历山大·尼基坚科笔下的法国人则"似乎天生就喜爱戏剧并具有创作的禀赋——他们生来就是为了表演。情感、原则、荣誉、革命全被看成一场戏，一场游戏"。[144]陀思妥耶夫斯基也认为法国人在模仿情感和感受自然上具有独特的天赋。[145]即便是对欧洲抱有极大热情的屠格涅夫，也在《贵族之家》(1859)中将他们描写为一群有文化、有魅力但是却缺乏精神深度或者严肃知性的人。文化刻板印象的持续出现，说明了俄罗斯人意识中的"欧洲"脱离现实到了何种程度。这种想象的"欧洲"与其说是定义西方，还不如说是为了定义何为"俄罗斯"。没有了"西方","俄罗斯"这个概念便不存在（正如没有"东方","西方"就不存在一样）。"我们需要欧洲作为理想和谴责的范例，"赫尔岑写道，"这样的欧洲就算实际不存在，我们也必须将她发明出来。"[146]

俄罗斯人对他们在欧洲的位置不是很确定（至今仍是），这种矛盾的心理对他们的历史文化和自我认同有着至关重要的影响。生活在欧洲大陆的边缘，他们从来都不确定那里是否就是自己的归宿。俄罗斯属于西方还是东方？彼得让他的子民面对并仿效的，是西方。从那一刻开始，这个国家的发展就意味着要以一种外国的标准来衡量，包括它所有的道德和审美规范、所有的品位和社交礼仪。知识阶层戴上欧洲的有色眼镜来打量俄罗斯，痛斥自己的过去充满了"野蛮"和"黑暗"。他们寻求欧洲的认可，并希望被同等看待，因此他们为彼得的成就感到骄傲。他所建立的帝国比欧洲其他任何帝国都要辽阔甚至强大，极有希望领导俄罗斯走向现代化。但是与此同时，他们又痛苦地意识到俄罗斯并非"欧洲"，它总是与那个神话般的理想差一点点，而且也许永远也无法成为它的一部分。在欧洲的阴影下，俄罗斯人有一种自卑情结。赫尔岑在19世纪50年代写道："我们对待欧洲和欧洲人的态度，仍然是那种外省人对待首都居民的态度：我们低声下气、近乎愧疚，将一切的差异都看成缺点，为我们的特点感到脸红并极力掩饰。"[147] 但是被西方拒之门外同样能够唤起一种愤怒的情绪和优越感。如果俄罗斯无法成为"欧洲"的一部分，那么它应该为它"不一样"而感到更加骄傲。在这个民族神话中，"俄罗斯灵魂"被赋予了一种比西方的物质成就更高的道德价值。它肩负着基督徒拯救世界的使命。

第七节

1789 年的法国大革命彻底动摇了俄罗斯人心目中理想的欧洲。雅各宾派的恐怖统治削弱了俄罗斯人对欧洲作为进步和启蒙力量的信仰。"'启蒙的时代'啊！在血与火中，我已经认不出你来了。"卡拉姆津在 1795 年痛苦地写道。[148] 在他看来，正如他反复料定的那样，一股谋杀和破坏的浪潮将会"把欧洲糟蹋掉"，摧毁"一切重要的艺术、科学和人类心灵的珍藏之物"。[149] 也许历史说到底并不是一条通往进步的直道，而是一个徒劳无功的圆环，"真理和错误、美德和罪恶将不停地重复下去？"有没有可能，"人类已经取得了这么多的进步，最后却还是坠回野蛮的深渊，就跟西西弗斯搬石头一样？"[150]

卡拉姆津的苦恼普遍困扰着他那个时代受欧洲影响甚深的俄罗斯人。他的同胞从小就接受了"法国一切皆善"的教育，但是现在他们看到的正好相反。那些从巴黎逃到圣彼得堡的流亡者所讲的恐怖故事，似乎验证了他们最害怕的事情。俄罗斯政府断绝了和革命中的法国的一切关系。那些以前在政治上向法国一边倒的贵族，现在患上了恐法症，因为"法兰西"已经成为反复无常和无神论的代名词，这尤其体现在莫斯科以及那些俄罗斯政治传统和观点与外来习俗参半的外省地区。而在贵族阶层完全崇拜法国的彼得堡，对法国的态度更加缓和也更复杂——即使在1805年法俄战争打响后，仍有许多自由派的贵族和爱国者支持法国和拿破仑（如《战争与和平》中的皮埃尔·别祖霍夫）。但就算在首都，贵族阶层也在有意识地努力摆脱法国文化的强大影响。在圣彼得堡的沙龙，使用法语变成了讨人厌的行为。俄罗斯的贵族们不再喝香槟和拉菲，改喝克瓦斯和伏特加，白菜汤取代了法式的高级料理。

在这种寻求基于"俄罗斯道德准则"的新生活中，文化大同的启蒙理想最终被抛弃了，民族道路取而代之。"让我们俄罗斯人成为俄罗斯人，而不是法国人的复制品。"达什科娃公爵夫人写道，"让我们做坚定不移的爱国主义者，传承我们祖先的美好品性。"[151] 卡拉姆津也宣布与"普遍人性"决裂，改为拥抱"国家民族"。法国大革命以前，他还认为"最重要的不是成为斯拉夫人，而是成为人。所有对人类有益的事，不可能对俄罗斯人有害；所有那些英国人或者德国人为了人类的利益而发明出来的东西，也属于我，因为我也是人"。[152] 然而到了1802年，卡拉姆津号召他的作家同伴们拥抱俄语，"做回自己"： 68

> 我们的语言不仅能够进行高超的雄辩，描写感人的诗歌，也足以表达温和质朴的情感，把握声音和感觉。它比法语更加和谐；它更适于心灵的宣泄……一个人和一个民族也许开头模仿别人，但是最终他们必将找回自己，并有权利说："我确实存在。"[153]

这新觉醒民族的振臂高呼，将横扫1812年的时代。

第二章

1812年的孩子

圣彼得堡冬宫白厅图（阿道夫·拉杜里尼，1838年）。现藏于圣彼得堡的
国立艾尔米塔什博物馆和莫斯科的彼得鲁沙美术馆。

第一节

　　1812年8月，正当拿破仑大举入侵俄罗斯之时，谢尔盖·沃尔孔斯基公爵向圣彼得堡的亚历山大沙皇递交了一份报告。亚历山大问这位年轻的副官军中士气如何。"陛下！"公爵回答道，"从最高指挥到普通士兵，每一个人都准备好为国牺牲。"沙皇还问到了普通民众的情绪，沃尔孔斯基依旧满怀着信心。"您应该为他们感到骄傲。因为每一位农民都是爱国主义者。"但是当问到贵族阶级时，公爵沉默了。在沙皇的催促下，沃尔孔斯基终于开口："陛下！我为自己属于那个阶级而感到羞耻。他们只会说空话。"[1]这是沃尔孔斯基一生中的决定性时刻——他的一生讲述了他的国家和他所属的阶级在一个民族自我发现的年代里所发生的故事。

　　许多军官在丧失了本阶级傲气的同时，却在1812年的军队中发现了自己的同胞。对于像沃尔孔斯基这样的公爵来说，肯定会为农民才是爱国者这个发现感到震惊：毕竟作为贵族，他们从小就学会把自己视为"祖国真正的儿子"。然而，对有些人来说（就像沃尔孔斯基），这一揭示却也意味着希望——这些农奴将是国家未来的公民。自由派贵族将会站起来保卫"国家"和"人民的事业"，这便是 1825 年 12 月 14 日爆发的十二月党人起义。*他们在 1812 年的战场上与农奴士兵结成联盟，形成了民主的思想。就像一位十二月党人后来所写的："我们是 1812 年的孩子。"[2]

1788 年谢尔盖·沃尔孔斯基出生，他家属于俄罗斯最古老的贵族家庭之一。沃尔孔斯基的祖上可追溯到 14 世纪的诸侯米哈伊尔·切尔尼戈夫斯基，他在莫斯科公国反抗蒙古人的解放战争中战勋彪炳（后来被封圣），被赠与莫斯科南部沃尔孔纳河边的一大块土地，从此家族便以这条河为姓。[3] 随着莫斯科公国的壮大，那些为大公和沙皇服务的军队首领和地方长官步步高升，沃尔孔斯基家族自然也不例外。到了 19 世纪，沃尔孔斯基俨然成为与亚历山大沙皇和皇室最为亲近的古老贵族——可能也是最富有的。谢尔盖的母亲亚历珊德拉公爵夫人是皇太后（被谋杀的保罗沙皇的遗孀）的女侍长，因此成为帝国首位没有皇室血统的公爵夫人。她一生的大部分时间都住在皇家在冬宫所拥有的专属宅邸里，夏天则住在皇村（诗人普希金还是小男孩的时候，有一次将这个冷若冰霜的女人误认为她那位美丽的法国随从约瑟芬，扑在她身上。这可是一桩丢脸的事）。谢尔盖的叔叔保罗·沃尔孔斯基将军是亚历山大沙皇的亲信，且在尼古拉一世在位期间，被任命为实际掌管皇室家务的宫廷总管，前后长达 20 多年。他的弟弟尼基塔娶了季娜伊达·沃尔孔斯基，她是亚历山大宫廷的未婚侍女，而且（可能不太光彩）还是沙皇的情妇。他的姐姐索菲亚和欧洲所有重要王室的关系都很亲密。沃尔孔斯基家族在彼得堡的府邸——那是一座位于莫伊卡河边的漂亮宅子，普希金曾租过底层的房间——有一套英国国王乔治四世赠送给她的瓷器。"那不是国王的赏赐，"索菲亚喜欢说，"而是一个男人送给一

---

* 这里将称他们为十二月党人，虽然他们要到 1825 年才获得这个称号。——原注

个女人的礼物。"[4] 她嫁给了沙皇最好的朋友，后来成为参谋长的彼得·米哈伊洛维奇·沃尔孔斯基公爵。

谢尔盖本人实际上成了广义上的皇室成员。他就读于丰坦卡河边的尼古拉修道院，这是一所由法国侨民创建的学校，学生都来自彼得堡最尊贵的上流社会。毕业后他进入最精锐的圣彼得堡军事预备学校（Corps des Pages）学习，从那里，他很自然地加入了近卫军。在 1807 年的埃劳战役中，这位年轻的骑兵被子弹射中了肋部。多亏母亲的说情，他才被转到圣彼得堡的皇家卫队。在这里他被选入了沙皇副官团，一个英气蓬勃的精英团队。沙皇很喜欢这个风度翩翩、说话轻声细语而又一脸严肃的年轻人——尽管后者像当时许多贵族（如《战争与和平》开头的皮埃尔·别祖霍夫）一样，崇拜拿破仑，而这可不是俄罗斯皇室喜闻乐见的事。沙皇管他叫 "Monsieur Serge"*，以将他和他的三位兄弟（他们也都是副官）以及其他姓沃尔孔斯基的随从区别开来。[5] 公爵每天和沙皇一起用餐。他是少数几个未经通报即可进入沙皇私宅的人之一。尼古拉王子——后来成为沙皇尼古拉一世——比谢尔盖小 9 岁。当尼古拉还是孩子的时候，常常要求谢尔盖按照奥斯特里茨战役中拿破仑军队的方阵来排列自己的玩具兵。[6] 40 年后，他将他的这位玩伴送去了西伯利亚。

1808 年沃尔孔斯基回到前线，在接下来的 4 年里，他参加了超过 50 场战役，24 岁便升至少将。拿破仑的入侵动摇了公爵和其他许多彼得堡贵族的法国情结。他的心中隐隐感到一个以拥有可贵品性的群众为基础的"民族"。普通百姓在 1812 年的爱国热忱——士兵们的英雄事迹，为了避免法国人占领的莫斯科大火，以及在冰天雪地中将 40 多万法国大军赶回欧洲的农民游击队——所有这些，在他看来都是民族觉醒的标志。"俄罗斯应该尊敬她的农奴士

74

---

* 法语，意为"谢尔盖先生"。——译注

兵，"1812 年 8 月 26 日，他在尸横遍野的博罗季诺战场上写信给他的兄弟说，"他们可能只是农奴，但是这些人在战场上拼命，就像公民为祖国而战。"[7]

沃尔孔斯基并不是唯一具有民主思想的人。他的朋友（也是十二月党人）诗人费多·格林卡同样被普通民众的爱国热忱所感染。在《一个俄国军官的来信》（1815）中，他对比了农奴（"准备用镰刀保卫自己的祖国"）和贵族（在法国人攻到莫斯科时"逃到自己的庄园"）。[8] 许多军官认识到农民的道德价值，其中一人写道："每天，我都会遇到和贵族一样优秀和理性的农奴士兵。这些淳朴的人还没有被那些来自我们社会的荒诞风气腐蚀，他们有自己的道德观念，与我们相比毫不逊色。"[9] 由此看来，这正是民族解放和重生的潜在精神。"要是我们能找到一种和这些人交流的语言就好了，"一位未来的十二月党人写道，"他们一定很快就能理解所谓公民的权利和义务。"[10]

这些军官的出身背景让他们对这个令人震惊的发现没有任何准备。贵族从小就被教导将农奴看作没有任何复杂思想和感情的人形牲畜。但是通过战争，他们顿时进入了农民的世界：军官们住在乡村，和农民一起吃饭，一起担惊受怕；偶尔，在负伤或迷路失去补给时，他们依靠这些士兵的见多识广才得以生存。由于对老百姓的尊敬与日俱增，军官们对自己的部队采取了一种更为人道的方法。"我们拒绝传统的严酷纪律，"沃尔孔斯基回忆，"而是试着和他们建立友谊，以此来赢得他们的爱戴和信任。"[11] 一些军官设立了教士兵们认字的野外教室，其他军官则带领士兵讨论废除农奴制和实现农民社会公平的问题。一些未来的十二月党人起草了"军中守则"和其他提案，希望改善战士们的境况。这些经过仔细研究士兵的生活方式而得出的文件，也许可以看成是 19 世纪三四十年代斯拉夫主义者和民主知识分子人类学研究的先声。举个例子，沃尔孔斯基写过一组详细的笔记《我营哥萨克人生活之记录》，提出了一系列的进步措施（例如由国有银行提供贷款、公储粮和开办公立学校），以此来改善贫苦哥萨克人的命运，并减轻他们对富有哥萨克的依赖。[12]

　　战后，具有民主思想的军官回到他们的庄园，心中怀着对农奴前所未有的责任。许多人像沃尔孔斯基一样，收养了阵亡士兵的遗孤，或者出钱让那些在 1812 年战争中展现个人才华的农奴接受教育。[13] 1818—1821 年之间，米哈伊尔·奥尔洛夫和弗拉基米尔·拉耶夫斯基两位伯爵为士兵们兴办学校，传播政治改革的思想。他们俩都是"幸福协会"这个孵化十二月党人起义的组织成员。在退役军官中间有些人的付出尤其显著。帕维尔·谢苗诺夫致力于改善农奴待遇的热情如此之高，仿佛他亏欠了他们，要用一生来偿还。在博罗季诺战役中，他挂在脖子上的一块圣像牌为他抵挡了子弹，那是士兵们送给他的。谢苗诺夫为农奴开了一间诊所，他的宅邸变成战争遗孀和其家人的避难所。1830 年他死于霍乱——那是家里的农奴传染给他的。[14]

　　对有些军官来说，仅仅参与到老百姓的事务中去并不足够：他们渴望的是成为其中一员。在军队里，他们努力向士兵靠拢，穿衣打扮和举手投足都像个俄罗斯人。他们用俄语发表军事演讲，和士兵吸同样的烟草；而且违抗彼得大帝的禁令，蓄起了长长的胡子。某种程度上，这种降尊纡贵是出于现实的考虑。著名的哥萨克游击队统领丹尼斯·达维多夫，发现在村子里很难招到士兵：农民一看到他那身闪闪发亮的轻骑兵制服，就认为他是外来的"法国佬"。达维多夫在日记中写着，为了能和村民们说上话，他不得不"向他们妥协"。"我了解到，在一场人民的战争中，仅仅会说人民的语言还不够：必须将自己的态度和服装降到和人民一样的级别。我开始穿农民的长袍，蓄起了胡子，而且将圣安妮勋章摘下，改为佩戴圣尼古拉的圣像。"[15] 然而这些并非只是军官们的权宜之计，也成为他们自身民族性的一种宣示。

1813—1814 年，沃尔孔斯基带领一支由农民组成的部队追击拿破仑直至巴黎。第二年他去参加维也纳和会，沿途有他母亲提供的四轮马车和三个仆人随侍，腰包里还有 2 万卢布。随后他先是回到巴黎，加入了夏多布里昂和本杰明·贡斯当等政治改革家的圈子，再去到伦敦，旁听了下议院对乔治三世精神问题的讨论，由此领会君主立宪制的运作原则。沃尔孔斯基曾经打算去美国，"一个以其独立和民主而使所有的俄罗斯年轻人向往不已的国家"，但由于拿破仑从厄尔巴岛逃走，战争重启使他不得不返回彼得堡。[16] 跟其他许多十二月党人一样，和西方的这次短暂接触对沃尔孔斯基的思想产生了深刻的影响，使他坚信人人皆有其尊严——这是十二月党人的基本信条，是他们反对专制政府和农奴制的基础；精英治国的理念自此形成，并通过他和拿破仑手下军官之间的交流屹立不摇，这些人的自由思想和自信给他留下了深刻的印象。有多少内伊和达武[*] 被俄罗斯军队那僵化的等级制度扼杀了？欧洲使他想起了落后的俄罗斯，它那缺乏基本权利或者公共生活的状态，并使他将注意力集中在学习欧洲的自由主义原则上。

这些从欧洲回来的军官之改变，几乎使他们的父母亲都认不出来了。1815 年的俄罗斯仍旧是他们离开前的样子，但是他们自己已经发生了巨大的变化。整个社会都为他们那"农民般的粗鲁行为"感到震惊。[17] 毫无疑问，这些趾高气扬的退伍军官多少带点军中作风的拿捏姿态。但是他们和老一辈人的区别远远不止在举止和衣着上。他们的艺术品位和兴趣、对政治和一般问题的看法也很不一样：他们不喜欢舞厅这种轻浮的消遣（虽然并不是他们自己在狂欢），而是沉浸于严肃的工作。正如有人这么解释："我们参加过历史上

---

* 米歇尔·内伊（Michel Ney）和路易-尼古拉·达武（Louis-Nicolas Davout）均是拿破仑手下的名将。——译注

最伟大的事件，难以忍受再回到空虚的圣彼得堡，再听那些老人闲聊所谓过去的荣光。我们已经前进了 100 年。"[18] 普希金在他 1818 年作的诗歌《致恰达耶夫》中写道：

> 时尚的圈子已经不再时尚。
>
> 你知道，亲爱的，我们现在都已自由。
>
> 我们远离社交圈；不与太太小姐们来往。
>
> 我们把她们留给那些老男人摆布，
>
> 那些 18 世纪的老男孩。[19]

跳舞尤其被认为是浪费时间。这些 1812 年一代的人佩戴着宝剑去参加正式的舞会，以此来表明他们的拒斥。沙龙在他们眼中是浮夸的代表。就像《战争与和平》里面的皮埃尔一样，年轻人回到他们的书房，去寻找更加质朴和真诚的生活所需的智慧。十二月党人的圈子成为一所名副其实的"大学"，从民俗、历史、考古到数学和自然科学，他们之间形成了百科全书式的专门知识。此外他们还出版了许多学术著作，并在当时的主要期刊上发表诗歌和文艺作品。

　　这些年轻人对父辈和社会的疏离感，在"1812 年的孩子"、诗人和哲学家以及军官当中非常普遍。它对 19 世纪俄罗斯的文化生活有着深远的影响。"上个世纪的人"遵守的是彼得大帝治下为国家服役的道德规范。他们非常重视阶层和等级、秩序以及符合理性的规则。亚历山大·赫尔岑——他恰好生于 1812 年——曾经回忆起他的父亲是多么反对表露情绪。"我的父亲不喜欢任何形式的放纵和任何形式的直白；他把这些都称为缺乏自制力，就好像他认为所有的感觉都是多愁善感一样。"[20] 但是那些在赫尔岑的时代长大的孩子全都情感充沛而不拘礼节。他们反抗原有的教条主义，称之为"俄罗斯的奴隶心理",他们希望通过文学和艺术来提升自己的做人原则。[21]许多人从军队和政府部门辞职,是为了过一种更加诚实的生活。就像格里博耶多夫的戏剧《聪明误》里面的恰茨基所说的:"我很想为国家服务,但是我对卑躬屈膝已经感到厌倦。"

19世纪俄罗斯在文化思想上的复兴,恰恰蕴含着对18世纪为国家服务观念的反抗。按照固有的观点,等级就是贵族的定义:跟所有其他的语言不一样,俄语里面"官员"(chinovnik)这个词是由"等级"(chin)变化而来。成为贵族就意味着接受公职,成为文官或者军官;而一旦放弃职位,即使是成为一名诗人或者艺术家,也会被看成是堕落。"在今天的俄罗斯,我们的一生几乎都在为国家服役,"1810年代一位官员写道,"一旦离开办公室,接下来我们就等着跨进坟墓。"[22]对于贵族来说,成为艺术家或者诗人都是难以想象的,除非这是一种业余爱好,或者他是一位醉心于庄园生活的绅士。即便是18世纪伟大的诗人加夫里尔·杰尔查文,他的写作也与他的军旅生涯密切相关(他后来被任命为议员和省长,1802—1803年任司法部长)。

19世纪早期随着书籍和绘画市场的发展,作家或者画家独立谋生成为可能,当然还不是很容易。普希金是首批对公共职务说不的贵族之一,他将写作看成一种"职业";他的做法被认为有失体面或是对等级制度的违背。1810年代作家G. I. 格列奇辞去公职从事文学评论,舆论纷纷指责他给自己的贵族门庭带来了羞辱。[23]音乐同样被认为不是一种适合贵族的职业。里姆斯基-科萨科夫被父母送进海军服役,他们将他的音乐视为"不务正业"。[24]穆索尔斯基被送往彼得堡的军官学校学习,接着进了普列奥布拉任斯基近卫团。柴可夫斯基念的是彼得堡帝国法律学校,他的父母希望他毕业后成为一名公务员。这不是说要他忘记小时候对音乐的热情,而只是暂时将其放在一边。因此对于贵族来说,成为艺术家就意味着反抗他们的阶级传统。他必须脱胎换骨，真正成为一名"有智识的人"，一个知识分子，他的职责更多是为"这个民族"而不是为国家服务。

只有两位伟大的19世纪俄罗斯作家（冈察洛夫和萨尔蒂科夫–谢德林）曾经在政府部门担任要职，尽管几乎所有国家公仆都是贵族。冈察洛夫是一名图书审查官。但是萨尔蒂科夫–谢德林则不知疲倦地批评政府，而且作为副省长和作家的他总是站在"弱者"一边。作家应该挺身而出捍卫人的价值，反对做等级制度下国家的奴仆，这一文学传统几乎不言而喻。因此在果戈理的《狂人日记》（1835）中，精神错乱的主角是一个不起眼的小公务员，他嘲笑一个高级官员说："即使他是一名来自宫廷的绅士，那又怎么样？不同的只会是你的头衔，一种你看不到也摸不着的东西。宫廷侍从的额头中间并不会有第三只眼睛。"同样的，契诃夫的小说《废除了！》（1885）中，我们应该会嘲笑那个由于从前的军衔被废除而脑子一片混乱的退休准尉（伊席察）。"天知道我是谁，"这名老准尉说，"他们一年前就废除了所有的准尉！"[25]

不愿意遵守父辈的规范且对墨守成规的政府职务感到厌倦，普希金同时代的年轻人在诗歌、哲学和酒酣耳热的狂欢中寻求解脱。就像普希金的《别尔金小说集》（1831）中西尔维奥所说的那样，放诞不羁"是我们时代的流行"。[26] 纵饮狂欢被认为是自由的象征，是个体精神对抗组织严密的军队和官僚体系的坚定表现。沃尔孔斯基和他的同僚嘲笑那些对沙皇及其家人周日漫游圣彼得堡的路线亦步亦趋的人，以此显示出他们不与上流社会上行下效的做法为伍。[27] 另外一位军官、十二月党人米哈伊尔·卢宁则以展示自己的自由意志而出名。有一次，他以自己的聪明和机智回击了一位将军。彼得霍夫是芬兰湾靠近圣彼得堡附近一处著名的度假胜地，这里驻扎着一支部队，然而他们的将军为了"不失体面"而禁止军官们在彼得霍夫的海里游泳。于是卢宁在一个炎热的下午等待着将军

80

驾临海边，然后他全副武装地跳进海里，立正站好朝将军敬礼。不知所措的将军忙问他是怎么回事。"我在游泳呀，"卢宁说，"为了不违反阁下您的规定，我在很体面地游泳。"[28]

十二月党人圈子中的年轻人把很多时间都花在无拘无束的取乐上。有些人不赞同这种做法，比如严肃的沃尔孔斯基。但是像普希金和他"绿灯社"（一个由自由思想家和诗人组成的松散文学团体）的朋友，则将争取自由的战斗视为一次狂欢。这样的生活方式和艺术摆脱令人窒息的社会习俗，让他们找到了自由。[29] 和朋友们聚在一起玩牌、喝酒或者争论，这时他们得以放松一下，且"就像俄罗斯人一样"，用通俗易懂的市井语言来表达自己的观点。这是大多数普希金诗歌中所用的语言——一种夹杂了政治和哲学思想术语、情感表达以及妓院和酒馆粗口的语言风格。

按照普希金的说法，这些毫无节制的狂欢保存了友谊：

> 因为人可以活在友谊中
> 有诗歌和纸牌，有柏拉图和美酒，
> 而在我们顽皮的恶作剧那温柔的面纱之下
> 是一颗高贵的心灵和思想。[30]

沃尔孔斯基也如此形容他的同僚。他们开心地践踏公共行为准则，但是彼此之间却通过"同志之谊的纽带"以礼相待。[31] 十二月党人阵营中的兄弟情谊随后演变成了对集体的崇拜，它将在俄罗斯知识分子的政治生涯中扮演至关重要的角色。这种精神首先是在军队——爱国主义者的天然之"家"中建立起来的。在《战争与和平》中，尼古拉·罗斯托夫休假归来后发现了这个共同体的存在。突然之间——

他第一次感到他和杰尼索夫以及整个团之间的联系是多么地紧密。在向［营地］走去时，他的感觉就像回到莫斯科的家里一样。当他第一次看到他们团的轻骑兵（他制服的领子没有扣上），当他认出了红头发的杰缅季耶夫和拴花毛马的绳子，当他看到拉夫鲁什卡高兴地向他的主人喊道："伯爵回来了！"正躺在床上睡觉的杰尼索夫衣衫不整地跑出泥坯房来拥抱他，军官们也围成一圈欢迎他的归来时，罗斯托夫的感受与他的母亲、父亲和妹妹拥抱他时的感受是一样的，他的眼里充满了欢乐的泪水，哽咽着说不出话来。团也是他的家，而且和他的父母家一样，永远是他最亲爱和最宝贵的东西。[32]

通过这样的纽带，年轻的军官们从国家僵化的等级制里破茧而出。他们认为自己属于一个富含爱国情操和手足情谊的新团体——一个"民族"，如果你想这么说的话——在其中贵族和农民彼此和睦相处。19 世纪俄罗斯民族主义的探索便始于 1812 年的行伍之中。

　　这个观点得到了十二月党人圈子中所有文化人的认同：不仅仅是起义的领导者，而且还包括那些同情十二月党人却并未实际参加起义的人（"没有参加十二月叛乱活动的十二月党人"），后者更是数不胜数。他们中的大部分诗人都专注于公共事务的主题（如格涅季奇、沃斯托科夫、梅兹利亚科夫、奥多耶夫斯基和雷列耶夫，尽管普希金没有这么激进）。他们放弃了卡拉姆津的沙龙式美学和肤浅主题，转而用一种简练的笔触书写史诗性的诗歌。他们中的许多人将当前战争中士兵的无畏精神与古希腊和罗马的英雄事迹相提并论。一些诗人记录下农民日常的辛勤劳作，并将其拔高到为国牺牲的程度。在他们看来，诗人的本分便是去做一个为民族事业献身的公民。跟所有 1812 年一代的人一样，他们把自己的工作视为宣扬民主的一部分，即去了解和教育普罗大众，把整个社会团结在俄罗

斯人的行为规范之下。他们排斥"世界民族"的启蒙主义思想，而
是就像一位评论家所说的，号召"我们所有的作家都来反思俄罗斯
这个民族的特色"。[33]

　　普希金在这项事业中有着特殊的地位。与法国人战斗他还太年
轻——1812 年他才 13 岁，但在就读于皇村中学期间，他目睹了皇
村的卫戍部队出发到前线去。这个记忆伴随了他一生：

> 你会想起：战争很快就席卷了我们，
> 我们向所有的哥哥们告别，
> 然后和其他人一起跑回我们的课桌，
> 心中嫉妒着那些独自去死
> 抛下我们的人……[34]

尽管不像他们，普希金从未去过欧洲，但是他却呼吸着欧洲的空气。
在还是个小男孩的时候，他就孜孜不倦地阅读父亲书房里的法国藏
书。他的第一篇诗作（作于他 8 岁那年）就是用法语写的。后来他
发现了拜伦的诗歌。欧洲文化传统在他身上完全扎根，则要多亏
1812—1817 年间他在皇村中学所受的教育——这是一所模仿拿破仑
的公立中学建造起来的学校，借鉴了大量英国公立学校的课程，包
括古典与现代语言、文学、哲学和历史等人文学科。皇村中学同学
之间的感情非常浓厚。在这里结下的友谊，使得普希金愈发将俄罗
斯的欧化视作一种精神：

> 我的朋友们，我们的联合真是太奇妙了！
> 它像一个灵魂，将永远存在下去——
> 不可分割、发自内心而又快乐无比，
> 它受到了博爱的缪斯的祝福。

> 不管我们的未来将如何不同，
>
> 不管我们的命运是什么，
>
> 我们依然不变：世界对我们来说是一个外来的东西， 83
>
> 而皇村则是我们的祖国。[35]

然而，不管普希金如何地向往西方，他仍然是一个俄罗斯诗人。由于父母的忽视，他实际上由农奴出身的保姆带大，保姆的故事和歌曲给了他一生的创作灵感。他喜欢民间故事，常常到乡村集市去收集农民的故事和他们使用的词汇，将其转化为自己的诗歌。他跟1812年的军官一样，认为地主照顾农奴的义务，要比他对国家的责任重要得多。[36]

他也将这种义务作为一个作家的责任，并且希望塑造一种基于口语的书面语言。十二月党人将这看成是他们的核心理念。他们呼吁用一种"每个公民都能理解"的语言书写法律。[37]他们试图创建一套俄罗斯的政治词汇，而不是照搬外来的概念。1812年战争的历史，按照格林卡的呼吁，应该用一种"简洁明了、各阶层的人都能理解的语言撰写，因为是来自各阶层的广大人民参加了这场解放我们祖国的战争"。[38]在1812年的士兵看来，民族语言的创建似乎成为培养袍泽情谊、塑造一支基于多数人的新兴民族的手段。"如果有人想了解我们的人民，"十二月党人的诗人、亚历山大·别斯图热夫写道，"那么他必须和他们一起生活，跟他们说同样的话，吃一样的东西，庆祝同样的节日，跟他们一起去树林里打猎，或者坐上农民的马车到集市去。"[39]普希金的诗歌首次建立了这样的联系。他使用通俗的俄语创作，从识字的农民到尊贵的公爵，人人对他的诗歌都耳熟能详。通过他的诗歌，普希金创造了一种民族语言，令其在众口传唱中发扬光大，这是他了不起的成就。

第二节

沃尔孔斯基于 1815 年回到俄罗斯，担任乌克兰亚速海军团的指挥。跟所有的十二月党人一样，他对亚历山大一世的保守态度感到失望透顶，本来他将自由的希望全都寄托在沙皇身上。亚历山大一世统治的前半段（1801—1812），曾经通过了一系列的政治改革方案：放宽了审查制度；参议院被提升为帝国司法和行政的最高机构——这是对沙皇个人权力的重要制衡；模仿拿破仑的最高行政法院，建立 8 个部委和立法性质的上院（国务会议），形成一套更加现代的政府系统。甚至还有鼓励贵族解放农奴的一些初步措施。在自由派的军官们眼里，亚历山大似乎是他们中的一员：一个有着进步和开明思想的人。

沙皇命令御前顾问米哈伊尔·斯佩兰斯基以《拿破仑法典》为基础制定宪法草案。如果斯佩兰斯基的改革成功，俄罗斯将会成为君主立宪制国家，拥有以法制为基础的文官政府。但亚历山大对于是否实施这位大臣的提案犹豫不决。随着法俄战争的打响，这些提案受到了保守派贵族的谴责和怀疑，因为它们都是仿效法国的做法。

斯佩兰斯基失宠了——他被陆军大臣阿拉克切耶夫将军所取代，后者对 1812—1825 年亚历山大后半段的统治有着显著的影响。阿拉克切耶夫实行残暴的军屯政策，农奴出身的士兵被强制为国家种地和进行其他义务劳动。这激怒了那些 1812 年的军官，因为他们的自由思想正是源于对士兵的尊敬。当沙皇不顾他们的反对，强制推行军屯政策，并大肆屠杀反抗的农民时，十二月党人愤怒了。"大家对这种强制性的所谓军事殖民感到惊讶和愤怒，"弗拉基米尔·施泰格尔男爵回忆说，"突然占领整个村子，占用老实本分农民的房子，征用他们祖祖辈辈辛苦攒下的一切东西并强制将他们变为士兵，难道历史上曾出现过类似这样的情况吗？"[40] 这些军官征战时曾经到过巴黎，他们希望俄罗斯能够变成一个现代的欧式国家。他们梦想有一部使每一位俄罗斯农民都能享受公民权利的宪法。但是他们却失望地回来了——回到一个农民依然被当成奴隶对待的俄罗斯。正如沃尔孔斯基所写的，去过巴黎和伦敦再回到俄罗斯，"感觉就像回到了史前时代"。[41]　　　　　　　　　　　　　　　　　　　　　　85

　　沃尔孔斯基公爵加入了他的老同学米哈伊尔·奥尔洛夫的圈子，奥尔洛夫参加过 1812 年战争，和南方十二月党人的主要领导者联系非常紧密。这个阶段十二月党人只是小圈子内的秘密活动。1816年，当时 6 名年轻的近卫军军官成立了一个秘密组织（他们起初称之为"救国联盟"），旨在建立君主立宪政体和国民议会。从一开始，这些军官就为如何达成目的而意见不一：有些人想等到沙皇去世，这样他们就能拒绝向下一任沙皇宣誓效忠，除非他在改革方案上签名（他们不愿违反已经向现任沙皇立下的誓言）；但是亚历山大还不到 40 岁，一些像米哈伊尔·卢宁这样急性子的人更倾向于弑君的方法。1818 年这个组织解散了——那些较为温和的成员立刻重新成立了一个名为"幸福协会"的组织，它只有一个相当模糊的教育和慈善活动方案，而没有清晰的起义计划——尽管奥尔洛夫伯爵身

为组织的领导人之一，勇敢地向沙皇提交了一份请愿书，要求废除
农奴制。有不少十二月党人朋友的普希金，在他那段打算用于小说
《叶甫盖尼·奥涅金》中的不朽文字中，将他们的密谋描绘成一场
游戏（故事的背景设于 1819 年，然而在沙皇的时代，这些文字是
不可能出版的）：

> 全部都是空谈
>
> 在拉菲酒庄和凯歌香槟之间来回摇摆。
>
> 友好的讨论，诙谐的警句
>
> 不会太深刻。
>
> 煽动叛乱这门科学
>
> 只是无聊和懒惰的果实，
>
> 是已经长大的淘气男孩的恶作剧。[42]

幸福协会没有制定叛乱的计划，而是集中精力在各地发展松散的成
员网络，如彼得堡和莫斯科、基辅、基什尼奥夫，以及有驻军的其
他外省城市，像第二军的总部图利钦。沃尔孔斯基正是图利钦的一
名积极分子。他是通过基辅的共济会参加到奥尔洛夫的密谋计划中
去的——一个参加十二月党人活动的普遍方法——在那里，他还遇
到了年轻的十二月党人领导，帕维尔·伊凡诺维奇·彼斯捷尔上校。

　　跟沃尔孔斯基一样，彼斯捷尔是西伯利亚西部一位外省省长的
儿子（他们的父亲是好朋友）。[43] 他在博罗季诺战役中表现出色，
随军队到巴黎，带着满脑子的欧式学识和理想回到俄罗斯。普希
金在 1821 年与彼斯捷尔会面，称他为"我见过的最有创造性思想
的人"。[44] 彼斯捷尔是十二月党人中最激进的领导者。他魅力超凡，
霸气十足，显然受雅各宾派的影响很深。他的宣言《俄罗斯真理》
号召推翻沙皇的统治，建立一个革命的共和国（必要时可以使用暂

时的独裁作为手段），以及废除农奴制。他设想一种符合大俄罗斯民族利益的国家统治。其他的民族——芬兰人、格鲁吉亚人、乌克兰人，等等——将被迫消除他们之间的分歧，"变成俄罗斯人"。彼斯捷尔认为，只有犹太人无法同化，应该将他们驱逐出俄罗斯。这样的观点在十二月党人中间很普遍，他们在努力按照欧洲民族国家的模式改造俄罗斯帝国。即使是具有相对开明观点的沃尔孔斯基，也把犹太人蔑称为"小犹太"。[45]

　　到了 1825 年，彼斯捷尔已经成为策划反对沙皇起义的主要组织者，在"南方协会"（"救国联盟"解散之后的南部组织）拥有一批数目不多但忠心耿耿的追随者。他的计划有失周全，打算在 1826 年沙皇视察基辅附近的军队时趁机将其逮捕，然后前往莫斯科，在圣彼得堡"北方协会"盟友的帮助下夺取政权。彼斯捷尔拉上沃尔孔斯基参与了这场密谋，让他负责与"北方协会"以及波兰的民族主义者联络，后者同意参加起义，但需以胜利后获得独立为交换条件。"北方协会"由两个人说了算：年轻的近卫军军官尼基塔·穆拉维约夫和诗人雷列耶夫。前者参加过 1812 年战争并与皇室关系很好；后者以其吸引军官和自由派官员的"俄式午餐"闻名：这里没有欧式菜肴，只有白菜汤和黑麦面包，人们喝着伏特加唱革命之曲，庆祝俄罗斯从外国人主宰的宫廷中解放。"北方协会"的政治要求比彼斯捷尔的要温和一些——他们要求成立一个君主立宪制的议会和实现公民的自由权。沃尔孔斯基在彼得堡和基辅之间来回奔走，为彼斯捷尔的起义争取更多的支持者。"我从未像当时那么快乐过，"他后来写道，"我知道自己在为俄罗斯人民的事业奋斗，并为此感到自豪——我要将他们从专制统治中解放出来。"[46] 尽管当时他正和玛丽亚·拉耶夫斯基谈恋爱，后来还娶了她，但是他却很少看到他年轻漂亮的新娘。

　　玛丽亚的父亲是拉耶夫斯基将军，1812 年的著名英雄，甚至曾

87

经受到拿破仑的赞扬。玛丽亚生于 1805 年，17 岁那年和沃尔孔斯
基相遇。她年轻时非常美丽且气质优雅。普希金称她为"恒河的女
儿"，因为她的肤色较黑，而且头发也是黑色的。诗人是拉耶夫斯
基家的朋友，曾经和将军一家到克里米亚和高加索旅行。根据有的
说法，普希金爱上了玛丽亚。他经常会被年轻漂亮的姑娘迷住——
但是从玛丽亚出现在他诗歌中的频率来判断，这一次他或许是认真
的。至少普希金两部长诗中的女主人公——《巴赫奇萨赖的泪泉》
（1822）中的玛丽亚公主以及《高加索的俘虏》（1820—1821）中的
切尔克斯姑娘——都是以她为原型创作的。两部长诗讲的都是单恋
的故事，这也许有些意味深长。与玛丽亚一起在克里米亚的海水里
嬉戏的回忆，可能激起了他创作《叶甫盖尼·奥涅金》的灵感：

> 我多么嫉妒那些海浪——
> 那些喧嚣翻滚着的海水
> 像奴隶一般扑倒在她的脚下！
> 我渴望与那浪花一起压在
> 那双脚上就像双唇在……亲吻。[47]

　　沃尔孔斯基接到了命令，要他将普希金招纳进这桩密谋中来。
普希金属于泛十二月党人的文化圈子，他有许多朋友参加了这次密
谋活动（他后来宣称，假如不是有一只野兔跑过他前面的小路，使
他对旅行产生了不祥的预感，他很可能会到彼得堡参加他的朋友在
元老院广场的集会）。事实上，他曾经被放逐到他位于米哈伊洛夫
斯克的庄园，那里靠近普斯科夫，因为他的诗歌对十二月党人有着
极大的激励作用：

> 相信我，同志，将会升起

> 一颗迷人的幸福之星，
>
> 当俄罗斯从沉睡中醒来
>
> 而我们的名字将会被铭刻在
>
> 专制统治的废墟之上。[48]

然而，沃尔孔斯基可能担心这会将伟大的诗人暴露在危险之下——因此他没有兑现向彼斯捷尔做出的承诺。不管怎么样，沃尔孔斯基心里肯定很清楚，普希金以轻率著名，而且与宫廷的关系又这么密切，吸收他进来将会是个负担。[49] 关于叛乱的谣言在圣彼得堡甚嚣尘上，因此，十有八九，亚历山大沙皇已经知道了十二月党人的计划。沃尔孔斯基当然也这么认为。在一次视察他的军队的时候，沙皇轻声地警告他说："把精力花在你的军队上，政府的事我来就好，因为，很抱歉地告诉你，亲爱的公爵，那不关你的事。"[50]

　　起义原定于 1826 年的夏末举行。但 1825 年 12 月，由于沙皇突然死亡，而君士坦丁大公拒绝继承帝位引发了继承人危机，计划被匆忙提前了。彼斯捷尔决定抓住这个时机，他和沃尔孔斯基一起从基辅来到圣彼得堡，就起义的方式与时间和"北方协会"进行了激烈的争论。问题在于如何取得军队的广泛支持，他们既无意弑君也没有武装起义的打算。与谋者对此只有模糊的概念。他们将这看成是一次自上而下的军事政变；作为军队的将领，他们认为能够或多或少地召唤他们的老部下，那就是他们手中掌握的棋子。他们拒绝了大约 50 名下级军官的积极倡议，后者都是来自小职员或者小地主家庭，他们的组织"斯拉夫联盟"（United Slavs）一向号召上级军官在士兵和农民中煽动起义。"我们的士兵既优秀又单纯，"一位十二月党人的领袖解释说，"他们不会考虑太多，只应该是我们实现目标的工具。"[51] 沃尔孔斯基也持相同意见，他在起义前夜写给朋友的信中说："我相信我会赢得部队的支持，因为我的士兵信任我、爱戴我。一旦发动起义，他们会听从我的领导。"[52]

最后，只有大约 3000 名士兵响应十二月党人的领袖们来到彼得堡——尽管比预期的 2 万人要少得多，如果好好组织且行动果断的话，也许仍然足以使政变获得成功。但是情况并非如此。12 月 14 日，驻扎在圣彼得堡的卫戍部队被召集，举行宣誓效忠新沙皇尼古拉一世的仪式。这 3000 名叛乱者拒绝宣誓，而是摇旗打鼓走向元老院广场，他们聚集在"青铜骑士"的雕像前，高喊"君士坦丁和宪法"（Constantine and a Constitution）的口号。两天前，在君士坦丁明确表示不愿意继承王位之后，尼古拉已经决定接下皇冠。君士坦丁在士兵中有很大的号召力，当十二月党人听到这个消息后，他们向士兵派发传单，伪称尼古拉篡位，号召他们起来"为自己的自由和人类的尊严而战"。聚集在元老院广场的大部分士兵都不知"宪法"为何物（一些人以为那是君士坦丁的妻子）。不像匆忙拟定计划的起义者所设想的那样，他们既无意夺取参议院，也不想占领冬宫。这些士兵在寒冷的天气里站了 5 个小时，直到尼古拉指挥他的嫡系部队向叛乱者开枪。60 名士兵倒下，其余作鸟兽散。

几个小时之内，起义的主要发动者统统被捕，关进了彼得保罗要塞（警察早就清楚地知道他们要抓的是谁）。南方的叛乱本来还有一丝成功的希望，他们完全可以和波兰人一起向基辅进发，那里的卫戍部队聚集着革命的主要力量（这个地区大约有 6 万名士兵）。但是那些原来宣布支持起义的军官，在得知彼得堡发生的事情后都懵了，根本不敢采取行动。沃尔孔斯基一声高呼，却只有一名军官准备追随他，结果，1 月 3 日向基辅进发的只有寥寥数百人，三两下便被政府的大炮击溃。[53] 两天后，在最后一次去彼得堡探望玛丽亚和孩子们的路上，沃尔孔斯基束手就擒。警察手中握有沙皇亲自签署的逮捕令。

500 名十二月党人被逮捕、接受审问，但大多数在接下来的几

个星期内都被释放了，只要他们能提供起诉主要领导人的证据。在
这场俄罗斯历史上的第一场审判秀中，121 名共谋者被指控犯有叛
国罪，他们被剥夺了贵族头衔，并作为罪犯被送往西伯利亚服苦役。
彼斯捷尔和雷列耶夫以及其他 3 人被处以绞刑——尽管俄罗斯官方
当时已经废除了死刑。行刑的地点位于彼得保罗要塞的庭院，场面
相当滑稽。当这 5 名犯人被吊在绞刑架上，脚下的板子被抽空之后，
其中 3 名由于身体太重，绳子经受不了，活生生跌进了沟里。"多
么悲惨的国家啊！"其中一个喊道，"他们连如何操作绞刑架都不
知道。"[54]

　　在所有的十二月党人之中，没有一个人像沃尔孔斯基一样与皇
室的联系如此密切。他的母亲亚历珊德拉公爵夫人，尚在冬宫微笑
地伺候着皇太后，而此时此刻，他却是沙皇陛下的一名要犯，关押
在涅瓦河对岸的彼得保罗要塞。尼古拉对沃尔孔斯基相当严厉。也
许他觉得被儿时的玩伴背叛了。多亏母亲的干预，沃尔孔斯基才免
于像其他的起义领导者一样被判处死刑。但是 20 年的戴罪劳役再
加上终生不得离开西伯利亚的流放地，也堪称严厉至极的惩罚。公
爵被剥夺了贵族头衔和对法战争中所获得的所有勋章。他失去了所
有的土地和农奴。从此以后，他的孩子在官方意义上的身份将是"国
有农民"。[55]

　　将沃尔孔斯基送去流放的警察局局长，亚历山大·本肯多夫
伯爵，是他的老同学。这两个人还是 1812 年的军中同僚。没有什
么比这更好地描绘了彼得堡贵族阶层的本质，那是一个很小的宗族
社会，每个人都认识每个人，而且大多数家族都或多或少有亲戚关
系。*因此沃尔孔斯基家族为谢尔盖的事情感到丢脸。尽管如此，他

---

* 1859 年，沃尔孔斯基的儿子米沙和本肯多夫伯爵的孙女结了婚。他的一位堂兄娶了本肯
多夫的女儿。——原注

们试图抹去对他的记忆的做法仍然令人难以理解。谢尔盖的哥哥尼91古拉·列普宁完全和他断绝了关系，而且在沃尔孔斯基待在西伯利亚的漫长日子里，从未给他去过一封信。尼古拉是一位典型的朝臣，担心如果给一位流放者写信的话，沙皇可能就不会原谅他（好像沙皇无法理解兄弟之情似的）。这种狭隘的态度是贵族的典型特征，他们从小就被教育不可轻易对宫廷说三道四。谢尔盖的母亲也将她对沙皇的忠诚置于对儿子的感情之上。她参加了尼古拉一世的加冕典礼，并获得一枚圣凯瑟琳勋章的钻石胸针；就在同一天，戴着沉重脚镣的谢尔盖开始前往西伯利亚的漫漫征程。作为宫廷里思想陈腐的老太太，亚历珊德拉公爵夫人一直都恪守着"正确的行为"。第二天她在床上躺了一整天，哭得任谁也劝不住。"我只希望，"她跟来访的客人说，"家族里再也不会出现这样的恶魔。"[56] 她好几年都没给儿子写信。母亲的排斥让谢尔盖很受伤：这使他更加排斥贵族阶层的道德和价值观。在他母亲的眼里，被剥夺了贵族头衔就等于被剥夺了生命。"谢尔盖已经死了。"* 这位老公爵夫人跟她宫中的朋友这样说。1865 年，谢尔盖在临死前的信中写道："这些话在我的流放生涯中一直困扰着我。它们不仅抚慰了她的良心，而且还成为她背叛我的借口。"[57]

　　玛丽亚的家族同样不依不饶。他们埋怨这桩婚事，并且试图说服她利用自己的权利申请撤销婚姻。他们有理由相信她会这么做。玛丽亚要考虑刚刚出生的儿子，假如她要追随谢尔盖去西伯利亚，是否能带上儿子仍未可知。而且，她的婚姻生活看上去并不是很幸福。过去一年她几乎没有见到丈夫——他去了南方，忙于起义的事情，那可是他们结婚的第一年。她也曾经跟娘家人抱怨过，说觉得这种情况"令人难以忍受"。[58] 然而玛丽亚选择和丈夫同甘共苦。

---

* 原文是法语。——译注

她放弃一切跟随谢尔盖去了西伯利亚。沙皇警告她这么做的话她就得把儿子留下，玛丽亚回信说："我的儿子很快乐，但是我的丈夫却不快乐，而且他更需要我。"[59]

很难知道玛丽亚的心里到底是怎么想的。她下决定的时候并不知道，如果自己跟随谢尔盖，将会被剥夺返回俄罗斯的权利——她到了伊尔库茨克才被告知，那里已是俄罗斯和西伯利亚流放地之间的边界——她可能会回心转意，乖乖回彼得堡去。事实上，这正是她父亲所希望看到的。然而，就算知道回不去，她真的会改变初衷吗？

玛丽亚这么做是出于为人妻的责任。在出发去西伯利亚的前一晚，谢尔盖从彼得保罗要塞给她写了封信，信中恳求她这么做。"你必须自己决定要怎么做。我在让你做出一个残酷的决定，但是亲爱的，我无法忍受与我终身伴侣的永久分离。"[60]贵族的教养培养了玛丽亚根深蒂固的责任感。罗曼蒂克的爱情，尽管并不少见，在19世纪早期俄罗斯贵族的婚姻中却并非最重要。它似乎也没有在玛丽亚的决定中起到关键作用。在这一点上，她和十二月党人尼基塔·穆拉维约夫的妻子亚历珊德拉·穆拉维约夫非常不同，后者来自一个不像玛丽亚·沃尔孔斯基娘家那么显赫的贵族家庭。是罗曼蒂克的爱情促使亚历珊德拉放弃一切，选择了西伯利亚的流放生活——她甚至宣称"爱我的尼基提什钦纳胜过爱上帝"是她的"原罪"。[61]相比之下，玛丽亚的行为受到了社会文化准则的影响，对于一名贵族妇女而言，跟随丈夫去西伯利亚并非不常见。押解犯人的车队经常有马车陪同，运送他们那自愿被流放的妻子和孩子。[62]此外，军眷有随军出征的惯例。妻子们会谈论起"我们团"或者"我们旅"，而且，用一位同时代人的话来说："她们一直准备着与丈夫同甘共苦，甚至献出自己的生命。"[63]玛丽亚的父亲拉耶夫斯基将军在他几次重要出征时都带上了太太和孩子——直到他的

92

小儿子在战场附近采摘浆果时被一颗子弹射穿了臀部。[64]

也有人说，玛丽亚的行为是受到文学作品的影响，其中充满了对自我奉献的崇拜。[65] 她读过雷列耶夫的诗歌《纳塔利亚·多尔戈鲁卡娅》（1821—1823），也许确实在道德上给了她行动的灵感。这首诗是以一位年轻公爵夫人的真实故事为基础创作的：陆军元帅鲍里斯·舍列梅捷夫最钟爱的女儿，在 1730 年丈夫伊凡·多尔戈鲁基公爵被安娜女皇流放之后，跟随他去了西伯利亚[*]。

> 我已经忘了我的故乡，
> 财富、荣誉和姓氏
> 为了与他一起忍受西伯利亚的严寒
> 和无常的命运。[66]

对玛丽亚非常宠溺的父亲相信，女儿跟随谢尔盖去西伯利亚，并非因为她是"一个深爱着丈夫的妻子"，而是因为她"爱上了自己扮演女主角这个想法"。[67] 钟爱的女儿自愿去流放，这位年老的将军从未停止过悲伤——他将此事归咎于谢尔盖——这导致他们关系的破裂。玛丽亚从父亲的不常来信中感觉到他的不满。她无法抑制心中的痛苦，于 1829 年给他写了封信（这是他临死之前收到的最后一封信）：

> 我知道你不爱我已经有一段时间了，尽管我不明白自己做错了什么，值得你如此不满。我到这个世界就是来受苦的——但是让其他人受苦却使我无法忍受……如果你在信中给了我祝

---

* 18 世纪 30 年代，纳塔利亚·多尔戈鲁卡娅（Natalia Dolgorukaya）被准许回到圣彼得堡，她成为俄罗斯历史上第一个写回忆录的女人。——原注

福却没有给谢尔盖，我怎么可能会高兴呢？[68]

圣诞前夕，玛丽亚与儿子和家里人告别，前往莫斯科，开始她远赴西伯利亚的第一程。在这个古老的城市里，她在妯娌季娜伊达·沃尔孔斯卡娅公爵夫人家里稍事停留。季娜伊达·沃尔孔斯卡娅公爵夫人是一位著名的美人，也是已经去世的亚历山大一世的密友，被普希金称为"艺术女皇"。季娜伊达是一个群星闪耀的文学沙龙的女主人，这类沙龙在当时一般不再朗诵法语诗。普希金和茹科夫斯基、维亚泽姆斯基和杰利维格、巴拉滕斯基、丘特切夫、基列耶夫斯基兄弟（伊凡和彼得）以及波兰诗人密茨凯维奇都是那里的常客。在玛丽亚离开前一天的晚上，沙龙举办了一个特别的晚会，普希金在晚会上读了他所创作的《寄西伯利亚》（1827）：

在西伯利亚深深的矿井里   94
保留着听天由命的骄傲和容忍；
你的艰苦辛劳并不是白费，
你的凌云心志也不是徒劳。
希望——这悲伤永恒的姐妹，就在附近，
照亮了漆黑可怕的地牢
使虚弱的人欢呼，使疲劳的人恢复；
你叹息的时刻将会到来，

爱情和友谊将会
穿透痛苦的围栏，
到达你憔悴潦倒的囚区，
就像现在我自由的嗓音抵达你的身边。

> 每一条可恶的手铐和锁链都将断开；
>
> 你的地牢将分崩离析；
>
> 外面自由的快乐在等着你
>
> 同志们会把宝剑赠还与你。[69]

　　玛丽亚抵达西伯利亚一年后，她的宝宝尼科连卡夭折了。玛丽亚的悲伤从未停止。经过 30 年的流放生涯，在她漫长的一生即将结束之时，有人问她对俄罗斯的感情，她这么回答："唯一我称得上是故乡的，就是我儿子躺在下面的那片草地。"[70]

第三节

玛丽亚花了 8 个星期才到达中俄边境的流放地涅尔琴斯克，她那被流放的丈夫谢尔盖·沃尔孔斯基正在那里的银矿戴罪劳动。横跨了 6000 公里冰天雪地的大草原，玛利亚先坐敞篷马车从莫斯科到伊尔库茨克——当时俄罗斯文明在亚洲的最后一个据点，再从那里坐马车和雪橇经过贝加尔湖周围一段冰雪覆盖的危险山路。在伊尔库茨克，省长试图说服玛丽亚不要再往前走，并警告她说，假如她一意孤行，根据一项由沙皇颁布、针对十二月党人妻子的特别法令，她将会被剥夺一切权利。一旦公爵夫人进入伊尔库茨克所在的流放区，她的自由就一去不返。她将失去对自己财产的直接控制权，不再拥有女仆或者其他农奴，即使在丈夫死后，她也不得回到身后的俄罗斯。这些规定，白纸黑字写在她为追随丈夫去涅尔琴斯克而签署的文件上。然而任何有关自我牺牲的疑虑，在她第一次去牢房探望丈夫之后就都烟消云散了。

刚开始我看不清任何东西，四处一片漆黑。他们打开左边的一道小门，我走进了我丈夫的小牢房。谢尔盖向我扑了过来：
我被锁链叮当作响的声音给吓坏了。我不知道他还戴着手铐。
当我看到他所遭受的巨大痛苦时，我的感受无法用言语形容。
他戴着枷锁的情景使我愤怒万分，难以忍受，我不禁趴在地板
上亲吻他的锁链和双脚。[71]

　　涅尔琴斯克举目荒凉，只有一些围绕着监狱营地建起来的简陋
木屋。玛丽亚从一个当地的蒙古居民手中租了一间小木屋，她后来
回忆说："那间屋子实在很小，我躺在地板上的垫子上，头就顶到了
墙壁，脚则挤着门板。"[72] 她和另外一位年轻的公爵夫人卡佳·特
鲁别茨科伊分享这间逼仄的小屋，卡佳也是追随她十二月党人的丈
夫来到西伯利亚。当局没收了她们的财产，只给微薄的补贴让她们
勉强维生。她们人生中第一次不得不亲自做家务，此前原本有成群
的仆人帮她们干这种活。她们学会了洗衣服、烤面包、种菜，使用
俄式木炉做饭。她们很快就忘记了法国菜的味道，开始"像俄罗斯
人那样生活，吃腌白菜和黑面包"。[73] 但玛丽亚抛诸脑后的这种文
化培养了她坚强的性格，成为她能在西伯利亚生存下来的关键。她
严格遵守所有的宗教节日，并且记得俄罗斯家人的生日（尽管他们
早已把她的生日遗忘）。她很重视衣着得体，总是戴着皮帽子和面纱，
即使到涅尔琴斯克赶集也一样。她所弹奏的那台击弦古钢琴，是她
经过仔细的包装，随身携带着跨越了千里冰封的亚洲草原，千辛万
苦才带到涅尔琴斯克。她翻译邮局分发的书籍和杂志，以这种方法使
自己不忘记英语；每天她都替人誊写东西，因为这些"政治犯"是严
令禁止在营内写信的。大家称玛丽亚为他们"通往世界的一扇窗"。[74]

　　西伯利亚把这些流放者团结起来。他们早就羡慕农民的大家庭
生活和自给自足，这里则向他们揭示了如何真正地按照农民的方式
生活。1828 年他们搬到赤塔，数十名犯人和他们的家属组成了合作

96

社（artel），一个劳动者的集体，彼此之间分工协作。一些人用原木搭建小屋给老婆和孩子居住，后来他们自己也住了进去。另外一些人做起了木工，或者是鞋匠和裁缝。沃尔孔斯基是菜园的总管。他们将这个集体称为他们的"囚徒之家"，在他们的心目中，这种人人平等的简朴生活几乎就是农村公社的变体。[75] 1812年的军官们第一次在军队里所感受到的，正是这种团结一致的精神。

家庭的关系也变得更加亲密。18世纪贵族家庭由仆人照看孩子的年代已经一去不返。这些西伯利亚的流放者自己带孩子，并把自己知道的一切都传授给他们。"我是你们的奶妈，"玛丽亚告诉她的孩子们，"你们的保姆，而且在某种程度上，还是你们的老师。"[76]他们的次子米沙于1832年出生；两年后又有了女儿埃琳娜（"涅琳卡"）。1835年沃尔孔斯基一家搬到了乌里克，一个距离伊尔库茨克30公里以外的小村庄。在这里，他们跟其他村民一样，分到一座木房子和一小块地。米沙和埃琳娜跟当地的农民孩子一起长大，玩他们的游戏——掏鸟窝、钓鳟鱼、放兔子夹和捉蝴蝶。"涅琳卡长得像一个真正的西伯利亚人，"玛丽亚在给她的朋友卡佳·特鲁别茨科伊的信中说，

> 她只肯说当地话，你拿她毫无办法。至于米沙，我不得不同意他和村里的调皮孩子一起去树林里野营。他喜欢冒险；有一次他哭得很厉害，因为他睡得太死，错过了一头狼出现在我们家门口那惊险的一幕。我的两个孩子正按卢梭的方式成长，他们就像两个小野人，我对此无能为力，除了要求他们在家里跟我们讲法语……但是我要说，这种生活方式对他们的健康有利。[77]

孩子的爹则持不同观点。他曾骄傲地跟一位朋友说米沙已经长大，

拥有"真正俄罗斯人的感情"。[78]

　　对于大人们来说，流放生涯同样意味着一种更加简单而且更加"俄罗斯式"的生活。一些流放的十二月党人在乡村住了下来并和当地女孩结婚。另一些人则养成了俄罗斯式的习惯和爱好，特别是在不乏野生动物的西伯利亚森林里打猎。[79]而生平第一次——尽管是形势使然——所有的人都学会了说一口流利的俄语。对于已经习惯用法语表达和思考的玛丽亚和谢尔盖来说，这是他们新生活最难入手的问题之一。他们第一次在涅尔琴斯克的牢房里见面时，就不得不说俄语（这样看守才能监听），但是当时他们没有掌握足够的词汇来表达自己的复杂情绪，因此他们的谈话有点做作，而且话题极为有限。玛丽亚开始从营地拿来的一本《圣经》学习俄语。谢尔盖在军中服役时便学会了用俄语书写，现在他的俄语变得更加原汁原味。他从乌里克写来的信中夹杂着西伯利亚的土话和一些基本的拼写错误。[80]

　　谢尔盖跟他的儿子一样，正在"变成本地人"。每一年他都变得更像一名农民。他穿得像个农民，留着胡子，很少洗澡，大部分时间都在干农活，或者在当地市集上与农民拉家常。1844 年，沃尔孔斯基家被允许在伊尔库茨克居住。玛丽亚立刻就融入了新省长穆拉维约夫–阿穆尔斯基的交际圈，后者毫不掩饰自己对这些遭到流放的十二月党人的同情，并将他们视为发展西伯利亚的智识力量。玛丽亚乐于接受这个重新进入社交圈子的机会。她创办了几所学校、一所接收弃婴的医院和一个剧院。她在家里举办城里最重要的沙龙，省长成为这个沙龙的常客。谢尔盖则很少参加。他很讨厌玛丽亚家里的"贵族气氛"，宁愿待在乌里克的农场里，只在赶集的日子才到伊尔库茨克去。但是知道妻子已经在西伯利亚受了 20 年的苦，他不会去妨碍她。

　　至于这位"农民公爵"，大部分人则认为他性格古怪。19 世纪

"农民公爵"谢尔盖·沃尔孔斯基在伊尔库茨克。银版照片。A. 拉维尼翁摄于 1845 年。照片来源：Novosti，London。

40 年代在伊尔库茨克长大的 N. A. 别洛戈洛维回忆说，当人们"看到公爵坐在一辆面粉袋堆积成山的农用马车上去赶集，并和一群农民聊得正欢，还和他们一起吃灰面包"时，有多么吃惊。[81] 夫妇俩经常为了些小事争吵。玛丽亚的弟弟 A. N. 拉耶夫斯基受托管理她的庄园，却用收来的租金支付赌债。谢尔盖指责玛丽亚偏袒弟弟，但是拉耶夫斯基全家人都站在她弟弟那一边，最后谢尔盖订了一份协议，将自己的庄园和妻子的分开，以确保孩子们能继承他的财产。[82] 谢尔盖从俄罗斯的地产每年保留给他们的钱（大约 4300 卢布）里，拿出 3300 卢布给玛丽亚（这足以使她在伊尔库茨克过得很舒服），自己只留 1000 卢布用来管理他那座小农场。[83] 谢尔盖和玛丽亚之间越来越疏远，他们开始分居（后来谢尔盖在写给儿子的信中，称之为"离婚"）[84]——尽管当时只有"囚徒之家"的人才清楚他们之间的约定。*玛丽亚爱上了英俊而有魅力的十二月党人流

99

＊ 他们之间的婚姻问题后来被拉耶夫斯基和沃尔孔斯基家族所掩盖，相关通信被整个从家族档案中删除，这种情况一直持续到十二月党人被视为英雄的苏联时期。然而，还是能够在档案中发现他们有所疏离的蛛丝马迹。——原注

放者亚历山德罗·波焦，他的父亲是一位 18 世纪 70 年代来到俄罗斯的意大利贵族。在伊尔库茨克的时候，波焦每天都去拜访玛丽亚，尽管他是谢尔盖的朋友，但是他和玛丽亚独处的次数实在太多，很难不引起一些流言蜚语。有传言说波焦是米沙和埃琳娜的父亲——谢尔盖直到 1864 年（他去世前一年），在给他"亲爱的朋友"波焦写最后一封信的时候，还受到这个谣言的困扰。[85] 最后，为了维持表面上的婚姻，谢尔盖在玛丽亚房子的院里建了一间小木屋，他在那里睡觉、做饭和接待他的农民朋友。在别洛戈洛维印象中，他很少出现在玛丽亚的客厅。"他的脸上沾着焦油，乱蓬蓬的大胡子东一根西一根混着秸秆，而且身上有一股牛棚的味道……但是他仍然说一口纯正的法语，像真正的法国人那样发'r'音。"[86]

　　许多贵族都想过一种简单的农家生活（让人不禁想起沃尔孔斯基的远房亲戚列夫·托尔斯泰）。这种非常"俄罗斯式"的对"真实生活"的向往，比起欧洲其他地方的浪漫追求——能促进文化发展，"纯天然"或"有机"的生活方式——来得更加深刻。其核心是对"俄罗斯灵魂"的宗教愿景，它激励着虔诚的民族先知们——从 19 世纪 30 年代的斯拉夫主义者到 19 世纪 70 年代的民粹主义者——去景仰农民的圣坛。斯拉夫主义者认为俄国农民村社在道义上优于现代西方的生活方式，并呼吁回归农村的行为准则。民粹主义者则相信村社的平等主义可以成为社会主义者的一种范式，在多数人的基础上重新整合社会；他们纷纷转向农民，希望他们成为自己革命事业的盟友。对于所有这些知识分子而言，俄罗斯农民的风俗和信仰就像救世主的真知一样呈现在他们眼前。皈依它们并且从中获得救赎，必然意味着与贵族子弟所生长的罪恶世界断绝关系。在这个意义上，沃尔孔斯基是第一人，他这种精神上的追求即源于 1812 年。在他之后，许多俄罗斯贵族相继在农民中发现了自己身之所系的民族与救赎。沃尔孔斯基背弃了那种他认为虚情假意、以阶

级为基础的旧社会，转而期待一种人人平等的理想新社会。"那些
和社会人士往来频繁的家伙我一个也不信任，"他在 1841 年写给他
的老朋友、十二月党人伊凡·普辛的信中说，"西伯利亚的农民给
人感觉更加诚实和正直。"[87]

　　跟所有被流放的十二月党人一样，沃尔孔斯基将西伯利亚看成
一片充满了民主希望的土地。在他们的眼里，这里是一个朝气蓬勃、
天真烂漫的俄罗斯，原始而粗犷，并且富含天然资源。这是一块未
开发的土地（另一个"美洲"），作为拓荒者的农民没有受到农奴制
或者政府的压迫（因为西伯利亚极少有地主），因此他们保留着一
种独立的精神和智慧、一种天然的公正和平等，古老的俄罗斯也许
可以由此获得新生。这些无拘无束的农民精力充沛，身上蕴含着俄
罗斯民主化的潜力。因此十二月党人致力于西伯利亚民俗和历史的
研究；他们创办乡村学校，或者像玛丽亚一样，到农民的家里给他
们上课；而且，如同谢尔盖，他们或是学会了农民的手艺，或是自
己种地。公爵在农事劳作中找到了安慰和人生的意义。它是望不到
尽头的放逐生涯的一种放松。"体力劳动对健康非常有益，"沃尔孔
斯基在写给普辛的信中说，"而且，它能使家人填饱肚子，对其他
人也有好处，这真是件令人开心的事情。"[88]

　　但是沃尔孔斯基不仅仅是个农民；他是农业研究的自媒体。他
从俄罗斯的欧洲地区买来书本和新型种子（玛丽亚给家里写的信中
列满了各种需要购买的园艺品清单），将他的研发成果向从外地特
意登门请教的农民推广。[89] 可以想见，这些农民对"我们的公爵"（他
们这么称呼沃尔孔斯基）怀有真正的敬意。他们喜欢他的坦诚和直
爽，喜欢他用他们的方式说话，如此平易近人。在他面前，他们不
会像平时与其他贵族打交道时那样拘束。[90]

　　这种进入普通人世界的非凡能力是很值得品评的。别忘了，托
尔斯泰都没能真正做到这一点，尽管他努力了将近 50 年。也许沃

101

尔孔斯基的成功源于他在军队里长期与农奴士兵相处所获得的经
验。又或许,一旦杜绝了习以为常的欧洲生活方式,他就能够重新
找回伴随他长大的俄罗斯习俗。他的转变和《战争与和平》中娜塔
莎之舞的那一幕并非没有相似之处——在"大叔"的林中小屋里,
娜塔莎突然发觉自己的身上流着农民的血液。

第四节

　　读过《战争与和平》的人都知道，1812年那场战争是俄罗斯贵族文化一道重要的分水岭。它是一场民族解放战争，使俄罗斯摆脱了法国的文化殖民——这个时期，像罗斯托夫和沃尔孔斯基这样的贵族开始挣脱上流社会的外国做派，遵照俄罗斯的道德原则生活。这种变化并不是简简单单就发生了（而且要比托尔斯泰的小说慢得多，在托尔斯泰的小说中，那些贵族几乎一夜之间就找回了已被他们遗忘的民族生活方式）。尽管在19世纪的头十年里，反对法国的呼声已经越来越强烈，但是贵族阶层仍然沉浸于这个与他们开战的国家的文化之中。圣彼得堡的沙龙里挤满了年轻的波拿巴崇拜者，就像《战争与和平》里面的皮埃尔·别祖霍夫。最为时尚的圈子当属鲁缅采夫伯爵和法国驻彼得堡的大使科兰古伯爵他们，这是托尔斯泰笔下的海伦生活的圈子。"我们怎么能跟法国开战呢？"在《战争与和平》中，莫斯科省省长罗斯托普钦伯爵说，"我们可以拿起武器，反抗我们的老师和神灵吗？看看我们的年轻人！看看我们的太太小姐！法国是我们的上帝。巴黎是我们的天堂。"[91] 然而，即便是这些圈子，在拿破仑入侵消息传来时也是一片恐慌，而他们继之反对一切法国事物，形成了俄罗斯式生活和艺术复兴的基础。

在爱国热情高涨的 1812 年，说法语在圣彼得堡的沙龙并不招待见——在街上甚至更加危险。托尔斯泰的小说完美地捕捉到了那个时代的精神，那些从小就被教育说法语和用法语思考的贵族，当时都在努力学说他们的母语。书中有一幕，大家一致同意禁止说法语，并对违规者处以罚款。问题在于没有人知道俄语的"罚款"（forfeit）该怎么说——俄语里没有这个词——因此大家只好用"处罚"（forfaiture）代替。这种语言上的民族主义并不新鲜。早在 1803 年，时任公共教育部部长的希什科夫上将就将保卫俄语作为反对法国运动的核心。他与卡拉姆津们展开了长久的辩论，攻击他们沙龙式的法语，并希望俄罗斯的书面语言回到它那古老的教会斯拉夫语源头。*在希什科夫看来，法语的影响是造成东正教和旧的父权道德规范衰落的原因：俄罗斯式的生活方式正受到西方的文化侵蚀。

希什科夫最辉煌的时候是在 1812 年以后。作为一名扑克牌高手，他经常出入圣彼得堡的时髦家庭，在两轮 21 点牌戏的间隙，他会向大家宣扬俄语之美。在招待他的主人之中，他有着"民族圣人"的称号，而且他们聘请他做自己儿子的家庭教师（可能部分原因是他们都欠他赌资）。[92]贵族家庭的孩子纷纷以学习阅读和书写母语为荣。在 19 世纪第二个十年，尼古拉·彼得罗维奇和普拉斯科维娅的儿子德米特里·舍列梅捷夫正值青年，他花了 3 年时间学习俄

103

---

* 这些语言上的辩论涉及一种更加广泛的冲突，和"俄罗斯"以及它应该是什么样子有关——是欧洲文明的追随者还是自成一体的独特文化。他们期待着斯拉夫派和西化派之间的论战。斯拉夫主义者直到 30 年后才作为一个明确的团体出现在政治舞台，但是"斯拉夫派"这个词早在 19 世纪初就被用来描绘像希什科夫那一类人，这些人更希望"民族"语言是教会斯拉夫语。——原注

语的语法，甚至是修辞——与他花在法语上面的时间相当。[93] 由于缺乏俄语教材，孩子们便学习俄语版的《圣经》——事实上，跟普希金一样，给他们授课的常常是教堂职员或者当地的神父。[94] 跟男孩相比，女孩较少上这类俄语课。跟那些注定将成为军官或者庄园主的兄弟相比，她们很少有机会和商人或者农奴打交道，因此没有必要。然而在外省，妇女和男人一样学习俄语却变得越来越流行。托尔斯泰的母亲玛丽亚·沃尔孔斯卡娅就写得一手漂亮的俄语文章，甚至能作诗。[95] 假如没有越来越广泛的俄语读者，19 世纪的文学复兴将是不可想象的。此前俄罗斯受教育阶层主要读的都是外国的文学作品。

在 18 世纪，法语和俄语的使用分成两个完全不同的领域：法语是关于思考和情感的，俄语则是有关日常生活。俄罗斯人区分文学的语言形式（法语或者法式的"沙龙"俄语）和日常生活的语言形式（农民说的质朴语言，和商人以及小职员的口语差别不大）。这些语言的使用有严格的规定。举个例子，贵族给沙皇写信应该用俄语，用法语写信会被认为失礼；但是与沙皇交谈，则如同贵族之间的社交场合，一向使用法语。另一方面，妇女的书信往来应该使用法语，不管对象是君主还是所有的官员，因为这是上流社会的语言；使用俄语会被看成极度粗鄙的行为。[96] 然而在私人信件中，则甚少这种约束，到了 18 世纪末期，贵族的两门语言都达到很高的水平，而且可以在俄语和法语之间自由地转换，不着痕迹。一页纸左右的文字语言切换可以达十几次，有时候甚至出现在一个句子中间，而且并非为了某个主题。

在《战争与和平》里，托尔斯泰也玩弄了一把这种语言上的不同之处，突出俄罗斯人所讲的法语在社会和文化上的细微差别。举个例子，安德烈·沃尔孔斯基说一口带有法国口音的俄语，这使他在彼得堡的贵族精英中处于亲法阵营。又或者安德烈的朋友、外交官比利宾更喜欢说法语，"只在他希望强调鄙夷观点的时候才用俄语"，这表明比利宾是大众所熟知的文化典型，读者很容易就能认出他来：那种希望自己是法国人的俄国人。但是也许最好的例子是海伦——这位公爵夫人更喜欢用法语讲述自己的婚外情，因为"她总是觉得用俄语讲不清楚，用法语讲就好得多"。[97] 在这一段文字中，托尔斯泰故意重提了法语是欺骗性的语言而俄语是真诚的语言这个古老的区别。他在对话中也有一种类似的民族主义特点。这部小说中最正面的角色都只说俄语（玛丽亚公爵小姐和农民卡拉塔耶夫）或者（跟娜塔莎一样）说法语时错漏百出，这一点绝非巧合。

当然了，没有一部小说是直接反映现实的，而且，不管《战争与和平》与现实主义者的理想如何接近，我们都不能将这些观察所得当成是现实世界的真实反映。阅读沃尔孔斯基的书信——当然，别忘了他在《战争与和平》里变成了博尔孔斯基——将会发现情况比托尔斯泰所展示的要复杂得多。谢尔盖·沃尔孔斯基用法语写信，但是在说到庄园上的日常生活时会夹杂几句俄语；或者说当他希望突出某个重点或者强调自己的诚意时，就会使用俄语。他更倾向于用俄语写信，特别是在 1812 年以后；而 1825 年之后他从西伯利亚寄出的信件都不得不用俄语书写（因为审查官只懂俄语）。但是他偶尔也用到法语（即便在 1825 年之后）：例如，当他使用虚拟语气或者是正式的短语和礼貌用语；又或者在某些段落违反规定，想用一种审查官看不懂的语言表达自己的政治观点。有时候当他想表达一个概念，但是却找不到对应的俄语词汇时，他就用法语来表达，如"勤勉"、"表里不一"和"裁量"。[98]

贵族在风俗和日常习惯方面也变得越来越"俄国化"。这些经历过 1812 年战争的贵族开始放弃精美的法式菜肴，转为吃简朴的俄式便餐。贵族们娶农民为妻益发成为普遍且公开的现象（这对舍列梅捷夫家族来说是好事，对其他贵族来说也不赖），而且还出现

105

了贵族妇女和农奴住在一起或者嫁给农奴的情况。[99] 即便是以残暴治军而臭名远扬的陆军大臣阿拉克切耶夫，也娶了一个农民做外室，她给他生了两个儿子，两人都毕业于军官学校。[100] 本土的手工艺品突然流行起来。那些画有乡村生活场景的俄罗斯陶瓷，比古典样式的 18 世纪进口瓷器更受欢迎。卡累利阿桦木和其他俄国木材制造的家具，特别是那些由农奴工匠制造、造型更为淳朴的，开始与贵族宅邸中进口的高级家具一争高下，在贵族休憩的私人空间甚至取而代之。亚历山大·奥斯特曼–托尔斯泰伯爵是 1812 年的战争英雄，在圣彼得堡的英式堤岸上拥有一座华丽的宅邸。会客室四面镶嵌着大理石墙壁和镜子，是美轮美奂的法兰西帝国装饰风格，但是1812 年之后，他在卧室四周码了一圈原木，使它看起来像一座农民的小木屋。[101]

　　娱乐也在走向俄罗斯化。在彼得堡的舞会上，原来占统治地位的都是欧式舞蹈，1812 年以后，普利亚斯卡舞（pliaska）以及其他俄罗斯舞蹈成为一种时尚。奥尔洛娃伯爵夫人以跳这些乡村舞蹈而闻名，她认真学习过这些舞蹈，并在莫斯科的舞会上表演。[102] 但是，还有类似娜塔莎·罗斯托夫这样的贵族妇女，从某种角度来看她们汲取了这些舞蹈的精神，就像呼吸着"俄罗斯的空气"一样。埃琳娜·戈利岑，这位公爵夫人在 1817 年彼得堡的新年舞会上第一次跳起了普利亚斯卡舞。"没有人教过我如何跳普利亚斯卡。（我之所以会跳）仅仅是因为我是一名'俄罗斯女孩'。我在乡村长大，当我听到乡村歌曲《女仆去取水》的副歌响起时，便情不自禁地张开双臂舞动起来。"[103]

　　去乡村消闲以另一种方式展现了被"重新发现"的俄式生活。正是在这个时候首次出现了乡村别墅，尽管要到 19 世纪的后几十年里，位于乡村或者郊区的避暑别墅才开始大规模地建设（契诃夫著名的《樱桃园》就是以此为背景）。18 世纪彼得堡的大贵族都租住乡间别墅。巴甫洛夫斯克和彼得霍夫是他们最喜欢的两个度假胜地，在那里能够逃避城市的热浪，呼吸松树林或者海边的清新空气。历代沙皇在这两个地方建造了许多细致考究的夏宫，并且都带有供游玩的巨大花园。19 世纪早期，建设乡村别墅的风潮蔓延到了中小贵族阶层，他们在乡下建起了规模小一些的宅子。

跟城里宫殿那庄严的古典主义风格相比，乡间别墅具有一种简朴的俄罗斯风格。它通常是一座两层的木制建筑，周围是一圈夹层走廊，房子上饰有雕花窗户，门框上雕刻着农家屋子上常见的花纹，尽管一些华丽的乡村别墅可能会在房子前面加上古罗马样式的拱门和柱子，显得极不协调。乡村别墅是俄国人休闲的去处：到树林里摘蘑菇、做果酱、用茶炊（samovar）煮茶喝、钓鱼、上澡堂，或者就像冈察洛夫的奥勃洛莫夫一样，穿着东方式的大袍，慵懒地度过一整天。在乡下过上一个月，贵族得以摆脱宫廷和官员生活的压力，在一种俄罗斯式的环境中更为自在。这个时候摒除一切正式的制服，换上一身休闲的俄式服装，是一件再普通不过的事了。简单的俄式食物代替了美味佳肴，而一些菜肴，例如用克瓦斯做成的夏季汤（okroshka）、鱼肉冻和腌蘑菇、茶配果酱，或者是樱桃白兰地，实际上已经变成了乡村别墅这种生活方式的代名词。[104]

在所有的乡村休闲活动中，打猎是最为全国性的一项运动。它将贵族和农奴团结起来，因为他们同台竞技，又是同胞。19 世纪早期是狩猎的鼎盛时期——这与 1812 年以后贵族重新发现了"庄园生活的美妙之处"密不可分。有些贵族放弃了政府部门的官职，隐退乡间，过上充满户外活动的生活。《战争与和平》中罗斯托夫家的"大叔"就是个典型的例子：

"大叔，您为什么不做官？"

"做过，后来放弃了。我不太适合那种工作……完全一窍不通。我看你倒是挺适合的——我的脑子不够用。至于打猎嘛，那就是另外一回事咯……"[105]

俄罗斯有两种狩猎形式——一种是带上一群猎犬的大规模正式 107
狩猎；另外一种较为简单，一个人徒步，带上一只猎犬和一个农奴
作伴，就像屠格涅夫的不朽名作《猎人笔记》（1852）所描写的那样。
正式狩猎在形式上与军队的出征很相似，通常会持续几周时间，由
几百名骑手、庞大的狗群和大批农奴猎手组成的队伍，在贵族的庄
园安营扎寨。梁赞省的贵族首领列夫·伊斯梅洛夫"出征"时带了
3000 名猎手和 2000 只猎狗。[106] 门登男爵保留了一支统一穿猩红色
制服的农奴精英猎手，以及一群为狩猎特别准备的阿拉伯马。他们
出发时，由男爵领头的队伍包括几百辆载着干草和燕麦的马车，一
座为受伤猎狗准备的流动医院，一个流动厨房以及大量的仆人，男
爵家人倾巢而出，只留下他的妻子和女儿，由一个侍者和一名男孩
作伴。[107] 这种类型的狩猎要求贵族拥有大量的农奴和几乎所有的
土地——如此现象在 1861 年农奴制废除以前一直存在。它跟英国
的狩猎方式很相像，既严肃又沉闷，严格遵守社会的等级制度，而
农奴猎手即便没有跟猎狗一起奔跑，也显然处于从属地位。

相比之下，屠格涅夫的狩猎则相对要平等一些，而且是一种明
显的俄罗斯风格。当贵族和他的农奴伙伴一起出去打猎时，他将庄
园的文明抛在脑后，进入了农民的世界。地主和农奴正是通过这种
活动联系在一起。他们的衣着相似；歇脚时他们吃的是同样的东西，
喝的是同样的饮料；他们并肩睡在农家的屋舍和谷仓里；而且就像
屠格涅夫的《猎人笔记》所描绘的那样，他们畅谈各自的生活，那
种倾心的态度使他们往往结成亲密而长久的朋友。[108] 这比那种围
绕着打猎所形成的"男性友谊"更有凝聚力。对地主而言，徒步狩
猎是一次长途的乡间旅行，与未被发现的农村土地的一次邂逅；至

于能打到多少只鸟或者野兽，这几乎是无法预计的。在《猎人笔记》那极富抒情意味的最后一章中，讲述者在总结打猎的种种乐趣时，几乎没有提到打猎这件事情本身。美妙的文字中浮现出的，是猎手对俄罗斯这片土地深深的热爱，以及它那随着四季变化而变换的美丽景色：

夏天7月里的早晨！除了猎人，有谁体会过黎明时候在灌木丛中散步的乐趣？你的脚印在白露沾湿的草上留下绿色的痕迹。你用手拨开濡湿的树枝，夜里蕴蓄的一股暖气立刻向你袭来；空气中到处充满着苦艾的新鲜苦味、荞麦和三叶草的甘香；远处有一片茂密的橡树林，在阳光底下发出闪闪的红光；天气还凉爽，但是已经觉得炎热逼近了。过多的芬芳之气使得你头晕目眩。灌木丛没有尽头……只是远处某些地方有一片黄灿灿的成熟了的黑麦，一条条狭长的粉红色的荞麦田。这时候一辆大车轧轧地响出；一个农民缓步走来，把他的马预先牵到阴凉的地方……你同他打个招呼，就走开了；你后面传来镰刀的响亮的铿锵声。太阳越升越高。青草立刻干了。瞧，已经开始热起来。过了一个钟头，又一个钟头……天边变得暗沉沉的；静止的空气发散出火辣辣的炎热。[109]

俄罗斯风格的服装在1812年以后极为流行。在圣彼得堡的舞会和招待会上，上流社会的夫人小姐们开始穿起了民族服装，她们在外面套一件无袖的对襟长袍，再戴上古老的莫斯科公国时期的头巾。在19世纪的第二个十年，俄罗斯农民戴的头巾在贵族妇女中非常受欢迎。欧洲在18世纪的最后几十年兴起了佩戴东方风格头巾的风尚，俄罗斯人则亦步亦趋，从印度进口头巾。但是1812年以后俄罗斯农民戴的头巾大为流行，农奴工坊一跃成为时尚产业的

108

主要中心。[110] 俄罗斯式长袍（kapot）本是农村妇女和外省商人妻子的传统服装，早在 18 世纪 80 年代就进入了高级时装行列，因为叶卡捷琳娜二世喜欢穿它，但是大规模流行还是从 1812 年开始。长衫和晨袍（khalat，一种美妙的家居服或者说晨衣，可以穿着它在家里休息或会见客人）重新在贵族男子中间流行起来。一种通常由农民穿的短袍（podyovka）也出现在了贵族的衣橱里。穿上这类服装并不仅仅意味着放松和感到自在；用一位回忆录作者的话来说，它是"有意识地表明自己的俄罗斯人身份"。[111] 1827 年画家特罗皮宁为普希金画了一幅肖像画，画中的普希金穿着一件晨衣，画作生动地描绘出诗人身着民族服装时那种悠然自得的神情。

109

19 世纪 20 年代，"自然"装束在贵族妇女中风靡起来。新时代的"美"着重强调古代女性和俄罗斯农民的纯洁之美。菲德尔·布吕尼为季娜伊达·沃尔孔斯卡娅画的肖像画（1810）就体现了这种风格。实际上，按照社会上流传的说法，正是她那简单的装束引起了多情的沙皇的关注，[112] 沙皇自己非常容易为自然的魅力所折服。*
妇女们穿起了棉质的裙子。她们梳着简单的发型，抵制浓妆艳抹，因为这种对不加修饰的天然之美的追求，要的正是苍白的脸色。[113]
从 18 世纪晚期开始，这股追求天然和简单的风尚便席卷了欧洲。妇女们扔掉了扑粉的假发，摒弃像麝香这样气味浓烈的香水，改为使用清淡的玫瑰水，以便透出干净的体香。这种风尚是在卢梭和有关自然美德的浪漫主义观点的影响下发展起来的。但是在俄罗斯，这种对天然之美的追求另有民族主义的一面。它和人们必须脱去一

---

* 亚历山大沙皇开始每天沿着宫殿外面的堤岸和涅瓦大街散步，一直走到阿尼奇科夫桥。用回忆录作者维格尔的话来说，这是"沙皇在有意识地努力，想一种简朴的生活"。1800年以前，没有一个有自尊心的贵族在彼得堡会不乘马车出行，而且（克里亚兹宁的喜歌剧可以证明）他们会不惜重金从欧洲进口最大的马车。但是，在亚历山大的影响下，圣彼得堡兴起了一股"跟着沙皇散步"的风潮。——原注

层层文明的外衣才能揭露俄罗斯人的个性特征这个观点相联系。普希金《叶甫盖尼·奥涅金》中的塔季扬娜，就是俄罗斯人这种自然天性在文学上的化身——以至于贵族妇女着装的朴素风格被称为"奥涅金"。[114] 读者将塔季扬娜看成一位"典型的俄罗斯女性"，她的天性体现在她对童年时期乡下生活的回忆：

> 对我来说，奥涅金，所有的这些辉煌，
> 我的这种令人感到疲倦的光彩生活，
> 伟大的世界对我俯首帖耳，
> 王亲贵族们在我那时髦的家里用餐——
> 这些都是空虚……我宁愿将
> 这种乔装打扮的破烂生活，
> 这个亮闪闪的，充满各种烟雾的嘈杂世界，
> 换成我的书本，和老家那简简单单的
> 既有散步也有花朵的快乐，
> 换成那些我曾经熟悉并一直萦绕在我心头的东西……
> 那时，我第一次遇见你，奥涅金；
> 换成小教堂墓地那些阴凉的树荫，
> 那是我可怜的保姆现在安息的地方
> 那里竖着一个十字架，在树枝之下。[115]

110

此外，普希金的作品还对 1812 年那代贵族阶层典型复杂的欧洲—俄国意识进行了微妙的探索。文学评论家维萨里昂·别林斯基说《叶甫盖尼·奥涅金》是一部俄罗斯生活的百科全书，而普希金本人则在最后几节中，提出了小说是生活之书这个理念。在其他作品中，人们无法如此清楚地看到文化传统对俄罗斯人自身意识的内在影响。实际上，这部小说在很多方面都体现了生活和艺术之间

复杂的相互作用这个重要命题。塔季扬娜性格中的包容天性是她
所处文化世界的象征。有时她在读一本浪漫小说，有时又在听她
的保姆讲那些充满了迷信色彩的民间故事。她被欧洲和俄罗斯这
两个引力场撕成两半。她的名字，塔季扬娜，正如普希金在脚注
中所强调的，来源于古希腊，然而在俄罗斯却是"普通人才用的
名字"。[116] 在坠入爱河时，塔季扬娜同样受到了欧化的俄罗斯和农
民的俄罗斯这两种不同文化标准的影响。作为一名来自外省而且涉
世未深的年轻女孩，她生活在浪漫小说描绘的幻想世界，并且用这
些字眼来理解自己的情感。她很自然地爱上了奥涅金这个拜伦式的
人物，而且，就像她读过的那些小说中的女主人公一样，她写信向
他表白。然而，当害了相思病的塔季扬娜问她的保姆是否恋爱过时，
展示给她的却是一种截然不同的文化，在这种观念中，浪漫的爱情
是从国外来的奢侈品，顺从才是女人的主要美德。这位农奴出身的
保姆告诉塔季扬娜她是怎么在 13 岁就出嫁，而丈夫是一个她从未   111
见过的比她还小的男孩：

> 我简直吓坏了……眼泪不停地流；
> 我不住地抽泣，他们解开我的辫子，
> 唱着歌把我送到教堂的门口。[117]

　　两种文化的碰撞预示了塔季扬娜自己的艰难处境：是追求她自
己的浪漫理想还是牺牲自我，接受传统的"俄罗斯"方式（这正是
玛丽亚·沃尔孔斯卡娅所选择的道路，她放弃一切跟随十二月党人
的丈夫去了西伯利亚）。奥涅金拒绝了塔季扬娜——他把她看成一
个天真的乡下姑娘，接着，在决斗中杀死朋友连斯基之后，奥涅金
消失了几年。在此期间，塔季扬娜嫁给一个她并不爱的男人，据我
们所知，这个人是一名 1812 年的战斗英雄，在宫廷"很受欢迎"。

塔季扬娜一跃成为圣彼得堡著名的宴会女主人。奥涅金现在回来了，并爱上了她。在祖国大地几年的四处游历总算改变了这位圣彼得堡曾经的纨绔子弟，最终他发现了她的自然之美，她的"毫不做作，也不愚蠢地模仿别人"。但塔季扬娜选择忠于自己的结婚誓言。她似乎已经接受了她作为俄罗斯人应遵守的规矩，也看透了浪漫爱情不过是虚幻的泡影。在浏览了奥涅金书房中的藏书之后，她最终理解了他性格中的虚幻之处：

> 一个披着哈罗德斗篷的莫斯科人，
> 矫揉造作集于一身，
> 满口流行的词汇……
> 单纯的模仿，只不过是个无赖？ [118]

但即便这时，塔季扬娜依然对奥涅金说，

> 我爱你（我为什么要掩饰呢？）
> 但我现在是另一个人的妻子，
> 而我将一生都忠于他。[119]

从中我们可以看出两种文化交织的重大影响。这些诗句改编自一首 112 广为传唱的俄罗斯民歌。在普希金的年代，人们认为这首歌的歌词是彼得大帝所作，普希金的叔叔将它译成了法语。塔季扬娜可能看过一期旧的《法国信使报》。然而她也可能从农奴保姆那里听说了这首歌。[120]这是一个典型例子，展现普希金时代欧洲文化和俄罗斯本土文化之间复杂的互相影响。

　　普希金自己是俄罗斯歌曲和俄罗斯传奇的行家。丘克罗夫的《俄罗斯迷信集》（1780—1783）和列夫申的《俄罗斯传说》（1788）

是普希金书架上被翻旧了的两本书。他是听着亲爱的保姆阿林娜·罗季奥诺娃的农民故事和迷信长大的，阿林娜成了塔季扬娜保姆的原型。"妈妈"罗季奥诺娃是一个极有天赋的讲故事好手，从普希金后来对她讲的故事的记录手稿来看，她精心改编了许多普通的故事，使之变得丰富而且翔实。[121] 在1820—1824年流放南方期间，他认真地搜寻民间的风俗传统，特别是那些有关哥萨克的。接着，在1824—1826年流放米哈伊洛夫家族庄园的这段时间里，他又收集起歌曲和传奇来。利用这些素材，普希金创作了他的第一部重要诗作《鲁斯兰与柳德米拉》（1820年，一些评论家抨击这部诗作不过是"农民诗歌"），以及他生命最后几年所创作的一些风格固定的"童话"，例如《沙皇萨尔坦的故事》。然而他毫不犹豫地将俄罗斯的传奇与拉封丹的寓言和格林兄弟的童话这些源自欧洲的故事结合起来。在《金鸡的故事》一书中，他甚至利用了偶然发现的一本华盛顿·欧文的《阿尔罕布拉的传说》（1832年的法文版），借用书中的《阿拉伯占星家的传说》这个故事。就普希金而言，俄罗斯是西方和世界文明的一部分，而且，假如他将所有这些元素按照俄罗斯的风格进行文学再创作，并不会削弱这些"民间故事"的可信度。由此可见，苏联的民族主义者认为普希金的故事直接取材于俄罗斯民间，这种看法是多么具有讽刺意味。*

　　普希金死于1837年，这时文学作品中使用民间故事已经变得 113 非常普遍，而且几乎是文学上取得成功的一个必要条件。与其他西方经典的文学作品相比，俄罗斯的文学作品更加植根于口述故事的传统，这也是它们独特的感染力和原创性的来源。普希金、莱蒙托夫、奥斯特洛夫斯基、涅克拉索夫、托尔斯泰、列斯科夫和萨尔蒂科夫—

---

* 阿赫玛托娃由于暗示普希金的一些"俄罗斯故事"可能来源于《一千零一夜》，遭到苏联文化主管部门的公开谴责。——原注

谢德林——他们在某种程度上都可看作民俗研究者，他们都曾经在自己的作品中使用过民间传说，但是没有一个人能像尼古拉·果戈理那样捕捉到民间故事的精髓。

果戈理实际上是乌克兰人，而且，如果不是因为普希金（普希金是他的导师，而且他的主要作品《钦差大臣》和《死魂灵》情节的现实原型就是从普希金那里来的），他可能会一直用米尔哥罗德当地的农村方言写作，果戈理的父亲是乌克兰当地一位有名的作家（尽管他的作品在沙皇的法律政策下无法出版）。果戈理童年时期就爱上了当地农民淳朴的方言。他喜欢他们的歌曲和舞蹈、那些恐怖和滑稽的故事，后来他自己笔下那些彼得堡的奇妙故事正是从这些故事中吸取了灵感。他首先是以"红头发的养蜂人潘科"而出名，这是他在一本畅销故事集《狄康卡近乡夜话》（1831—1832）中所用的笔名，这本书满足了读者对乌克兰民间故事的狂热兴趣。阿拉丁的《科丘别伊》、索莫夫的《海尔达马其》和库尔任斯基的《哥萨克的帽子》都在俄国首都大卖。果戈理如果没有野心的话那他就不是果戈理了，1828 年，刚从学校毕业的他就跑到彼得堡追寻他的文学梦。他白天是一名卑微的职员（他的小说中都充斥着这种人），夜里就在他那间阁楼里孤独地写作。他缠着他的妈妈和妹妹给他寄乌克兰歌曲和谚语的详细资料，甚至要求她们买一些当地农民穿的衣服，装在一个皮箱里寄给他。读者会喜欢"真实可信"的《狄康卡近乡夜话》。一些批评家认为这些故事被一种"粗俗"而且"不得体"的民间语言给毁了。然而这些故事的语言正是它最为成功的地方。它完美地反映了富有音乐般节奏的乡村语言——这就是为什么穆索尔斯基和里姆斯基-科萨科夫要将果戈理的故事进行改编的原因之一（如未完成的作品《索罗钦集市》以及《圣约翰的荒山之夜》《五月之夜》）——而且这样一来所有人都能理解。在《狄康卡近乡夜话》的校样阶段，果戈理拜访了排字工人。"奇怪的事情发生了，"他跟

114

普希金说，"我刚打开门，工人一看到我就哈哈大笑，赶紧把头扭过去。我有些吃惊，想知道发生了什么。印刷商解释说：'你写的东西太有意思了，排字工人都被你逗得乐得不行。'" [122]

　　随着像果戈理这样的作家开始在写作中运用一些习惯性口语，日常用语渐渐地进入了文学领域。文学语言就这样挣脱沙龙的束缚，可以说是乘风而去，进入了市井街头。它呈现俄国人说话的韵律，在描述普通事物时不再一味使用法语借词。莱蒙托夫的诗就充满了这种民间语言的节奏和表情，这些都来源于他所记录的农民话语。他的叙事诗《商人卡拉什尼科夫之歌》（1837）就模仿了古老的民间英雄歌谣（bylina）的风格；而他那部出色的爱国主义诗歌《博罗季诺》（1837 年，为纪念拿破仑战败 25 周年而作）就从农奴士兵的角度重现了战场上的英雄气概：

> 整整三天我们都在任意射击，
> 我们知道我们还没有使他们气馁，
> 双方都不想投降。
> 每一位士兵都认为战争应该结束：
> 因为，我们打过仗吗，还是我们只是假装打过？
> 接着那关键性的一夜到了，
> 夜幕降临在这个生死攸关的战场上。[123]

　　俄罗斯音乐同样在与民间歌曲的融合中找到了民族之声。第一部《俄罗斯民间歌曲集》于 1790 年出版，由尼古拉·利沃夫收集，伊凡·普拉奇注释。独特的农家小调——不停变换的音调和不均衡的节奏，成为从穆索尔斯基到斯特拉文斯基俄罗斯音乐风格的特点——经过变更，变得符合西方的音乐程式，这样就能在传统的键盘乐器的伴奏下演唱这些歌曲（俄罗斯那些拥有钢琴的阶层需要让他们的民间音乐变得"顺耳")。[124] 利沃夫和普拉奇的这本合集迅速走红，很快又再版了几次。整个 19 世纪，这部歌曲集都被作曲家们拿来寻找"真正的"民间音乐，因此几乎俄罗斯所有的民歌曲调，从格林卡到里姆斯基－科萨科夫，都来源于利沃夫和普拉奇。西方的作曲家也从这本书里寻找充满异国情调的俄罗斯风格和"俄罗斯主题"。贝多芬就从利沃夫的选集中借鉴了两首歌曲，用于创作"拉祖莫夫斯基"弦乐四重奏（作品第 59 号），这部作品是 1805 年贝多芬受俄罗斯驻维也纳大使拉祖莫夫斯基伯爵的委托创作的，当时正值俄奥两国关系最好的时候，两国结为盟友共同对抗拿破仑。其中一首歌曲就是著名的"斯拉瓦"（意为"光荣"）合唱曲——后来被穆索尔斯基用于歌剧《鲍里斯·戈东诺夫》的加冕典礼现场——贝多芬作品第 59 号"俄罗斯主题"的主旋律，三部弦乐四重奏中第二部第三乐章。它原本是一首"庆典曲"（sviatochnaya），是俄罗斯女孩在新年玩占卜游戏时所唱的歌。少女们会将一些小玩意儿放进一碟清水里，哼唱着一个一个地取出来。这首简单的曲子在 1812 年战争期间成了伟大的民族大合唱——在合唱中，沙皇的名字取代了占卜里的神，后来的版本还加入了一些军官的名字。[125]

格林卡的《为沙皇献身》（1836）一剧同样体现了国家对这一农民主题的运用。高潮部分那首同名的"光荣"大合唱，实际上成了 19 世纪的第二国歌。* 米哈伊尔·格林卡很早就接触俄罗斯音乐。他的爷爷一直担任诺沃斯帕科（斯摩棱斯克的一个地区，以刺耳的教堂钟声而闻名）地方教会的音乐主管，他的叔叔则拥有一支以演奏俄罗斯歌曲而闻名的农奴管弦乐队。1812 年，格林卡的家乡遭到了正向莫斯科进军的法国士兵的蹂躏和抢劫。尽管当时格林卡只有 8 岁，但是这次事件肯定激发了他后来创作《向沙皇献身》的爱国

---

* 1917 年之后有人提议这首《光荣》大合唱应该成为国歌。——原注

热情。这部歌剧的情节来源于农奴士兵，它讲述了伊凡·苏萨宁的故事，他来自科斯特罗马，是米哈伊尔·罗曼诺夫（罗曼诺夫王朝的创立者）庄园的农奴。根据传说，1612 年冬天，波兰人侵了当时正处于"混乱时期"（Time of Troubles，1605—1613）的俄罗斯，116他们来到科斯特罗马，想在米哈伊尔登基的前夕杀死他。苏萨宁为波兰军队指了错误的方向，从而救了米哈伊尔一命。他献出了自己的生命，但是却挽救了整个王朝。英勇牺牲的苏萨宁与 1812 年农奴士兵的明显具有相似的命运，激发了民众对苏萨宁这个传奇人物的极大兴趣。雷列耶夫写过一个关于苏萨宁的著名芭蕾舞剧，米哈伊尔·扎戈斯金（Mikhail Zagoskin）则有两部畅销的小说，背景分别设在 1612 年和 1812 年。

　　格林卡说，他的歌剧可以理解成波兰音乐和俄罗斯音乐之间的一场战争。波兰人表现为波洛涅兹舞曲和玛祖卡舞曲，而俄罗斯人则体现为他自己改编的民间和城市歌曲。格林卡应该感激民间传说，是民间传说使他成为俄罗斯第一位具有典范意义的"民族作曲家"；《向沙皇献身》具有"俄罗斯歌剧"的典型特点，国家规定所有重大的国家典礼都必须演奏这部歌剧。然而事实上这部歌剧使用的民间曲调（形式上较为明显的）相对来说很少。格林卡吸收了民间音乐的风格而且表达了它的基本精神，但是他写的完全是属于自己的音乐。他融合了俄罗斯农民乐曲的特征和欧洲音乐的形式。用诗人奥多耶夫斯基的话来说，他显示出"俄罗斯的小调也可以提升为一种悲剧风格"。[126]

　　绘画也在向俄罗斯乡村靠拢。18 世纪的高雅艺术要求将农奴排除在所有严肃艺术形式的表现对象之外。古典规则要求艺术家应该体现普世的主题：描绘古代或者《圣经》中的场景，并以永恒的希腊或者意大利风景为背景。俄罗斯的世俗绘画发展得很晚，直到 18 世纪最后几十年才兴起，而且所表现的普通人形象被浪漫化：田园

风光中胖乎乎的村娃或者是顺从的"乡下人",脸上都带着固定不
变的表情以表示他们也有人的感情。这些画是视觉版的感伤小说或
者滑稽歌剧,通过讲述农奴的恋爱生活和浪漫遭遇来突出他们的人
性。然而,随着 1812 年的觉醒,一种不同的绘画出现了——这种
绘画着重强调农奴的英勇气概和尊严。

　　我们可以从典型的 1812 年之子——阿列克谢·韦涅齐阿诺夫
的作品中看到这一点。韦涅齐阿诺夫生于莫斯科的一个商人家庭
(他的家族来自希腊),他在 19 世纪初成为画家和版画家之前,是　　117
一位在政府部门工作的绘图员和土地测量员。跟许多俄罗斯文化的
开拓者一样(令人想到了穆索尔斯基),韦涅齐阿诺夫没有受过什
么正规的教育,而且一生都没有加入美术学院。1812 年,他以农
奴士兵为题材的一系列版画引起了公众的注意。这些版画的销量
很好,提升了农奴士兵的形象,他们在画中成了古希腊和罗马时
代的勇士,从那时起农奴士兵被称为"俄罗斯的赫拉克利斯"。[127]
1812 年战争塑造了韦涅齐阿诺夫。尽管不是一名政治家,但是他活
动的圈子跟十二月党人一样,而且和他们有共同的理想。1815 年他
通过自己的妻子得到了特维尔的一座小庄园,4 年之后,他在那里
退休,为村里的孩子建了一座学校,还从微薄的收入中拿出钱来资
助几名农奴。其中一位就是格里高列·索罗卡,他于 19 世纪 40 年　　118
代给恩师画了一幅肖像,那慈祥的形象生动地证明了韦涅齐阿诺夫
的性格。

　　韦涅齐阿诺夫认识他村子里的每一位农奴——而且把他们原原
本本地画进了他最出色的肖像画作之中。他传达了他们的个性特
点,正如其他的肖像画家努力想传达出贵族的个性特点一样。这种
心理方面的捕捉具有革命性的意义,因为当时的肖像画家画的都是
"固定的农奴形象"(只有少数几个例外)。韦涅齐阿诺夫画的都是
人物特写,这样就迫使观众与农奴面对面,直视农奴的眼睛,并邀

《清洗茶炊》。阿列克谢·韦涅齐阿诺夫画，1820 年。版权所有者：圣彼得堡国立艾尔米塔什博物馆与莫斯科彼得鲁沙美术馆。

请他们进入农奴的内心世界。韦涅齐阿诺夫还开创了俄罗斯风景画的自然主义一派。特维尔乡村的特点——它那柔和的绿色和安静的土地颜色——在他所有的作品中都可以看到。他通过降低天际线来突出平坦开阔土地上的浩瀚天空，以此来表现俄罗斯大地的广袤无边——这种技巧来源于圣像画，后来被史诗风格的风景画画家，例如弗鲁贝尔和瓦斯涅佐夫所模仿。跟那些学院派的艺术家不同（他们只把风景看成是绘画的背景，而且模仿欧洲绘画中的风景），韦涅齐阿诺夫直接从大自然中取景。为了画《打谷场》（1820），他让农奴打掉谷仓的后墙，这样他就能够画他们在里面干活的情景。没有其他画家像他这样如此逼真地描绘农村的生活。在《洗甜菜》（1820）中，他让观众的目光投向几乎占据了整个画面的三位年轻女工，她们那布满老茧的肮脏双手和疲倦的神态。这是首次有如此丑陋的女性形象——它与古典画派是如此不同——出现在俄罗斯画坛。然而这些悲伤的人物形象却赢得了我们的同情，因为他们在面对痛苦时体现出人性的尊严。韦涅齐阿诺夫对人类劳作的升华性描绘，在他的许多幅农村妇女画像中体现得尤为明显。在可能是他最好的画作《在犁过的田野：春》（1827）中，他运用了象征手法来刻画一个怀抱孩子的农村妇女，将俄罗斯女工的典型特征与雕刻作品中古典女英雄的比例相结合。这名田中妇女成了一位农民女神。她是俄罗斯的土地之母。

第五节

跟他们的父辈相比，1812年之后成长起来的俄罗斯贵族更为看重他们的童年。这种观念的转变花费了很长时间，但是，19世纪中叶的人们已经能够从那些回忆录作者和作家对他们1812年之后成长经历的回顾中，看到一种全新的对童年岁月的崇拜。这种对童年的怀念与一种对俄罗斯传统——他们孩提时期通过父亲家里的农奴所了解到的——全新的尊崇融合在一起。

18世纪的贵族阶层将儿童时代视为进入成年世界的一个准备阶段。这个阶段越快过去越好，而那些转型得比较晚的孩子，像冯维辛的喜剧《纨袴少年》中的米特罗凡，就会被认为是傻子。出身上流社会的孩子被要求行为举止像个"小大人"，而且他们很早就准备好踏入社会。女孩从8岁起就学习跳舞，10岁或者12岁已经开始参加由舞蹈老师在显赫人士家中举办的"儿童舞会"，到了十三四岁，她们就可以出师去参加首次的成人舞会。在《战争与和平》里面，娜塔莎·罗斯托夫18岁才第一次参加舞会并和安德烈公爵跳舞，已经算有点晚的了。与此同时，男孩子则早在他们还不能拿剑的时候就报名参加了近卫军，穿上了制服。年幼的沃尔孔斯基 6 岁就参加了他父亲的军团（"挂名军士"）。8 岁时他是赫尔松*精锐部队的一名军士，再过一年已成为苏沃洛夫将军的副官；尽管，当然了，他要晚些时候（16 岁）才真正地在战场上杀敌。那些天生要做文官的男孩则在八九岁时就被送往寄宿学校，他们在那里被灌输文官的职业道德，并且像成年的政府工作人员一样，穿着文官（而不是学校的）制服。既然学校只是培养为国服务人才的摇篮，而且学生满 15 岁就可以获得公职，极少有贵族家庭认为有必要让他们的儿子在这之后继续接受教育。实际上，由于官员等级制使晋升主要依靠资历，任何进一步的学习都是浪费时间，把自己置于不利地位：越早爬上晋升的阶梯越好。

120

回忆录作者瓦西里·谢利瓦诺夫长在一个有 7 个男孩的家庭，7 个孩子都从小就准备到军队服役。他的父亲用一种治军的方式管理家庭，在他面前，孩子们从大到小排成一列，按照严格的要求站立，并叫他"长官"。1830 年，谢利瓦诺夫 17 岁，那一年他参加了龙骑兵，从自家庄园到营房的转变，感觉上应该就是从一个家来到另一个家。[128] 当然，并非所有贵族家庭都像谢利瓦诺夫家那样军事化，但是许多父母和孩子之间的关系是参照治理军队和国家的基本准则。这种严厉情况并非一直如此：17 世纪的贵族家庭也许是典型的家长制，但是成员之间的关系非常亲密。相反，这一套都是俄罗斯从西方，特别是从英国学来的——尽管它跟许多 18 世纪被引进到俄罗斯的外国事物一样，深深地影响着贵族的生活，因而事实上成了 19 世纪整个贵族阶级的典型特征。贵族父母和他们的孩子保持着一定的距离，这通常意味着父母要去看孩子，必须走过长长的走廊，或者是下一截长长的楼梯，来到位于仆人生活区内的一层

---

* Kherson，乌克兰南部港口城市。——译注

独立地下室里。V. A.索洛古布在圣彼得堡皇宫堤岸的一所大宅邸里长大。他的父母住在主楼，而孩子们则跟保姆和奶妈一起住在侧翼的房子里，每天只能见父母亲一两面——例如，感谢他们的晚饭（但并不是和他们一起吃），或者在他们出门时跟他们亲吻道别。"我们的生活完全隔离开来，"索洛古布回忆道，"而且没有一丝感情的表露。我们这些孩子可以亲吻父母的手，但是却没有爱抚，而且我们不得不用正式的法语'您'（vous）称呼他们。孩子们必须听话并遵守严格的家规，这些家规几乎就像农奴的法律一样。"[129]尼古拉·沙季洛夫 19 世纪 60 年代长在图拉省一个富裕的地主家庭，他还是个小男孩的时候，便被限制在家里一套单独的房间里，跟家庭教师住在一起，自己吃饭，连续几个月都见不到父母。[130]

当然，冷漠的父亲在 19 世纪的欧洲非常普遍，但是却鲜有母亲像俄罗斯的贵族妇女那样冷漠。贵族家庭的孩子通常从出生的那一天起就交由奶妈照顾。随着孩子渐渐长大，许多贵族妈妈不是忙于社交，就是忙于照顾其他更小的孩子，而无法给他们所渴望的关爱。"妈妈非常可亲，但是我们很难见到她"，经常可以在 19 世纪回忆录作家关于上流社会的描写中读到这句话。[131]安娜·卡列尼娜显然不是一个模范母亲，她对于育儿知识的无知（"我在这里真没用"）在当时却比比皆是。[132]

因此，对于贵族孩子来说，成长时没有受到父母直接管教的情况也很常见。父母通常将孩子托付给亲戚（通常是未婚的阿姨或者奶奶），或者是让家里的保姆、女仆和其他的仆人照顾。然而仆人自然不敢管教主人的孩子（"小老爷"或者"小夫人"），因此总是纵容他们，让他们为所欲为。男孩子特别爱调皮捣蛋（"小魔鬼"），他们心里很清楚，保姆不过是农奴，即使她们胆敢去告状，父母也会偏向自己。社会体制的批评家们（例如作家萨尔蒂科夫–谢德林）认为这种自由鼓励了贵族孩子对农奴的冷漠态度；他们成年之后会

继续以为他们能主宰所有的农奴，可以随心所欲地对待他们。这种
对农奴自私而残酷的态度遍及整个沙俄帝国的精英阶层，有时，的
确可以从童年这个性格形成的关键期的经历中看到一些端倪。举个
例子，如果一名贵族孩子被送往当地的教区学校（这种做法在外省
相当普遍），他会随身携带一名年幼的农奴，这个男孩的唯一任务
就是当主人在课堂上犯错时代他受过。这样一来，贵族孩子怎么可
能会有正义感呢？

然而，许多贵族孩子和他们的农奴之间结成了亲密且互相尊重
的关系。赫尔岑认为孩子们喜欢和仆人待在一起，"因为他们厌倦
了客厅，在仆人准备食物的房间里则过得很快乐"，也因为他们有
相同的性格：

> 仆人和孩子之间的这种相似性导致他们互相喜欢对方。孩
> 子痛恨贵族对"成人"的定义及高傲的举止，他们聪明地认识到，
> 在成人眼中他们只是孩童，但在仆人眼中，他们是"人"。因此
> 跟客人相比，孩子们更愿意和女仆们玩纸牌或者赌牌游戏。客
> 人们和孩子玩游戏时会有种优越感。他们会让着他们、逗他们玩，
> 而一旦不想玩了，就会立刻停止；一般来说，女仆们，除了陪
> 孩子玩，自己也要玩得开心，这更给游戏增添了趣味。仆人们
> 对孩子忠心耿耿，这种忠诚并不是奴隶式的，而是弱者和淳朴
> 的人之间相互的爱。[133]

122

以一种社会学家的笔触，赫尔岑将他"对压迫的憎恨"归结于他童
年时期为对抗家中长辈而与仆人结成的"联盟"。他回忆道："当
我还是个孩子时，维拉·阿尔塔莫诺娃（他的保姆）有时会因为淘
气而严厉地训斥我说：'等着瞧，你长大后就会跟其他人一样，变
成另一个主人。'我认为这是个可怕的侮辱。这位老妇人大可不必

担心我跟其他人一样，不管怎么说，我没有改变。"[134] 当然了，这么写在很大程度上是为了效果起见——这可是个好故事。然而其他作家同样声称，他们的民粹主义信念都是童年时期和农奴接触时形成的。[135]

这些俄罗斯上流社会的男孩，在楼下仆人的世界里度过了他们的童年。他由农奴保姆照顾，保姆和他一起睡在育婴室里，他哭时抱他，很多时候就像是他的妈妈一样。他到任何地方都有一位农奴"叔叔"陪伴。即使是上学或者参军，这位可靠的仆人也会做他的护卫。年轻的女孩也会由一位"毛茸茸的仆人"陪伴——这么说是因为他在制服的外面套了一件毛皮大衣——就像《叶甫盖尼·奥涅金》中塔季扬娜梦见的那头"毛茸茸的大熊"一样：

　　　　她不敢向后望，
　　　　摇摇晃晃地往前越走越快；
　　　　可是怎么都甩不掉他，
　　　　这个毛茸茸的总是亦步亦趋的仆人！……[136]

仆人的孩子不可避免地成为贵族孩子的玩伴——因为在乡村，方圆几英里以内都没有其他相似阶层的孩子。跟许多19世纪的回忆录作家一样，安娜·勒隆保留了她与村里的男孩女孩一起玩游戏的美好回忆：击木游戏（gorodki），用骨头和废铁块玩的击球（babki和它的许多变种），拍掌—唱歌—跳舞，以及占卜。夏天她和村里的孩子们一起到河里游泳，或者由保姆带她到其他村子里和更小的孩子玩，后者的妈妈都去打麦子了。到了秋天，她会和村里的女孩子去摘越橘果，做成果酱。她喜欢这些可以进入乡村世界的时光。父母禁止她这么做，保姆也要她发誓绝不告诉别人，这只能令女孩感到更加刺激。食品储藏室里温暖而亲密的气氛是她父母的起居室

123

全身淋湿的身着传统俄罗斯服饰的护
士。20 世纪初的照片。私人藏品。复制
自克洛伊·奥博兰斯基所著的《照片中
的俄罗斯帝国》(London: Jonathan Cape,
1979)。

里所没有的。"我会早早起床溜到女仆的房间里，她们已经在纺纱了，
保姆则在织袜子。我会听她们讲农奴被卖、年轻男孩被送到莫斯科
或者女孩出嫁的事情。这些在我父母那里都听不到。"这些故事使
她"开始了解农奴制的含义，并希望生活发生变化"。[137]

赫尔岑写道，在贵族家庭和他们的农奴之间，存在着"一条封
建的情感纽带"。[138] 1917 年以来，在形成我们看待农奴制观点的压
迫叙事中，我们已经看不到这条纽带了。但是它仍然存在于贵族阶
层对童年的回忆之中，生动地出现在 19 世纪文学作品的每一页上，
人们可以在俄罗斯的绘画中感觉到它的精神——如韦涅齐阿诺夫情
感充沛的《庄园女主人的早晨》(1823)。

在所有家仆中，那些照看孩子的仆人（女仆、奶妈和保姆）与
家庭的关系最为密切。她们形成了一个特殊的社会阶层，它于 1861
年农奴解放之后便随即消亡。她们因强烈的奉献精神而与其他的农

奴有所区别，尽管今天看来可能令人难以理解，她们中的许多人全部的幸福来自服侍主人。这些女人拥有特别的房间，而且一般受到主人的尊敬和仁慈的对待，她们成为家庭的一员，许多人在停止工作以后很久还被主人赡养着。贵族阶层对童年的怀念，就跟他们与这些人之间形成的温暖而亲切的关系有关。

　　奶妈在俄罗斯贵族家庭中的地位特别重要。在欧洲其他地方母乳喂养已经成为一种普遍的共识之后，俄罗斯人仍然继续雇用农奴奶妈。19 世纪早期的育儿手册里满是民族主义者对这种习惯的捍卫，他们声称"农家女孩的乳汁可以给贵族孩子带来一生的健康和纯洁的道德"。[139] 通常奶妈会穿着俄罗斯的传统服装，有时候甚至会成为画像的对象——这种风俗在许多家庭都存在过，直到 1917 年。* 舍列梅捷夫家的农奴画家伊凡·阿尔古诺夫就画过几幅很可能是奶妈的"佚名农家女孩"。画师在主人的委托下为这样的女孩画像，并将画像挂在主人的房间里，这个事实本身就很能说明她在俄罗斯贵族文化中的地位。帕维尔·苏马罗科夫在回忆 18 世纪贵族的日常生活时说，奶妈在所有的仆人中享有崇高的地位。家里人会叫她的名字和父名，而不是像对大多数农奴一样只叫诨名。她也是主人或者女主人在场时唯一可以坐着的仆人。[140]19 世纪的贵族回忆录充斥着家人对他们老奶妈的热爱之情，她被当成一位备受敬爱的家庭成员，并可以在家里一直住到老死。安娜·勒隆"比任何人都要"热爱她的奶妈瓦西里娅，她由于结婚不得不与奶妈分别，这使她"悲伤不已"。她们之间亲密的关系（"就像妈妈和女儿一样"），源于奶

124

125

---

* 艺术家多布任斯基描绘了 1917 年之前传统意义上的奶妈出现在彼得堡街头时的壮观场面："她穿着一种'游行穿的礼服'，一种设计夸张的伪农民服装，这样的服饰一直到 1914 年战争爆发才消失。人们通常会看到一位脸颊红红的胖奶妈走在束束时髦的女主人身边。她穿着绸缎上衣，身披头篷，还围着粉红色的头巾，如果宝宝是女孩的话；男宝宝则换成蓝色的头巾。夏天奶妈通常会穿彩色的开襟短外套，上面缀着许多小金扣或者玻璃纽扣，和薄纱做成的蓬蓬袖。"——原注

妈自己婴儿的死亡。她由于给安娜喂奶而不得不放弃自己的孩子。
对安娜和她的奶妈来说，内疚和代养的情感互相交织。后来，安娜
的丈夫死后，她便担负起照顾老奶妈的责任，让奶妈搬来和她一起
住在家族的庄园里。[141]

　　但是在贵族孩子的心目中，最亲切的还是他们的保姆。典型的
旧式保姆——那种出现在无数的文学作品（从《叶甫盖尼·奥涅金》 126
到《鲍里斯·戈东诺夫》）中的人——是一位淳朴而善良的俄罗斯
农妇，她把孩子们带大，看着他们玩耍，带他们出去散步，喂他们
吃饭，给他们洗澡，给他们讲童话故事，唱歌给他们听，并且在晚
上他们做噩梦惊醒时安抚他们。保姆不仅仅是代理母亲，还是孩子
爱和安全感的主要来源。"淳朴而且直率，"一位贵族妇女在回忆自
己的童年时说，"我从保姆那里汲取了生命的爱的汁液，它们直到
现在还滋养着我。有多少忠贞而慈爱的俄罗斯保姆在生活中保护并
激励着她们的孩子，同时在他们的心头留下不可磨灭的印象。"[142]

　　的确，保姆温柔的照顾持续影响着许多 19 世纪的回忆录作者，
使他们一直都忘不了童年这个主题。并非他们的成长受到了抑制，
而是他们最初的情感被锁在了过去那个遥远的房间里，它是对这个
事实的一种反思。这些回忆录作者一次又一次地强调，是他们的保
姆教会了他们如何去爱和如何生活。对一些人而言，是保姆善良的
天性唤醒了他们的道德情感；对其他人而言，是她那虔诚的宗教信
仰把他们带进了精神世界。"我们的保姆简直太伟大了！"勒隆回
忆道，"她很聪明，一直都很严肃，而且非常虔诚；我常常半夜在
儿童房醒来，看到保姆跪在房间的门口祈祷，从那里她可以看到许
愿灯。我们一起在树林里散步的时候，她讲的童话故事可有趣了。
它们使我重新看待森林的世界，并从一种诗意的角度去热爱大自
然。"[143] 这个失落的田园诗般的"俄罗斯童年"（假如它确实存在
过的话），包含在这些成年后记忆里与保姆的形象有关的情感之中。

"可能这看起来有点奇怪，" A. K. 切尔科娃（托尔斯泰秘书的妻子）写道，"我们的童年时代已经过去 40 年了，而我们的保姆却依然活生生地留在我们的记忆里。年纪越大，我脑海里童年的记忆就越是清晰，这些回忆如此生动，以至过去成了现在，在我心中，每一件和亲爱的小保姆有关的事情，都显得格外珍贵。" [144]

贵族小孩到了六七岁就要离开保姆，转为由法国或德国家庭教师照管，不久后会被送进学校。与保姆分开，是从童年进入青年和成年世界要经历的一项痛苦的仪式，就像近卫军军官阿纳托利·韦列夏金所回忆的那样。6 岁时人们告诉他他将被送往学校，他"被将要和保姆分开这个想法给吓坏了。我非常害怕，半夜常常哭着醒过来；我会大声地叫喊，要保姆过来，并恳求她不要离开我"。[145]从女性伴同的玩乐童年不可避免地转变为管教严厉的男性世界寄宿学校，从讲俄语的儿童房到纪律严格、孩子们在里面只能说法语的学校，更是加深了痛苦；这些幼小而天真的孩子将不再受到保护，免受成人世界残酷规则的伤害。忽然之间，他被迫将他表达童年情感的语言抛到一边，转而说一种陌生的语言。简而言之，失去保姆，意味着一个人将被自己的童年情感所折磨。然而对于保姆来说，分离也同样非常痛苦：

> 因为费夫罗尼娅·斯捷潘诺娃一直都毫无止境地溺爱我，我成了一个动不动就哭的孩子，和一个不折不扣的胆小鬼，后来我参军时对此感到很后悔。保姆的影响使所有家庭教师都对我束手无策，于是只好把我送到寄宿学校去。看到我开始长大进入成年人的世界，她感到很不好受。她在整个童年时代都宠溺我，当她看到我跟大哥和我们的家庭教师一起下河游泳，或者是我去骑马，或者是我第一次使用父亲的猎枪，她竟然哭了。几年后，我成为一名军官，回到家发现她竟然为我准备了两间

房，但是它们看起来都很像儿童房。她每天会放两个苹果在我
的床头。我带勤务兵回家这件事伤了她的感情，因为她认为照
顾我是她的天职。她看到我吸烟时吓了一大跳，我不忍心告诉
她其实我还喝酒。但是她最震惊的，是我要去和塞尔维亚人打
仗。她试图说服我不要去，然后，有一天晚上，她说她要和我
一起去。我们可以住在一间小小的乡下房子里，我去打仗时，
她就整理房屋并做好晚饭等我回来。假期一到我们就一起烤馅
饼，就跟我们经常做的那样，战争一结束我们就回家，我的胸
前戴满了勋章。那天晚上我睡得很沉，想象战争充满了诗情画意，
就像她所认为的那样……我比自己想象的更加需要保姆。九岁
时，我们的瑞士家庭教师第一次来到家里，父亲说我必须从和
保姆一起住的房间里搬出来，和我的大哥以及这位卡德利先生
一起住。结果证明，没有保姆我根本就不会脱衣服，也不会洗
澡，甚至连上床睡觉都不会。每天夜里不喊她六次，检查她是
否在房间里，我都不知道自己怎么能睡着。穿衣服同样非常困难。
我从来没自己穿过袜子。[146]

　　对于成年以后的贵族男女来说，跟以前的保姆经常保持联系丝
毫也不奇怪；实际上，在保姆年老时赡养她同样很正常。普希金和
他的老保姆非常亲近，还将她的形象写进了他的许多作品里。从某
些方面来说，保姆就是他的缪斯——他的许多朋友都承认了这个事
实，所以——举个例子——维亚泽姆斯基公爵才会在写给诗人的信
尾附上一句"向罗季奥诺娃鞠躬，并致以深深的敬意和感谢！"[147]
普希金比任何人都更热爱他的保姆。从小就与父母疏离的他一直叫
她"妈妈"，她死的时候他就像儿子一样悲伤：

　　　　我的朋友这几天都不太好，

128

我的年老衰朽的宝贝啊！

你被抛弃在遥远的树林里，

一直亲切地等着我。

你悲哀地坐在大厅的窗户旁边，

仿佛守望着什么，

有时你的毛线针停住了，

停在你那双现在满是皱纹的凄凉的手里。

你透过年久失修的大门窥视着漆黑的远方：

不祥的预感、痛苦、忧虑和恐惧

挤压着你现在疲倦的胸脯。[148]

佳吉列夫跟他的保姆的关系同样非常出名。他从未见过自己的母亲，她在他刚出生时就死了。杜尼娅奶奶是他母系家族叶甫雷诺夫庄园上的一名农奴。她曾是佳吉列夫母亲的奶妈，作为陪嫁来到他父亲位于彼尔姆的庄园。佳吉列夫到圣彼得堡求学时，他的保姆跟他一起住在公寓里，并充当他的管家。《艺术世界》杂志著名的星期一聚会——围绕杂志而形成的一个圈子，正是这个圈子萌生了俄罗斯芭蕾舞团的概念——一直都在佳吉列夫的公寓里举行，杜尼娅奶奶就像女主人一样坐在茶炊的旁边。[149] 经常出席聚会的画家莱昂·巴克斯特，在他 1906 年为佳吉列夫画的那幅著名的画像中，将杜尼娅奶奶的形象永远地保存了下来。

在俄罗斯贵族阶层对自己的童年崇拜中，保姆成了一个近乎神圣的人物。没有其他国家的人对童年如此伤感或者痴迷。哪个地方会有这么多的回忆录，用如此长的篇幅描绘作者生命开始的最初时光呢？赫尔岑、纳博科夫、普罗科菲耶夫——他们终其一生一再地在自己对童年的印象里徘徊。这种崇拜的本质是一种过度膨胀的失落感——失去了祖上留下来的房子，失去了母亲或者保姆的悉心

照料，失去了童话故事中孩子们所喜爱的俄罗斯乡村。难怪这些
文化精英会如此专情于民间故事——因为它将他们带回他们快乐的
童年，带回到那些他们白天在树林里一边散步一边听保姆讲故事、
夜里则听着催眠曲入睡的日子。托尔斯泰的《童年·少年·青年》
（1852—1857）、阿克萨科夫的《童年时代》（1856）、赫尔岑的《往
事与随想》（1852—1868）、纳博科夫的《说吧，记忆》（1947）——
这些经典文学作品都将童年塑造成一个极为幸福且令人心醉神迷的
国度：

　　　快乐，快乐，无法挽回的童年时代！一个人怎能不爱且珍
惜关于它的回忆？那些回忆振作和提升了我的心灵，是我最大
的快乐之源。[150]

　　俄罗斯人描写他们童年的方式也很特别。他们全都描绘了一
个传说的世界（阿克萨科夫的回忆录故意将它写成一个童话故事），
将神话和回忆混淆在一起，仿佛他们并不满足于回忆，而是从内心
深处想把童年找回来，即使需要重塑一遍也在所不惜。纳博科夫称
之为"我少年时代传说中的俄罗斯"，这种渴望寻找它的感情，在
贝诺瓦和斯特拉文斯基的《彼得鲁什卡》（1911）中同样存在。这
部芭蕾舞剧表达了他们对在圣彼得堡度过的童话般少年时代的声音
和色彩的怀念。这种感情也存在于普罗科菲耶夫创作的有关童年的
幻想曲之中，从钢琴伴奏的歌曲《丑小鸭》（1914）到"童话故事
的交响曲"《彼得和狼》（1936），这些作品的创作灵感都来源于他
小时候听到的睡前故事。

130

第六节

"噢，求你了，阿妈，跟我讲讲法国人是怎么来到莫斯科的。"赫尔岑如此展开他那本令人赞叹的回忆录《往事与随想》，这是俄罗斯最伟大的文学作品之一。生于1812年的赫尔岑特别喜欢他的保姆给他讲那一年发生的故事。他的家人不得不逃离火海中的莫斯科，襁褓中的赫尔岑由母亲抱着，正是因为有拿破仑亲自签发的战时通行证，他们才得以逃到雅罗斯拉夫的庄园。赫尔岑感到极度的"骄傲和快乐"，因为自己"参与了这场伟大的战争"。他的童年故事与他所喜爱的俄罗斯民族大事件融合在一起："莫斯科大火、博罗季诺战役、别列津纳战役、攻占巴黎，它们都是我的摇篮曲和幼儿故事，是我的《伊利亚特》和《奥德赛》。" [151] 对赫尔岑那一代人来说，1812年的传奇故事与他们的童年记忆联系得非常紧密。即使到了19世纪50年代，孩子也依然听着那一年的故事长大。[152] 历史、传说和回忆，这三者相互交织。

对历史学家尼古拉·卡拉姆津而言，1812年是悲惨的一年。随着他莫斯科的邻居纷纷离开去庄园避难，他拒绝"相信这个古老而

神圣的城市已经不存在了"，就像他在 8 月 20 号所写下的话那样，
他宁愿选择"死在莫斯科的墙下"。[153] 卡拉姆津家的房子毁于这场
大火，而且由于他从没想过要转移藏书，他许多珍贵的书籍也毁于
一旦。但是卡拉姆津救回了一个本子——那是一本鼓鼓囊囊记满了
他那部著名的《俄罗斯国家史》（1818—1826）草稿的笔记本。卡
拉姆津的著作是第一部真正意义上的民族史——并不仅仅因为它是
第一部俄罗斯人写的历史，而且还在于它以民族叙事的方式呈现俄
罗斯的过去。此前俄罗斯的历史一直都是些关于僧侣和圣人、爱国
主义宣传的神秘纪事，或者是由德国学者编纂的大部头文件，既晦
涩难懂，也没有人读。但是卡拉姆津的《俄罗斯国家史》具有文学
作品的特点，兼具严谨的学者观点和小说家的叙事技巧，这使得这
部 12 卷的著作在全国各地广受好评。卡拉姆津注重他笔下历史事
件主人公的心理动机——甚至不惜凭空捏造——因此他的叙述扣人
心弦，令读者有种阅读浪漫主义文学作品的感觉。中世纪的沙皇，
像伊凡雷帝或者鲍里斯·戈东诺夫，在卡拉姆津的《俄罗斯国家史》
中都变成了悲剧主角——现代心理剧的表现对象；他们还走出书本，
来到舞台，出现在穆索尔斯基和里姆斯基-科萨科夫的歌剧中。

　　1818 年卡拉姆津出版了《俄罗斯国家史》的前 8 卷。"一个月
内卖出了 3000 本——这种事情在我们国家从未出现过。每个人，
甚至是上流社会的太太小姐，也开始读起了她们国家的历史，"普
希金写道，"这真是出乎所有人的意料。你可以说卡拉姆津发现了
古代俄罗斯，就像哥伦布发现了美洲大陆一样。"[154] 1812 年的胜利
引发了一种全新的对俄罗斯过去的兴趣和骄傲。在旧观念影响下长
大的人们一直都认为他们的历史始于彼得大帝统治时期，现在他们
开始将目光投向遥远的过去，去那里寻找他们国家意想不到的力量
来源。1812 年之后，各种历史书籍以迅猛的速度涌现。大学纷纷开
设讲座（果戈理有一次去申请参加圣彼得堡的讲座，但是没有成功）。

历史研究会纷纷成立，许多都位于外省。突然之间，为拯救俄罗斯的过去展开了各式各样的行动。历史成为展示所有与俄罗斯的本质和命运有关的恼人问题的舞台。就像别林斯基1846年所写的那样："我们审问过去，以获得对现在的解释和未来的一点线索。"[155]十二月党人的失败加剧了这种对历史的痴迷。如果俄罗斯不再沿着成为一个现代宪政国家的西化道路前进（就像十二月党人和他们的支持者所希望的那样），那么它真正的命运又是什么？

这正是彼得·恰达耶夫在他那封引起轰动的《哲学书简》（第一封，1836年）中所提出的问题。他是一名近卫军军官，普希金的纨绔朋友。恰达耶夫也是"1812年之子"。他曾参加过博罗季诺战役，1821年在事业的高峰期退役，接下来的5年他都在欧洲度过。作为一名极端的西化主义者——他甚至改信了罗马天主教——1825年，他为俄罗斯没能沿着西方的道路走下去而感到极度失望。这是他写作《哲学书简》时的环境——他正"处于一个疯狂的时期"（他自己承认道），而且曾经试图自杀。"我们俄罗斯人发明过或者创造过什么呢？"恰达耶夫在1826年写道，"已经到了停止模仿别人的时候了；我们必须重新坦诚面对自己；我们必须了解真正的自己；我们必须停止说谎并找到真理。"[156]《哲学书简》是揭示这个惨淡且令人不快的真相的一种尝试。与其说它是一部哲学著作，还不如说它是一部历史。它总结道，俄罗斯立在"时间之外，没有过去和未来"，在世界历史中并没有发挥作用。罗马的遗产、西方教会和文艺复兴的文明——它们全都和俄罗斯擦肩而过——而现在，过了1825年，这个国家已经沦为一个"文化空洞"，一个"被人类家庭抛弃的孤儿"，只能模仿西方国家但却永远无法成为它们中的一员。俄罗斯人就像是他们国土上的游民，对自己感到陌生，没有自己的民族遗产或者民族特性。[157]

现代的读者——这个世界，媒体上几乎每个月都要发布一些自揭疮疤的民族宣言——也许难以理解《哲学书简》在当时所带来的巨大震撼。它把每个人脚下的立足之地给抽走了，这些人一直以来都相信"欧化的俄罗斯"才是他们的祖国。反对的呼声山响，爱国者要求公开起诉这个"残忍地侮辱了我们的民族荣誉"的"疯子"。在沙皇的命令下，恰达耶夫被宣布是疯子，软禁在家里，由医生每天上门检查他的情况。[158] 但是他写的却是很多年以来每一位有头脑的俄罗斯人心里所想的：那种住在一片荒原或者一个"虚幻国度"（正如别林斯基所说）的强烈感觉，他们害怕自己也许永远也无法了解这个国家；以及一种强烈的恐惧感，与他们接受西方文明的理由恰恰相反，实际上他们也许永远也无法赶上西方。保守势力的胜利引发了一种对"俄国人生活方式"的深深厌恶。维亚泽姆斯基公爵在 1828 年写道："真正的爱国主义，应该包括憎恨她现在的表现。"[159] 文学评论家纳杰日金（他在自己的杂志《望远镜》上刊登了《哲学书简》）1834 年写道："我们俄罗斯人的创造为零。我们在任何一个学科都没有贡献。没有一个人可以代表俄罗斯立于世界文明之林。"[160]

133

　　斯拉夫主义者对恰达耶夫所提出的危机反应截然不同。他们首次以独立的团体出现在 19 世纪 30 年代，当时他们和西化主义者进行了公开的辩论，但是他们的根源也是 1812 年。法国大革命的血腥恐怖，使斯拉夫主义者拒绝接受启蒙主义的普世价值，而是强调那些使俄罗斯区别于西方的本土传统。这种寻找一种更为"俄罗斯"式的生活方式，是对 1825 年起义失败的一种普遍反应。一旦俄罗斯将明确地背离西化道路，欧化的俄罗斯人便开始探索起那些有别于西方的俄罗斯文化，希望从中找到它的价值——就像屠格涅夫的小说《贵族之家》中的拉夫列茨基：

　　　　这位自由思想家开始去教堂望弥撒；这个欧洲人开始到俄

罗斯浴室中洗桑拿浴，两点钟吃饭，九点钟睡觉，还让一个老
管家的喋喋不休催他进入梦乡……[161]

斯拉夫主义者首先求助于乡村父权主义传统的德行——这点毫不奇
怪，因为他们中的大多数人，都生于一个已经在同一地区生活了数
百年的地主家庭。康斯坦丁·阿克萨科夫这位最有名也最极端的斯
拉夫主义者，一生都在一座房子里度过，与它相依为命，用一位当
时人的话来说，"就像蜗牛背着它的壳一样"。[162] 他们将普通民众
（narod）理想化，认为他们是民族性（narodnost）的真正承载者。
彼得·基列耶夫斯基等信奉斯拉夫主义的民俗学者到乡村采风，他
们认为民歌民谣可以理解为"俄罗斯灵魂"的历史性表述。这些人
虔诚地维护着东正教的理想，主张俄罗斯人的特点便是基督教徒的   134
牺牲和谦卑精神。它是精神共同体的基础，他们想象，地主和农奴
由他们的父权传统和东正教信仰结合在一起。阿克萨科夫认为，这
种"俄罗斯性"体现在传说中的民间英雄伊利亚·穆罗梅茨身上。
在史诗故事中，穆罗梅茨是一名保卫俄罗斯国土的战士，他抵抗
入侵者和异教徒、强盗和魔鬼，"性格温和且缺乏侵略性，然而为
了人民的事业，却随时准备参加一场正义的保卫战"。*这些参加过
1812年战争的农奴士兵身上恰好显示出这些特点。传说进入了历史。
　　卡拉姆津的《俄罗斯国家史》是一场关于俄罗斯过去和未来
的漫长讨论的开场白，这场讨论贯穿了整个19世纪的俄罗斯文学。
卡拉姆津的写作完全处于君主制传统的脉络中，他将沙皇统治的国
家和它那些高贵的公仆描绘成一种进步和启蒙的力量。沙皇和他的
贵族发动改革，"人们则保持沉默"，就像普希金在《鲍里斯·戈东

---

* 陀思妥耶夫斯基的看法与此相同。他在1876年写道，俄罗斯人是一个"具有牺牲精神、
追求真理而且知道在哪里可以找到真理的民族，他们的心灵诚实而纯洁，就像他们的最
高理想之一，他们心目中的圣人、民间英雄伊利亚·穆罗梅茨一样"。——原注

诺夫》最后一幕的舞台说明中所写的那样。关于俄罗斯的历史，普希金拥有和卡拉姆津一样的国家主义观点——至少在后期，在 1825年他的共和信念（这怎么说都很可疑）崩溃之后是如此。在《普加乔夫史》（1833）中，普希金强调必须有一个开明的君主来保卫国家，才能使国家免受哥萨克叛乱的领导人普加乔夫及其农奴追随者的可怕暴力（"残酷而无情的"）伤害。通过突出贵族慈父般的角色——如比比科夫将军和帕宁伯爵，他们镇压了普加乔夫的起义，然而却向女皇求情，恳求她对老百姓仁慈一点——普希金强调了古老的地主阶层对国家的领导作用，他为自己出身于这个阶层而感到自豪。

和这些观点相对应的，是由十二月党人和他们的追随者所推动的民主潮流。他们强调俄罗斯人民的反叛精神与热爱自由，并将中世纪的城市共和国诺夫哥罗德和普斯科夫，以及 17、18 世纪的哥萨克起义（包括普加乔夫起义）理想化。他们相信普通人一直都是推动历史前进的（隐形）力量——这一理念主要来自他们对 1812年战争中农奴士兵的观察。在回应卡拉姆津的著名格言"国家的历史属于沙皇"时，十二月党人、历史学家尼基塔·穆拉维约夫用战斗性的语言作自己研究成果的开篇："历史属于人民。"[163]

在历史学家的这场论战中，俄罗斯的起源是一个主要的焦点。拥护君主政体者同意"诺曼说"，这一理论首先由 18 世纪的德国历史学家提出，认为第一位大公来自斯堪的纳维亚（在 9 世纪时），他是受战乱中的斯拉夫部落之邀才来到俄罗斯的。这一学说唯一存在的证据是《往年纪事》——这本书写于 11 世纪，描绘了 862 年基辅公国的创立过程——它的写作可能只是为了合理化斯堪的纳维亚人对俄罗斯的征服。随着 19 世纪考古学家在俄罗斯南部发现了斯拉夫部落的先进文明，这一理论越来越站不住脚。一个可以追溯到古斯基泰人、哥特人、罗马人和希腊人时代的文明浮出了水面。然而对专制统治的维护者来说，诺曼说是一个很好的起源传说——

135

他们假设（实际也的确如此），没有君主，俄罗斯人将无法管理自己。用卡拉姆津的话来说，在君主统治建立之前，俄罗斯不过是"一块空荡荡的地方"，住着"一些和鸟兽生活在一起的野蛮而好战的部落"，别无其他。[164] 对此持反对意见的民主主义者则认为，俄罗斯民族是由本土的斯拉夫部落自然演变而成。根据这种观点，早在瓦良格人到来之前，斯拉夫人已经建立起了自己的政权，他们的自由共和政体逐渐被外来的君主制所破坏。这种观点有多个版本，全都由那些相信斯拉夫民族天性热爱民主的团体所提出：不仅包括十二月党人，还包括左翼斯拉夫主义者、波兰历史学家（他们利用这一点来攻击统治波兰的沙皇制度），以及乌克兰和（后来）俄罗斯的民粹主义者。

辩论的另外一个焦点是中世纪的诺夫哥罗德——在十二月党人眼中，这个俄罗斯自由最伟大的象征同时也是人民自治权力的历史证明。诺夫哥罗德和附近的普斯科夫一起，得益于与汉萨同盟的德意志城市所形成的商业联系，经济高度繁荣，直到15世纪晚期被沙皇伊凡三世征服而并入莫斯科公国。十二月党人崇拜这座城市的共和政体。他们将它的市政厅（veche）或者说市民议会，看成一种人民丧失已久的自由象征，一种将俄罗斯与古希腊和古罗马的民主传统联系起来的神圣遗产。"神圣合作社"（1814—1817）的那些年轻成员——其中有几个是未来的十二月党人——每次开会都要仪式性地敲响市民大会的大钟。十二月党人在他们的宣言中使用了中世纪诺夫哥罗德的用词，将未来的议会称为"国民议会"（national veche）。[165] 在起义遭到镇压后，诺夫哥罗德的传说有了一种新的含义和颠覆性力量。1830年莱蒙托夫写了一首诗，题为《诺夫哥罗德》（"斯拉夫勇敢的儿子们，你们为何而死？"），诗中哀悼的究竟是中世纪诺夫哥罗德陨落的英雄，抑或是1825年牺牲的自由战士，作者有意使之模棱两可。德米特里·韦涅齐阿诺夫在他支持十二月党人的诗歌《诺夫哥罗德》（1826）中也有同样的怀旧主题：

> 伟大的城市，回答我：
>
> 你那辉煌的自由哪里去了？
>
> 那时你们的声音是国王的灾难，
>
> 像钟声一样响彻在喧闹的市民议会上。
>
> 说，那些时光哪去了？
>
> 它们如此遥远，啊，如此遥远！ [166]

君主制的拥护者对中世纪的诺夫哥罗德则有截然不同的看法。根据卡拉姆津的观点，为了建立一个统一的国家，莫斯科不可避免地要征服诺夫哥罗德，这一点也得到了市民的认可。在卡拉姆津看来，这种顺从是俄罗斯人民智慧的体现：他们认识到没有秩序和安全的自由毫无价值可言。诺夫哥罗德市民因此成为第一批同意接受专制统治这个利维坦的人。为了从自己的内部争吵不休中脱身（城市事务都掌握在一群波雅尔手中，他们专断腐败，甚至威胁要把城市卖给邻国立陶宛），他们选择了沙皇的保护。跟十二月党人想象的那种平等和谐的民主共和比起来，卡拉姆津的版本几乎可以说更接近历史真实。然而它也是个自我正当化的神话。对卡拉姆津来说，他的《俄罗斯国家史》要提供的历史教训非常明显：共和要比专制更容易走向独裁——在法兰西共和国变成拿破仑帝国之后，这个教训变得尤为深刻。

对那些相互抵触的俄罗斯历史迷思而言，1812 年的战争就是一个争论的焦点。这一点可由 19 世纪的人们对它的纪念来反映。对十二月党人来说，1812 年的战争是一场人民的战争。它是俄罗斯人命运的一个转折点，从这时起，俄罗斯人从少年变成了成年的公民，而且随着他们胜利进军欧洲，俄罗斯本该加入到欧洲这个大家庭中去。但是对于那些希望维护现状的人来说，这场战争标志着神圣的俄罗斯专制政体的胜利，是它将欧洲从拿破仑手中拯救出来。它显示出沙皇统治的国家是上帝选中的代理者，一个新的历史时刻已经到来。

　　沙皇俄罗斯的形象被镌刻在亚历山大纪功柱上。具有讽刺意味的是，这根柱子是由法国建筑师奥古斯都·德·蒙弗朗设计的。它矗立在彼得堡的皇宫广场上，于博罗季诺战役 20 周年时落成。柱子上方的天使是沙皇亚历山大的面容。[167]5 年之后，在莫斯科可以俯瞰克里姆林宫外墙的地方，开始建造一座更大的纪念俄罗斯君主政体神圣使命的不朽建筑——救世主大教堂。半为战争纪念馆半为教堂的救世主大教堂，是为纪念 1812 年莫斯科奇迹般的拯救而建。建筑师康斯坦丁·托恩采用了过去俄罗斯教堂的建筑手法，但是却将其比例扩大到与帝国相称的规模。50 年之后（1883）这座巨大的教堂建成，成为莫斯科最高的建筑。即使在斯大林 1931 年将它炸毁（基于艺术的理由，也许判处他死刑也不为过）之后重建的今天，它依然是这座城市的一个重要景点。

　　在整个 19 世纪，1812 年战争的两种形象——民族解放或帝国救赎——人们一直为此争论不休。其中一方是托尔斯泰的《战争与和平》，这部小说从贵族和农奴的角度，讲述了一个真正激动人心的民族故事。另一方是用石头建成的纪念碑、凯旋门和胜利大道，它们以浮夸的"帝国风格"歌颂着俄罗斯强大的力量；或者是柴可夫斯基《1812 序曲》中那些轰隆隆的炮声。即使到了 19 世纪 60 年代早期，伴随着农奴解放运动的觉醒，民族团结的热情高涨之时，这两种观点依然针锋相对。1862 年，1812 年战争的 50 周年纪念日恰逢俄罗斯的千年国庆。国庆本来应该于春天在诺夫哥罗德（这个最具有象征意义的地点）举行，但是亚历山大二世命令将其推后至8 月 26 日——这是博罗季诺战役纪念日和他自己 1856 年加冕的神

圣索菲亚大教堂（诺夫哥罗德）前广场
的俄罗斯千年纪念碑。照片来源：米哈
伊尔·米克申。1910 年代初。

圣日子。罗曼诺夫王朝试图通过将这三个纪念日叠加在一起，将自
己重塑为由两次圣战（1812 年和千年前的那次）洗礼过的伟大国家。
坐落于诺夫哥罗德的那座花岗岩纪念碑就是其象征。它的外形像一
口诺夫哥罗德市民议会的大钟，外面环绕着一圈浮雕，上面雕刻着
各类人物——圣人和公爵、将军和战士、科学家和艺术家——正是
这些人创造了千年俄罗斯的历史。大钟的顶部是俄罗斯之母的形象，
她一只手拿着东正教的十字架，另一只手拿着饰有罗曼诺夫家族族
徽的盾牌。十二月党人愤怒了。经过了 30 年的流放生涯，归来的
沃尔孔斯基对托尔斯泰说，这座纪念碑"是对诺夫哥罗德神圣过去
的践踏，也是对 1812 年为我们自由而战的所有英雄的践踏"。[168]

第七节

　　"他是一位狂热主义者，神秘而不可思议，同时又是一位基督徒，对新俄罗斯抱有崇高的理想。"托尔斯泰在 1859 年见过沃尔孔斯基之后写信给赫尔岑说。[169] 作为这位十二月党人的远房表亲，托尔斯泰对自己拥有与沃尔孔斯基同样的血统感到非常自豪。他 3 岁那年母亲就去世了，他对研究她的家族背景并非只有学术上的兴趣：对他来说，这是一种情感上的需要。谢尔盖·沃尔孔斯基是托尔斯泰儿时的英雄（所有的十二月党人在与托尔斯泰同时代的进步青年眼里都偶像化了），后来还成为《战争与和平》中安德烈·沃尔孔斯基的人物原型。[170] 托尔斯泰致力于改善农民的生活，甚至自己想成为一名农民的想法，都是受到这位遭流放的亲戚影响。

　　1859 年，托尔斯泰在亚斯纳亚-博利尔纳为农家儿童开设了一所学校，这座沃尔孔斯基家族的古老庄园是母亲留给他的遗产，它对托尔斯泰有着特殊的意义。他出生在这座庄园的宅邸里——在一张墨绿色的皮沙发上，这张沙发他一直都放在书房里，陪伴他写出多部伟大的小说。他的童年是在庄园度过的，直到 9 岁那年，他才和父亲一起搬到莫斯科。亚斯纳亚-博利尔纳不只是一座庄园，这块小小的俄罗斯土地还是他祖先的栖居地，是保留他童年记忆的地方，也是他的心灵归属之地。"任何情况下我都不会出卖这座房子，"1852年托尔斯泰跟他的哥哥说，"它是我最不愿意失去的一件东西。"[171] 托尔斯泰的曾祖母于1763年购买了亚斯纳亚-博利尔纳庄园。*他的外祖父尼古拉·沃尔孔斯基把它开发为一个文化空间，建造了一座漂亮的宅邸（里面有大量的欧洲藏书），还有风景优美的公园和湖泊、纺纱厂，以及用石头建成的著名的白色大门（从图拉到莫斯科的路上，这些大门发挥着驿站的功用）。托尔斯泰还是孩子时就非常崇拜他的外祖父。他想象自己跟外祖父非常相似。[172] 这种对祖先的崇拜，是托尔斯泰保守精神的核心，在他的小说《魔鬼》（1889）中的尤金身上也有体现：

> 通常都认为保守主义者是些老人，而那些喜欢变化的都是些年轻人。这并不正确。通常来说保守主义者都是些年轻人：他们想生活却不去思考该如何生活，而且也没有时间思考，因此就以他们见过的一种生活作为自己的榜样。尤金就是这样一种人。在村子里住下来之后，他的目标和理想就是恢复那种曾经存在过的生活，不是他父亲那个年代的……而是他祖父的那个年代。[173]

在《战争与和平》中，尼古拉·沃尔孔斯基作为安德烈的父亲而复活——尼古拉·博尔孔斯基，这位骄傲而独立的退休将军，晚年在童山的庄园度过，全部的精力都用于教育女儿玛丽亚（跟托尔斯泰的母亲同名）。

---

* 维基百科上说是他外祖父买的。——编注

《战争与和平》一开始设想是一部"十二月党人的小说"，以谢尔盖·沃尔孔斯基的真实故事为基础松散地组织起来。但是随着作者对十二月党人的理解越加深入，他越加意识到他们的思想来源于 141

1812 年的战争。在这部小说早期的创作（《十二月党人》）中，这名十二月党人的英雄在经过 30 年的西伯利亚流放生涯之后，回到了 19 世纪 50 年代晚期骚动的知识分子之中。当时，随着亚历山大二世于 1855 年继承帝位，第二个亚历山大王朝刚刚开始，跟 1825 年时一样，民众对政治改革寄予厚望。1856 年沃尔孔斯基正是怀着这种希望回到了俄罗斯，他描绘了一种以现实为基础的新生活：

> 谎言。这就是俄罗斯的病因。谎言和它的姐妹，虚伪和玩世不恭。没有它们，俄罗斯无法生存。然而可以肯定的是，不仅要活下去而且还要体面地活下去。如果我们想诚实地面对自己内心的话，我们必须承认，假如俄罗斯不能以有别于过去的方式存在的话，那么她根本就没有必要存在。[174]

真实地生活，或者，更重要的是，在俄罗斯真实地生活——这些就是托尔斯泰生活和工作中遇到的问题，也是《战争与和平》主要关心的问题。它们首先是由 1812 年那些人明确提出来的。

解除沃尔孔斯基的流亡令是新沙皇上台后的新措施之一。在 1826 年被流放的 121 名十二月党人中，只有 19 位于 1856 年活着回到了俄罗斯。谢尔盖已经受到沉重的打击，而且他的身体从未真正地从西伯利亚的艰苦劳作中康复过来。虽然被禁止在圣彼得堡和莫斯科定居，然而他却是斯拉夫主义者在莫斯科聚点的常客。在他们看来，他身上有着典型的"俄国人"特点，个性温和、吃苦耐劳、生活简朴而且亲近大地。[175] 莫斯科的大学生将沃尔孔斯基视为他们的偶像。他留着长长的白胡子和头发，神情悲伤而富有表现力，玛利亚·沃尔孔斯基及其儿子米沙。银版照片。1862 年。复制自克里斯蒂·苏斯兰所著的《西伯利亚公主：玛利亚·沃尔孔斯基与十二月党人流亡者的故事》（London: Methuen, 1984）。

"像月亮一样苍白纤弱"，他被看成是某个"出现在俄罗斯荒原的基督"。[176] 作为受尼古拉一世政权镇压而中断的民主事业的象征，沃尔孔斯基是十二月党人和民粹主义者（19 世纪六七十年代以人民的拥护者的姿态出现）之间的一条活纽带。沃尔孔斯基自己一直忠于 1812 年的理想。他继续反对官僚政府和贵族阶级的价值观，同时他继承了十二月党人的精神，继续维护公民的义务并在为人民（国家的具体表现）服务中过一种诚实的生活。1857 年他给儿子米沙（当时在阿穆尔地区的军队中服役）的信中说——

　　　你知道，我从未试图说服你接受我自己的政治观点——它们属于我自己。按照你母亲的计划，你将朝着政界发展，而且我在你为祖国和沙皇服务时也给了你祝福。但是我一直都教导你在和来自不同阶级的同僚相处时，不要带有贵族的做派。你

> 通过自己的努力取得了成功——没有通过你奶奶的帮助——得
> 知这一点，我的朋友，将会使我至死都心安。[177]

沃尔孔斯基关于祖国的观点与他对沙皇的看法紧密相连：他将君主
看成是俄罗斯的象征。终其一生，沃尔孔斯基都是一名君主制的拥
护者——实际上，当听到尼古拉一世（那位 30 年前将他流放的沙皇）
的死讯时，他像个孩子似的失声痛哭起来。"你的父亲整天都在哭
泣，"玛丽亚在写给米沙的信中说，"已经是第三天了，我真不知道
该拿他怎么办。"[178] 也许沃尔孔斯基在哀悼那个他曾经认识的男孩，
也许沙皇的死是他在西伯利亚忍受的种种苦难的一种宣泄。但是沃
尔孔斯基的眼泪也为俄罗斯而流：他将沙皇看成是将帝国团结在一
起的唯一力量，现在沙皇已死，他不禁为他的国家感到担心。

　　沃尔孔斯基对俄罗斯君主制的信任从未得到回报。在沙皇的命
令下，这名前流放者从西伯利亚回来后几乎无时无刻不受到警察的
盯梢。恢复公爵头衔和财产的要求也被驳回。而令他感到最伤心的，
是政府拒绝将 1812 年的战斗勋章退还给他。*30 年的流放生涯依然
没有改变他对俄罗斯的爱。他以极大的兴趣关注着发生于 1853—
1856 年间的克里米亚战争，并为塞瓦斯托波尔保卫者（其中就有年
轻的托尔斯泰）的英雄气概深深感动。这名年老的战士（他已经 64
岁了）甚至要求以下级士兵的身份加入步兵，只是在妻子的恳求下
才最终放弃。他将这场战争看成是 1812 年精神的回归，而且他深信，   144
这一次俄罗斯同样将在对法作战中取得胜利。[179]

---

* 最后，经过几年的申诉，沙皇终于在 1864 年将勋章退还给他。但是其他形式的承认则要
　更晚。1822 年，英国艺术家乔治·道受托为圣彼得堡冬宫的"英雄画廊"（那里收藏着
　332 幅 1812 年战争的军事将领画像）创作一幅沃尔孔斯基的画像。十二月党人起义之后，
　沃尔孔斯基的画像被取了下来，在一排画像中留下一处空白。1903 年沃尔孔斯基的侄子、
　艾尔米塔什博物馆的馆长伊凡·弗谢沃洛日斯基，上书沙皇尼古拉二世，要求将沃尔孔
　斯基的画像挂回原位。"当然可以，"沙皇回复道，"已经过去这么久了。"——原注

事实并非如此。但是俄罗斯的失败却使得沃尔孔斯基的第二个愿望更有可能实现：解放农奴。新沙皇亚历山大二世是另外一名 1812 年之子。他曾接受自由派诗人瓦西里·茹科夫斯基的教导，后者 1817 年曾担任宫廷教师。1822 年，茹科夫斯基让他庄园上的农奴恢复了自由。他的人道主义对未来的沙皇有着重要的影响。克里米亚战争的失败使亚历山大意识到，俄罗斯只有抛弃古老的农奴经济，实现现代化，才有可能打败西方。贵族们完全不知道该如何从他们的庄园上获利。他们中的大多数人对农事或会计一无所知。然而他们却继续大肆挥霍，由此累积了巨额的债务。到了 1859 年，三分之一的庄园和三分之二的农奴（为贵族地主所拥有）都已抵押给国家和贵族拥有的银行。许多小地主几乎无法养活他们的农奴。解放农奴在经济上已经变得无可争议，而且许多地主通过与其他人的农奴签订合同，正无可奈何地向自由劳动制度转变。由于农奴偿还款将可用于抵消贵族的债务，经济上的合理性同样日益无法抗拒。*

但是除了金钱之外，还有其他原因。沙皇相信解放农奴是防止发生自下而上革命的一项必要措施。那些参加过克里米亚战争的士兵已经习惯了崇尚自由，在亚历山大统治的头六年，农奴解放法令颁布之前，全国共发生了 500 起农民反对地主的起义。[180] 亚历山大跟沃尔孔斯基一样，相信解放农奴——用沃尔孔斯基的话来说——是一个"关于正义的问题……是每一位热爱祖国的公民在道德上和作为基督徒的义务"。[181] 就像这位十二月党人在给普希金的

145

---

* 按照农奴解放条款的规定，农民被迫为转移给他们的公有土地支付偿还款。偿还款由贵族自己的土地委员会计算，政府于 1861 年补偿给贵族，而农民分 49 年偿还给政府。就这样，农奴通过为他们的主人付清债务的方式获得了自由之身。随着时间的推移，偿还款越来越难以收取，这尤其因为农民从一开始就认定它是不公平的。偿还款最终于 1905 年取消。——原注

信中所写的那样，废除农奴制是"国家承认农民在过去两次战争中所做出牺牲的最起码的回报：是时候承认农奴也是公民了"。[182]

1858 年沙皇任命了一个特别委员会，通过与各地的地主委员会磋商，制定解放农奴的提案。顽固的乡绅要求有限的改革，或者制定对他们有利的土地转让规则。面对种种压力，委员会在两年的大部分时间里陷于政治角力的泥沼而停滞不前。沃尔孔斯基一生都在等待这个时刻，他担心自己"可能在农奴解放法案通过之前就死去"。[183] 这位年老的公爵对地主贵族并不信任，他明白他们抵制改革的精神，担心他们有能力阻碍法案的通过或者利用它来增加对农民的剥削。尽管没有人邀请他参加委员会，但是沃尔孔斯基自拟了一份农奴解放草案，他设想国家银行向个体农户贷款，用于购买地主的小块土地作为自己的私有财产。农户通过耕种所分配的公有土地来偿还贷款。[184] 沃尔孔斯基的提案和后来彼得·斯托雷平的土地改革方案并无二致，后者于 1906—1911 年任俄罗斯首相，是沙皇俄国改革的最后希望。假如它能在 1861 年就实施，那么俄罗斯可能会变成一个更加繁荣的国家。

最后，顽固的地主失败了，温和的改革派占了上风，这很大一部分得益于沙皇本人的干涉。1861 年 2 月 19 日，亚历山大签署了《农奴解放法案》。改革并没有农民想象的那么彻底，许多地方都爆发了叛乱。《法案》允许地主在选择转让的土地时有很大的灵活性——而且由他们定价。大体而言，也许俄罗斯欧洲部分的耕地有一半从地主手中转变成农民的公有土地，但是确切的比例主要由地主的意愿决定。由于人口的增长，这些土地根本不足以使农民脱离贫困的境地。即使在谢尔盖·沃尔孔斯基的庄园也存在土地短缺的现象，尽管凭借公爵的影响，那里几乎全部的土地都转让给了农民。到 19 世纪 70 年代中期，爆发了农民愤怒的示威行动。[185] 尽管农民对改革大为失望，但是这次农奴解放依然是一个重要的分水岭。某种形式上的自由，不管实际是多么有限，最终赋予全体人民，使人们看到民族重生以及地主和农民之间和解的希望。1812 年的精神终于取得了胜利——或者说看起来是这样。

沃尔孔斯基公爵听到法案公布的消息时，他人正在尼斯。那天晚上公爵参加了俄罗斯教堂的感恩弥撒，在唱诗班的歌声中他失声痛哭。那是，他后来说，"我一生最快乐的时刻"。[186]

沃尔孔斯基死于 1865 年——玛丽亚早他两年。长时间的流放耗损了他的健康，妻子的死讯让他几乎彻底崩溃，但是直到最后一刻他的精神依然完好无损。在生命的最后几个月里他开始写回忆录，死时手里还握着笔，一个描写被捕后沙皇审问他的关键时刻的句子没有写完："皇帝对我说：'我……'"

在回忆录的最后，沃尔孔斯基写了一句话，这句话被审查机关从第一版（直到 1903 年才出版）中删掉了。它可以作为他的墓志铭："我选择的道路把我带到了西伯利亚，我在那里流放了 30 年，但是我的信念一直没有改变，假如重来一次的话，我还是会这么做。"[187]

第三章

莫斯科！莫斯科！

19世纪末的圣瓦西里大教堂（莫斯科红场）。照片来源：David King Collection，London。

第一节

"终于到了，这座著名的城市。"拿破仑从麻雀山上俯瞰莫斯科时说。城里的宫殿和金色穹顶在阳光下闪闪发光，从开阔的平原上伸展开去，他看到远处有一条长长的黑色人带蜿蜒着穿过遥远的城门。"他们要放弃这一切吗？"这位皇帝惊问道，"这不可能！"[1]

法国人来到时，整个莫斯科空空如也，如同一个"没有蜂后的废弃蜂巢"。[2]自从8月份斯摩棱斯克陷落的消息传到城里，集体出逃就已开始，并在博罗季诺一役后达到了高潮。库图佐夫的军队先是退到莫斯科近郊，最终决定放弃这座城市。富人们（就像《战争与和平》中的罗斯托夫家一样）收拾细软，驾着马车奔往他们乡下的房子。穷人则靠两只脚，他们扶老携幼，鸡笼放在手推车上，牛群在后面慢慢跟着。一位目击者回忆说，当时直到梁赞的路上，全都挤满了逃难的人。[3]

拿破仑在克里姆林宫驻扎后，有人在它东面围墙根的摊位放了把火。火是市长罗斯托普钦伯爵下令放的，如此自焚粮草是为了断绝法军供给，迫其撤军。要不了多久整座莫斯科城就成了一片火海。

小说家司汤达（当时在拿破仑军中后勤处服役）形容城里"火光冲天，犹如一座暗红的金字塔"，它"拔地而起，尖顶直插云霄"。到了第三天，克里姆林宫完全被火包围，拿破仑只得撤离。根据塞居尔的描述，皇帝"从一片火海中"冲出来，里头"地板和天花板塌陷，橡子和融化的铁皮屋顶纷纷往下掉"。他不停地表达自己的愤怒之情，同时也钦佩俄国人的牺牲精神。"多么伟大的民族啊！这些斯基泰人！多么决绝啊！这些野蛮人！"[4] 大火一直烧到1812年9月20日，城里五分之四的建筑都付之一炬。塞居尔再次进入莫斯科时，"只有几处幸存的房子，散落在废墟中"。

> 这座伟大的城市遭受沉重打击，焦黑一片，散发出一股难闻的气味。成堆的灰烬和一两处断垣残壁显示出曾经存在的街道。贫民区里的男男女女衣不蔽体，身上的衣服几乎都被火烧光了，他们就这么在街头游荡，如同一群幽灵。[5]

未被完全焚毁的教堂和宫殿都被洗劫一空。藏书和其他国宝转眼成灰。怒不可遏的拿破仑下令炸毁克里姆林宫，来报复这场夺取了他伟大胜利的大火。炸药破坏了一部分中世纪的围墙。但是克里姆林宫的成片教堂却完整地保存下来。三个星期后，下起了第一场雪。冬天悄无声息地来了，而且来得特别早。法国人在这座烧光的城市里什么补给也指望不上，只好撤退。

　　托尔斯泰在《战争与和平》中写道，每一个俄罗斯人都把莫斯科看成自己的母亲。即使是彼得堡那些最为欧化的精英，也认为它是俄罗斯民族的"家园"。莫斯科是俄罗斯一个古老的象征，是保存了古代俄罗斯风俗习惯的所在。它的历史可以追溯到12世纪，当时苏兹达尔的多尔戈鲁基大公在今天克里姆林宫的位置建起了一座简单的木头城堡。那时基辅是接受了基督教信仰的古罗斯的首都。

但是接下来两个世纪，蒙古人占领并摧毁了基辅诸公国，只有莫斯科大公通过与蒙古可汗合作，使大量的财富和权力集中到自己手中。14世纪克里姆林宫的建成标志着莫斯科的崛起，城堡的围墙内开始出现美轮美奂的宫殿、由白色石料建成的大教堂以及洋葱式的金色穹顶。随着蒙古人的衰落，莫斯科成为民族解放战争的领导核心，自1380年在库里科沃打败金帐汗国，至16世纪50年代在喀山和阿斯特拉罕战胜了蒙古人，最终成为俄罗斯文化的中心。

为了纪念这最终的胜利，伊凡雷帝下令在红场建造一座新教堂。圣瓦西里大教堂象征着拜占庭东正教传统的胜利。它原名是"圣母代祷教堂"（为了纪念在1552年的圣母代祷节这一天收复了鞑靼人的首都喀山），标志着在宗教的意义上，莫斯科成为对抗来自蒙古草原的鞑靼游牧民族的第一城。这项庄严的使命体现在"莫斯科是第三罗马"的教义之中，它镌刻于圣瓦西里教堂的石壁上。1453年君士坦丁堡陷落后，莫斯科将自己视为仅存的东正教中心，接过罗马和拜占庭的衣钵，成为人类的救世主。莫斯科的大公自称为"沙皇"（俄语中的"恺撒"）；他们在圣乔治的盾形纹章上加上了象征拜占庭皇帝的双头鹰。教会的支持是莫斯科成为"神圣罗斯"（Holy Rus）母城的基础。1326年，主教将俄罗斯教会的中心从弗拉基米尔转移到莫斯科，从那个时候起，任何与莫斯科作对的人都被视为基督教的敌人。莫斯科与东正教的联合在教会和修道院中得到巩固，它们的圣像和壁画体现了中世纪俄罗斯艺术的辉煌。根据民间传说，莫斯科声称拥有"40×40"座教堂。实际的数字是200出头（到1812年大火时为止），但是，看来这个数字已经足以使从小山顶上俯瞰这座城市的拿破仑赞叹不已了，他在给皇后约瑟芬的信中，一再提到那些金色穹顶给他的神秘印象。

大火将这座中世纪城市夷为平地，从而帮助18世纪的俄罗斯统治者完成了他们一直以来的心愿。彼得大帝一直都很讨厌莫斯科：

它体现了其王国腐朽的一面。莫斯科是旧礼仪派的中心——一群反对 17 世纪 50 年代尼康改革（其中最有争议的一条是，画十字时使用的手指数目的变化）的虔诚信徒，他们固守着古老的希腊东正教仪式，以此作为虔信的象征。他们将改革视为异端邪说，是撒旦控制俄罗斯教会和国家的体现，许多人逃到了边远的北部地区，有些甚至因为相信世界末日即将到来而集体自杀。旧礼仪派将他们的信仰寄托在莫斯科的救世使命上，它是第三罗马，是君士坦丁堡陷落后东正教唯一的代表。他们认为君士坦丁堡陷入土耳其人之手，是上帝对 1439 年希腊东正教和罗马天主教在佛罗伦萨大公会议上归一的惩罚。他们害怕而且不信任任何来自西方或是外部世界的新观念，生活在一种严密的宗法社会里，如同中世纪的莫斯科，内向而封闭。他们认为彼得是伪基督徒——他那座位于波罗的海边上的城市是魔鬼和末日之城。关于彼得堡的许多黑暗传说都起源于旧礼仪派。

153

随着圣彼得堡的建立，莫斯科的财富迅速缩水。人口比以前少了，因为城里一半的手工艺人、商人和贵族都被迫定居位于波罗的海沿岸的首都。莫斯科成了一个省城（普希金将其比喻为一位穿着紫色丧服的衰老皇太后被迫向新国王行屈膝礼），直到 19 世纪中期，它都像是一个沉睡的山谷。小小的木头房子，狭窄而蜿蜒的小巷，带有马厩和庭院的宅邸，牛羊在围墙里游荡——莫斯科给人一种明显的乡村感觉。它被称为"大农村"——至今它仍保留着这个绰号。不过，在叶卡捷琳娜二世看来，莫斯科是"懒惰的乐园"，它那广袤的土地鼓励贵族们过着一种"无所事事、铺张浪费"的生活。"到处都是狂热的象征，教堂、能行奇迹的圣像、教士和女修道院，与盗贼、土匪并存"，[6] 这一切正是女皇希望将其扫荡一空的中世纪旧俄罗斯的象征。18 世纪 70 年代早期黑死病肆虐莫斯科时，有几千所房屋必须烧毁，当时她就打算清理这个地方。连计划都拟好了，

要将这座城市重新建为像圣彼得堡那样的欧洲城市——由林荫大
道、码头和休闲公园连接起来的环形街区和广场。建筑师瓦西里·巴
热诺夫和马特维·卡扎科夫说服叶卡捷琳娜二世，用新的古典式建
筑取代中世纪风格的克里姆林宫。确实拆掉了一些房子，但是整个
工程却由于资金缺乏而延期了。

　　1812 年之后，这座城市的中心地带才最终以欧式的风格重建。
大火为古典主义的建筑理念开辟出巨大的空间，就像格里博耶多夫
的《聪明误》中斯卡洛茹勃上校向我们保证的，这使"莫斯科的形
象提升了不少"。[7] 红场在清理了老旧的贸易摊档后重新开放，那
些摊子使人感觉这里更像是一个尘封的菜市场，而不是开放的公共
空间。三条新马路呈扇形从广场延伸出去。为了给更为宽阔笔直的
大马路腾出空间，弯弯曲曲的小巷被拉直了。首批设计的大型建筑
群是以彼得堡大剧院为中心的剧院广场，1824 年完工，紧接其后的
是林荫道和环形花园（今天依然是该城市的主要环道），以及紧邻
着克里姆林宫西墙的亚历山大花园。[8] 私人资金大量涌入建设这座
城市，它成为 1812 年之后民族复兴的模范。不久，市中心各条大
街两旁便立起了优雅的豪宅和帕拉迪奥式的宫殿。出于本能，每一
个贵族之家庭都觉得有必要重建他们祖先的住宅，因此莫斯科以一
种非凡的速度翻新。托尔斯泰将这一切比喻为蚂蚁回到了被摧毁的
蚁窝，它们将垃圾、蚁卵和尸体一点一点地搬走，并以极大的热情
重建它们过去的生活。它显示出某种"不可摧毁"的东西，尽管无形，
但这正是"群体的真正力量"。[9]

　　在所有这些对重建的狂热中，人们并没有盲目地模仿西方。莫
斯科一直都将欧式风格与自身特色相结合。温暖柔和的色彩、圆而
笨重的形状和俄罗斯样式的装饰，软化了古典主义的外墙。它总体
上散发出一种从容的魅力，这是冷峻而充满帝王气派的圣彼得堡所
没有的。彼得堡的风格是由宫廷主宰的欧洲时尚，莫斯科则更多像

154

俄罗斯外省。莫斯科的贵族实际上是外省贵族的延伸。他们在乡间消暑，10 月才来到莫斯科参加冬季的舞会和宴会，而且一旦路上的积雪融化，可以通行，他们便返回乡下的庄园。莫斯科位于俄罗斯大地的中心，位于沟通南北、欧洲和亚洲大草原贸易的交通要道上。随着帝国的扩张，莫斯科吸收了来自周边的不同文化，并将自己的风格加诸各省。喀山就是个典型的例子。这座古老的喀山汗国都城，模仿了俄罗斯征服者的形象——它的城堡、修道院、住宅和教堂，全部都按照莫斯科的风格建造。从这一意义上来说，莫斯科是俄罗斯各省文化上的首都。

　　然而，在莫斯科的大街上同样可以看到东方的风俗、色彩和图案。诗人康斯坦丁·巴秋什科夫将这座城市看成是东方和西方"匪夷所思的交汇"。这是一个"由迷信和辉煌、无知和启蒙组成的混合体，令人惊奇且难以理解"，由此他得出令人不安的结论，即彼得大帝"做了大量的工作——但是统统都不到位"。[10] 在莫斯科的形象中，人们依然可以看出成吉思汗的影响。这种亚洲元素是它魔力和野蛮的来源。"如果没有教堂，而只有尖塔，"批评家别林斯基写道，"人们可能正身处谢赫拉萨德*常讲的那些野蛮的东方城市中。"[11] 古斯丁侯爵认为，莫斯科的圆顶塔很像"德里的东方式圆顶，而城堡的主楼和塔楼则会将你带回十字军东征时期的欧洲"。[12] 拿破仑则认为它的教堂很像清真寺。[13]

　　在 19 世纪 30 和 40 年代重建期间，占主导地位的所谓新拜占庭风格充分体现了莫斯科的半东方风情。"新拜占庭"这个词其实有误导性，因为这种建筑风格实际上相当不拘一格，它既混合了新哥特式和中世纪俄罗斯的风格，又带有拜占庭和古典时期的元素。这个词是在镇压十二月党人之后，觉醒的尼古拉一世和他的理论家

---

*　《天方夜谭》中的苏丹新娘。——译注

们为了显示俄罗斯文化已经开始远离西方而采用的。沙皇和斯拉夫主义者有着相同的世界观，这种世界观将俄罗斯和拜占庭的东方传统联系起来。像救世主大教堂那样有着洋葱式圆顶和钟楼、帐篷式屋顶和扇形（kokoshnik）山墙的教堂，都是希腊拜占庭和中世纪俄罗斯风格的融合。有了这样的建筑物，莫斯科的重生很快就被神化为一种民族复兴，是对圣彼得堡的欧洲文化的有意拒绝，以及对莫斯科公国古老传统的回归。

在西化主义者和斯拉夫主义者关于俄罗斯文化使命的意识形态论争中，最根本的一点就是圣彼得堡和莫斯科的对立。西化主义者认为彼得堡是俄罗斯人以欧洲为标杆的模范，而斯拉夫主义者则将莫斯科理想化，认为它是俄罗斯传统生活方式的中心。斯拉夫主义者的理想是建立一个以俄罗斯本土风俗相联系的精神共同体，看来它就体现在这座城市的中世纪轮廓上——克里姆林宫的围墙牢牢地扎根在这片土地上，就像是从土里长出来似的。这座城市紧密联系的社区，以及它那朴实的性格，都体现了古罗斯人 * 以家族为重的精神。

莫斯科被神化了的自我形象全都和它的"俄罗斯性"有关。莫斯科的生活方式相当保守，更加接近俄罗斯人的习惯，而不是彼得堡的贵族方式。莫斯科的宫殿很像是一座小型的庄园。房子都大而宽敞，好举办大型的娱乐活动，中央还带有一个用作农场的大型庭院，关着牛和各种家禽，以及菜地和用来储存食物（从乡下带来以备过冬）的小棚屋。在一些豪宅里，例如位于特维尔大街的季娜伊达·沃尔孔斯基家，还有大量的温室，用来种植从外国引进的冬季

156

---

* 罗斯人（Ruś）是中世纪早期居住在今俄国、乌克兰、白俄罗斯等地的民族，现多认为他们出身北欧的诺曼人或瓦良格人。——编注

水果。*诗人巴秋什科夫生动地向我们描绘了莫斯科贵族家庭中的旧时乡村氛围：

> 宅子建在一处空旷而且堆满杂物和柴火的庭院周围；后面是花园，种着蔬菜，前面是一个很大的带有栏杆的门廊，就跟我们祖父辈在乡下的房子一样。走进去，你会看到门房在打牌——他从早打到晚。房间里没有壁纸——墙上挂满了大幅的肖像，一边是沙皇的头像，另外一边是朱迪斯端着一个大银盘，盘子里放着一颗头颅，乃是被砍下的赫罗弗尼斯的头，以及赤裸的克莉奥帕特拉和一条蛇：这些杰作都出自家里的仆人之手。我们看到桌子上放着白菜汤、甜豆粥、烤蘑菇和几瓶克瓦斯。主人身穿羊皮大衣，女主人身穿大衣；桌子的右边坐着教区神父、教区老师和圣愚；左边则坐着孩子们、老巫医、一位法国太太和一位德国家庭教师。[14]

莫斯科贵族之家的内部装潢更多是为了私人享受而不是公开展示。"所有的房间都铺着华丽的地毯，"巴秋什科夫说，"还装饰着镜子、吊灯、扶手椅和长沙发——每一样东西都是为了使人感觉舒服。"[15] 跟彼得堡那些正式得多的宫殿比起来，莫斯科的宅邸是舒适和有家庭味儿的，甚至带有几分布尔乔亚的味道。帝国风格在彼得堡主要体现为宏伟的公共建筑，在莫斯科则通过贵族私人生活空间中富丽堂皇的装饰和家具展现。[16] 舍列梅捷夫家族在莫斯科的宅邸（沃兹迪真卡老宅）就没有正式的接待室。起居室里堆满了家具、植物和各种装饰品，墙上挂满了家族的肖像和圣像，还有他们的许

157

---

* 沃尔孔斯基（别洛谢利斯基）家的底层后来被叶利谢耶夫商店（俄罗斯的"福特纳姆和玛森百货公司"）收购，至今仍在营业。——原注

愿灯。[17]莫斯科人对舒适生活的热爱，在这里恰好与维多利亚时代中产阶级的审美相合。舍列梅捷夫家族称他们莫斯科的家为"家族的避难所"。由于他们最古老的地产就在莫斯科地区（包括今天的舍列梅捷沃机场），因此他们将这座老城看成是自己的家。尼古拉·彼得罗维奇的孙子谢尔盖·舍列梅捷夫回忆说："我们的家族传统，我们和俄罗斯历史的联系，所有这一切带我来到莫斯科。每一次回到这里，我就觉得精神上焕然一新。"[18]

这不只是谢尔盖一个人的感受。许多俄罗斯人认为，在莫斯科他们变得更像是"俄罗斯人"，更加自由自在。这座城市反映了他们无拘无束和轻松随意的性格。这是一座与他们一样热爱生活的城市。"彼得堡是我们的头，莫斯科是我们的心"，一句俄罗斯谚语是这么说的。果戈理则用另一种方式描绘了它们之间的对比：

> 彼得堡是一个精确、守时的人，是一个完美的德国人，他做任何事情均考虑周到。在举办宴会之前，他会先看看自己剩下的钱有多少。莫斯科则是一个俄罗斯的贵族，如果他想玩乐的话，他会痛痛快快地玩到倒下，根本不在乎自己口袋里还剩多少钱。莫斯科做事不喜欢半途而废……彼得堡喜欢取笑莫斯科的笨拙和没有品位。莫斯科反过来谴责彼得堡不会说俄语……俄罗斯需要莫斯科，彼得堡需要俄罗斯。[19]

第二节

这种认为莫斯科是一座"俄国"城市的观点，是从圣彼得堡作为外国城市的看法发展而来的。1812年以后，随着文学上对更加真诚的民族生活方式的向往蔚然成风，圣彼得堡是一座外国的、人造城市的观念盛行起来。但是彼得堡的外国特点一直都是它引以为荣的神话之一。建城伊始，守旧人士就攻击它的欧洲做派。在旧礼仪派、哥萨克人和农民当中，流传着彼得是一个德国人，而不是真正的沙皇的谣言，这主要是因为他把大量的外国人带到了彼得堡，随之而来的还有欧式礼服、烟草和刮胡子等罪恶。到了18世纪中期，关于彼得堡的地下传说和谣言甚嚣尘上。故事里彼得的鬼魂在街上游荡，神秘的怪兽在教堂上空跳来跳去，或者是摧毁一切的洪水将那些在建城中牺牲的人的尸骨冲上岸。[20] 这些口头传说给后来圣彼得堡和莫斯科的文学沙龙提供了素材，作家们（例如普希金和奥多耶夫斯基）以它为基础，写出了自己关于首都的鬼怪故事。彼得堡的神话就这样成形了——一座令俄罗斯感到陌生的虚幻城市，一个充满了幻想和鬼怪的灵异国度，一座压迫和毁灭之城。

　　普希金的《青铜骑士》——其副标题为《彼得堡的故事》——就是这种文学迷思的创始文本。这首诗是以法尔科内的彼得大帝骑马雕像为灵感创作的，它立于议会广场上，是广场的精神象征。跟这首使它扬名天下的诗一样，雕像象征着帝国首都在辉煌之下的危险根基——一方面大力宣扬彼得征服自然的丰功伟绩，另一方面却对他是否控制住了胯下之马留下悬念。他是快要跌倒还是将冲向高空？他是在策马前进，还是在某种巨大的危险面前试图悬崖勒马？这位骑士看起来正在悬崖边摇摇晃晃，全靠拽紧了骏马的缰绳才没有跌倒。[21] 雕像底座那块巨大的花岗岩外形是如此狂野，本身就象征着人类和自然之间的可悲斗争。这座石头雕刻出来的城市从来都没有真正安全过，它征服了海水，却一直没有摆脱后者的威胁，法尔科内完美地传达出了这种如履薄冰的生活感觉。

　　1909 年，一个技术委员会检查了雕像。工程师们往青铜上钻孔，从里面抽出了 1500 升的海水。[22] 假如没有堤岸的保护，彼得堡将常年受到洪水的威胁。普希金这首诗的背景是 1824 年，那一年正好就发生了这样的洪灾。《青铜骑士》讲述了洪水和一个名为叶甫根尼的悲伤小职员的故事，叶甫根尼发现他的爱人帕拉莎家被洪水冲走了。几乎快要崩溃的叶甫根尼在城里疯狂地寻找，他偶然来到法尔科内的青铜骑士雕像前面，厉声谴责沙皇不顾洪水的威胁建造了这座城市。骑士雕像愤怒地活了过来，开始追赶可怜的职员，叶甫根尼在它那可怕而震耳欲聋的马蹄声中奔跑了一整夜，他的尸体最终被冲上帕拉莎原来住的那个小岛。这首诗可以从许多方面来理解——国家和个人、进步和传统、城市和自然、专制和人民之间的冲突——而所有后来的作家，从果戈理到别雷，在讨论俄罗斯命运的意义时都以它为公认的规范：

　　　　骄傲的战马，你要往何处去？

159

160

彼得大帝青铜骑士像。艾蒂安-莫里斯·法尔科内设计。彼得大帝纪念碑，1782年。照片来源：
Hulton Archive, London。

> 你要跃向何方？你的马蹄将
> 落于何处，踏在何人身上？[23]

对于斯拉夫主义者来说，彼得的城市是与神圣罗斯灾难性决裂的象
征；但是在西方人眼里，它是欧化的俄罗斯进步的征兆。对某些人
来说，它象征着文明的胜利，是秩序和理智对自然的征服；对另一
些人来说，它是一个人工制造的怪物，是一个建造在命中注定难逃
一劫的人类痛苦之上的帝国。

果戈理比任何人都更坚定地把这座城市视为一个不友好的地方。作为一名在首都苦苦挣扎着求生存的年轻"乌克兰作家",果戈理琐碎不堪的小职员生活,其个性中的方方面面全都体现在他的《彼得堡的故事》(1842)一书中。他们都是悲哀而孤独的人,被这座城市压抑的气氛逼促得喘不过气来,而且大多数都注定死于非命,就像普希金《青铜骑士》中的叶甫盖尼一样。果戈理笔下的彼得堡是一座充满了幻想和欺骗的城市。"噢,请不要对这条涅瓦大街抱有幻想……它全是骗人的,是个梦,完全不是看上去的样子!"他在《涅瓦大街》(《彼得堡的故事》一书中的第一篇)中警告道:"涅瓦大街每一天的每时每刻都在骗人,但是最糟糕的是晚上,那时整座城市变成了一个噪音和灯光闪烁的大杂烩……那时魔鬼亲自降临,并点亮每一盏街灯,它只有一个目的:使一切都呈现出假象。"[24]果戈理的"小人物"就隐藏在这些外表闪闪发亮的建筑物的阴影之中,在宽敞宏伟的办公楼和同样毫无灵魂的出租公寓之间匆忙奔波——独自一个人,当然了。果戈理的彼得堡是这座真实城市的一个鬼影,一个优雅荡然无存的梦魇世界,那里随处可见的只有人性的贪婪和虚荣。在《外套》(《彼得堡的故事》的最后一篇)中,卑微的文官阿卡基·阿卡基耶维奇为了攒钱买一件新外套,以替换身上那件已经被部里的时髦长官嘲笑了很久的破烂外套,不得不省吃俭用。新外套使他重拾了自信和个人价值:成为他被同僚接受的象征,他们举办了一个香槟酒会来为他庆祝。但是在回家的路上,在穿过一个黑暗且"没有尽头的街区"时,他这件珍贵的毛皮大衣却被人抢走了。他向一位重要的大人物求情,恳求他帮忙找回外套,但是却遭到对方拒绝。最终他抑郁而死,这是个被冷漠的社会击溃的悲惨人物。但阿卡基的鬼魂游走在彼得堡的街头。一天晚上它出现在这名大人物面前,偷走了他的大衣。

陀思妥耶夫斯基说整个俄罗斯文学都是"从果戈理的'外套'

中走出来的"。[25] 他早期的小说，特别是《双重人格》(1846)，和果戈理的小说非常相似；尽管他后来的作品，例如《罪与罚》(1866)，在描写首都人文生态时加入了一种很重要的心理描写。通过主人公病态的精神世界，陀思妥耶夫斯基创造了他的虚幻城市，因此"令人难以置信地真实"。[26] 在像拉斯柯尼科夫这样爱想入非非的人的脑子里，幻想变成了现实，而生活则变成一场游戏，任何行动都可以找到借口，即使是谋杀也不例外。在这里，人类的情感受到人与人彼此疏离和人类理性的破坏与扭曲。陀思妥耶夫斯基的彼得堡挤满了想入非非的人，通过描绘这座城市的拥挤不堪、经常从海上刮来的雾气、使人们生病的冰冷和蒙蒙细雨，作家的笔下流淌出现实。这是一个充满了狂热的梦想和奇怪幻觉的地方，人们的神经被北方夏日的不眠白夜折磨着，梦境和现实世界的界限变得模糊起来。陀思妥耶夫斯基本人对这种想入非非也无法幸免。1861 年他回忆了自己的一段经历，"涅瓦河上的幻境"，在 19 世纪 40 年代他把它写进了短篇小说《脆弱的心》(1841)。陀思妥耶夫斯基说正是在那一刻，他找到了艺术上的自我：

> 我记得有一次，在一个寒冷的一月的傍晚，我从维堡那边匆忙地往家赶……当到达涅瓦河边时，我停了一小会儿，目光沿着河流一直射向大雾弥漫的远方，由于夕阳的最后一抹余晖，那个地方突然之间变成了深红色……从疲惫的马和奔跑的人身上散发出来的蒸汽马上就结成了冰。空气绷紧了，极小的声音都能使它颤抖，缕缕炊烟像巨人一样从河两岸的屋顶上升起，一直向着寒冷的天空奔去，一路扭在一起又解开，因此看起来就像是旧房子上面又建起了新房子，一座新城形成了……在那个黄昏的时刻，看起来似乎整个世界，包括里面所有的居民，不管健康与否，包括他们所有的住宅，不管是穷人住的收容所，

还是为使这个世界上有权有势的人住得舒服而建造的华美宫殿，就像童话世界中的美妙幻境，犹如梦境一般，时间一到就会消失，并像蒸汽一样融入深蓝色的天空。[27]   162

第三节

与此相反，莫斯科是个脚踏实地的地方。随着 18 世纪彼得堡的崛起，莫斯科成为贵族"享受生活"的中心。普希金说它吸引了"浪荡子和无关紧要的人"——那些不愁温饱的贵族，"有意避开宫廷并过着一种无忧无虑的生活，将他们所有的热情都用在传播各种无恶意的流言蜚语和宴请宾客上"。[28] 莫斯科是一个没有宫廷的都市——也没有宫廷生活来占据他们的全部时间，因此城里的贵族都沉湎于声色犬马。莫斯科的餐馆和俱乐部非常有名，还有各种奢华的舞会和娱乐——一言以蔽之，彼得堡没有的一切莫斯科都有。彼得堡鄙视莫斯科那罪恶的懒惰和无所事事。"莫斯科是享乐主义者的渊薮，"十二月党人圈子中的一位诗人尼古拉·屠格涅夫写道，"人们做的事情就是吃、喝、睡、聚会和打牌——这一切都是以农奴的痛苦为代价。"[29] 然而没有人能否认，这就是俄罗斯人的特点。"莫斯科也许很狂野放荡，"F. F. 维格尔写道，"但是要改变它却是毫无意义的。因为我们所有人身上都有一部分的莫斯科，没有一个俄罗斯人能够将其抹去。"[30]

　　莫斯科是俄罗斯的美食之都。没有其他城市能有如此多的餐馆并以之为荣。这里有像"英国餐馆"那样的高级俱乐部餐厅,《安娜·卡列尼娜》一书的开头，列文和奥布隆斯基在那里吃过著名的一餐；像斯拉夫集市那里主营商业宴请的餐馆，商人们在这里谈成了巨额的交易；像斯特雷纳（Strelna）和雅儿（Yar）那样过时尚夜生活的场子（普希金经常在他的诗歌中提到后者）；妇女可以单独去的咖啡厅；普通人吃饭的餐馆（karchevnye）；以及迎合各种口味的小酒馆。有像特斯托夫（Testov）这样非常古老的酒馆，经常有父母带孩子来这里大吃一顿；有一些小酒馆以特色菜而闻名，例如叶戈罗夫（Egorov）的薄煎饼或者洛帕舍夫（Lopashev）的馅饼；有些酒馆养着会唱歌的鸟儿，猎人们喜欢在那里聚会；还有一些酒馆以灯红酒绿而闻名遐迩。[31] 莫斯科的饮食文化如此发达，甚至法国人也学了一两招。拿破仑的士兵来到莫斯科时，他们需要快速地吃饭。163
"Bistro!"他们会这么说，这是俄语中"快"的意思。

　　莫斯科是一座饕餮之城。民间故事里经常出现令人难以置信的大胖子，他们正是这座城市的真实写照，因为大量的资金都用于吃喝。举个例子，19世纪早期时，拉赫莫诺夫伯爵只用了8年就将他的所有遗产挥霍一空——据说超过200万卢布（约20万英镑）。他用松露喂养家禽，用奶油和帕尔玛干酪而不是水来烹煮龙虾，还让人将他最喜欢吃的一种鱼（只产于300公里以外索斯纳河的特别稀有品种）每天给他送到莫斯科。穆辛-普希金伯爵一样挥霍无度。他用奶油喂养小牛，还将它们像新生的婴儿一样放在摇篮里。他用胡桃养鸡，还给它们喝葡萄酒，以此来改善肉质的口感。丰盛的宴会在莫斯科的历史上有着传奇的地位。斯特罗加诺夫伯爵（19世纪初的一位伯爵，他的后裔以其姓氏命名了一道牛肉菜肴）举办了著名的"罗马晚餐"，进餐时他的客人都躺在榻上，上菜的则是裸体的男孩。鱼子酱、水果和鲟鱼脸颊肉是典型的开胃菜；接下来是三文鱼唇、熊掌和烤猞猁；然后上蜜烤杜鹃、比目鱼肝和江鳕鱼卵，牡蛎、禽肉和新鲜的无花果，盐渍的桃子和菠萝。客人们吃完后会到浴室去，并开始喝酒，因为吃过鱼子酱之后他们真的很口渴。[32]

　　莫斯科的宴会以规模宏大而非菜肴精致著称。每餐上 200 道菜并不罕见。一份宴会的菜目表显示客人将会喝到 10 种不同的汤、吃到 24 种馅饼和肉菜、64 种小菜（比如松鸡或者水鸭）、几种烤肉（羔羊肉、牛肉、山羊肉、兔肉和乳猪）、12 种不同的色拉、28 种什锦馅饼、奶酪和新鲜水果。客人们吃饱喝足后，就会退到另外一个房间吃甜点和加糖的水果。[33] 在这个声望即意味着宫廷晋升的社会里，贵族争相举办宴会。大量的资金被用来聘请最好的厨师。舍列梅捷夫伯爵（尼古拉·彼得罗维奇）每年付给他的高级厨师的薪水是 850 卢布——这对于农奴来说是一个巨额数目。[34] 在主人眼里，厨师的地位和艺术家相当，并不惜花费巨资送他们到国外受训。其中最有名的是著名的波将金公爵，他因为举办奢侈的全猪宴而为人所知：猪体内所有的内脏都通过嘴巴取出，再往里面塞上香肠，然后将整只猪和酥油面饼及葡萄酒一起烧制。[35]

　　并非只有朝臣才吃得这么好。外省家庭同样热衷于吃喝，而且，由于庄园上没其他事情可干，吃吃喝喝通常是用来打发时间的好办法。午餐一般会吃上几个小时。首先上来的是餐前小菜（开胃菜）、冷盘，接着是热菜，紧接着是汤、馅饼、禽肉、烤肉，最后是水果和甜点。这时已经差不多快到喝茶的时间了。有些贵族家庭一整天"都在不停地吃"（引用普希金的话）。乌克兰的中等贵族布罗德尼茨基一家是其中的典型。起床后他们喝咖啡，吃面包卷，接着上午10 点左右吃餐前小菜，午餐一共 6 道菜，下午喝茶时吃甜面包和果酱，接着吃罂粟籽和坚果、咖啡、面包和饼干，作为晚餐之前的小点心。然后就到了晚餐时间——主要是午餐剩下的什锦冷盘——接着喝睡前的最后一道茶。[36]

这种大吃大喝的风气相对来说还是一种新现象。17 世纪莫斯科公国的食物还很简单——全部的菜肴加起来只有鱼、白煮肉和家禽、煎饼、面包和馅饼、大蒜、洋葱、南瓜和小萝卜、卷心菜和甜菜根。所有东西都用大麻籽油烹制，这使得所有的菜吃起来都一个味道。甚至沙皇餐桌上的菜肴也很简单。1670 年沙皇阿列克谢结婚时，婚宴的菜单上只有藏红花烤天鹅、柠檬松鸡、鹅杂碎、鸡肉拌酸白菜以及（为男人准备的）克瓦斯。[37] 直到 18 世纪才有一些有趣的食物和烹调技巧从国外传入：黄油、奶酪和酸奶油、熏肉和熏鱼、面点制作、色拉和绿色蔬菜、茶和咖啡、巧克力、冰激凌、葡萄酒和甜酒。餐前小菜也是模仿了欧洲的开胃菜，尽管那些最具有"俄罗斯特色"的"经典的餐前小菜"（zakuski，鱼子酱、鲟鱼、伏特加等），例如鱼肉冻，看起来似乎是所有菜肴，实际上要到 19 世纪早期才出现。整个俄罗斯烹饪的情况也是一样。那些 19 世纪莫斯科餐馆中供应的"传统特色菜"——像库勒贝卡（kulebeika，一种夹有几层鱼肉或者其他肉类的馅饼）、酸奶油烧鲤鱼，或者是梅子酱烧火鸡这样的民族菜肴——实际上是最近才发明的：它们大部分是 1812 年以后为了迎合古老的俄罗斯风尚而发明出来的新口味。直到 1816 年俄罗斯才出版了第一本烹饪书，书中坦言已经无法完整地描述俄罗斯人的食谱：人们所能做的唯有从记忆里去寻找并重现古老的烹饪方法。[38] 四旬斋期间吃的食物是唯一没有被 18 世纪的欧洲时尚美食所取代的传统食品。莫斯科公国有着丰富的饮食传统：用鱼和蘑菇烹制的菜肴，像红菜汤和白菜汤这样的蔬菜汤，制作复活节面包和馅饼的食谱，以及在四旬斋期间吃的十几种不同的粥和布利尼薄饼。

食物不仅为俄罗斯人提供了营养，还在他们的流行文化中发挥着标志性的作用。举个例子，面包就具有宗教和象征的意义，远远超过了它们在日常生活中的作用；它们在俄罗斯文化中的意义要比在其他西方基督教国家重要得多。面包（khleb）这个单词在俄语中有"富裕""健康"和"好客"的意思，它在农村的风俗习惯中扮演着重要的角色。春天要烤制鸟形的面包，以象征候鸟的回归。在农村的婚礼上，要烤制一块特别的面包，以象征新人的多子多福。在农村的葬礼上，习惯上要用面团捏制一张梯子，并将它放在墓地里尸体的一旁，以帮助灵魂升天，因为面包是一座连接现世和来世的神圣桥梁。它和民间故事中的火炉有关系，那里据说是死者灵魂的住所。[39]面包还被经常用作礼物，特别是将面包和盐送给客人，更是一种重要的传统风俗。实际上，所有的食物都可以作为礼物，而且这一风俗在所有的阶层中都存在。古怪的莫斯科贵族亚历山大·波留斯-维萨普斯基（他的名字也很古怪）习惯向高官显贵送牡蛎——有时甚至送给一些他不认识的人（多尔戈鲁科夫公爵有一次收到一个包裹，里面有 12 只牡蛎，还有一封波留斯-维萨普斯基写的信，信中说自己想结识他，于是前来拜访，却发现他不在家）。野禽也是一种常见的礼物。诗人杰尔查文以喜欢送人矶鹬而出名。有一次他送了一个巨大的馅饼给贝尔博欣娜公爵夫人，切开时里面出来一个侏儒，手里捧着一个松露馅饼和一束勿忘我。[40]沙皇逢年过节也经常给臣民派送礼物。1791 年为了庆祝对土耳其战争的胜利，叶卡捷琳娜二世下令用食物在皇宫广场堆起两座山。每一座顶部都有哗哗往外流着葡萄酒的喷泉。随着她在冬宫一声令下，大众得以享用这些象征着丰饶的食物。[41]

　　在 19 世纪的文学作品中，食物也是一种象征。对童年生活的怀念通常会唤起有关食物的回忆。托尔斯泰笔下的伊凡·伊里奇临终之前说，孩提时代是他一生中最快乐的时光：他的一切记忆都和食物有关——特别是，出于某种原因，和李子脯有关。美食的形象经常被用来描绘过去的美好生活。果戈理的《狄康卡近乡夜话》就充满了对暴饮暴食的乌克兰人诗意的描写；冈察洛夫的奥勃洛莫夫

166

一直都在往嘴里塞各种传统的俄罗斯食物——这是他懒惰的象征；
然后（毫无疑问这种文学传统有一系列讽刺作品），还有契诃夫的《樱
桃园》（1904）中的费尔斯，他仍在回忆 50 多年前从庄园送到莫斯
科去的樱桃（"那时候的樱桃干柔软多汁，又甜又好吃……那时候
他们知道怎么做……他们有一个秘方……"）。[42] 莫斯科在这种关于
食物的民间故事中有着神话般的地位。在契诃夫的《三姐妹》中，
安德烈想到莫斯科去，在那里的特斯托夫餐馆或者其他受欢迎的餐
馆吃饭，管家费拉朋特告诉他说：

> 有一天在办公室，一位承包商跟我讲一些在莫斯科吃薄煎
> 饼的商人的事。其中一个吃了 40 个煎饼后死了。是 40 个还是
> 50 个，具体我记不清了。[43]

这类大吃大喝经常被认为是俄罗斯人性格的象征。尤其是果戈理，
使用食物作为隐喻已经到了着魔的地步。他经常将开阔的胸襟和膨
胀的腰围联系起来，一部短篇小说中的哥萨克英雄塔拉斯·布尔巴
（他的名字在乌克兰语中是"土豆"的意思）就是这种热爱生活的
象征。他在欢迎儿子们从基辅的学校回家时，吩咐妻子去准备一顿
"合适的饭菜"：

167

> 我们不想吃炸面圈、甜面包、罂粟蛋糕和其他的美味食品；
> 给我们来一整只绵羊、一只山羊和 40 年陈酿的蜂蜜酒！还要很
> 多伏特加，不是那种奇奇怪怪的伏特加，不要加葡萄干也不要
> 加调味料，而是那种嘶嘶响着疯狂冒泡的纯伏特加！[44]

能够一桶一桶地喝伏特加，才是"真正的俄罗斯人"。自从
16 世纪蒸馏技术从西方传到俄罗斯以来，人们一直都习惯在节假

日进行斗酒比赛。喝酒是一项社交活动——从来没有人独自喝闷酒——而且它还和集体的庆祝活动有密切的关系。这意味着，跟传说中的形象相反，伏特加总的消耗量并没有那么多（一年中有200天是斋戒期，斋戒期间禁止喝酒）。但是俄罗斯人一旦喝起酒来，就要喝上很多。（跟食物一样——斋戒之后是大吃大喝——这种频繁的转换也许与这个民族的性格和历史有着某种联系：长时间的谦恭和忍耐中穿插着一阵阵的放肆玩乐和激情释放。）传说中俄罗斯人的饮酒能力是惊人的。婚礼和宴会上通常会有超过50次敬酒——客人们一口干掉一杯——直到最后那个还没有倒下的人成为"伏特加之王"。

　　1841—1859年间，每年有1000人因为喝酒而死掉。[45]然而，如果据此断定俄罗斯人有豪饮的通病或者这是个由来已久的历史问题，那你就错了。实际上，只是到了近代——从18世纪晚期开始——俄罗斯人的酒精摄入量才威胁到他们的健康；即使在那时，这个问题也是由贵族和政府制造出来的。*传统的饮酒模式是在酒非常稀少的情况下进行的——这是一种只有在节日里才喝得起的稀有商品。但是到了18世纪下半叶，那些获得政府许可的贵族酿酒商生产的伏特加数量已经翻了几番。随着1775年地方政府的改革，警察的控制权落到了担任行政长官的地方贵族手里，几乎不受政府控制的零售业蓬勃发展起来（不管合法还是非法），这使伏特加的销售商大赚了一笔。突然之间，每个城镇都冒出售卖伏特加的商店，到处都是酒馆，而且，除了宗教上的约束之外，喝酒不受任何控制。政府意识到不断增加的醉鬼给社会造成的损害，教会也在反复强调这个问题，竭力反对设立酒馆。问题是，如何改变几个世纪以来形成

168

---

* 直到18世纪下半叶，俄罗斯每一位成年男性的年均烈酒消耗量为2升，然而到了18世纪90年代叶卡捷琳娜二世统治的末期，这个数字上升到了5升。——原注

的饮酒模式——俄罗斯人一旦喝酒必然一醉方休——或者减少烈性酒的供应量。由于政府至少四分之一的财政收入来自伏特加的销售，而且贵族也从中得到了好处，因此改革毫无动力可言。直到第一次世界大战期间，政府才不再放纵百姓酗酒。但是它所颁布的伏特加禁酒令只是使酗酒的问题更加严重（因为俄罗斯人转而喝起了更加危险的石蜡和私酒），而禁售伏特加所导致的税收减少则是1917年政府垮台的一个主要原因。

"莫斯科和圣彼得堡的区别在于：在莫斯科，如果你几天没有见到一个朋友，你会想是不是发生了什么事，还会派个人去看看他是否还活着；但是在彼得堡，你就是一两年不出现也没有人会想念你。"[46] 莫斯科人一直认为他们的城市温暖如家，并从中得到安慰。跟冰冷而正经的彼得堡相比，莫斯科以自己放松的"俄罗斯"风俗和好客的传统为荣。没有宫廷，工作也不是很忙，除了走亲访友和轮番举行聚会、宴饮和舞会，莫斯科人就没有什么其他的事情可做了。莫斯科人宅邸的大门总是开着的，在他们看来，彼得堡那种规定造访时间的做法简直荒谬透顶。客人任何时候都可以登门，而在一些特别的日子里，例如命名日、生日或者宗教节日，或者是有人从乡下或者国外回来，家里一直都是人来人往。

莫斯科以奢侈的享乐而著名。将整副贵族身家用于享乐的例子并不少见。最令人叹为观止的，是城里那些锦衣玉食的人对享乐永无止境的需求。1801年，尤什科夫伯爵20天里在他的莫斯科宅邸举办了18场舞会。由于害怕烟火带来的危害，附近的工厂不得不关闭，而音乐的声响则吵得附近诺沃德维奇修道院的修女们失眠——后来她们干脆不睡了，爬上墙头观看表演。[47] 舍列梅捷夫家族的奢华聚会则更加出名。一年中总有那么几次，多达5万名的客人从莫斯科涌向库斯科沃，去参加在那里举行的大型娱乐活动。各条道路都挤满了马车，队伍一直延伸到莫斯科城内15公里。客人

169

们一进入庄园，就会看到要他们不必拘束、任意享乐的告示牌。树丛中传来合唱团的歌声，铜管乐队奏起了音乐，客人们可以欣赏到珍奇的动物、在园子里演唱的歌剧和室内剧、烟火表演，以及声音和灯光。在房子前面的大湖上，甚至会有一场模拟海战。[48]

　　一些不那么富有的家庭也一样热情好客，有时为了举办社交聚会而不惜花费全部的财产。希特罗沃家族既不富有也没有势力，但是在 19 世纪的莫斯科，他们却以经常举办舞会和晚会而为每一个人所知，这些舞会和晚会虽然并不奢华，气氛却总是很活泼愉快——他们是"典型的莫斯科人"。[49]另外一个经常举办莫斯科风格聚会的著名女主人是玛丽亚·里姆斯基−科萨科娃，她以举办早餐聚会而著名，聚会上，参议员阿尔卡季·巴希洛夫会穿上围裙，戴上厨师帽，将自己煮的菜亲自端上来。[50]莫斯科有很多这种稀奇古怪的人——这一点没有人比得上超级富有的花花公子普罗科皮·杰米多夫，他以纵情声色而声名狼藉。他喜欢给仆人穿上一种特别的制服，一半是丝绸，一半是麻布，让他们一只脚上穿着袜子，另外一只脚上穿着树皮鞋，以突出他们的农奴出身。当他招待客人时，他会用全身赤裸的仆人代替花园和家中的雕塑。[51]

　　俄罗斯人喜欢在午饭和晚饭时打开门，来者不拒，这种习惯是他们热情好客文化的一个重要组成部分。在彼得堡最显赫的贵族，舍列梅捷夫家族的喷泉宫里，每一顿饭的宴请人数达 50 人之多。但是在莫斯科，这只是小贵族家庭宴请的人数，而在那些豪门大宅里，例如斯特罗加诺夫或者拉祖莫夫斯基家，这个数字要高得多。拉祖莫夫斯基伯爵是出了名的好客。许多客人他都不认识，但是他特别热衷于下象棋，因此一旦遇到新的对手，他总是非常高兴。有一位象棋下得很好的军官，他在伯爵家里一共待了 6 个星期——尽管没有人知道他叫什么。[52]通常是这样的，如果你在一户人家家里吃过一次饭，那么你应该时不时地再回去吃：不再去的话是要得罪人的。这种风俗如此普遍，以至于对贵族来说，很有可能一日三餐都在外面吃。然而永远不要频繁地只去一家，以免惹主人生厌。像舍列梅捷夫、奥斯特曼-托尔斯泰和斯特罗加诺夫这些王公贵族都有长期的食客。科斯捷涅茨基将军在奥斯特曼-托尔斯泰伯爵家里吃饭吃了20年——伯爵已经习惯在开饭前半个小时派自己的马车去接将军。斯特罗加诺夫伯爵有一位客人在他家蹭饭将近30年，但他却不知道他叫什么名字。直到有一天这名客人不再出现，于是伯爵猜他应该是死了。结果这个人还真是死了，他死在来吃午饭的路上。[53]

至于食物和饮料，俄罗斯人在举办聚会时是无限量供应的。谢尔盖·沃尔孔斯基（那位著名的十二月党人之孙）回忆命名日那天直到拂晓才结束的庆祝：

> 一开始是喝茶，接着是吃晚餐。太阳下山了，月亮升上来——接下来是游戏、闲聊和打牌。大约3点钟的时候第一批客人开始离开，但是由于他们的车夫也喝了带酒精的饮料，那么早回家实在太危险。我有一次参加这样一个命名日聚会，在回家的路上马车翻了。[54]

凉爽而熹微的晨光被莫斯科的主人视为大敌，有一些主人会把全部的窗户遮起来，并调停所有的时钟，这样就不会把客人赶跑。[55] 从10月到春天的社交季节，那些有女儿待字闺中的外省家庭会在莫斯科租一处房子，这段时间几乎每晚都会有舞会和宴会。莫斯科的舞会比彼得堡的规模要大。与其说它们是上层社交，还不如说是全民性的活动，舞会的气氛相当接地气，外省的老太婆们穿着俗气的花裙子，就跟年轻的轻骑兵一样引人注目。整晚香槟四溢——第一批客人不到天亮绝不离开。这时的莫斯科过着一种昼伏夜出的生活，它的生理时钟被调成了社交模式。这些寻欢作乐的人清晨才爬进被窝，午后吃早饭，下午 3 点或者更晚才吃午饭（普希金总是强调说他在晚上 8 点或者 9 点吃午饭），并且在晚上 10 点外出。莫斯科人喜欢这种深夜的生活——这完美地体现了他们对无拘无束生活的喜爱。1850 年，彼得堡当局禁止在凌晨 4 点后演奏音乐。莫斯科对此的反应有如投石党起义——一场莫斯科人对抗首都的叛乱。以戈利岑公爵（以举办整晚的化装舞会而著名）为首的贵族向彼得堡请愿，要求他们撤回禁令。这是一封冗长的信，还有各种写给报社的信件。请愿无果之后，莫斯科人干脆不理会这些规定，继续寻欢作乐。[56]

第四节

1874 年，美术学院举办了一场纪念艺术家维克多·哈特曼的展览，这名艺术家于一年前去世，终年 39 岁。今天，作为穆索尔斯基的朋友，哈特曼以穆氏那首著名的钢琴组曲《图画展览会》（1874）灵感来源的画家而著名。哈特曼的死对穆索尔斯基的打击很大，他开始酗酒，酒精最终摧毁了他。他在观看展览后，创作了这首《图画展览会》向自己的画家朋友致敬。[57] 哈特曼的"新俄罗斯式"风格对穆索尔斯基的音乐有着重要的影响——实际上它对所有从莫斯科文化中汲取灵感的 19 世纪艺术流派都有重要的影响。他的建筑草图是在多年研究中世纪建筑装饰的基础上画出的。其中最著名的，是他为基辅城门所画的设计图，它别出心裁，城门呈现为武士头盔形状的扇形拱门，穆索尔斯基钢琴组曲的最后一章便是对这个设计的赞美。一位评论家称，哈特曼的设计是"有砖头绣花的大理石毛巾"。[58]

这种对古老俄罗斯艺术的复兴以莫斯科为中心（和中心主题）。艺术家费多尔·索恩采夫起着至关重要的作用，他为克里姆林宫军械库的武器、马具、教堂用的金银器皿和壁挂绘制了详细的图纸，还从外省发掘出许多其他宝贝。1846—1853 年间，索恩采夫出版了他 6 大卷本的插图集《俄罗斯古代文物》。这些插图为艺术家和设计师提供了古代装饰图案的基本原理，以供他们在自己的作品中运用。索恩采夫自己在修复克里姆林宫的特雷姆宫时，就使用了这些古老的装饰图案——它那贴了瓷砖的炉灶，华丽扇形装饰的拱形天花板，以及用红色皮革装饰的墙壁和椅子，真实地再现了 17 世纪的莫斯科风格。成立于 1860 年的斯特罗加诺夫艺术学校继承了索恩采夫的工作，学校鼓励艺术家们从古老的俄罗斯教堂和民间的设计中去汲取灵感。20 世纪初震惊世界的许多杰出"俄罗斯风格"设计师——瓦什科夫、奥夫钦尼科夫和莫斯科法贝热工作室的大师们——都是斯特罗加诺夫艺术学校的毕业生。[59] 跟圣彼得堡艺术学院那僵硬的欧洲古典风格相比，莫斯科的气氛要轻松得多，可以自由地探索各种俄罗斯主题和风格。艺术家们蜂拥到莫斯科来研究圣像、鲁伯克版画*和帕列赫†的漆器。俄罗斯绘画的三位巨匠：列宾、波列诺夫和瓦斯涅佐夫，都是自学生时代起就从圣彼得堡搬到了这里。这些古老的手工艺依然活跃于莫斯科和它周边的地区，而它们在圣彼得堡已经消失。举个例子，莫斯科有好几家鲁伯克版画的出版商，但在彼得堡却一个也没有。圣像画在莫斯科周边的城镇非常流行，但是在彼得堡却见不到。这在很大程度上可以解释为主导莫斯科市场的主要是老派商人。莫斯科绘画学校对这些本土传统也更容易接受，而且不像贵族式的圣彼得堡艺术学院，它的大门向社会各个阶层的学生开放，这些人带来了普通百姓的审美观念。莫斯科绘画学校的校长号召艺术家们利用民间主题，在 1867

---

* lubok，俄国民间传统木版画。——译注

† Palekh，俄罗斯伊凡诺沃州的小镇，自古以圣像画产地而闻名。——译注

基辅城门设计图。维克多·加特曼设计。照片来源：Novosti/Bridgeman Art Library，London。

年民族学展览的开幕式上他做了一番演讲，关于需要对民间服饰和刺绣加以研究，以此找回久为西方品位所遮蔽的古老俄罗斯艺术风格。[60]

在哈特曼的建筑设计领域，19 世纪中期兴起的新俄罗斯式建筑风格要归功于一项 18 世纪法律的废除。这项法律明确规定，莫斯科市中心的建筑必须用石头建造，而且外墙必须是经过认可的欧式风格。1858 年它的撤销，导致莫斯科出现大批俄罗斯农村风格的木质建筑，这个城市比以往任何时候都要像一个"大农村"。本身就是农民之子和著名古董收藏家的历史学家、斯拉夫主义者波戈金，委托别人给他建了几座农村风格的木制房子。木材被民族主义者称为"民间的基本素材"，而且每一位渴望成为民族设计师的建筑家都使用木材作为建筑材料。[61]1872 年，为纪念彼得大帝 200 周年诞辰而举办了莫斯科工业展览会，哈特曼用木制的民间装饰风格设计了展厅。展会预示着向莫斯科公国时期艺术原则的回归。它在新落成的俄罗斯博物馆举行，后者位于红场圣瓦西里大教堂的对面，是由弗拉基米尔·舍尔伍德（一位出生于英国的建筑师）设计的一座具有古老莫斯科教堂风格的建筑。它那高耸的教堂式塔楼轮廓与附近的克里姆林宫颇为神似——正如舍尔伍德所说的，它反映了东正教是"俄罗斯国民性中最基本的文化因素"这一事实。[62]这种新俄罗斯风格在 19 世纪 70 年代达到顶峰，很大程度上得益于喜爱艺术的莫斯科商人财富和地位的提升。帕维尔·特列季亚科夫建了一间著名的俄罗斯艺术画廊，作为他那座老式俄罗斯风格宅邸的附属建筑。谢尔盖·休金的莫斯科别墅（里面藏有他收集的大量法国绘画）是一座以 17 世纪雅罗斯拉夫和科罗缅斯克的木结构建筑为原型设计的新俄罗斯式奇妙建筑。在克里姆林宫和卢比扬卡广场之间的市中心，全部都是用新俄罗斯式风格重建的大楼，这是一种为莫斯科市政厅中富有的商人议员们所喜爱的建筑风格。19 世纪 80 年

174

代，红场建起了一排排新的商业街（后来成为全国著名的古姆百货大楼）；1892 年还建起了市杜马（后来的列宁博物馆）。转眼间，这座城市的商业区被古老的帐篷式屋顶、扇形拱门、彩黄色的砖墙和华丽的民间图案所占据。莫斯科顶着 17 世纪的轮廓线进入了 20 世纪。　　　　　　　　　　　　　　　　　　　　　　　　175

　　穆索尔斯基爱上了莫斯科的"俄罗斯特色"。他一生几乎都在彼得堡度过。但是作为一名艺术家，他被这座"童话王国"的古都所深深吸引。"你知道，"他 1859 年第一次去莫斯科，途中写了封　　176
信给巴拉基列夫，信中说，"我一直都是一个见多识广的人，但是现在我有种重生的感觉；俄罗斯的一切变得离我很近，如果有人粗暴而且不客气地对待她的话，我会感到生气；仿佛从这一刻开始我才真正地爱上她。"[63] 作为这名年轻作曲家的导师，巴拉基列夫很不高兴。尽管他是民族主义乐派的开创者，但是巴拉基列夫其实受西方的影响颇深，他对彼得堡极为推崇，认为莫斯科既狭隘又过时；他称后者为"耶利哥"*。[64] 穆索尔斯基爱上了莫斯科，在那时看来，几乎就是对巴拉基列夫乐派的背弃。它当然标志着这位年轻的艺术家找到了自己的风格和主题。他开始在格列博沃（位于莫斯科附近）那座漂亮的希洛夫斯基庄园度过夏天，和那里的贵族亲友们重新建立起联系。† 他认识了音乐圈以外的新朋友，从中为自己的艺术找到了灵感：诗人库图佐夫（那位著名将军的后代）、雕刻家安托科利斯基、画家列宾，还有哈特曼，这些人全都能够接受他那没有受过正规教育的音乐风格，也比圣彼得堡那些古板的作曲家更能容忍他那酗酒的生活作风。在脱离了巴拉基列夫乐派（这个乐派将李斯特

* 巴勒斯坦的一座古城，是《圣经·旧约》中为以色列人攻陷的首座城池。后来荒废，成为古旧残破的村落，直到近几年才重新成为死海西岸的一座重要城市。——译注
† 在 1861 年农奴解放以前，穆索尔斯基家族拥有 11 万公顷土地——18 个村子，总数达到 400 名的农奴。——原注

俄国博物馆，红场，莫斯科。摄于 20 世纪初。照片来源：Alexander Meledin Collection/ Mary Evans Picture Library，London。

和舒曼看成发展一种俄罗斯风格的起点）的控制之后，穆索尔斯基
开始在他的"乡村场景"声乐和钢琴作品《可爱的萨维什娜》（1867），
在《鲍里斯·戈东诺夫》（1868—1874），随后又在他的《图画展览会》
中探索一种更加本土化的音乐语言，这些作品就像哈特曼的绘画一
样，用一种极富想象力的方式重新组合了俄罗斯的民间传说。莫斯
科就这样将他从巴拉基列夫乐派的"德国"正统中解救出来，它使
一直以来都被视为圣彼得堡弃儿的穆索尔斯基能够尝试创作来自俄
罗斯大地的音乐。哈特曼那奇妙的民间设计和穆索尔斯基在音乐上
的探索殊途同归：两者都试图摆脱欧洲艺术约定俗成的形式规则。
在展览会的画中间，有一个时钟，设计成一只鸡爪上的巴巴雅嘎之
屋的形状。*这样的形象如果要用声音来传达，要求一种新的音乐表
达形式，一种完全不同于奏鸣曲形式的欧洲音乐；而这正是穆索尔
斯基的《图画展览会》成功的地方。它们创造了一种新的俄罗斯音
乐语言。

　　"献给您，大元帅，哈特曼展览的赞助者，并以此纪念我们亲
爱的维克多，1874 年 6 月 27 日。"穆索尔斯基将《图画展览会》献
给了弗拉基米尔·斯塔索夫，这位评论家兼学者自诩为俄罗斯一切
民族艺术的先驱者。在 19 世纪中期的俄罗斯文化生活中，斯塔索
夫是一个巨人，当然也许有人会说他是一个独裁者。他发掘了一大
批伟大的天才（巴拉基列夫、穆索尔斯基、鲍罗丁、里姆斯基-科
萨科夫、亚历山大·格拉祖诺夫、列宾、克拉姆斯科伊、瓦斯涅佐
夫和安托科利斯基）；在他的启发下，他们创作了许多作品（鲍罗
丁的《伊戈尔王》、穆索尔斯基的《霍宛斯基党人之乱》、巴拉基列
夫的《李尔王》和里姆斯基的《萨阔特》与《舍赫拉查德》）；他为

177

---

* 在俄罗斯的民间故事中，女巫巴巴雅嘎（Baba Yaga）住在林子深处的一个小木屋里，屋
　子有腿可以随意转动，这样它就可以调整方向，迎接每一位不幸的新来客。——原注

他们的探索辩护，在报纸杂志上发表了无数很有分量的文章和书信。斯塔索夫是一名出色的教条主义者。屠格涅夫一生都在与这位"我们伟大的俄罗斯全能评论家"争论，他在1877年的小说《处女地》中，刻画了西皮亚金这个人物来讽刺他（"他像一瓶发酸的克瓦斯一样老是冒泡"），还写了一首著名的讽刺歌谣：

> 跟比你聪明的人辩论：
> 他会打败你。
> 但是你将从失败中学到有用的东西。
> 跟与你一样聪明的人辩论：
> 谁都赢不了谁。
> 而无论如何你会感觉到辩争的快乐。
> 跟智力比你差的人辩论：
> 并不是为了打赢他
> 而是因为你也许对他有些用处。
> 即便和一个傻子也可以辩论：
> 你将不会有胜利的喜悦
> 然而有时会很有趣。
> 只是千万不要和弗拉基米尔·斯塔索夫辩论。[65]

斯塔索夫希望俄罗斯艺术能从欧洲的控制中解放出来。如果一味模仿西方，俄罗斯人最多只能成为二等民族；通过自己的本土传统，也许他们能够创造出具有高度艺术水准和原创性、可以与欧洲抗衡的真正的民族艺术。"看看这些画，"斯塔索夫在描绘1861年的学院展览时写道，"要是没有签名或者标签，很难猜出它们是由身处俄罗斯的俄罗斯画家所画。全部都是对外国作品惟妙惟肖的模仿。"[66] 他认为，艺术应该描绘人们的日常生活，对他们

有意义，并且教育他们如何生活，从这个意义上讲，艺术应该是
"民族的"。

　　穆索尔斯基的一生受斯塔索夫的影响至深。他们在1857年首
次相遇，当时斯塔索夫在巴拉基列夫的圈子中领导着对抗彼得堡
音乐学院的运动。1861年钢琴家安东·鲁宾斯坦创办了彼得堡音
乐学院，这座音乐学院由德意志的作曲风格所主宰，崇尚的是巴
赫、海顿、莫扎特和贝多芬。它的赞助者是埃琳娜·帕夫洛夫娜女
大公，她具有德国血统，是民族文化事业的推动者，在鲁宾斯坦无
法为音乐学院筹集到民间资金时，她为他争取到宫廷的支持。鲁宾
斯坦非常鄙视俄罗斯音乐生活中的业余性（他称格林卡为"半吊
子"），并沿着德意志的路子着手推进音乐教育。鲁宾斯坦坚持认
为，俄罗斯的民族音乐只具有"民族学上的意义"，特殊但本身没
有任何艺术价值。巴拉基列夫和斯塔索夫被激怒了。尽管他们承认
德意志的音乐传统已经为音乐竖立了某种标杆，但是作为民族主
义者，他们却崇尚格林卡那种"纯粹俄罗斯式"的音乐（实际格
林卡受意大利和德意志风格的影响非常大）[67]，并指责鲁宾斯坦站
在"高高在上的欧洲音乐学院"的角度贬低了俄罗斯。[68] 在他们
与鲁宾斯坦的斗争中，有着一种排外甚至是反犹太主义的因素。他
们称他为"图平斯坦"（"呆子"）、"杜宾斯坦"（"笨蛋"）和"格
鲁宾斯坦"（"粗俗"）。他们害怕德国人的规则会阻碍俄罗斯音乐
的发展，他们的恐惧变成了对外国人的抨击。为了直接对抗彼得堡
音乐学院，1862年他们设立了以培养本土音乐人才为己任的自由
音乐学校（Free Music School）。用斯塔索夫的话说，是时候脱掉
这些彼得堡精英的"箍裙和燕尾服"，换上外省的"俄罗斯长大衣"
了。[69] 这所学院成为引领俄罗斯音乐风格的"强力五人组"（kuchka）179
的根据地。

　　"强力五人组"的作曲家在1862年还都是年轻人。巴拉基列夫

25 岁，居伊 27 岁，穆索尔斯基 23 岁，年纪最大的鲍罗丁 28 岁，而里姆斯基–科萨科夫的年纪最小，只有 18 岁。他们全都是自学成才的业余音乐家。鲍罗丁在作曲之余还做着一份药剂师的工作。里姆斯基–科萨科夫是一名海军军官（他的《第一交响曲》就写于船上）。穆索尔斯基参加过近卫军，在从事音乐创作之前还做过政府部门的文职工作，后来，即使在 19 世纪 70 年代事业的高峰，他因为喝酒的花销实在太大，而不得不接着干国家林业部的一份全职工作。彼得堡音乐学院的作曲家（例如柴可夫斯基）都是社会精英且与宫廷有着千丝万缕的联系；相比之下，"强力五人组"大都来自外省的小地主家庭。因此从某种程度上讲，他们的集体荣誉感取决于他们所创立的神话，那就是他们的行动与古典学院派相比，更加属于"真正的俄罗斯"（在更接近本国土壤这个意义上）。[70]

　　然而，他们所发展出来的音乐语言毫无神秘性，它们与彼得堡音乐学院的章法相差十万八千里。这种有意识的俄罗斯风格的形成有两个基本因素。首先，他们想在音乐中融入乡村歌曲、哥萨克和高加索舞蹈、教堂圣歌，以及（尽管后来变得很老套）教堂的钟声。*"又是钟声！"里姆斯基有一次在看了《鲍里斯·戈东诺夫》之后叫了起来。他也经常在作品中再现钟声，如《普斯科夫姑娘》（1873）、《复活节序曲》（1888），以及鲍罗丁的《伊戈王子》和穆索尔斯基的《霍宛斯基党人之乱》。[71] "强力五人组"的音乐充满了对俄罗斯人生活中声音的模仿。他们试图重现格林卡曾经说过的"俄罗斯音乐之魂"——俄罗斯乡村那种拉长的、抒情而带有装饰音的歌曲。巴拉基列夫通过研究 19 世纪 60 年代（民粹主义在艺术

180

----

* 俄罗斯教堂的钟声和其他任何地方不同，它有一种特殊的音乐感。俄罗斯敲钟有一套特殊的技巧，敲钟人直接用小锤子或者是拉动系在短绳上的铃锤，来敲响不同的钟。它对对位法有一定的要求——虽然各个钟的回响会带来一些不和谐音。西方的敲钟方法是站在地上，用长长的绳子来摆动钟，这使得钟声很难同步。——原注

上的鼎盛时期）伏尔加地区的民间歌曲，使之成为可能。跟以往任
何一本选集相比，他所改编的艺术作品保留了更多俄罗斯民间音乐
的明显特点：

——它"音调上的变换"：一个曲调似乎很自然地就从一个主
音变换到另一个主音，并常常以一个与乐章开始时不相同的调子结
束（通常低两度或者高两度）。给人造成一种捉摸不定、不明确或
者缺乏和谐的逻辑进程的感觉，即使在非常格式化的《霍宛斯基党
人之乱》中，这样的感觉也使俄罗斯音乐听起来和西方的调性结构
非常不同。

——它的衬腔式唱法：一段旋律被分成几个不和谐的声部，每
个声部都有自己的主题变奏，这些都由每个歌手即兴发挥，直到最
后，这首歌曲才恢复单一的旋律。

——平行五度音、四度音和三度音的使用。这给俄罗斯音乐带
来一种原始的音响效果，是有着完美和声的西方音乐完全缺失的。

其次，"强力五人组"发明了一系列的和声技巧，创造出一种
迥异于西方的独特"俄罗斯"音乐风格和色彩。这种"异域"的"俄
罗斯"风格并不仅仅具有高度的自觉性，它完全就是凭空创造出来
的——事实上，这些方法没有一种在俄罗斯民间或者教堂音乐中使
用过：

——全音阶（C-D-E-升 F-升 G-升 A-C）：由格林卡发明，并
首次在他的歌剧《鲁斯兰和柳德米拉》（1842）中巫师契尔诺莫尔
摩的进行曲中使用，它成为"俄罗斯式"阴森恐怖和邪恶之声。从
柴可夫斯基（1890 年在《黑桃皇后》中伯爵夫人的鬼魂出现）到里
姆斯基-科萨科夫（他的所有魔幻故事歌剧,如 1897 年的《萨特阔》、
1902 年的《不朽的卡什切伊》和 1907 年的《基捷日》），所有重要
的作曲家都用过这个音阶。这个音阶还可以在德彪西的音乐中听到，
他是从穆索尔斯基那里学到的（还包括许多其他的东西）。后来这

个音阶成为恐怖电影配乐的标准创作手法。

——由一个全音和一个半音组成的八音音阶（C-D- 降 E-F- 降 G- 降 A- 重降 B- 重降 C）：1867 年里姆斯基–科萨科夫首次在他的 181 《萨特阔》交响组曲中使用，它成为俄罗斯的一种标志，是魔力和危险的主旋律，也为里姆斯基所有的追随者所采用，特别是斯特拉文斯基那三部伟大的俄罗斯芭蕾舞剧《火鸟》（1910）、《彼德鲁什卡》（1911）和《春之祭》（1913）。

——循环使用三段式结构：这原本是李斯特发明的交响诗形式，俄罗斯在其基础上赋予松散的整体结构，避免了僵化的（德意志）奏鸣曲曲式。俄罗斯的音乐家不像通常的做法那样在奏鸣曲的展开部分使用关系小调（例如 C 大调到 A 小调），而是在开始部分就确立一个主调（例如，C 大调），然后在接下来的部分通过三段式展开（降 A 大调、F 大调，降 D 大调，等等）。其效果便是摆脱了西方音乐发展的规律，创作的形式完全由音乐的"内容"（音乐主题的展示和视觉上的描述）而不是曲式上的对称所决定。这种松散的结构在穆索尔斯基的《图画展览会》中显得尤为重要，也许这组曲子比其他任何作品都更清楚地描绘了这种俄罗斯音乐的风格。穆索尔斯基是"强力五人组"中最具原创性的作曲家。一方面这是由于他所受的欧洲正规作曲教育最少，但最主要的原因，还是他有意地排斥西方的音乐传统，而且跟其他民族主义者相比，他更渴望从俄罗斯民间音乐的传统中去寻找推翻西方音乐的方法。这个俄罗斯人（懒惰、邋遢、酗酒、装腔作势而又充满爆炸性的能量）和西方音乐的关系令人联想到圣愚。他拒不接受大家所普遍认可的巴赫、莫扎特和海顿的作曲方法。"交响乐的发展，从技术上理解，是由德意志人发展起来的，就像他们的哲学一样，"穆索尔斯基在 1868 年写给里姆斯基–科萨科夫的信中说，"德意志人先是想出一大堆理论，然后证明；我们俄罗斯兄弟是先做了，然后再用理论来娱乐自己。"[72]

　　穆索尔斯基对生活的直接态度反映在他的《图画展览会》中。　182
这部钢琴组曲由一系列结构松散的音画组成，仿佛你正在画廊里从
容漫步，没有任何正统（"德意志式"）的详细阐述或者展开的迹
象，也几乎看不到西方音乐理论的痕迹。它的核心是俄罗斯民间想
象力那魔法般的影响范围和力量。一开始的"漫步"（俄罗斯风格）
是一段民谣风格的曲调，具有韵律般弹性、突然的变调、开放的五
度和八度和弦，以及仿佛乡村歌曲般的衬腔式大合唱。怪诞而狂暴
的"巴巴雅嘎"在各个主音之间猛烈地变换，却又一次次地回到俄
罗斯乡村音乐那不变的 G 调，这一点后来被斯特拉文斯基有效地运
用于他那部充满爆发力的《春之祭》中，从而引发了一场音乐革命。
穆索尔斯基的最后一幅图画是那首宏伟的"基辅城门"，这一章的
音乐既有宗教般的虔诚和振奋人心，又有柔美的特点，他的灵感来
自一种古老的俄罗斯颂歌（起源于拜占庭的扎纳门尼歌谣），而在
结尾部分，音乐和教堂钟声那沉重的铿锵回响结合在一起，产生了
极好的效果。这是一个意味深长的奇妙时刻，仿佛全体俄罗斯人的
声音都融合在了一起，这是穆索尔斯基在向挚友致敬的动人时刻。

第五节

伴随着对"俄罗斯风格"的兴趣,作家、艺术家和作曲家还生出一种对莫斯科历史的痴迷。我们只需列举出那些伟大的历史歌剧(从格林卡的《沙皇的一生》到里姆斯基−科萨科夫的《普斯科夫姑娘》,穆索尔斯基的《鲍里斯·戈东诺夫》和《霍宛斯基党人之乱》)、那些历史剧和小说(从普希金的《鲍里斯·戈东诺夫》到阿列克谢·托尔斯泰以《伊凡雷帝之死》起始的三部曲)、无数历史题材的诗歌作品以及苏里科夫和列宾或者瓦斯涅佐夫和弗鲁贝尔那些史诗般的历史画作,便可看出莫斯科的历史对19世纪"俄罗斯"文化的探索有多么重要。这些作品几乎全都是描绘伊凡雷帝晚年、鲍里斯·戈东诺夫统治时期,以及罗曼诺夫王朝建立之前那段所谓的"混乱时期",这点绝非巧合。历史被看成一个争论的战场,关于俄罗斯及其命运的不同观点在这里碰撞,而这50年被认为是对俄罗斯的过去有着关键影响的一段时期。那个时期,一切皆有可能,大家你争我抢,而国家也面临着何去何从的基本问题。它将由选举产生统治者还是将由沙皇统治?它属于欧洲还是欧洲之外?同样的问题困扰着19世纪俄罗斯的思想界。

鲍里斯·戈东诺夫是这场全国大讨论的一个重要人物。有关他的记录、戏剧和歌剧同时也是在探讨俄罗斯的命运。我们从普希金和穆索尔斯基的作品中看到的戈东诺夫，首次出现是在卡拉姆津的《俄罗斯国家史》中。卡拉姆津将戈东诺夫描绘成一个悲剧人物，一位受到过去困扰的进步统治者，一位有着巨大的权力和人性的弱点，并最终毁于政治需要和自身良知之间巨大鸿沟的人。但是为了将这位中世纪的沙皇塑造成一部现代心理剧的主角，卡拉姆津不得不凭空想象出许多历史事件。

真实的鲍里斯是一名孤儿，出生于一个古老的波雅尔家族，作为沙皇伊凡雷帝的卫士在莫斯科公国的宫廷里长大。戈东诺夫家族和王室的关系非常亲密，而那时可是沙皇认为贵族都有潜在的反政府嫌疑的时代。伊凡当时正和贵族波雅尔进行一场旷日持久的斗争，他认为有必要提拔像戈东诺夫这样出身卑微而忠心耿耿的侍从。鲍里斯的姐姐伊琳娜·戈东诺夫嫁给了沙皇的儿子，虚弱而且弱智的费多尔。不久，伊凡杀死了他的大儿子伊凡王子，这个事件通过列宾那幅著名的画作《1581年11月16日伊凡雷帝和他的儿子伊凡》（1885）引起了19世纪人们的极大兴趣。1584年伊凡雷帝去世时，他的另一个儿子德米特里只有2岁大，而且其王位继承权再怎么说也非常勉强。德米特里是沙皇的第七任妻子所生，而教会只允许成婚三次。因此伊凡死时费多尔就继承了王位。朝廷的大小事务都由鲍里斯·戈东诺夫接管——他在官方文件中的称呼是"伟大皇帝的内弟，俄罗斯国土的统治者"。鲍里斯的政绩斐然。他巩固了俄罗斯在波罗的海沿岸的疆土，遏制了从南方草原来的鞑靼人的掠夺，加强了与欧洲的联系，并且为了使贵族获得稳定的劳动力，他设立了管理农奴的基本框架——这项措施在农民中非常不得人心。1598年，费多尔去世。无法给王室生下一儿半女的伊琳娜由于悲伤过度，拒绝接受王位，进了修道院。在国民代表会议上，通过莫斯科波雅尔的选举，鲍里斯成为俄罗斯历史上第一位选举产生的沙皇。

戈东诺夫统治初期，俄罗斯一派繁荣和平的景象。鲍里斯从许多方面来看都是一位开明的君主——一位走在时代前列的人。他对西方的医药、印刷术和教育都很感兴趣，甚至梦想按照欧洲的模式建一所俄罗斯大学。但是1601—1603年时，情况急转直下。接二连三的农业歉收导致莫斯科公国大约四分之一的农民遭受饥荒之苦。随着新农奴法的颁布，农民无法自由流动，这使情况变得更加糟糕，农村地区掀起了反对沙皇的抗议活动。这时，古老的王室贵族集团抓住饥荒这个机会，重新密谋反对这位不可一世的选举沙皇——他的权力威胁到了他们的贵族特权。鲍里斯加强了对贵族的监视（特别是罗曼诺夫家族），还以叛国罪将他们中的许多人驱逐到西伯利亚或者俄罗斯北部的修道院。后来，在这次政治危机爆发期间，一名假冒拥有王位继承权的年轻人从波兰带领一支军队来到了俄罗斯——波兰一直以来都准备从俄罗斯的内部分裂中分一杯羹。这位冒充的王位继承人名叫格里高利·奥特列皮耶夫，是一名逃跑的僧侣，曾经为罗曼诺夫家族做过事，在他做出大胆僭越的行为之前，他们很可能有过接触。他自称是伊凡最小的儿子德米特里王子。德米特里已于1591年死于割喉；他患有癫痫病，当时证实他是在一次疾病发作时死于自残。但戈东诺夫的反对者们一直声称，是他为了登上王位扫清障碍而杀死了这名男孩。这名"伪德米特里"利用这些疑问，声称逃过了谋杀。这使得他在向莫斯科进军的一路上，能够从心怀不满的农民和哥萨克中间纠集到一批反对"篡位的沙皇"的支持者。戈东诺夫于1605年突然去世，当时这位假冒者的军队正逼近莫斯科。根据卡拉姆津的说法，他死于"内心激烈的挣扎，这是每一个罪犯都避免不了的"。[73]

有关戈东诺夫谋杀德米特里的证据都是罗曼诺夫家族捏造出来

的，他们的王位继承权完全依赖于波雅尔代表大会的选举（在鲍里斯·戈东诺夫死后，俄罗斯经历了一个内战频仍、内忧外患交织的"混乱时期"，为了恢复俄罗斯的统一，波雅尔们举行了这次全体会议）。也许卡拉姆津已经意识到戈东诺夫不是一名杀人犯。但是几乎所有他所参考的资料都经过官方或者教士的篡改，而挑战罗曼诺夫所编造的神话将会使他与政府作对，给他带来麻烦。不管怎么说，这个谋杀的故事如此完美，令卡拉姆津难以抗拒。它使他得以在没有史料支持的情况下探索戈东诺夫的内心冲突。它支撑着鲍里斯·戈东诺夫是个悲剧人物这个观点——一名受到自己罪行煎熬的进步统治者，并最终毁于自己非法得来的沙皇称号。卡拉姆津的《俄罗斯国家史》是为罗曼诺夫家族的统治者——沙皇亚历山大而作，书中拥护君主制的观点非常明显。他从戈东诺夫的故事中得到的教训——选举出来的君主从来都非常糟糕——与亚历山大统治时期的政治观点一致。鲍里斯是一名俄罗斯的波拿巴。

普希金的《鲍里斯·戈东诺夫》非常接近卡拉姆津的《俄罗斯国家史》，有时甚至一字不变地照章全抄。坚定的保皇派观点贯彻这部历史剧——人民在他们自己的历史中没有发挥任何积极的作用。这就是全局结束时那句著名的舞台说明"人们则保持沉默"的含义了。穆索尔斯基在他同名歌剧的第一版（1868—1869）中沿用了普希金的文本，他同样将俄罗斯人民描绘成一种愚昧而被动的力量，深陷于莫斯科所象征的古老俄罗斯的风俗和信仰之中。俄罗斯人的这种总体印象集中体现在红场圣瓦西里大教堂外那一幕。饥饿的人们聚集在那里，鲍里斯面前站着那名象征谴责沙皇罪行的圣愚。但是人群一点动静也没有，依然跪在地上向沙皇哀求，甚至当圣愚说他不会为"沙皇中的希律王"[*]祈祷时，人群也只是解散了。因此，

---

[*] 《圣经》中以残暴著称的犹太国王。——译注

本来可以是起义导火索的一件事就这样白白过去了，而且这名圣愚似乎不是人民的领袖，而是良知和鲍里斯的悔恨之声。[74] 只有在歌剧的第二版（1871—1872）中增加的"克罗梅森林一幕"中，穆索尔斯基才引入了人民和沙皇冲突的主题。事实上，这种冲突成为整部歌剧的推动力，而人民则成为这部歌剧真正的悲剧主角。在克罗梅这一幕中，人民起来反抗了，他们嘲弄沙皇，而民间歌曲也被利用来作为人民声音的化身。穆索尔斯基一开始是为了音乐效果才增加这一幕的，里姆斯基–科萨科夫的《普斯科夫姑娘》中类似群戏的衬腔式大合唱给他留下了深刻的印象。他们俩有段时间合租一间公寓（和一架钢琴），穆索尔斯基写作克罗梅这一幕时，里姆斯基正在为他的歌剧谱写管弦乐曲。[75] 但是用克罗梅取代圣瓦西里大教堂那一幕（这显然才是穆索尔斯基的原意），意味着这部歌剧思想核心的彻底改变。*

卡拉姆津或者普希金的笔下没有出现克罗梅起义，而且，正如俄罗斯音乐评论家理查德·塔鲁斯金精彩的点评，民粹主义者重新改写这部歌剧，应该说是穆索尔斯基和历史学家尼古拉·科斯托马罗夫友谊的结果，后者还帮他筹划了《霍宛斯基党人之乱》（1874）。科斯托马罗夫将普通民众视为推动历史的基本力量。他的主要著作《拉辛起义》（1859），受益于亚历山大二世统治初期推动的审查法改革，使他在自由知识分子的圈子中成为一个受欢迎和有影响力的人物，后者在19世纪60和70年代对俄罗斯艺术发展做出过巨大贡献。在《混乱时代》（1866）一书中，科斯托马罗夫描绘了饥荒如何促使成群的流浪农奴追随假冒的德米特里，反对鲍里斯·戈东诺夫：

186

---

* 尽管在音乐的基础上可以理解为什么现在上演的歌剧经常包含了这两幕，但是这么做却违背了穆索尔斯基的原意，因为他完全将圣瓦西里大教堂这一幕从改编后的乐谱中取了出来。——原注

他们随时准备快乐地投向任何人的怀抱，只要那个人能够
领导他们反对鲍里斯，只要那个人能够承诺让他们过上好日子。
这与渴望这种或者那种政治或者社会秩序的事情无关；受苦受
难的群众很容易就被一张新的脸孔所吸引，他们盼望着在新人
的领导下，他们的情况会比旧日好。[76]

这就是俄罗斯人民的一个形象——受苦受难，充满了破坏力和冲动
的暴力，无法控制他们，他们也不可能掌握自己的命运——1917 年
的情况也是如此。

　　"历史是我在夜晚的朋友，"穆索尔斯基在 1873 年写给斯塔索   187
夫的信中说，"它带给我快乐和迷醉。"[77] 是莫斯科感染了他，使他
对历史如此着迷。他喜欢它那"古老的味道"，令他仿佛"到了另
一个世界"。[78] 对穆索尔斯基来说，莫斯科是俄罗斯大地的象征——
它代表了俄罗斯古老风俗信仰中存在的巨大惯性。在彼得给披上的
那层薄薄的欧洲文明外衣之下，普通民众依然是"耶利哥城"的居民。
"报纸、书籍，这些都走在了前头，但是人民却留在原地，"穆索尔
斯基在 1872 年彼得 200 周年诞辰庆典时写给斯塔索夫的信中说，"为
公众谋利益的人倾向于美化自己，并将他们的光荣用文字记录下来，
但是人民却在抱怨，为了发泄心中的不满，他们喝酒，结果却抱怨
得更加厉害：'什么都没有改变！'"[79] 这正是《鲍里斯·戈东诺夫》
中，穆索尔斯基最后借圣愚之口说的那些预言性字句，所表达的对
旧俄罗斯的悲观看法：

　　　　无边的、伸手不见五指黑暗般的悲哀，
　　　　为俄罗斯哭泣的悲哀，
　　　　哭泣的俄罗斯人民
　　　　饥饿的人民。

在《鲍里斯·戈东诺夫》之后，穆索尔斯基立刻开始《霍宛斯基党人之乱》的创作，这部歌剧的背景是从 1682 年彼得登基前夕开始，到他暴力镇压"射击军"（streltsy，莫斯科波雅尔和旧礼仪派的最后保卫者，他们在 1689—1698 年之间发动了一系列叛乱）的起义为止，莫斯科所发生的政治和宗教斗争。超过 1000 名射击军被沙皇处死，他们的尸体被轧得血肉模糊，以此警告其他人，并报复他们未能得逞的阴谋——这些人密谋以彼得的姐姐索菲娅代替彼得，在彼得太小还无法亲政时，索菲娅曾于 17 世纪 80 年代担任摄政。为了惩罚索菲娅在这次叛乱中担任的角色，彼得迫使索菲娅成为一名修女。同样的命运也落到了彼得的妻子，同情起义者的尤多西亚身上。射击军起义及其余波是俄罗斯历史的转折点，这个时期新的彼得王朝与传统势力剧烈斗争。歌剧中拥护旧俄罗斯的代表是英雄霍宛斯基亲王，他是莫斯科德高望重的传统贵族，起义的射击军的主要领导；另外一名代表是旧礼仪派教徒多西费（一个虚构的人物，以最后一位耶路撒冷牧首的名字命名）。他们由一位虚构的人物玛尔华联系起来，玛尔华是霍宛斯基的未婚妻，是旧礼仪派的虔诚信徒。玛尔华的不断祈祷和对东正教俄罗斯的哀悼，表达了这部歌剧本质上那种深深的失落感。

西化主义者认为《霍宛斯基党人之乱》是一部进步作品，是对落后的莫斯科向着欧化的圣彼得堡转变的庆祝。举个例子，斯塔索夫就曾试图说服穆索尔斯基，在第三幕中花多点笔墨描写旧礼仪派，因为这将强化他们与"小气、不幸、愚钝、迷信、邪恶和恶毒"的"旧俄罗斯"之间的联系。[80] 里姆斯基-科萨科夫给这种理解板上钉钉，作为 1881 年穆索尔斯基死后遗稿的整理者，他将序幕（"莫斯科河的黎明"）移到了末尾，这样一来，原作中本来对旧莫斯科的诗意描写，现在变成了象征彼得统治的太阳冉冉上升。之前的一切都是黑夜。

　　里姆斯基用破坏原作的做法强化了这条简化的信息。在歌剧末尾的大合唱中有一段旧礼仪派的衬腔式旋律，它是穆索尔斯基从朋友的歌曲改编得来的，里姆斯基为它加上了普列奥勃拉任斯基军团低沉的进行曲——这正是彼得为保卫自己而设立的军团（以取代射击军，也是穆索尔斯基曾经服役过的军团）。如果没有里姆斯基有计划的变更，旧礼仪派将完全占据歌剧的第五幕和最后一幕。第五幕的内容来源于旧礼仪派为抗议 1698 年沙皇镇压射击军而举行的集体自杀：据说大约 2 万名旧礼仪派人士聚集在俄罗斯北部各个边远地区的教堂中，自焚而亡。在穆索尔斯基原作的最后，旧礼仪派一边祈祷，一边唱歌，从容赴死。歌剧就此结束，含有一种对莫斯科公国逝去的虔诚世界的惆怅之情。现在看来，穆索尔斯基原本打算让《霍宛斯基党人之乱》在这种忧郁的气氛中结束，就像《鲍里斯·戈东诺夫》最后一章那声音微弱的乐曲和悲观的情绪一样。他从未觉得需要用一个进步的情节来"解决"这部歌剧的问题，就像里姆斯基给它加上的那样。僵局和无力感是穆索尔斯基歌剧不变的主题。他对莫斯科公国消亡后俄罗斯的前途感到很矛盾。他同情旧礼仪派的理想主义，认为只有祈祷能够克服俄罗斯生活中的悲哀和绝望。而且他相信旧礼仪派是最后"真正的俄罗斯人"，他们的生活方式迄今都没有受到欧洲的影响。在 19 世纪 60 年代这种思想非常普遍，不仅有将古俄罗斯的父权制理想化了的斯拉夫主义者，而且还有像科斯托马罗夫和夏波夫这样的民粹历史学家（后者撰写分裂教派的社会史），以及在莫斯科研究旧礼仪派的民族学学者。许多作家也有着相同的观点，例如陀思妥耶夫斯基——当时"根基主义"运动（pochvennichestvo）的一名成员，这是介于西化主义者和斯拉夫主义者之间的一种综合体，在 19 世纪 60 年代的作家和评论家中有着广泛的影响。《罪与罚》中的主角拉斯科尼柯夫名字的含义就是"分裂者"。

189

画家瓦西里·苏里科夫也花费了大量的油彩描绘旧礼仪派的历史，以此来探讨人民的本土习俗和现代化国家之间的冲突。他两幅伟大的历史画作《射击军临刑前的早晨》（1881）和《女贵族莫洛佐娃》（1884）都是绘画史上的《霍宛斯基党人之乱》。苏里科夫比穆索尔斯基更加接近斯拉夫主义者，穆索尔斯基的导师斯塔索夫尽管是个民族主义者，但同时也是个坚定的西化主义者。苏里科夫将莫斯科理想化为一个拥有"真正俄罗斯式生活的传奇国度"。[81] 他生于 1848 年，是西伯利亚小镇克拉斯诺亚尔斯克一个哥萨克家庭之子。他从圣彼得堡美术学院毕业后来到莫斯科，这个地方使他"有家的感觉"并激发他创作历史题材的热情。"当我第一次走到红场时，它令我想起了家，接着我的眼前浮现出射击军的形象，连构图和配色都一清二楚。"[82] 苏里科夫花了几年时间，为城里罗戈日斯科耶（Rogozhskoe）和普列奥勃拉斯科耶（Preobrazhenskoe）这两个区的旧礼仪派绘制有民族学意义的速写，这两个区是莫斯科的小商业集散地，莫斯科三分之一的人口就挤在这里狭窄而弯曲的街道两边的房子里。他认为历史就写在这些人的脸上。旧礼仪派对他很有好感，苏里科夫回忆说："因为我是一名哥萨克的儿子，而且我不吸烟。"他们让他为自己画像，完全忽略了画人像是一种罪过的传统迷信。《女贵族莫洛佐娃》这幅画中出现的所有人物都来自真实的莫斯科居民。莫洛佐娃本人的原型是一名从西伯利亚来的朝圣者。因此，托尔斯泰作为第一批看到这幅画的人，对这些人物群像充满了赞叹之情："画家出色地抓住了他们的神态！人物栩栩如生！几乎能够听到他们在小声说着什么。"[83]

190

苏里科夫的这两幅画于 19 世纪 80 年代展出，受到了民主知识分子的一致赞扬，他们将射击军起义和旧礼仪派的故步自封看成反对教会和国家的一种社会抗议形式。随着 1881 年 3 月亚历山大二世遭革命激进分子暗杀，整个 19 世纪 80 年代又重新笼罩在一种政治压迫的气氛之下。新沙皇亚历山大三世是一名政治上的保守分子，他很快就斥退了父亲的自由派大臣，并通过一系列法令取消了之前的改革。沙皇对地方政府实施了新的控制措施，收紧了审查制度，通过派到各省的直接代表重申自己的个人统治；一个现代化的警察国家初现端倪。在这样的背景下，民主主义者完全有理由将苏里科夫画中的历史人物看成他们反对沙皇专制的象征。特别是莫洛佐娃，她是一名有着广泛影响力的殉道者。这就是画家要为这位著名的寡妇画像的原因，莫洛佐娃出生于一个富有的莫斯科波雅尔贵族家庭，是 17 世纪中期尼康宗教改革时期旧礼仪派的主要赞助人。在苏里科夫的巨幅画像（有几米高）中，莫洛佐娃坐在雪橇上，被拖往行刑之处——红场。她手臂高举，两个手指直指上苍，这是旧礼仪派画十字的手势，以此来表达她对政府的反抗。莫洛佐娃是一名真正有性格有尊严的女子，随时准备为信仰献身。她脸上的表情直接取自当代生活。1881 年画家亲眼目睹了一名女革命者的行刑过程。那是另外一名随时准备为理想献身的女子，当她走向绞刑架时，他被她脸上那"桀骜不驯的表情"震惊了。[84] 鲜活的历史就在莫斯科的大街上。

第六节

19世纪时，莫斯科成为一个巨大的商业中心。在60年的时间里，昔日拿破仑见到的那个和平宁静的贵族温床变成一座熙熙攘攘的大都市，充斥着商店和办公楼、剧院和博物馆，它那不断向郊外扩展的工业区每年都吸引着成群结队的移民。到了1900年，拥有100万人口的莫斯科和纽约并肩，成为世界上发展最快的城市之一。它四分之三的人口都不是本地人。[85] 铁路对莫斯科的发展起着关键性的作用。所有的铁路干线都在这座城市交汇，这里是东方和西方、以农业为主的南方和以工业为主的北方地理上的中心。铁路的建设主要由西方国家的公司提供资金，建好后的铁路为莫斯科的商业开拓了新的市场，也使它的工业与外省的劳动力和原材料来源建立联系。成千上万的上班族每天搭乘火车来到城里。城里9个主要车站附近的那些廉价旅馆总是挤满了从乡下来的临时工。那时的莫斯科成了资本主义俄罗斯的大都会——今天的它依然享有这个地位。特维尔、卡卢加和梁赞这样的外省城市全都被火车纳入了莫斯科的轨道，随着莫斯科繁荣起来，它们却衰落了，因为莫斯科的制造商用火车直接将他们的商品发往当地的农村市场，还有些人直接到莫斯科采购，即使算上来回的三等车票，价格也比在镇上买要便宜。莫斯科的繁荣意味着它外省卫星城市的消亡，对那些大地主也意味着灾难，就像契诃夫《樱桃园》中依靠城镇出售他们谷物的拉涅夫斯基一家一样。他们对铁路所开启的国际市场毫无准备。契诃夫的剧本以一段火车旅程开始和结束。铁路是新世界的象征：它带来一种全新的生活，同时把旧的生活摧毁。*

莫斯科这个经济巨人的崛起，与它从一个贵族主导转变为商人主导的城市密不可分。然而，它 19 世纪的文化复兴也是如此——这种复兴使莫斯科成为世界上最令人兴奋的城市之一：随着财富的增长，莫斯科的重要商人控制了市政府，同时又大量地购买艺术品。

19 世纪早期，莫斯科的商业主要集中于克里姆林宫对面，莫斯科河南岸平静的扎莫斯科沃雷奇区狭窄而弯曲的街巷中。这个地区与莫斯科的其他地方不同，很少受到现代或者欧洲的影响，有着浓厚的宗法习俗、严格的宗教生活和旧礼仪派的信仰，以及背街而幽静的商人之家。别林斯基称这些房子为"抵御进攻的堡垒，都下着百叶窗，大门紧锁。一敲门就会引来一阵狗吠"。[86] 这些商人都穿着长袍，留着胡子，令人联想起农民，他们中的许多人也确实是农民出身。莫斯科的几大纺织世家——里亚布申斯基家族和特列季亚科夫家族、古契柯夫家族、阿列克谢耶夫家族和维什尼亚科夫家

192

* 将契诃夫和托尔斯泰对这种象征的处理作比较会非常有趣。对于相信科学和技术会带来进步的契诃夫而言（别忘了，他是一名医生），铁路既象征着一种好的力量（例如，在短篇小说《光亮》中），同时也是一种不好的力量（例如，在《我的一生》中）。但是在怀念淳朴乡村生活的贵族托尔斯泰看来，铁路只会带来破坏。安娜·卡列尼娜悲剧的重要时刻全都与这个隐喻有关：安娜首次和渥伦斯基相遇在莫斯科火车站；渥伦斯基在去彼得堡的列车上向她表白；而她的自杀也是在铁轨上。铁路在这里是不可避免终将毁灭的现代、性解放和婚外情的象征。更具讽刺和象征性的是，后来，托尔斯泰死于阿斯塔波沃（如今更名为"列夫·托尔斯泰"）火车站（这条铁路线的终点为莫斯科南部）的站长室内。
——原注

族——的祖先全都是农奴。因为这个，斯拉夫主义者理想化地将商人视为纯粹的俄罗斯式生活方式的保持者。由于担心西方的货物会吞噬国内市场，斯拉夫主义者和商人联合起来抵制自由贸易。他们不满铁路控制在外国人手里，于是在1863年共同出资修建了一条从莫斯科到谢尔盖耶夫的铁路，这是第一条真正"俄国人"的铁路。它的终点是谢尔盖圣三一修道院，俄罗斯东正教教会的真正圣地，昔日莫斯科公国的精神中心，这一点是意味深长的。

亚历山大·奥斯特洛夫斯基的戏剧奠定了公众心目中的商人形象。他成长于扎莫斯科沃雷奇，父亲在当地的司法部门工作，主要处理商人纠纷的案子。奥斯特洛夫斯基在莫斯科大学学习法律，之后成为民事法庭的办事员，因此掌握了商人之间欺诈和争端的第一手材料，这样的纠纷在他的剧本里俯拾即是。他的第一个剧本《自家人好算账》（1849）就是以莫斯科法庭的一个案子为基础创作的。剧本讲述了商人波尔索夫的郁闷故事。为了逃避债务他假装破产，并将所有财产转移至女儿和女婿的名下，可女儿女婿带着钱跑了，剩下波尔索夫一个人蹲监狱。这部戏被沙皇禁止上演，沙皇担心剧中的商人形象——尽管改编自真人真事——可能会破坏商人与皇室的关系。警察盯上了奥斯特洛夫斯基。他被法庭解雇，不得不靠写作剧本维生，不久他就写了一系列叫好又叫座的戏剧，全都是描写莫斯科企业界古怪而（在当时看来）奇异的风俗。金钱造成的腐朽与堕落，包办婚姻的悲惨与不幸，家庭内部的暴力与专制，通奸行为的泄露——这些都是奥斯特洛夫斯基戏剧的主题。最有名的可能是那部《大雷雨》（1860），捷克作曲家里奥斯·雅纳切克以之为基础创作了歌剧《卡佳·卡巴诺娃》（1921）。

俄罗斯商人的刻板印象——贪婪、狡诈、狭隘、保守、庸俗，外省城镇中一切沉闷压抑的化身——成为文学上的普遍形象。在屠格涅夫和托尔斯泰的小说中，那些靠欺诈手段骗取地主土地的商人，象征着新的商业文化对旧的贵族价值观产生了威胁。以《安娜·卡列尼娜》中的一个事件为例，可爱但却无可救药的败家子斯捷潘·奥布隆斯基同意以远低于市场价的价格出售他的林场。当列文告诉奥布隆斯基他林场的真正价值时，奥布隆斯基的贵族荣誉感迫使他完成了这宗交易，尽管他心里很清楚自己的无知被这名商人利用了。19世纪整个欧洲的文化精英都鄙视商业和贸易，知识界的情况也一样。但是任何一个地方都没有俄罗斯的情况严重，俄罗斯人破坏了中产阶级与文化精英的关系，从而堵死了俄罗斯沿着资产阶级——小资产阶级的路子走下去的可能性——最终无力回天。直到19世纪90年代，商人依然被排除在莫斯科的贵族圈子以外。莫斯科总 194 督谢尔盖大公不许商人参加他的舞会，尽管商人负担着城市绝大部分的税收，有些商人私下里还借钱给他。许多商人由此极为不信任贵族阶层。纺织巨头和艺术赞助商帕维尔·特列季亚科夫是一名旧式的莫斯科商人和旧礼仪派教徒，他禁止女儿嫁给钢琴家亚历山大·济洛季，理由是他是一名贵族，只是为了钱才和她结婚。对于他的侄女嫁给A. I.柴可夫斯基（作曲家柴可夫斯基的哥哥），他也持同样的反对态度，尤其是，他还是一名来自彼得堡的贵族。

但是在奥斯特洛夫斯基的戏剧中，人们还是能够看到莫斯科商人光明的一面。实际上正因如此，才会有像茶叶进口商博特金家族这样的商人资助他的创作。另外一群喜欢奥斯特洛夫斯基戏剧的人是所谓的"根基主义"评论家（他们发泄情感的地方是《莫斯科人》杂志），因为这些戏剧传达了商人的正面信息。阿波罗·格里高列耶夫是一位具有影响力的评论家，同时也是"根基主义"运动的领导人之一（另外两位是作家费多尔·陀思妥耶夫斯基和他的哥哥米哈伊尔）。他们认为，奥斯特洛夫斯基的戏剧是俄罗斯民族的一种"新的表达方式"。作为一个介于农民和受教育阶层之间的社会团体，他们相信商人在协调莫斯科和彼得堡、领导民族前进方面有着独特的资格。米哈伊尔在《大雷雨》的一篇评论中写道，奥斯特洛夫斯基的商人既不是斯拉夫主义者也不是西化主义者。他们在新俄罗斯的欧洲文化中蓬勃发展，但是却设法保留了古老的文化；在这个意义上，陀思妥耶夫斯基认为商人为俄罗斯指出了一条不会导致社会分化的进步之路。[87] 这种理解反映了随着农奴解放运动的觉醒，"根基主义"运动希望民族融合的理想。农奴制度的废除激起了对精神重生的高度期望，人们希望全体俄罗斯国民，包括贵族和农民，能以知识分子的文化理想为中心和解并且团结在一起。"根基主义"运动的评论家来自各个阶层，其中绝大多数是中下层知识分子（raznochintsy，出身于小贵族家庭，并与商业界有紧密的联系），也许是他们将商人理想化为一个新的无阶级社会的先驱者。然而商人实际上的发展却很有趣——他们打破了扎莫斯科沃雷奇昔日的文化隔阂——这一点反映在奥斯特洛夫斯基后来的戏剧中。在《最后的牺牲》（1874）里，商人的儿女们过上了欧化的生活，新生一代的出现几乎完全掩盖了以往金钱和家庭专制的主题。在第一次上演《最后的牺牲》时，有一位女演员不愿意扮演商人的妻子，理由是她不想戴着农民的头巾上台，奥斯特洛夫斯基为了让她安心，跟她说商人的妻子现在穿得比贵族妇女还要时髦。[88]

　　到这个时期，确实出现了一批非常富有的商人家族，他们拓展了家族生意，形成庞大的企业集团，拥有的财富比贵族要多得多。例如，里亚布申斯基家族就在他们莫斯科纺织厂的基础上，增加了玻璃和造纸、印刷和金融的业务，后来还有汽车制造；马蒙托夫家族则拥有一个庞大的铁路和铸铁帝国。随着自信心的提高，这些家族抛弃了扎莫斯科沃雷奇狭隘的文化生活。他们的孩子接受了欧洲的生活方式，进入各个行业和政府部门，为艺术家提供资助，并逐渐形成了与社会上的显赫贵族一比高下的局面。他们购买奢华的豪宅，用巴黎最时髦的服装打扮妻子，举办精彩的晚会，并且到高级

的英国俱乐部吃饭。一些年轻的工业大亨富得甚至轻慢贵族。萨
瓦·莫罗佐夫，这位莫斯科的工厂大亨和莫斯科艺术剧院的主要投
资者，有一次接到莫斯科总督的请求，要求参观他的房子。莫罗佐
夫同意并邀请他第二天来参观。但是当大公带着随从出现时，却只
有管家欢迎他们，因为莫罗佐夫不在家。[89]

尽管这两个阶级之间的互相猜忌由来已久，但是许多工业巨头
依然强烈地希望被社会的领导者所接受。他们不想加入贵族阶层，
但是他们确实希望能被文化精英们所接纳，而且他们知道这种接纳
取决于他们在公共服务与慈善事业上的贡献——简而言之，取决于
他们对艺术事业的支持。这种情况在俄罗斯显得尤为重要，因为在
俄罗斯，知识分子的文化影响力要比西方大得多。在美国和欧洲的
许多地方，金钱已经足以使人被社会所接受，但是，即使传统的势   196
利观念盛行，俄罗斯也从未沾染布尔乔亚那种对金钱的崇拜，而且
为政府服务的理念约束着俄罗斯的文化精英，它使得富人担负起用
财富为人民谋福利的责任。像舍列梅捷夫这样的贵族世家将巨资花
在了慈善事业上。就德米特里·舍列梅捷夫而言，这占了他收入的
四分之一，也是造成他 19 世纪中期债务不断增加的一个主要原因。
但是莫斯科的重要商人也非常热衷于做慈善。他们大多数都属于旧
礼仪派，遵守严格的道德准则（这一点和贵格会信徒并无不同），
包括节俭、持重以及经营符合公众利益的私人企业。所有的大富商
家族都将他们巨额的私人财产用于开展慈善事业和资助艺术家。莫
斯科的铁路大亨萨瓦·马蒙托夫成为一名剧院经理、青年艺术家团
体"艺术世界"（俄罗斯芭蕾舞团正是脱胎于此）的主要赞助者。
他从小就接受父亲的教导，认为"懒惰是种罪恶"，还有"工作并
不是一种美德"，而是"一种简单而不变的责任，是履行生活的
债务"。[90] 莫斯科艺术剧院的创立者之一、康斯坦丁·斯坦尼斯拉
夫斯基从小也接受父亲（一名旧式的莫斯科商人）这样的教导。从

1898 年到 1917 年，他一边在莫斯科艺术学院当演员和导演，一边在父亲的工厂帮忙做生意。尽管家财万贯，但斯坦尼斯拉夫斯基却无法为剧院投入太多的资金，因为父亲为了不使他"耽于奇想"，给他的生活费并不宽裕。[91]

　　这些准则在俄罗斯视觉艺术最伟大的私人赞助者——帕维尔·特列季亚科夫的生活和作品中体现得最为明显。这位白手起家的纺织大亨出身于扎莫斯科沃雷奇的一个旧礼仪派商人家庭。他留着长长的胡子，身穿俄罗斯长大衣和方头靴，给人一副旧式家长的形象。但是，虽然他一生都恪守着旧礼仪派的道德规范，他很早就脱离了那个狭隘的文化世界。由于父亲反对他上学，他通过阅读自学，并且融入了莫斯科的学者和艺术家圈子。特列季亚科夫从 19 世纪 50 年代开始收藏艺术品，一开始他主要购买西方的绘画作品，但是不久他就意识到自己缺乏辨别真伪的经验，因此，为了避免被人蒙骗，他从此只购买俄罗斯艺术家的作品。在接下来的 30 年时间里，特列季亚科夫在俄罗斯艺术上的花费超过了 100 万卢布。1892 年他将自己的收藏连同特列季亚科夫博物馆留给了莫斯科，令人吃惊的是，里面竟然包括了 1276 幅俄罗斯架上画——比马德里的普拉多美术馆收藏的西班牙绘画（约 500 幅）或者伦敦国家美术馆收藏的英国绘画（335 幅）都要多得多。私人赞助这种潜力无穷的新来源成为"巡回展览画派"蓬勃发展的关键原因，这批年轻人——如伊利亚·列宾和伊凡·克拉姆斯科伊——在 19 世纪 60 年代早期就离开彼得堡艺术学院，开始绘制"俄罗斯风格"的画作，如同斯塔索夫影响下的"强力五人组"。假如没有特列季亚科夫的资助，这些"巡回展览者"将无法挨过最艰难的头几年，当时除了宫廷和贵族之外，私人艺术品市场几乎微不足道。他们所描绘的实实在在的乡下场面和风景符合商人们的民族主义品位。"对我来说，"特列季亚科夫对风景画家阿波利纳里·格拉夫斯基说，"我既不想

197

要丰富的自然风光、详细的构图、戏剧化的光线，也不想要任何奇观。只要给我一个逼真的烂泥潭就可以了。"[92] 萨夫拉索夫在《白嘴鸦归来》（1871）一画中完美地体现了这条指示，这幅画诗意地描绘了俄罗斯乡村春天冰雪开始融化时的景象，是特列季亚科夫最喜欢的一幅风景画，也是俄罗斯美术学院的范本。它现实主义的简单画法成为莫斯科风景画的一个标志，与圣彼得堡艺术学院规定的那种精心布置场景的欧式绘画风格迥然而异。

特列季亚科夫的生意、"巡回展览画派"的艺术作品——两者都试图摆脱圣彼得堡官僚作风的控制；为了寻找独立的市场和身份，两者都将目光转向了莫斯科和农村。"巡回展览画派"这个名字源于他们19世纪70年代在各地举办的巡回展览。*受19世纪60年代的公民观念和民粹主义理想的影响，他们带着自己的作品在各地巡回展出（通常是自掏腰包），目的是提升公众对艺术的感知。有时他们会到乡村学校上课，或者设立自己的艺术学校和美术馆，这些通常都得到地方自治委员会（zemstvo）中的自由派贵族和民粹主义者的帮助和支持。他们的巡回展览影响巨大。"展览来的时候，"一位外省人回忆说，"原本昏昏欲睡的乡村小镇马上从打牌、八卦和无聊中苏醒过来，人们呼吸着自由艺术带来的新鲜空气。镇上的人争论着一些他们以前想都没想过的话题。"[93] "巡回展览者"通过这种方式为他们的艺术创造出了一个新的市场。在当地商人的资助下，公共画廊开始购买"巡回展览画派"的画作，以及外省城镇中的模仿作品。这样一来，莫斯科的"民族风格"也就成了外省风格。

198

---

* "巡回展览画派"（Peredvizhniki）这个词来源于 Tovarishchestvo peredvizhnykb khudozhestvennykh vystavok（意为"巡回展览的画作"）。——原注

第七节

　　另外一位对 19 世纪晚期和 20 世纪早期莫斯科艺术风格的形成做出贡献的商人，是铁路大亨萨瓦·马蒙托夫。马蒙托夫生于西伯利亚，父亲是建设莫斯科到谢尔盖耶夫铁路的主要投资商，所以他很小就搬到莫斯科居住。他爱上了这里，它繁忙而充满活力，正好能够完美地突出他的创造力和超前观念。贝诺瓦（代表圣彼得堡的有教养人士）形容马蒙托夫"浮夸、粗鲁而又危险"。[94] 这句话也可用于形容莫斯科。

　　马蒙托夫并不仅仅是一名艺术赞助商，他自己就是艺术家。他在米兰学过歌唱，演过奥斯特洛夫斯基导演的《大雷雨》，而且还创作和导演剧本。他受青年时代流行于莫斯科的民粹主义思想的影响很深：艺术是为了教育民众。作为这种理想的典范，他委托艺术家柯罗文创作莫斯科火车站（现在的雅罗斯拉夫火车站）的装饰壁画，壁画的内容是火车的目的地——北方乡村——的风景。"人们的眼睛应该学会随处都可以看到美，包括在街道上和火车站。"马蒙托夫声称。[95] 他的妻子伊丽莎白也深受民粹主义的思想影响。1870

年这对夫妇买下阿布拉姆采沃的一处房产，它位于莫斯科东北 60
公里处，靠近谢尔盖耶夫，四周桦树环绕。他们在这里成立了一个
艺术家聚集地，还有各种手工工坊，为的是重振当地的传统手工艺，
同时生产各种手工艺品，供莫斯科的一家专营店销售。具有讽刺意
义的是，这些手工艺的消亡正是铁路带来工厂商品的结果。因此马
蒙托夫家族才会如此富有。

　　阿布拉姆采沃位于历史上莫斯科公国的心脏地带，原来属于斯
拉夫运动的领导者阿克萨科夫家族。在成为艺术家聚集地之后，它
努力想恢复斯拉夫主义者所极力推崇的"真正的"（意思是以民间
为基础的）俄罗斯风格。艺术家们蜂拥而至，来这里学习古老的农
村手艺，并且将这些风格融入自己的创作。柯罗文和两位瓦斯涅佐
夫家族的人，波列诺娃和弗鲁贝尔、谢罗夫和列宾都是那里的活跃
分子。哈特曼死前在那里待了一年，建了一座工坊，还为村民建了
一座新俄罗斯风格的诊所。除了自身肩负着振兴农村手工艺的使命
之外，阿布拉姆采沃还是一个商业企业，如同它的创立者一举一动
无不打上商人的烙印。它的手工工坊迎合了莫斯科迅速扩大的中产
阶级蓬勃市场对新俄罗斯风格的偏好。其他几处中心也同样如此，
例如索洛缅科刺绣工坊、塔拉什基诺艺术聚集地和莫斯科地方自治
委员会设立的工作室，它们全都结合了工艺保护和商业开发。莫斯
科的中产阶级家里充斥着这些手工工坊生产出来的民间风格的餐具
和家具、刺绣和小工艺品。在高端市场有一些壮观的室内设计产品。
埃琳娜·波列诺娃（在索洛缅科）为莫斯科纺织大亨的夫人玛丽亚·雅
昆茨科娃的宅邸建造了一间有精致民间木刻装饰的餐厅（契诃夫在
这里度过了 1903 年的夏天，写作《樱桃园》）。谢尔盖·马柳金（在
莫斯科地方自治委员会工作室）为商人佩茨索娃设计了一间类似的
餐厅。然后还有那种最受民粹主义知识分子喜爱、略显简单但却同
样古色古香的民间风格。据艺术家弗拉基米尔·科纳舍维奇回忆，

他的识字课本是父亲在 19 世纪 70 年代特别设计的：“上面画满了各式各样的车轴、镰刀、耥耙、草垛、烘仓和打谷场。”

> 在我父亲书房的写字台前面有一张安乐椅，它有马轭形的靠背，扶手是两把斧头。座位上有一根皮鞭和一双用橡木雕刻的树皮鞋。最后还有一个微型的农家小屋立于写字台上。它是胡桃木雕刻的，里面塞满了烟卷。[96]

契诃夫喜欢作弄这种对“朴素”的狂热。在他的小说《跳来跳去的女人》（1891）中，奥尔加是莫斯科一名医生的妻子。她“给所有的墙壁都挂上了木刻的鲁伯画、树皮鞋和镰刀，房间的角落里放着一张耙，而且你瞧！她还有一个俄罗斯风格的餐厅”。[97] 然而契诃夫自己也购买艺术品和小工艺品。在他雅尔塔的宅邸（现在是个博物馆）有两个阿布拉姆采沃生产的衣柜，以及一把与科纳舍维奇的描绘很相似的安乐椅。*

　　通过这些艺术品和小工艺品，莫斯科的艺术家开创了他们所谓的“摩登风格”，即将俄罗斯的民间图案与欧洲的新艺术风格相结合。我们可以从 20 世纪初莫斯科建筑的奇特复兴中看出来，也许最为明显的是费多尔·舍赫杰尔为斯捷潘·里亚布申斯基所设计的漂亮宅邸，这座房子试图将一种简单甚至可以说简陋的风格与富豪所期望的现代奢华相结合。在它那极尽铺张的摩登客厅后面，偷偷隐藏着一个按古老的莫斯科风格建造的旧礼仪派小教堂。这座建筑完美地表达了这些商人阶层的分裂人格——一方面回头望着 17 世纪，一方面又大踏步地朝着 20 世纪走去。这确实是莫斯科的

---

* 在莫斯科的历史博物馆中，也有几把类似的安乐椅。它们全都是艺术家瓦西里·舒托夫（Vasily Shutov）设计的。——原注

矛盾之处——一座自我形象依然停留在传说中的遥远过去的进步城市。

　　为了迎合城里那些生意兴隆的商人需要，银匠和珠宝店也为莫斯科的时尚贡献了自己的力量。像伊凡·赫列布尼科夫和帕维尔·奥夫钦尼科夫（曾是谢尔盖·沃尔孔斯基的农奴）这样的工匠，制造出具有古代俄罗斯风格的银质餐具和茶炊、古代维京人船只形状的容器（kovshi，长柄船形酒杯）、酒具、饰品以及圣像罩。卡尔·法贝热加入了这些商号，并在莫斯科开设了几间工坊，为新兴的商人阶级生产他们需要的生活用品。法贝热在圣彼得堡的工坊生产的是古典和洛可可风格的珠宝，但它们只有沙皇和大公们才买得起。相比之下，莫斯科的工坊则主要生产中产阶级负担得起的银质饰品。这些莫斯科商号全都拥有一些特别有天赋的艺人，他们大多默默无闻或者直到今天都不为人知。其中有一位名叫谢尔盖·瓦什科夫的银匠，为奥洛维亚尼什尼科夫家族的莫斯科工坊制作宗教用品——后来又为法贝热工作。瓦什科夫汲取了中世纪宗教艺术的简单风格，并结合自己独特的时尚手法，创作出非常美丽而且融合了宗教艺术和主流文化（这种方式对莫斯科的复兴非常重要）的圣器。

　　尼古拉二世是瓦什科夫和法贝热的莫斯科工坊的主要客户。[98]瓦什科夫为皇村中费奥多罗夫村的仿中世纪教堂设计了银器，费奥多罗夫村是1913年为庆祝罗曼诺夫王朝300周年而在皇村建造的一个莫斯科主题公园。这时沙皇的统治正受到民主制度的挑战，末代沙皇在绝望之中努力想为君主制披上一件古老而神秘的合法性外衣，因而策划了这次纪念活动。罗曼诺夫家族希望通过回溯过去，能拯救他们于未来。尼古拉尤其把17世纪阿列克谢的沙皇国奉为圭臬。他视其为父权统治的黄金时代，那时的沙皇通过东正教信仰治理国家，完全不受现代国家种种复杂事务的困扰。他痛恨圣彼得堡，痛恨它的世俗理念和官僚作风，痛恨它那令"淳朴的俄罗斯老百姓"感到如此陌生的西方文化和知识分子，并试图给它那些欧洲古典式建筑加上洋葱式的圆顶和扇形山墙。叶卡捷琳娜运河边上的滴血大教堂正是在他的统治期间完工的。它那洋葱式的圆顶和色彩斑斓的马赛克，以及华丽的装饰都与周围的古典式建筑群显得格格不入，这座教堂是一件模仿莫斯科的俗气作品。然而，今天的游客却蜂拥而至，他们觉得看到了圣彼得堡明显缺乏的"真正"（外国人眼中的）俄罗斯风味。

　　跟教堂一样，莫斯科的艺术复兴令人联想起充满传说的过去。在 19 世纪的最后几十年里，向俄罗斯神话世界的回归成为一种大趋势，当时正值亚历山大三世统治时期和尼古拉二世统治的初期，审查制度越收越紧，写实派很难用艺术来批评社会或者政治。于是画家们（例如瓦斯涅佐夫、弗鲁贝尔和比利宾）转而从俄罗斯的神话传说中去寻找一种处理民族主题的新方式。维克多·瓦斯涅佐夫是第一位从现实主义绘画转向奇异的历史题材的重要画家。他毕业于彼得堡艺术学院，但据他自己坦白，他是搬到了莫斯科以后才做出这种转变的。"我来到莫斯科，觉得自己像是回到了家里，"他在写给斯塔索夫的信中说，"我第一次看到克里姆林宫和圣瓦西里大教堂时，泪水涌上了我的眼睛：它们是我的一部分，这种感觉如此强烈。"[99] 瓦斯涅佐夫的画作描绘了史诗时代不朽的民间传奇人物（例如伊利亚·穆罗梅茨），并以此来研究他们的民族性格。在圣彼得堡没有人会表扬他的艺术创作。斯塔索夫谴责他背弃了现实主义的原则。艺术学院公开指责他抛弃了古典的神话题材。只有莫斯科欢迎瓦斯涅佐夫。莫斯科的主要评论家一直以来就号召艺术家们从民间传说中汲取创作的灵感，而莫斯科艺术爱好者协会也证明了是瓦斯涅佐夫史诗性画作的重要代销者。[100] 米哈伊尔·弗鲁贝尔跟随瓦斯涅佐夫的足迹离开彼得堡，他先来到莫斯科，接着去了阿布

202

拉姆采沃，他在那里也创作以俄罗斯传说为题材的绘画。弗鲁贝尔与瓦斯涅佐夫一样，深受莫斯科气氛的影响。"回到了阿布拉姆采沃，"他在 1891 年写给他姐姐的信中说，"我又一次被包围了。我能听到我一直想在自己的作品中捕捉到的那种亲密的民族之声。"[101]

瓦斯涅佐夫和弗鲁贝尔将这个神话世界带到了他们所设计的色彩斑斓的马蒙托夫私人歌剧院，其契机源于阿布拉姆采沃。在阿布拉姆采沃的艺术家群体中，有一股强烈的集体主义精神，这种精神体现在他们业余为聚居地以及莫斯科的马蒙托夫宅邸所做的创作。伊丽莎白·马蒙托夫的侄子斯坦尼斯拉夫斯基回忆说，在创作期间"整座房子变成了一个巨大的工作室"，到处可见忙忙碌碌准备着的演员、画家、木匠和音乐家。[102] 这种合作的核心是融汇多种艺术手法的理想。瓦斯涅佐夫和弗鲁贝尔与作曲家（例如里姆斯基-科萨科夫）合作，有意识地将不同艺术在民间"俄罗斯风格"的基础上融合起来。瓦格纳的"总体艺术"（Gesamtkunstwerk）理念对他们有着深远的影响。里姆斯基甚至打算以俄罗斯的民间传说为基础，创作一组俄罗斯版本的《尼伯龙根的指环》——以伊利亚·穆罗梅茨作为斯拉夫的齐格弗里德*。[103] 但是马蒙托夫也有着同样独立的总体艺术作品理念。他认为一部成功的歌剧不能只依靠优秀的歌唱家和音乐，还必须与视觉和戏剧元素有机地结合在一起。1885 年，在沙皇最终解除剧院的国家专营（早在 1803 年宣布私人剧院为非法时，这种做法已经显得不合时宜），3 年之后，马蒙托夫建成了他的私人歌剧院。它立刻就成为莫斯科歌剧界的焦点，以演出新创作的俄罗斯歌剧为主，莫斯科大剧院因此黯然失色。瓦斯涅佐夫为里姆斯基的歌剧《雪姑娘》设计了生机勃勃、具有民间传统色彩的舞台，这部歌剧第一季上演便取得了巨大的成功。沙皇的贝伦代伊宫

---

* 瓦格纳的歌剧《尼伯龙根的指环》中的主人公。——译注

那巨大的洋葱头圆顶、民间风格的华丽装饰以及形状和颜色都很像
俄罗斯复活节彩蛋的奇异柱子，都是受到了莫斯科郊外科罗缅斯克
的木质宫殿的启发。整个场景使人联想起一个梦幻般的俄罗斯国度，
并使从未在舞台上见过类似民间艺术的观众感到狂喜和惊奇。剧院
的演出在 1896 年之后达到顶峰，这一年，伟大的男低音演唱家夏
里亚宾（当时还只是个 24 岁的小伙子）与马蒙托夫签了约。夏里
亚宾在圣彼得堡马林斯基剧院的发展受到了老一辈歌唱家例如费多
尔·斯特拉文斯基（作曲家斯特拉文斯基的父亲）的阻碍，但是马
蒙托夫相信他，并让他出演里姆斯基的歌剧《普斯科夫姑娘》中的
伊凡雷帝一角。1896 年至 1897 年私人剧院搬到莫斯科的索多洛夫 204
尼克剧院之后，这部歌剧是主要的演出剧目，演出取得了巨大成功。
里姆斯基非常高兴，而且由于尼古拉二世的明确命令（他想看一些
"快乐点"的歌剧），[104] 他的《萨阔特》刚刚被马林斯基剧院拒绝
了，因此他毫不犹豫便决定与马蒙托夫同甘共苦。里姆斯基，这位
19 世纪 60 年代的"强力五人组"成员，已经成为俄罗斯音乐界的
一根顶梁柱，并且在 1871 年之后成为彼得堡音乐学院的教授；现
在他也皈依了莫斯科的新民族主义流派。他最后的六部主要歌剧都
在马蒙托夫的私人剧院上演，它们都带有明显的新俄罗斯风格，其
中包括 1897 年的《萨德科》和《五月之夜》（由 24 岁的拉赫玛尼
诺夫担任指挥）、1899 年的《沙皇的新娘》，以及 1902 年的《不朽
的卡什切伊》。这些都是极为重要的作品——它们的视觉元素，以
及由柯罗文、马柳廷和弗鲁贝尔设计的鲜艳的民间风格的布景和服
饰，都有着强烈的感染力。它们对"艺术世界"的活动和俄罗斯芭
蕾舞团的理想结合有着重要的影响。实际上，1898 年的马蒙托夫已
经非常成功，于是他同意与人共同出资赞助佳吉列夫的评论性刊物
《艺术世界》。但是接着灾难发生了。马蒙托夫被控挪用铁路的资金
支持歌剧。审判于 1900 年进行，这是一次丑闻横飞的嘈杂审判。

马蒙托夫被无罪释放，公众同情他是一个热爱艺术的人，有时难免会控制不住自己（人们普遍这么认为）。但是他在经济上却彻底垮了。他的公司倒闭，私人剧院也关门了。马蒙托夫宣布破产，1903 年他在莫斯科宅邸的所有东西都被拍卖，其中就有一件由阿布拉姆采沃的农民所雕刻的木制火车站模型。[105]

第八节

1882 年国家解除对剧院的垄断之后，创办私人剧院成为莫斯科的一种风尚。例如女演员玛丽亚·阿布拉莫娃就在商人的帮助下创办自己的剧院，并承办了契诃夫的戏剧《林魔》的首演；20 世纪初，另外一位著名女演员维拉·科米萨泽夫斯卡娅在圣彼得堡拥有一家私人剧院。到目前为止，这些私人产业中最重要的，还是弗拉基米尔·涅米罗维奇-丹琴科和康斯坦丁·斯坦尼斯拉夫斯基于 1898 年创办的莫斯科艺术剧院。契诃夫最后几部伟大剧作都在这里首演。

斯坦尼斯拉夫斯基生于莫斯科一个"业已跨进文明门槛的"商人家庭，正如他后来所写的，"他们赚钱是为了用于社会和艺术事业"。他的外祖母是法国女演员玛丽·瓦利，彼得堡一颗耀眼的明星。尽管他的父母有能力举办奢华的舞会，他们基本生活在老派的莫斯科商人世界里。斯坦尼斯拉夫斯基的父亲（跟他的祖父）睡的是同一张床。[106] 学生时期斯坦尼斯拉夫斯基就参加了马蒙托夫的演出。这些经历使他相信，尽管自己在音乐、服装和道具布景上花费了巨大的精力，但是却没有在演技上下工夫，表演依然只是业余水平。

不只是歌剧，话剧的情况也一样。他每天在镜子前连续站几个小时，练习演技，并连续几年练习自己的姿势和举止，让它们看起来更加自然。他的著名"方法"（这就是"方法演技"这个词的由来）可以归结为一种自然主义。那是一种不是"表演"的表演——它们与现代对话（在这里停顿与说话一样重要）和契诃夫戏剧中的日常生活结合得天衣无缝。[107] 后来他的方法变得更加系统，拥有一系列帮助演员表达角色内心想法和情感的技巧。它们全都和回想演员自身内心的深刻经历有关。米哈伊尔·布尔加科夫在他那部未完成的讽刺作品《剧院情史》（1939）中，尖锐地挖苦莫斯科艺术剧院：剧中导演让演员绕着舞台骑自行车，来了解什么是激情。

斯坦尼斯拉夫斯基对独立戏剧的看法使他和剧作家、导演弗拉基米尔·涅米罗维奇–丹琴科走到了一起。两个人都笃信戏剧应该面向大众，应该上演一些讲述日常生活的戏剧。莫斯科艺术剧院原来的名字叫做"不设限艺术剧院"（the Accessible Arts Theatre）。为学生和穷人准备的廉价座位混杂在前排昂贵的座位中间。甚至建筑物本身，一座位于卡雷尼街（Karetny Row）的破败修道院，也透着一股民主的感觉。它的前身是一座马戏团演出场地，演员们首次搬进去的时候，四处还弥漫着一股啤酒的骚味。[108] 匆匆粉刷过之后，他们于1898年开始排演开幕戏——阿列克谢·托尔斯泰的《沙皇费多尔》（1868）和契诃夫的《海鸥》（1896）。

涅米罗维奇极为崇拜契诃夫的戏剧。这部戏在圣彼得堡遭遇可怕的失败；那里的观众要的是纯粹的喜剧。但是它在莫斯科艺术剧院简单而生活化的演绎下，却取得了成功。"公众都忘了是在看戏，"涅米罗维奇写道，"他们现在在舞台上看到的这些简单的人物所接触的都是'真实的'，毫不夸张。"人们"因为在场而感到很尴尬"，就好像他们在偷听一个普通的家庭悲剧。除了"幻想破灭和被残酷现实击碎的柔情之外，什么也没剩下"。[109] 这次演出使契诃夫的剧

206

本创作重新焕发出生机——由此他成为莫斯科备受欢迎的文学家。

安东·契诃夫生于俄罗斯南部塔甘罗格一个虔诚的旧式商人家庭，17岁便来到莫斯科，2年后，即1879年，他进入大学学习医学。他从一开始就爱上了这座城市。"我将永远是一个莫斯科人。"他在1881年的一封信中写道。[110] 作为一名经济困窘的学生和未来的医生，契诃夫非常熟悉城里的贫民区，而且一生都是妓院的常客。他首次涉足文学是为幽默小报和周刊写稿子（以Antosha Chekhonte为笔名），这些报纸和杂志的受众为莫斯科新兴的识字劳动者和小职员。他笔下是莫斯科的街头生活速写、关于爱情和婚姻的调侃讽刺，还撰写关于医生和法官以及生活在莫斯科贫困街区的小职员和演员的故事。当时有很多这一类的作家——最成功的是弗拉基米尔·吉利亚洛夫斯基，他于20世纪20年代创作的经典作品《莫斯科和莫斯科人》直到今天依然拥有广泛的读者，受到俄罗斯人民的喜爱——他们都还算得上是青年契诃夫的导师。但是契诃夫是第一位从廉价出版物脱颖而出的重要作家（19世纪的作家们，例如陀思妥耶夫斯基和托尔斯泰，都为严肃或者"厚实的"期刊写过文章，在这些期刊中，文学是与文学批评和政治评论结合在一起的）。他那著名的简洁文风，是为了适应坐火车上下班的通勤族的需要。

契诃夫对这些火车不陌生。1892年他买下了梅利霍沃，这个美丽的小庄园位于莫斯科南部，距离莫斯科有一小段距离。从这个时期开始，莫斯科常常成为他故事发生的背景——例如《三年》（1895）和《带小狗的女人》（1899）。然而读者也常感到这座城市可望而不可即。在他所有的伟大剧本中，莫斯科都是一个遥远的理想国，一个外省人触摸不到的天堂，而他剧中的角色都被困在生活的泥沼里，前进不得。契诃夫理解他们的幽闭恐惧症——他也渴望着到城市生活。"我想念莫斯科，"他在1899年写给索博列夫斯基的信中说，"没有了莫斯科人、莫斯科报纸和我所钟爱的莫斯科教堂的钟声，一切

207

都显得无聊透顶。"1903 年他写信给妻子奥尔加·克尼佩尔:"什么事也没有。我写信并不是为了什么。我只是在等你给我个信号,好让我收拾行装,来莫斯科。'莫斯科! 莫斯科! '这些话并非《三姐妹》的老调重弹:它们现在出自'一个丈夫'之口。"[111] 在《三姐妹》(1901)中,莫斯科象征着三姐妹生活中极度缺乏的幸福。她们渴望去莫斯科,她们在那里度过了欢乐的童年,当时她们的父亲还活着。但是,随着年轻的梦想逐渐被中年的辛酸失望所取代,她们困在一个外省小镇,无法离开。剧中没有清楚地解释她们为什么如此无力——这个事实使评论家们对这部戏失去了信心。"在第一幕结束的时候给三姐妹一张去莫斯科的火车票,不就完了吗?"曼德尔施塔姆写道。[112] 但那样的话就忽略了整部戏的主旨。三姐妹的问题是精神上的萎靡不振,而不是地理上的错位。日常生活的琐事令她们感到窒息,她们想过上一种更好的生活,并想象那样的生活就在莫斯科,但是她们心里很清楚,这样的生活并不存在。话说回来,三姐妹的"莫斯科"并不是一个传说中的国度(她们并非从未去过)——一个充满梦想,给她们以希望,让她们生活得有意义的城市。三姐妹的真正悲剧通过伊莲娜之口说了出来,当时她意识到这个天堂完全就是幻想:

> 我一直都在等, 想象着我们将搬到莫斯科去, 在那里我将会遇见命中注定的那个男人。我梦见了他, 还在梦中爱上了他……但这一切全都是胡话……胡话。[113]

话说回来,契诃夫的莫斯科是幸福和即将到来的美好生活的象征。作为一名俄罗斯人和自由主义者,契诃夫认为俄罗斯的前途在于进步和现代化——与穆索尔斯基 30 年前所见到的迟滞形象相差甚远。契诃夫相信科学和技术。他是一名训练有素的医生,倾向于寻找实际的解决方法，而不是求助于宗教或者意识形态。1894 年契诃夫含蓄地攻击了托尔斯泰，他说"电和蒸汽比素食更加符合人性"。[114] 进步是契诃夫戏剧中经常出现的主题。像《万尼亚舅舅》（1896）中阿斯特罗夫这样的贵族，或者是《三姐妹》中的韦尔希宁，都经常设想着俄罗斯的未来。他们希望有一天生活会好起来，并认为有必要为实现这个目标而工作。契诃夫和这些人有着同样的梦想，尽管他严厉批评了知识分子的只说不做。特罗菲莫夫，这位《樱桃园》中永恒的学生，嘴里总是说着"我们必须工作"，但是他自己却一件事情也没做过。契诃夫认为善意的唠叨是俄罗斯的祸害。他一生都着了魔似的工作。他相信工作就是生命存在的意义和赎罪的一种形式：这是他自己的宗教信仰的核心。"如果你只为现在工作，"他在笔记里写道，"那么你的工作将毫无意义。一个人工作时必须想着未来。"[115]《万尼亚舅舅》中最后那个动人的时刻，索尼娅所说的话也许就极好地体现了他的信条。她说，除了工作和苦难，别无选择，只有在完美的世界里才会有更好的生活。

> 那么，我们能做什么？我们必须活下去！我们将会活下去的，万尼亚舅舅。我们将度过一连串长长的白天和劳累的夜晚。我们将耐心地承受命运加给我们的考验；我们将为别人工作，从现在一直到老，而我们将没有休息。时间一到我们就会顺从地死去，到了那里，那个另外的世界，我们将会说我们受过苦，我们哭泣过，我们的一生都很悲惨，而上帝将会怜悯我们。接下来，亲爱的叔叔，我们俩将会开始过上一种既光明又美好的日子。我们将非常开心，我们将怀着柔情，面带微笑地回顾我们受过的苦难——我们将会得到休息。我相信是这样的，舅舅，我热切而坚决地相信……我们将会得到休息！[116]

　　契诃夫之强调工作的必要，并不仅仅是为"寻求生命意义"而开出的伏尔泰式药方。这是对从未真正认识到辛苦工作的意义，因而注定要走向衰落的地主阶级发出的批判。这也是契诃夫1904年为莫斯科艺术剧院所写的最后一部戏剧《樱桃园》的主题。人们通常将它理解为描写从古老迷人的贵族世界进入傲慢而现代、以城市为基础的经济社会的一部伤感戏剧。它的情节确实很容易让人想起自屠格涅夫以来就非常时兴的"贵族之家"情节剧。主人公拉涅夫斯基一家受债务所迫，不得不将他们的宝贵财物和资产（樱桃园）卖给一个名叫罗伯兴的商人，后者准备把这块地清理出来建造别墅，供莫斯科的新兴中产阶级居住。首次进行艺术指导时，斯坦尼斯拉夫斯基将这部戏诠释为一个伤感的悲剧：他的演员们第一次朗诵脚本时都哭了。没有人打算揭穿庄园那"美好旧时光"的神秘——它已变成一种民族神话。像《逝去的日子》和《城市与乡村》一类的杂志为了迎合这种热潮，刊登了许多关于古老贵族生活方式的梦幻般图景和怀旧回忆录。这些杂志的政治意图便是保留地主的庄园，它们不仅仅是一份资产、一种经济体系或者祖先的家园，而且还是一种受到城市的社会变革威胁而濒临灭绝的文明最后的据点。"我们乡下的安乐窝，"帕维尔·舍列梅杰夫伯爵告诉莫斯科地方自治委员会，"是一把古老的文明和启蒙火炬。上帝保佑它们成功，但愿它们能免受这些据称有利于社会公正的无谓运动的破坏。"[117] 假如契诃夫的戏剧写于1905年后，写于第一次土地革命席卷俄罗斯，成千上万的那些乡下安乐窝被农民一把火烧掉或者洗劫一空之后，那么我们也许可以用这种怀旧的方式来理解这部戏。但是契诃夫坚持认为这部戏应该按照喜剧的方式来演，而不是伤感的悲剧；这样看来，即使契诃夫再活上20年，《樱桃园》也只能诞生在此时。1905年革命以后，旧世界的消亡已经不再是戏剧里的主题。

契诃夫将这部戏称为一部"滑稽剧"。[118] 在整部《樱桃园》中，他在处理贵族"文明的生活方式"时都有着微妙的讥讽和有悖传统的意味。他在讽刺庄园那"美好的旧时光"的神话。当拉涅夫斯卡娅夫人滔滔不绝地谈论着旧日庄园的美丽或者她在那里度过的快乐童年时，我们总是会嘲笑她那陈腐而伤感的言词：这是一个她多年前就已抛弃的世界，当时她选择去法国。她迅速恢复常态，随后便将悲伤抛诸脑后，充分证明那悲伤和怀旧的过分夸张和虚假。这不是一个悲剧：它是对古老的贵族世界以及围绕在它四周的对俄罗斯乡村的狂热崇拜的讽刺。举个例子，我们应该如何看待彼什克这个人物？他竭力地赞美"生活在土地上的贵族"，然而机会一来，他立刻就把土地租给一些英国商人，这些人要的是它那种特别的土壤（毫无疑问，是为了在英国特伦特河畔的斯托克制造马桶）。我们应该如何看待如此看重古老宗法传统的拉涅夫斯基家族？他们的老管家费尔斯伤感地回忆着那些还未废除农奴制的日子（"那时的农民属于贵族，贵族也属于农民"）。但是当主人们都收拾行李离开，他却被留在庄园上。契诃夫自己极为鄙视这种虚伪的行为。他写作《樱桃园》期间寄居在莫斯科附近的玛丽亚·雅昆茨科娃庄园。"很难找到比这更丢脸的懒散、荒唐、乏味生活了，"他写道，"这些人活着只为了享乐。"[119] 另一方面，契诃夫把商人罗伯兴当成剧中的主角来描绘。他被描绘成一个诚实的商人，勤劳又谦虚，善良又慷慨，在他那农民的外表之下有着一颗真正高贵的心。尽管买下庄园（罗伯兴的父亲曾是这里的农奴）对罗伯兴来说是件稳赚不赔的事，但是他还是竭力说服拉涅夫斯基家族自己开发庄园，甚至不惜借钱给他们，帮助他们开发（毫无疑问，他一直都在借钱给他们）。这是俄罗斯戏剧舞台上首次出现的商人主角。从一开始契诃夫就想让斯坦尼斯拉夫斯基（他出身于一个有农民血统的商人家庭）演这个角色。由于注意到自己与这个角色的相似

210

性，斯坦尼斯拉夫斯基改为扮演软弱的贵族加耶夫，而将罗伯兴的角色留给了列昂尼多夫，这使罗伯兴成为普通商人的典型——肥胖，衣着没有品位（穿着格子长裤），说话既大声又粗鲁，一边还"挥舞着胳膊"。[120] 正如梅耶荷德所说的，这种效果使契诃夫的戏失去了主角："戏幕刚一拉上，观众就感觉不到'这个人'的存在，只留下一个对于'这种人'的印象。"[121]

莫斯科艺术剧院上演的《樱桃园》成为一种标准，把我们带离这部戏真正的构想——也带离了真正的契诃夫。因为种种迹象表明，不管是个人气质还是家庭背景，契诃夫都将自己看成是打破社会藩篱的局外人。跟罗伯兴一样，契诃夫的父亲是一名农奴出身的商人，211 他自学小提琴，还参加了教堂的唱诗班，1864 年成为塔甘罗格大教堂的唱诗班指挥。契诃夫与父亲一样努力。他知道普通人也可成为艺术家。他对古老的贵族世界毫不惋惜，他在最后一部戏里欣然接受了 20 世纪前夜出现在莫斯科的各种文化力量。

第九节

　　佳吉列夫在 20 世纪初去莫斯科的一次旅行中说，在视觉艺术方面莫斯科的一切都值得一看。莫斯科是先锋艺术的中心；彼得堡是"一座充斥着艺术闲话、学院教授和星期五水彩课的城市"。[122]这番话从一个受西方文化影响很深的爱国主义者口中说出来，是令人印象深刻的评价。但 1900 年的莫斯科确实是个值得一去的地方，当时俄罗斯的先锋艺术首次登上舞台。莫斯科和巴黎、柏林和米兰一起，成为世界艺术的主要中心，它所收藏的先锋艺术作品别有特色，既受欧洲潮流也受莫斯科传统的影响。它那进步的政治、轻松的气氛、嘈杂的现代生活方式和最新的科技——莫斯科的文化氛围中有太多给艺术家带来灵感、激发他们实验艺术的东西。诗人米哈伊尔·库兹明是另一位来自彼得堡的爱国主义者，他在这时期去莫斯科的一次旅程中这么写道：

　　　　莫斯科人的大嗓门、奇特的用词，他们走路时脚跟敲打地面的方式，鞑靼人外貌的高颧骨和眼睛，往上挑的胡子，令人震惊的领带，颜色鲜艳的马甲和外套，虚张声势和对自身观点与判断的执拗——所有这一切使我觉得：新人已经走到了前台。[123]

年轻一代的莫斯科商人接受现代艺术并且进行收藏。在使古老的俄罗斯朝着现代化方向转变的道路上，他们将其视为自己的同盟军。这些富裕商人的儿子都是年轻颓废的纨绔子弟，他们和莫斯科年轻的先锋艺术家一起混迹于放荡不羁的圈子，出入各个咖啡馆、俱乐部和聚会。诗人安德烈·别雷不无讽刺地回忆说，自由美学学会这个莫斯科最时髦的艺术家俱乐部被迫于1917年关闭，原因是"女富豪太多"。到处可见一对对的商人夫妇，别雷说，

212

> 先生们会将津贴交给那些像山羊一样锲而不舍想从我们这里捞好处的协会。各位太太则显得意兴阑珊，她们一个个就像维纳斯，披着薄如蝉翼的华丽轻纱，戴着闪闪发光的钻石首饰。[124]

这些年轻商人中，生活最为多姿多彩的要算尼古拉·里亚布申斯基，他以颓废的生活方式——"我喜欢美女，我爱上了许多女人"，以及在他莫斯科豪宅举办惊世骇俗的"黑天鹅"聚会而著名。通过《金羊毛》杂志及其1908—1910年间的一系列展览，里亚布申斯基推广了先锋艺术。在他的赞助下，莫斯科的象征主义画家形成了"蓝玫瑰"画派，这些画家协同他们文学上的同道以及像亚历山大·斯克里亚宾这样的作曲家，探索一种将诗歌、音乐、宗教和哲学相结合的艺术。里亚布申斯基还资助了著名的"方块J"展览（1910—1914），在这些展览上，40多位莫斯科最年轻和最出色的艺术家（康定斯基、马列维奇、冈察洛娃、拉里奥诺夫、连图洛夫、罗琴科和塔特林）向现实主义传统宣战，并用他们的艺术震惊了公众。展品

由一根破桌腿儿、一张铁片儿和几块玻璃壶碎片组成。画家们在自己的裸体上作画，并在莫斯科的街道上走来走去，以此来展示自己的作品。

　　评论家们怒火中烧。谢尔盖·亚博洛诺夫斯基说里面没有一件是艺术——连图洛夫听说这件事后，挤出一些赭色的颜料在一块白纸板上，将它陈列在他所批评的展览中，同时写上标题《谢尔盖·亚博洛诺夫斯基的脑袋》。[125] 在其他艺术形式的实验方面，莫斯科也处于领先地位。梅耶荷德从莫斯科艺术剧院的自然主义出发，拓展了象征主义戏剧的实验，他于1905年成立了自己的戏剧工作室，进行高度程式化的表演。斯克里亚宾是第一位尝试创作被后人称为"序列音乐"的俄罗斯作曲家（勋伯格、贝尔格和韦伯恩紧接其后）。斯克里亚宾启发了先锋派艺术家。斯特拉文斯基年轻时就受到斯克里亚宾很深的影响（1913年，他去拜访斯克里亚宾，当得知对方没有听过自己的音乐时不禁感到羞愧难当）。[126] 1962年，斯特拉文斯基自1917年革命之后首次踏足俄罗斯，他去了莫斯科的斯克里亚宾博物馆朝圣，得知那个地方已经成为先锋派电子作曲家的一个地下集会地点。斯克里亚宾的乐迷、作家鲍里斯·帕斯捷尔纳克*与他的好朋友、（自1906年起）同为莫斯科人的弗拉基米尔·马雅可夫斯基一起，开辟了诗歌的未来主义路线。他们在寻找一种新的诗歌语言，而他们在莫斯科街头的喧闹声中听到了这种语言：

　　　　一个玩杂耍的人

---

* 诗人鲍里斯·帕斯捷尔纳克的父亲列昂尼德·帕斯捷尔纳克是莫斯科的一位时尚画家，而他的母亲罗扎利娅·考夫曼则是一位著名的钢琴家。斯克里亚宾是这个家庭的亲密朋友。在他的影响下，少年鲍里斯学习了6年的作曲。"我喜欢音乐的程度超过了其他任何东西，而我喜欢斯克里亚宾的程度又超过了其他任何一位音乐家。斯克里亚宾是我的神和偶像。"——原注

从电车的嘴里

拉出铁轨，

藏在钟楼后。

我们被征服了！

浴缸。

淋浴。

一台电梯。

灵魂的胸衣敞开着。

双手燃烧着身体。

尖叫，或者不尖叫：

"我并不想……"——

痛苦

炙热地

燃烧着。

刺骨的寒风

从一根烟囱里

扯出

羊毛似的缕缕烟雾。

一颗光溜溜的街灯

性感地

脱下了

街道的

黑色丝袜。[127]

214

马列维奇称，马雅可夫斯基的《从街道到街道》（1913）代表了"立体派诗歌"的最好作品。[128]

　　玛琳娜·茨维塔耶娃也是一名莫斯科诗人。她的父亲伊凡·茨维塔耶夫是莫斯科大学艺术史教授，还是普希金造型艺术博物馆的创始馆长。因此，她和帕斯捷尔纳克一样成长在莫斯科知识分子中间。她的每一行诗都透露着这座城市的精神。她自己有一次写道，她早期的诗歌是想将"莫斯科的名字提升到与阿赫玛托娃的名字同样的高度……我想自己展示莫斯科……不是为了战胜彼得堡，而是为了将莫斯科献给彼得堡"：

> 圆顶在我歌唱的城市闪闪发光，
>
> 一个游荡的瞎子在赞美神圣的救世主大教堂，
>
> 我向你展示我们城市教堂的钟声
>
> ——阿赫玛托娃！——还有我的心脏。[129]

在与同为诗人的曼德尔施塔姆相识的这些年里，茨维塔耶娃也向他展示了她的莫斯科。"这是一份神奇的礼物，"诗人的妻子娜杰日达写道，"因为如果只有彼得堡而没有莫斯科，我们将不可能自由地呼吸，也不可能获得俄罗斯的真实情感。"[130]

　　1917 年之后，莫斯科超过了彼得堡。它成为苏联的首都、全国文化中心、一座现代城市，以及布尔什维克们希望建成的新工业社会的模范。莫斯科是先锋派、无产阶级左翼艺术家和构成主义者的工作室（如马列维奇和塔特林、罗琴科和斯捷潘诺娃，他们希望通过艺术来构建新的苏联人民和社会）。这是一座在生活和艺术上都拥有前所未有的自由和体验的城市，先锋派相信，倘若 20 世纪 20 年代他们能够看到自己理想的城市渐渐成形，那该多好。塔特林的"高塔"——他为第三国际在红场上设计的纪念碑，这个设计并未完成——表达了这些革命理想。它仿佛一个由钢铁建成、大踏步向前的巨人，那一层层的圆柱，就跟中世纪莫斯科的教堂一样，他的

215

这个模型象征着莫斯科的救世主角色，用《国际歌》副歌部分的一句歌词来说，就是"创造一个全新的世界"。从第三罗马的古老观念到苏联时期的第三国际领导，莫斯科在拯救人类的使命上只不过前进了一小步。

苏联时期的莫斯科极为自信，它的自信反映在 20 世纪 30 年代那些巨大的建筑工程、大规模生产的汽车、第一条地铁，以及那些社会主义现实主义"艺术"积极向上的形象之中。莫斯科古老的木质房子被推倒，教堂被摧毁。横贯市中心建设了一条崭新而宽敞的游行大道：古老的特维尔大街拓宽了（被重新命名为高尔基大街），旧市场的原址上建起了革命广场，而红场上的市场摊位也清理掉了。就这样，列宁陵墓，这座革命的圣坛，成为五一劳动节和革命纪念日那天大游行的终点。士兵们全副武装地从克里姆林宫（俄罗斯的神圣堡垒）前走过，这些大游行完全模仿了它们所取代的古老的宗教游行。甚至有计划要炸掉圣瓦西里大教堂，这样游行队伍就能不间断地接受站在列宁墓上观礼的革命领导人检阅，并一直向前走去。

斯大林就这样把莫斯科重新塑造为一座帝国之城——一座苏联的彼得堡——而且，莫斯科跟那座虚幻的城市一样，也成为世界末日神话的一个主题。在米哈伊尔·布尔加科夫的小说《大师与玛格丽特》（1940）中，魔鬼来到莫斯科，并使它的文化殿堂轰然倒塌；撒旦变成魔法师沃兰德降临了这座城市，他带来一群巫师和一只名为别格莫特的有特异功能的猫。他们的到来给这座城市造成了极大的混乱，因为在飞往麻雀山（另一个魔鬼拿破仑第一次见到这座城市的地方）之前，他们揭露了这座城市道德上的腐朽。跟他们一起飞走的还有一位年轻的莫斯科姑娘玛格丽特，她为了拯救敬爱的大师（大师写过一部遭禁的有关本丢·彼拉多*和基督审判的手稿），216

---

*　钉死耶稣的古罗马犹太总督。——译注

把自己献给了沃兰德。当他们的马跃向空中，向着天上疾驰而去时，玛格丽特"一边飞奔一边转过头来，发现不仅仅只是那些彩色高塔，整座城市都早已消失，一切都被大地吞噬了，原来的地方只剩下一些烟和雾"。[131]

　　然而纵贯整个 20 世纪，莫斯科依然是一座"家园"。它依然是一座母亲之城，一直都是，1941 年秋天希特勒向它发起进攻，它的人民为了保卫它而英勇奋战——纵然弃城并不是个问题，因为库图佐夫 1812 年已经放弃过这座城市，把它让给了拿破仑。25 万莫斯科人挖掘最后一道战壕，艰难地向前线运送食物，并在家里照顾受伤的士兵。孤注一掷的德国人被迫从莫斯科城下后退——这个地点位于今天从莫斯科到舍列梅捷沃机场的路上，那里依然矗立着一个巨大的铁十字架作为标记。被拯救的不是苏联的首都，而是母亲莫斯科。用帕斯捷尔纳克的话说，就是：

> 传说的轻雾将会笼罩一切，
> 就像装饰波雅尔镀金卧室
> 和圣瓦西里大教堂的
> 涡卷形花纹一样。
>
> 莫斯科最为
> 午夜的居民和睡梦者所珍惜。
> 这里是他们的家乡，一切的源泉
> 有了它，本世纪将会繁荣昌盛。[132]

第四章

与农民结合

俄罗斯中部的一条典型的只有一条主干道的村庄（约 1910 年）。内塔·皮科克摄，现藏于伦敦维多利亚与阿尔伯特博物馆照片展厅。

第一节

1874 年夏天，成千上万的学生离开莫斯科和圣彼得堡的讲堂，来到乡村，隐姓埋名，和俄国农民一起开始了新的生活。在与自己的家庭和故土划清界限之后，他们"走到人民中去"*，期待能在这里找到与自己有手足之情的新同胞。此前，这些年轻的先行者中很少有人到过农村，他们幻想这里是一片和谐之地，见证着俄国农民天然的社会主义属性。因此他们坚信能在农民中找到自己的灵魂伴侣，以及民主事业的奋斗盟友。学生把自己称作"民粹主义者""人民公仆"，他们把自己的全部都献给了"人民的事业"。其中一些人模仿农民的穿着打扮和言行举止，甚至对他们的"简朴生活"也身体力行。其中一位犹太同学，甚至戴上了十字架†，深信这样会使自己更贴近"农民的灵魂"。[1] 为了能对农民兄弟有所贡献，他们学起了手艺，并且拿起书本和小册子，教农民兄弟识字。通过融入农民

---

* "走到人民中去"是俄国 1860 年代掀起的民粹主义运动的口号之一。——译注
† 犹太教徒因为不承认耶稣基督是救世主，所以是不佩戴十字架的。——译注

的生活，分担他们的生活重担，这些年轻的革命者希望能赢得农民的信任，并唤醒他们对自己糟糕的社会地位的认识。

但是这并非一次普通的政治运动。"走到人民中去"是某种意义上的朝圣，加入其中的人无异于那些到修道院中寻求真理的修士。这些年轻的传道者由于优越的出身而心中充满愧疚。他们中的许多人对农奴阶层——那些在贵族豪宅中抚养他们长大的保姆和仆人——有一种个人的负罪感。他们的父辈靠压榨农奴的血汗获得财富和地位，他们希望能摆脱那个罪恶的世界，所以来到农村，怀着赎罪的心立志建设一个"新俄国"，在那里贵族和农民将在民族精神的重生中再次团结一致。通过献身于人民的事业，将农民从贫穷愚昧以及贵族和政府的压迫下解救出来，学生们希望能赎掉自身的原罪，即自己的贵族出身。著名民粹主义理论家尼古拉·米哈伊洛夫斯基写道："我们发现，只有在人民饱受苦难之后，我们才意识到普世价值的存在。我们欠人民的太多，这已经成为我们良心的沉重负担。"[2]

这些理想主义的美好希望源于农奴的解放。作家们，例如陀思妥耶夫斯基，把《1861 年法案》*与 10 世纪俄国成为基督教国家的转变相提并论。他们呼吁地主和农民抛弃原有的分歧，在同一民族的基础上重归于好。因为，正如陀思妥耶夫斯基在 1861 年写道："每个俄国人首先是一名俄国人，然后才属于某个阶级。"[3]知识分子应该认识到自己是"俄罗斯人"，并把向农民靠拢作为一项文化使命，教育他们成为公民，以民族文化为基础实现俄罗斯的统一。

就是在这一愿景下，学生走到人民中去。他们从小浸淫在欧式的贵族庄园和大学里，现在将来到一片陌生之地，体验一种基于"俄罗斯准则"、全新且有道德的生活。他们认为解放农奴是拯救俄国

221

---

* 1861 年沙皇亚历山大二世签署的废奴法案，结束了沙皇俄国的农奴制度。——译注

罪孽深重的过去，由此一个崭新的民族国家将应运而生。作家格列布·乌斯宾斯基参加了"走到人民中去"的民粹主义运动，并发誓从"1861 年起"开展新生活。"我完全不可能带着自己的过去继续前行……只有将过去一笔勾销，将留在身上的旧习惯全部抹去，我才能够真正地活着。"[4]

一些民粹主义者离开父母，住进了"劳动公社"，这里的一切都是公有的（有时甚至还包括情人），其理念来自激进评论家尼古拉·车尔尼雪夫斯基 1862 年所写的一部影响深远的长篇小说——《怎么办？》。这部小说向读者描述了新社会的宏伟蓝图。它成为年轻革命者的圣经，包括年轻的列宁，他说这本书改变了他的一生。大部分此类公社很快就解散了，因为学生根本无法忍受体力劳动的艰辛，更别说难以下咽的农家食物，而且关于财产与情事的纠纷总是没完没了。但是公社的精神、禁欲式的生活，以及学生从车尔尼雪夫斯基那里汲取的唯物主义信仰都留存了下来，成为他们对抗旧社会的精神力量。这种代沟也是作家屠格涅夫 1862 年出版的小说《父与子》（*Fathers and Children*，父辈与子辈，经常被误译为《父亲与儿子》[*Fathers and Sons*]）的主题。背景是 1860 年代早期的学生运动，青年被号召要以人民的名义行动起来抗议，从而与那些"40年代人"（指自由派作家，例如屠格涅夫和赫尔岑，这些人满足于批判现实而不是描绘未来）产生了冲突。19 世纪的俄国也有自己的"60 年代运动"*。

"在我们的文学作品中，我们早已为农民所折服。"1858 年屠格涅夫在给帕维尔·安年科夫的信中写道，"但我开始怀疑我们根本还不了解他们，对他们的生活也一无所知。"[5] 屠格涅夫的疑虑也是他对大学生的主要批评，他和当时其他人一样称他们为"虚无

222

---

* 此处是借指美国 20 世纪 60 年代，在越战背景下的青年反战和自由化运动。——译注

主义者"。但学生却与知识分子同样为"农民问题"感到纠结，这种情绪主宰了1861年后的俄罗斯文化。随着农奴获得解放，其他阶级不得不承认他们也是公民。一夜之间，关于俄国命运的老生常谈与农民的真实身份紧密联系起来。他们是好人还是坏人？能够用文明教化他们么？他们能为俄国做些什么？他们来自哪里？没人知道答案。正如诗人涅克拉索夫的著名诗句：

> 俄国深困远郊农地，这里万古沉寂。[6]

大批民俗学学者前来探索这些远郊农地。"对人民的研究就是我们时代的科学。"艺术史学家费多尔·布斯拉耶夫在1868年宣称。[7]人类学博物馆在莫斯科和圣彼得堡相继成立，用其奠基者之一、伊凡·别利亚夫的话来说，其目的是："让俄国人认识自己。"[8]博物馆中展示了农民的服装和生活用品，不同地区农家摆设的模型和照片，民众在看到这些后都大为吃惊。对他们来说那似乎是来自一个完全陌生的国家。农民问题成为当时最热门的话题，几乎涵盖了所有的严肃学科，包括地理、哲学、神学、语言学、神话学和考古学。

　　作家也专注于刻画农民的生活。用萨尔蒂科夫—谢德林的话来说，农民成了"我们时代的英雄"。[9]在19世纪初的俄国文学作品里，农民的形象大体上来说侧重情感：作为配角他们被赋予一般人的七情六欲，却很少独立思考。1852年屠格涅夫的名作《猎人笔记》出版后，这一情况开始改变。读者第一次在俄国文学作品中看到农民被刻画成一个有理性思维的个体，而不是过去千篇一律充满感伤情绪的牺牲品。在屠格涅夫笔下，农民既有能力操作实务，也心怀高尚的梦想。他对俄罗斯的农奴有着深切的同情，因为他的母亲对待家里的仆人十分专横和残酷。她在儿子成长的奥廖尔省拥有巨大的庄园，农奴们常常因为一些轻微的过错就遭到殴打，或者被送到

西伯利亚的流放地。在 1874 年发表的《普宁和巴布林》这部令人
胆战心惊的作品中，屠格涅夫描述了她母亲的专制。而 1852 年那
篇令人印象深刻的短篇小说《木木》，其中的女主人因为仆人的狗
吠叫不止，便下令将狗弄死。在公众对农奴以及改革问题的态度转
变上，《猎人笔记》发挥了至关重要的作用。后来屠格涅夫曾说过，
他一生中最骄傲的时刻是在 1861 年后不久，在一次从奥廖尔到莫
斯科的火车上，两位农民走到他面前，像俄国人习惯的那样向他深
深一鞠躬，表示要"代表全体人民感谢他"。[10]

　　所有这些关于农民的文学作品中，没有比民粹主义者尼古拉·涅
克拉索夫更激发人心的。涅克拉索夫的诗歌为农民的"悲伤与复
仇"发出了全新而真诚的呼喊。他最为振聋发聩的作品是其叙事长
诗《谁在俄罗斯能过上好日子？》，它后来成为民粹主义运动的圣歌。
他的诗歌吸引人不仅仅在于对于人民事业的支持，更在于他对自己
所出身的贵族阶级做了无情的批判。他的作品充满直接取材于农民
的口语化表述，而《在路上》（1844）或者《小贩》（1861）干脆就
是以农民的日常对话改编而成。那些 40 年代的人，例如屠格涅夫，
他们所受的教育使其认为农民的语言过于粗糙，无法称之为艺术。
他们指责涅克拉索夫"亵渎了神圣的诗歌"，[11] 但大学生却从他的
诗句中得到了启发。

　　农民问题或许是当时每个人都在关注的，但是没有人知道问题　224
的答案。正如陀思妥耶夫斯基所写：

　　　　关于人民的问题，以及我们怎样看待他们……是我们最重
　　要的问题，关乎我们整个未来……但是人民对于我们还只是一
　　个空泛的概念，还是一个未解之谜。我们这些号称热爱人民的人，
　　只是在纸上谈兵，我们爱的不是他们真实的样子，而是我们想
　　象中他们的样子。如果俄国人民和我们想象的不同，那么无论

此前我们如何宣称自己爱他们，也会毫无遗憾地将他们抛弃。[12]

每一种看法都会赋予农民某种美德，并进而标榜它为民族性的精髓。对于民粹主义者而言，农民是天然的社会主义者，他们身上的集体主义精神使俄罗斯和西方的资本主义国家区别开来。像赫尔岑这样的民主派视农民为自由的斗士，他们身上的野性是俄罗斯民族自由性格的最好见证。斯拉夫主义者则认为农民对国家充满感情，忍受苦难且谦卑地追寻真理和正义，就像传说中的民间英雄伊利亚。他们认为俄罗斯不需要向外国借鉴任何的道德准则，农村公社就是最佳见证。这一思想的奠基人之一康斯坦丁·阿克萨科夫声称："公社是一个集体，它的成员放弃了自我中心，放弃了个人主义，有着一致的追求；这是一种爱，是身为基督徒的高尚表现。"[13] 陀思妥耶夫斯基也认为农民是有道德的人，代表了"俄罗斯的灵魂"；他甚至曾经提出一个著名的论点，认为一个"厨房里的杂役"要比任何一个欧洲的绅士都高贵。他坚称，农民"将会指引我们新的道路"，别说要去教育他们，"反而是我们要向人民的真理鞠躬请教"。[14]

　　这个时候，俄罗斯国内在农民问题上形成了一种普遍的共识，或者说是一种思潮。过去西化派与斯拉夫派之间的争论现在逐渐平息，双方都意识到俄国需要在全盘西化与吸收本地传统之间找到一个平衡点。这种折中的观点早在 1847 年便苗头初现，当时西化派的代表、著名的激进派评论家别林斯基曾说：在涉及艺术的事务上，相比普世主义"我更愿意支持斯拉夫派的立场"。[15] 对于新一代的斯拉夫主义者来说，他们的观点在 1850 年代逐渐转变，认为"民族"包含社会所有阶层，而不是像他们的前辈所宣称的只存在于农民之中。有些人甚至提出了事实上和西化派毫无二致的观点，认为民族真正的竞争力在于公民，俄罗斯在世界的崛起仰仗于农民到公民的提升。[16] 简而言之，1860 年代的普遍看法是俄国应该像欧洲一样，

225

选择自由化改革的路线，但也不要和自己独特的历史传统完全割裂。人们应追随彼得大帝的脚步——带着农民一起。这就是陀思妥耶夫斯基和他的兄弟米哈伊尔在 1860 年代"根基主义"思潮中的基本主张。

民粹主义是这种融合下的文化产物，并且成为一种全民信仰。19 世纪对民俗文化充满浪漫主义情怀的关注席卷欧洲，其中以俄国知识分子最甚。就像诗人亚历山大·勃洛克在 1908 年，以一种略带讽刺的口吻写道：

> ……知识分子的书架上塞满了民歌、史诗、传奇、巫术、挽歌等文集；他们研究俄国的神话故事、婚礼和丧葬习俗；他们为人民心痛；他们走到人民中去；满怀希望；又感到绝望；为了人民的事业，他们甚至献出自己的生命，面临着死刑或者饿死的威胁。[17]

知识分子的天职就是为人民服务，就像贵族阶级的天职是为国家服务。知识分子笃信"人民的福祉"就是他们的最高利益，在此面前，其他所有的社会准则，例如法律和基督教教义都要靠边站，尽管后来他们许多人对此颇为后悔。这一观点当时十分盛行，甚至法院、政府和贵族中许多人都持这种观点。给农民带来解放的自由主义改革精神，继续在 1860 年代到 1870 年代影响着政府对农民的措施。随着农民脱离贵族的管辖，人们逐渐形成一个共识，就是现如今农民已经成为社会的责任：他们已成为公民。

1861 年之后，政府建立了一整套体系用来提升农民的社会福利，并使他们融入国民生活。其中绝大部分措施都是由地方自治委员会负责实施，这是 1864 年在各地区和省份建立的全新地方政府管理机构。地方自治委员会由家长式的乡绅领导，在托尔斯泰和契诃夫的作品中不乏这类乡绅的身影，他们是开明且好心的人士，梦想着将文明带进落后的乡村。尽管可利用的资源有限，他们还是建立了医院和学校，为农民提供兽医和农艺服务，修路架桥，给当地的工商业投资，为农村提供金融保险服务和贷款，还大胆进行各类数据普查，以为将来更深远的改革做准备。* 上流社会的绝大多数人都和地方自治委员会的这些开明乡绅一样抱有乐观的期待。家长式的民粹主义有个普遍特点，就是对人民和他们事业的同情。这让社会各界出身高贵的人支持学生的激进活动。

　　司法部长在给沙皇的一篇报告中，列举了1874年"疯狂之夏"中一系列愚蠢的活动：一位宪兵上校的妻子向她的儿子传递机密信息；一位富有的地主和地方官员藏匿革命活动的领导人；一位教授将一名煽动者介绍给自己的学生；几名国家议员的家人热烈地支持他们的孩子参加革命活动。[18] 甚至连屠格涅夫，这个认为农民问题的出路在于自由主义改革的作家，都不禁赞赏（或者说是嫉妒）那些革命分子的理想主义热情。[19] 他混进他们在法国和瑞士的圈子，甚至还给民粹主义理论家彼得·拉夫罗夫（他的作品鼓励了那些激进的学生）资金，帮助这位作家在欧洲出版杂志《前进！》。[20] 在1877年出版的小说《处女地》中，屠格涅夫描绘了那些响应拉夫罗夫号召的人。尽管他早已看透民粹主义者的虚妄，但还是表达对他们的敬仰。1876年这部小说完稿时，他写信给一个朋友说，这些年轻人"绝大多数有着良好的品质和真诚的内心，但是他们追求错误的方向且不切实际，必定将他们引入疯狂的深渊"。[21]

227

---

* 这些开明乡绅的希望最后全都落空了。1881年亚历山大二世遇刺后，由于视地方自治委员会为滋养激进主义的危险温床，新的沙皇亚历山大三世极大地削弱了他们的权力。许多参加"走到人民中去"活动的学生，最后都成为地方自治组织的雇员。他们担任老师、医生、园艺工或者数据普查员，而他们的民主政治主张引起警察的注意。警察突袭地方自治委员会的办公室，甚至包括医院和疯人院，搜查抓捕"革命分子"。他们甚至逮捕了一名教农村小孩识字的贵族妇女。——原注

事情的发展正如他所料。大部分学生在农民那里都遇到充满疑虑的猜忌或是敌意，他们谦逊地听学生宣传革命，但却并没有真正听懂他们说的是什么。农民对于学生的知识和城里人的做派感到厌倦，很多时候他们会向当地政府举报。后来成为俄国社会主义领袖人物的叶卡捷琳娜·布列什科夫卡娅，她在基辅地区和一位农村妇女一起住时，后者"看到我的藏书后吓了一跳，便向当地治安长官举报我"，她因此锒铛入狱。[22] 民粹主义者的社会主义观点对于农民来说是奇怪而陌生的，或许农民是无法理解他们解释这些概念时所用的词语。一位革命宣传者在给农民描述社会主义的美好未来时说，将来的土地将属于受苦受难者，没有人可以剥削别人。于是一位农民激动地喊道："简直太好了！我们可以把地分了！然后我就可以找两个雇工来干活，那日子得多舒坦啊！"[23] 至于说要赶走沙皇，农民则完全无法理解，那些视沙皇为神的化身的村民，甚至愤怒地谴责说："没有了沙皇，我们的日子可怎么过！"[24]

革命者被警察围剿后，要么被放逐，要么转向地下。民粹主义者由挫败而感到深深的绝望。他们为自己脑海中理想化的农民付出了太多个人感情，他们将自我救赎完全寄希望于"人民的事业"，然而这两点的幻灭，对他们的自我认同是个灾难性的打击。最极端和可悲的例子就是作家格列布·乌斯宾斯基，在认识到关于农民生活的残酷真相之后，他很多年一直无法调整自我，最后彻底发疯。而许多民粹主义者开始借着酒精逃避现实。他们突然明白，自己脑海中理想化的农民在现实中是不存在的，那只不过是一种理论或者神话，他们与真实的农民之间，有着一道不可逾越的文化、社会和知识的鸿沟。农民就像一个未解之谜，他们仍然不了解，或者永远也不可能了解。

228

第二节

　　1870 年夏天，伊利亚·列宾离开圣彼得堡，向着"未知之地"进发。[25] 同行的有他的弟弟和一个名叫费多尔·瓦西列夫的同学。他们搭乘汽轮，沿伏尔加河溯流而上，抵达莫斯科以东 700 公里的斯塔夫罗波尔市。这位年轻的画家原本是想做一些关于农民的研究，为他构思中以伏尔加河上的纤夫为主题的绘画做准备。这个想法最初来自 1868 年夏天，那时他第一次在圣彼得堡附近的伏尔加河畔看到辛苦劳作的纤夫。列宾最初的想法是用一群衣着光鲜的快乐野餐者来反衬这些可怜的人。如此一来，这就会是一幅当时广受俄国现实主义者欢迎的阐述性风俗画。但后来在朋友瓦西列夫的劝说下，他放弃了这种宣传主义手法。瓦西列夫是一名非常有天分的"巡回展览画派"风景画家，他说服列宾用自己的手法来描绘这些纤夫。

　　他们花了两年时间才获得经济援助和旅行许可，沙皇当局对这些以艺术为业的学生有着天然的不信任，害怕他们从事革命活动。希里耶夫位于萨马拉市附近，是一个可以俯瞰伏尔加河的小村庄，列宾在这里和那些曾是农奴的人一起生活了三个月。他的笔记本上画满带有民族学特征的素描，例如渔船渔网、家庭用品、布鞋和衣服等。村民不希望成为画家的绘画对象。他们相信当自己的形象被画在一张纸上，自己的灵魂就会被魔鬼偷走。有天他们发现，列宾正在试图说服一群农村女孩做自己画中的模特。他们愤怒地指责画家是在做魔鬼的工作，要求他交出"通行证"，并威胁要把他送到当地官府法办。那时列宾身上所带的唯一证件，是一封皇家美术学院的信件。信笺上醒目的皇家印章让人群冷静下来。"看，"乡村书记员仔细查看了他的"通行证"之后说，"是沙皇派他来我们这儿的。"[26]

后来，列宾设法花钱找到一群愿意作自己模特的纤夫。他和这些出卖苦力的人一起住了几个星期。与他们逐渐熟识，也开始了解每个人的个性。其中一个以前是圣像画家，另一个之前当过兵，还有一个叫卡宁的曾经是教士。他们在如此非人的劳役中浪费自己的才华，让列宾感到十分震惊。他们的身体被纤绳束缚，他们高贵的脸庞饱经风霜，对这名画家来说，这些纤夫"像是古希腊的哲学家，被当作奴隶卖给了蛮族"。[27] 他们身上的枷锁就是俄罗斯人民被压抑的创造力的象征。列宾认为卡宁"脸上呈现了俄罗斯人民的性格"：

> 他有着斯基泰人的脸，似乎有一种东方的古韵……看他的眼睛！多么深邃！……还有眉毛，如此浓密且有神……他像是一个巨大的谜团，而我正是深爱他这一点。卡宁头上缠着一条破布，身上的衣服满是自己打的补丁，没穿多久就又破了，但整个人依然充满尊严：他就像是一个圣人。[28]

在《伏尔加河上的纤夫》（1873）的定稿中，跃然纸上的就是这种人性的尊严。它是一幅杰出且具有革命性的画作。在此之前，即使在民主派画家阿列克谢·韦涅齐阿诺夫的作品中，农民也是被理想化

《伏尔加河上的纤夫》草稿。伊利亚·列宾画。1870 年。现藏于捷克国家美术馆（布拉格）。

或者浪漫化了。但列宾笔下的每个纤夫都有自己的生命，每张脸都
讲述自己的苦难。斯塔索夫认为，画中一个年轻纤夫调整自己纤绳
的动作，反映出俄罗斯人民中间隐藏的反抗力量。而陀思妥耶夫斯
基则称赞这幅画没有明显的倾向性，认为它是对俄罗斯民族特征写
实性的描绘。列宾的本意则很难判断，因为他毕其一生都在政治与
艺术之间挣扎。

　　列宾是"60 年代人"中的一员，这是叛逆的一代，不停探寻艺
术与社会的问题。在他所在的民主派圈子中，大家普遍认为艺术家
的责任，是通过对普通人真实生活的描述，吸引全社会对社会公正　230
的关注。这里还有一个全民性的目的：如果艺术是真实且有意义的，
其目的如果是为了教育人民如何感受与生活，那么每一个人都应该
知道，艺术是来源于普通人民的日常生活。这是斯塔索夫的论点，
而当时他是国家各类艺术学院不容置疑的精神导师。

　　斯塔索夫声称，俄国画家应该放弃模仿欧洲艺术，转而从自己　231
人民的生活中寻找艺术风格和主题。他们应该描绘"乡村和城市的
景象，故乡偏远的角落，被上帝所遗忘的小职员孤独的生活，孤坟
荒野、混乱嘈杂的集市，从朱门大宅或破陋小屋里涌出的所有快乐
和悲伤"，而不是只关注古希腊罗马或《圣经》中的题材。[29] 弗拉
基米尔·斯塔索夫自封为现实主义艺术的领头人。他引领了"巡回
展览画派"运动和"强力五人组"的民族乐派，称赞这两个学派脱
离欧洲艺术风格的影响，并极力促进其更加"俄罗斯化"。可以说，
在 1860—1870 年代，每一个艺术家和作曲家，或多或少都感到自
己处于斯塔索夫无所不在的掌控之下。这位评论家认为自己是将俄
罗斯文化带回世界舞台的掌舵人，而画家列宾、作曲家穆索尔斯基
和雕塑家安托科利斯基则是肩负这一重任的三驾马车。[30]

　　马克·安托科利斯基是来自维尔纽斯的一名贫穷犹太男孩，和
列宾同时进入艺术学院。1863 年，为了抗议古典主义的教条，他和

其他同学一共 14 人离开校园,成立了一个自由艺术家合作社。很快,
安托科利斯基凭着一系列反映犹太聚居区日常生活的雕塑而声名鹊
起,这些作品被反对艺术学院的人推崇为民主艺术的一次真正胜利。
评论家对 1867 年首次展出的《在西班牙宗教法庭被迫害的犹太人》
反响尤为热烈。斯塔索夫认为这是一个关于政治和民族压迫的寓言,
对犹太人和俄罗斯人有着同样重要的意义。[31]

　　列宾是安托科利斯基的同道。他也来自一个贫穷的农村家庭,
他的父亲来自乌克兰一个叫丘古耶夫的小镇,是军队辖下的农奴(相
当于隶属国家)。在进入艺术学院之前,他是一名圣像画家。和安
托科利斯基一样,他在圣彼得堡的精英社会中感到无所适从。两个
人都被伊凡·克拉姆斯科依所感染,他年纪较大,也是皇家艺术学
院的学生。克拉姆斯科依领导了 1863 年的起义,同时他也是一名
重要的肖像画家。他为许多文化巨匠画过像,例如托尔斯泰和涅克
拉索夫,但也画了许多不知名的农民。早期的画家,比如韦涅齐阿
诺夫,都把农民描绘成一个从事农业生产的对象。但是克拉姆斯科
依通过简单的背景衬托,更加注重面部表情的描写,吸引观众通过
人物的眼睛,来了解这些他们昨天还视为奴隶的人的内心世界。他
的画中没有农具,没有风景,也没有茅草屋或者其他民族学的细节
描绘,以免观众分散注意力,而是完全聚焦在画中农民的眼神上,
从而增加其中的文化冲击力。这种心理学聚焦在艺术史上完全没有
先例,不仅是俄国,连欧洲也一样。那时欧洲的艺术家,例如库尔
贝和米勒,都还在描绘农田里劳作的农民。

　　通过克拉姆斯科依和安托科利斯基,列宾在 1869 年得以进入
斯塔索夫的圈子,那时他正在为创作《伏尔加河上的纤夫》做准备。
斯塔索夫鼓励他要多创作一些乡村题材的作品,那时很多知名人物
对此都很感兴趣,包括特列季亚科夫和沙皇次子,弗拉基米尔·亚
历山德罗维奇大公。《伏尔加河上的纤夫》最终便是献给亚历山德

罗维奇，他还把这些饥肠辘辘的农民请到自己奢华的餐厅里共享美餐。在斯塔索夫决定性的影响下，1873 年《伏尔加河上的纤夫》大获成功之后，列宾又创作了一系列的农村题材画作。总体来说，这些画家虽然离政治较远，但在 1870 年代的语境之下，他们都算是民粹主义者，那时全社会都认为俄国的未来在于更充分地了解自己的人民和他们的生活。1873—1876 年，列宾进行了自己第一次欧洲之旅，回到俄国后，他立志要把自己对于文化的反思与俄国广大乡村联系起来，1876 年他给斯塔索夫的信中写道："这片广阔的土地被人遗忘，无人关心，被提及时只有嘲笑与轻蔑。但是这片真实存在的土地和上面的人民，过着比我们更为真诚的简朴生活。"[32]

穆索尔斯基跟列宾和安托科利斯基年纪差不多一样大，但他在10 年前，也就是 1858 年，自己才 19 岁的时候就已经成为斯塔索夫的门徒。作为巴拉基列夫最具历史眼光和音乐才华的学生，斯塔索夫非常看好他，并促使其转向民族主义的主题。斯塔索夫对于这名弟子在爱好和音乐手法上从没放松过监督。他扮演准父母的角色，经常去探望"年轻"的穆索尔斯基（当时已 32 岁）和里姆斯基-科萨科夫（27 岁），他们在圣彼得堡合租房子。他早上很早就到，叫他们起床，让他们洗漱，给他们拿衣服，为他们准备早茶和三明治早餐，然后，用他自己的话说，"我们就开始谈正事"。他会听他们刚刚创作的音乐，给他们新的历史资料和创作上的建议。[33] 在《鲍里斯·戈东诺夫》（增加了第四幕"克罗梅"的修订版）中所流露出来的民粹主义情绪，无疑是受到斯塔索夫的影响。总体来说，穆索尔斯基所创作的歌剧都与"人民"有关——如果俄罗斯人民被看作一个整体的话。甚至被斯塔索夫深深诟病，认为满是"贵族作风"[34]的《霍宛斯基党人之乱》，也被冠以"民族（人民）音乐"的副标题。穆索尔斯基在 1873 年写给列宾的一封信中，祝贺后者成功创作了《伏尔加河上的纤夫》，同时也解释自己的民粹主义手法：

我想要刻画的只有人民的形象：我睡觉时会梦到他们，吃饭时会想着他们，喝酒时能看到他们真切地站在我的面前，形象高大，毫无矫饰，没有俗艳的服饰。对作曲家来说，只要铁路还没有覆盖我们国土的每一个角落，人民的含义就有着无限的可能。[35]

但在斯塔索夫为他设立的民粹主义路线上，穆索尔斯基还是有一些不合拍的地方。这种种纠葛关乎总是与作曲家名声紧密相连的文化政治。[36]斯塔索夫在穆索尔斯基的生命中是极为重要的一个人。斯塔索夫发掘了他，给他提供了大部分作品的素材，如果不是斯塔索夫，在音乐方面，或许他一辈子在欧洲都不会为人所知，在死后肯定也会被淹没在历史的长河中。但是穆索尔斯基并不完全认可斯塔索夫的政治观点，他曾经对列宾解释说，他对人民的情感主要是在音乐层面。穆索尔斯基的民粹主义理念并非政治或哲学上的概念，而是关于艺术审美。他喜爱民乐，乐于把许多地方歌谣运用到自己的作品中。民歌中的衬腔式复调，旋律的转合，让其听起来像是赞美诗或者挽歌的段落分割方式，这些显著的特点成为他个人创作的一部分。总而言之，民歌成为穆索尔斯基翻新创作手法的借鉴，在《鲍里斯·戈东诺夫》中他首次运用，通过不同声部的此起彼伏或者不和谐音，来营造出副歌部分的衬腔复调，这在克罗梅一幕中最为成功。

234

穆索尔斯基执迷于将人的演说赋予音乐的效果。这就是他所说的，音乐要有"与人民交谈"的功能。但他的这一主张并没有政治目的。*依据德国文学史家乔治·盖尔维努斯的类似观点，穆索尔斯

---

* 这就是说，在这种语境下，他使用的"人民"一词实际是"liudi"——这个词是复数的个体——尽管经常被翻译为集体意义的大众（这是另外一个代表人民的词narod的含义）。

　　　　　　　　　　　　　　　　　　　　　　　　　　　　——原注

基认为人类的说话方式也遵循音乐的原理，也就是说讲话者通过一些音乐性的功能来表达情绪和内容，例如节奏、韵律、语调、音色、音量、语气等。他在 1880 年写道："音乐这门艺术的目的不仅仅在于用新的形式再现人类的情感，也在于再现人类的说话方式。"[37]他许多重要的作品,例如根据果戈理《索罗钦集市》创作的歌剧（未完成）和组歌《亲爱的萨维什纳》，就试图通过音乐来表现俄国农民独具特色的语言特质。听一下果戈理故事中的音乐：

> 你们一定听见过从远处轰轰然传来的瀑布声，那时惊扰的周遭充满着隆隆之声，奇妙而模糊的错杂的声音像一阵旋风似的迫近你们的身边。当人群汇合成一个巨大的怪物，在广场上，在狭窄的街上蠕动着躯干，喊着、笑着、喧嚷着的时候，不就是这同样的感觉一霎时把你们卷进乡村市集的旋风里去的么？叫嚣、咒骂、牛叫声、羊叫声、马嘶声——这一切交错成一片不和谐的噪音。公牛、麻袋、干草、茨冈人、瓦岗、女人、蜜糖饼、帽子——一切鲜明地、绚烂地、不调和地成堆晃动着，在眼前穿梭似的来往着。声调不同的谈话声互相淹没，没有一个喊声听得清清楚楚。从市集的四面八方只听到叫卖人拍巴掌的声音。一辆货车毁坏了，铁铧唧唧地响；木板枰的掷到地上；昏昏的脑袋不知道转到哪一边去才好。* [38]

235

在穆索尔斯基人生最后的几年中，他与导师之间的关系变得更加紧张。他退出了斯塔索夫的社交圈，他对城市艺术家比如涅克拉索夫嘲讽有加，几乎所有的时间他都在和那些贵族酒友，比如沙龙诗人戈列尼谢夫-库图佐夫伯爵和大反动派 T. I. 菲利波夫，一起饮

---

* 果戈理《狄康卡近乡夜话》，满涛译，人民文学出版社 2006 年版，第 14 页。——译注

酒作乐。这并不是说他变成一名右翼政治分子，和以前一样，他如
今依然对政治漠不关心。他认为他们"为艺术而艺术"的观点，摆
脱了斯塔索夫政治意味浓厚和理念先行的死板教条。穆索尔斯基身
上有一种特质，就是缺乏正统的学院派教育，或者说不受拘束、孩
子般的性格，这使他既依赖自己的导师，又一直试图挣脱他的控制。
从他写给列宾的信中可以看出这种紧张的关系：

> 就这样吧，光荣的头马！即使步调不一致，三驾马车已经
> 承担了自己责任！它还在继续前进……这幅大师（斯塔索夫）
> 的肖像简直画得太棒了！像是要从画里走下来，来到我们面前
> 一样！如果扫光上油之后又会怎么样呢？生命、力量……头马，
> 使劲拉！打起精神！我只是旁边的那匹，时不时拉几下，不让
> 自己看起来那么难堪。我害怕鞭子的抽打！[39]

同样，在艺术理解上，安托科利斯基也感觉有必要脱离斯塔索
夫的路线。他以厌倦城市艺术为理由，放弃创作《宗教法庭》，在
1870 年代前往欧洲游历。那时他的艺术风格转向纯净的主题，创作
《苏格拉底之死》（1875—1877）和《耶稣基督》（1878）等雕塑。这
让斯塔索夫非常恼火。他在 1883 年给安托科利斯基的信中写道："你
已经不再是代表仍在黑暗中仍被世界所遗忘的人民的艺术家了。你
的创作对象已经变成那些'贵族精英'，就是摩西、耶稣基督、斯
宾诺莎和苏格拉底。"[40]

就连列宾这匹"头马"，也开始摆脱斯塔索夫手中的缰绳：他
不愿意继续像纤夫一样拉动自己的伏尔加河驳船。他前往西方，被
印象派深深吸引，他的风格也转向法式肖像画和漂亮的咖啡厅街景，
与俄罗斯实用主义和理念先行的民族艺术相比，可以说是彻底背道
而驰。他从巴黎给克拉姆斯科依的信中这样写道："我已经忘记怎

236

么通过艺术作品来表达和传递价值判断，这一功用过去几乎要将我
吞噬，失去它我毫不惋惜；相反，我宁愿它再也不要回来，尽管在
我的故土我还是会变成原来的样子，在那里事情就是这个样子。"[41]
斯塔索夫谴责列宾的背叛，控诉他放弃了对祖国和同胞的艺术责任。
两人的关系在 1890 年代早期已经到决裂边缘，那时列宾回到艺术
学院，并重新评估自己对古典主义的看法，这相当于对整个民族主
义学派的否决。列宾在 1892 年写道："斯塔索夫热衷于野蛮人的艺
术，他喜欢那些跟在自己身后、鼓吹自以为深刻的人类真理的家伙，
那些渺小、肥胖、丑陋的半吊子艺术家……"[42] 他甚至一度和名为"艺
术世界"团体的画家（如亚历山大·贝诺瓦和佳吉列夫）眉来眼去，
希望追求纯净的艺术，而在斯塔索夫眼中这些人是腐朽堕落的代表。
但最后，列宾还是和斯塔索夫重归于好。不管法国艺术的光芒如何
吸引他，他知道自己没有办法无视自己祖国那些沉重的问题。

第三节

　　1855 年，托尔斯泰在牌局中输掉了自己最心爱的房子。他和克里米亚办公室里的同事连续两天两夜都在玩一种叫"俄罗斯十三张"的扑克，托尔斯泰一直都在输，最后他在日记中承认自己"输掉了一切"——位于亚斯纳亚–博利尔纳的房子。"我觉得写作毫无意义，我对自己感到恶心，我想忘了我的存在。"[43] 托尔斯泰大部分的人生都可以用这场牌局来解释。毕竟这也不是一座普通的房子，而是他出生的地方，在那里他度过了人生的前 9 年，这也是他心爱的母亲留给他的神圣遗产。1847 年他父亲过世时，他继承了 2000 英亩土地、200 名农奴和这栋沃尔孔斯基家族的老房子，那一年托尔斯泰 19 岁。这座老房子并没有什么了不起，那时候房子墙上的漆已经开始脱落，屋顶漏雨，游廊破败，院里的英式花园由于长时间疏于打理也已杂草丛生。但不管怎样，这栋房子对托尔斯泰来说依然十分珍贵。他在 1852 年给弟弟的信中写道："不论多少钱我也不会卖掉这座房子，这是我最不愿意放弃的东西。"[44] 然而为了偿还赌债，他不得不要卖掉这座自己出生的房子。为了留住它，他卖掉了自己另外 11 座村庄，连同里面的农奴、木场和马匹，但筹的钱仍然不足以让他走出困境。最后这座房子卖给当地的一名商人，被拆掉后分批出售。

托尔斯泰搬进一栋附属于老沃尔孔斯基庄园的小房子。似乎是为了弥补自己令人鄙夷的赌博过失，他下决心要把这里改造成一个模范农场。在这之前他就做过类似的尝试。1847 年他刚刚以少东家的身份来到这里时，怀着对农民利益的牵挂，他就立志成为一名模范农场主，并身兼画家、音乐家、学者和作家。这也是他 1852 年的作品《一个地主的早晨》的主题。这是一部未完成的长篇小说，内容是关于一个地主（也就是托尔斯泰本人）来到农村寻找幸福与公正，结果发现仅凭理想根本不行，只有为那些处境不如自己的人努力争取利益才能实现。最开始，托尔斯泰决定为自己农庄的农奴减低税赋，结果他们并不信任他，拒绝了他的提议。这让托尔斯泰十分恼火，他低估了农奴与贵族之间的阶级鸿沟。于是他离开农村，来到莫斯科享受上流社会的生活，之后又在高加索地区参军。但是1856 年他回来的时候，社会上充满了改革的气氛。沙皇告知贵族要做好解放农奴的准备。怀着新的决心，他再次来到农民中，决心要"活在真实中"。他厌恶自己过去的生活，那些吃喝嫖赌宴乐无度的日子，充满富人的龌龊事，不事劳作，毫无目标。和那些"走到人民中去"的民粹主义者一样，他发誓要开始新的生活，一种基于农事劳作和阶级友爱，充满道德真理的生活。

1859 年，托尔斯泰在亚斯纳亚-博利尔纳建立了第一所农民子弟学校，到 1862 年增至 13 所。老师大部分是那些持革命观点而被学校开除的大学生。[45] 沙皇任命托尔斯泰为地方长官，前去落实解放农奴宣言，结果因为支持农民的土地诉求，他把他的所有同事（图拉本地的乡绅）都给得罪了。在他自己的庄园上，托尔斯泰分出相当大的一部分土地给农民，在全俄国没有任何一个地方在执行废奴宣言时有如此慷慨的表现。似乎托尔斯泰迫切地想要把自己的财富

托尔斯泰在雅斯纳亚—波利纳亚的庄园。摄于 19 世纪末。

给分出去。他梦想着能够放弃自己的特权，从而活得像个农民。有一阵子他甚至真的这样去尝试了。1862 年他和新婚妻子索尼娅定居在亚斯纳亚-博利尔纳，他解雇了所有的佣人，并亲自开始照顾农务。但这次试验彻底失败。托尔斯泰不屑于喂猪，结果他故意把猪都饿死了。他不知道怎样做火腿，怎样打黄油，什么时候耕地锄草，没多久他就受够了这种生活，要么跑到莫斯科快活，要么把自己锁在书房，把所有的劳动都留给雇工。[46]

　　然而他对农民生活依然念念不忘。在学校里他会给村民子弟们讲："让我告诉你们我最近的决定，我决定放弃我的田产和贵族生活，去当一名农民。我要在村边给自己盖一所茅屋，娶一个农村妇女，和你们一样在田地上耕作：锄草、犁地，还有其他所有的农活。"当孩子们问他要怎样处理自己的田产时，他说他会把地都分了。"我们应该共享这些土地，所有人平均分配。"孩子们又问，如果人们嘲笑他一无所有，他会感到羞愧么？托尔斯泰严肃地答道："为什么要感到羞愧？自食其力有什么好羞愧的？你们的父亲告诉过你们要为自己的劳动感到羞愧么？没有。一个人靠着勤劳与汗水，养活自己和家庭，是一件值得羞愧的事情么？如果有人嘲笑我，我会这样回答他们：一个靠双手劳动的人没有任何可笑的地方，反而是那些游手好闲却过得比别人好的人才应感到羞耻。这些才是我感到羞愧的事情。我吃喝、骑马、弹钢琴，却依然感觉空虚，我对自己说：'你真是个懒鬼。'"[47]

　　这是他内心真实的写照么？他说这些话，是为了让这些将要成为农民的孩子对自己的辛劳感到自豪，还是说他真的要加入他们的生活？托尔斯泰的生活充满了矛盾，他一直都在做贵族还是农民之间摇摆不定。一方面他接受了贵族的精英文化，《战争与和平》就是这一世界的映射。在写这部非凡巨著的一些时候，例如1863年一所乡村子弟学校解散那一天，托尔斯泰会对农民阶级完全失去信心，认为他们是无药可救的人。他们既不能被教育，也让人无法理解。最早开始写初稿的时候，他发誓这本书只会描述"王公贵族、大臣、议员和他们的孩子"，因为，作为一名贵族他无法理解一个农民，就像他无法理解"在挤奶的时候牛会想什么，或者在拉车的时候马会想什么"。[48]另一方面，他一生都在致力批判精英世界可耻的特权，尝试要靠"自己额头辛勤的汗水"生活。对于简朴生活的追求是他作品里一项永恒的主题。拿贵族列文为例，这个《安娜·卡列尼娜》里热爱农民的绅士，就是一个根据托尔斯泰本人的生活与梦想塑造的角色，基本就是他本人的自传体。谁能忘记当列文在农田里加入割草的农民，成为他们劳作队伍里一员时的幸福？

240

　　　　吃过早饭后，在割草的队伍中，列文没有站在之前的位置。现在他一边是一个此前曾经略带嘲弄地与他搭讪，后来邀请他作为邻居的老人，另一边则是一个去年秋天刚刚结婚，今年夏天第一次割草的年轻农民。

那个老人站得笔直，迈着大步向前走，两脚迈着八字，均匀又准确地挥舞着镰刀，看起来似乎毫不费力，就像一个人在走路时摆动手臂一样。他把草堆成又高又平的草垛，好像就是儿童的游戏般轻松自如。锋利的刀刃好像自动掠过鲜嫩多汁的青草一样。

列文后面是年轻的米什卡，这个长着喜人稚嫩脸庞的年轻人，头发里夹杂着几根草屑，每一次出手都要付出巨大努力，但每当有人看他的时候，他都会报以微笑。他宁愿马上死去，也不愿意承认这项劳动对他来说过于辛苦。

列文站在他们两人中间。在大热天里这项劳动看起来似乎没有多么艰苦。满身的汗水让他感到一丝凉爽，阳光晒在他的背上、头上、手臂上，给他的劳作增添了不懈的活力和力量；他越来越多地体会到一种忘我的状态，在那个时候可以不用去想自己在做什么。镰刀似乎自己就会割草。这些都是让人快乐的时刻。[49]

托尔斯泰享受和农民在一起。在他们面前，他获得了强烈的情感和情欲上的快感。他们胡须上"春天般的气息"让他狂喜。他喜欢亲吻这些农民。而农村女子对他来说完全不可抗拒，她们在肉体上强烈吸引着他，由于他拥有"绅士的特权"，往往他也能够得逞。托尔斯泰的日记里记载了许多他在自己庄园里征服女奴的记录。根据习俗，在与新娘索尼娅结婚的前一夜，他向新娘展示了一篇日记（就像列文向吉提做的那样）*："1858 年 4 月 21 日。美好的一天。在

---

* 沙皇尼古拉二世、小说家弗拉基米尔·纳博科夫和诗人弗拉基米尔·霍达谢维奇也向他们的妻子展示过类似的日记。——原注

花园和井边与农民妇女做爱。我好像着魔了一样。"[50] 托尔斯泰外
貌并不英俊,但他却有着强烈的性欲,除索尼娅为他生的 13 个孩子,
他至少还是自己庄园村子里十几个小孩的父亲。

　　但有一个女子并不只是他猎艳的战利品。22 岁的阿克西尼
亚·巴齐吉娜是他手下一个农奴的妻子,1858 年托尔斯泰第一次
遇见她。"对她的爱是我此生之前从未体会过的,"他在日记中写
道,"今天在树林里,我像是个禽兽一样。她古铜色的脸,她的眼
睛……让我别无所想。"[51] 这不单单是肉欲。他在 1860 年写道:
"这超越了肉体的欲望,更像是丈夫对妻子的感情。"[52] 很显然,托
尔斯泰认真考虑过与阿克西尼亚在某个"村边的茅屋"里开始一段
新生活。那时屠格涅夫经常来拜访他,他也写到托尔斯泰"在和一
个农奴热恋中,不愿意探讨文学"。[53] 屠格涅夫与自己的农奴也有
几段风流韵事,其中一个甚至给他生了两个孩子,因此他应该完全
理解托尔斯泰的感受。[54]1862 年与索尼娅结婚后,托尔斯泰试图
与阿克西尼亚断绝关系。在他们婚后的头几年里,托尔斯泰不知
疲倦地创作《战争与和平》,也就不可能再到小树林里晃荡去寻找
阿克西尼亚。但是到了 1870 年他又开始与她联系。她为他生了个
儿子,名叫季莫菲,后来到亚斯纳亚-博利尔纳当了一名车夫。在
那之后很长的时间里,托尔斯泰一直梦见阿克西尼亚。甚至在他人
生的最后一年,也就是他们初次相遇半个世纪之后,他仍然回忆起
第一次见到这个农村姑娘"裸露双腿"时的愉悦,他会"想象她仍然
活着"。[55] 这已经远不是普通的绅士与农奴之间的感情了。阿克西
尼亚是托尔斯泰"没有名分的妻子",在她年老之后,托尔斯泰依
然深爱着她。传统意义上来讲,阿克西尼亚长得并不漂亮,但她身
上有一种特质,一种精神力量和活力,让所有村民都对她喜爱有加。
托尔斯泰写道:"没有她,轮舞就不是轮舞,妇女不再歌唱,孩子
也不懂玩耍。"[56] 托尔斯泰视她为俄国农民妇女身上所有美好品质

241

的化身，她骄傲、坚强、隐忍，这是他在好几部作品中对她的描述。例如短篇小说《魔鬼》。这篇小说讲述了男主人公婚前和婚后与一个女子的情事。令人印象深刻的是，托尔斯泰很有可能不知道该怎样结束这个故事，这部作品曾经出版过两种结局——男主人公杀死了女子；男主人公选择了自杀。

242

　　托尔斯泰自己生活中的问题却依旧没有解决。1870 年代中期，在"走到人民中去"运动到达顶峰时，托尔斯泰经历了人生中的一次重大精神危机，这使得他和学生们一样，希望在农民中寻求救赎。根据他《忏悔录》（1879—1880）记述，之前为他生活提供价值支撑的事物——家庭幸福和艺术创作——突然间变得毫无意义。没有一个伟大哲学家的思想能给他带来慰藉。东正教和它充满压迫的教会让他完全无法接受。他想到了自杀。但突然间他意识到了可以安放自己信仰的宗教，那就是俄国农民艰辛坚忍的公社集体生活。"这就是我生命的全部，"他在给表弟的信中写道，"这就是我的修道院，是我能逃离焦虑，远离生命中的疑虑和诱惑，寻求平安的庇护所。"[57]

　　但即使在精神危机过后，托尔斯泰依然摇摆不定：他把农民理想化，乐意与他们待在一起，但常年以来却无法脱离传统的社会准则，把自己真正变成一个农民。很多时候他只是在扮演一个农民。当他出去骑马的时候，他会换上农民的装束，这一形象也为全世界所熟知：农民的衣衫和腰带，农民的裤子和草鞋。但当他去莫斯科或者和朋友们一起吃饭的时候，他会换上自己定制的衣服。白天时他会在亚斯纳亚-博利尔纳的农田里劳作，晚上则会回到自己的大房子，享用戴着白手套的佣人端上来的晚餐。画家列宾在 1887 年来拜访他，为这位大作家创作第一批肖像画。作为一个出身卑微的人，列宾对托尔斯泰的行为十分反感。他回忆说："花一天时间到农民中感受一下他们的疾苦，然后就宣称'我和你们在一起'，这是不折不扣的虚伪。"[58] 而且农民对这种行为也不买账。4 年以后，在 1891 年大饥荒最严重的时候，列宾又去拜访了托尔斯泰。托尔斯泰坚持要向他展示"怎样用农民的方法犁地"。列宾回忆说："好几次有亚斯纳亚－博利尔纳的农民经过，他们摘掉帽子向托尔斯泰鞠躬问候，然后径直走开，似乎对他的劳作视而不见。但后来又来了一波从其他村子来的农民，他们驻足观看了挺长时间。然后一件奇怪的事情发生了。我这一辈子，从来没有在任何一个淳朴的农民脸上看到如此鄙夷的神情。"[59]

243

托尔斯泰也意识到这种摇摆不定的立场，他许多年来也为此痛苦不已。作为一名俄罗斯作家，他感到艺术家有责任领导人民并为他们提供启蒙。这也是他为什么主持修建农民学校，将自己大量的精力用于创作乡村故事，并创立了一家出版社（"媒介"）为农村不断增加的读者印刷经典作品（普希金、果戈理、列斯科夫和契诃夫等作家的作品）。但同时他的观点也在转变，他认为社会要以农民为师，而自己和其他不道德文明的子民们则对世界毫无用处。通过在农民学校里教书，他总结说农民比贵族具有更高的道德智慧，他用农民再自然不过的公社集体生活来阐释这个观点。在《战争与和平》中，农民卡拉塔耶夫也是这样教育皮埃尔的：

> 据皮埃尔了解，卡拉塔耶夫没有牵挂，没有朋友和爱人，但是对于生活带给他的一切，尤其是所遇到的人，他都充满热爱与激情。他并不特别关注某个具体的人，而是所有那些他碰巧遇到的。对于皮埃尔来说，他深不可测，是纯粹和真理完整且永恒的精神化身。[60]

随着时间的流逝，托尔斯泰尽力活得越来越像个农民。他学会怎样自己制作鞋子和家具。他放弃写作，转而到田间从事劳作。在改变自己从前的生活方式时，他甚至主张禁欲，成为一名素食主义者。有时候在晚上，当从莫斯科前往基辅朝圣的人群经过他的庄园时，他会加入他们，一起走上几英里，然后带着更坚定的信仰，赤脚在第二天一大早走回来。他说："是的，这些人认识上帝。尽管他们有这样那样的迷信，例如对于春天的圣尼古拉和冬天的圣尼古 拉 的 崇 拜（St. Nicholas-of-the-spring and St. Nicholas-of-the-winter），或者是对三手圣像（Troeruchitsa）的崇拜，但是他们比我们离上帝更近。他们过着勤劳守德的生活，他们淳朴的智慧在很多方面比我们虚伪的文化和哲学要优越许多。"[61]

第四节

　　1862 年，托尔斯泰在克里姆林宫的圣母安息大教堂举办婚礼，迎娶了索尼娅·贝尔斯，她的父亲安德烈·贝尔斯是莫斯科克里姆林宫的常驻医生。后来《安娜·卡列尼娜》中基蒂和列文那场壮观的婚礼便是取材自托尔斯泰自己婚礼的场景。和那个年代许多贵族一样，他们的婚礼也结合了东正教的礼仪和农民的习俗。而且用基蒂的母亲，谢尔巴茨基公爵夫人的话来说，"在婚礼中所有的习俗都应该严格遵守"。[62] 确实，人们可以把这场婚礼的描写当作一种民族志，从中了解俄国人生活方式的特殊之处。

　　普希金《叶甫盖尼·奥涅金》中有一段每个俄国人都耳熟能详的对话，深陷爱河的塔季扬娜问自己的保姆是否恋爱过。这位农村妇女讲述了一个悲伤的故事，说她在 13 岁时，嫁给了一个之前从没见过、比自己还小的男孩：

　　　　"得了吧！我们完全不是一个世界的人！我们从来没有听说过爱情。为什么，我那天杀的婆婆差点没把我害死！""那你为什么要结婚呢，奶妈？""我想可能是天意吧……亲爱的，那年我才 13 岁，可我的万尼亚比我还小。整整两个礼拜，媒人每天都会来我家，直到我父亲同意把我嫁出去，并向我祝福。我当时吓坏了，眼泪不停地流；我一直在哭，他们解开了我的辫子，然后唱着歌把我送到了教堂门口。

　　"他们就这样把我交给了陌生人……但是你根本都没有在听啊，亲爱的。"[63]

这个场景概括了俄国社会中两种文化之间的冲突。受欧洲影响的塔 245
季扬娜认为婚姻就像文学作品中描写的那样浪漫，而她的保姆则从俄罗斯民间家长制的观点出发，把个人感情和选择爱情的权力看作奢侈的舶来品。托尔斯泰在描写基蒂的婚礼时也表现了这一冲突。在婚礼中，多莉眼含热泪地回忆了自己和斯捷潘·奥布隆斯基之间的爱情，"她忘记了现在的一切"（指他在爱情上的不忠），"只回想起自己年轻纯真的爱情"。这个时候，教堂入口处站着一群市井女人，她们"屏息凝神、激动不已"地围观新郎新娘在婚礼上宣誓。我们来听听她们都在聊些什么：

　　"为什么她的脸上都是泪痕？她是不得已才要出嫁的么？"
　　"不得已？看新郎的条件多好！他不是个公爵么！"
　　"那个穿着白色绸缎的是她姐姐么？你听那教会执事在大声宣告：'妻子，要顺从你的丈夫！'"
　　"那是丘多夫斯基教堂的唱诗班么？"
　　"不是，是西诺达尔内教堂的。"
　　"我问过仆人了，他好像很快就把新娘子直接带回乡下的家去。他们说新郎非常有钱。所以她才嫁给他。"
　　"不是吧，我觉得他们两个挺般配的啊。"

……

　　"可怜的新娘子，就像一只盛装打扮、随即用来献祭的小羊羔。随便你怎么说吧，我真替这个小姑娘感到难过。"[64]

基蒂或许并不认为自己是"献祭的羊羔"，她与列文之间是有真爱的，但是对于索尼娅来说，她或许会在自身经历与这些街头妇女中间找到一些共鸣。

　　索尼娅嫁给托尔斯泰的时候只有 18 岁，以欧洲的标准来看她还非常年轻，但在俄国却并非如此。18 岁实际上是 19 世纪俄国女性的平均结婚年龄，这甚至要远低于当时西欧未实现工业化的地区，那里的女性通常较早结婚（平均年龄约为 25 岁）。[65]（过去 300 年来，除了俄国，欧洲其他国家女性的平均结婚年龄都没有低于 20 岁，在这一方面，俄国更符合亚洲地区的文化特点。[66]）因此，塔季扬娜的保姆即便在 13 岁——俄国当时教会法规定的最低结婚年龄——就结婚，也并没有什么特别的。农奴主也希望自己的农奴早点结婚，好生出更多的奴隶；老一辈的农奴也期待以此缓解身上的经济负担。有时候农奴主还会强迫农奴早婚——管家会让男孩儿女孩儿站成两排，通过抓阄的方式来决定哪两个人进行婚配。[67] 上层社会（但不包括商人）的女孩会更晚一些成婚，尽管在一些外省地区稚气尚未完全褪尽就成为新娘的贵族女孩也并非罕见。索尼娅应该会十分同情玛丽亚·拉耶夫卡娅（谢尔盖·沃尔孔斯基的妻子）的遭遇。玛丽亚 35 岁就成了寡妇，当时她已经是 17 个孩子的母亲，第一个孩子出生的时候她才只有 16 岁。[68]

　　俄罗斯农民包办婚姻的习俗一直持续到 20 世纪初。农民的婚礼并不是两个相爱的人之间的结合（"我们从来没有听说过爱情。"塔季扬娜的保姆回忆道），而是一项集体仪式，使这一对新人以及他们的新家庭与家长制的乡村文化和教会紧密联系。严格的社会规

246

范决定了选择伴侣的标准：不酗酒、勤快、健康、有能力生养孩子，这些比长相或者性格更加重要。按照俄国人普遍的做法，当秋天婚配的季节到来，新郎的家长会指定一个媒人，让他为儿子在附近的村子里物色合适的对象，并在"检查所"(smotrinie)审查新娘的情况。如果第一步通过的话，两家人便开始就新娘的彩礼、嫁妆、双方财务状况、婚宴开支等问题进行谈判。当所有这些都达成共识以后，两家人会在全体村民的见证下，碰杯正式立下婚约，同时还会唱一支典礼歌并跳上一段轮舞。[69] 从这些歌曲幽怨的曲调来看，新娘对自己的婚礼并无期待。俄国各式各样的祝婚歌，大多数都是关于新娘的哭泣与哀伤，用 20 世纪民歌学者达尔(Vladimir Dal)的话来说，是"哀悼自己逝去的少女时光"。[70] 这些将在春天被农村姑娘一遍又一遍唱着舞着的，都是关于出嫁之后夫家生活的哀怨和苦涩：

247

> 他们强迫我嫁给一个蠢货
>
> 他还有七大姑八大姨，
>
> 哎哎哎呀！
>
> 他有个妈，有个爸，
>
> 还有三个姐姐四个哥，
>
> 哎哎哎呀！
>
> 我的公公说：家里来了个大笨熊！
>
> 我的婆婆说：家里来了个小娼妇！
>
> 我的大姑小姑喊着：家里来了个吃白食的！
>
> 我的大伯小叔哼着：家里来个扫把星！
>
> 哎哎哎哎呀！ [71]

在农村婚礼习俗中，新郎新娘很大程度上只是任人摆布的角色，他们要严格遵守社会规范中高度程式化与戏剧化的仪式。婚礼前夜，新娘身上保护其处女贞洁的贞操带会被取下，然后在澡堂里由村里的姑娘们帮她洗澡。新娘这次沐浴有着极其重要的象征意义。人们会唱起传统的曲子，召唤澡堂里传说能守护新娘及其孩子的神灵。新娘用浴巾擦干身体后，浴巾里拧出的水会被拿去发面，用来制作婚宴上供宾客食用的饺子。澡堂仪式的高潮，是新娘头上的大麻花辫被解开，重新编成两条小麻花辫，这象征着她展开了婚姻生活。在东方文化中，女性暴露头发是一种强烈的性暗示，俄国农村所有已婚妇女都会把头发藏在头巾或者其他头饰下面。农村公社里新娘的贞操意味重大。只有新娘的处女身份得到确认（不是靠媒人的手指就是查看床单上的落红），她家人的名誉才得以保全。由宾客见证新娘的破处在婚宴上十分常见，有时宾客们甚至会将新郎新娘扒光衣服，用绣花毛巾将他们的腿绑在一起。

248

　　直到 20 世纪，在上流社会仍然可以寻得这种家长制文化的踪迹。熟悉奥斯特洛夫斯基戏剧的人都清楚，在商人中间，这种来自农村的习俗非常活跃。在欧洲普遍转向自由恋爱之后相当长的时间里，俄罗斯贵族依然保留着包办婚姻的传统；尽管在 19 世纪自由恋爱对俄国的影响越来越大，但却从未真正成为指导婚姻的关键因素。即使在受过最好教育的家庭中，父母依然在儿女的婚姻选择上有着最终决定权，那时回忆录式的文学作品中充满了儿女反抗父母干涉婚姻的故事。到 19 世纪末，父亲也很少会决定不插手儿女的婚姻；因此，出于对传统文化的尊重，追求者也往往会先征得对方父母的同意再提出求婚。

　　在外省地区，上流阶层往往更受农村文化影响，贵族家庭甚至很晚才接受欧洲的自由恋爱习惯。通常都是由准新郎的父母向准新娘的父母提亲。[72] 谢尔盖·阿克萨科夫的父亲就是如此，谢尔盖的祖父向他的外祖父提亲成就了他父母亲的婚事。在 18 世纪和 19 世纪，许多贵族家庭保留了请媒人相亲的农村习俗，审查新娘的做法也是——尽管这一习俗的形式变成一次例行晚餐，餐桌上作为客人的男方家长可以见到主人深闺中的女儿，如果他认可的话，会当场就向女方家长提出结为姻亲。[73] 婚约往往也是在双方贵族家庭成员的见证下达成。1780 年代谢尔盖·阿克萨科夫的父母举行订婚宴会，邀请了全部的亲属前来参加，这正是受农民习俗的影响。[74] 贵族间订立婚约是件非常复杂的事情，18 世纪 90 年代订婚的伊丽莎白·里姆斯基–科萨科娃如此回忆。通常都要在"了解行情的人"的安排下，经过几个礼拜的准备，最终举办一场隆重的订婚仪式，双方家庭的亲戚都要参加。仪式上要做祷告、下聘礼，新郎新娘还要互相交换画像。[75]

249

　　莫斯科是外省贵族联姻的中心市场。莫斯科的秋季舞会是农民和媒人们在秋天这个婚配季节里有意举办的活动。因此《叶甫盖尼·奥涅金》中有人建议塔季扬娜的母亲说：

> 莫斯科是未婚妻的集市！
> 那儿，听说，有的是空位子！ * [76]

普希金就是在莫斯科的秋季舞会上认识了妻子娜塔丽娅·冈察洛娃，那时她才只有 16 岁。根据 19 世纪初传记作家 F. F. 维格尔的回忆：

> 那时在莫斯科有大量的媒人，贵族小伙子可以通过他们寻找对象，只需要告知自己心仪新娘的年龄和其他条件就可以了。这些媒人会在贵族聚会上开展自己的业务，尤其是秋天外省贵族纷纷前来莫斯科寻找合适新娘的时候。[77]

---

* 《叶普盖尼·奥涅金》，普希金全集（四），智量译，浙江文艺出版社 1997 年版，第 214 页。
　　　　　　　　　　　　　　　　　　　　　　　　　　——译注

《安娜·卡列尼娜》中，列文就是前往莫斯科向基蒂求婚。他们的婚礼仪式融合了教会圣礼和民间习俗。基蒂离开父母家，带着象征家族的图章前往教堂去见列文（和托尔斯泰结婚时一样，列文参加婚礼时迟到了，因为他的仆人弄错了他的衬衫）。按照习俗规定，新郎新娘的父母不能参加典礼，因为按照教义的理解，婚礼是一对新人离开世俗家庭，加入教会大家庭的仪式。和所有俄国的新娘一样，基蒂是由自己的教父教母陪伴，他们在婚礼上的任务是帮助司祭将婚礼圣饼交给新郎新娘，用家族的图章祝福他们，然后为他们戴上"婚礼的皇冠"：

> 当教士把皇冠递到他手上，谢尔巴茨基戴着有三个扣子的 250
> 手套，双手颤抖着把皇冠举到了基蒂的头顶，这时他只听到四
> 面八方传来一句："戴上吧！"
> "戴上吧！"基蒂微笑着低声说道。
> 列文仔细看着她，然后被她美丽的表情迷住了。他不禁被
> 她的情绪感染，心情变得和她一样愉快。
> 怀着轻松的心情，他们听着诵读《使徒行传》，司祭大声朗
> 诵最后一节诗篇，此时外面的群众都已经等不及了；同样怀着
> 轻松的心情，他们喝掉了温暖的红酒和浅杯中的水，当司祭甩
> 开圣带，拉起他们两个的手，让他们站在诵经台两边，用低沉
> 的声音大声说道"要喜乐！弥赛亚！"的时候，他们两个的心
> 情更加激动了。帮忙扶着皇冠的谢尔巴茨基和契利科夫也愉快
> 地微笑着，不时被新娘的裙摆绊住。每次司祭只要一停步，他
> 俩要么落在后面，要么撞到新郎新娘的身上。基蒂心中愉快的
> 心情似乎感染了教堂里面每一个人。列文似乎觉得教士和司祭
> 和他一样想要笑出声来。
> 把皇冠从他们头上摘下以后，司祭念了最后一段祷文，然后

祝福了这对新人。列文瞄了基蒂一眼，心想她之前从没像今天这样可爱过，脸上洋溢着幸福的光芒。列文渴望着能跟她说点什么，但又不确定典礼是不是已经结束了。这时司祭到他身边，和蔼的面容上带着微笑，轻声对他们说："新郎，亲吻你的新娘吧！新娘，也请亲吻你的丈夫。"然后从他们手中取走了蜡烛。[78]

"加冕仪式"（venchane）——也就是婚礼在俄国的叫法——象征着这一对新人结成新家庭或家庭教会（Domestic Church 是《圣经》里的一个专有名称，表示基督信徒家庭含有教会性质）时从圣灵那里领受的恩典。皇冠通常由树叶和花朵做成。这是象征着喜悦与牺牲的皇冠，因为对于每个基督徒来讲，婚姻需要双方的付出与牺牲。当然，皇冠也有更世俗的含义：老百姓管新郎新娘分别叫"沙皇"和"皇后"，而箴言里婚宴的意思就是"为国王准备的盛宴"。[79]

　　传统的俄国婚姻是父权制。丈夫的权力靠着教会的教义、民间习俗、教会法规和民事法律得以巩固。根据《1835 年法律摘录》，妻子的主要义务就是"服从丈夫的意志"，在任何情况下都与丈夫同住，除非他被流放到西伯利亚。[80] 政府和教会赋予了丈夫专断的权力，认为他对妻子和家庭的绝对权威是神的旨意和自然规律的一部分。康斯坦丁·波贝多诺斯切夫，这位大反动派、神圣宗教会议最高检查长、前两位沙皇的私人教师声称："丈夫与妻子结为一体，丈夫是妻子的头。妻子不能高于自己的丈夫。这是我们所制定的法律条文的基本原则。"[81] 实际上，俄国妇女在法律上有掌控自己财产的权利——这个权利应该是在 18 世纪确立的，这使得她们在财产权这一方面要优于同时期的欧洲和美国妇女。[82] 但在继承家庭财产方面，妇女却又处于明显的劣势；她们没有权利要求分居或者挑战丈夫的权威；并且，在没有严重的身体伤害的情况下，她们甚至

251

不能保护自己免受家庭暴力。

"哎哎哎哎呀！"新娘的哀怨并不是无病呻吟。农民的妻子注定要经历痛苦的人生——以至于她们的生活已经变成农民苦难的象征，被 19 世纪的作家广泛使用，用来突出俄国人民生活最糟糕的部分。和欧洲农民相比，俄国农民的家庭规模要大得多，通常都会包括 12 人以上的家庭成员，丈夫的父母、兄弟与他们各自的家庭一起住在同一屋檐下。年轻的新娘在刚进这个家门时，通常都会被指派做最辛苦的活计，比如跑腿和煮饭、洗衣服、带孩子，她们的待遇和农奴并无二致。在性事上，她们不光要屈从于自己的丈夫，甚至还要忍受公公的骚扰。因为古老的农村习俗赋予了长辈在儿子不在时亲近儿媳身体的权利。另外就是家庭暴力。几个世纪以来，俄国农民都宣称拥有殴打妻子的权力。俄国的谚语中关于这类暴力的说法随处可见：

"用斧子把儿揍你媳妇儿，然后趴下来听听看她是不是还在喘气，要是的话，那她就是装的，想要你再揍她几下。"

"媳妇揍得越狠，汤就越好喝。"

"像打皮大衣那样揍你媳妇，那样就能少听她唠叨几句。"

"媳妇儿有两次最让人喜欢：刚嫁进门的时候和抬出去下葬的时候。"[83]

对于那些视农民为天生的基督徒的人（基本全部知识分子都可以归入此类）来说，这种野蛮的行为是个问题。陀思妥耶夫斯基试图用辩解来绕过这一问题，他说应该用"他们渴求的神圣事物"来判断人，而不是"他们时不时的兽行"，这只不过是他们的表面，是"千百年来被压迫所蒙上的污垢"。但即使这样，陀思妥耶夫斯基在面对殴打妻子这一问题时也无法自圆其说：

你见过农民殴打自己的妻子么？我见过。一开始他用绳子

252

或者皮带。农民的生活中毫无审美的乐趣，比如音乐、戏剧、
杂志等；自然，这种空虚需要被填满。于是，他们就把自己的
妻子绑起来，或者两腿夹在地板的缝隙中，然后我们善良的农
民兄弟就开始有条不紊地、冷酷地甚至是心不在焉地，一下接
着一下打下去，完全无视妻子的惨叫与哀求。或者他会听妻子
的叫喊，但却是带着快感。打妻子的快感来自哪里呢？……鞭
打的速度越来越快，越来越狠，打的次数早就数不清了。他越
打越兴奋，越来越合自己心意。眼前被殴打这个人动物般的哀
鸣像是伏特加一样刺激着他的大脑……最后，她慢慢安静下来；
她不再尖叫，只剩呻吟，呼吸越来越急促。这时鞭打来得更快
更凶猛。突然他扔掉手中的皮带，顺手拿起一根木棍，或者树枝，
或者随便什么东西，令人惨不忍睹地狠狠地在她背上落下最后
三击，棍子应声断掉。够了！他停了下来，在桌边坐下，喘了
一口气，然后又喝了一杯。[84]

打老婆在贵族阶层中十分罕见，但在 16 世纪俄国人关于家庭
生活的《治家格言》一书中，父权作风还是十分常见。亚历珊德拉·拉
布齐娜，一个小贵族家庭的女儿，1771 年 13 岁时嫁给一个在婚前
从未谋面的男人。她的父亲已经过世，母亲也已病重，结婚前母亲
给她的教导是"在所有的事情上顺从自己的丈夫。"结果她的丈夫
是个禽兽，婚后残忍地虐待她。她被关在房间一锁就是几天，而丈
夫要么是和自己的侄女行为不轨，要么出去和狐朋狗友酗酒嫖妓。
他不准她去参加自己母亲的葬礼，保姆病重时也不允许她前往探望。
和其他此类人渣一样，她的丈夫先是被发配到彼得罗扎沃茨克的煤
矿做工，后来又到了沃尔孔斯基曾被流放的地方，西伯利亚的涅尔
思琴克。远离了社会约束，他虐待妻子的行为愈发残忍。在一个寒
冷的夜里，他把赤裸的妻子锁在谷仓，自己则在屋里和妓女寻欢作

253

乐。她怀着基督徒的温顺承受着这一切，直到丈夫最终死于梅毒。回到俄国后，她嫁给了皇家艺术学院的副院长。[85]

拉布齐娜所受的虐待或许异常残忍，但滋生这种行为的父权文化在 19 世纪下半叶之前都极为盛行。例如庄园主玛利亚·亚当，她有一个姑姑在坦波夫省，19 世纪 50 年代嫁给了一个临近的庄园主。结果她发现丈夫和她结婚完全是为了霸占她的财产。两个人刚刚完婚，他立马就让婚姻生活变得难以忍受。姑姑后来逃到侄女这里来寻求庇护，但丈夫追来，威胁说要"活活剥了她的皮"，并鞭打前来劝阻的女佣。在闹得天翻地覆之后，玛利亚带着自己的姑姑和被打得不成人样的女佣来到省长这里寻求帮助，但省长拒绝受理，打发她们回去。接下来的三个月，她们都住在玛利亚家里，从屋里把门堵死，每天忍受前来滋事的姑丈的挑衅。直到 1855 年社会氛围变得宽松，新的省长上任之后，经过地方议会批准，她的姑姑才得以离开丈夫独自生活。[86] 这类离婚十分罕见，在 19 世纪 50 年代，全俄国每年只有区区 50 多例，即使在 19 世纪剩下的几十年里，每年的离婚案例也不会超过数百宗，远低于同时期欧洲的离婚数。[87]直到 1917 年之前，俄罗斯教会仍掌管婚姻和离婚事务，顽固地抵制欧洲放松离婚法的潮流。

在《安娜·卡列尼娜》中，当基蒂的婚礼接近尾声时，司祭让 254
一对新人走上一块玫红色的丝绸地毯，他们将在那里领受圣餐。

尽管在之前，他们都听说过谁先踏上这块地毯，谁就是一家之主的说法，但不管是列文还是基蒂，在走向红毯之前都没有考虑这些。他们甚至没有听到身后巨大的议论和争吵声，有人坚称列文是第一个踏上红毯的，而另外一些人则说他们是同时踏上去的。[88]

托尔斯泰认为基蒂与列文的结合是完美的基督徒爱情：两个人彼此为了对方而活，而靠着这种爱，他们又活在了基督里。托尔斯泰一生都在追求这种完美的结合，这种归属感。这一主题贯穿了他的文学作品。他曾一度认为自己在军旅生活中找到了这种归属感，但后来却讽刺军队中所谓的"兄弟情义"，并号召废除军队。接着他在莫斯科和圣彼得堡的文人圈子里寻找这种感情，但最后也以批判告终。在一段相当长的时间里，他坚信自己问题的答案就在神圣的婚姻里，他的许多作品也表达了这一理想。但在真实生活中，他的这一理想再次落空。他的自私总是成为婚姻的障碍。或许托尔斯泰将自己和索尼娅的婚姻视作列文与基蒂婚姻的真实写照，但现实生活却并非如此。在托尔斯泰的婚姻里，关于谁先踏上那块地毯是不容置疑的。这位伯爵先生在与妻子的关系上与那些农民可谓如出一辙。他与索尼娅婚后的前 8 年，索尼娅为他生了 8 个孩子（从索尼娅的日记来看，在她生产完身子还没有完全恢复的时候，托尔斯泰就又向她提出性要求）。索尼娅还担当他的私人秘书，常常在夜里长时间为他誊写《战争与和平》的手稿。后来托尔斯泰承认自己"表现糟糕且无情，就像所有的丈夫对待自己的妻子那样。我把所有苦活累活，我们称之为'女人的工作'都给了她，而自己却去打猎和取乐"。[89] 出于对自己行为的厌恶，托尔斯泰开始质疑爱情是否为婚姻的基础。这也是他从《安娜·卡列尼娜》到《克鲁采奏鸣曲》（1891）再到《复活》（1899）等一系列小说的核心主题。安娜注定要自我毁灭，她并不是这个社会的牺牲品，而是自己激情的牺牲品（就像托尔斯泰自己那样）。尽管她为了追求自己对渥伦斯基的爱情，失去了自己亲生的孩子，做出巨大的牺牲也遭受巨大的苦难。但她却犯了为爱而活的原罪。托尔斯泰在一篇题为《论生活》的文章中表明了自己的态度，文中他探讨了那些只为自己活着的人身上的矛盾，他们追求个人的幸福，但幸福却只有为他人奉献时才能出现。这也

255

是列文在婚姻生活与家庭生活中所学到的：幸福在于你所付出的
爱；我们只能在和自己生活在一起的同类身上找到幸福。托尔斯泰
并没有在自己的婚姻中找到这种幸福，但他却认为他在农民的身上
找到了。

第五节

1897 年，俄国社会卷入了一场由一篇文章所引发的讨论风暴。契诃夫一篇名为《农民》的文章讲述了一个莫斯科的服务员生病后带着妻子和女儿回到了农村老家，结果这个赤贫的家庭因为突然要多养几口人而对他心生怨恨。最后这个服务员悲惨死去，他的遗孀也因为短暂的农村生活而被折磨得身心憔悴，农民生活毫无出路，她带着这样的印象回到了莫斯科：

> 夏天和冬天的几个月中，在一些日子里这里的人们活得比牲口还要差，他们的生活简直糟糕透了。他们粗野、狡猾、肮脏、酗酒，互相没完没了地争吵与口角，完全不尊重别人，彼此毫无信任、互相恐惧。是谁开的酒馆让农民天天醉如烂泥？是农民。是谁贪污了村子、学校、教会的公款，然后用来买酒喝？是农民。是谁打劫邻居放火烧房，在法庭上为了一瓶伏特加就谎话连篇？是谁第一个在地方议会或者此类会议上对农民破口大骂？是农民。和这些人一起生活简直糟透了；不过，他们总还算是人，

和其他人一样受苦哭泣，而且每件事总是有让人谅解他们的
理由。[90]

关于好人农民的神话被这个故事击碎了。农民此时走下了神坛，他 256
们只是由于贫穷折磨而变得粗鲁的野蛮人，身上并没有成为社会道
德模范的特质。民粹主义者批判契诃夫说他并没有反映农民生活的
精神本质。托尔斯泰说这篇文章是"对人民的犯罪"，并且批评契
诃夫并没有深入了解农民的内心。[91]斯拉夫主义者大骂这完全是对
俄国的诽谤抹黑。但当时开始在社会上发声的马克思主义者却赞扬
说，这篇文章揭示了资本主义城镇的兴起所导致的农村衰落。反动
派对这篇文章也喜闻乐见，他们说，因为文章证明了农民最大的敌
人就是农民自己。[92]

　　一篇文学作品能够在全社会掀起如此轩然大波，乍看之下的确
是件奇怪的事情。但契诃夫摧毁的，是俄国人身份认同的基础。民
粹主义者塑造的理想农民形象已经成为这个国家自我认同的基础，
质疑这一形象就等于使整个俄国陷入痛苦的自我怀疑中。而这篇文
章的写实风格更具有杀伤力。它看起来不像是一篇虚构小说而是纪
实研究：政府的审查部门直接称之为"报道"。[93]

　　契诃夫的故事来源于他关于农民所掌握的第一手资料。他的领
地梅里赫沃周围的村庄里，有很多农民到附近的莫斯科做服务员或
者从事其他的服务行业。城市生活对于那些留守的人行为上的影响
也非常明显。在写这篇文章前不久，契诃夫曾在自己的厨房看到一
群醉醺醺的仆人。其中一个曾不顾女儿的意愿把她嫁了出去，给自
己换回来一箱伏特加。他们当时喝的就是那箱酒。[94]但契诃夫对这
一幕并不感到惊奇。作为医生，多年来他已经对农民有相当程度的
了解。那些生病的农民从很远的地方来梅里赫沃找他，他则免费为
他们看病。1891年大饥荒之后霍乱横行，他放弃写作，在莫斯科地

方自治委员会当了一名医生。这份让人精疲力竭的工作使他见识了
最底层的农民一生所过的悲惨生活。"农民粗野、肮脏且不值得信
任，"契诃夫在给一个朋友的信中写道，"但一想到我们所做的一切
并没有白费，这些也就微不足道了。"[95] 5 年之后，也就是 1897 年，
契诃夫参与了俄国历史上第一次人口普查工作。他被这些数据震惊
了：就在离莫斯科仅仅几公里远的农村，每 10 个新生儿有 6 个会
在 1 岁前夭折。诸如此类的现实让他觉得愤怒，也让他这个自由派
的"小人物"在政治上转为左派。在了解到农民出院后由于缺乏适
当的护理而死亡的情况后，契诃夫写了一篇措辞激烈的文章寄给叶
若夫，一位为右派报纸《新时代》撰稿的著名专栏作家。契诃夫在
文中称，富人把农民逼成了酒鬼和娼妓，而自己却越来越富有，他
们应当为农民的健康买单。[96]

　　围绕契诃夫文章产生的争论，背后实际是对俄国这样一个农业
国家未来的根本疑问。传统农村要为新兴城镇让路，整个国家也随
之被割裂。对于斯拉夫主义者与民粹主义者来说，俄国的独特之处
就在于古老的农民文化和农村公社，对他们来说，农村越来越受制
于城镇是场全国性的灾难。但是对西化主义者、自由派和马克思主
义者来说，他们认为城市化是一种现代的先进文化，而农村是落后
的，注定要被消灭。随着城市的市场影响越来越深刻地改变着乡村
的面貌，甚至连政府都被迫重新评估自己的农村政策。农村公社已
经无法负担农村增加的人口，更不可能有足够的盈余向市场出售给
国家缴纳税款；随着土地危机日渐加剧，公社也成为农民革命的组
织核心。从 1861 年起，国家就把乡一级的行政管理权交给农村公
社，期冀它能成为乡村家长制秩序的堡垒，中央政府的权力只到县
一级就不再向下延伸。但 1905 年革命之后，政府开始改变这一政策。
斯托雷平在 1906—1911 年间担任政府总理，在他的领导下，政府
试图废除农村公社——它曾经组织农民反对地主——转而鼓励有实

力的农民建立私人农场，脱离公社管辖；同时帮助那些没有能力从
事农业劳动或者因为私有制的新条款而失去土地的农民，将他们转
变为城镇的劳动力。

　　这一转变的根源是在人口过剩的俄国核心地区农耕的持续衰　　258
退。农民的平均主义作风使得他们除了生小孩以外，没有其他任何
刺激生产的动力，因为公社是按照每个家庭的人数来分配土地。在
19 世纪下半叶，俄国的人口出生率（大约每年每 1000 人中有 50 个
新生儿）是同时期欧洲平均出生率的将近两倍，而出生率最高的地
区就是那些由公社按照家庭规模来分配土地的地区。农民人口如天
文数字般增长（在 1861—1897 年间由 5000 万暴增至 7900 万），导
致土地日益短缺。到了世纪之交，每 10 户农民家庭中就有 1 户完
全没有土地；而每 5 户中就有 1 户只拥有不超过 1 公顷的土地，当
时俄国的主要农业区广泛采用原始耕作，这点土地几乎难以养活一
家人。当时公社还保留着中世纪欧洲的敞田农业三圃轮作制，也就
是将土地划为三块，每年耕作其中两块，另外一块休息。每户家庭
都会根据人口多少分配到一部分可耕作的带状地，因为所有的土地
不设围篱，又允许牲畜在上面啃食秧苗，因此所有的农民都要轮种
同样的庄稼。随着人口日渐增长，这些可耕地也变得越来越窄。在
人口最为密集的地区，这块地不过几米宽，现代耕犁都无法在上面
使用。为了养活新增人口，公社不得不让更多的休耕土地和畜牧用
地投入耕种。然而长此以往，所造成的后果只能使情况变得更糟糕：
由于过度开垦，土地肥力消耗殆尽，而由于放牧地减少，牧草产量
（牲畜主要的饲料来源）也严重下滑。到了 19 世纪末，每 3 户人家
就有 1 户没有做力畜的马匹。[97] 数百万农民由于赤贫不得不离开土
地。其中一些依靠在当地做些手艺活得以糊口，比如织布、制陶、
木工、伐木运木等，尽管这些生计在大工厂的挤压下生存空间越来
越小；另外一些人到地主的庄园上做工，但是随着新机器的涌入，

那里对于劳力的需求也逐年减少。还有一些离开了人口密集的中部
地区，来到广阔的西伯利亚大草原，这里的土地向垦民开放。但大
部分人还是被迫进入城市，他们不得不在工厂找一些不要求技术的
工作，做仆人或是服务员。契诃夫笔下的主人公就是这些打工大军
的一员。

　　新的城市生活方式也开始扩散到偏僻的乡村。传统的农民大
家庭开始瓦解，年轻、文化程度更高的农民开始寻求摆脱农村家长
式的控制，从而建立自己独立的家庭。他们将城市和城市文化视为
一条通往独立和实现自我价值的道路。与农村单调且艰苦的环境相
比，几乎任何一种城市里的工作都是让人期待的。20 世纪初一项在
农村学生中间的调查结果显示，半数以上的孩子希望能到城市里寻
求"有文化的职业"，只有不到百分之二的孩子希望跟随父辈的脚
步，成为一名农民。"我希望做一名商店的售货员，"一个小男生说，
"因为我不想在泥巴地里干活。我想像那些穿着干净衣服的人一样，
在商店里当一名售货员。"[98] 老师们被警告说，这些农民的儿子一
旦识字，就会放弃农村劳动，自命不凡地穿着城里人的衣服四处招
摇。一位村民写道，这样的男孩"会跑到莫斯科，随便干一份什么
工作"。[99] 他们回过头来会认为农村是一块赤贫且迷信的"黑暗"
和"落后"之地，就如托尔斯泰所描述的，是俄罗斯"偶像和蟑螂"
并存的小天地，他们将城市美化成社会进步与启蒙的化身。这也是
布尔什维克发动文化革命的社会基础。当时党招募的普通成员就是
这些农村孩子，他们的意识形态根本上来说是一种蔑视农民的思想
理论。新的革命即将把农民抛到一边。

　　城镇的大众商业文化是布尔什维克主义的基础。城市歌曲、狐
步舞、探戈、留声机、大型游乐场、电影院等等，这些是 1917 年
之后的大众文化形式。不过这种城市文化在 19 世纪 90 年代刚刚开
始在农村地区出现，农民就深深为其所吸引。农村歌曲逐渐被城市

的"苦情歌"（又称为 chastushka）所取代，这是一种经常在餐厅或者街头演奏，有着简单韵脚、通常由手风琴（这也是一项新发明）伴奏的歌曲。和民谣那种集体表演且非个人的表达方式不同，这种歌曲的主题通常都是个人情感和自我的表达。民间传说也逐渐式微，随着基础教育的普及，城市里的新读者开始选择廉价的侦探小说、探险传奇和言情故事。托尔斯泰担忧农民会被这一新的读书潮流所宣扬的个人主义所蛊惑。他看不惯这些故事中的主角凭借自己的狡诈与欺骗而成功，认为农村传统所推崇的才是更高的道德准则。出版商瑟京是一名小商人的儿子，通过在乡村贩卖这类廉价读物而发了财，通过和他联手，托尔斯泰成立了自己的出版社"媒介"，目的是在农村发行廉价版本的俄国文学经典读物和淳朴的乡间传说，例如托尔斯泰为广大农村读者写的《调皮鬼如何赎回一块面包》和《有上帝的地方就有爱》等等。出版社成立 4 年之后也就是 1884 年，图书的销量从 40 万册剧增至 1210 万册，这一数字只有毛泽东时代的中国才能与之媲美。[100] 但在 19 世纪 90 年代，随着更新奇的读物出现，这类图书的销量开始减少，读者们不再对托尔斯泰的"童话故事"和"道德故事"抱有热情。[101]

知识分子认为，将大众的文明程度提升到和自己一样的高度是他们的文化责任；对他们来说，这种背叛对他们是一次致命打击。农民"迷失"在愚蠢的城市商业文化之中。他们本应该是俄罗斯灵魂的代表——天然的基督教徒、无私的社会主义者和全世界的道德标杆——却变成平庸的大众。突然之间，旧的观念被打破，就如陀思妥耶夫斯基所预测的那样，一旦那些"人民"的拥护者发现，真实的人民并非他们头脑中想象的那样，他们会毫不犹豫地对其进行批判。之前农民还是光明，现在则变成俄罗斯头上挥之不去的阴影，这种情况将会持续到 1917 年。知识阶层陷入道德恐慌，把一切都看作农村倒退回野蛮状态的标志。

1905 年革命印证了他们的担忧。长久以来，知识分子一直梦
想着能有一场真正的民主革命。自 19 世纪 90 年代以来，自由主义
者和社会主义者在社会政治改革运动中并肩作战。1905 年春天，当
整个国家似乎完全团结起来争取民主权利的时候，他们感到欣喜若
狂。到了 1905 年 10 月，平民起义在俄国遍地开花，军队哗变，几
乎完全丧失战斗力，全国总罢工也让沙皇头上的皇冠摇摇欲坠，此
时，尼古拉二世在压力之下不得不向自由派内阁让步，出台了一系
列政治改革方案。《十月宣言》是一份宪政式的政治纲领——尽管
它并不是以这种名义颁布的，因为沙皇拒绝给自己的皇权加上任何
实质性的限制。《十月宣言》赋予了公民自由权，并通过广泛选举
成立了立法议会（又称国家杜马）。举国欢庆，新的政党随之成立。
人们都在谈论说一个新的俄国诞生了。然而，政治改革往往总是演
变成一场社会革命——工人们就工业民主提出更加激进的诉求，并
展开更大范围的罢工和暴力抗议活动，而农民坚持世世代代以来对
于土地的诉求，他们没收地主的财产，把贵族赶出了自己的领地。
1905 年全民大团结的局面很快变成泡影，自由主义者和社会主义者
也在 10 月之后分道扬镳。对于有产阶级的社会精英来说，颁布《十
月宣言》就是这场革命的终极目标。但是对于工人和农民来说，这
只是一场反对特权和有产阶级革命的开始。吓坏了的自由派对革命
的满腔热情也很快熄灭。底层人民的反抗愈发激烈，街头骚乱，农
村地区纵火和毁坏地主庄园，农民写在脸上的仇恨和不信任，这一
切虽然最后都被血腥镇压，但却使拥有土地的贵族心有余悸，也彻
底粉碎了关于"人民"和他们的事业的浪漫幻想。

1909 年，由一群哲学家撰写的批判激进知识分子以及他们在
1905 年大革命期间所扮演角色的文章集结出版，书名叫《路标》，
书中对于激进知识分子的失望之情溢于言表。这些文章在社会上掀
起了轩然大波，引发巨大争议——尤其是这些颇具名望的作者（诸

如彼得·司徒卢威和尼古拉·别尔嘉耶夫等前马克思主义者）都有着无可指摘的声望（也就意味着他们是政治上的激进派），这也反映出知识分子中间弥漫的质疑情绪和自我怀疑。这些文章猛烈攻击了 19 世纪对于"人民"的盲目崇拜，以及为了所谓人民的事业放弃其他所有原则的作风。通过这种对于物质利益的追求，知识分子将把俄国推向第二次革命，这一次要比第一次更加惨烈，破坏性更大。俄罗斯文明面临巨大威胁，知识分子必须面对这样一个现实：

> 我们就是如此：我们不仅无法继续幻想着和人民融为一体，我们比恐惧国家机器的惩罚更惧怕他们，我们不得不寄希望于国家暴力的权威，用刺刀和监狱来保护我们免受暴民怒火的伤害。[102]

社会上有一种情绪，就如文章中所表达的一样，认为人民大众会毁灭俄罗斯脆弱的欧洲文明，随着革命的爆发，俄国将会被带回半野蛮的农业社会。安德烈·别雷的小说《彼得堡》（1913—1914）中，充满了城市被亚洲部落蹂躏的场景。就连高尔基，这位被平民推崇的英雄人物，也深陷这种末日情绪。"这次真的是万劫不复了，"他在 1905 年给一个作家朋友的信中写道，"（革命）催生了真正的蛮族，就像那些毁灭罗马的人一样。"[103]

　　这种灰暗的情绪在文学作品中也被敏锐地表达，而对于农村生活最为绝望的描写无疑是伊凡·蒲宁的小说《乡村》（1910）。蒲宁有过农民生活的经历。与出身贵族精英家庭的屠格涅夫和托尔斯泰不同，蒲宁来自一个农村的士绅家庭，他们和农民近距离地生活在一起，许多生活方式也十分接近。蒲宁认为农民是"民族形象的缩影"，他关于农民的作品也意在批判俄罗斯人民和他们的历史。他从没有对农民所谓高贵的品质或高尚的灵魂抱有任何幻想。他的日记里满是各式各样的骇人故事，是他在农村里亲眼所见或耳闻得来的：一个女人被喝醉的丈夫毒打，不得不被"包裹得像个木乃伊一样"；另外一个女人经常被自己的丈夫强奸，最后失血过多而死。[104] 蒲宁早期的文章是关于 19 世纪 90 年代农村的残酷生活——这 10 年间，干旱和饥荒一直在折磨这片土地上的人。文章里到处都是破败荒凉的景象：废弃的村庄、喷着血红色浓烟的工厂、老弱病残的农民。这时蒲宁笔下的农村还是美丽自然的王国，只是被新的工业经济影响并逐渐破坏掉了。但在 1905 年之后，蒲宁改变了对农村的看法。他认识到农民不仅仅是受害者，同时也是毁灭自己的罪魁祸首。《乡村》的背景设置在 1905 年一个叫做杜尔诺沃的地方（来自 durnoi 一词，意思是"坏的"或者"腐朽的"）。村子里的农民被描绘成心理阴暗、无知愚昧、偷鸡摸狗、毫无诚信、懒惰腐败的一群人。在杜尔诺沃没有什么新鲜事。蒲宁的小说毫无情节设计，他只是刻画了一个枯燥乏味的酒店老板，他所有的智商只够意识到自己生活的空虚。"天呐！这是什么地方啊！简直是一座监狱！"他最后总结道。就如蒲宁的小说喻示的一样，整个俄国农村就是一座"杜尔诺沃"。[105]

《乡村》给社会带来了巨大的震动。它比其他任何文学作品都更发人深思，让人反思俄国农村毫无希望的命运。"这本书让读者感到震惊的地方，"一位评论家写道，"不是对于农民物质、文化、法定权利的匮乏的描写……而是让人意识到，这个问题是无解的。正如蒲宁所描写的，农民所能做的只是意识到自己的原始生活毫无出路，这一切都是命中注定。"[106] 高尔基评论说，《乡村》迫使社会开始严肃考虑"不单单是农民的问题，而是整个俄国生死存亡的问题"。[107]

和蒲宁一样，马克西姆·高尔基知道真实的农村生活是什么样的：他之所以对农民不抱任何幻想，也是源于自己的生活经验。他出身贫寒，来自社会的"最底层"——他是一名孤儿，一个衣衫褴褛的街头小子，靠在伏尔加河畔和城市中拾荒流浪活了下来。托尔斯泰曾说高尔基"好像生下来就是个老头一样"，确实，高尔基在人生前8年看到的人生疾苦比托尔斯泰这位伯爵80年看到的还要多。高尔基祖父的房子在下诺夫哥罗德，父亲死后他在这里长大，他在《我的童年》（1913）中回忆了这段经历。这里是俄国农村的一个缩影：贫穷、残忍、卑鄙，几乎所有的男人都在喝大酒，而女人则在宗教中寻找慰藉。他的一生都对"落后"的农民俄国充满鄙夷，这种鄙夷让他和布尔什维克主义产生了共鸣：

> 当我试图回忆俄国那种野蛮的、让人无比厌恶的生活时，有时我会问自己：他们值得你记录么？但每次我都会有更确定的答案：值得。因为这种真切的令人厌恶的现实如今还没有改变。人们需要了解这一现实的根源究竟是什么，才能找到问题的答案，把这种令人厌恶的东西从人们的记忆中、从人类的灵魂中、从我们压抑可耻的生活中彻底抹去。[108] 264

1888年，在他20岁的时候，高尔基跟一个名叫洛马斯的民粹主义者一起参加了"走到人民中去"的运动。洛马斯试图在伏尔加河畔喀山附近的村子建立一个合作社，把农民组织起来。结果这个合作社彻底失败了。洛马斯没有意识到富裕的农民对于自己的敌意，他们与周边市镇中有实力的商人关系密切，而这些商人对洛马斯的所作所为深恶痛绝，于是怂恿这些农民烧毁了合作社。3年后，高尔基撞见一个农民将自己的妻子扒光，用马鞭狠狠抽打，周围都是围观叫好的村民，因为这个女人被认定犯了通奸罪。他上前劝阻时，被一群农民打到昏迷不醒。生活的经验让高尔基完全不相信存在所谓"高贵的野蛮人"。这也让他认为，不管农民本身有多善良，只

要他们"聚集成一个黑压压的群体",所有这些善良品质都会消失
殆尽:

> 和狗一样想要取悦强者的欲望控制了这些村民,让我看到
> 他们就感到恶心。他们彼此狂吠,随时准备打上一架,并且会
> 为任何鸡毛蒜皮的事争斗不休。这种时候他们让人感到恐惧,
> 昨晚他们甚至像一群绵羊一样,谦卑顺从地到教堂祷告,今天
> 他们就能把这个教堂无情地拆毁。[109]

1922 年,当他回顾革命年月里的暴力,一种被他总结为俄国农民"野
蛮本能"的暴力,高尔基这样写道:

> 那些 19 世纪俄国文学作品里描述的,令人信服地展示在全
> 世界面前的美好形象,那些善良的、深思熟虑的、对于真理和
> 正义孜孜以求的农民都哪里去了?我年轻的时候,曾在俄国农
> 村苦苦寻找这样的农民,但从来没有遇见过。[110]

第六节

　　1916年,佳吉列夫被问到俄罗斯芭蕾舞团的文化渊源来自哪里。他回答说:来自农民,"从他们的实用器具(农村地区的家用工具)、雪橇上面的绘画、农民服装的样式和颜色或者窗棂上面的雕花,我们都能够找到灵感,在此基础上我们建立了俄罗斯芭蕾舞团"。[111]实际上,俄罗斯芭蕾舞团是19世纪70年代"走到人民中去"运动的直接产物。

　　所有这些开始于阿布拉姆采沃,这是马蒙托夫在他莫斯科附近的庄园上为艺术家建立的一块乐土,很快这里就成了艺术和手工艺运动的中心。这位铁路大亨的妻子伊丽莎白对民粹主义的同情和支持广为人知,他们在1870年买下这块地不久,她就在上面为农民建起了学校和医院。1876年这里又开设一座木工坊,那些从学校毕业的孩子可以在这里学到一项谋生的手艺。随着铁路的普及,越来越多的廉价商品被从城市带到农村,建立这座木工厂的目的也是为了复兴已经濒临失传的农民手工艺。一些艺术家,例如哈特曼和叶莲娜·波列诺娃,他们从农民的工艺品中获取创作灵感,在波列诺

"猫与猫头鹰"雕花门。阿布拉姆采沃工场，伊琳娜·博乐诺娃创作。1890 年代初。图片来源：Izobrazitel'noe Iskusstvo, Moscow。

娃的指导下，许多新的手工工坊被建立起来，用以满足中产阶级对于农村风格的陶器和亚麻制品日益增长的需求。波列诺娃和她的艺术家们会前往农村，模仿那些窗棂、房门、家居用品、家具等的设计，然后经过改良，在艺术家的工坊里设计生产出那些独具风格的手工艺品。波列诺娃收藏了数千件农村工艺品，这些藏品直到今天还在阿布拉姆采沃手工艺博物馆中展出。她认为这些工艺品是古代俄罗斯风格的传承和延续，因此在她眼里，这要比过去那些启发艺术家灵感的莫斯科公国时期的设计风格要宝贵得多。因为后者已经完全丧失了生命力，对于俄国民众来说，它就像"非洲或古希腊的艺术"一般遥远。[112]波列诺娃在自己的画作和家居设计中，借鉴了农民工艺品的风格，采用了动物图案和花朵装饰，用她自己的话说，试图表现"俄国人民看待自然时的诗意视角以及其中充沛的生命力"。[113]

　　这种"新民族"风格在城市中的支持者看来，是纯粹正宗的俄罗斯艺术。例如斯塔索夫就认为，波列诺娃的"猫与猫头鹰"雕花大门可以被看成是一位"不知名、有着非凡艺术天分的古罗斯艺术家"的作品。[114]然而实际上这种观点只是他的一厢情愿。19世纪90年代初这扇门完工时，波列诺娃已从借鉴民间设计转向更为新潮的风格，这也使得她的作品在城市中产阶级中更加受欢迎。

　　另外一些艺术家也选择了这条从民俗风格转向商业化艺术的道路。例如在坦波夫省所罗门科的刺绣工坊，艺术家的设计越来越倾向于满足那些有能力购买奢侈品的都市女性的布尔乔亚品位。不同于农民所青睐的俗艳色彩（橙色、红色和黄色），他们选用了都市消费者更加喜欢的柔和颜色（深绿、奶白和棕色）。同样的变化也发生在玛利亚·契倪什娃公爵夫人的针织工坊（1898年在她斯摩棱斯克的领地上建立的塔拉什基诺庄园）。契倪什娃回忆说，当地的农村妇女"不喜欢我们的颜色，她们说这种颜色太过'单调'"，她不得不给这些织布工发放奖金，才说服她们使用这种颜色。[115]

作为塔拉什基诺最重要的艺术家，谢尔盖·马柳金民间风格的工艺品则是一种全新的创造。在 1891 年，马柳金设计制作了俄国第一个"许愿娃娃"，也就是俄罗斯套娃。那时他在莫斯科地方自治委员会的手工工坊工作，这是一个专门制作俄罗斯玩具的工坊。和今天人们普遍抱有的观点相反，俄罗斯套娃跟俄国传统文化毫无关系。这是接到马蒙托夫委托仿制日本嵌套玩偶的订单后，马柳金凭空想象出来的设计。他构思了一个筒形身材红脸蛋的农村姑娘，胳膊里抱着一只鸡。每个更小的娃娃都描绘俄国农村生活的一个方面，而中间最小的部分是一个俄罗斯风格的襁褓包着的娃娃。19 世纪 90 年代这一设计风靡了整个俄国，每年全国出产数以百万计的套娃。从那时候起，套娃开始被人们误认为是俄国传统文化的象征。[116] 在塔拉什基诺，马柳金还把自己标志性的设计风格应用在家具、陶瓷、图书插画、舞台、建筑等设计中。他在城市里的支持者认为其作品代表了"俄国农民天然本质"的精髓，佳吉列夫在他众多民族主义式名言里曾说过，它将预示"北方文化的复兴"。[117] 但真正的俄国农民并不这么看。1902 年，契倪什娃在斯摩棱斯克举行一次塔拉什基诺作品展，只有不到 50 个人前来参观。契倪什娃回忆说，那些农民"对我们的作品并不喜欢，而是带着木讷和困惑，我们很难解释这是为什么"。[118]

为什么佳吉列夫会被阿布拉姆采沃和塔拉什基诺的新民族主义风格（其催生了俄罗斯芭蕾舞团这个民间艺术的奇葩）所吸引，一开始的原因并非显而易见。1898 年，他发表一篇关于"农民艺术"的长文，批判那些想要靠"把农民的破鞋烂衫搬上画布"来"震惊世界"的艺术家。[119] 尽管来自彼尔姆的农村地区，这位舞团经理人从艺术气质上来看属于贵族和大都市。10 岁以后他居住在祖父的房子里，这里有着附庸风雅的文艺气氛，会定期举办音乐会、读书

会等活动，年轻的佳吉列夫弹得一手好钢琴，法语和德语流利，在
其中自是如鱼得水。作为一名 19 世纪 90 年代早期在圣彼得堡大学
就读的法律系学生，佳吉列夫和那些美学家相处愉快，比如亚历山
大·贝诺瓦、德米特里·费洛索福夫（佳吉列夫的表兄）和沃尔特·努
维尔。总体来说这个圈子信奉的是平民主义，尤其是在普斯科夫附
近的庄园，这块庄园属于费洛索福夫的姑姑安娜·帕夫洛夫娜，她
是一名著名的妇女解放活动家和文学沙龙的女主人，时常受到一些
文学巨匠的光顾，包括陀思妥耶夫斯基、屠格涅夫和勃洛克。这 4
名学生整个夏天就在这块庄园度过。就是在那个时候，他们突发奇
想，想要通过制作一本杂志来教育人民关于过去那些伟大的艺术。
他们和艺术家莱昂·巴克斯特（他是贝诺瓦、费洛索福夫和努维尔
在圣彼得堡五月艺术学院的老同学）一起组织了"艺术世界"运动，
他们组织了音乐会、艺术展览、艺术讲座等，并创办了同名杂志，
从 1898 年坚持发行至 1904 年。靠着契倪什娃和马蒙托夫的赞助，
杂志对那些受到民间艺术启发的艺术家以及他们结合西方艺术的创
作做了专题报道，这种创作手法后来被佳吉列夫和贝诺瓦用到了俄
罗斯芭蕾舞团中。

　　"艺术世界"的创始人自认为是圣彼得堡的世界主义者（他们
称自己为 Nevsky Pickwickians），并且主张一种根植于普世文明的
普世文化。他们对于贵族有很深的认同感，认为他们全面继承了俄
国的文化遗产。贝诺瓦在回忆录中的一段话对于深入了解"艺术世
界"有非常重要的作用，他在追忆费洛索福夫家族这个俄国古老的
贵族时强调了这一点：

　　　　18 世纪到 19 世纪，俄国文化领域最重要的人物全都来自
　　这一阶级，他们创造了俄国人生活方式中令人愉悦的部分。普
　　希金、莱蒙托夫、屠格涅夫和托尔斯泰小说中的男女主人公也

269

是来自这一阶级。这个阶级拥有平和、宝贵、持久的成就，并
且注定要世代延续。他们奠定了俄国的生活节奏……俄国人心
理中所有细腻缜密的部分，我们道德情感之间的微妙分野，都
是在这一背景下产生并发展成熟。[120]

最重要的是，他们十分认同贵族看待艺术的价值观。他们认为艺术
是对人类创造天分的精神表达，并不是社会运动或政治观点的载体，
而在他们眼中，俄国艺术在斯塔索夫的领导下已经完全沦为工具。
他们对于普希金和柴可夫斯基的推崇也是源于这一理论，尽管他们
经常宣称这并非由于"让艺术回归艺术"，而是源自各种观点都应
在艺术作品中得以融合的理念。

　　出于对 19 世纪现实主义传统的反对，"艺术世界"试图重塑早
期艺术创作中审美应作为第一准则的理念。他们构想并成功推广了
这一愿景，期待由此可以实现俄国的文艺复兴。圣彼得堡的古典主
义传统就是这一理想的一个例子。"艺术世界"的圈子对 18 世纪的
圣彼得堡狂热追捧，这是他们对一种即将逝去的文明的怀旧。贝诺
瓦和他的外甥尤金·郎瑟雷分别创作了一系列的印画和石版画，画
中描绘了彼得大帝和凯萨琳大帝治下的城市景观。贝诺瓦对 19 世
纪粗俗的民族主义者抛弃了 18 世纪圣彼得堡的古典主义理想感到
十分痛心。1905 年革命中，佳吉列夫在塔夫利宫（后来作为国家杜
马和彼得格勒苏维埃政府的办公地）组织了一场展览，展出了大量
18 世纪创作的俄国肖像画。他介绍说这些画"汇总了我们历史上一
个伟大的、灿烂的时代，如今这一时代行将逝去"。[121]

　　然而，农民艺术也可以被认为是一种"古典主义"，至少从新 270
民族主义者所采用的表现形式来看确实如此。农民艺术是客观的、
象征性的、简洁的，严格遵守民间传统艺术的表现手法；既有对精
神世界的神秘表达，又与农村集体生活和习俗紧密相关。这是一个

古老的、不一样的"艺术世界"，它的审美原则可以用来颠覆19世纪资产阶级和浪漫主义艺术令人窒息的影响。

　　对佳吉列夫来说，钱也是很重要的一部分。这位经理人总是热衷于发现新的市场机遇，他惊讶地发现新民族主义者的艺术作品在市场上越来越受欢迎。世纪之交的欧洲对于"原生态"和"异域情调"有着无止境的需求。东方的野性被看做是将西方从疲惫的布尔乔亚文化中解脱出来的一股精神力量。佳吉列夫很早就看到了这一趋势。"欧洲需要我们的年轻和自主性，"1896年他从欧洲游历回到俄国之后写道，"我们必须立刻前进。我们必须全面展示自己，把我们民族的优秀品质和缺点都展示出来。"[122] 1900年当俄国艺术和工艺品在巴黎博览会展出时，获得巨大的反响，这也印证了佳吉列夫的直觉判断。关注的焦点是柯罗文的"俄国乡村"，他在深入俄国北部，对当地的木质建筑结构进行细致研究后，把一组俄国农民带到巴黎，在现场重建了一座古木塔和一座木质教堂。巴黎人为这些"原始木匠"所着迷，他们有着"蓬乱的头发和胡须，孩子般的憨厚笑容以及他们原始的建筑手法"，就像一名巴黎的评论家所写，"如果这些展示的物品用来出售的话，那么我想一件也不会剩下"。[123] 俄国的农民手工艺品源源不断地运往欧洲，需求之旺盛使得20世纪初这些专卖店在巴黎、伦敦、莱比锡、芝加哥、波士顿和纽约遍地开花。[124] 巴黎时装设计师保罗·波烈1912年前往俄国购买农民的服装，从中为自己的时装设计汲取灵感。"俄式上衣"成了各大时尚卖场的热门词汇，一些模特身上的服装带有明显的俄罗斯女士连衣长裙和手织外套的风格。[125]

　　但是让佳吉列夫对新民族主义者感兴趣的并不仅仅是因为生意。事实上，像波列诺娃和马柳金这样的艺术家开始越来越多地把他们的"农民艺术"与现代主义风格相结合，这使得他们与"艺术世界"的精神气质相契合。佳吉列夫最喜欢的是维克多·瓦斯涅佐夫的画作，他的色彩选择还是农民画的基调，但是题材上民间内容并不多。维克多认为色彩是俄国人对于艺术审美理解的关键，19世纪70年代他曾到维亚特卡省游历，期间收集了许多民间艺术品，通过对这些民间艺术（木刻版画和圣像）以及农民手工艺品的学习研究，他发展出一套自己的着色手法。在为马蒙托夫出品的《雪姑娘》做舞美设计时，维克多运用了这些明亮活泼的色彩，这也成为佳吉列夫和俄罗斯芭蕾舞团的舞美样板。

对于那些追随瓦斯涅佐夫的新民族主义者——例如阿布拉姆采沃和"艺术世界"的艺术家们——来说，他的设计给了他们巨大的启发。这种童话般的风格在后来俄罗斯芭蕾舞团的舞美设计中十分明显，例如亚历山大·戈洛文（1908年的《鲍里斯·戈东诺夫》和1910年的《火鸟》）和 康斯坦丁·柯罗文（1909年的《鲁斯兰与柳德米拉》）。瓦斯涅佐夫对民间艺术精华部分的色彩、图案、空间的运用有更加深远的影响，以至于影响了像娜塔丽娅·冈察洛娃、卡济米尔·马列维奇和马克·夏加尔这样的原始主义画家。这些画家在追求新的诗意化世界的同时，表现出对圣像、木刻版画和农民手工艺品非常浓厚的兴趣。1913年，冈察洛娃在莫斯科举办了一场圣像和木刻版画的展览，她谈到，和西方具象派的艺术传统相比，"农民审美"更加接近东方的象征主义手法。"这种艺术既不模仿现实，也不改善现实，但是能够重构现实。"这也是冈察洛娃在为俄罗斯芭蕾舞团设计舞美时的灵感来源，例如1914年的歌剧《金鸡》。

俄罗斯芭蕾舞团将所有艺术形态融为一身，经常被看作瓦格纳式"总体艺术"在俄国的体现，其中包括了音乐、艺术、戏剧等元素。但实际上这种总体艺术与其说是受到瓦格纳的影响，不如说是受俄国农民的影响更多。在阿布拉姆采沃艺术合作精神的引领下，马蒙托夫的私人歌剧院成为俄罗斯芭蕾舞团的根据地。这块艺术领地成

立之初的目的就是将所有艺术形态和手工艺集结在一起，通过农村
公社这样带有理想主义色彩的集体协作形式，将艺术和生活相结合。
阿布拉姆采沃的艺术家们最欣赏农民文化的一点就是它对艺术和工　　272
艺的自然结合。一件普通的工艺品，比如纺织品或陶瓷，就把艺术
美感带进了人们的日常生活。传统的集体活动，比如轮舞，就是各
种艺术形态协作的产物。小型的"春祭"将民歌和仪式性的舞蹈运
用到农村生活的真实事件当中。这里是重造"艺术世界"的一次尝试。
全部的人都参与到建设自己教堂的工作当中：艺术家、手工艺者和
农民建筑工人。歌手、音乐家、服装设计师、舞台道具设计师共同
协作，制作属于自己的歌剧。这就是为什么佳吉列夫说，俄罗斯芭
蕾舞团是建立在农民艺术和手工艺的基础之上。

　　"我发一个提案给你，"佳吉列夫 1909 年在给作曲家阿纳托
利·利亚多夫的信中写道——

　　　　我需要一台芭蕾舞剧，俄国的芭蕾舞剧，这也是俄国的第
　　一次。之前我们有俄国歌剧、俄国交响乐、俄国歌曲、俄国舞
　　蹈、俄国韵律，但是没有俄国芭蕾。而这就是我想要的，我要
　　让它明年 5 月就在巴黎大歌剧院和伦敦皇家剧院上演。这出剧　　273
　　不需要是三段式的，剧本已经写好了。这是我们集体创作的成果。
　　剧名叫做《火鸟》，只有一幕或者两个场景。[126]

　　佳吉列夫并不是一开始就对芭蕾舞剧抱有如此强烈的热情。他
是以画家的身份进入艺术领域，而他在剧院的第一份工作也离舞台
非常远。1899 年他被沃尔孔斯基公爵聘用，沃尔孔斯基是著名的
十二月党人谢尔盖·沃尔孔斯基的孙子，他刚刚被沙皇任命为圣彼
得堡帝国剧院的主管。他让佳吉列夫负责剧院的内刊工作。8 年后，
当佳吉列夫为欧洲带去自己的第一份舞台制作作品，他在充满异域

莫斯科阿布拉姆采沃教堂。维克多·瓦斯涅佐夫设计。1881—1882年。照片版权所有者：威廉·C·布伦菲尔德。

风情的俄罗斯演出季上演的是歌剧而非芭蕾。仅仅是因为制作歌剧的成本更高，才让他转向芭蕾舞剧这一相对成本较低的剧种。

作为20世纪艺术创新的源头之一，芭蕾的重要性此前没有人会想到，直到它在佳吉列夫的手下重新焕发活力。当时芭蕾已经成为一种僵化的艺术形式，在欧洲大部分地区都认为这只是一种过时的宫廷娱乐。但它在圣彼得堡得以继续生存，因为这里的文化氛围依然受宫廷主导。在马林斯基剧院（斯特拉文斯基在这里度过了他大部分的童年时光），每周三和周日都会有芭蕾舞日场演出。用列文公爵的话说："剧场一半的位子是空的，观众席里都是跟自己母亲或者家庭女教师一起来的孩子，还有戴着眼镜的老头们。"[127] 对于严肃的知识分子来说，芭蕾舞是为"小市民和疲惫的小贩准备的娱乐"。[128] 大多数为芭蕾舞剧创作音乐的都是外国人（例如普尼、明库斯和德里戈）*，当然柴可夫斯基是个例外，但他也因为参与芭蕾舞剧创作而被许多人诟病。里姆斯基-科萨科夫，音乐方面的绝对权威，20 世纪初曾和斯特拉文斯基一起学习。他有一句著名的评论就是芭蕾"算不上真正的艺术"。[129]

　　在艺术世界团体里面，贝诺瓦是一名真正的芭蕾爱好者。芭蕾符合他的贵族形象，以及他对 19 世纪圣彼得堡古典艺术的强烈乡愁。这种复古符合俄罗斯芭蕾舞团所有创立者——贝诺瓦、多布任斯基、评论家费洛索福夫和佳吉列夫——的审美取向。柴可夫斯基的作品是古典主义理想的化身，尽管他在俄国作曲家中不被人欣赏，他的作品也从未在巴黎俄罗斯演出季中上演，但他却激励了俄罗斯芭蕾舞团的创立者。柴可夫斯基是最后一位伟大的欧洲宫廷作曲家（他生活于 18 世纪最后一个欧洲帝国）。作为一名坚定的君主制拥护者，他与沙皇亚历山大三世关系密切。他带有"帝国风范"的音乐作品，也比穆索尔斯基、鲍罗丁和里姆斯基-科萨科夫更受宫廷的青睐。

　　这种帝王曲风实际是受到波兰舞曲（polonaise）的影响。波兰作曲家约瑟夫·科泽罗维斯基在 18 世纪末将它引进俄国，波兰舞曲随后便成为最高级的宫廷音乐，在所有舞会曲目中大放异彩。它象征着 18 世纪圣彼得堡的欧式华丽。普希金（如柴可夫斯基）在歌剧《叶甫盖尼·奥涅金》中，描写塔季扬娜在圣彼得堡参加盛大舞会，背景用的就是波兰舞曲。托尔斯泰在《战争与和平》中写到沙皇驾临舞会，娜塔莎和安德烈开始起舞，舞会随之达到高潮时也用了波兰舞曲。在《睡美人》（1889）和歌剧《黑桃皇后》（1890）中，柴可夫斯基重现了富丽堂皇的 18 世纪皇家盛景。以路易十四世统

274

---

*　凯萨勒·普尼（Cesare Pugni，1802—1870），从 1851 年后一直待在俄国；路德维希·明库斯（Ludwig Minkus，1826—1907），1850—1890 年间待在俄国；里卡多·德里戈（Riccardo Drigo，1846—1930），1879—1920 年间待在俄国。——原注

治时期为背景，《睡美人》追述了法国文化对 18 世纪音乐和文化的影响。黑桃皇后以普希金的文学作品为基础，重现凯萨琳大帝时期圣彼得堡昔日荣光，那个年代，这座俄国的首都仍与欧洲文化紧密相连，并在其中扮演着重要的角色。柴可夫斯基在歌剧中加入了洛可可元素（他自己说舞会场景是对 18 世纪风格的"盲目模仿"）。[130]他运用故事中鬼魅般的幻影构建出一个过去的梦幻世界。圣彼得堡成了一个虚幻的城市，人们可以穿梭回到过去，重现它逝去的辉煌和古典主义理想。

　　《黑桃皇后》首演的那天夜里，柴可夫斯基离开马林斯基剧院，独自一人在圣彼得堡的大街上溜达，以为自己的这部歌剧失败了。突然间他听到朝他走来的人群在唱着他这部作品里最棒的二重唱。他拦下这群人，问他们是从哪里听到这个音乐的。三个年轻人做了自我介绍：他们是贝诺瓦、费洛索福夫和佳吉列夫，也就是"艺术世界"的创始人。据贝诺瓦回忆，从那时起，三个人都为柴可夫斯基和他关于圣彼得堡的古典主义理想所折服。贝诺瓦在他晚年的时候写道："柴可夫斯基的音乐几乎是我从童年时就在等待的作品。"[131]

　　1907 年，贝诺瓦在圣彼得堡马林斯基剧院制作了尼古拉·切列普宁的芭蕾舞剧《阿密德之亭》（故事基于戈蒂耶的《翁法勒》）。和《睡美人》一样，这部作品的背景同样设置在路易十四的年代，属于古典主义风格。它给佳吉列夫留下深刻印象。贝诺瓦华丽的设计，福金现代风格的编舞，尼金斯基令人炫目的舞蹈，佳吉列夫声称，所有这些"必须在欧洲展示"。[132]《阿密德之亭》成为 1909 年巴黎演出季的暖场节目，同时还有鲍罗丁的长幕歌剧《伊戈尔王子》中的鞑靼人舞曲（同样是由福金编舞），演出季集合了一系列俄国古典和民族主义风格的作品。这种"奇特的"异域风格引起轰动。法国人大爱我们"原始的野性"，贝诺瓦后来写道，"以及我们所带来

的新鲜感和自然表现"。[133] 佳吉列夫则看到将更多的俄国芭蕾通过
这种渠道输出到欧洲是件有利可图的事情。他立刻行动，写信给利
亚多夫，共谋策划一部芭蕾舞剧《火鸟》。佳吉列夫、福金、贝诺瓦，
与寓言作家雷米佐夫、画家戈洛文、诗人波特金和作曲家切列普宁
（因《阿密德之亭》而闻名）一起，以俄国传统的集体协作精神在
餐桌前共同讨论这部舞剧的构架。但最后利亚多夫不愿意为它撰写
剧本。再问格拉祖诺夫和切列普宁，他们也拒绝了。在几乎绝望的
情况下，佳吉列夫找到了当时还名不见经传的年轻作曲家伊戈尔·斯
特拉文斯基。

　　贝诺瓦称《火鸟》这部芭蕾舞剧为"成年人的童话"。通过将
一系列民间故事拼凑在一起，这部舞剧的目的就是——用贝诺瓦的
话说——将一个"神秘的俄罗斯出口到西方去"。[134] 真正出口的是
淳朴农民的传说和他们年轻的活力。这部剧所有的元素都有民间传
说的风格印记。斯特拉文斯基的配乐对民歌的借鉴随处可见，尤其
是"公主之舞"和终曲中的农民婚礼歌曲。故事梗概是将两个完全
独立的农民故事拼凑在一起（《火鸟》中并没有单一的故事线），这
些民间故事来自 19 世纪阿法纳谢夫和许多木刻版画的内容：伊凡
王子（Ivan Tsarevich）和火鸟的故事，长生不老的卡什切伊的故事。
这两个故事被重新改写，故事重点从一个充满异教魔力的故事（农
民故事中的大灰狼），变成了一次神圣的救赎（火鸟），这也符合俄
国在全世界传播基督教的使命。[135]

　　在这出芭蕾舞剧中，伊凡王子被尚未出嫁的公主的美色引诱，
闯进了怪物卡什切伊的花园。火鸟从怪物和看守手中解救了王子，
它在空中施法让卡什切伊和他的手下狂舞不停，直到最后全都沉沉
睡去。接着，伊凡发现了装有卡什切伊灵魂的巨蛋，最后怪物被消
灭，伊凡得以和公主团聚。作为一个重新设计的角色，火鸟在芭蕾
舞台上所肩负的责任要比在俄国民间传说中大得多。她被重新塑造

276

古斯里演奏者。复制自克洛伊·奥博兰斯基所著的《照片中的俄罗斯帝国》
（London: Jonathan Cape, 1979）。

成一个类似凤凰的角色，自由和美德的化身，代表着在烈火中涅槃
重生的俄国乡村。作品使用一种仿斯拉夫的象征主义，而这种形
式几乎主宰了芭蕾舞剧的创作理念（正如勃洛克的不朽诗篇"预
言鸟"，莱昂·巴克斯特为此所创作的木刻版画被当作了《艺术世
界》的封面）。巴黎演出季中的舞台制作有意识地运用了俄罗斯的
异域风情，从戈洛文色彩艳丽的服装，到雷米佐夫在"火鸟之舞"
使用的神秘怪物——例如"奇奇莫拉"等女巫和"双头怪"，所
有这些设计都是为了迎合世纪之交的西方对俄国"原始"特色的
追捧。

但《火鸟》真正的创造是斯特拉文斯基对民乐的运用。之前俄
国科班出身的作曲家仅仅把民乐当作一种主旋律的材料。他们经常
会从中采样，但总是按照里姆斯基—科萨科夫规范的传统（基本上
也就是西方的）音乐手法来改编。对他们那对受过音乐训练的耳朵
来说，俄国民乐中衬腔式的和声唱法听起来野蛮粗俗且毫无美感，
严格意义上来讲甚至不能称之为音乐，因此将它们作为自己艺术风
格的一部分是极为不妥的。斯塔拉文斯基第一个将民乐作为一种风
格元素吸收到自己创作中，它不但借用民歌的曲调，而且保留它的
和声和旋律，作为自己独特的"现代风格"。*

《火鸟》是一次重大的突破。但如果没有两位民族志学者开创
性的工作，这种突破也不可能发生，这两名学者在音乐上的发现是
19 世纪 70 年代"走到人民中去"运动的另一产物。第一位学者名
叫尤里·梅尔古诺夫，是名钢琴家和语言学者，他在 19 世纪 70 年
代曾到卡卢加省做过多次实地考察。在考察过程中他发现了俄国农

278

---

* 因为在俄国农民音乐中找到了 19 世纪德国交响乐的替代品，斯特拉文斯基并没有表现出
与其他现代主义音乐家一样，例如勋伯格、贝尔格和韦伯恩，对于序列（十二音阶）音
系理论的热情。直到 1945 年之后，斯特拉文斯基才开始发展出自己的一套序列音乐理
论。——原注

民歌曲中的复调和声，并找到一种科学的方法将其转录下来。另外一位是叶甫根尼亚·利尼奥夫娃，她在实地考察时用留声机记录农民歌曲的唱法，从而印证了梅尔古诺夫的发现。这些录音是她后来（1904—1909 年间）在圣彼得堡发行《大俄罗斯民乐集——民间的和声》的基础，这本书直接影响了斯特拉文斯基在《火鸟》《彼得鲁什卡》和《春之祭》里的配乐。[136] 利尼奥夫娃作品最重要的意义在于，她发现，和此前"强力五人组"所认为的不同，农民歌曲副歌部分歌者的音调，并不会因为个人的特点而改变，而是尽量表现得不带个人痕迹。关于这一点，她在这本书的序中是这样写的：

> [一个名叫米特雷芙娜的农村妇女] 唱起了我最喜欢的一首歌《小火把》，此前我到处在找这首歌，但是一直没有机会录到。米特雷芙娜唱这首歌的主旋律。她的声音低沉洪亮，对于她的年纪来讲，显得十分年轻。她的演唱绝对没有在情感上刻意表达某个段落。这种简洁的表现方式让我十分诧异。旋律缓慢而平稳地流淌出来，一句歌词也没有拉下。尽管旋律很长，节奏很慢，但她依然赋予了歌词强大的力量，以至于她好像是同时唱和念这首歌一样。我被这种纯粹严谨的古典风格深深吸引，而歌曲与她严肃的神情也十分合拍。[137]

正是这种"古典式"的特质不仅成为斯特拉文斯基音乐的核心，更成为整个原始主义艺术的理论核心。用巴克斯特的话来说，"原始艺术简洁的形式是欧洲艺术新的前进方向"。[138]

在《彼得鲁什卡》（1911）中，斯特拉文斯基使用俄国日常生活之声颠覆了此前完全被欧洲音乐规则所垄断的审美和技法。这是另外一场俄国革命——一场圣彼得堡底层民众的音乐起义。关于芭蕾的一切都被从人类学的角度来解读。贝诺瓦的剧本用一种魔幻主

279

义手法，从细节上重现了忏悔节嘉年华的游乐场，那是他童年时在圣彼得堡最快乐的时光。福金机械式的编舞手法呼应了配乐里固定音型跳动的节奏，那是斯特拉文斯基当初听到的小贩叫卖声、街头演奏、手风琴的旋律、工厂歌曲、农民粗鲁的话语和农村乐队演奏中的切分音。[139] 这是木刻版画的音乐版本——一曲由街头噪音构成的交响画。

　　但在斯特拉文斯基所有的俄国芭蕾舞剧中，迄今为止最具颠覆性的就是《春之祭》（1913）。这个剧本最初的创意来自画家尼古拉斯·廖里赫，但后来却被斯特拉文斯基抢走了功劳簿，在善于抢功这一点上他可谓臭名昭著。廖里赫的画以史前斯拉夫人题材为主，他还是一名成绩卓著的考古学家。他潜心研究新石器时代俄罗斯的风俗仪式，他将那一时期理想化为一个艺术与生活合为一体的泛神论精神王国，在那里人与自然也和谐相处。斯特拉文斯基最初为了一个戏剧主题联系上廖里赫，后来亲自去塔拉什基诺的艺术家聚居地拜访他，在那里，两个人共同讨论创作了剧本《伟大的牺牲》，这就是《春之祭》一开始的名字。这出剧最初的想法是要重现古代异教崇拜时期的肉身祭仪式。他们最初是要展现这个仪式——不是讲述仪式的由来，而是要在舞台上重现这个仪式本身（当然，并不真正杀人献祭），由此用最直接的方式展现肉身祭既刺激又恐怖的过程。这部剧的剧本和19世纪那些浪漫爱情芭蕾舞剧有着本质区别。它直接把一系列的宗教仪式放在一起：表达对大地和太阳崇拜的部落舞蹈；选择献祭的少女；仪式核心的步骤，即由部落的长者召唤祖先的亡灵；最后的高潮是少女献祭时的牺牲之舞，以她的死亡展现出舞蹈狂热的能量。

　　史前俄罗斯使用肉身祭的考古证据并不确切。从人类学的角度来看，如果这部芭蕾舞剧采用一种仲夏献祭仪式（伊凡·库帕拉节，Kupala）会更加准确一些。在这个斯基泰人的宗教仪式里，洛维奇找到一些尚未定论的肉身祭证据，他在 1898 年将这一发现发表。[140] 在基督教的影响下，伊凡·库帕拉节与圣约翰节相融合，但是古代异教仪式的痕迹却留在了农民歌曲和典礼仪式中——尤其是轮舞，其宗教仪式般的旋转动作在《春之祭》中发挥了极其关键的作用。他们改用异教的春祭仪式（Semik），部分原因是想将这种祭祀与古斯拉夫人对太阳神亚里奥（Yarilo）的崇拜联系起来。在象征主义者的神秘主义世界观里，太阳神代表着末日之火，大地在烈火中毁灭之后得以重生。但这种转变也是基于民俗主义者的发现，例如阿法纳谢夫，他们将把未婚少女献祭的宗教仪式与春天崇拜联系在一起。阿法纳谢夫的代表作《斯拉夫人的浪漫主义自然视角》（1866—1869），这本书称得上斯拉夫版的《金枝》*。对那些想要将真实的人类学元素运用到自己对古罗斯的构想中去的艺术家，例如斯特拉文斯基，这本书中丰富的历史资源为他们提供大量的素材。例如穆索尔斯基在《荒山上的圣约翰之夜》中，就大量借鉴了阿法纳谢夫对女巫安息日的描述。阿法纳谢夫认为，通过对当代农民的宗教仪式和民间信仰的研究，可以推断出古代斯拉夫人的世界观（但这种假设也有诸多问题）。他的研究表明，民间还有许多地方有焚烧人偶或肖像的习俗，这种仪式是为了丰产祈福，仪式中的舞蹈宣告春耕的开始。但在俄国的一些地方，这种仪式中的祭物被换成了美貌少女：农民们会把一名少女脱光，给她戴上花圈（就像亚里奥在民间的形象），然后让她坐到马背上，在村里长者的注视下牵着马穿过整片田地。有时候还要焚烧一个少女人偶。[141] 这也是《春

---

* 《金枝》是英国著名人类学家詹姆斯·乔治·弗雷泽爵士（Sir James George Frazer，1854—1941）的代表作。书中搜集传教士和旅行家的记录，综合近东和欧洲相似的神话，探求神话和宗教仪式与产生它们的文化之间的关联，以及对以后文化的影响。《金枝》是 20 世纪最有影响力的书之一，对西方的科学、文学和思想史产生了难以磨灭的影响。

　　　　　　　　　　　　　　　　　　　　　　　　　　——译注

《春之祭》1913 年于巴黎首演时少年们的戏装。尼古拉·洛里奇设计。照片来源：Lebrecht Collection，London。

之祭》剧本的主要核心。

　　从艺术层面上，芭蕾舞试图真实地还原人类学的元素。廖里赫的舞台服装是直接从契倪什娃塔拉什基诺的收藏品中拿来的。他的原始主义舞台场景则是参考考古学的发现。然后就是尼金斯基令人震惊的编舞：1913 年 5 月 29 日在巴黎香榭丽舍剧院那场臭名昭著的首演中，编舞才是真正的元凶。舞台上的一片混乱让人几乎听不到背景音乐，当剧场的幕布刚一拉开，演员们就开始怒吼、厮打。尼金斯基编舞中选用的动作是丑陋而生硬的。舞蹈演员的每一个动作都在表现自己身体的沉重，而不是按古典芭蕾舞原则来说应有的轻盈。他们抛弃了舞蹈动作所有的基本原则，舞者们双脚内翻、胳膊肘夹在身体两侧、手掌摊开，就像是廖里赫关于斯基泰俄国神话画作中的著名木偶。他们并不是像传统芭蕾舞那样靠舞步和音乐协调配合，而是随着乐队不规则的猛烈鼓点朝一个方向集体行进。舞者们在舞台上用力跺脚，积蓄着能量，最终在献祭舞中带着惊人的力量完全爆发。这种带有韵律的暴力正是斯特拉文斯基至关重要的创造。和大多数芭蕾舞剧的题材一样，它也取自农民音乐。[142] 在西方的艺术音乐里面，完全没有这种韵律（斯特拉文斯基说他不知道该怎样把这些音乐写成谱子）——总是以不规律的下拍结束，使得几乎每一个小节收尾都会有变化，乐队指挥整个身体都不得不运动起来，双手以剧烈的幅度挥舞，看起来好像在跳萨满教的舞蹈一样。在这些爆炸式的韵律里，你可能真的会听到第一次世界大战和1917 年革命中那骇人的震动。

282

第七节

　　大革命发生时，斯特拉文斯基正在瑞士克拉伦斯，1914 年世界大战爆发后，这里就被封锁在德国战线之后。"我的脑海里全都是跟你在一起那些难忘的幸福时光"，1917 年当听说帝国被革命推翻之后，他给彼得格勒的母亲的信里写道。[143] 斯特拉文斯基对革命抱有很高的期望。1914 年时，他跟法国作家罗曼·罗兰说，他"希望战后能有一场革命推翻帝国，建立一个斯拉夫联合王国"。罗曼·罗兰说，斯特拉文斯基认为俄国扮演着"杰出的、健康的野蛮角色，孕育着能够改变西方世界思想的新观点"。[144] 但他的期待很快就彻底幻灭了。1917 年秋天，他在乌斯帝卢格（Ustilug）一座心爱的庄园被农民洗劫。好多年里他都不知道这座庄园的命运如何——尽管种种迹象表明，它肯定是被毁掉了。20 世纪 50 年代，当指挥家根纳季·罗日杰斯特文斯基在莫斯科街头的书报摊流连时，他发现一本《德彪西前奏曲》（第二卷）的扉页上写着"赠好友斯特拉文斯基雅赏"，这本书就是来自乌斯帝卢格。[145] 这么多年来无法确认这座庄园的命运，大大加深了斯特拉文斯基的失落感。他在乌斯帝卢格度过了自己童年中一段欢乐的夏季时光，感觉这一小片俄国的土地是真正属于自己的，而他对苏维埃政权的憎恶，也是跟他的过去被人掠夺的感觉紧密相关。（纳博科夫类似的经历也影响了他的政治观点，他在《说吧，记忆》中回忆了自己在家族已经失去的维拉庄园上的"失落童年"。）

斯特拉文斯基在音乐中也表达了这种情感。在和祖国隔离的时 283 候，他对故土的思念愈发强烈。战争岁月时他的笔记本里都是关于农民歌曲的笔记，这些歌曲在他的《俄国歌曲四首》（1918—1919）中也再次出现。这首四重奏的终曲取自一个东正教旧礼仪派的故事，讲述的是一个罪人找不到返回上帝身边的路。歌词读起来就像是这个被放逐且备受折磨的灵魂的哀歌："暴风雪封闭了所有通往天国的道路。"斯特拉文斯基很少谈论这首令人难以忘却的短歌。但从他笔记本中看，他在创作时花费了大量的精力，并且经过多次改动后才最终定稿。定稿的乐谱总共是 5 页，但这 5 页是从最少 32 页草稿中修改而成的。这也显示他为了能给这些歌词配上合适的旋律，花了多少精力。[146]

斯特拉文斯基在创作《婚礼》时甚至花费了更多的精力。他在第一次世界大战之前就开始创作这部作品，直到 9 年后，也就是 1923 年，才第一次在巴黎（从 Svadebka 改名为 Les Noces）演出，是他所有创作中耗时最长的。这部芭蕾舞剧源于他最后一次前往乌 284 斯帝卢格的旅行。斯特拉文斯基一直都想创作一部芭蕾舞剧，能够重现农民的婚礼习俗。他知道自己在乌斯帝卢格的书房里有农民歌曲的抄本，可以用作这部剧的素材，于是他在战争爆发前匆忙返回那里，取回了这些资料。对他来说，这些素材是他所失去的俄国的吉祥物。他花了数年的时间来研究这些民歌，试图吸收这些人民音乐的精华，并将它们和自己在《春之祭》中已经形成的简洁风格结合起来。他削减了乐器的编配，在处理这些音乐小品时尽量避免过

斯特拉文斯基在记录一位农民古斯里演奏者演唱的民歌，地点为斯特拉文斯基在乌斯帝卢格的宅邸，时间为 1909 年。照片来源：Fondation Theodore Stravinsky/Lebrecht Collection, London。

于复杂的交响编曲，他用钢琴、钦巴龙（cimbalom）和打击乐营造出一种简单的、更加机械性的声音效果。但他真正里程碑式的发现在于，和西方的音乐以及语言表达不同，俄国歌曲中，不同的地方口音在歌唱时被忽略了。根据他从乌斯帝卢格带回的资料，他突然发现民歌里的重音经常会落在"错误的音节"上。"发现这个事实后所带来的音乐上的无限可能性，是我这一生最为快乐的事，"他向自己的音乐助理罗伯特解释说，"我就像一个人突然发现自己的手指不光第二个关节可以弯曲，原来第一个也可以。"[147] 农民歌曲中不受限制的重读方式，无疑和他在《春之祭》中不断变化的韵律有着天然的密切关系，两者都有让人热情焕发或翩翩起舞的效果。斯特拉文斯基如今开始根据某个单词的有趣发音或者有意思的双关

语来谱写音乐，或是玩些韵律游戏，就像1918年他为俄国的五行
打油诗（Pribautki）谱曲那样。但除了这些玩票性质的娱乐，这个
发现可谓对这个被流放在祖国之外的作曲家的救赎。通过音乐，他
可以找回内心失落的俄罗斯。

　　这也是《婚礼》背后的创作动机——用他自己的话来说，试图
在艺术中重现俄国的本质。一个历史悠久的自18世纪以来就被肤
浅的欧洲文明所压制的农民俄罗斯。那是——

> 东正教庇护下的神圣俄国，一个扫去青苔覆盖的俄国；抛
> 弃来自德国的官僚主义，一种在贵族阶级中颇为时髦的英国式
> 自由主义；抛弃她的科学主义（天呐!），她的知识分子以及他
> 们对于进步愚蠢而迂腐的信仰；这是彼得大帝和欧洲化之前的
> 俄国，一个农民的更重要的是基督教的俄国，欧洲大陆唯一一
> 个真正的基督教国家;《婚礼》里那个有笑有泪（同时又哭又笑，
> 有时甚至分不清哪个是哭哪个是笑）的俄国;《春之祭》里我们
> 看到的那个在困惑与数不清的污秽中自我觉醒的俄国。[148]

285

斯特拉文斯基找到了一种表达人民充沛的活力和精神的音乐形
式——一种真正意义的斯塔索夫式的民族音乐。1914年底，斯特拉
文斯基完成了《婚礼》第一部分的创作。当他给佳吉列夫演奏之后，
佳吉列夫感动得当场落泪，说这是"最美妙、最纯粹的俄罗斯芭蕾
舞剧"。[149]

　　《婚礼》是一出民族音乐剧。斯特拉文斯基晚年试图否认这一点。
沉浸于战争间歇期巴黎的世界主义文化中，加上自己对苏维埃政权
的憎恨，他在公众面前有意撇清自己的俄国渊源。但这些并不能令
人信服。这部芭蕾舞剧恰恰就是斯特拉文斯基所否认的：对农民文
化与音乐最直接的表达。经过仔细阅读民间音乐素材，从农民的婚

礼歌曲直接取材，这部芭蕾舞剧的整体概念就是将农民的婚礼习俗用艺术的形式重新搬到舞台上。

生活与艺术是紧密相连的。俄国农民婚礼本身就是一系列的集体仪式，每个仪式都伴随着典礼歌曲，有时候还会有轮舞那样的仪式舞蹈。在俄国南部，即斯特拉文斯基那些民歌素材的来源地，婚礼仪式主要分为四个部分。第一项是配对，两个指定的长者，一男一女，第一次前往新娘家拜访，查看对方家庭和新娘的条件，这时候按照习俗，新娘要为告别家人和老家唱一首挽歌。接下来是订婚，双方经过复杂的谈判后，确定嫁妆和互相交换的彩礼，之后在全村人的见证下，干掉一杯伏特加表示婚约正式确立，这时还有一个标志性的仪式，就是唱一曲"圣徒颂"，歌颂铁匠的守护人（因为按照民间俗话，婚姻都是被"打造"出来的）。第三项就是婚前的一些仪式，比如到澡堂为新娘洗澡、解开新娘的麻花辫等，这时候有更多的哀歌，紧接着就是婚礼当天上午，新娘的家人用家族的族徽为她祝福，伴随着村子里姑娘的哭泣，新娘子出发前往教堂。最后一项就是新婚典礼，以及婚宴。斯特拉文斯基将这些仪式重新编排为四个场景，更加侧重于表现新郎和新娘的结合如同"两条河流最终的交汇"：一，"在桥上"；二，"在新郎家"；三，"送别新娘"；四，"婚宴"。在农村文化的古老习俗里，农民的婚礼被视为家庭融合的象征。它被描绘成一种集体仪式，将一对新人与家长制的农民集体文化捆绑在一起，而不是两个个人之间浪漫的结合。

在斯特拉文斯基移居巴黎后所处的欧亚主义者圈子中，有一个现象十分常见（这是一种俄国人身上特有的强大力量，是将他与西方人区别开来的最大特点），那就是他们自愿放弃个人意志，服从集体的习俗和生活方式。这种对个人主义的超越正是最初芭蕾舞吸引斯特拉文斯基的一点——从《春之祭》以来，芭蕾舞是他所有农民音乐创作的最佳载体。《婚礼》中，歌唱的部分并没有可供个人情感发挥的地方。按照作者的安排，歌者的声音应该融为一体，就像他们在教堂唱诗班和民歌中一样，创造一种——用斯特拉文斯基的话来说——"完全一致，完全不夹杂个人感情，完全机械式"的效果。对乐器的选择也是为了营造这一效果（为了能找到代表俄国的声音，这些乐器的搭配是他们苦苦研究了 10 年的成果）：四台钢琴（在舞台上），钦巴龙、钟琴以及打击乐——所有乐器都应该以"机械式"的方式演奏。冈察诺娃为缩小了规模的交响乐团（为了达到农村乐队的演奏效果）制作道具时选用了灰暗的色调。这个以色彩搭配而闻名的艺术家放弃她活泼的红色和农村样式的鲜艳，取而代之的是灰蓝色天空和深褐色大地的极简主义设计风格。尼金斯基的编舞也同样放弃了个人特色——舞群作为整体一起移动，就像是机器大批量复制出来的人偶，这样的动作贯穿了整个故事主线。"这里没有领悟的部分，"尼金斯基解释说，"每个人的动作都和整体融合在一起……个人的动作不是通过单独某个人来表达，而是通过整体的动作。"[150] 这是最为理想的俄罗斯农民。

《帕斯科娃·什米特瓦的肖像画》。尼古拉·阿尔古诺夫画，1802 年。版权所有：库斯科沃庄园内陶瓷博物馆／彼得鲁沙美术馆（莫斯科），2002 年。

《普希金像》。瓦西里·特阿皮宁画，1827年。现藏于普希金博物馆（莫斯科）。供图：AKG London。

《女庄园主的早晨》。阿列克谢·韦涅齐阿诺夫画，1823年。版权所有：俄罗斯博物馆（圣彼得堡）／彼得鲁沙美术馆（莫斯科），2002年。

《在田垄上：春季》。阿列克谢·韦涅齐阿诺夫画，1827 年。现藏于特列季亚科夫美术馆（莫斯科）。供图：布里奇曼艺术图书馆（伦敦）。

《休息中的猎人》。瓦西里·佩洛夫画，1871 年。现藏于特列季亚科夫美术馆（莫斯科）。供图：布里奇曼艺术图书馆（伦敦）。

特雷姆宫内部图。位于克里姆林宫（莫斯科）。特雷姆宫由费多尔·索隆切夫设计。供图：Novosti，London。

《女贵族莫洛佐娃》。1884 年。现藏于特列季亚科夫美术馆（莫斯科）。供图：佛罗伦萨斯卡拉大剧院博物馆。

皇家风格科瓦什酒器。米哈伊尔·博金为法贝热设计，1906年。版权所有：巴黎装饰艺术博物馆图库。

赛壬花瓶。谢尔盖·瓦什科夫为法贝热设计，1908年。版权所有：莫斯科俄罗斯国立历史博物馆／莫斯科彼得鲁沙美术馆。

《农夫皮罗戈夫》。伊万·克拉姆斯柯依画，1874 年。版权所有：莫斯科彼得鲁沙美术馆。（右图）

《斯塔索夫肖像》。伊利亚·列宾画，1873 年。版权所有：莫斯科特列季亚科夫美术馆，2002 年。

《伏尔加河上的纤夫》。伊利亚·列宾画，1873 年。 版权所有：圣彼得堡俄罗斯博物馆／莫斯科彼得鲁沙美术馆，2002 年。

《佳吉列夫与奶妈的画像》。列昂·巴克斯特画，1906 年。版权所有者：圣彼得堡俄罗斯博物馆／莫斯科彼得鲁沙美术馆，2002 年。

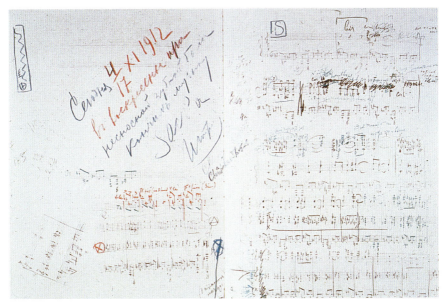

伊戈尔·斯特拉文斯基《春之祭》原版总谱，1913 年。私人收藏（供图：伦敦布里奇曼艺术图书馆）。
版权所有：霍克斯音乐出版公司（伦敦），1912 年，1921 年。经布西与霍克斯音乐出版公司许可翻印。

维克多·瓦斯涅佐夫为里姆斯基·科尔萨科夫的歌剧《雪女郎》（阿布拉姆采沃，1881）创作的舞台布景装饰画。供图：Novosti, London。

尼古拉斯·洛里奇为《春之祭》设计的布景与戏服。美国乔佛瑞芭蕾舞团于 1987 年重新上演《春之祭》，对其原编排有所更新。版权所有：Herbert Migdoll。

《神像》。尼古拉·洛里奇画，1901 年。版权所有：圣彼得堡俄罗斯博物馆与莫斯科彼得鲁沙美术馆，2002 年。

尼古拉斯·洛里奇为《雪女郎》设计的戏服，1921年。芝加哥歌剧团于1922年上演。现藏于尼古拉斯·洛里奇博物馆（纽约）。

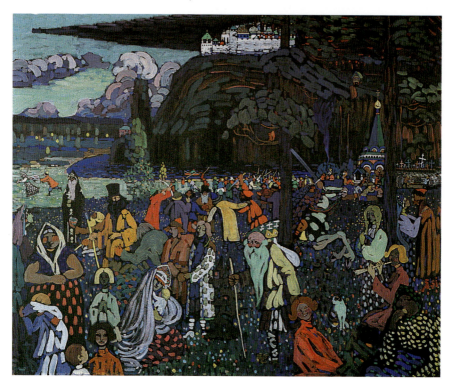

《彩色人生》。瓦西里·康定斯基画，1907 年。版权所有：伦巴赫之家（慕尼黑），AD AGP，Paris 与 DACS，London，2002 年。

《所有的圣徒 II》。瓦西里·康定斯基画，1911 年。版权所有：伦巴赫之家（慕尼黑），AD AGP，Paris 与 DACS，London，2002 年。

萨满鸟形头饰，雪松木制，制于19世纪上半叶。藏于俄罗斯纪念彼得大帝人类学·民族学博物馆，俄罗斯科学院（圣彼得堡）。

《弗拉基米尔路》。伊萨克·列维坦画。现藏于特列季亚科夫美术馆（莫斯科）。供图：佛罗伦萨斯卡拉大剧院博物馆。

《突然袭击》。瓦西里·维列夏金画，1871 年（供图：伦敦佳士得拍卖行）。

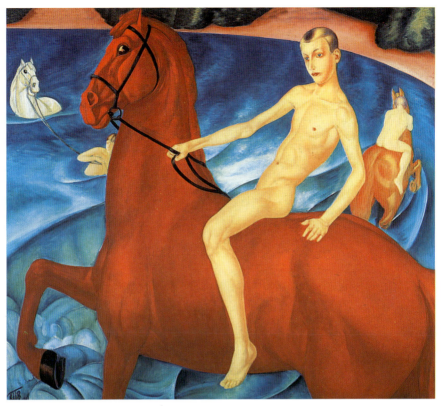

《沐浴的红马》。库兹马·彼得罗夫画，1912 年。现藏于特列季亚科夫美术馆（莫斯科）。供图：佛罗伦萨斯卡拉大剧院博物馆。

《红骑兵》。卡西米尔·马洛维奇画，1930 年。现藏于特列季亚科夫美术馆（莫斯科）。供图：佛罗伦萨斯卡拉大剧院博物馆。

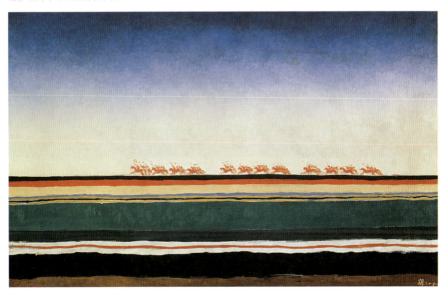

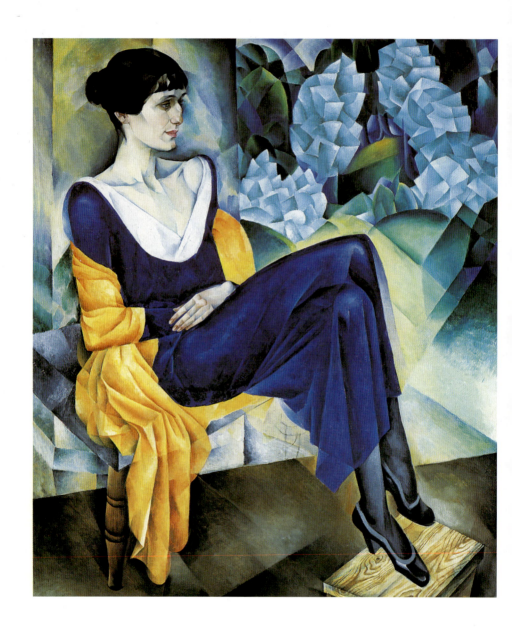

《安娜·阿赫玛托娃肖像》。纳坦·奥特曼画，1914 年。版权所有：俄罗斯博物馆（圣彼得堡）／彼得鲁沙美术馆（莫斯科），2002；DACS，2002 年。

第五章

寻找俄罗斯灵魂

《火鸟》（1926）的背景幕布设计图（娜塔莉亚·冈察洛娃）。
现藏于伦敦维多利亚与阿尔伯特博物馆照片展厅。

第一节

　　奥普京修道院安静地坐落在日兹德拉河畔的松树林与草坪中间，这里紧邻莫斯科南部卡卢加省的科泽利斯克市，距离莫斯科大约200公里。修道院白色的围墙，深蓝色的圆顶，上面金色的十字架在阳光下熠熠生辉，在深绿色树林的背景衬托之下，你在几公里外就能看到这里。修道院与现代世界隔绝开来，在19世纪，这里还没有通铁路和公路，朝圣者只能通过水路或步行，有的甚至是一路跪拜而来，让人有一种时光倒流的感觉。奥普京修道院是俄国最后一方隐士的避难所，这种隐居传统将俄罗斯与拜占庭之间联系起来，它也被视为俄罗斯精神的核心所在。19世纪所有的伟大作家——包括果戈理、陀思妥耶夫斯基和托尔斯泰——都曾来这里寻找"俄罗斯的灵魂"。

　　修道院于14世纪建成。但19世纪初，这座寺院走到了中世纪隐居传统复古运动的风头浪尖，才声名远扬。它内部建起了一座隐居所（skete），这完全背离了神圣宗教会议的《精神条例》，因为从1721年开始，条例就严格禁止建立隐居所。《精神条例》相当于教

会的宪法。但它的内容其实和宗教无关，正是这部条例使得教会服
从于政府权威之下。教会归神圣宗教会议管理，这是在 1721 年废
除大牧首之后，由沙皇指派的教徒和神职人员组成的办事机构。按
照《精神条例》的规定，神职人员的职责是维护和加强沙皇的权威，
宣读政府法令，行使国家行政管理的职能，向警察汇报不同政见者
和犯罪行为，哪怕这些信息是从教徒的忏悔中得到的。教会很大程
度上成为受沙皇掌控的忠实工具，破坏现状对他们并没有好处。18
世纪时，教会手中的土地大都被政府收回，因此教会要依靠政府的
财政拨款来养活神职人员和他们的家庭。*穷困潦倒、贪赃枉法、缺
少教育、肥头大耳，这些词从来就和教会里的神父形象联系在一起。
随着宗教生活的日渐萎缩，人们开始脱离官方的教会，转而加入旧
礼仪派或者 18 世纪盛行的其他教派，在那里可以找到更虔诚的宗
教生活。

　　同时在教会内部，也有一股愈演愈烈的复古风潮，他们试图找
回像奥普京修道院那样的古老寺院传统，使教会在精神上获得重生。
教会和政府当局对这种复古运动心存警惕。如果寺院的神职人员可
以建立自己的基督教团体，按照自己的方式从事宗教活动，有独立
的收入来源，他们就有可能散播对现有的教会和政府教条不满的意
见。这样一来，就无法控制寺院的社会影响和传教的内容。比如奥
普京修道院就有给穷人发放救济品和提供精神安慰的传统，这使得
修道院拥有大批的信众。尽管如此，高层神职人员中的一部分人仍
对俄国古老神秘的隐修传统表现出强烈的兴趣。派西神父是 18 世
纪下半叶教会复古运动的领军人物，他的禁欲主义信条实际上就是
主张像俄国最受尊敬的中世纪僧侣那样静修。

---

*　俄罗斯东正教的神父可以结婚。只有修道院的修士不可以成家。这点和天主教非常不
　同。——原注

在东正教神赐恩典的概念中就有静修（Hesychasm）的根源。
和西方人认为的恩典只赐予义人或者上帝的选民不同，东正教认为
恩典是一种自然状态，从神创世造人时就已存在，所有上帝创造的
人类都有享受神赐恩典的权利。在这种观点下，东正教徒相信自己
亲近神是出于精神上的自觉，通过学习耶稣基督能更好地应对自己
生命旅途中可能会碰到的各种危险。静修士相信他们可以在自己内
心找到亲近上帝的方式——通过那些可以感应上帝"能量"的"圣
人"或"长者"所提供的精神指导，用苦修和祷告的方式去寻找上帝。 294
15 世纪末静修主义开始发展壮大，修士尼尔·索尔斯基斥责教会拥
有土地和农奴，他离开寺院，到伏尔加河畔的森林中隐居。成千上
万的隐士和教派分裂人士（schismatics）纷纷效仿。出于对索尔斯
基的苦行教义可能引发社会革命的恐惧，教会镇压了这一静修运动。
但 18 世纪时，随着像派西神父这样的神职人员重新开始追求教会
的精神意义，索尔斯基的主张再次浮出水面。

19 世纪初始的几十年间，派西神父的观点开始被神职人员逐
渐接受，他们试图回归"古老的俄国行为准则"。1822 年，在禁止
修建隐居所的禁令颁布 100 年之后，这一禁令终于被废除，在受派
西神父观点影响最大的奥普京修道院，一座新的隐居所建立起来。
隐居所是 19 世纪修道院复兴的关键。在隐居所内部的圣所里，每
个隐士拥有自己独立的一小块空间，最多可以容纳 30 个人，他们
在此冥修，并严格服从修道院长老的管教。[1] 修道院内有三大长
老，他们都是派西神父的门徒，同样以虔诚而著称，三人使奥普京
修道院名声大噪，创造了它的黄金时代：神父莱奥尼德和神父玛喀
里分别从 1829 年和 1841 年开始担任修道院的长老；神父安弗若
西则是 1860 年到 1891 年。*正是这三名长老的个人魅力使得这座

---

* 三位神父英译名分别为 Father Leonid，Father Macarius 和 Father Amvrosy。——译注

俄国北部一座修道院中的隐士。照片来源：Popperfoto, Northampton。

修道院如此不同寻常——可以说是"灵魂的治愈所"——每年从俄国各地有几千名朝圣者和修士慕名而来。有些人来向长老寻求精神指引、忏悔或者咨询意见，另外一些则是来求祝福或治愈。他们甚至在修道院的墙外搭起了临时住所，就是为了每天能见上长老一面。[2] 教会看到长老们如此受欢迎后感到十分忧虑。长老在信徒中间享有圣人一样的地位，而教会并不了解他们宣教的内容，尤其是他们所主张的苦修和对基督团体更广义的社会愿景，因此他们搞不清楚这些长老会不会对现有的教会产生威胁。莱奥尼德在早年间的遭遇几乎称得上是迫害。主教辖区的官员试图阻止朝圣者来拜访寺院长老。他们指使修道院里的一位老僧侣瓦西安神父（《卡拉马佐夫兄弟》中费拉蓬特神父的原型）在一系列公开文章中抨击莱奥尼德。[3] 不过长老依然作为一种制度留存了下来。他们在普通民众中享有极高的声望，并且逐渐在俄国的修道院中扎根，虽然只是官方教会高墙之外的一股精神清流。

　　19 世纪的人们试图从中世纪神秘主义教派中寻求真正的俄罗斯信仰，这点并不奇怪。他们身上似乎有一种触动俄罗斯人民内心的宗教意识，和官方教会形式主义的宗教信仰相比，这种意识对人民来说更加重要，也更加容易引起感情共鸣。除此以外，这种信仰也具有浪漫主义情感。像基列耶夫斯基这样的斯拉夫主义者引领了知识分子前往奥普京修道院朝圣的风潮。他们发现，俄国教会的一个重要特点就是神秘主义，这种特点在修道院中得到最纯粹的保留，神秘主义中的反唯物主义理念与知识分子的思考形成了共鸣。他们将修道院看做自己所追求的共同体的宗教版本——一个理想俄国的神圣缩影——在这一基础上，他们将教会定义为东正教的精神联合体，真正充满基督徒间友爱的团体只有在俄国教会中才可能存在。当然，这是斯拉夫主义者的神话，但俄国教会确实存在一种神秘主义。西方教会的神学理论建立在对于神性的理性理解之上，和他们

296

不同，俄国教会相信人类的大脑无法理解上帝（因为我们可以理解的事物都在上帝之下），甚至以人类的身份去谈论上帝都会减弱他启示中的神圣奥义。想要亲近俄罗斯上帝的唯一办法就是超越世俗世界的精神体验。[4]

　　这种对神性作神秘主义体验的强调，与俄国教会的两个重要特点紧密相连。一是对天命的服从以及出世的信条。和他们的西方教友不同的是，俄国修道院的僧侣全身心地投入到冥修生活当中，完全没有在公共生活或学术界扮演任何积极角色。东正教宣扬谦卑，他们对逆来顺受的强调超过了其他任何教派（俄国教会最早的圣徒，鲍里斯和格列布，他们成圣的原因是毫无反抗地任由自己被人杀死）。第二点就是他们对宗教仪式和艺术、对礼拜仪式的情感体验的强调，认为这是进入神的王国的精神大门。教会的美是东正教最为明显的外部特征，也是它存在的根本基础。根据 11 世纪由僧侣编纂、第一部基辅罗斯的历史文献《往年纪事》记载，俄罗斯皈依拜占庭基督教是因为他们被君士坦丁堡的教堂外形所吸引。10 世纪时，基辅罗斯信仰异教的弗拉基米尔大公派特使前往不同国家寻找"真正的信仰"。他们首先拜访伏尔加流域信仰伊斯兰教的保加利亚人（Muslim Bulgars），但发现他们的信仰无趣且没有明显的优点。之后他们去了罗马和德意志，但发现他们的教会也都非常普通。最后他们到了君士坦丁堡，特使向大公报告说："我们不知道自己是在天堂还是在人间，但可以肯定的是，世界上其他地方绝对没有如此宏伟壮丽的美景。"[5]

　　俄国教会完全体现在自己的礼拜形式里，想要通过读书来了解它完全是徒劳：每个人必须亲自前往教堂敬拜祈祷。东正教的礼拜是一种强烈的情感体验。俄罗斯人民的灵魂，以及他们大部分最优秀的音乐和艺术，都贡献给了宗教事业，在国家遭遇危机，比如受蒙古侵略的时候，他们都会在宗教里寻求希望和支持。和中世纪西

方的情况不同，俄罗斯的礼拜仪式从来不是知识分子或神职人员的
专利。这是属于人民的宗教仪式。俄罗斯的教堂里没有长凳、没有
社会等级。信徒可以自由走动——通常他们会在不同的神像面前俯
伏敬拜——这使得教堂和嘈杂的农贸市场无异。契诃夫在自己的作
品《复活节之夜》（1886）中是这样描述的：

> 然而任何地方的激动和不安都不及教堂里表现得那么强烈。
> 教堂门口，涌进去的人潮和挤出来的人潮正进行一场无休止的
> 斗争。有些人挤进去了，有些人挤出来，不久却又走回去，为
> 的是多站一会儿，然后再走开。人们从这个地方跑到那个地方，
> 到处走动，好像在找什么东西。浪潮般的人群涌进教堂，在整
> 个教堂里跑来跑去，甚至惊动了前边站着的几排神态庄严、身
> 子笨重的人。讲到聚精会神的祈祷，那是根本办不到的。而且
> 这儿根本就没有人祈祷，所有的只是一种连绵不断而又天真无
> 邪的欢乐，它正寻找机会，竭力要表现出来，化为某种行动，
> 哪怕变成横冲直撞、推推搡搡也好。
>
> 就连举行复活节祈祷仪式的时候，这种不同寻常的活跃也
> 仍然一目了然。那些圣障中门都敞开着。空中，枝形大烛架四周，
> 神香的浓重烟雾飘浮不定。无论往哪边看，到处都是烛火、亮光、
> 烛芯的爆裂。诵读经文已经完全办不到，只有匆忙欢畅的歌声
> 一刻不停地唱到仪式结束。每唱完一首赞美歌，教士们就去更
> 换法衣，然后走出来，摇着手提香炉，这样的事儿几乎每隔十
> 分钟就要重复一次。*[6]

298

每个去俄罗斯教堂参加礼拜的人都会被其中优美的颂歌和赞美

---

* 《契诃夫小说全集》第五卷，汝龙译，上海译文出版社 2000 年版，第 9—10 页。——译注

诗所打动。整个宗教仪式的内容就是唱诗——教堂执事低沉浑厚的
嗓音伴随着唱诗班悠扬的歌声。东正教禁止在唱诗时使用乐器，这
促使俄罗斯教会的声乐创作尤其多姿多彩。民乐中的复调和声唱法
也被吸收进了"符号圣歌"（znamenny）——之所以这样称呼，是
因为这种乐谱是用一种特殊的符号谱写，而不是西方的五线谱——
这使得这些圣歌有着独特的俄罗斯韵律和风情。和民歌一样，歌曲
里的旋律片段不断重复，通常会超过几个小时（东正教的礼拜以冗
长著称），这种音乐会让人产生一种沉迷于宗教的超验快感。有着
知名执事和唱诗班的教堂能够吸引大量的信众——最吸引俄国大众
的就是宗教仪式中的音乐。不过，这其中一部分原因是俄罗斯的宗
教音乐创作实际上被教会所垄断——柴可夫斯基是第一个挑战这种
垄断地位的人，他于 1878 年创作了《圣约翰·克里索斯托的礼拜
仪式》——因此直到 19 世纪尾声时，大众才能在音乐厅里听到宗
教音乐。拉赫玛尼诺夫的《晚祷》（1915 年，又称《守夜》），一开
始就是为了宗教仪式而创作的。拉赫玛尼诺夫的宗教观全来自对古
代圣歌的细致研究，从这个意义上来讲，它不仅代表了一种神圣的
艺术创作，同时也是一整套关于宗教生活的文化。

　　俄罗斯人在祷告的时候是睁着眼睛的——他们凝视着一幅圣
像。凝视圣像本身就是祷告的一种形式。圣像是通往神圣世界的一
扇大门，不像中世纪的西欧地区，那里圣像成为一种装饰或者对穷
人的宣教工具。和天主教截然不同的是，东正教教徒并不向神父忏
悔，而是在后者的陪伴和精神指引下，对着一尊耶稣神像忏悔。圣
像是信徒宗教情感的中心——它将信徒和圣徒与三一神（圣父圣灵
圣子）联系起来——正是出于这种原因，圣像被大部分俄罗斯人视
为一种圣物。即使基列耶夫斯基这样转投罗马教廷的"外人"，也
被圣像的"神奇能力"所吸引，他对赫尔岑说：

299

　　曾经我站在一个神龛前，注视着一幅具有奇妙能力的圣母玛利亚像，想象着那些有着孩子般纯洁信念的人在她面前祈祷；一些女人和虚弱的老人在圣像面前下跪，用手在胸前画着十字，然后俯伏在地深深叩头。我怀着热切的希望，凝神注视着圣像，慢慢地，她神奇能力的秘密开始在我面前一点点解开。是的，这并非仅仅是一块画板——几百年来，她吸收那些信徒的热情和希望，听取磨难和不幸；她充满了所有这些祈祷所蕴含的能量。她成为一个有血有肉的有机体，成为人与上帝之间的信使。想到这些，我重新看了看那些俯伏在尘埃里的女人、老人和孩子，又看了看圣像。这时，我也看到圣母身上栩栩如生的细节，我看到她满怀爱意与怜悯地注视着这些淳朴的人，我不觉跪倒在她面前，虔诚地祈祷起来。[7]

　　10 世纪时，圣像从拜占庭传到俄国，在起初大约 200 多年时间里，圣像几乎都是希腊风格。但 13 世纪蒙古人的入侵切断了俄国与拜占庭帝国之间的联系；此时，修道院获得很大程度上的自由，开始逐渐发展出自己的风格。对敬拜者祷告中的引导作用成为俄国圣像与其他风格圣像之间的显著区别：它简单的线条和配色相得益彰，迷人的"反焦点透视"（画中的线条运用造成一种立体效果）给观众创造了一种特殊的空间感，用俄国最伟大的圣像学者莱奥尼德·乌斯宾斯基的话说，象征着"在我们眼前发生的事情超越了自然世界的规律"。[8] 这一技法在 15 世纪初安德烈·卢布廖夫的画作中达到顶峰——此时期恰逢俄国推翻鞑靼人的统治，因此这一宗教艺术的发扬光大也成为俄罗斯民族的一种身份认同。卢布廖夫的圣像代表了民族精神的统一。在国家还未形成的这一关键时刻，俄罗斯人民的身份认同全都来自基督教。读者们可能会回想起安德烈·塔可夫斯基电影《安德烈·卢布廖夫》（1966）最后那有着象征意义的一幕，一群匠人为被洗劫的弗拉基米尔教堂敲响了巨钟。这是一个令人难忘的画面——这是俄罗斯如何保持精神力量和创造力的象征。在勃列日涅夫当政时期，这部电影自然成为禁片。

关于俄国是从拜占庭帝国而非西方接受基督教这一点，不论如何强调都不算过分。正是出于拜占庭的传统精神，俄罗斯帝国将自己视为一个神权国家，真正的基督教王国，政教合一，沙皇上帝般的地位就是这一传统的产物。[9] 随着君士坦丁堡被土耳其人征服，俄国教会宣称莫斯科为"第三罗马"——拜占庭帝国的直接继承者、东正教最后的代表、拯救基督教世界的弥赛亚。1472 年伊凡三世娶了拜占庭帝国最后一位皇帝康斯坦丁的侄女索菲亚，这一拜占庭遗产得以巩固。俄国的执政君主为自己取了"沙皇"的名号，并杜撰了自己来自拜占庭和罗马帝国皇家血统的传奇身世。"神圣罗斯"也由此成为上天安排的救赎之地——他们与西方的隔绝更加深了这一救世主情结。

随着拜占庭帝国的衰落，俄罗斯被隔离在主流基督教文明之外，到了 15 世纪末，俄国成为唯一一仍信奉东正教的大国。由此产生的后果就是，俄国教会变得落后保守，对其他宗教更不宽容，对于自己的民族宗教仪式也更加自守。它成为一个政教合一的国家教会，其文化根源深深植根于拜占庭帝国的历史之中。和西方教会不同，拜占庭帝国的教皇权力没有凌驾于国族之上。他们没有像拉丁文这样的通用语言——例如，大多数俄国神职人员对于希腊文一窍不通——因此他们无法推行通用的宗教仪式或宗教律法。因此，从一开始东正教就注定要随国界线的变化分裂成为一个个独立的教会（希腊、俄国、塞尔维亚等），造成的结果就是，宗教加强了——或往往就等同于——民族认同感。说自己是"俄国人"就等于说自己是"东正教徒"。

对于这些国家来说，它们之间差异的根本在于教会的仪式。很久以前基督教早期教父曾制定一套共同的准则，但每个国家教会都有自己特有的宗教仪式，组成各自的信众团体。对于西方读者来说，他们习惯性地认为宗教的差异在于教义与道德观念的不同，因此他们很难理解仪式如何对一个民族或国家有决定性的影响。宗教仪式对于东正教尤其重要，因为"东正教"（Orthodox）这个词本身又包含着"正确仪式"的意义。这也解释了为什么东正教根本上是保守的——因为仪式的纯洁性对于教会来说最为重要——以及为什么异议运动通常拒绝在礼拜仪式上有任何革新，旧礼仪派就是最明显的例子。

宗教仪式贯穿了18世纪和19世纪俄罗斯人的全部生活。他们一出生就会受洗并取一个教名。每年庆祝命名日比过生日更加重要。俄国人生活中所有的大事件——开始上学或考大学、参军或进入政府部门、买房买地、婚丧嫁娶等——都会请一名神父来祈福。俄国的宗教节日比其他任何基督教国家都要多。但没有其他任何国家对于饮食的要求如此严格。在5月和6月期间，有5个礼拜的禁食期，8月有2个礼拜，圣诞节前有6个礼拜，四旬斋节期间则有7个礼拜。四旬斋节是所有社会阶层必须遵守的斋戒节日，始于忏悔节。忏悔节是俄国最为丰富多彩的节日，人们饱餐一顿，然后去滑雪橇。安娜·勒隆于19世纪40年代在梁赞省一个中等规模的庄园长大，在她的记忆里，忏悔节是地主与农奴之间和谐共处的一个节日：

> 大约在忏悔节当天下午两点，人们开始给马套上缰绳，拉上两到三台雪橇，雪橇的驾驶位上会放上一个圆桶。老维萨里昂会站在上面，穿着席子做的斗篷，戴着有树叶装饰的帽子。他驾驶着最前面一台雪橇，后面的雪橇上坐着我们的佣人，高兴地唱着歌。他们会绕着整个村子跑来跑去，其他村子来的人也会搭上他们的雪橇一起取乐。滑雪橇的人们组成了庞大的马

车队，他们一直玩到太阳落山。大约晚上七点我们的客厅里会挤满了人。农民们在四旬斋节前"道别"。每个人手上都带着礼物，比如白面包或面包卷，我们这些小孩有时候则能拿到香料蛋糕或者蜂蜜黑面包。我们和农民们互相亲吻告别，为即将到来的四旬斋节送上祝福。我们把农民带来的礼物放到一个大篮子里，然后回赠他们伏特加或者咸鱼。礼拜天的时候只有我们本村的农民，其他村子的农民则是礼拜六过来。农民走后，房间会被牢牢密封起来，因为里面全是羊毛大衣和泥巴的味道。四旬斋节之前，我们最后一餐的第一道菜是一种叫"tuzhiki"的特殊薄饼。我们还喝鱼汤，鱼肉也分了一些给我们的佣人。[10]

在莫斯科，人们可以到莫斯科河的冰面上滑冰，那里著名的游乐场里会有马戏团、木偶表演、杂技和变戏法儿的，许多人都来看热闹。但在四旬斋节的第一天，城里就会发生翻天覆地的变化。"没完没了的钟声召唤人们去做礼拜。"米哈伊尔·泽尔诺夫回忆说，"所有禁忌的食品从每户人家的餐桌上消失了，沿着莫斯科河的岸边开了蘑菇市场，人们在这里可以买到支撑家人度过四旬斋节的所有东西——蘑菇、泡菜、腌黄瓜、冻苹果、浆果、四旬节人造黄油做的各种面包、教堂祝福过的一种特别的糖等。"[11] 四旬斋节期间每天都有各种祷告仪式。随着日子一天天过去，这种宗教的紧张感也在不断加剧，直到复活节才能得到释放，泽尔诺夫回忆说：

复活节前夜，莫斯科结束了规定的礼拜仪式，一个喧嚣熙攘的市场在红场开放。人们按照古罗斯的异教传统迎接温暖天气的到来，将严格的东正教教规抛在一边。每年我们都会和父亲一起出去参加这个传统的莫斯科庆祝活动。在去参加庆祝的路上，即使离红场还很远，你都能听到口哨、笛子和其他各式各样自制乐器的声音。广场上站满了人。我们沿着那些摊子转来转去，这些木偶表演的摊子和各种帐篷都是一夜之间搭建起来的。我们来这儿的正当理由是为纪念耶稣进入耶路撒冷而举行的守夜活动购买柳条。但我们更喜欢那些卖各种奇奇怪怪没什么用的小玩意儿，比如填充了彩色液体内有"海洋生物"的玻璃盒子，或者羊毛做的猴子玩偶。我也不清楚他们与圣枝主日到底有什么关系。这里还有设计巧妙的彩色气球，我们不允许购买的俄式甜点和蛋糕。我们也不能去看长着大胡子的女人，真正的美人鱼，或者长了两个头的牛犊。[12]

复活节的礼拜是俄国教会中最重要也是最漂亮的一次礼拜活动。果戈理曾经评论道，俄国人对于庆祝复活节有着特别的兴趣，因为他们信仰的基础就在于希望。在午夜到来的时候，教堂的每一位信徒都会点亮一支蜡烛，伴随着唱诗班柔和的歌声，在教堂内举着圣像和旗帜缓步绕行。教堂的气氛逐渐升温，高潮在午夜钟声敲响一刻到来，教堂大门打开，神父出现，用自己低沉的嗓音宣布："基督复活了！"聚集在一起的信众热切地回应道："是的！基督复活了！"之后，唱诗班开始唱起《复活节赞歌》，教堂里的信众用三次贴面礼彼此问候祝福，同时嘴里念着："基督复活了！"复活节是一次真正的全民节日——在这一刻，来自不同阶级的人拥抱在一起。地主玛丽亚·尼科乐娃回忆和自己的农奴一起度过的复活节：

　　　　农民从教堂出来后会直接前来和我们交换复活节的祝福。来了大概有500人。我们和他们每个人行贴面礼，并送给他们一块复活节蛋糕和一个鸡蛋。在那一天，所有人都可以自由地在我们的房子里活动，但我记得我们没有丢任何东西，甚至屋

内的东西他们连碰都没有碰过。我们的父亲会在前厅接待那些
重要的和最受尊敬的农民、老人和长者。他会赠送他们葡萄
酒、馅饼和肉，在保姆的房间，我们的佣人会给大家派发啤
酒和自酿的酒。那天我们会接受无数次的贴面礼，而大多数
人的胡子并不怎么干净，以至于我们不得不尽快洗脸，以免自己
长疹子。[13]

在复活节星期一举行的圣像游行，是另外一种集体分享的宗教
仪式，那天圣像会被带到每家每户给他们祝福。维拉·哈鲁津娜，
俄国第一位民族学女教授，给我们留下了一段生动的描述，讲述了
18 世纪 70 年代莫斯科一户富有的商人如何迎接圣像：

　　　有太多人想要得到圣母圣像和殉道者圣像的祝福，因此人
们会事先排个表，根据安排的顺序来确定圣像在城中前进的路
线。我父亲总是很早就出门去工作，因此他希望圣像和圣物能
在一大早出门之前或者深夜回家之后被请到家里来。圣像和圣
物会分别来到，几乎从未撞在一起。它们的造访给人留下深刻
的印象。家里的大人会整夜不睡觉。我母亲只会在沙发上靠上
一小会儿。我父亲和姑姑从前一夜开始就不吃东西，这样他们
就能在当天空腹喝到圣水。我们这些小孩很早就会被招呼睡下，
第二天圣像到来之前就被叫起来。前厅角落里的植物会被挪走，
放上木制的长凳，这样圣像来的时候就可以放在上面。木凳的
前面会摆上一张桌子，铺上雪白的桌布。桌上会放上一碗水，
等着被祝福。准备盘子和空杯子——这样神父来的时候就可以
把圣水倒入杯子中，还有蜡烛和香。家里所有人都充满了热切
的期盼。父亲和姑姑会在窗户之间不停地走来走去，等待运送
圣像的车子抵达。载着圣像和圣物穿城走巷的是特制的车厢，

304

十分结实和笨重。家里的管家会站在门厅里，身边全是家里的佣人，等候她的吩咐。看门人正在招呼客人，我们知道当他看到车子来的时候，会尽快跑到前门，用力敲门提醒我们车子到了。然后我们就会听到六匹大马响亮的马蹄声越来越近。一个担任左马驭者的男童坐在车的前面，一个强壮的男人坐在后面。尽管那个时节天气还是非常寒冷，两个人的头上都没有任何遮挡。管家领着一群人，抬着沉重的圣像，艰难地迈上台阶。我们全家人都会在门口迎接圣像，并行跪拜礼。一股寒流会经敞开的大门从外面吹进屋里来，这让我们感到一阵清爽。这时祷告仪式开始，佣人们有时还有他们的亲戚都挤在门口观看。姑姑会从盘子里将神父倒满圣水的杯子取出。她拿着杯子，让每个人都抿上一口，人们也会用手指沾一下圣水，点在自己脸上。我们的管家手捧洒水刷和圣水，跟在神父后面在房间里走来走去。这时每个人都会上前抚摸圣像——首先是我父母，然后是姑姑们，之后轮到我们小孩子。此后是我们的佣人和他们带来的亲戚。我们会拿起绑在圣像上面袋子里的神圣羊毛擦自己的眼睛。祷告仪式结束之后，圣像会被抬到其他房间转上一圈。有些人会拜倒在圣像面前，那些抬圣像的人会跨过它们。然后圣像会被直接抬出大门，街上正在等待的人们纷纷上来抚摸圣像。这时，这些路过的人会和我们一起祷告，而我们根本不认识他们，以后或许再也遇不到他们。当圣像被重新放回车里的时候，每个人都立正并在胸前划十字。此时我们会站在大门口，皮大衣搭在肩膀上，圣像刚一放回车里，我们就立刻跑回屋子，以免自己着凉。屋子里依然洋溢着节日的气氛。这时，餐厅内已经准备好了配茶的小点心，姑姑则带着喜悦的表情坐在茶炉前。[14]

宗教仪式是俄罗斯信仰和民族意识的核心，也是东正教内部分裂的主要原因，教派的分裂将俄国一分为二。16 世纪 60 年代，俄国教会采取了一系列的改革措施，目的是让俄国的宗教仪式更贴近希腊。人们认为，随着时间的推移，俄国的宗教仪式出现了一些偏差，需要重新回归正轨。但旧礼仪派辩称，俄国的宗教仪式实际上比希腊的更加神圣，因为希腊在 1439 年佛罗伦萨大公会议上与罗马教廷合并，也就失去了上帝的眷顾。在旧礼仪派的眼中，上帝对希腊人这一叛教行为的惩罚，就是让他们在 1453 年失去了君士坦丁堡，由此东正教的中心转移到了莫斯科。西方读者或许会认为，这种关于宗教仪式中一些细节上的教派分歧（最具争议的一次改革将人们在胸前画十字的方式由两根手指改为三根手指），与西方基督教世界在 16、17 世纪时的分歧比起来显得无关紧要。但在俄国，信仰与宗教仪式和民族意识的联系如此紧密，以至于人们认为这种分歧和世界末日无异。旧礼仪派认为，这些改革是反基督的行为，是世纪末日即将到来的征兆。在 17 世纪最后几十年间，多个旧礼仪派团体揭竿而起：最后当国家军队逼近的时候，他们宁愿把自己关在木制教堂里活活烧死，也不愿和这些反基督徒有任何接触，从而在基督审判日到来之前玷污了自己。另外还有许多人效仿隐居者，逃往北方偏远的湖区和森林、伏尔加流域的边陲，或者南方的顿河哥萨克地区、西伯利亚的林地。他们在诸如白海海岸等地建立起乌托邦式的社区，希望在这里摆脱邪恶的俄国教会和政府干涉，建设真正的基督教王国。在其他地方，比如 18 到 19 世纪的莫斯科，这些人大多聚居在扎莫斯科沃雷奇区。旧礼仪派是政治和宗教异见分子掀起的一场广泛的社会运动。随着现有的教会在 18 世纪归顺政府，教会内部的道德日益败坏，越来越多的人加入了旧礼仪派。到 20 世纪初，他们的信徒数量达到顶峰，估计有近 2000 万人，但由于教会和政府一直都对他们进行迫害，确切的数量很难确定，也不排除在边远地区还有更多的旧礼仪派信徒。[15]

在许多方面，旧礼仪派信徒对于普通人精神理想的追求都要比教会更加虔诚，他们也正是从这种追求中获得大众的力量。19 世纪的历史学家波戈金曾经评价说，如果政府废除对旧礼仪派的禁令，那么一半的俄国农民就会转投他们。[16] 一个由沙皇统治的基督教国家，这样的专制教条在当时大行其道，出于对它的抵制，旧礼仪派教徒坚持自己对于基督教国家的理想，这与那些感到自己被世俗和西化的政府所抛弃的人产生了共鸣。旧礼仪派教徒严格遵守他们所信仰的宗教仪式以及中世纪莫斯科公国的家长制习俗。他们是淳朴的农业团体，信奉艰苦劳动、勤俭节约、克制自律等美德，也是这样严格地教育年轻人。俄国许多最成功的农场主、商人和实业家都是在旧礼仪派的教育下长大。

由于从一开始就受到政府的迫害，旧礼仪派发展出了浓厚的自由主义传统。它吸引了对社会不满的无产阶级、被压迫的边缘化群体，更重要的是那些反对政府破坏自己习俗以及干涉自己自由的哥萨克人和农民。旧礼仪派教徒拒不执行 17 世纪彼得大帝的命令，他们拒绝剃去胡须和穿西方的服饰。他们在 17 世纪 70 年代（由斯捷潘·拉辛领导）和 18 世纪 70 年代（由叶梅利扬·普加乔夫领导）的哥萨克起义中扮演了重要角色。在旧礼仪派群体当中，有着明显的无政府主义和平均主义的特点，尤其那些不需要神父来带领敬拜的团体（bezpoptsy），他们认为神职人员的等级制度是对教会的腐蚀。这些群体的核心理念是古代俄罗斯在人间建立纯粹精神世界的追求，它源于大众在"神圣罗斯"中找到一个神圣王国的信仰，也是民族意识的一种早期形态。

其他各式农民教派和宗教盲流也有类似的乌托邦式诉求，他们同样不为教会和政府所容：例如"鞭笞派"，或者叫"Kblysty"（有可能是 Kbristy 一词的变体，意为"基督"），他们相信基督会借助某个人的肉体重生，常常会有农民装作灵魂附体，在村子里装神弄鬼吸引信徒（拉斯普京[*]就是这一教派的信徒）；"杜霍波尔教派"
（Dukhobortsy，意为灵魂斗士），他们主张一种基于基督教信条的
无政府主义，借此逃避所有国家税收和兵役；"流浪者"（Stranniki），
他们切断了和现有政府与社会之间的所有联系，将后者视为反基督
徒的王国，而自己则是游荡在俄罗斯大地上自由的灵魂；"饮奶者"
（Molokane），他们相信耶稣基督会以一个淳朴的农民形象重生；最
为诡异的是"阉割派"（Skoptsy），他们相信只有切除掉罪恶的根
源之后，才能获得救赎。

　　俄罗斯是孕育基督教无政府主义和乌托邦分子的沃土。俄国宗　　308
教信仰的神秘根基，加上民族意识中的救世主情结，使得俄国民众
对于在"神圣的俄罗斯土地"上建立一个纯粹的上帝国度抱有强烈
的精神追求。陀思妥耶夫斯基曾经说过："这种在世界上建立大一
统的基督教会的不懈追求，一直扎根在俄罗斯人民的心中，这也是
俄国社会主义的基础。"[17]这种精神追求还包含另外一层含义，就
是大众心中对于一个真理与正义（pravda）的俄罗斯理想国度的向
往。很多事情并非巧合，比如旧礼仪派和其他教派的教徒都参与到
社会抗议活动中——拉辛和普加乔夫领导的哥萨克叛乱，或 1861
年农民大游行——当时许多农奴对于废奴法令中的限制条文感到不
满，不愿意相信这是"伟大神圣"的沙皇签署的。在俄国这样的国家，
宗教异见和社会抗议注定联系在一起，因为沙皇在这里有神一样的
地位，他有万能的权力和至高无上的身份。农民相信世界上有神的
王国。许多人认为天堂就在世界上某个偏远的角落，那里绿草四季
常青，河中流淌的都是奶与蜜。[18]这种观念催生了许多关于俄国隐
藏着的人间天堂的传说。这些传说千奇百怪，关于"遥远的国度"、"黄
金岛"、"欧伯纳王国"（Kingdom of Opona）以及"出德王国"（Land

---

[*]　帝俄时代尼古拉二世时的神秘主义者，被认为是东正教中的佯狂者之流。——译注

of Chud）等。"出德王国"讲述的是在俄国的地下隐藏着一个神圣的国度，那里的"白沙皇"按照农民"古老且完全公义"的理念来统治这个国家。[19]

这些民间神话中最古老的是基捷日（Kitezh）——这是一座在斯沃特罗亚（位于下诺夫哥罗德州省）湖底的圣城，只有真正虔诚的俄罗斯信徒才能看到这座城市。据说圣僧和隐士能够听到那里的古老教堂传来遥远的钟声。基捷日被异教徒围攻，但就在这个生死存亡的关头，整座城市突然消失在湖底，致使围城的鞑靼人全部淹死。

几个世纪以来，这个传说和其他的民间故事混杂在一起，这些故事里有隐藏在地下的城市和修道院，有神奇的海底王国和宝藏，也有民间英雄伊利亚·穆洛梅茨的传奇。但18世纪初，旧礼仪派教徒把这些传奇通俗化，它们才在19世纪广为流传。例如在旧礼仪派的版本里，基捷日的故事是一个关于真正的基督教俄罗斯被反基督徒掩盖的寓言。但在农民中间，它变成一个对国家教会之外的纯净精神世界的寄托。整个19世纪，成千上万的朝圣者来到斯沃特罗亚湖设立祭坛，满怀希望地祈求基捷日能够从湖中重现以前的荣光。气氛最热烈的时候是夏至，也是古老的异教节日伊凡·库帕拉节（Kupala），那天成千上万的朝圣者挤满湖四周的树林。作家季娜依达·吉皮乌斯1903年目睹了这一盛况，她描述说这里就像是一个"天然的教堂"，敬拜者三五成群地聚集在一起，他们把圣像贴在树上，手捧蜡烛唱着古老的颂歌。[20]

另外一个乌托邦信仰是彼乐地（Belovode）传奇，这个故事和主流的宗教信仰相比毫不逊色，讲述的是一个友爱、平等、自由的基督教徒团体，据说他们存在于俄国和日本之间的某个群岛上。这个传说是有现实基础的，18世纪时，曾有一群农奴逃离西伯利亚阿尔泰地区的山地，之后再也没有人见过他们，于是开始有流言传说

309

他们找到了上帝的应许之地。尤其是"流浪者派"更加热衷于这个传说，他们相信在已知世界的边缘一定存在一个神圣的国度，还会前往西伯利亚寻找这样的人间天堂。[21]1807 年之后，这个传说的影响力变得更大，因为当时一个修士发表了一本彼乐地指南，他声称自己亲眼看到过这个世外桃源，尽管书中对于它所处的位置语焉不详，但也没能阻止每年成百上千的农民骑马、坐马车或乘船前去寻找这块应许之地。19 世纪关于这场探险的最后记载，是有人传说托尔斯泰曾到过彼乐地（一群哥萨克人还特意去找这位作家询证真伪）。[22]然而直到很久以后，彼乐地依然是人们心里挥之不去的梦想。画家廖里赫对这个传说很感兴趣，他在 20 世纪 20 年代造访阿尔泰地区，在那里他遇到了依然执迷于这块神奇乐土的农民。

第二节

"我在奥普京修道院的隐居所停下，"果戈理在给 A. P. 托尔斯泰伯爵的信中写道，"然后从那里带走了我终生难忘的回忆。那里显然有着神的恩典，从敬拜时一些外在的特征就能感受得到。我在其他地方从没见过这样的僧侣，通过他们每一个人我似乎都可以和上帝交流。"在人生最后的几年，果戈理去过几次奥普京修道院。在寺院静谧的氛围中，他为自己饱受困扰的灵魂找到了安慰和指引。他相信这里就是他穷尽一生所追求的神圣的俄罗斯王国。在离修道院数英里以外的地方，果戈理给托尔斯泰写信说："你可以在这里闻到寺院德行中的芬芳：一切都有治愈你的力量，人们的敬拜更加虔诚，彼此之间的友爱更加深厚。"[23]

果戈理出身于乌克兰一个虔诚的信徒家庭。他的父母在教会中都非常活跃，在家里他们也谨守所有的禁食和宗教信条。家庭中对宗教神秘主义的耳濡目染，影响了后来这位大作家的生活和艺术创作。果戈理父母的相识源于他父亲在当地教堂中神的一次启示：圣母玛利亚出现在他面前，用手指着他身边的一个女孩对他说，她将成为你的妻子，而后来事情真的就是如此。[24] 和他的父母一样，果戈理并不满足于仅仅遵守教会的教条。从很小的时候他就期待着能够亲身经历神灵现身，以满足他内心深处的渴求。1833 年他给母亲写信说：

> （在我小时候）我看待每一件事都是通过别人的眼睛；我去教堂要么是因为被要求去，要么就是被人带去；但是我一到那就只能看见十字褡、神父和大声咆哮的执事。我在胸前画十字是因为我看到别人也都这样做。但有一次——我现在依然能够回忆起当时的每一个细节——我让你给我讲讲审判日的故事，你讲述得如此生动如此全面，等待着那些义人的美好事物是如此动人，而等待着那些罪人的永世折磨在你口中显得如此恐怖，使我的身心都感受到震撼。这次经历让我日后中心有了崇高的思想。[25]

跟托尔斯泰和陀思妥耶夫斯基不同，果戈理从来没有对宗教产生怀疑。他晚年心灵上的煎熬也是因为怀疑自己在上帝面前是否能称得上义人。但作家坚定的信仰并不从属于任何教会。从某种程度上说，就像他自己也承认的，他的信仰和新教徒十分接近，他更相信个人与耶稣基督之间的关系。[26] 不过从 1836 年到 1842 年，果戈理在罗马生活期间，他与天主教传统的关系也十分亲密。之所以没有选择皈依罗马教廷，用他自己的话说，就是在他看来两种宗教之间没有什么明显差别："我们的信仰和天主教是一回事，因此也就没有必要从一个转向另外一个。"[27] 在他从未发表的《死魂灵》的最终版本中，果戈理原本设想其中的神父一角兼具东正教和天主教的优点。他似乎一直在寻找一个能够将所有人以基督徒之间的友爱联结在一起的精神教会。在奥普京修道院，他认为自己找到了这一

311

理想的"俄罗斯灵魂"。

　　果戈理的小说是他精神探索的舞台。和许多学者的观点相反，果戈理其实并不存在所谓早期"文学作品"和晚年"宗教作品"之间的割裂，尽管他后期对宗教表现出更明显的兴趣。果戈理所有的创作都有着神学上的重要意义——它们确实开辟了一个赋予小说和宗教启示同等地位的民族传统。他的许多故事都应该当作宗教寓言来读。那些古怪奇特的人物并不有意再现现实——不如说是一种圣像，给世人以启示。这些人物让人思考另外一个世界，那里善与恶正在展开一场争夺人类灵魂的战争。在果戈理早期的作品中，这种宗教象征大多寄托在圣经式的主题或非常隐晦的宗教隐喻当中。例如《外套》就呼应了圣亚加索（St. Acacius）的生活——他是一名隐士（和裁缝），在受到长老多年的虐待之后死去，后来这位长老忏悔了自己的罪过。这解释了《外套》中主人公为什么叫阿卡基·阿卡基耶维奇——他是圣彼得堡一名卑微的公务员，被人抢去了一件珍贵的外套，最后凄惨死去，死后成为幽灵到城里复仇。[28] 在《钦差大臣》（1836）失败之后——作者创作这部戏剧的本意是要作为一篇道德寓言，但大众却把它当作讽刺喜剧——果戈理决定在创作中让自己传达的宗教信息更容易理解。此后他将全部精力投入到一部三段式小说《死魂灵》的创作中。这是一部但丁《神曲》般的史诗，俄罗斯的天命在最后得以揭示。俄国乡村的各种缺点在小说最终仅完成的第一章（1842）中被暴露出来，而在未完成的第二、第三章中，作者本想通过描写崇高的、"真实存在的俄罗斯灵魂"来否认这些缺点。主人公乞乞科夫在农村骗取濒死的乡绅和他们死去的农奴（或"魂灵"）的身份，从政府获得大量钱财。但即使这样一个恶棍，随着果戈理创作主题转向基督的爱和手足情谊这种斯拉夫式理想，乞乞科夫最后也被上帝拯救，成了一个地主。这部"史诗"的整个概念就是俄罗斯的"再生"，以及它精神上在"人类通往完美的无尽

312

阶梯上"不断地向上攀登——这也是他从《圣经·创世记》中借鉴的雅各布天梯的故事。[29]

果戈理关于神圣异象的灵感来自他所拥护的斯拉夫派人士，他们梦想着俄国能够成为纯洁基督徒的神圣联合之地。果戈理对缺乏灵魂、个人主义盛行的现代社会满怀担忧，斯拉夫派的思想对他而言自然充满吸引力。其根源是俄国教会作为一个充满友爱的自由基督徒团体，正如神学家阿列克谢·霍米亚科夫在19世纪30年代到40年代所勾画的概念———一种"自由的统一体"（sobornost，来自俄语sobor，指代"大教堂"和"集会"）。阿列克谢·霍米亚科夫这个概念来自一套神秘主义理论。他说，信仰不能通过理性获得，必须通过亲身体验，从内心深处感受基督的真理，而不是靠教条和律法。真正的教会不能规劝或者强迫人们成为信徒，因为除了基督的爱以外，任何人都没有这个权力。作为一个自由选民的群体，它只存在于基督爱的精神之中，正是这种爱将虔诚的人和教会联系在一起，也只有这种精神是他们虔诚的保证。

斯拉夫派相信真正的教会是俄罗斯式的。跟西方通过律法和僵化的等级制度（例如设置教皇）来行使自己权威的教会不同，他们认为，俄国的东正教是真正的精神共同体，而基督是他们唯一的领导。毫无疑问，斯拉夫派对俄国教会抱有批判态度，认为他们和沙皇政府间过于亲密的关系已经削弱其精神属性。斯拉夫派支持一个社会性的教会，有些人或许会称之为社会主义者的教会，这使得他们很多关于信仰的文章都被政府查禁（阿列克谢·霍米亚科夫的神学作品直到1879年之后才得以出版）。[30] 斯拉夫派是农奴解放运动的坚定信徒：因为只有精神和身体完全自由的个人才能组成俄罗斯式的真正教会。他们相信俄罗斯人民拥有基督徒的精神，而正是这种精神造就了真正的教会。斯拉夫派相信只有俄罗斯人民才是世界上真正的基督徒，他们农村公社的集体生活（一种"基督徒真爱与

313

友爱的结合"），他们温和谦逊的品质，他们吃苦耐劳的精神，以及
为了更高的道德追求牺牲个人自尊的意愿，而这种更高的追求就是
公社、国家和沙皇。凭借这些基督徒的品质，俄罗斯已远远不止是
一个民族——他们身上扛着对世界的神圣任务。用阿列克谢的话来
说："俄罗斯人民已不仅仅是人民，而是全人类。"[31]

　　这就是关于"俄罗斯灵魂"的构想，果戈理打算在《死魂灵》
的第二、第三部分来描述它，人们认为它是将要拯救基督教世界的
普世精神。民族之魂或民族精髓的概念在浪漫主义时期十分常见，
但果戈理是第一个给"俄罗斯灵魂"赋予了救世含义的人。这一概
念源自德国，在那里像弗里德里希·谢林这样的浪漫主义者创造了
民族精神的概念，用以将本国的文化与西方文化区分开来。19 世纪
20 年代，谢林在俄国享有神一般的地位，他关于精神的概念被那些
想要将俄国与欧洲区分开的知识分子奉为圭臬。作为谢林在俄国的
头号门徒，奥多耶夫斯基公爵声称，西方人为了追求物质进步，已
经将灵魂卖给了魔鬼。"你的灵魂已经变成一台蒸汽机，"他在小
说《俄罗斯之夜》（1844）中写道，"在你身上我看到的是螺丝钉
和齿轮，而看不到生命。"现在只有俄国和她年轻的灵魂可以拯救
欧洲。[32]这印证了一个规律，就是像德国和俄国这样在工业化进程
中落后于西方的国家，更容易产生民族之魂这样的概念。这些国家
在经济上的缺失，可以通过其保持原生态乡村中的精神美德找回一
点平衡。民族主义者认为淳朴的农民身上具有创造性的自发性和友
爱精神，而这些品质在西方资产阶级文化中早已经消失不见。在 18 　314
世纪最后的几十年间，俄罗斯灵魂的概念在这种模糊的浪漫主义思
想中开始发展起来。彼得·普拉维利希科夫的论文《论俄罗斯灵魂
的内在特质》（1792）提出了一些观点，例如俄国有一种自然的创
造力，要比西方的科学有更大的潜力。这位剧作家被这种民族自豪
感冲昏了头，甚至断言俄国有许多看似不可能的第一：

我们以为农民发现了连希波克拉底（古希腊名医）和加仑（希腊解剖专家、内科医生和作家）都没有发现的药酊。阿雷克西沃村子里的正骨医生在外科手术的领军人物中十分出名。库利宾和来自特维尔地区的机械师索巴金在机械技术方面都技艺高超……俄国人无法发现的东西，对于全人类来说将是永远的未知。* [33]

在 1812 年胜利之后，关于农民灵魂的概念以及他们无私的美德和自我牺牲的精神，开始与俄罗斯将是西方的救世主的说法联系起来。这是果戈理最初在《死魂灵》中所担负的使命。在更早的《塔拉斯·布尔巴》中，果戈理将俄罗斯灵魂归因于一种只有俄国人才能感受到的爱。"没有哪种感情比这样的同志情谊更加神圣的了！"主人公塔拉斯·布尔巴对他的哥萨克族人说：

父亲爱自己的孩子，母亲也爱自己的孩子，孩子则爱着自己的父母。但兄弟们，这并不完全相同，就连野兽也爱自己的孩子。然而精神上而不是血缘上的紧密联系，是只有人类才有的。别的国家也有志同道合的同志，但和俄国土地上的友爱相比就不算什么了……兄弟们，俄罗斯灵魂的热爱，并不是只用头脑或者你身体的某一部分，而是用上帝所赐予你的一切去爱。[34]

果戈理与斯拉夫主义者靠得越近，越相信这种基督徒间的友　　315
爱是俄国带给世界的独特启示。在《死魂灵》第一章最后令人难忘

---

* 俄国的民族主义者经常发表类似的言论。在 20 世纪时，一篇恶作剧式的报道声称一位俄国的老农民用自制的飞机成功飞行了几公里，这被当作俄国的家长式体制不但比西方制度更好甚至更聪明的证据。——原注

的三驾马车（troika）一段中，果戈理曾透露过关于"俄罗斯灵魂"
天启般的图景：

> 俄罗斯，你不也像这快得谁也赶不上的三驾马车一样奔驰
> 吗？只见大路在你轮下扬起尘土，桥梁被你震得隆隆作响，一
> 切都被你超越而落在后面。过路行人被这种神奇的景象所惊骇，
> 停下脚步问道：这是不是天上掉下来的闪电？这令人震战的狂
> 奔意味着什么？喂，骏马呀，骏马，你们有多么了不起！你们
> 的马鬃里是不是带有旋风？你们的每根血管里是不是带有敏锐
> 的耳朵？一听到天上传来熟悉的歌声便一齐挺起红铜板的胸膛，
> 几乎蹄不沾地在半空中飞驰，身子变成一条线，只有得到神的
> 鼓舞你们才会跑得这么快！俄罗斯，你要奔向何方？请给个回
> 答。你不肯回答，只是铃儿发出美妙的声响；空气被风撕成碎片，
> 呼啸不停；大地上的一切从旁边掠过，所有其他民族和国家都
> 侧目而视，退到一旁，为她让路。*[35]

　　基督徒之爱的"俄罗斯准则"——果戈理将在第二、第三部分
揭示——旨在将人类从西方世界自私的个人主义中拯救出来。正如
赫尔岑在读完果戈理这部小说之后评论的那样，"俄罗斯的灵魂中
隐藏着巨大的潜力"。[36]

　　果戈理在这部小说上花的精力越多，越觉得揭示"俄罗斯灵
魂"中的神圣真理是自己肩上所背负的使命。"上帝只赐给我完成
并发表第二部分的力量，"他在 1846 年给诗人尼古拉·亚齐科夫的
信中写道，"然后他们会发现我们俄国人身上有很多他们猜都猜不
到的东西，而这些我们自己并不愿承认。"[37] 果戈理想从寺院中寻

---

* 《死魂灵》，王士燮译，译林出版社 2000 年版，第 189—190 页。——译注

求神的启示——他相信俄罗斯的灵魂就藏在这里等待被发现。他最敬佩奥普京修道院中隐士的一点就是，他们对于掌控自身欲望以及洗刷自己灵魂罪过的能力。他认为这种自律精神就是解决俄罗斯精神顽疾的良方。这次又是斯拉夫主义者将果戈理带到了奥普京修道院。基列耶夫斯基在19世纪40年代曾多次去那里拜访玛喀里神父，两个人整理了派西神父的生平，并将早期教父的作品由希腊语翻译过来。[38]和他之后所有斯拉夫主义者一样，基列耶夫斯基相信奥普京修道院的隐士是东正教古老精神传统的真正象征，这里是"俄罗斯灵魂"最活跃的地方，当果戈理从国外回到莫斯科，那时出入沙龙的全是奥普京修道院的信徒。

316

　　《死魂灵》被当作一部有宗教指导意义的作品。它的写作风格带有强烈的以赛亚精神特质——以赛亚在《圣经》里预言了巴比伦王国的覆灭（在创作《死魂灵》第二部分的时候，果戈理在他的信件中经常引用这一景象）。[39]果戈理在绞尽脑汁创作这部小说时，也沉浸在自我预言的宗教狂热之中。他埋头研究7世纪西奈半岛神学家约翰·克利马科斯的著作，后者主要论述一个人灵魂纯净以及攀登通往完美精神世界的阶梯（果戈理在给一个朋友的信中使用了这一场景，他说自己还在阶梯的最底端）的必要性。[40]果戈理唯一的安慰来自不停地祷告，他相信从中可以获取完成创作《死魂灵》这一神圣任务的精神力量。"为我祈祷吧，以耶稣基督的名义，"他在1850年给奥普京修道院的菲拉雷特神父的信中写道：

　　　　请尊敬的修道院院长，请主里所有的弟兄姐妹，请那些最虔诚也最热衷祷告的信徒，请他们为我代祷。我所选的是一条艰难的道路，没有上帝每天每时每刻的帮助，我的任务不可能完成，我的笔动都动不了……慈爱的上帝，他有成就一切的权柄，能把我这样像煤炭一样黑的作家，变成一个纯洁无瑕只开口谈论圣洁与美妙事物的人。[41]

　　问题是果戈理没有办法描绘出这样一个圣洁的俄国，这样一个满是基督徒情谊的王国——而他将这视为自己的天授使命。所有俄国作家，即使那些最有想象力的，也无法描绘出这样一个地方——或者说，没有一处能满足作家吹毛求疵的要求。无论他如何努力去赋予笔下的俄国主人公理想的形象——一幅俄罗斯灵魂的圣像，如果你愿意这么说的话——果戈理对现实的观察，让他总是忍不住将人物原型身上奇奇怪怪的特点嫁接到他们的形象之上。当他对自己打上宗教光辉的做法感到绝望的时候，他写道："这一切只不过是一场梦，只要一个人转而关注它在俄国的真实情况，这场梦就碎了。"[42]

　　意识到自己在小说上的努力失败之后，果戈理转而试图在《与友人书信选》（1846）中表达自己的观点。书中的内容是关于俄国自身神圣原则的迂腐道德说教，本来这些文章是想用来做《死魂灵》未完成部分的某种意识形态意义上的前奏。果戈理宣称俄国的救赎在于每个独立公民精神上的革新，但是他却没有触动现有的社会体制。他忽略了农奴制与专制国家的问题，可笑地宣称只要两者能遵守基督徒的信条，它们的存在则是完全可以接受的。进步分子被彻底激怒了——这是对他们关于进步的神圣理想、关于人民事业的政治承诺的背叛。在 1847 年的一封公开信中，作为一名现实主义者和政治改革的支持者，别林斯基对他曾经拥护（或许是误解）的果戈理，展开一场毁灭性的攻击：

　　　　是的，我曾经爱过你，曾经用我对自己国家血缘般紧密的感情爱过你，我把你当作国家的希望、荣耀和骄傲，视你为这个国家通往良知、进步与发展道路上的领路人……俄国的出路

不在神秘主义，不在禁欲主义，也不在于虔诚的心，而是如你
所说的，在于教育、文明以及文化。这个国家不需要说教（她
已经听了太多），也不需要祈祷（她已经念了太多），她需要的
是人民尊严的觉醒，这种自尊已经丢在污泥里埋了几百年。[43]

同样致力于改革的斯拉夫主义者，也绝望地放弃为果戈理辩护。
谢尔盖·阿克萨科夫给果戈理写信说："我的朋友，如果你的目的
是制造一出丑闻，或者让你的朋友和敌人联合起来反对你，那么恭
喜你，你成功了。如果这部作品是一个玩笑，那你也让所有人大跌
眼镜：每个人都被弄迷糊了。"[44] 甚至连果戈理在奥普京修道院的
精神导师，玛喀里神父，也无法支持这部书信选。这位长者认为果
戈理没有理解谦卑的必要性。把自己当成了先知，然后疯子般狂热
地祈祷，却没有搞清楚何为真理，也并没有从圣灵身上获得任何的
启示。"这对于信仰来说是不够的，"他于 1851 年 9 月写信给果戈
理说，"如果一盏灯想要发光，只擦净它的玻璃是不够的：灯里还
必须点上蜡烛。"[45] 玛喀里神父也不认可他对社会的无为主张。奥
普京修道院的精神感召就是要缓解穷人的痛苦。玛喀里神父的批评
对于果戈理来说是一次致命打击，从这时候起，他应该已经认识到
这些批评是中肯的：他的内心确实没有受到神的感召。他在收到玛
喀里神父的信之后，就断绝了和奥普京修道院的所有联系。他意识
到自己想要成为一名预言式作家的神圣任务已经失败了。他感觉自
己在上帝面前毫无价值，开始想绝食。他吩咐自己的佣人烧毁自己
未完成的作品手稿，然后安心赴死。1852 年 2 月 24 日，时年 43 岁
的果戈理，在死前的最后一句话是："给我拿一把梯子，快！一把
梯子！"[46]

第三节

别林斯基在给果戈理的信中承认，俄国农民对上帝充满了虔诚的敬畏，"但他们在祷告时也没忘了抓痒痒"。他还谈到了圣像："圣像是用来祷告的，不过你也可以用它来当锅盖。"这位评论家总结说："如果认真观察你会发现，俄国人的天性是信奉各种偶像的无神论者，并没有真正的信仰可言。"[47]

对于所谓农民灵魂中的基督本性的质疑，绝不仅仅局限于以别林斯基为代表的社会主义知识分子。教会本身也越来越受到农民粗野且表现得没有信仰的困扰。教区神父描绘了农村地区对宗教无知的惨淡景象。I. S. 贝利钦在 19 世纪 50 年代写道，"每一百个男性农民中"——

最多只有一个会经常阅读《信经》，最多两三个会颂短祷（当然，至于自己所念的东西到底是什么他们根本也不关心）。每一千个男人中，最多只有两三个人知道十诫的内容；至于女人，我们甚至什么都不用说了。这就是所谓的东正教俄国么？简直太丢人了！那些伪君子竟然还说什么俄国是最后一块宗教净土，实际上在俄国，三分之二的人根本都不知道信仰为何物！[48]

对于教区神父来说，想要让农民了解信仰的内涵无疑是一项艰巨的任务——甚至比让他们抵抗来自城市的世俗观念更难。其中一部分原因是就连神父也大多是文盲。大部分神父只是子承父业罢了。他们在农村长大，很多人除了在本地的教会学校上过几年学以外，没有接受过任何教育。在农民眼里这些神父的地位也不怎么高。农民视他们为贵族和政府的仆人，他们那普通甚至可以说是寒酸的生活条件也很难赢得农民的尊重。凭借政府发放的一点微薄的薪水，或者耕种教会自有的小块田地，神职人员很难维系自己的生活。他们的收入很大程度上依赖于宗教服务——主持一场婚礼差不多一个卢布，主持一场葬礼一瓶伏特加——如此一来，在农民眼里，他们更像是做法事赚钱的生意人，而非他们信仰上的精神指引。穷酸的农民和以贪婪闻名的神父经常会为了一点费用长时间地讨价还价，结果让新娘子在教堂站着等上几个小时，或者让人死了几天都不能下葬，直到双方在价码上达成一致为止。

在这种毫无稳定可言的生活状态下，神父不得不在教会所宣扬的基督信仰与农民生活半迷信的异教风俗之间不停摇摆。他们会用圣像、蜡烛和十字架为农民驱魔，因为农民相信这些恶灵会给牲畜和庄稼下咒，让妇女不孕不育，给家庭带来灾难或疾病，或者作为亡灵在他们家里阴魂不散。相较于坚定的斯拉夫主义者和虔诚的旧礼仪派教徒，俄国农民从来都和真正的东正教信仰若即若离，他们只是披上一层薄薄的基督教外衣罢了。诚然，每个俄国农民都会投入极大的精力表现自己的基督徒形象。他们不停地在胸前划十字，每一两句话都以赞美神结尾，总是严格遵守四旬节的禁食规定，在宗教节日一定会去教堂，他们甚至会时不时去圣坛参加朝圣。他们

320

首先自认为是"东正教徒"，然后才是"俄国人"（是不是俄国人似乎也没那么重要）。确实，如果一个人可以穿越时空回到19世纪的俄国农村，询问当地居民问他们是谁，那么他们八成会回答说："我们是东正教徒，我们就来自本地。"农民的宗教信仰和教会神职人员书本中的基督教相隔甚远。由于基本都是文盲，19世纪的俄国农民对《圣经》中的福音书知之甚少，因为当时也没有在农村地区布道的传统。即使是识字的农民，也很难接触到俄国的《圣经》（俄文版《圣经》全本直到19世纪70年代才得以出版发行）。上帝的祷语和十诫对于普通农民来说是完全陌生的。他们头脑里只有模糊的天堂和地狱的概念，毫无疑问，他们期冀通过对教会教条终身的严格遵守，最后使自己的灵魂得救，而其他抽象的概念完全如天书一般。他们认为上帝就是一个人，无法理解他那所谓无形的圣灵存在。高尔基在《我的大学》（1922）中描述了他在喀山附近的农村遇到的一位农民——

> 这位农民认为上帝是一个高大英俊的老者，是宇宙智慧的主宰，但是上帝无法征服罪恶，因为"他没有办法同时去那么多地方，而且到处都有新的坏人出生。不过当然，最后他还是会取胜。但是我真的没有办法理解耶稣基督！我认为他的存在没有什么必要嘛。既然有了上帝就已经足够了。但现在又来了一个！他们管他叫圣子。他是上帝的儿子又会怎么样。上帝还没有死，至少我是这么觉得"。[49]

农民也是这么看待圣徒和民间神灵的：实际上在农民半基督半异教的信仰当中，这两者密结合或者可以互换。在农民家里，他们会在圣像的后面放上一束大麦，来祭祀正午女神（Poludnitsa）这个民间的丰收之神；而草药保护神弗拉斯（Vlas），在信仰基督后则变身为圣瓦拉西斯；好运之神拉达（Lada，俄国人在出行时往往会向此神祈福）在农民的婚礼歌曲中则和圣乔治与圣尼古拉一同出现。在俄国教会内部，也有将民间神灵基督化的情况。俄国信仰的核心对母性着重强调，这一点在西方并不存在。天主教的传统是突出圣母玛利亚的圣洁，而俄国教会则是强调玛利亚的神圣母性——所谓的"俄罗斯母亲"（Bogoroditsa）——正是这一点奠定了俄国人宗教仪式中三位一体的概念。从圣像的呈现手法能轻易看出这种对于母性的崇拜，圣母的脸庞总是亲密地和圣婴的头紧贴在一起。这似乎是俄国教会有意识地结合了异教中对送子女神（Rozhanitsa）以及古斯拉夫信仰中的"大地母亲"，也就是广为人知的母神莫格西（Mokosh）的崇拜，而正是从母神莫格西信仰中衍生出了"俄罗斯母亲"的概念。[50]农民信仰中最古老的形式，实际上是俄国人对土地的崇拜。

　　俄国东正教的礼仪和装饰也直接受到异教风俗的影响。例如从16世纪开始，俄国教会的十字架游行是围着太阳沿顺时针方向行进的（和西方教会一样）。在俄国人的认识中，这被看作对轮舞的模仿，而轮舞中沿着太阳的方向是为了召唤它巨大的能量（最迟至19世纪，俄国农民中依然有朝太阳的方向耕种会带来好运的寓言）。[51]俄国教堂的洋葱圆顶也是对太阳的模仿。它内部的"天顶"或者天花板上，通常会把三位一体真神画在太阳的中间，周边散发出十二道圣徒的光芒。[52]中世纪的俄国教堂和宗教经文中经常会出现植物花纹和其他装饰，例如玫瑰花环、长菱形、万字符、花瓣、半月形和树等，这都是来自异教中的万物有灵崇拜。毫无疑问这些花纹和符号早已经失去了最初的宗教象征意义，但是它们在19世纪民间设计中（比如木雕和刺绣）高频率的再现，意味着它们在农民的意识中依然是一个通往超自然世界的窗口。

　　刺绣的手绢和束带在农民文化中有神圣的功用——在农民家

中"神圣屋角"上挂着的圣像周围通常都悬挂着这些刺绣品——每种花纹、颜色和装饰在不同的仪式中都有着不同的象征意义。例如螺旋纹象征着创世纪（"大地开始扭曲，然后就出现了"，农民这样说道）。[53] 红色有着神奇的力量：在神圣的仪式上，红色是束带和手帕的专用颜色。俄语中的"红色"（krasnyi）是和"美丽"（krasivyi）联系在一起的，这也解释了"红场"的名字以及其他许多事物的缘由。红色也是象征孕育的颜色——因为怀孕被看作神的恩赐。人生的每个阶段都有不同的束带。刚出生的婴儿要用束带绑上，男孩子会被赠与一根"童男带"，新婚夫妇则会缠上刺绣的麻布束带。按照习俗，怀孕的妇女在生产之前要踩上一条红束带。[54] 逝者在下葬的时候戴上一条陪葬的束带是非常重要的，最好是他出生时候系着的那根，这象征着一场生命的轮回，他的灵魂可以回到神灵的世界去了。[55] 根据民间传说，魔鬼害怕系着腰带的人；不系腰带会被看作来自地下世界的人。因此俄国的魔鬼和美人鱼都被描绘成不系束带的形象。巫师在做法事时，会解去腰带，和神灵世界通灵交谈。

这些古老的异教习俗绝不只在农民中流传。很多都发展成了民族传统，甚至在以紧跟现代思潮为自豪的上层社会，也能觅得这些习俗的踪影。普希金的歌剧《叶甫盖尼·奥涅金》中的拉林家族就是这方面的一个典型例子：

> 他们保持着古老的风习，
> 日子这样过得平平静静；
> 在那吃大荤的谢肉节里，
> 照例要吃俄国的薄饼；
> 他们每年总要斋戒两遍；
> 他们爱打团团转的秋千，

322

爱圆舞、爱听圣诞节小调，

逢到降灵节谢主的祈祷，

一边打着呵欠想要睡觉，

这时候他俩也往草束

洒几滴眼泪以表示感伤。[56]

在俄国这类情况并不罕见——贵族家庭一方面严格遵守教会的 323
各种规定，另一方面兼顾那些被欧洲人视为农奴阶级糟粕的异教迷
信传统，两者没有矛盾。算命这类游戏和仪式在贵族中司空见惯。
有的家庭会花钱请术士来解梦，有些人则会让家里的女仆通过茶叶
的纹理解读所预示的运程。[57] 圣诞节期间的算命大会是一项非常严
肃的活动，据安娜·勒隆回忆，它是跨年守夜活动的一部分：

每逢跨年都会有一场通宵守夜和祈福的活动。九点钟吃晚
饭，然后大家会在餐厅算命，我们用洋葱做成十二个空杯子——
每个代表一个月份——然后在挖空的洋葱里撒上盐。我们在洋
葱杯上标注月份，在桌子上摆成一圈。我们这些小孩能分到两
个杯子，我们在里面倒上水，然后加入一些蛋清。新年的第一
天早晨，我们起床后的第一件事就是先到满是洋葱味的餐厅来
查看我们的杯子，这时杯子里的蛋清都变成了神奇的形状——
教堂、高塔或者城堡——我们就会尝试给这些形状赋予一些美
好的含义。大人们则会通过查看洋葱杯里的盐巴是不是保持干
燥，来预测明年哪个月会下雨下雪，哪个月会干旱。人们非常
严肃地看待这件事情，还会拿笔记下观察的结果。我们也会预
测在收割稻谷时会不会下雨。然后我们会把这些收拾干净，生
起炉子，把所有的窗户都打开，点上一种能够散发出特别香味
的粉末。那天上午我们不用去教堂，可以在家玩玩偶，厨房里

的佣人们还会给我们一些宴会上的食物。[58]

农民的迷信活动在贵族阶层中也十分常见，甚至那些对农民任
何习俗都嗤之以鼻的家庭也是如此。例如斯特拉文斯基，他是个纯
粹的欧洲绅士，但却一直佩戴着一个出生时得到的吉祥物。佳吉列
夫则是从他的农民保姆那里继承了许多迷信思想。他不喜欢拍照；
当看到有人把他的帽子放在桌子上时他会非常介意（这意味着他会
损失钱财），放在床上也不行（这意味着他会生病）；看到一只黑猫，
即使是在巴黎的香榭丽舍大街，也会让他满心恐惧。[59]

324

无疑那些农民保姆是这些迷信思想的主要来源，她们在这些绅
士的成长过程中扮演了极其重要的角色，以至于他的下意识活动中
出现的不是教会的各种教条，而是保姆的那些话语。例如在普希金
的成长过程中，东正教的影响微乎其微。他被教育要祷告，也会去
教堂；除此以外他是一名坚定的伏尔泰式知识分子，一辈子至死不
渝地坚持启蒙主义的信仰。[60] 但是他从他保姆那里继承了许多来自
中世纪的迷信思想。当一位算命先生告诉他，他会被一名高个子的
金发男人杀死后，他几乎被这种不祥之兆给击垮（最后这个预言也
成真了）。另外普希金对野兔的迷信也非常出名（这在一定意义上
挽救了他的生命，1825 年他在自己普斯科夫 * 庄园附近的路上看到
了一只野兔，这让他对前往圣彼得堡加入元老院广场十二月党人的
行动产生了怀疑）。[61]

对于死亡的迷信在贵族中尤其盛行。果戈理在自己的信件中从
来没有使用过"死"这个字，唯恐它会给自己带来杀身之祸。实际
上很多人都有类似看法。这或许也是为什么托尔斯泰《伊凡·伊里

---

* 普斯科夫（Pskov）是俄罗斯西北部的一个古城，位于圣彼得堡西南约 250 公里处。

——译注

奇之死》那些对死亡的精彩描述，以及《战争与和平》中安德烈之死的段落，用一个中性的"它"来指代死亡这件事。[62] 对死亡充满恐惧的柴可夫斯基也有着同样的迷信（那些声称他通过自杀来掩盖自己是个同性恋者的人，通常忽视这一点）。在这位作曲家面前，他的朋友们都会尽量避免提到类似"坟墓""葬礼"之类的字眼，以免他受到太大的刺激。[63]

东正教徒、异教崇拜，还是理性主义者——一个受过教育的俄国人可以兼有数种信仰。作为一名俄国人就要具备处理这种内心冲突的能力，并将这种矛盾转化为对生活的体察入微，一种与他人完美地和谐共处的生活态度和生活方式。比如斯特拉文斯基，虽说他比大部分人都要善变，但最终仍于 20 世纪 20 年代在法国天主教找到了心灵的归属。不过与此同时，他在感情上也比任何时候都更亲近俄国教会。从 1926 年起，他就开始定期前往巴黎的东正教堂做礼拜；他在巴黎的家收藏许多圣像，虔诚地进行个人敬拜；他甚至还计划在家里建造一座俄国教堂。这种结合彼此并不冲突——至少对他自己来说是这样。确实，对于斯特拉文斯基这样的世界主义精英分子来说，同时保持着几种不同的信仰是非常普遍的现象。有些人倾向于罗马教会，尤其是那些认为与国家至上的俄国教会相比，超越民族国家的罗马教廷与自己的世界观更加契合的人（例如季娜伊达·沃尔孔斯卡娅，她在 19 世纪 30 年代移居到意大利）。另外一些人则是投入到路德教派之中，这些人和许多贵族一样，通常都带有德国血统。很难讲这种复杂的宗教意识的进化过程中间哪些方面起了更加重要的作用，是这些贵族成长过程中相对薄弱的宗教背景，导致他们的头脑中留下了包容其他信仰的空间，还是这一阶级中多国文化的影响，但不管怎么说，它创造了一种比我们头脑想象中虚构的"俄罗斯灵魂"更加复杂的文化。

325

第四节

1878 年，陀思妥耶夫斯基第一次走进了奥普京修道院，这一年他到此造访数次。这段时间是这位作家生命中一段痛苦的时期。他最心爱的孩子阿列克赛（阿廖沙）刚刚因为癫痫去世，而这种病正是从他身上遗传的。在妻子的敦促下，陀思妥耶夫斯基来到奥普京修道院，寻求心灵上的安慰和指引。当时这位作家正在创作自己的最后一部著作《卡拉马佐夫兄弟》（1880），他这本书最初的构思是准备写成一本关于孩子和童年的小说。[64] 在奥普京修道院的经历后来在小说多处场景中重现，书中佐西马长老关于教会的社会愿景的长篇演讲可以看作陀思妥耶夫斯基本人的内心独白，它借鉴修道院内部的一些文章，其中一大部分几乎是逐句照搬了塞德霍尔姆神父《莱奥尼德长老生平》（1876）一书。[65] 佐西马长老的形象很大程度上是以阿姆夫罗西长老为原型塑造的，陀思妥耶夫斯基曾与阿姆夫罗西长老有过三面之缘，印象最深刻的一次是长老身边有一大群专程前来修道院拜访他的朝圣者。[66] 陀思妥耶夫斯基被长老的人格魅力深深打动，在小说前面部分的一章"虔诚的农村妇女"中，他重

现了一个把我们带往俄国信仰的核心场景。佐西马长老是这么安慰
一个同样因为失去幼小的儿子而备受悲伤折磨的妇女：

> "这一位可是远道而来的！"他指着一个还完全算不上年
> 老、却干瘪得只剩皮包骨的女人说。那女人的脸不是一般的晒黑，
> 而是彻底变黑，她跪倒在地，目不转睛地注视着长老，她的眼
> 睛里有一股狂乱的邪气。
>
> "老远来的，老爷子，老远来的，离这儿有三百里地。老远哪，
> 神父，老远哪！"那女人拉长声调说，脑袋不紧不慢地左右摇晃，
> 手掌托着一边腮帮子。她说话像是在哭亲人。
>
> 老百姓的悲痛有长期积在心中默默忍受的；它深沉内向，
> 无声无息。但也有向外宣泄的悲痛；它会以眼泪的形式迸发出来，
> 从那一刻起便转为连带哀诉的号哭。这种悲痛尤其多见于女人。
> 但它并不比无言的悲伤好受些。号哭只能痛快于一时，其代价
> 则是进一步刺激和撕裂心中的创伤。这样的悲痛甚至不愿别人
> 给予安慰，它自知无法解脱，索性以痛攻痛。号哭只是一种不
> 断刺激创伤的需要。
>
> ……
>
> "你为什么哭？"
>
> "心疼儿子啊，老爷子，他都快三岁了，只差三个月就满三
> 岁了。我为儿子伤心，神父，为儿子。那是剩下的最后一个儿
> 子，我跟尼基图什卡有过四个孩子，可我们家留不住孩子，好
> 人哪，留不住哇。头仨我埋了，倒也不怎么心疼他们，可这最
> 后一个我埋了以后老是忘不了。他就像站在我前面似的，总不
> 走开。把我的心都熬干了。我瞅着他的小睡衣、小衬衫、小靴子，
> 忍不住放声大哭。我把他留下的东西一件件全都摆出来，瞅着
> 瞅着，就哭起来了。我对我的丈夫尼基图什卡说：当家的，你

让我出去烧烧香、求求上帝吧。他是个马车夫，我们不穷，神父，不穷，我们赶自己的马车载客，马是自己的，车也是自己的。可如今我们还要它干吗？我不在家，我的尼基图什卡就整天喝酒。我知道他一定会的，过去也是这样：我只要一转身，他就管不住自己。而如今我压根儿不去想他。我离家已经两个多月。我把他忘了，我什么都忘了，也不想记起来；往后我跟他还有什么奔头？我跟他算是完了，我所有的亲人都完了。如今我也不想瞅瞅自己的房子和自己的家产，反正我是什么也瞅不见的了！"

"听着，大嫂，"长老说，"古时候有位大圣人，一天在寺院里看见一个像你这样做母亲的在哭，因为她唯一的小孩也被上帝召去了。大圣人对她说：'莫非你不知道，这些小孩在上帝的宝座前面胆儿有多大？天国里甚至没有比他们的胆儿更大的。他们对上帝说："主啊，你把生命赐给了我们，可是我们刚睁眼看到生命，你又把它从我们身上拿回去了。"他们就是不怕，硬是向主请求，于是上帝立刻赐给他们天使头衔。所以，'你做母亲的应该高兴才是，不要哭泣，你的孩子此刻也在上帝身边位列天使。'古时候圣人对失去孩子而哭泣的母亲就是这么说的。他是一位大圣人，绝不会对她说假话……"

　　……

"……至于你的孩子，我要为他作安魂祈祷。他叫什么名字？"

"叫阿列克塞，老爷子。"

"名字很可爱。是依圣徒阿列克塞取的吧？"

"对，老爷子，对，正是依圣徒阿列克塞取的名！"

"多好的圣人哪！我一定为你的孩子祈祷，大嫂，我也要在祷告中提到你的悲哀，还要祝愿你的丈夫健康。不过，你撇下他不管可是罪过。回到你丈夫身边去，好好照看他。你的孩子要是从天国看到你抛弃他的父亲，他将为你而哭泣；你为什么要扰乱他的幸福呢？要知道他还活着，活着，因为灵魂是永生的，他虽不在家里，可是他总在你身边，只不过看不见罢了。倘若你说你恨自己的家，那他怎么能进家门呢？倘若不能看到你们俩——父亲和母亲——在一起，那他上门去找谁呢？眼下你老是梦见他，觉得很痛苦，可是将来他会给你送去宁静的好梦。回到你丈夫身边去吧，大嫂，今天就动身。" * [67]

　　陀思妥耶夫斯基对信仰充满了渴望。但如果说自己小孩的死是神的计划的一部分，那他完全无法接受这样的现实。在他创作《卡拉马佐夫兄弟》那段时间所做的笔记里，写满了他对当时媒体报道中孩童所遭受的残酷待遇的悲愤评论。其中一个真实的故事出现在《卡拉马佐夫兄弟》有关上帝的论述之中。故事讲述的是一个将军的猎狗被他庄园上一个农奴小孩扔的石头给砸伤了，将军就把小孩抓了起来，在其他围观的村民面前将他扒个精光，不顾孩子绝望的母亲苦苦哀求，让一群凶猛的猎狗将这个孩子撕得粉碎。这起事件借伊凡之口讲出，他是卡拉马佐夫三兄弟中的理性主义哲学家，他向在寺院做见习修士的弟弟阿廖沙解释自己为什么不相信上帝的存在——如果上帝的真理允许这些无辜的小生命受到如此残害：

　　　　"……我先在此声明，全部真理不值这个价。说到底，我不愿母亲与唆使猎狗咬死她儿子的凶手拥抱！……全世界有哪一个人能宽恕或有权利宽恕？我不要和谐，这是出于对人类的爱……" † [68]

---

* 《卡拉马佐夫兄弟》，荣如德译，上海译文出版社 2004 年版，第 51—54 页。——译注
† 同上，第 290 页。——译注

　　在给一个朋友的信中，陀思妥耶夫斯基说伊凡的观点是"无可辩驳"的。[69] 从人的道德感来说，对这样的暴行如果没有复仇的话是不可接受的，甚至连阿廖沙，这个想要以基督的宽仁之心为榜样的忠实信徒，也同意将将军枪毙。陀思妥耶夫斯基不仅是在这部小说，而是在他整个生命和全部艺术作品中，提出了这样一个根本性的问题：如果上帝所创造的世界充满了痛苦和折磨，那人还怎么信奉他？当一个人举目观看自己所生活的社会时，他注定会提出这个问题。上帝怎么会创造了俄罗斯呢？

　　用陀思妥耶夫斯基自己的话说，他来自一个"虔诚的俄国家庭"，"几乎一出生就听闻耶稣基督的福音"。[70] 福音书里的教诲一直是陀思妥耶夫斯基做人做事的核心，甚至在他 19 世纪 40 年代成为一个社会主义者之后也是如此，他所信奉的社会主义和基督的理想世界有着密切的联系。他同意别林斯基的观点，认为"如果耶稣基督来到俄国，那他一定会成为一名社会主义者"。[71] 1849 年，陀思妥耶夫斯基作为一个激进地下运动组织的成员，在年轻的社会主义者米哈伊尔·彼得拉舍夫斯基圣彼得堡的家里集会时被捕。他的罪名是宣读了别林斯基 1847 年写给果戈理的一封非常著名的信（当时被查禁），信中攻击了宗教，并呼吁俄罗斯进行社会改革。当时像陀思妥耶夫斯基这样传播或者阅读这封信的手抄本都是被严格禁止的。陀思妥耶夫斯基和他的同志们被判处死刑，但到了最后一刻，他们在阅兵场等候枪决的时候，传来了沙皇的特赦令。陀思妥耶夫斯基获得减刑，改到西伯利亚劳动教养 4 年，之后作为列兵到西伯利亚的一个前线兵团服役。

　　陀思妥耶夫斯基在鄂木斯克监狱的几年成了他一生的转折点。他在这里每天和最粗鲁最野蛮的普通老百姓面对面，这让他认为自己获得了对俄罗斯灵魂深处的特殊洞见。"不管怎样，这段时间没有白费，"他在 1854 年写给弟弟的信中说，"我已经认识了俄国，或者至少说认识了她的子民。我可以说，也许没有几个人像我这样了解他们。"[72] 陀思妥耶夫斯基从同犯的身上看到人性堕落的程度，这使他摆脱自己过去作为知识分子对人民内心善良与完美的幻想。在这个混杂着强盗与杀人犯的渣滓窝中，他看不到任何人性的尊严——只有贪婪与欺骗、残忍暴力与醉生梦死，以及对他这个绅士的敌意。而这其中最让人绝望的，就像他在《死屋手记》（1862）中所描述的，是这里没有任何对恶行的悔改之心。

> 我已经说过，几年以来，我不曾在这些人中间看见过丝毫忏悔的迹象，也没有看见他们对自己的罪行有一点点痛心疾首的表示。而他们的大多数人在内心里还认为自己是清白无辜的哩。这是事实。当然，虚荣心、不好的榜样、无法无天、虚伪的羞愧等，在很大程度是成为这一切的原因。从另一方面说，谁能够说他彻底洞察这班堕落的人们的内心世界，并了解了他们隐藏在内心深处为世人所不知的奥秘呢？但是，经过这段漫长的岁月，本来是能够发现、觉察、捕捉到这些人心灵中的某种足以证实他们内心烦恼和悲哀的特征的。但是并没有这样做，根本就没有这样做。是啊，罪行似乎不能单从犯罪构成的事实这一现成的观点来加以理解，犯罪的哲理要比人们所想象的复杂得多一些。* [73]

这种人类内心的黑暗面成为陀思妥耶夫斯基的灵感来源，他那些充斥着谋杀与偷盗的后西伯利亚小说，第一部就是《罪与罚》（1866）。

但在他绝望的深处，有种对救赎的向往重树了作者的信心。仿佛奇迹一般，在复活节的时候，基督的启示出现了，我们可以从陀

---

* 《死屋手记》，侯华甫译，上海译文出版社 1986 年版，第 19—20 页。——译注

思妥耶夫斯基后来在《作家日记》中的回忆看到这一点。[74] 囚犯们在狂饮打斗，而陀思妥耶夫斯基则躺在自己的木板床上躲避着这一切。突然，一件早已经忘却的童年往事重新浮现在他脑海中。他9岁时，有一段时间待在乡下的家里，8月里的一天他一个人漫无目的地走到了树林里。他听到一个声音，以为是有人在喊："狼来了！"吓得赶紧跑到附近的一块农田，在那里他遇见了父亲的一名农奴，这个名叫马列伊的农奴心疼地安慰他说：

> "你看，吓成什么样啦，哎呀！"他摇摇头。"算啦，亲爱的。看你这小伙子，哎！"
>
> 他伸出手，突然摸摸我的面颊。
>
> "嗯，够啦，嗯，画个十字吧，上帝保佑你。"可是我没有画十字；我的嘴角还在颤动，这似乎特别使他吃惊。他悄悄伸出自己那粗大的、沾着泥土的指甲黢黑的手指，轻轻抚摸了一下我颤动着的嘴唇。
>
> "哎，瞧你这样子，"他慈祥地、深情地朝着我微微一笑，"上帝啊，瞧你，这是怎么啦，哎呀。"* [75]

想到这件"充满母性"的友善之举后，陀思妥耶夫斯基对狱友的态度发生了神奇的转变。

> 我下了板床，向四周看了一眼，我记得，我突然感到，我可以用完全不同于从前的另外一种眼光看待这些不幸的人，突然间，我心中的全部憎恨、愤怒，像出现了奇迹似的都一扫而光。我向外走的时候仔细地端详着迎面遇到的每个人的面孔。那个

---

* 《作家日记》（上），张羽、张有福译，河北教育出版社 2010 年版，第 217 页。——译注

剃了光头、脸上带着烙印受到侮辱性惩罚的农民，喝得醉醺醺的，正在扯着嗓门瓮声瓮气唱醉汉歌曲，说不定这又是一个马列伊，只是我不能看到他的内心去。* [76]

突然间，陀思妥耶夫斯基觉得所有的俄国罪犯心中都有一丝善良的光辉（但是，作为一名坚定的民族主义者，他始终拒绝承认波兰人也是这样）。在圣诞节的时候，他们中的一些人会准备一台杂耍节目，出于对他的尊重，人们向他这个受过教育的人寻求帮助。这些罪犯虽然可能是盗贼，但是他们会把钱交给监狱中的一个旧礼仪派教徒，因为他赢得了众人的信任，他的正直也得到大家的认可。如今对陀思妥耶夫斯基来说，这些罪犯在监狱如此恶劣的环境下，能够保留任何一丝人类的尊严，差不多算是奇迹了，这也是俄罗斯大地依然有耶稣基督存在的最好证据。在这个愿景下，陀思妥耶夫斯基建立了自己的信仰，虽然这种信仰的根基称不上坚固。从对一位农民善举的遥远回忆开始，这位作家的信仰有了一个巨大的飞跃，他相信俄国农民的灵魂深处一定仍有以耶稣基督为榜样的地方。但他对于农民在现实中的生活方式没有任何不切实际的幻想（他对农民"如何殴打自己的妻子"的骇人描述就是一个明确的证据）。他认为这种野蛮是因为数百年来农民灵魂中的基督性为"不堪的东西"所掩盖，就像被埋藏在泥土里的钻石一样。"对普通的俄罗斯老百姓，"他写道——

　　要善于把他们的美从他们偶然沾染的野蛮性中区分出来……不要根据俄罗斯人民经常干的那些坏事判断他们，而是按照他在自己所犯的可恶错误中，还经常企盼的那些伟大的、神

---

* 《作家日记》（上），第219页。——译注

圣的事物来认识他。实际上，在人民之中并不全是卑鄙无耻之徒，也有圣洁无瑕的人，而且还是一些自己发光为我们大家照亮道路的人！……不要根据我们的人民现在是什么样子来评判他，而要根据他希望成为什么样子。*[77]

1859 年，陀思妥耶夫斯基获释，被允许回到圣彼得堡，3 年后，沃尔孔斯基被称为"解放者"的沙皇亚历山大二世释放。当陀思妥耶夫斯基从西伯利亚归来时，整个首都文化圈的情绪极度高涨。这时农奴解放已经到了最后的准备阶段，这也让人们对民族与国家精神的重生充满了希望。地主和农民将要在俄国的基督教义下重归于好。陀思妥耶夫斯基将废奴法案与俄国 988 年皈依基督教相提并论。此时他隶属"根基主义"作家团体。他们号召知识分子（尤其是俄国的作家）转向农民，不仅要重新发现农民的民族性，并在自己的艺术作品中表达这一点，更重要的是，要怀着真正的"俄罗斯基督徒"间的友爱，将自己从西方所学的知识带进落后的俄国农村。

对于陀思妥耶夫斯基来说，更是如此，这种朝着"俄国"的转变成了他的重要信条。他是个悔改了的虚无主义者，用他自己的话来说，是一个不幸福的无神论者，期冀找到俄国的信仰。19 世纪60 年代早期，他筹划了一部由一系列小说组成的名叫《大罪人传》的宏大作品。书中打算描述一个从西方求学归来的俄国人，在丧失了自己的信仰之后过着罪人的生活。他前往修道院寻求真理，成为一名斯拉夫主义者，加入"鞭笞派"†，最终他找到了"基督的国度和

332

---

* 《作家日记》（上），第 207 页，译文略有改动。——译注
† 17 到 18 世纪俄国一个本土基督教派，其教义主要包括：反对崇拜圣像，禁欲主义，以及祈祷仪式时，教徒在集体舞蹈中自我鞭打，说着种种预言，从而进入神魂颠倒的境界，即所谓"进入圣灵"，也具有自虐赎罪的涵义。——译注

俄罗斯故乡，俄罗斯的基督和俄罗斯的上帝"。这将会成为一部"宏大的作品"，陀思妥耶夫斯基在 1868 年 12 月写给诗人阿波隆·迈科夫的信中说，"请不要告诉任何人，但对我来说会是如此：即使是付出生命的代价，我也会写一部这样的小说——我会吐露自己的全部心声"。[78] 陀思妥耶夫斯基没能写出这部作品。但他的四部伟大的著作：《罪与罚》、《白痴》、《群魔》和《卡拉马佐夫兄弟》——都是这一主题下的变种。

　　就像他笔下的罪人一样，陀思妥耶夫斯基一直为了信仰而挣扎。"我是时代的孩子，"他在 1854 年写道，"一个没有信仰，满心怀疑的孩子。"[79] 他的小说中充满了和他一样的人物，这些人希望在自己的疑虑与逻辑中寻求真正的信仰。甚至像《群魔》（1871）中沙托夫这样的忠实信徒，也从来未能全身心地投入到对上帝的信仰当中。沙托夫告诉斯塔夫罗金：

　　　　"我信仰俄罗斯，我信仰它的东正教……我信仰圣体……我相信基督再临将发生在俄国……我信仰……"沙托夫狂怒地嘟囔起来。

　　　　"上帝呢？上帝呢？"

　　　　"我……我会信仰上帝的。" * [80]

　　陀思妥耶夫斯基的小说可以看作理性与信仰之间的对话，两者之间的紧张关系在他的小说中一直都没有消解。[81] 根据陀思妥耶夫斯基的观点，真理是蕴藏在理智与信仰之中——谁也不能削弱谁——所有真正的信仰必须能够经得起理智的考验。对于伊凡质疑上帝为什么要让小孩子受罪的问题，我们找不出一个理性的答案。

----

* 《鬼》，娄自良译，上海译文出版社 2001 年版，第 241 页。——译注

同样，对于"宗教大法官"——这个《卡拉马佐夫兄弟》中伊凡笔下虚构出来的人物，当耶稣基督重新出现在反宗教改革时期的西班牙时，大法官逮捕了他——的种种争论，也找不到合适的回应。在审讯他的阶下囚时，宗教大法官辩称，普通人的意志力过于薄弱，完全没有办法效仿基督的榜样，因此想让人类免于苦难，这条路是走不通的，唯一可行的是建立一套理性的秩序，如果有必要，甚至可以通过强力来实施，以此来保证人民真正希望的平安和幸福。但是陀思妥耶夫斯基的信仰并非通过理智的思辨就可以实现。他谴责追求对神性的理性理解，或者需要通过教皇的法律和等级制度的强制才能实现的一切"西方"信仰（在这个意义上，陀思妥耶夫斯基有意识地用虚构的宗教大法官来驳斥罗马教廷）。陀思妥耶夫斯基所信仰的"俄罗斯上帝"只能通过信仰的飞跃才能实现：这是超越了所有理性思辨的神秘信仰。正如他在 1854 年所写的一篇罕见的信仰独白中所透露的："如果有人向我证明，基督在真理之外，而真理也的确在基督之外，那我仍宁愿站在基督的一边，而不是真理。"[82]

在陀思妥耶夫斯基看来，俄国人的一项特殊天赋，是在压倒性的科学证据面前还能继续保持信仰。《卡拉马佐夫兄弟》中有一幕，讲述的是卡拉马佐夫的仆人斯乜尔加科夫在家庭晚餐时在上帝的问题上高谈阔论。为了反驳耶稣的福音书，斯乜尔加科夫逻辑混乱地说，没有人能把高山搬到大海里去——除非是"一两个生活在沙漠里的隐士"。

> "打住！"费尧多尔·巴甫洛维奇乐不可支地尖声叫道，"你毕竟认为有那么两个人能够移山，是不是？伊万，把这记下来。俄国人的性格不是整个儿都表现出来了吗？"＊[83]

＊《卡拉马佐夫兄弟》，第 152 页。——译注

333

和卡拉马佐夫一样，陀思妥耶夫斯基也以这种"俄罗斯信仰"为乐，这其中包含着对奇迹的迷信。这是他民主主义理念的根基，也是他为什么会认为"俄罗斯灵魂"是弥赛亚，是拯救西方唯物主义盛行的精神救世主，在这一理念下，他最终于19世纪70年代给民族主义报刊写了一篇关于"伟大俄国的神圣任务"就是在世界上建立一个基督教帝国的文章。陀思妥耶夫斯基声称，淳朴的俄罗斯人民已经解决了知识分子在信仰上纠结的问题。他们需要自己的信仰，这是他们生活的核心，也给了他们继续活下去忍受苦难的力量。这也是陀思妥耶夫斯基信仰的来源——尽管有各种疑虑，他仍需继续保持信仰，因为没有信仰他无法活下去；理性主义只会让人绝望，让人去杀人或自杀——这也是他书中所有理性主义者的下场。陀思妥耶夫斯基对怀疑和思辨的反应有些类似于存在主义的"我信故我在"，这一理念也来源于"俄罗斯式人物"——隐士、神秘主义者、圣愚和淳朴农民——这些或幻想或真实的人物其信仰都超越了理性的思辨。

334

　　陀思妥耶夫斯基笔下的东正教与他坚信俄罗斯农民心灵中的赎罪特质分不开。在他所有的作品中，"大罪人"对"俄罗斯信仰"的追寻都与通过回归故土而获得救赎的理念紧密联系在一起。在西伯利亚的监狱中，当第一次与俄罗斯人民日夜相处时，陀思妥耶夫斯基找到了自我的救赎，这种有关忏悔与救赎的主题贯穿他之后的所有作品。《罪与罚》就是如此，这本谈论谋杀的小说其实带有政治隐喻。小说中的主人公拉斯柯尔尼科夫试图用虚无主义者和革命分子常用的功利性理由来为自己谋杀当铺老板阿廖娜·伊凡诺夫娜作辩解：这个老太婆对社会已经没有用了，而他却很贫穷。他用利他性的理由说服自己杀死了这个当铺老板，就像那些给自己的犯罪行为找正当性的革命分子那样，后来在他的情人和精神导师、妓女索尼娅的帮助下，他意识到他杀死老太婆只是为了显示自己的优越性。他跟恺撒和拿破仑一样，以为自己超越了世俗道德的约束。拉斯柯尔尼科夫对自己的罪行供认不讳，他被判处发配西伯利亚罪犯集中营劳动教养 7 年。在一个温暖的复活节，索尼娅出现在他面前。在一种神秘力量的指引下，"仿佛有个什么东西攫住了他"，拉斯柯尔尼科夫拜倒在索尼娅的脚下。在这样的忏悔中，她明白他已经学会了去爱。这是一个带有宗教启示性的时刻：

> 在她眼睛里闪射出无限幸福的光辉；她明白了，她已经毫不怀疑了，他爱她，无限深挚地爱她，这个时刻终于到来了……
>
> 他们都想说话，可是都说不出来。他们眼眶里都含着泪水。 335
> 他们俩都脸色苍白，身体瘦弱；但是在这两张病容满面、苍白的脸上，已经闪烁着新的未来和充满再生与开始新生活的希望的曙光。* [84]

索尼娅的爱给了他力量，他打开了此前她带给他的福音书，利用在监狱里的时间寻找道德指引，走向新生。

这类罪犯所经受的磨难长久以来被俄国作家当作一种精神救赎的形式。前往西伯利亚变成寻求上帝之旅。例如果戈理就在《死魂灵》的最后一卷中，设想老流氓乞乞科夫能在西伯利亚的流放地见到上帝的救赎之光。[85] 在斯拉夫主义者看来，被流放的十二月党人有着与烈士相似的地位。他们奉谢尔盖·沃尔孔斯基为"理想的俄国人"，用伊凡·阿克萨科夫的话说，因为"他用最纯洁的基督徒灵魂接受了自己所有的苦难"。[86] 玛丽亚·沃尔孔斯卡娅在 19 世纪中期民主分子的圈子中尤其受到敬仰，每个人都会背诵诗人尼古拉·涅克拉索夫的诗歌《俄罗斯女人》，诗中将玛丽亚比作圣人。

---

* 《罪与罚》，岳麟译，上海译文出版社 1979 年版，第 637 页。——译注

陀思妥耶夫斯基对十二月党人和他们饱经苦难的妻子也怀有同样的敬仰。19 世纪 50 年代，他在流放至西伯利亚途中，他的马车在托博尔斯克中转站遇到一群十二月党人的妻子。即使在 20 多年后，他在《作家日记》中回忆起这次相遇时，依然对她们充满了崇敬之情：

> 我们看到伟大的烈士家属，他们自愿跟随自己的丈夫来到西伯利亚。她们放弃了一切：社会地位、财富、关系、亲属，他们为了终极的道德责任牺牲了这一切，而她们本来无须承担任何责任。她们平白无故地承受了 25 年和自己被定罪的丈夫一样的苦难。我们交谈了一个小时。她们给我们即将开始的新旅程送上了祝福；她们在我们面前画了十字，并送给我们每人一本福音书，这是唯一允许带进监狱的书籍。在我服刑的 4 年时间里，这本书一直压在我的枕头底下。[87]

1854 年，陀思妥耶夫斯基写信给其中一位十二月党人的妻子，她的名字叫做娜塔莉亚，信中他第一次明确表达了自己在鄂木斯克监狱里所找到的全新信念。

最让这位作家震惊的是，这些女性是自愿来承受这些苦难的。陀思妥耶夫斯基信仰的核心就是谦卑，他认为这是俄国农民身上真正的基督徒精髓——他们"承受苦难的精神力量"。[88] 这也是他们为什么会自然地同情弱者和穷人，甚至那些被发配往西伯利亚的罪犯，从村庄经过时村民们也会赠与他们食物和衣服。陀思妥耶夫斯基认为这种同情心是由于农民"对同胞有一种基督徒式的同罪心和责任感"。[89] 这种基督徒般的感情成为《卡拉马佐夫兄弟》的中心思想。这部小说的主题就体现在佐西马长老的宣教中——"我们都要对彼此负责"，甚至对那些"世界上的杀人犯和盗贼"也一样，

我们必须共同承担他们的痛苦。佐西马长老总结说，只有每个人
都"洗心革面"之后，天国才有可能到来，"人类的博爱情谊才能
实现"。[90]

　　在陀思妥耶夫斯基笔下，佐西马长老的转变正好发生在他意识
到自己对穷人的罪孽和责任的时候。在成为僧侣之前，佐西马曾是
一名军官。他爱上了一位社会名媛，但她却拒绝了他，投向另一个
男人的怀抱。佐西马去找自己的情敌决斗。就在决斗的前一天晚上，
上帝给了他启示。那天晚上佐西马心情很糟，就拿自己的勤务兵出
气，他使尽全力抽了勤务兵几个耳光，打得他鲜血直流，但是他"一
动不动地保持立正，挺胸抬头，眼神坚定地看着我，就好像阅兵时
一样，我每次抽打他都会颤抖一下，但却不敢抬手阻挡"。那天晚
上佐西马睡得很不安稳。但是第二天一大早起床时他却感到"一种
奇怪的羞愧和耻辱"，这并不是因为在即将到来的决斗中他可能会
流血，而是因为自己前一天晚上对待可怜的勤务兵肆无忌惮的残酷。
突然间他意识到，自己没有权利再这样下去，因为他"是神照着自
己的样子所造的"。他心中充满了愧疚，跑到勤务兵的房间，跪在
他的面前，请求他原谅。在决斗中，他让情敌先开枪，在情敌打偏
之后，他朝天放了空枪，并向对方道了歉。那天，他辞去了军队的
职务，去修道院做了僧侣。[91]

　　德米特里·卡拉马佐夫也是一名放浪不羁的军官，在经历了类 337
似的精神启示后，最后也忏悔自己的优越出身。尽管被冤枉说他谋
杀了自己的父亲，他仍愿意到西伯利亚承受痛苦的折磨，借此来净
化自己的灵魂，并替他人赎罪。苦难可以唤醒一个人的良心。神对
德米特里的启示出现在他的梦里。在法庭审判之前的听证会上，德
米特里睡着了，梦里他发现自己来到一个农民的小屋里。他不明白
农民为什么会如此贫苦，为什么这个母亲喂不饱自己的孩子，而这
个婴儿饿得不停地哭闹。梦醒之后他整个人都变了，"脸上洋溢着

喜悦的光芒",最后他感觉自己已经"改头换面",并流露出对自己同胞的同情。[92] 他很清楚自己并没有谋杀父亲,但是他觉得自己对农民以及农奴所承受的苦难是有责任的。没人明白为什么德米特里会一直喋喋不休地说什么"可怜的婴孩",以及他为什么"必须要到西伯利亚去!"。[93] 但是在审判中一切都真相大白了:

就算到矿井里用镐头挖 20 年矿石又怎么样呢?对此我根本毫不畏惧。我现在害怕的是别的事情——就是我内心的"新我"会离我而去。即使在地底下的矿井里,你也能在你身边的罪犯和杀人犯的身上找到一颗有人性的心,并与他交朋友。在那里人一样可以去生活、去爱、去承受痛苦!一个人可以给一个罪犯已经冰封的心带来新的曙光。一个人可以在等待多年以后,最终把自己埋藏在污秽里的灵魂重新带往光明,这个饱受摧残的灵魂已经意识到了自己的人性,可以重新像天使般生活,让自己成为一个英雄!有许许多多这样的人,成百上千这样的人,我们要对他们负责任!我为什么会在那个时候梦见那个"婴儿"?"为什么那个小孩子如此贫穷?"这是神在那个时候给我的一个启示!正是为了"这个婴儿"我才要去西伯利亚。因为我们都要为这一切负责。为了所有的"婴儿",有小孩子也有大孩子。我们所有人都是"婴儿"。我会为了他们所有人去西伯利亚,因为总得有人为了他们去。[94]

陀思妥耶夫斯基所信仰的是一种负有社会责任感和社会行动性的教会。他批评官方教会从 18 世纪起就任由自己被彼得大帝的政府所辖制,因而丧失了自己的精神权威。他呼吁教会要更积极地参与到社会事务中去。他说教会已经忘记了自己宣教的角色,而且对俄国社会现在所面临的重大问题——穷人的苦难——漠不关心。这

338

个观点得到许多世俗神学家的认可，比如斯拉夫主义者霍米亚科夫，甚至一些教会领导集团中的神父也抱此观点，他们的作品曾对陀思妥耶夫斯基有过影响。[95] 大家普遍认为，教会已日渐式微，取而代之的是社会主义知识分子和各种教派和神秘主义团体，他们追求一种更有意义、拥有社会责任感的精神共同体。

我们必须在这一背景下来看待陀思妥耶夫斯基的作品。他也在追寻这样一种教会，一种像是斯拉夫派的民族统一体，它可以超越修道院的围墙，将所有俄罗斯人团结成为一个有生命力的信徒团体。作家脑海中的乌托邦是一个关于神秘社会的理想，或者可以说是一个神权社会。陀思妥耶夫斯基的这一想法在《卡拉马佐夫兄弟》中得到了进一步发展——书中有一幕讲述了伊凡的一篇主张扩大教会法庭裁决权的文章得到佐西马长老的认可。这在小说发表时是一个社会广泛讨论的重要话题。伊凡认为，和西方历史中教会最终被政府所吸纳的模式不同，神圣罗斯应该是将政府提升到教会的高度。在伊凡关于教会法庭改革的主张中，政府的强力将会被教会的道德审判所取代：与其惩罚那些罪犯，社会更应该寻求改造他们灵魂的办法。佐西马长老看到这个观点后非常欣喜。他说，"靠流放西伯利亚从事苦力的判决"根本无法威慑罪犯，更别说改造他了。佐西马长老坚称，和西方那些罪犯不同，俄罗斯哪怕最铁石心肠的杀人犯，内心深处也埋有信仰，这使得他们能够意识到并忏悔自己的罪行；长老预测，通过这种精神改造，不仅东正教徒可以获得拯救，更重要的是"或许罪犯的数量也会降低到一个不可思议的程度"。[96]从陀思妥耶夫斯基的笔记中可以明确看出，他抱有和佐西马长老一样的神权国家的预想（这与奥普京修道院的塞德霍尔姆神父的著作紧密相关），在他的设想中，一个"唯一的普世教会权威"注定将出现在俄国的土地上。"一颗明星将会在东方升起！"[97]

据陀思妥耶夫斯基的朋友和作家同行弗拉基米尔·索洛维约夫

透露，作家所设想的教会将成为一个由基督之爱构成的社会联合体，他打算用一系列的作品来描述这一理想，而《卡拉马佐夫兄弟》只是其中的第一部。[98] 读者们可以在《卡拉马佐夫兄弟》的最后看出这个理想的端倪，最后一幕描写了阿廖沙（他离开寺院，回归尘世）参加了死于肺结核的可怜的伊柳沙的葬礼。葬礼之后，阿廖沙身边聚集了一群孩子，他们和他一起照顾伊柳沙走过生命最后的日子。他们站在伊柳沙的父亲为他孩子所选的墓碑前。在悼念伊柳沙的告别演讲中，阿廖沙告诉这些孩子，伊柳沙的亡魂将会永远活在他们的心里。它将会成为他们生活中一个善意的来源，并提醒他们："如果你做了善良而公义的好事，生活将会多么美好！"[99] 他们所预想的教会，是在寺院的高墙之外，教会的思想能够深入每个孩子的内心；就如阿廖沙曾经梦想的那样，这个教会"将没有穷人和富人，没有尊卑之分，所有人都是神的孩子，一个真正的基督王国将会到来"。[100]

　　国家审查机关封禁了陀思妥耶夫斯基小说中的大部分内容，声称这些章节更接近社会主义而非基督教的思想。[101] 这对一个以反社会主义闻名的作家来说或许有些讽刺，但陀思妥耶夫斯基对民主教会的设想的确与他年轻时所拥护的社会主义理想十分接近。尽管他所强调的重点有所改变——作为一名社会主义者，他曾信奉对社会改造的道德需求，而作为一名基督徒，他认为人的自我精神改造才是影响社会变化的唯一方法，但是他对真理的追求却从未改变。陀思妥耶夫斯基的一生可以看成是将基督教教谕与追求人类社会中的社会正义相结合的一生，他认为自己在"俄罗斯灵魂"中找到了答案。在他晚年的作品里，陀思妥耶夫斯基总结了自己对于俄国教会的构想：

　　　　我现在谈论的不是教堂的建筑，也不是传教活动：我谈的

是我们俄国的"社会主义"（并且，不论看来多么奇怪，我还
是选择用这个词，这个看起来和教会所代表的一切完全相反的
词，来解释我的想法），我们的目标和最终目的是为了在世界可
以承受的范围内建立一个普世教会。我所谈论的是我们俄罗斯 340
血脉中所传承，对于在基督友爱的名义之下建立一种伟大、广
泛、普世联合体的无休止的渴望。如果这个团体现在还不存在，
如果这个教会还没有完全建立——不仅是在祷告里，而且是在
现实中——那么对它本能上的无穷渴望……就会一直存在于
千千万万俄罗斯人民的心中。共产主义里找不到它，种种机械
教条中也没有：俄罗斯人民的社会主义，我们相信，是救赎终
将存在于全世界以基督之名建立起来的大联合之中！这就是俄
国的社会主义！[102]

第五节

1910 年 10 月 28 日凌晨 4 点，托尔斯泰溜出自己亚斯纳亚-博利尔纳的房子，搭了一辆车来到附近的火车站，买了一张前往科泽利斯克的三等车票，踏上了前往奥普京修道院的旅程。在自己 82 岁，生命只剩下 10 天的时候，托尔斯泰声明与一切——他的妻子和孩子、他生活了将近 50 年的老家宅、他的农民以及他的写作生涯——断绝关系，在修道院中寻求心灵的安慰。他曾经多次有逃离的冲动。从 19 世纪 80 年代起，他就养成一个习惯，就是加入经过他庄园去基辅的朝圣者，在夜里走上很远，通常直到第二天吃早饭的时候还没回来。但现在他有一种一走了之永不回头的冲动。和妻子索尼娅无休止的争吵——这些争吵通常都是关于庄园的继承问题——让家庭生活变得难以忍受。他希望在人生最后的时刻能够获得平静和安宁。

托尔斯泰不知道自己要往哪里去。他毫无计划地匆匆离去。但好像有什么东西把他带到了奥普京。或许是他刚刚才第一次读到的《卡拉马佐夫兄弟》；或许是他姐姐玛丽亚的出现，这是他的幸福童年唯一幸存的见证者，她的生命如今也快走到尽头，就在附近奥普京僧侣辖下的沙莫蒂诺修道院安度晚年。奥普京离亚斯纳亚-博利尔纳庄园不远，在过去 30 年间，托尔斯泰曾多次像个农民一样，到那里跟阿姆夫罗西长老探讨关于上帝的问题，借此来抚慰自己困扰的心。奥普京隐士们禁欲式的生活启发了托尔斯泰：《谢尔盖神父》（1890—1898）可以看作托尔斯泰本人批判世界的宗教独白——故事讲述了一个在奥普京修道院做隐士的军官，他试图在祷告和冥想中寻求上帝，最终在谦卑的修行中找到内心的平静。有人说托尔斯泰在奥普京是试图与教会和解——他希望能在自己死前，让教会撤销将自己开除教籍的处罚（1901）。当然，如果想达到这个目的，奥普京无疑是最好的选择。这里带有神秘主义气息的基督教教义，符合教会规定的朴素仪式，都与托尔斯泰的宗教信仰十分贴近。但似乎托尔斯泰更多的只是想要"逃离"。他希望逃离尘世纷繁复杂的一切，为自己即将开始的灵魂之旅做好准备。

341

从《忏悔录》中推断，托尔斯泰信仰上帝是一次突然的转变——源于他 19 世纪 70 年代末的一次道德危机。许多学者也这样认为，危机之前的文学家托尔斯泰与危机之后的宗教思想家托尔斯泰有着明显的区别。但实际上，对于信仰的追求贯穿了作家的一生以及他所有的艺术创作。[103] 他全部的自我认同与他对精神意义以及精神完满的追求紧密相连，他也从基督的一生获取创作的灵感。托尔斯泰眼中的上帝象征着爱与和谐。他希望归属于一个团体，感觉自己是其中的一分子。这是他在婚姻以及与农民的相处中所寻找的理想。对于托尔斯泰来说，上帝就是爱：有爱的地方，就有上帝。每个人神圣的核心就是拥有同情和热爱他人的能力。罪就是因为失去了爱——这本身就是一种惩罚——获得救赎的唯一方法就是爱。这一主题贯穿了托尔斯泰的所有小说，从第一部《家庭幸福》（1859）到最后一部《复活》（1899）。那种认为他的文学作品与宗教信仰分裂的观点是错误的。相反，和果戈理一样，这些文学作品寄托着他的宗教观。所有托尔斯泰笔下的人物都在追寻一种基督式的爱，一种与其他人之间的关联性，而这种关联性赋予生命意义与目标。这就是为什么安娜·卡列尼娜——一个被孤立后只能依靠自己的人物——注定要在托尔斯泰的世界消失；或者为什么他笔下最为歌颂的人物，比如《战争与和平》中的玛丽亚公爵小姐和农民卡拉塔耶夫，会通过承受其他人的苦难来展示自己的爱。

　　托尔斯泰用一种神秘主义的方式来看待上帝。他认为人类无法用自己的智慧理解上帝，只有通过爱与祈祷才可以。对托尔斯泰来说，祈祷是人类洞察神性的时刻，是片刻的狂喜和自由，祈祷时人类的灵魂可以从人性中解放出来，与宇宙融合。[104] 许多东正教的神学家都将托尔斯泰的信仰与佛教和其他东方信仰做过对比。[105] 但实际上这种神秘主义与奥普京修道院的隐士们更为接近。托尔斯泰与俄国教会之间有着根本的分歧，甚至奥普京修道院都无法满足他的精神要求。托尔斯泰反对教会的教条——三位一体、基督复活、神圣基督的整体概念——相反，他宣扬基督是一个活生生的人，而人们要以他为榜样。他的这种基督教信仰难容于任何教会。它超越修道院的高墙，直接参与到社会事务中——关于贫穷和不平等、残忍与压迫，在俄罗斯这样的国家里，没有一个基督徒能无视这些问题。这也是从 19 世纪 70 年代末起，托尔斯泰的道德危机以及他与社会割裂的根源。托尔斯泰越来越相信一个真正的基督徒应该像耶稣在《登山宝训》*中所教导的那样去生活，他立誓要卖掉自己的财产，把钱分给穷人，怀着基督徒间友爱的情谊与他们生活在一起。本质上他的信仰是一种基督教式的社会主义——更确切地说是无政府主义，因为他反对任何形式的教会和政府权威。但托尔斯泰并不

342

---

* 指《圣经·马太福音》中耶稣在山上所说的话。——译注

是一名革命分子。在他看来，反对不公正与压迫的唯一方法就是遵守基督的教诲。

1917 年革命让我们忽视了托尔斯泰对福音书的朴素解读所带给教会与政府的真正威胁。在 20 世纪初他被开除教籍时，托尔斯泰的信徒已经遍布全国。他基督教式的无政府主义对农民有极大的吸引力，因此对于官方教会，甚至对于沙皇来说，这都是个巨大的威胁。俄国任何社会革命都必然有一个精神基础，即使是最强调无神论的社会主义者，也意识到要为自己所追求的目标赋予宗教意义。[343] 保守派报纸《新时代》的主编 A. S. 苏沃林写道："俄国有两个沙皇，他们是尼古拉二世和托尔斯泰。哪个更强大？尼古拉二世拿托尔斯泰完全没有办法；他无法撼动托尔斯泰的地位。但毫无疑问，托尔斯泰却可以撼动他。"[106] 如果沙皇政府最初不找托尔斯泰麻烦的话，事情也不会发展到这个地步。在 19 世纪 80 年代，很少有人读过托尔斯泰关于宗教的作品，到了 19 世纪 90 年代，教会开始批判托尔斯泰，说他试图颠覆政府之后，托尔斯泰作品的非法印刷品才开始在各地大范围地流通。[107] 到了 1899 年，当托尔斯泰发表《复活》时，他更为人所知的身份是社会批评家和宗教异见分子，而不是一名小说家。书中对沙皇体制——教会、政府、司法裁决与刑事判罚体系、贵族阶层的私人财产和社会习俗——的批判，使得这本书的销量远远超过他的其他作品，成为作家写作生涯中最为畅销的一本书。[108] "所有的俄国人都从这本书中汲取营养，"斯塔索夫在给托尔斯泰的一封贺信中写道，"你无法想象这本书所引发的讨论和争议……19 世纪所有的文学事件没有一件能与它相提并论。"[109] 教会和政府越攻击托尔斯泰，他的追随者就越多，直到 1901 年他被彻底开除教籍。教会这么做是为了掀起大众对托尔斯泰的仇恨，一些反动分子和东正教狂热分子的确响应了这一号召。托尔斯泰收到了死亡威胁和谩骂信件，喀琅施塔得地区的主教以支持极端民族主

义分子而臭名昭著，他甚至写了一篇诅咒托尔斯泰死亡的祷文，这 344
篇祷文在右翼媒体中受到极大欢迎。[110] 但每有一封威胁信，托尔
斯泰就会相应收到一百封来自全国各地的支持信。人们给他写信控
诉地方政府的胡作非为，或者感谢他在著名的《我不能保持沉默》
一文中对沙皇的批判，这篇文章描写的是那场引发了 1905 年革命
的"血色星期天"大屠杀。数百万从未读过小说的人开始阅读托尔
斯泰的作品。作家所到之处，都有大批心怀敬仰的民众前来围观——
据警察统计，在庆祝托尔斯泰 80 岁生日时，前来庆贺的民众数量
要远远高于给沙皇做寿的。

托尔斯泰将《复活》所得的一切收入都捐给了杜霍波尔教派。
杜霍波尔派教派可以说是托尔斯泰之前的托尔斯泰主义者。其历史
可以追溯到 18 世纪——如果不是更早的话，它的首批团契于那时
成立。作为反对教会与政府权威的和平主义者，他们刚刚在俄国崛
起就受到各种迫害，19 世纪 40 年代他们被强迫迁到高加索地区。
托尔斯泰对杜霍波尔派的兴趣始于 19 世纪 80 年代早期，他们的思
想对托尔斯泰写作的影响是显而易见的。所有"托尔斯泰主义"的
核心元素——天国是在每个人心中的理念、对官方教会的教条和礼
仪的反对、（理想）农民集体生活中的基督徒准则——也都是杜霍
波尔教派的理念。1895 年，教派发起一系列反对征兵的大规模抗议
活动。成千上万的托尔斯泰主义者（或自称托尔斯泰主义者的和平
主义分子）涌入高加索地区，许多人加入杜霍波尔教派的队伍。托
尔斯泰亲自宣传他们的诉求，给媒体写了数百封公开信，并在后来
安排他们移居加拿大，并支付了其中的大部分费用（在加拿大，这
些异见人士也成为当地政府的烫手山芋）。[111]

托尔斯泰与其他许多教派也有密切的联系。他的"活的基督
教"（living Christianity）理念与各教派对真正的俄国教会的追求有
着天然的联系：两者都来自社会乌托邦式的构想。"托尔斯泰主义"

（Tolstoyism）本身就是一个教派——至少他的敌人们是这样认为的。
在他的追随者与其他主要的宗教教派之间有个持续的讨论，就是在
托尔斯泰的领导下组织一场统一的社会运动。[112] 这对于教会来说
是个巨大的挑战。教派分子的数量在急速增长，从 18 世纪地区性
的大约 300 万人，至 20 世纪第一个十年大约有 3000 万人，但是一
些学者认为足足有三分之一的俄国人口（约 1.2 亿人）都是教派主
义分子。[113] 随着 19 世纪末民粹主义知识分子的研究不断深入，每
年都会有新的教派成立或者被发现。到了 20 世纪，神智学者、神
人同形同论者、象征主义者、拉斯普京信徒和各式各样的神秘主义
分子，都开始把这些教派当成自己所追求的新的以及更"本质的"
俄罗斯信仰的答案。官方教会处于崩溃边缘。政治上受制于政府，
教区生活停滞，即使教会在精神上还没有彻底死去，他们也已经无
力阻止大批农民转投其他教派，或者逃往城市，加入社会主义者的
阵营寻求世界真理与正义。

　　如果说，托尔斯泰基督教式的无政府主义是由于他渴望归属
一个充满宗教友爱情谊的自由共同体，那么他这番信仰的个人因
素则是源于他与日俱增的死亡恐惧。死亡是他一生和所有艺术创
作中都不能摆脱的主题。他父母去世的时候他还是个小孩子；在
很年轻的时候，他又失去了自己的哥哥尼古拉——这一情景挥之不
去，在《安娜·卡列尼娜》中，他描述了另外一个尼古拉，列文公
爵的哥哥之死。托尔斯泰不顾一切地想理性地看待死亡，将其看成
生命的一部分。"人们恐惧死亡，是因为对他们来说死亡意味着空
虚与黑暗，"他在《论生命》（1887）中写道，"但是他们之所以看
到空虚与黑暗，是因为他们没有理解生命。"[114] 后来或许是受到
了叔本华的影响，托尔斯泰认为死亡是个人人格的幻灭，成为宇宙
中的抽象物质。[115] 但这些观点无法令熟识他的人信服。就像契诃
夫在写给高尔基的一封信中所说的，托尔斯泰对自己的死亡充满恐

惧，但他不愿意承认这一点，因此他通过阅读经文来使自己获得平静。[116]

　　1897 年托尔斯泰拜访了契诃夫。这位剧作家当时身患重病。他得肺结核已经很长时间了，这时他的病情突然急转直下，并且伴有肺部大出血，契诃夫没办法像之前那样对自己的病情置之不理，只好找来医生。托尔斯泰是在契诃夫肺部出血 6 天后到的医院，他发现契诃夫当时情绪很好，有说有笑，把血咳在一个大啤酒杯里。契诃夫很清楚自己病情的危险程度——毕竟他曾经是一名医生——但是他依然保持着良好的精神状态，甚至还在谈论未来的计划。契诃夫用自己一贯的诙谐睿智说，托尔斯泰发现自己的朋友还没有到垂死的边缘时"几乎非常失望"。显然托尔斯泰是想要来跟他谈论死亡的。他惊异地发现契诃夫面对死亡能够泰然处之，继续像平常一样生活，或许他对这种镇定自若的态度有些羡慕，因此他想了解得更多。通常来说，在一个病重的人床前是不适合谈论死亡的，但是托尔斯泰很快就提起这个话题。契诃夫还躺在这边咳血，他那边就长篇大论地谈起了死亡和来生。契诃夫认真地听着，但最后他还是失去耐心，跟托尔斯泰争论起来。在他看来，托尔斯泰所谓死亡的神秘力量是一种"看不见摸不着的僵直浑沌"，他告诉托尔斯泰自己也不想要这种永生。实际上他并不理解死后还有来生这种说法。用他的话说，思考这种"虚幻的永生"或用它来自我安慰都是没有意义的。[117] 这就是两个人之间最关键的分歧。当托尔斯泰思考死亡时，他想的是另外一个世界，而契诃夫关注的则是眼下。托尔斯泰走后，契诃夫在医院里对自己的朋友，出版人 A. S. 苏沃林说："你就这样不存在了是件非常可怕的事情。他们把你送到墓地，然后回家，喝茶，说一些关于你的虚伪的话。想想都让人觉得不舒服！"[118]

　　契诃夫并非一个无神论者——尽管晚年他声称自己没有信仰。[119] 事实上他对宗教的看法非常复杂而矛盾。契诃夫生长在一个虔诚的信徒家庭，终其一生他都与教会习俗有着非常紧密的联系。他收藏圣像。在他雅尔塔的家里，卧室的墙上就挂着十字架。[120] 他喜欢阅读俄罗斯修士和圣徒的传记。[121] 从他的信件中我们得知契诃夫钟爱教堂的钟声，经常去教会享受敲钟的仪式。他在修道院里流连，不止一次设想自己出家修行。[122] 契诃夫将教会看作艺术家的支持者，而艺术是一种精神的布道。有一次，他跟朋友格鲁金斯基（Gruzinsky）说，"村里的教堂是唯一能让农民有机会见识美好事物的地方"。[123]

契诃夫的文学作品中充满了宗教式人物和主题。除他以外，没有任何一位俄国作家——列斯科夫或许是个例外——对人们的礼拜行为或者教堂的仪式抱有如此温柔的感情，或如此频繁地描写它们。契诃夫的许多重要作品（例如《主教》《大学生》《在路上》和《六号病房》）都深刻探讨了追求信仰的问题。契诃夫本人对信仰有自己的疑虑——他曾经说过，如果修道院招收不信教的人，并且他也不用祷告的话，他就愿意当一名僧侣。[124] 但他却明显与有信仰的人产生了共鸣。或许《三姐妹》中玛莎最好地阐述了契诃夫的观点："在我看来一个人必须要有信仰，或者在追求信仰，否则他的生命就是空虚的，极度空虚。"[125] 契诃夫并没有过分纠缠于上帝是否存在这个抽象的问题。就像他对苏沃宁所说的，一个作家应该对这种问题了解得更多，而不是问得更多。[126] 但他确实认为信仰是一种生活方式——这是一种基本的道德准则——对他来讲是如此，他认为对淳朴的俄国人民来说也应如此。[127]

在他早期的作品《在路上》（1886）中，契诃夫探讨了俄国对于信仰的需求。这一场景发生在高速公路旁边的一个旅馆里，人们在这里躲避坏天气。一个年轻的贵族妇女加入了名叫利哈廖夫的绅士的谈话当中。她想知道为什么所有知名的俄国作家在死之前都寻得了信仰。"据我了解，"利哈廖夫回答说，"信仰是圣灵的礼物。

这是一种天赋：必须是你与生俱来的。"

> 据我判断，我说的也只代表我自己，从所有我所见过的事
> 情来推断，这种天赋在俄国人身上得到了最好的体现。俄罗斯
> 人的生活里有着数不清的信仰和热情，但如果你征求我的意见，
> 我认为俄国人还远没有到不信或者反对信仰的地步。如果一个
> 俄罗斯人不相信上帝，那他也一定会信别的什么东西。[128]

这与契诃夫的观点十分接近——从这个意义上来说，他还是一个俄 348
国人。或许契诃夫自己有关于上帝是否存在的疑虑，但他却从来没
有怀疑过信仰对于俄国人的必要性。因为如果没有对一个更好的世
界的憧憬，他那个时代的俄罗斯人将难以忍受自己的生活。

信仰的必要性是他艺术创作的中心思想，同样也是俄国人生活
的中心主题。契诃夫创作了大量的和他一样的人物角色（《万尼亚
舅舅》中的乡村医生阿斯特诺夫,《三姐妹》中的维尔希宁,《樱桃园》
中的特洛菲莫夫），他们共同的特点是对工作能力以及科学能够改
善人类生活的信仰。这些作品充满了基督徒式的人物，他们怀着对
未来美好生活的向往,忍受着眼下的痛苦与磨难。就像《万尼亚舅舅》
中，索尼娅所说的著名结束语（我们之前已经引用过）："时间一到
我们就会顺从地死去，到了那里，那个另外的世界，我们将会说我
们受过苦，我们哭泣过，我们的一生都很悲惨，而上帝将会怜悯我
们。"[129]契诃夫认为艺术家是受难者——为了一个高尚的结局而努
力的人。1902 年他在写给佳吉列夫的信中说：

> 现代文化是追求更美好未来的开端，这种追求还要继续，
> 或许还要继续一万年，这样人类就能够，即使在遥远的未来，
> 了解到真正的上帝真理——不需要猜测，不需要询问陀思妥耶

夫斯基，而是能够明确地获知，就像知道 2×2=4 一样。[130]

所有契诃夫的作品都有关于死亡的内容，在他后期的许多作品中死亡成为创作的主题。契诃夫的一生都在和死亡作斗争——起先是作为一名医生，后来是作为一个垂死之人——或许正是因为他与死亡如此接近，他才能以如此无畏诚实的方式来描写死亡。契诃夫知道，通常人们都以极其普通的方式死去——大多数情况下他们死的时候都在想着要活下去。他看到死亡只是自然过程中的一部分——因此当他面对生命的终点时，他保持着自己的尊严和勇气，以及他一直以来表现出来的对生活的热爱。1904 年，他和妻子奥尔加一起预定了德国巴登韦勒的一家酒店。"我去那里等待死亡了，"出发前夕，他对一位朋友说，"一切都结束了。"[131] 7 月 2 日晚上他醒来，发着高烧。他找来医生，大声说："Ich sterbe."（"我要死了。"）医生尽力让他镇静下来。前者离开后，契诃夫点了一瓶香槟，喝了一杯躺在床上，随即告别了这个世界。[132]

对托尔斯泰来说，死亡就不是这么容易了。出于对自己死亡的恐惧，他把信仰维系在一种神秘的理念上，认为死亡是精神的解脱，肉身幻灭后会成为一个"宇宙的灵魂"；但这并没有完全消除他的恐惧。没有人比托尔斯泰更加频繁地，或者说更有想象力地描写死亡的时刻——他对伊凡·伊里奇以及《战争与和平》安德烈的死亡描写是文学史上的经典。但这些并不仅仅是死亡。这是最后的审判——此时，将死之人重新审视自己生命意义，在精神真理中找到救赎或者最终解答。[133] 在《伊凡·伊里奇之死》中，托尔斯泰展示了一个男人——一个高级法官，他在临终回顾时才真正认识了自己。伊凡发现他的一生都只是在为自己而活，因此他的生命被浪费掉了。他的终身职业是一名法官，但他对那些工作中接待过的人的关心，远赶不上眼前这位医生对他的关心。他的一生都围着自己

349

的家庭转，但他并不爱他的家人，他的家人似乎也不爱他，由于没有人意识到他即将死去这个事实，也没有人来安慰他。唯一与伊凡有真正亲密关系的是他的仆人格拉西姆，一个照顾他的"青涩农民小伙"，格拉西姆整夜守在他床前，并抱着他的腿让他感觉舒服一些。格拉西姆所做的一切完全是对一个他知道即将不久于人世之人的善意之举，而他意识到这个人即将死去，也是对弥留之人的巨大安慰。在伊凡看来——

> 对于他即将死去这件糟糕透顶的事，在那些与他相关的人的眼里似乎成了一件偶然的、不愉快的，或者说相当不合时宜的事情（就好像一个身上有怪味的人走进了一家人的客厅）——而他们有如此的反应，恰巧是出于他终生所信奉的那种适可而止的礼貌。他觉得没人同情他，因为没有人愿意真心理解他的处境。格拉西姆是唯一一个理解他并同情他的人。这也是为什么只有当格拉西姆在伊凡身边时，他才能感到放松……只有格拉西姆不会撒谎；所有事情都证明，只有格拉西姆了解事情的真实状况，并觉得没有必要去掩盖现实，只是单纯地为他病重的、将死的主人感到难过。有一次，伊凡准备让他回去睡觉时，格拉西姆甚至毫不避讳地说：
> "我们都会死，这点小事算什么？"意思就是他不介意多干点活，因为将来他也会死，他做这些的目的就是希望将来在他要死的时候，也会有人这样对他。[134]

350

一个淳朴的农民给这位法官上了一堂关于真理与同情的道德教育课。格拉西姆向他展示了人应该怎样生应该怎样死——一个农民对于死亡坦然接受的态度，使得伊凡在自己人生最后还清醒的时刻，克服了对死亡的恐惧。

《伊凡·伊里奇之死》是根据托尔斯泰一个在司法机关工作的
朋友伊凡·伊里奇的死而创作的，伊凡的哥哥向托尔斯泰讲述了伊
凡死前几天一些详细的情况。[135] 在俄国上流社会中，死前从陪伴
他们的仆人身上获得精神安慰是一件常见的事。从贵族人士的日记
和回忆录里来看，与前来听取忏悔和主持最后仪式的神父相比，那
些仆人给他们的精神力量要大得多，农民的淳朴信仰让他们克服了
死亡的恐惧，"可以面对面地正视死亡"。[136] 在 19 世纪俄国的文学
作品中，农民面对死亡时的无畏态度随处可见。"农民的死简直太
了不得了！"屠格涅夫在《猎人笔记》中写道，"他们的精神状态
既不是冷漠，也不是愚蠢；他们的死仿佛就像是在进行一项宗教仪
式，冷酷而又简单。"[137] 屠格涅夫笔下的猎人遇到了好几个将死的
农民。一个是叫马克西姆的伐木工，他被一棵倒下的树砸中。他请
求同伴原谅自己，在咽下最后一口气之前，他还请同伴们确保自己
的妻子去领回一匹他已经付了钱的马。另外一个人在乡下的医院里
被医生告知他只能再活几天。这个农民想了一会儿，挠了挠脖子，
戴上帽子，看着好像要转身离开。医生问他要往哪儿去。

> "往哪去？还用说么，要是病情已经这么糟糕，当然是回家
> 了，家里还有很多事要安排呢。"
> "但你这样做可真的会伤害自己的身体啊，瓦西里·德米特
> 里奇，说实话我都惊讶你是怎么走到这儿的。留下吧，算我求
> 你了。"
> "不了，卡皮通兄弟，如果我要死的话，我也要死在家里。 351
> 如果死在这儿，天知道家里会乱成什么样。"[138]

农民面对死亡时同样的态度在托尔斯泰的《三死》（1856）、列斯科
夫的《着魔的流浪人》（1873）、萨尔蒂科夫－谢德林的《波谢洪尼

耶遗风》（1887）中都曾出现过，可以说所有俄国的大作家都对此有过描述，以至于最后农民的坚忍克己成为一种文化传说。这一场景在亚历山大·索尔仁尼琴的《癌病房》中再次出现，故事里叶夫列姆回忆起"故乡的老人们怎样在卡马河上死去"：

> 他们不会给自己鼓气，也不会苦苦抵抗或者对自己的死夸夸其谈——他们只是平静地面对死亡。他们丝毫不避讳分财产的事，他们默默地、迅速地决定好谁将得到母马，谁将得到马驹，谁拿大衣谁拿靴子，然后他们轻描淡写地离去，就好像只是搬往另外的新房去一样。没有人会被癌症吓倒。毕竟，没有人得过癌症。[139]

但这样的态度并不仅是文学创作。在各种回忆录、医学报告和19、20世纪初的民俗学研究中，都记录了这样的例子。[140] 其中一些将农民面对死亡的态度看作农奴的宿命论：死亡是对痛苦的解脱。当他们谈起自己的命运时，农民通常把来世比作"自由王国"，认为他们的祖先正活在"上帝的自由"之中。[141] 这也是《猎人笔记》背后的构思。在《枯萎了的女人》中，屠格涅夫讲述了一个患病的妇女渴望通过死亡来结束自己的痛苦。跟许多和她同一阶级的人一样，她相信苦难能为自己换来天国的幸福，这使她在面对死亡时毫不畏惧。另外有人将这种农民的宿命论看作一种自我保护。死亡在农村生活如此常见，因此某种程度上农民在面对死亡时必须要变得铁石心肠。在一个5岁前婴孩的死亡率接近百分之五十的国家，人们不得不找到一种对抗这种悲伤的方法。医生经常注意到，农村的家长在面对自己孩子的死亡时，并不会流露出来特别强烈的感情；在一些最贫穷的地区，由于家里需要养活的人口太多，一些母亲甚至会感谢上帝将自己的孩子带走。[142] 有些农民的谚语则更甚，例如"孩子死的时候是个好日子"。[143] 杀婴行为并不少见，尤其是在经济困难时期，对于处理那些私生子来说，这简直是最普遍的做法。[144]

在《卡拉马佐夫兄弟》中，佐西马长老告诉那个绝望的农妇，她的孩子已经被上帝带走，授予天使的身份。俄罗斯的农民普遍相信，用梁赞省的一个村民的话说，"小孩子的灵魂可以直接上天堂"。[145] 这种想法一定对他们有真正的安慰作用。在农民心中，宇宙中的人间和灵界是紧密联系在一起的。灵界触手可及，天使和魔鬼与自己朝夕相处每天相伴。他们亲属灵魂的运数对他们来说至关重要。俄国农民相信有好灵，也有坏灵，一个人的死法会决定他成为好灵还是坏灵。必须为死亡做好准备，让他们走得舒舒服服，要为临死的人祷告，结束与他们的争吵，要合理地分配他们的财产，为他们举行基督徒的葬礼（有时会准备一支蜡烛和一个面包做的梯子，为他们在阴间的路上提供帮助），这样他们的灵魂才能平静地进入灵界。[146] 那些死时心怀不满的人，会变成恶鬼或者疾病来纠缠活着的人。因此在很多地方，都有不把被谋杀、自杀或中毒而死的人，以及畸形人、巫师和巫婆等埋在坟区的习俗。

在粮食严重歉收时，农民甚至会把他们认为导致这一灾难的恶灵的尸体从坟墓里挖出来。[147] 在农民的信仰体系里，死去之人的灵魂依然过着正常的生活。他们的灵魂也吃也睡，也能感觉冷暖和疼痛，它们也会经常回到家人身边，按照习惯说法，它们会住在炉子后面。祭奠死者是非常重要的事情。死者的房子里会留下各式各样的食物，因为人们相信他的灵魂会在此停留 40 天。水和蜂蜜是必需的，在大众的观念里，伏特加也一样，都是为了他们的灵魂即将开始前往另一个世界的漫长旅途而准备。有些地方人们也会留一些钱，或者放在墓里，这样死去的人就能在另一个世界为自己购买所需要的东西。[148]

在每年固定的日子，尤其是复活节和圣灵降临节，很重要的一 353
项家庭活动就是悼念死人，给他们上供，带着合乎风俗的面包和彩
蛋在死人坟边野餐。人们会在坟上撒面包屑来喂鸟——鸟儿象征着
死人的灵魂，它们从地底下飞出来，复活节时在村子周边盘旋——
如果有小鸟出现的话，就意味着他们亲人的灵魂生活得很好。[149]
陀思妥耶夫斯基在《卡拉马佐夫兄弟》中借鉴了这一古老的习俗，
书中那个将死的男孩伊柳沙让父亲在自己的坟前撒上面包屑，"这
样麻雀就会落下来，我就能听见它令人高兴的叫声，这样我就不会
一个人孤单地躺在那里了"。[150] 对俄国人来说，坟墓远不止是埋葬
死人。这是一块神圣的地方，活人和死人在这里可以交流。

在阿斯塔波沃火车站站长的小屋里，托尔斯泰临死前有一句遗
言："农民呢？他们是怎么死的？"他多次思考过这个问题，并且
相信农民的死亡方式和知识分子阶层不一样，农民死的时候知道自
己的人生意义是什么。农民死时接受了死亡，这为他们的信仰做了
见证。托尔斯泰也希望自己能够这样死去。[151] 很多年前，他曾在
日记里写过："当我死的时候，我希望有人能问我，你是否还像以
前那样看待生活，认为生活是通向神的道路，是爱的累积。我应该
没有力气说话，如果答案是肯定的，这时我会闭上眼；如果答案是
否定的，我将死不瞑目。"[152] 在他死的时候，没人想到问他这个问
题，因此我们永远不会知道他如何穿越这个带给他无尽痛苦和疑虑
的障碍。尽管托尔斯泰去了奥普京修道院，他也没能和教会重归于
好。神圣宗教会议试图让托尔斯泰回心转意，在他离开修道院，由
于病情过重无法继续前行而留在阿斯塔波沃时，他们甚至派了一名
奥普京的僧侣前去探望他。但这个僧侣还是没有完成任务——没有
一位托尔斯泰的家人允许他与临死的托尔斯泰见上一面——因此最
终，这位作家也没能拥有一场基督徒的葬礼。[153]

然而，如果说教会拒绝为这位去世的作家做弥撒，那人们也会

用另外的方式来为他祈福。尽管警察试图阻挠，但是成千上万的悼念者还是来到了亚斯纳亚-博利尔纳，托尔斯泰被埋在这个他最喜欢的童年故地，人们对他的死所流露出来的悲伤超过了任何一次沙皇归天。他的墓地在树林里，许多年前，他的哥哥尼古拉曾在这片地里埋了一根魔棒，上面写着关于永恒的宁静将会如何到来、邪恶将会如何被驱逐出这个世界的秘密。当托尔斯泰的灵柩被缓缓放进墓坑，悼念者开始唱起一首古老的俄罗斯歌谣。在作家生命旅程的终点，警察依然来执行教会开除其教籍命令。有些人朝他喊道："跪下！把帽子摘掉！"[154] 每个人都遵循基督教的礼仪，在犹豫了片刻之后，警察双膝跪地，脱掉了自己的帽子。

354

第六章

成吉思汗的后裔

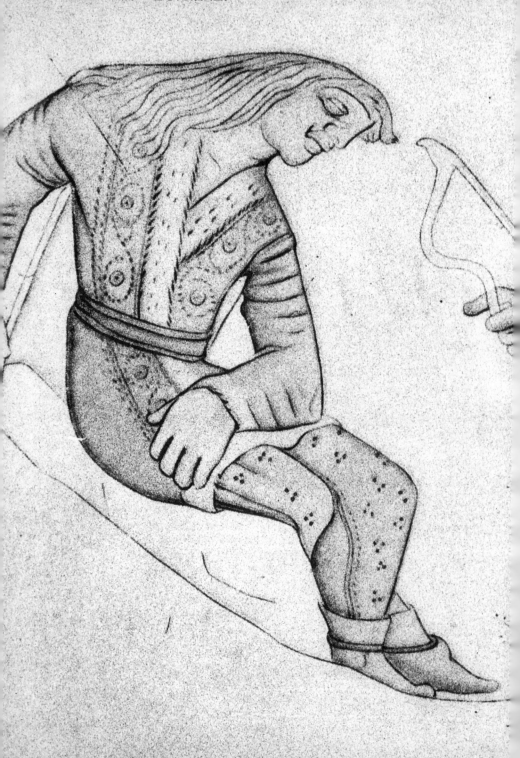

斯基台人雕像，19世纪末发掘出土。

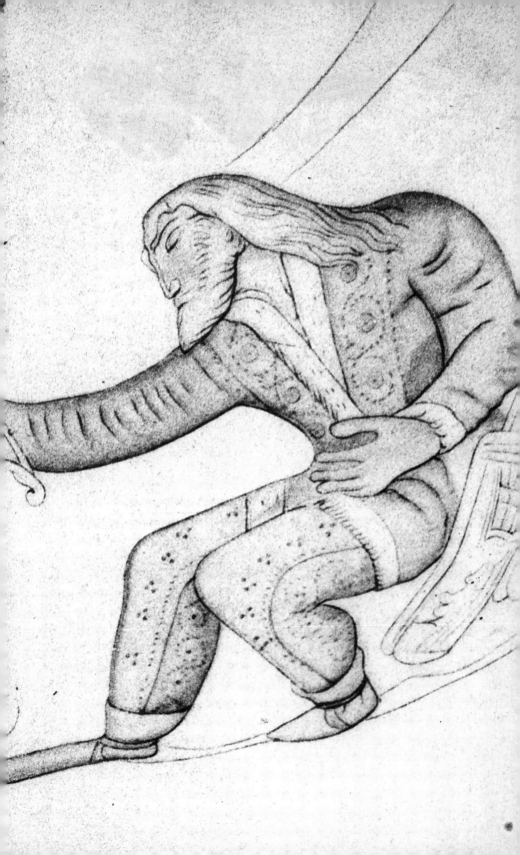

第一节

在投身艺术之前，康定斯基原以为自己会成为一名人类学家。他就读于莫斯科大学法学系，在毕业的前一年突然病倒，于是出发前往距离莫斯科 800 公里、位于莫斯科东北方的科米地区（Komi）休养，学习芬兰–乌戈尔部落的信仰。他先搭乘火车到了沃洛格达，这里是铁路的尽头，然后乘船沿苏霍纳河东去，进入森林中的"另一个世界"，据他回忆，那里的人仍然信奉神灵和鬼魂。人类学家很久以前就指出，科米地区是基督教与亚洲部落所信奉的古老萨满教的交汇处。这里是一片"仙境"，"人们的每一个动作都伴随着神秘而带有魔力的仪式"。[1]这次旅行给康定斯基留下不可磨灭的印象。他在那里发现的萨满教成为他抽象艺术的一个主要灵感来源。[2]"在这里我学会了如何看待艺术，"他后来写道，"如何调转角度，将自己置身于画作之中。"[3]

康定斯基的这次东方之旅仿佛是穿越了时间隧道。他在寻找俄国传教士所描绘的自中世纪以来那里就一直信奉的萨满教遗俗。历史上有关于科米人崇拜太阳、河流和树木的古老记录，也记录了他们召唤亡灵的狂乱舞蹈，以及关于科米地区的萨满教徒敲着鼓骑着带有马头的棍子飞往幽灵世界的传奇故事。600 年来不断兴建的教堂仅给这里欧亚混杂的文化披上了一层基督教的外衣。14 世纪时，科米人被彼尔姆的斯特凡强迫改信基督教。数百年来这里成为俄罗斯殖民者的定居点，而科米人的文化，从语言到服饰，都已经十分接近俄罗斯人。

　　乌斯特–瑟索尔斯科（Ust-Sysolsk）是这个地区的首府，康定斯基在此度过了 3 个月的夏季。这里看起来与一般俄国城镇没什么两样，农民的木头小屋环绕着市政府建筑，麻雀虽小五脏俱全。康定斯基在这里的田野工作主要是记录老人们的信仰，在民间艺术中寻找萨满教的文化符号，他在调查中很快就发现了隐藏在他们俄罗斯式外表下的古老异教文化影响。当地所有人都不会否认自己是一名东正教徒（至少不会对一个来自莫斯科的人否认这一点），并且在他们的公共生活中也由一名神父引导诸般宗教仪式。但是正如康定斯基所查明，他们私下里依然信奉着古老的萨满教。科米人信奉一个叫做"沃尔萨"（Vörsa）的森林巨人。他们还有一个称为"奥特"（ort）的"活的幽灵"，他们相信这个幽魂会跟随自己一生，并在死前向他们显现。他们向风神和水神祷告；他们会对着火焰说话，就好像在跟一个活人讲话一样；他们的民间艺术依然有崇拜太阳的符号。有些科米人告诉康定斯基星星是被钉在天上的。[4]

　　在揭开科米人的面纱后，康定斯基发现了他们与亚洲的渊源。几个世纪以来，芬兰–乌戈尔部落就不断与北亚与中亚大草原来的突厥人融合。19 世纪考古学家在科米地区出土了大量带有蒙古纹饰的陶器。康定斯基发现一个带有蒙古风格屋顶的教堂，他把它画在了自己的旅行日记里。[5] 19 世纪的语言学家提出一种观点，将芬兰

359

360

一群身着典型民族服饰的科米人。照片。S. I. 谢尔盖摄于约 1912 年。复制自 L. N. 莫洛
托娃所著的《苏联民族人类学博物馆中的俄罗斯联邦民间艺术》(Leningrad: Khudozhnik
RSFSR, 1981)。

人、奥斯蒂亚克人＊、芬兰-乌戈尔人、萨摩耶人和蒙古人归为乌拉尔-阿尔泰语群，汇集到同一种文化之中，这种文化从芬兰开始，横贯欧亚大陆，直至中国东北。随着 19 世纪 50 年代芬兰探险家 M. A. 卡斯特伦在东至乌拉尔地区的旅程中发现了许多与自己故乡相似的物品，这一观点得到进一步论证。[6]卡斯特伦的发现被后来的学者所证实。例如在芬兰的民族史诗《卡勒瓦拉》（意为"英雄之地"）中，就有萨满教的主题，这或许意味着他们历史上与东方人有联系，尽管芬兰人视自己的史诗为"波罗的海的奥德赛"，百分百来自卡累利阿的民间传统，卡累利阿是芬兰与俄罗斯的接壤之地。[7]和萨满教徒携带的鼓和马头棍类似，史诗中的主人公维纳莫宁也带着康特勒琴†（一种称为齐特琴的欧洲扁形乐器）去往亡魂所居住的地下世界。全诗有五分之一的篇幅都是关于魔法的内容。这首诗直到 1822 年才被书面记录下来，而且通常都用与康特勒琴的五弦相对应的五声（印度支那式）音阶哼唱。康特勒琴和它的前身俄罗斯古斯里五弦琴一样，都是按这种五声音阶调音的。[8]

　　康定斯基对科米地区的探索不只是一次科学的求索，也是他的一次寻根之旅。康定斯基家族的姓氏来自西伯利亚托博尔斯克附近的孔达河，他们于 18 世纪到此定居，祖上是来自蒙古阿穆尔河沿岸的通古斯人部落。康定斯基对于自己蒙古人的外貌十分自豪，他常常称自己为 17 世纪通古斯酋长根忒木尔的后裔。18 世纪，通古斯人向西北迁徙到鄂毕河和孔达河流域。他们与奥斯蒂亚克人和乌戈尔人相融合，这些部落在乌拉尔山脉的西麓与芬兰人和科米人从事贸易活动。康定斯基的祖先就是这些商人中的一员，他们后来逐渐与科米人通婚，因此康定斯基也可能拥有科米血统。[9]

361

＊　居于西西伯利亚的一支芬兰乌戈尔族人。——译注

†　kantele，芬兰的传统竖琴；原用 5 弦；现增为 20 至 30 弦。——译注

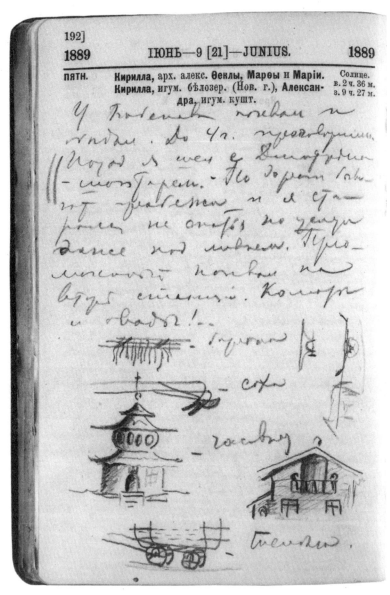

科米人居住区建筑的草稿。瓦西里·康定斯基画。出自《沃洛格达日记》
（1889）。现藏于巴黎蓬皮杜中心国立现代艺术博物馆。版权所有者：AD AGP, Paris 与
DACS, London, 2002 年。照片版权所有者：CNAC/MNAM Dist. RMN。

　　许多俄罗斯家庭有蒙古血统。"在俄罗斯人的皮肤下面都藏着一个鞑靼人。"拿破仑曾经这样说过。俄罗斯家庭外套衣袖上的纹饰就是来自蒙古人的遗产，比如随处可见的马刀、弓箭、月牙和八角星。蒙古人的后裔主要分为四个族群。首先是 13 世纪跟随成吉思汗的军队横扫俄罗斯、讲突厥语的游牧民族，随着 15 世纪伏尔加河畔金帐汗国的瓦解，他们在俄罗斯定居下来。这个族群涌现过诸多俄罗斯历史名人：作家有卡拉姆津、屠格涅夫、布尔加科夫和阿赫玛托娃；哲学家如恰达耶夫、基列耶夫斯基和别尔嘉耶夫；政治家例如戈东诺夫、布哈林和图哈切夫斯基；作曲家例如里姆斯基-科萨科夫。*第二个族群是从西方来到俄国的突厥人：来自意大利的丘特切夫家族（Tiutchevs）和契切林家族（Chicherins）；或者 18 世纪从波兰来的拉赫玛尼诺夫家族。甚至库图佐夫家族都有鞑靼人的血统（"qutuz"在突厥语中的意思是"狂怒"或者"疯狂"）——伟大将军米哈伊尔·库图佐夫一向被视为纯正俄罗斯人的英雄，由此看来颇有几分讽刺。第三类是混合了斯拉夫人和鞑靼人血统的家族。其中一些是俄国最显赫的贵族世家：舍列梅捷夫家族、斯特罗加诺夫家族和罗斯托普钦家族，尽管更多的人处于社会的底层。例如果戈理，他的家族就混合了波兰和乌克兰血统，但他们与突厥的古戈尔人（Gogels）有相同的祖先，他们的姓氏来自楚瓦什语"gögül"——一种草原上的鸟类（果戈理一些类似鸟类的外貌特征广为人知，尤其是他的鹰钩鼻）。最后一类是将姓氏改为更接近突

363

---

* 屠格涅夫的名字来自蒙古语中 tiirgen 一词，意为"敏捷"；布尔加科夫来自突厥语 bulgaq，意为"挥舞"；戈东诺夫来自蒙古语 Godon，意为"莽夫"；科萨科夫来自突厥语 gorsaq，意为一种草原上的狐狸。阿赫玛托娃出生时的名字是 Anna Gorenko。当他的父亲说不想让家里有一个诗人的时候，她把名字改为 Akhma（据说是她鞑靼族的曾祖母的名字）。阿赫玛托娃声称自己是艾哈迈德可汗的后代，艾哈迈德可汗是成吉思汗的直系后裔，也是最后一位向俄国大公收取贡奉的鞑靼族可汗，他于 1481 年被刺杀。娜杰日达相信阿赫玛托娃关于自己曾祖母有鞑靼人血统的说法是编造的。——原注

厥语发音的俄罗斯家族，他们更改姓氏的原因要么是与鞑靼人通婚，要么是在东部购买了田产，为的是和当地部落更好地相处。例如俄罗斯的韦利亚米诺夫氏，就将他们的姓氏改为突厥语"Aksak"（来自"aqsaq"一词，意为"瘸子"），以便于他们从奥伦堡附近的巴什基尔人手中购买大量的草场：斯拉夫人中最伟大的家族阿克萨科夫就这样诞生了。[10]

15 世纪至 18 世纪，取突厥名字成为莫斯科宫廷的时尚，当时来自金帐汗国的鞑靼人影响依然十分强大，并建立起许多贵族王朝。到了 18 世纪，彼得大帝的贵族们开始向西方看齐，这一风潮才开始衰落。但 19 世纪这一风潮得到了复苏，以至于许多纯正的俄罗斯家族也编造自己有传奇的鞑靼人祖先，以使自己看起来更加有异国情调。例如纳博科夫就声称（或许他是在开玩笑）自己的祖先是一个不次于成吉思汗的角色，"第一个纳博克据说是 12 世纪的鞑靼小王公，他在那个俄罗斯文化气氛浓厚的时代娶了一名俄罗斯女子"。[11]

康定斯基在从科米地区返回之后，在圣彼得堡为皇家考古学会做了一场关于自己旅途见闻的讲座。会场座无虚席。欧亚部落的萨满教信仰对俄国民众充满神秘的异域吸引力，当时普遍认为西方文化早已在精神上死亡，知识分子都试图从东方寻找精神上的重生。但这种对欧亚大陆文化突如其来的兴趣，其实也是一场关于俄罗斯民间文化根源的争论核心。 ³⁶⁴

在典型的何为俄罗斯的传说里，俄罗斯被认为是一种基督教文明，她的文化是斯堪的纳维亚和拜占庭文化结合的产物。关于自己的民族史诗，俄罗斯人喜欢讲述的，是一个北方森林中的农业文明与亚洲草原马背上的文明——阿瓦尔人和可萨人、鞑靼人和蒙古人、哈萨克人、卡尔梅克人，以及所有最初劫掠过俄罗斯、"带着弓与箭"的部落——之间斗争的故事。这一民族神话在俄罗斯人的欧洲身份认同中是如此根深蒂固，以至于提到亚洲文化对俄罗斯文化的影响 ³⁶⁵

手持鼓、鼓槌和马头棒，戴面具的布里亚特萨满。托曼诺夫摄于 20 世纪初。

时，几乎将招致叛国的罪名。

然而到了 19 世纪最后几十年，文化的风向开始转变。随着帝
国扩张到整个亚洲草原，开始出现了将亚洲文化看作俄罗斯文化一
部分的运动。这一文化风向转变的重要标志首先出现在 19 世纪 60
年代，当时斯塔索夫正努力想要证明俄罗斯的民间文化、她的饰物
与英雄歌谣都有东方的血统。斯塔索夫被斯拉夫主义者和其他爱国
者所批判。但到了 19 世纪 80 年代末，当康定斯基完成自己的旅
程，掀起了一股研究俄罗斯民间文化的亚洲渊源的风潮。包括 D.
N. 阿努钦和 N. I. 维谢洛夫斯基在内的考古学家揭示了鞑靼文化对
石器时代俄国影响的深远程度。他们还揭示或者至少是暗示了，草
原上的俄罗斯农民的许多民间信仰都有其亚洲渊源。[12] 人类学家在
俄罗斯农民的宗教仪式中发现了萨满教的仪式。[13] 还有人指出西伯
利亚地区的俄罗斯农民在宗教仪式中使用图腾。[14] 人类学家德米特
里·泽莱宁断言农民的万物有灵信仰是从蒙古部落遗传下来的。与
巴什基尔人和楚瓦什人（与鞑靼人有着紧密血缘关系的芬兰人部落）
类似，俄罗斯农民也用像蛇一样的皮革做法事下蛊；和科米人或者
奥斯蒂亚克人以及远东的布里亚特人一样，他们有一种著名的做法，
就是在家门口悬挂白貂或者狐狸的尸体，来躲避"魔鬼的眼睛"。
伏尔加河中游彼得罗夫斯克地区的农民有一种和许多亚洲部落类似
的图腾崇拜。当一个小孩出生时，他们会刻一个木娃娃，与胎盘一
起放进一个棺材里，埋在自家屋底下。他们相信这能让小孩长命
百岁。[15] 所有这些发现都对俄罗斯人的身份提出了一个令人困扰的   366
问题。他们是欧洲人还是亚洲人？他们是沙皇的子民还是成吉思汗
的后代？

第二节

　　1237年，一支庞大的蒙古骑兵离开他们位于黑海北部钦察草原的驻扎地，突袭了基辅罗斯诸公国。俄罗斯人实力薄弱，且内部四分五裂，根本无力抵抗，在接下来的3年时间里，除了诺夫哥罗德以外，蒙古人攻陷了所有俄罗斯的重要城市。之后的250年，尽管是以间接的方式，俄罗斯实际都在蒙古可汗的掌控之下。蒙古人并没有占领俄罗斯的中心地带。他们将自己的马群放养在南方肥沃的草原上，向俄罗斯城镇征税，通过不时发动武装袭击宣示自己对这里的统治。

　　"蒙古铁轭"给俄罗斯人带来的民族耻辱感怎样强调都不算过分。如果不算匈牙利，基辅罗斯是唯一一个被亚洲铁骑所推翻的欧洲大国。从军事实力来看，蒙古骑兵要远高于俄罗斯各公国。但他们几乎不用证明这一点。这些公国的大公几乎没有一个想去抵抗。一直到了1380年，蒙古人的实力已经衰落，俄国人才发动了第一场真正意义上的反抗战争。即便之后蒙古人之间内斗不断，最终3个汗国脱离了金帐汗国（1430年克里米亚汗国独立，1436年喀山

汗国独立，1466 年阿斯特拉罕汗国独立），俄罗斯的王公们又花了
一个世纪才逐一击败蒙古人。因此总的来说，蒙古对俄罗斯的占领
实际上是俄罗斯大公们对这一亚洲霸主的主动屈从与配合。这也解
释了为什么很少有城市毁于蒙古的铁蹄，这一点和民族神话恰恰相
反。同样，俄罗斯的艺术和手工业，甚至大型的工程项目例如兴建
教堂，在这期间并没有放缓的痕迹；贸易和农业正常发展；在蒙古
占领期间，离蒙古军士最近的南方地区，并没有出现大规模的俄罗
斯人口迁移。[16]

　　根据民族神话，蒙古人风驰而来烧杀抢掠之后又疾驰而去，不
留踪迹。俄罗斯也许屈服于蒙古人的剑下，但她的基督教文化，以
及她的教堂和寺院，并没有受到亚洲铁蹄的影响。这一假设一直以
来都是俄国人基督教身份认同的核心，或许他们是居住在亚洲的草
原上，但是一直面朝西方。20 世纪俄国重要的文化历史学家德米特
里·利哈乔夫曾经写道："从亚洲，我们获得的少之又少。"——他
的《俄罗斯文化》一书，也几乎没有谈到蒙古遗产。[17] 俄罗斯民族
神话建立在对蒙古文化是一种落后文化的认知之上。蒙古人通过恐
怖手段来维持统治，和摩尔人征服西班牙完全不同，（用普希金的
名句来说）他们来到俄罗斯时"既没有带来代数，也没有带来一个
亚里士多德"*。他们使俄国陷入了自己的"黑暗年代"*。卡拉姆津在
其《俄罗斯国家史》中，对于蒙古人统治所留下的文化遗产只字未
提。他问道："一个文明国家能向这些游牧民族学习些什么？"[18]
俄国伟大的历史学家谢尔盖·索洛维耶夫在其 28 卷的《俄罗斯历史》
一书中，只花了区区 3 页的篇幅来讲述蒙古人的文化影响。甚至 19
世纪蒙古学者的领军人物谢尔盖·普拉托诺夫，也认为蒙古人对俄
罗斯的文化生活没有产生影响。

---

* 欧洲黑暗时代一般指西罗马灭亡到文艺复兴，约 476 年到 1453 年。——译注

367

实际上蒙古部落一点也不落后。尤其是在军事技术和组织上，他们要比自己长期统治的俄罗斯人先进很多。蒙古人有成熟的行政管理和税收体系，俄罗斯国家就是在他们的基础上发展了自己的组织架构，俄语中许多来源于鞑靼语的词汇，例如 "dengi"（金钱）、"tamozbna"（海关）和 "kazna"（国库）。在金帐汗国首都萨莱（靠近察里津，今伏尔加格勒，位于伏尔加河畔）附近的考古发现显示，蒙古人已经有能力建设大型城镇，城中包括宫殿和学校、规划完整的街道和水利设施、手工工坊和农场。蒙古人没有占领俄罗斯中心区域，并非像索洛维耶夫所说的那样，是因为他们过于原始而没有能力掌握或者控制这一地区，而是由于缺乏肥沃的草场和贸易路线，北方林地对蒙古人这样的游牧民族并没有什么实际的益处。甚至他们在俄罗斯所收的税，与他们从丝绸之路沿途的殖民地——例如高加索、波斯和北印度等——所获得的财富比起来也显得微不足道。

蒙古人的统治给俄国人的生活方式留下深刻的印记。普希金在1836 年给恰达耶夫的信中写道，就是在蒙古占领时期，俄国逐渐脱离了西方。这段历史对俄国人的欧洲身份认知提出了根本性的挑战：

> 毫无疑问（蒙古占领使得）我们和欧洲其他地区隔绝开来，我们没有参与欧洲发生的任何重大事件；但我们有自己的使命。是俄罗斯将蒙古侵略者限制在她广阔的领土之上。鞑靼人不敢穿越我们西部的边界，这样我们就留在了敌后。鞑靼人撤退到他们的沙漠之中，基督教文明得以保存下来。为此我们不得不过着完全孤立的生活，这在使我们这些基督徒得以幸存的同时，又使我们几乎完全不为基督教世界所知……鞑靼人的入侵是一段悲伤且令人印象深刻的历史……你难道没有看到俄国当时处境中一些令人赞叹的、将会使未来历史学家为之惊叹的史实？你不觉得历史学家会把我们划在欧洲之外么？……我丝毫不赞

368

赏我身边所见的事物……但我向你发誓，世界上其他任何东西也不能让我用我的国家来交换，没有谁的历史能够与我们的祖先相比，这块土地就像是上帝赐予我们的一样。[19]

普希金愿意接受这一遗产是令人出乎意料的，尤其是考虑到亚洲在当时俄国的受教育阶层中被视为禁忌的情况。或许这可以用普希金的身世来解释——他本人从他母亲这边继承了非洲血统。普希金的曾祖父亚伯拉罕·汉尼拔是阿比西尼亚*人，俄国大使在伊斯坦布尔奥斯曼苏丹的王宫里看到他，把他买回来当礼物送给了彼得大帝。由于受到彼得大帝的宠爱，阿布拉姆被送往巴黎学习。在茜茜公主治下，阿布拉姆成为一名大将军，并被赐予普斯科夫附近米哈伊洛夫一座拥有 1400 名农奴的庄园。普希金很为自己的曾祖父感到骄傲——他也继承了曾祖父非洲人的厚嘴唇和浓密的黑色鬈发。普希金有一本未完成的小说名叫《彼得大帝的黑人》(1827)，在《叶甫盖尼·奥涅金》的开篇，他的台词"在我们非洲的蓝天下"为自己的族谱添加了长长的注脚（毫无疑问，这句是为了注脚而创作的）。[20] 但是像恰达耶夫这样的亲欧派就认为蒙古人的遗产没有什么值得一提。对于为什么自己的国家和西欧选择了完全不同的发展道路，许多俄国人都将其归罪于蒙古可汗的专制。卡拉姆津指责蒙古人败坏了俄国的政治风气。历史学家瓦西里·克柳切夫斯基认为俄国"内部是亚洲的组织结构，尽管披着欧洲的外衣"。[21]

俄国专制统治中的亚洲特色成为 19 世纪民主知识分子中的老生常谈。赫尔岑曾将尼古拉一世比作"会用电报的成吉思汗"。俄国的专制传统其来有自，但蒙古人的影响是奠定俄国政治基石的最主要因素。蒙古可汗要求子民绝对服从，不论是农民还是贵族，并

369

---

*　今埃塞俄比亚。——译注

通过无情的强制手段来保证这一点。16 世纪当蒙古可汗被赶出俄国后，取而代之的莫斯科大公及后来的沙皇从蒙古人那里继承了这一传统。确实，他们新生的帝国不仅建立在拜占庭的精神血统上，同时也是基于从成吉思汗那里继承的广阔疆土。"沙皇"这一称呼就来自金帐汗国的最后一位可汗，长期以来在俄语中，"可汗"与"沙皇"就是可以互换的。[22]

　　随着金帐汗国的覆灭以及沙皇政权东进，许多以前为可汗效力的蒙古人留在俄国，为莫斯科政权服务。成吉思汗的后人在莫斯科宫廷中享有崇高的地位，据估计，相当一部分的俄罗斯贵族身上都有蒙古可汗的血统。至少有两个沙皇是金帐汗国的后裔。其中一个是西美昂·贝克布拉托维奇（原名萨因·布拉特），1575 年，他大部分时间以沙皇的身份统治着部分俄国。作为金帐汗国一名可汗的孙子，贝克布拉托维奇进入莫斯科宫廷并步步高升，成为伊凡四世（又名"恐怖伊凡"）的心腹。伊凡四世任命贝克布拉托维奇掌管波雅尔的贵族领地，自己则隐退到乡野，自封"莫斯科大公"。这一短暂的任命是伊凡四世的一个政治手段，目的是加强对手下特辖军（oprichnina）*的控制。贝克布拉托维奇只是名义上的当权者。伊凡的动机明显是因为当时金帐汗国在社会上保留着崇高的地位。在贝克布拉托维奇短暂的"统治"之后，伊凡大帝赐予他 14 万公顷土地以及"特维尔大公"的封号。但是在沙皇鲍里斯·戈东诺夫统治时期，贝克布拉托维奇被控犯有叛国罪，他被剥夺了全部田产，并被迫到白湖附近的圣基里尔修道院做修士。鲍里斯·戈东诺夫是另外一个有着金帐汗国血统的沙皇——他是一位名叫切特（Chet）的

370

---

* 为摧毁王公和领主的封建割据势力，伊凡四世于 1565 年将全国领土划分为特辖区和领主辖区两部分。特辖区由沙皇直接管辖，建立了一支绝对效忠沙皇的特辖军，血腥镇压参与叛乱的贵族和教会上层，巩固了沙皇专制的中央集权体制。1572 年特辖制废除。

　　　　　　　　　　　　　　　　　　　　　　　　　　　　　——原注

鞑靼可汗的曾曾曾曾孙，他的这位可汗先祖于 14 世纪中期投奔莫斯科大公。[23]

留在俄国定居的并不仅仅是蒙古贵族。蒙古人入侵时，大量的游牧部落被迫迁徙，随着蒙古帝国人口的快速膨胀，他们不得不寻找新的草场。整个欧亚大陆草原，从乌克兰到中亚，都被新来的部落所占据。当金帐汗国被赶回蒙古时，许多部落移民被吸收成为定居人口留在俄罗斯。在俄国南部和伏尔加流域的地图上，许多地方依然标注着鞑靼语名字：奔萨（Penza）、切姆巴（Chembar）、阿尔德姆（Ardym）、阿尼贝（Anybei）、克夫达（Kevda）、阿尔达托夫（Ardatov）和阿拉特里（Alatyr）。其中一些居民原来是蒙古军队的步兵，作为统治者驻扎在伏尔加河与布格河之间的南部边境地区。另外一些是在俄国城镇谋生的商人和手艺人，或者是失去草场后被迫成为雇农的贫穷牧民。这批鞑靼人数量巨大，几个世纪以来他们不断地与当地人融合，因此所谓纯正俄罗斯血统的农民无疑只是一个传说。

蒙古对俄罗斯民间文化的影响是深入骨髓的。许多俄语中的基础词汇都来自鞑靼语——马（loshad）、市场（bazar）、谷仓（ambar）、箱子（sunduk）以及数以百计的其他词汇。[24] 就像前面提到的，外来的鞑靼语词汇主要是商业和行政类用语，而这两个领域基本上被金帐汗国的后裔所掌控。到了 15 世纪，莫斯科宫廷十分流行使用鞑靼语，以至于瓦西里大公指责自己的随从"过于钟情鞑靼人以及他们的语言"。[25] 但突厥语也对民众的语言产生了影响——或许最为明显的是表示日常行为意图的口头禅"davai"："davai poidem"（走吧，出发吧）、"davai posidim"（来吧，咱们坐下）以及"davai popem"（走吧，咱们喝酒去）。

俄国的风俗也同样受到鞑靼移民的影响，尽管与普通俄国民众相比，这一影响在宫廷和上层社会显得更加明显，贵族待客的习

371

俗明显被可汗的文化所影响。另外，考古学家维谢洛夫斯基将俄国民俗中对于门槛的禁忌（例如不能踩在门槛上或不能隔着门槛和别人打招呼）追溯到了金帐汗国的习俗和信仰。他还发现，俄国农民通过将一个人抛向空中来向他表示致敬的做法也是源于蒙古人的习俗——当纳博科夫的父亲解决了一场关于土地的纠纷之后，一群感激的农民将他抬起来抛向空中。[26]

> 从我在桌前的位置，透过一扇西窗我会突然看见一个悬浮的神奇事例。在那里，在一瞬间，我父亲身穿被风吹皱的白色夏装的形象会显现，在空中光荣地摊开着，他的四肢处于一种奇异的随便状态，他英俊镇静的面貌朝向天空。接连三次，随着他那些看不见的抛举者嗬嗬有声的强大抛掷，他会这样飞上去，第二次会比第一次上得更高，继而在他最后也是最高的高度，他会斜卧着，仿佛永远如此，衬着夏日正午的钴蓝色，像一座教堂穹顶上那些静静飞翔的极乐人物中的一个，他们的衣服上有那么多的褶皱，而下面，一支接一支，蜡烛在凡尘的手中点亮，在一片焚香的雾中形成一群连续的火焰，而神父吟诵永恒的安眠，葬礼的百合花在游动的光里，在打开的灵柩中，隐藏起了躺在那里的无论哪个人的脸。* [27]

正如 19 世纪末康定斯基以及他的人类学家同行所主张的，我们有理由相信，俄国农民的信仰融合了蒙古部落的萨满教崇拜（尽管他们称没有发现 14 世纪时金帐汗国所信奉的伊斯兰教的印

372

---

*　译文出自《说吧，记忆》，纳博科夫著，陈东飚译，时代文艺出版社 1998 年版，第 14 页。
　　　　　　　　　　　　　　　　　　　　　　　　　　　　　　——译注

记）。* 许多农民的宗教教派，比如"哭泣者"和"蹦跳派"，他们所采用的许多做法都与亚洲萨满教徒达到宗教狂喜的超验手法极为相似。[28]

圣愚（yurodivyi）很有可能也来自萨满教，尽管他们的形象是许多艺术作品中典型的"俄国标志"。很难说圣愚到底来自哪里。可以肯定的是圣愚并没有门派，和拉斯普京（他自己本人也算是一个圣愚）一样，他们本身似乎是普通人，凭着自己特殊的预言和治愈的能力，开始了浪迹一生的宗教旅程。在俄罗斯民间传说中，"为了耶稣基督而活的愚人"，或简称"圣愚"，有着和圣人相同的地位——尽管他们的行为更像是一个傻子或者疯子，而不是使徒保罗所要求的自我牺牲的烈士。圣愚被普遍认为具有巫术和预见未来的能力，他衣着古怪，头戴一顶铁帽或者头盔，衣服下面系着铁链。他像个穷人一样在乡下流浪，靠村民的救济生活，而村民普遍相信他具有神力和治愈人的能力。乡下的贵族也经常会施舍给他食物，并为他提供住处。

托尔斯泰的家人在他们亚斯纳亚-博利尔纳的庄园就供养着一位圣愚。在他半虚构半自传体的《童年》中，托尔斯泰回忆起小时候难忘的一幕，家里的孩子们藏到愚人格里沙房间一个黑暗的衣橱里，就是为了在他准备睡觉时看一看他身上的铁链：

> 格里沙几乎紧跟着我们悄悄走进来。他一手拄着拐杖，一手拿着插着蜡烛的黄铜烛台。我们都屏住呼吸。
>
> "主耶稣基督！至圣的圣母！圣父、圣子、圣灵……"他喘着气，用各种烂熟的音调和略语念着。

373

---

* 萨满教在俄国流行很久之后，穆斯林对俄罗斯文化的影响依然是个禁忌。甚至就连圣彼得堡这座以宗教开明包容为根基的城市，也是直到 1909 年才有了第一座清真寺。

——原注

他嘴里祈祷着，把拐杖放在屋角，瞧了瞧床，动手脱衣服。他解开黑色旧腰带，慢吞吞地脱掉破旧的土布上衣，仔细把它折好，搭在椅背上。此刻他的脸不像平时那样慌张而愚蠢；相反，他显得镇定沉着，若有所思，简直可以说很威严。他的举动缓慢而稳重。

他只穿一件衬衣，慢慢在床上坐下，朝四面八方画了十字，然后吃力地（这从他皱紧的眉头上看得出来）整理了一下衬衣下的铁链。他坐了一会儿，仔细查看衬衣上的几处破洞，然后站起来，一边祷告，一边把蜡烛举到神龛那么高，龛里摆着几尊圣像，他对着圣像画了十字，就把蜡烛倒过来，让火苗往下，蜡烛爆了一下熄灭了。

一轮近乎圆满的月亮把它的光辉投进面向树林的窗子。疯修士长长的白色身体一边被银色的月光照亮，一边投下黑色的阴影；这阴影同窗框的阴影一起投到地板上、墙壁上，一直达到天花板。更夫在院子里敲着铁板。

格里沙把两只大手交叉按住胸口，垂下头，不住重重地喘着气。他默默地站在圣像前，然后费力地跪下来祈祷。

他先是轻声念着大家熟悉的祈祷文，只强调几个字，然后反复背诵，但声音越来越响，情绪越来越激动。接着他用自己的话祷告，竭力用古斯拉夫语表达。他语无伦次，但音调动人。他为所有的施主（他这样称呼招待他的人）祈祷，其中包括我们的母亲和我们，他也为自己祈祷，恳求上帝饶恕他的重大罪孽，又一再说："上帝啊，饶恕我的仇敌吧！"他呼哧呼哧地喘着气爬起来，反复这样叨念着，也不管铁链的重量，伏在地上又站起来，铁链撞在地上发出刺耳的响声……

格里沙还久久地处在这种宗教的狂热中，随口祈求着什么。一会儿，他反复叨念："主保佑！"但每次都用不同的语气

　　和表情；一会儿，他说："饶恕我吧，主啊，教教我怎么做……
教教我怎么做！"他脸上的表情仿佛希望马上得到答复；一会
儿，只听得悲惨的哭声……他跪着抬起身子，双手交叉在胸前，　　374
一言不发。*[29]

　　作家和艺术家将圣愚描绘成淳朴的俄国信徒的原型。在普希金
和穆索尔斯基所创作的歌剧《鲍里斯·戈东诺夫》中，圣愚代表着
沙皇的良心发现以及受苦受难的人们的呼声。陀思妥耶夫斯基小说
《白痴》的主人公梅什金公爵，虽然身患癫痫却有着基督般的人格，
有钱的地主罗戈任就叫他圣愚；很明显陀思妥耶夫斯基想把他塑造
成一个圣愚般的真正基督徒，他们都被排斥到社会的边缘。米哈伊
尔·涅斯捷罗夫在他的画作《俄罗斯》（1916）中，将圣愚描绘成
俄罗斯民间公认的精神领袖。然而圣愚那未经训练且很大程度上都
是随意为之的敬拜仪式更多是源自亚洲萨满教，而非俄罗斯教会。
和萨满教徒一样，为了进入宗教狂喜状态，圣愚也会跳一种轮圈舞，
并伴有诡异的尖叫和呐喊声；在做法时，他使用鼓和铃铛；他身上
戴着铁链的原因也是相信铁具有一种超自然的力量。同样，和萨满
教徒相同，圣愚在做法时也会经常使用乌鸦的形象——一种在俄罗
斯民间传说中具有魔力和破坏力量的鸟。整个 19 世纪，伏尔加流
域的农民都认为哥萨克叛军领袖普加乔夫和拉辛是飞在天空中的巨
大乌鸦。[30]
　　俄罗斯服装的很多元素也有亚洲渊源——这一事实反映在俄语
中，许多与衣服相关的词汇都来自突厥语，比如 "kaftan"（土耳其
式长衫）、"zipun"（一种轻薄的外套）、"armiak"（一种厚重的外套）、

---

*　译文出自托尔斯泰《童年·少年·青年》，草婴译，上海译文出版社 1994 年版，第 45—
46 页。——译注

"sarafan"（俄国传统裙装）和 "khalat"（中亚传统长袍）。[31] 甚至沙皇的王冠或帽子（Monomakh）——传说承袭自拜占庭帝国——也很有可能是来自鞑靼人。[32] 俄国的饮食也受到东方文化的深远影响，许多俄罗斯特色食品，比如抓饭（plov）、鸡蛋面（lapsha）和奶渣（tvorog）都来源于高加索地区和中亚。一些饮食习惯，比如俄国人对马肉以及发酵的马奶（koumis）的热衷，毫无疑问是蒙古部落流传下来的。和西方基督教以及东方的佛教文化相反，俄国并没有关于食用马肉的宗教禁忌。和蒙古部落的传统一样，俄国人甚至还养殖了一种专门用来食用或产奶的马（在伏尔加地区）。在西欧完全没有这种做法——直到 19 世纪，法国社会改革派呼吁食用马肉，以解决贫困人口的营养不良问题。但即使在那个时候，吃马肉也是一件不光彩的事。在西方人看来，养马为了吃肉的做法是十分野蛮的。[33]

375

所有中亚的主要部落——哈萨克人、乌孜别克人、卡尔梅克人和柯尔克孜人——他们都是金帐汗国的分支。随着 15 世纪金帐汗国衰落，他们留在俄罗斯草原，成为沙皇的子民。哈萨克人的祖先——信奉伊斯兰教的突厥语系蒙古人——在 15 世纪时脱离了金帐汗国。在被自己的对手准噶尔人和乌孜别克人赶出最肥美的草场之后，哈萨克人逐渐向俄国人靠拢。乌孜别克人也在 15 世纪脱离金帐汗国。他们定居下来，在肥沃的费尔干纳平原过起农耕生活，继承了奥克苏斯河和锡尔河之间富庶的古伊朗城镇，在此基础上他们建立了乌孜别克族国家布哈拉、希瓦和浩罕，并与沙皇建立了贸易关系。至于卡尔梅克人，他们是西蒙古人的一支（Oriats），金帐汗国覆灭后，他们脱离蒙古军队留在俄罗斯大草原（卡尔梅克人的名字来源于突厥语 Kalmak，意为"留下"）。在其他部落的驱赶之下，他们向西迁徙，带着自己的牲口定居在里海北岸的阿斯特拉罕，后来他们成为俄国骑兵所用马匹的主要供应者，每年他们要往莫斯科运送5万匹马，直到18世纪这一贸易才逐渐衰落。[34] 俄国垦居者在19世纪最初几十年间将卡尔梅克人逐出了伏尔加草原。大多数部落向东回撤，但仍有一些留在俄国，他们从事农业生产或者贸易，并皈依了东正教。列宁就是其中一支卡尔梅克人的后裔。他的祖父尼古拉·乌里扬诺夫，就是阿斯特拉罕一名卡尔梅克人的儿子。

第三节

　　为了纪念击败蒙古喀山和阿斯特拉罕汗国，伊凡雷帝下令在莫斯科红场修建一座新的天主教堂。1560 年，圣瓦西里大教堂落成，这座纪念莫斯科最受人爱戴的圣愚[*]的教堂后来名扬四海，从开工到建设完成仅仅用了 5 年时间。它的意义远不止是俄国击败蒙古汗国胜利的标志。它是一个胜利宣言，宣告着俄国人从自 13 世纪以来统治他们的鞑靼文化中解放出来。从它炫耀式的鲜艳色彩、轻松活泼的装饰风格以及夸张的建筑圆顶，可以看出圣瓦西里教堂就是为了展现俄国如今回归拜占庭传统的欢快情绪（尽管从实际来看，东正教传统中完全没有如此华丽的风格，而它类似清真寺的圆顶则很有可能是来自东方的建筑风格）。

　　教堂最初被命名为"圣母代祷教堂"——以记录 1552 年圣日（Pokrova）攻下喀山。莫斯科击败鞑靼人被看作一次宗教胜利，俄

---

[*] 圣愚瓦西里（1468—1552/1557），原为莫斯科的一位鞋匠学徒，一位类似侠盗罗宾汉和济公的人物，他劫富济贫，并斥责伊凡雷帝忽视教堂及对待无辜者的暴力行径，于 1580 年前后被正式封圣。——译注

罗斯帝国的此次大捷在很多方面都被看成一次东正教的十字军东
征。征服亚洲大草原被描绘成一场东正教对抗鞑靼异教徒的神圣战
争。莫斯科由此宣称自己为"第三罗马"——这一声明被刻在圣瓦
西里教堂的石碑上——俄国也自认为是一个基于拜占庭传统，真正
普世的基督教帝国。就像为了保护居住在异教徒草原上的基督子民，
一个强大的俄国应运而生，这场对抗东方的宗教战争也塑造了俄国
人的民族意识。在他们看来，信仰的边界总是远比民族的边界更加
重要，而最古老的称呼外国人的词汇（例如 inoverets）就有异教徒
的意思。俄语中对农民的称呼（krestianin）也有同样的表征意义，
在欧洲所有其他国家中，农民一词往往都与农村或者土地相关，只
有俄国农民是一个意为基督徒（khristianin）的词语。

　　从 1522 年攻克喀山到 1917 年革命，俄罗斯帝国以每年 10 万
平方公里的惊人速度迅速扩张。俄国人为了获得皮草不断东进，在 377
皮草贸易最为鼎盛的 17 世纪，这种被称为"软黄金"物品的贸易
收入占俄罗斯帝国国库收入的三分之一。[35] 俄国的殖民扩张主要
是为了满足对熊、貂、黑貂、白貂、狐狸和水獭的庞大需求。紧跟
皮草狩猎者脚步的是哥萨克雇佣兵，比如俄罗斯民间英雄叶尔马克
（Ermak）指挥的军队，他们为自己的金主斯特罗加诺夫占领了乌拉
尔山脉的富矿，并最终于 1582 年攻克了西伯利亚汗国。此后到来
的是沙皇军队，他们在这里建筑堡垒，向当地部落索要贡品。不久
传教士也来了，他们则试图改变当地的萨满教信仰。苏里科夫那幅
巨大的《叶尔马克征服西伯利亚》（1895）——画中举着圣像、用
火枪射击的哥萨克人与手持弓箭、敲着萨满教鼓点的异教部落恢宏
的战争场面——比其他任何艺术品都更加清晰地描绘了传说中俄罗
斯帝国的民族觉醒。就像苏里科夫所表现的，这场征服之战的真正
目的是摧毁萨满教在亚洲部落中的神圣地位。

　　和欧洲其他国家在海外进行的同样带有宣教意味的战争相比，

在宗教上征服亚洲草原对俄罗斯帝国来说要重要得多。这是因为俄国地理位置的特殊性。俄国与其亚洲殖民地之间并没有大洋相隔：它们处在同一块大陆上。作为亚洲草原与欧洲草原分界线的乌拉尔山脉，本身也仅仅是夹杂着草场的连绵大山丘罢了，许多穿越乌拉尔山脉的游客经常会问他们的车夫，那些著名的大山到底在哪里。因此在没有明显的地理界线将俄国与其亚洲殖民地分隔开来的情况下，俄国人转而寻求文化上的界限。在 18 世纪，这一点变得尤其重要，那时俄国正试图将自己定义为一个在西方有话语权的欧洲帝国。如果俄国想要被认为是一个西方国家，那她需要构建一条更清晰的文化界限将其和亚洲其他东方国家相区分，而信仰则是最简单的划分方式。所有归降沙皇的非基督徒部落都被划分为"鞑靼人"，不管他们原有的信仰是伊斯兰教、萨满教或是佛教。为了加强"善恶之分"，鞑靼（Tartar）一词被故意拼错（多加了一个 r），使其和希腊语中的"地狱"（tartarus）更为接近。更普遍的是，人们通常会把俄国新征服的领土（西伯利亚、高加索和中亚）一律归类为"东方"（Aziatshchina），这也几乎成为"东亚病夫"和"落后"的代名词。高加索地区的形象也被东方化，游客中流传着种种关于那里原始部落野蛮人的传说。18 世纪的地图将高加索划归东方穆斯林地区，尽管从地理上来看它属于南方，而历史上它也是属于基督教西方。高加索地区的格鲁吉亚和亚美尼亚所蕴含的基督教文明能够追溯到 4 世纪，比俄国皈依基督教要早 500 年。它们是欧洲最早信奉基督教的国家——甚至比君士坦丁大帝皈依基督教以及拜占庭帝国的建立都要早。

378

在俄国，没有哪里比西伯利亚更急于树立文化界限。在 18 世纪人的想象中，乌拉尔山脉是一座巨大的山系，似乎是由上帝在草原中间所造，用来标记文明世界最东边的边界。*在山脉西边的俄国

---

* 对于俄罗斯人的欧洲身份认同，乌拉尔山脉在文化上的重要性一直延续到今天——戈尔巴乔夫所提出的一个"从大西洋到乌拉尔山的欧洲"就是一个明证。——原注

人是基督徒，而在山脉东边的亚洲人则被俄国游客称为需要驯化的
"野蛮人"。[36] 为了使其更加亚洲化，18 世纪俄国的地图集取消了
西伯利亚的俄语名字（Sibir），取而代之的是西方地理术语"大鞑靼"
（Great Tartary）。游记作家记述了这里的亚洲部落，包括通古斯人、
雅库特人和布利亚特人，却对在西伯利亚定居的俄罗斯人只字未提，
尽管当时这些定居人口数量已相当庞大。如此一来，俄国的东进殖
民运动就显得理所当然，在俄国人心目中，大草原被塑造成一个粗
野蛮荒之地，那里的财富等待着被发掘。这是"我们的秘鲁"和"我
们的印度"。[37]

随着 18 世纪和 19 世纪初西伯利亚的经济衰退，俄国人的这
种殖民态度进一步得到加强。随着欧洲风尚的转变以及皮毛贸易的
重要性日渐衰退，再加上俄国在采矿方面的收入没能弥补皮草贸易
衰落所造成的损失，这块原本充满前景的处女地突然之间变成一
片广袤荒凉的废墟。一位官员写道：仅仅是圣彼得堡的"涅瓦大
街"，价值就至少是西伯利亚的 5 倍。[38] 另外一位作家在 1841 年写
道，如果西伯利亚这片"冰雪的海洋"能是一片真正的海洋，那么
至少可以使俄国与远东的海上贸易更加便利，俄国的境况也会因此
有所改善。[39] 西伯利亚被改造成巨大的监狱之后，这种悲观的看法
进一步加强。"西伯利亚"一词已经成为人们口头语中服刑的近义
词，例如由此衍生出来的"野蛮残酷"（sibirnyi）和"残酷的生活"
（sibirshchina）。[40] 诗歌中对于西伯利亚残酷自然条件的想象本身就
是一种残暴：

379

> 这块晦暗的土地上，
> 是无尽的残酷与荒凉，
> 河流在怒吼，
> 风暴时常喧嚣，

> 天空郁积着沉沉黑云。
>
> 那些让人惧怕的漫漫冬夜，
> 冰雪冻住了时间，
> 没人要来
> 这块悲惨的土地，
> 这个为流放者准备的广阔之狱。[41]

这是人们头脑中的西伯利亚，一块与欧化的俄罗斯截然相反的想象之地。它的边界不停变迁。对于 19 世纪初的城市精英来说，"西伯利亚"就是他们所熟悉的"小俄罗斯"——圣彼得堡或者莫斯科，以及通往他们庄园的道路——之外的未知世界。诗人卡捷宁说，科斯特罗马（Kostroma）这个在莫斯科东北方仅 300 公里的城市，"离西伯利亚不远"。赫尔岑以为乌拉尔山脉以西几百公里的维亚特卡河是在西伯利亚（某种意义上来说这个地方确实算是西伯利亚，因为他曾在 1835 年被流放到那里）。F. F. 维格尔认为彼尔姆——更靠东边但还远远未到乌拉尔山脉——已"深入西伯利亚腹地"。还有一些人认为弗拉基米尔、沃罗涅日或梁赞，是"亚洲大草原"开始的地方，这些地方距离莫斯科都不远，坐一天的马车就能到达。[42]

　　但俄国人对东方的态度远非清一色的殖民者立场。从政治上来看，俄国是一个和西方任何国家一样的帝国主义国家。但文化上俄国就模棱两可得多，因此除了像西方国家一样带着对"东方"的优越感之外，他们对东方文化有着深深的迷恋甚至说有着密切的联系。*这多少是源于俄罗斯坐落在亚洲大草原边缘，被东西方

380

---

*　这使得俄国成为爱德华·萨义德所主张的东方主义——傲慢的欧洲人对于"东方"的文化优越感，使其成为与西方的对立事物或"他者"，保证了西方对于东方的征服——一个极端例外的例子。萨义德完全没有提到俄罗斯。——原注

文化来回牵扯吸引的自然结果。这种地理位置上的不确定性也造成俄国人深深的不安全感——尤其是与西方的关系上，尽管这种感觉正是俄罗斯对待东方的犹疑态度的主要根源。或许俄国人认为自己是和亚洲有关系的欧洲人，但对于西方人来说，他们就是"亚洲人"。所有的西方作家都提到这一点。按照古斯丁侯爵的说法，圣彼得堡市中心是沙皇庞大的帝国中唯一的欧洲领土，穿过涅瓦大街，就已经涉险进入了"一直包围着圣彼得堡的亚洲蛮族地带"。[43] 受过教育的俄国人对自己国家中"亚洲般的落后"心生愤恨。他们迫切渴望能被西方人平等看待，能够进入并成为欧洲主流社会中的一员。但当他们被西方人排斥或者感到自己的俄罗斯文化被小看，即使是最西化的俄国知识分子也会心存不满，并不自觉地表现出一种大国沙文主义的自豪感（作为一个亚洲式地域辽阔的国家）。例如普希金，尽管他在欧洲长大，并和所有参与启蒙运动的人士一样，认为西方才是俄国的最终归宿。但是当欧洲批判俄国镇压波兰 1831 年暴动时，他写了一首民族主义诗歌《致俄国的毁谤者》，诗中他强调了自己祖国的亚洲本质，"从芬兰冰冷的山崖到炙热的科尔基斯（高加索的希腊语名字）"。

在这股面朝亚洲的趋势里，搅起的绝不仅是对西方的仇视。俄罗斯帝国靠着殖民开拓不断扩张，那些前往边境的人，有些是为了从事贸易或农耕，有些是为了逃离沙皇的统治，他们把俄罗斯的生活方式强加给当地部落的同时，也在潜移默化中接受了那里的文化。例如阿克萨科夫家族，18 世纪他们在奥伦堡附近的大草原上定居，生病时他们会使用鞑靼人的药方。从一个马皮制包中汲出酸马奶来喝，使用特殊的草药并吃蘑菇油。[44] 在西伯利亚大草原上，贸易和通婚是文化交流最普遍的方式，但是越往东，俄国人的生活方式就越容易被当地人改变。例如，根据一位 19 世纪 20 年代作家的说法，在西伯利亚东北部的雅库茨克，"所有的俄国人都说雅库特语"。[45]

381

米哈伊尔·沃尔孔斯基，这位十二月党人的儿子，在19世纪50年代俄国征服并殖民阿穆尔盆地中扮演了领导者的角色，他回忆说，当时特地派了一个哥萨克小分队来村子里教布里亚人俄语。一年后沃尔孔斯基回来查看哥萨克小分队的工作情况：结果没有一个布里亚人可以用俄语交流，但是200个哥萨克人都会讲一口流利的布里亚语。[46]

　　类似的事情绝对不会在一个欧洲国家的海外殖民地发生，至少不会在他们的殖民方式由贸易转变为殖民统治之后。因为，尽管有少许例外，欧洲人并不需要定居在自己的殖民地（也不需要对当地的文化有过多的了解）就能带走那里的财富。但是对于沙皇俄国这样一个庞大的帝国来说——定居在偏远地区的俄国人，回到莫斯科需要经过半年的旅程——则不可避免地要在当地安家。俄罗斯帝国通过将俄罗斯文化强加给亚洲大草原来实现自己的扩张，但在这个过程中，许多殖民者本身也被亚洲化。这种交流的结果之一就是对殖民地文化的感同身受，这在欧洲国家的殖民者身上是十分罕见的。一个十分常见的现象就是，即使是最热心的沙皇帝国主义信徒，往往也是东方文化的狂热分子和专家。例如，塔夫利宫的主人波将金公爵，他自1783年从最后一个蒙古汗国手中夺取克里米亚之后，一直醉心于那里的种族融合。为了庆祝这场胜利，他为自己建造了一座摩尔达维亚—土耳其风格的宫殿，建筑带有穹顶和四座伊斯兰式的尖塔，看上去就像个清真寺。[47]确实，这不仅仅是俄国，而且也是整个欧洲在18世纪的典型特征。当俄国军队不断东进征服异教徒时，叶卡捷琳娜的建筑师们正在皇村建造中国式的村落和高塔、东方式的石窟以及土耳其风格的亭子。[48]

　　这种双重性的一个活生生的例子就是格里高列·沃尔孔斯基，他是著名的十二月党人谢尔盖·沃尔孔斯基的父亲，作为苏沃洛夫大元帅骑兵中的一名英雄，他退休之后，于1803年至1816年担任

382

奥伦堡省的省长。当时奥伦堡是俄罗斯帝国的一个重要军事要塞，坐落于乌拉尔山脉南麓，是中亚与西伯利亚之间所有主要商路通往俄罗斯的咽喉。每天，1000 只骆驼组成的车队满载来自亚洲的贵重货物，包括牲口、地毯、棉花、丝绸和珠宝，要从奥伦堡经过，接着前往欧洲市场。[49] 省长的任务是保护和推广这些贸易，并从中征税。沃尔孔斯基在这里的执政颇有成效，开拓了通往希瓦和布哈拉的新商路，这两座城市是重要的棉花之都，是通往波斯与印度的大门。[50] 但奥伦堡也是俄罗斯帝国最后的前哨——这座军事要塞庇护着伏尔加草原上的俄国农民抵御游牧民族的入侵，这些游荡在东部贫瘠草场的部落，包括诺盖人、巴什基尔人、卡尔梅克人和吉尔吉斯人。

18 世纪，巴什基尔牧民发动了一系列针对沙皇政府的叛乱，因为俄国殖民者开始占领他们祖先的牧场。1773 年至 1774 年许多巴什基尔人加入哥萨克首领普加乔夫的队伍，反抗叶卡捷琳娜二世的暴政。他们包围了奥伦堡（普希金在《上尉的女儿》中讲述了这个故事），攻占伏尔加河与乌拉尔山脉之间的其他市镇，一路烧杀抢掠。沙皇当局在这次平叛之后，加强了奥伦堡的防御工事。他们以奥伦堡为堡垒，对草原上的游牧民族展开了残酷的镇压。沃尔孔斯基延续了这一举措，同时他还必须面对乌拉尔地区哥萨克人的一次严重暴动。两者他都采取了极为严酷的手段。在沃尔孔斯基的命令下，数百名巴什基尔和哥萨克叛军首领被公开处以鞭刑，在前额刺字，或者发配至远东。巴什基尔人私底下称这位省长为"严酷的沃尔孔斯基"；在哥萨克人的民间传说中，他是一个魔鬼形象，直到 1910年代，关于他的歌谣仍在传唱。[51] 但沃尔孔斯基绝不是一个任何时候都冷酷无情的人。按照他家人的说法，他本质温和善良，热爱诗歌和音乐，私底下是个虔诚的基督徒。在奥伦堡市民眼里，沃尔孔斯基则是出了名的古怪。在与突厥人的战争中他有一次被弹片击中

383

头部，之后他脑子里就一直听到各种奇怪的声音，或许这正是那次受伤造成的后果。隆冬时节的奥伦堡温度最低可以达到零下30摄氏度，这时他会穿着自己的睡袍，有时甚至只穿着内衣在奥伦堡的大街上游荡，嘴里喊着苏沃洛夫（已于10年前去世）"还活在他的身体里"。在这种精神状态下，他会到市场里给穷人分发食物和钱，或者全身赤裸地去教堂祷告。[52]

尽管对待巴什基尔人手段残忍，但沃尔孔斯基本人是个突厥文化的专家。他掌握了突厥语，可以和部落中的人交流。[53] 他广泛游历中亚地区，并在自己的日记和家书中写下大量关于那里动植物群、风俗历史、古代文化的内容。他认为乌拉尔山脉东侧的托博尔河是"俄罗斯最好的一隅"。[54] 他是一位东方披肩、地毯、瓷器和珠宝的鉴赏家，他在圣彼得堡的朋友们会委托他帮忙购买这些东西。[55] 他在奥伦堡的最后几年里甚至过着半东方式的生活。"我爱这个地方，"他在给自己的侄子、亚历山大一世的幕僚长帕维尔·沃尔孔斯基的信中写道，"我爱这种游牧式的生活。"[56] 沃尔孔斯基在自己充满异域风情的宫殿中过着波斯苏丹王般的生活，身边的侍从全是吉尔吉斯和卡梅尔克人，他把他们当作自己的"第二家人"。[57] 他甚至秘密豢养了一群巴什基尔女人为"妻"。[58] 沃尔孔斯基与一大帮鞑靼牧民混在一起，他喜欢称他们为"我的族人"。[59] 他扔掉了自己的皇家官服，有时会穿着蒙古礼服接见吉尔吉斯可汗，有时甚至会穿着土耳其长袍。[60] 在奥伦堡居住的这么多年里，沃尔孔斯基从没说过他思念圣彼得堡，这么多年他也只回去过一次。"在亚洲大草原上平静的生活很符合我的性格，"他给女儿索菲亚写信说，"你可能认为我是亚洲人——或许我自己也这么认为。"[61]

第四节

"一块《一千零一夜》中的仙境。"1783 年,叶卡捷琳娜二世第一次造访新被吞并的克里米亚这块鞑靼人土地时说道。[62] 在俄国征服东方的过程中,文学与帝国始终是紧密相关的。这片令人惊叹的土地是人们想象力的丰富来源,许多政治家都通过自己在文学与艺术方面的想象来看待这个地方。18 世纪的文学故事,以翻译俄文版的《一千零一夜》为开端(1763—1771),将东方描述成充满感官奢华与怠惰、宫殿与王位的享乐王国,然而贫苦的北方却并非如此。这些主题在 19 世纪关于东方的梦想世界中不断出现。

这个"东方"在任何地图上都是找不到的。它在南方,在高加索和克里米亚,同样也在东方。指南针上的南边和东边在这里被合并成了想象中的"东方"——俄国人脑海中充满异域风情的亚文明之地——它被编造成一个各种不同文化元素的大杂烩。例如在鲍罗丁的歌剧《伊戈尔王子》中,"鞑靼人之舞"中所用的一段用来表现东方音乐精髓的花腔,实际上就是从楚瓦什人、巴什基尔人、匈牙利人、阿尔及利亚人以及阿拉伯人的音乐中借鉴而来的,其中甚至包括美洲奴隶的歌谣。[63]

　　远在俄国人从民族学的角度认识自己的殖民地之前，他们就已经在文学和艺术上创造了它。高加索地区在俄国人的想象中占据了特殊的地位，19 世纪的大部分时间里，沙皇的军队都在跟这里的穆斯林部落浴血奋战，努力想控制这片山地，这时，俄国的艺术家、作家和作曲家则是用一种浪漫主义的手法看待这块土地。这些文艺工作者在自己的作品中将高加索描绘成具有异域风情与魅力，美丽、狂野而又危险的地方，来自北方的俄国人在这里遭遇了信奉穆斯林的南方部落的顽强抵抗。普希金比其他任何人都更钟情于塑造俄国式的高加索。他在诗歌《高加索的俘虏》中将高加索塑造成"俄国的阿尔卑斯山"，一个适合冥修与从都市生活的顽疾中康复的胜地——称得上是东方的《恰尔德·哈罗尔德》*。这首诗成为之后几代俄国贵族的旅行指南，他们不远千里到高加索地区来做温泉理疗。到了 19 世纪 30 年代，当莱蒙托夫把自己小说《当代英雄》的背景设置在皮亚季戈尔斯克温泉胜地，"高加索式疗养"成为上流社会的时尚，他们每年南下的旅行甚至可与穆斯林前往麦加朝圣相提并论。[64] 一些游客失望地发现，普希金诗歌中狂野且充满异域风情的美丽之地其实只是些灰溜溜、单调乏味的边塞城市，而为了安全起见，他们也只能待在城里。这种对探险与浪漫的渴望，使得亚历山大·别斯图热夫（马尔林斯基）这样不入流的作家（时至今日他们几乎已被彻底遗忘）仅仅因为创作了关于高加索的故事和游记，就被尊崇为文学天才（他甚至被称为"散文界的普希金"）。[65]

　　这种对高加索的痴迷并不仅仅只是为了追寻异域情调，至少俄国作家们是这么认为的。普希金这一代文人受到西斯蒙第†在其《南

385

---

* *Childe Harold* 是英国著名诗人拜伦的代表作之一，也是他的成名作，诗中主人公恰尔德·哈罗尔德周游意大利、西班牙、希腊等地，描绘了当地的风土人情和历史往事。——译注

† Jean Charles Léonard de Sismondi（1773—1842），瑞士历史学家、经济学家。——译注

欧文学》中所阐述的"南方理论"的深远影响，这一理论将古阿拉伯描述成浪漫主义的起源。对于这些年轻的俄国浪漫主义者来说，他们正在寻找一种能将俄罗斯文化与西方区别开来的根源，西斯蒙第的理论为他们提供了重大的启示。突然间，俄国似乎在高加索找到了自己的"南方"，这块融合了基督教与伊斯兰教文化的殖民地独一无二，让他们比任何其他西方国家都更要接近浪漫主义。作家奥列斯特·索莫夫在其论文《论浪漫主义诗歌》中宣称俄国是新浪漫主义的发源地，因为高加索地区继承了阿拉伯的精神。十二月党诗人威廉·丘克贝克称俄国诗歌结合了"欧洲与阿拉伯地区的所有精神财富"。[66] 莱蒙托夫曾经说过，俄国诗歌将会通过"跟随东方而不是欧洲与法国的脚步"来找到自己的命运。[67]

哥萨克人是一个由凶猛的俄国士兵组成的特殊群体，从 16 世 386纪起他们就住在俄罗斯帝国南面与东面的前线，他们在那里有自治区，从高加索地区捷列克河沿岸的顿河和库班，到奥伦堡草原，再到西伯利亚的鄂木斯克、贝加尔湖以及阿穆尔河周边的战略要地，都有他们的身影。这些最早的俄罗斯勇士过着半亚洲式的生活，几乎和东部草原以及高加索地区的鞑靼部落没有区别，而他们可能就是这些鞑靼人的后裔（"Cossack"或"quzzaq"是突厥语，意为骑士）。哥萨克人和鞑靼人在保卫自己自由的时候都表现出无比的勇气；他们都有一种热情且自然的天性；他们都热爱美好的生活。果戈理在《塔拉斯·布尔巴》中强调了乌克兰哥萨克人"亚洲"和"南方"的特点；实际他在使用这两个词时经常互换。在一篇相关的文章中（《小俄罗斯成立一览》，"小俄罗斯"指的就是乌克兰）他表达了自己的观点：

> 从信仰和地理位置来看，哥萨克人属于欧洲人，但同时他们在习俗与服饰方面却过着完全亚洲人的生活。他们是具备了

世界上截然相反特点的一群人，这两种格格不入的精神却奇怪地组合在一起：欧洲人的审慎与亚洲人的放纵；淳朴又狡猾；充满活力却又享受懒惰；向往进步与完美，却又乐于挖苦任何形式的完美。[68]

作为一名历史学家，果戈理试图将哥萨克人的本质与从"古代匈奴"时期就席卷大草原的游牧民族周期性的移民大潮联系起来。他坚持认为，只有哥萨克人这样好战且能量充沛的民族才能在开放的大平原上幸存。哥萨克人的铁骑"以亚洲人的方式横穿大草原"。他们在"突袭敌人时犹如下山猛虎般迅捷"。[69] 托尔斯泰因为曾在军中任职对哥萨克人也有了解，他同样认为他们有半个亚洲人的特点。在《哥萨克》中，托尔斯泰展示了捷列克河以北的俄罗斯哥萨克人的细节特征，他们与捷列克河以南车臣山区部落的生活方式并没有明显的区别。

普希金在 19 世纪 20 年代早期造访了高加索地区，当时他以为自己到了另外一个国家。"我从来没有到过我无垠的俄国之外"，他在《埃尔祖鲁姆之行》（1836）中写道。[70] 但是 30 年之后造访这里的莱蒙托夫则将高加索视为自己的"精神故乡"，并请求这里的群山像保佑"自己的儿子一样"保佑他：

> 内心深处我属于你
> 无时无地不属于你！[71]

这里的群山确实给了他许许多多的创作灵感，并成为他许多作品的背景，包括他的杰作《当代英雄》，这是俄国的第一部散文体小说。莱蒙托夫于 1814 年生于莫斯科，他小时候饱受风湿所引起的发烧的折磨，因此也多次跟随家人前往温泉理疗圣地皮亚季戈尔斯克调

养。这里狂野浪漫的山区景色给这位年轻的诗人留下了终生难忘的
印象。19 世纪 30 年代早期，他还是莫斯科大学东方文学与哲学专
业的一名学生，从那时起他就被宿命论观点深深吸引，他认为俄国
从伊斯兰世界继承了这一理论（他在《当代英雄》最后一章有所探
讨）。莱蒙托夫对高加索地区的民间传说有着浓厚的兴趣，尤其是
舒拉·诺格莫夫所讲述的关于山中勇士的英雄事迹。来自皮亚季戈
尔斯克的舒拉原来是一名毛拉（伊斯兰教国家对老师、先生、学者、
领袖的敬称），后来做了军官。其中一个故事给了莱蒙托夫 1832 年
创作第一篇重要诗作——《伊斯梅尔·贝》——的灵感（尽管很多
年后这篇作品才得以发表）。诗中讲述了一名穆斯林王子在俄国军
队征服高加索时成为人质，作为一名俄国贵族抚养长大，但伊斯梅
尔放弃了自己在俄国军中的职务，转而承担起保卫切尔克斯同胞的
责任，他们的家园毁于沙皇军队的铁蹄。莱蒙托夫本人曾经参军与
这些山地部落作战，一定程度上他与伊斯梅尔惺惺相惜，感受着同
样的对于忠诚的分裂感。在格罗兹尼要塞，这位诗人以卓绝的勇气
与车臣人战斗，但是在山村攻打车臣要塞时野蛮恐怖的战斗令他心
生厌恶。在《伊斯梅尔·贝》中，莱蒙托夫最后对俄罗斯帝国进行
了激烈的抨击，沙皇政府的审查也无法掩盖这一点：

怎么样的草原、大海、高山　　　　　　　　　　　388
抗拒得了斯拉夫人的武器？
又有何处的仇视和背叛
不会受俄国沙皇的压制？
驯服吧，切尔克斯人，可能
东方和西方与你同命运
时间一到——你会傲慢地讲
奴隶，我也是属于宇宙王！

到时——由另一位奥古斯都
来装点北方新罗马雄都！

村落在燃烧，无防护依赖，
祖国男儿们被敌人击败，
光照，像悬空不逝的彗星，
雾在云中跳跃，触目惊心。
胜利者如同凶猛的野兽，
端刺刀闯进温馨的住户；
他屠杀老年人和孩子们，
对贞洁处女和年轻母亲，
则用他血腥的手去抚摸，
山里妇女的心却不仁弱！
随着一声亲吻，剑声响起，
俄国佬跳开——嘶哑着——倒地！
"同志，复仇！"——于是一刹那间
（足够为凶手复仇的瞬间！）
简陋的平顶屋欢愉快活，
燃烧——切尔克斯人自由之火！ * [72]

　　莱蒙托夫还是一位成就卓越的水彩画家，在一幅自画像中，他的手中紧紧攥着一把切尔克斯人的佩剑，身上则披着切尔克斯人的斗篷，身着军服，胸前挂着山地部落佩戴的弹夹盒。这种半俄罗斯人半亚洲人的混合，也被莱蒙托夫应用在《当代英雄》中毕巧林的

---

* 译文出自《莱蒙托夫全集》第三卷，顾蕴璞、张勇、谷羽译，河北教育出版社1996年版，第276—277页。译文略有改动。——译注

身上。毕巧林性格焦躁,愤世嫉俗,他对圣彼得堡上流社会极为失望,
作为一名卫戍部队军官被派往高加索之后,他的人生经历了一次重
大转变。他爱上一位切尔克斯人酋长的女儿贝拉,跟她学会了突厥 389
语,并穿上切尔克斯人的服装来表达自己对她的爱意。作者曾将他比
作切尔克斯的土匪。这似乎是作品的中心含义:在俄国殖民者的"文明"
与亚洲部落人的"野蛮"之间,并没有明显的界限。

　　莱蒙托夫并不是唯一一位将高加索视为自己"精神家园"的 390
俄国人。作曲家巴拉基列夫是另外一个"大山的儿子"。作为俄罗
斯民族乐派的创立者,他为自己的鞑靼人血统感到自豪,这一点
从他在画像中频频身着高加索地区的服装就能够看出来。[73] 他在
1862 年给斯塔索夫的信中写道:"从他们的服装开始(我没见过比
切尔克斯人更漂亮的服装),我对切尔克斯人的兴趣和莱蒙托夫一
样浓厚。"[74] 里姆斯基-科萨科夫评价巴拉基列夫是"一个半俄国
半鞑靼的人物"。斯特拉文斯基回忆说他是一个"大块头,秃顶,
有着卡尔梅克人的头脑和列宁一般锐利的眼睛"。[75] 巴拉基列夫在
1862 年环游了高加索地区。他深深爱上那里狂野的自然景观。这
让他想起了自己最喜欢的诗人莱蒙托夫。他从皮亚季戈尔斯克写
信给斯塔索夫说:"在所有俄国的人与事中,莱蒙托夫对我的影响
最深。"[76]

　　巴拉基列夫试图在自己的交响诗《塔玛拉》(1866—1881)中
唤起对作家莱蒙托夫的爱,这部作品基于莱蒙托夫的同名诗《塔玛
拉》(1841)。诗中讲述了一则民间传说,格鲁吉亚皇后用充满诱惑
力的歌声将情人们勾引到她俯瞰捷列克河的城堡里。在一夜放荡的
舞蹈之后,她会把她杀死的情人尸体从城堡的高塔上扔到下面的河
里去。用斯塔索夫的话说,巴拉基列夫就是想在自己狂乱的钢琴组
曲中重现塔玛拉"轮圈舞"的疯狂气氛:

一幅已遗失的手持切尔克斯剑、身披切尔克斯披风者自画像的水彩画复制品。
米哈伊尔·莱蒙托夫画于 1837 年。图片来源：Novosti, London。

　　　　奇奇怪怪的声音

　　　　整夜不停

　　　　似乎在这空荡的高塔中

　　　　有成百上千饥渴的少男少女

　　　　一起参加新婚典礼

　　　　或者一场葬礼的盛宴。[77]

　　巴拉基列夫所使用的音乐编排大多是"东方音乐"的标准风格——充满感官刺激的半音音阶、带有舞蹈律动的切分音和慵懒的和声，这些都满足了西方人长期以来对东方作为一个沉溺感官享受的异域之地的想象。但是巴拉基列夫还在其中加入一项全新的、令人惊奇的元素，那就是他所改编的高加索民歌。因为巴拉基列夫发现，所有高加索民歌的和声都以五声音阶为基础，这在亚洲音乐中十分常见。五声音阶或者"印度支那"音阶的显著特征就是避免使用半音，因此歌曲旋律不会过分侧重于某一音节。这种编排使歌曲产生了一种"浮音"的效果，这一特点在东南亚音乐中尤其突出。《塔玛拉》是第一部大范围使用五声音阶的俄罗斯音乐作品。巴拉基列夫的创新就像是发明了一种新的艺术语言，这赋予了俄国音乐独特的"亚洲感觉"，使之与西方音乐区别开来。在后来的俄国作曲家中，五声音阶的使用极为流行，从里姆斯基-科萨科夫到斯特拉文斯基，都跟随着巴拉基列夫"民族乐派"的脚步。

　　这一东方元素是由"强力五人组"所发展出来的俄罗斯民族乐派的显著特征之一——这是一群民族主义作曲家所组成的创作圈子，成员包括巴拉基列夫、穆索尔斯基、里姆斯基-科萨科夫和鲍罗丁。"强力五人组"创作了许多典型的俄国作品——从巴拉基列夫的《伊斯拉美》钢琴幻想曲（*Islamei*，俄罗斯钢琴流派的奠基石，柴可夫斯基钢琴大赛的必考曲目）到鲍罗丁的《伊戈尔王子》和里

391

姆斯基-科萨科夫的《天方夜谭》——都是以这种东方风格创作的。作为这一流派的创始人，巴拉基列夫鼓励在创作中使用东方主题与和声，以使自我觉醒的"俄罗斯"音乐与受德国影响的安东·鲁宾斯坦和音乐学院的交响乐派区分开来。里姆斯基-科萨科夫创作的"俄国第一部交响乐"——实际是在鲁宾斯坦创作《海洋》交响曲之后12年才完成——之所以有此称谓，是使用了俄国民歌和东方旋律，这些东方元素得益于里姆斯基的老师巴拉基列夫在高加索地区的采风。"这部交响曲很棒，"作曲家策扎尔·居伊在1863年给里姆斯基的信中写道，"前几天我们在巴拉基列夫家里演奏了这部作品，斯塔索夫十分满意。这部作品带有真正的俄罗斯特色。只有俄国人才能创作出这样的作品，因为里面没有丝毫呆板的德国味道。"[78]

斯塔索夫与巴拉基列夫一起，对俄国东方音乐的发展发挥了至关重要的影响。许多造就这一风格的"强力五人组"的实验性作品，都要归功于这位民族主义评论家，包括《伊戈尔王子》和《天方夜谭》。1882年，斯塔索夫写了一篇名为《俄国艺术25年》的文章，试图阐述东方风格对俄罗斯作曲家的深远影响：

392

> 他们其中一些人亲自到过东方。另外一些人虽然没有，但他们一生都受东方的影响。因此，他们的作品生动且富有冲击力地表现出东方的特质。在这一领域他们对所有的东方事物都有着俄罗斯式的共鸣。他们深刻地影响了俄罗斯人的生活，并赋予俄罗斯艺术独特的色彩……如果仅仅认为这是这些俄罗斯作曲家突如其来、反复无常的奇想，那将是十分荒谬的。[79]

在斯塔索夫看来，俄罗斯艺术中的东方元素绝不只是一些带有异域风情的装饰，而是俄罗斯继承了古老的东方文化这一史实的佐证。斯塔索夫相信亚洲的影响在"俄罗斯所有的艺术领域中都是显而易见的：语言、服饰、习俗、建筑、家具和日常用品、装饰、歌曲、和声以及我们所有的民间传说"。[80]

斯塔索夫的这一观点，最早是在 19 世纪 60 年代他一篇关于俄国装饰品起源的论文中提出。[81]通过研究中世纪俄罗斯教堂的经文，他将印版中的装饰与来自波斯和蒙古的图案联系起来（菱形、玫瑰花环、万字符和格子花纹，以及一些特定的花饰和动物图形）。相似的设计在拜占庭其他文化表现形式中也可以寻见，它们都受到波斯文化的影响；但拜占庭文化仅仅是借鉴了一部分波斯装饰，而俄罗斯文化则是照单全收，对斯塔索夫来说，这意味着俄国是直接从波斯舶来了这些元素。这一论点很难被证实——因为这种简单的图案在全世界都可以找到。但斯塔索夫主要关注一些极其相似的地方。例如，装饰图案里树的造型尤其雷同，斯塔索夫认为这与波斯和俄罗斯异教徒都把"树当作一种神物来崇拜"有关。[82]在这两种传统中，树的根基都是圆锥形的，树干被枝蔓缠绕，光秃秃的树枝上挂着木兰花。康定斯基发现，在神树崇拜的异教传统里，这种图案十分常见，在 19 世纪最后几十年的科米人中依然能够看到这一传统。斯塔索夫甚至在 14 世纪诺夫哥罗德福音书里的字母 B（Б）上找到了这一图案，图中一个人在树根处跪地祈祷。这是俄国民间文化复杂性的最佳写照，异教与基督教文化构成了俄罗斯民间文化的主流。

斯塔索夫接下来转而研究俄罗斯英雄歌谣（Byliny），这种民间史诗包括俄罗斯最古老的神话和传说，他认为这些都来自亚洲。在其《俄罗斯英雄歌谣起源》（1868）一书中，他提出英雄歌谣是印度教、佛教或者梵文神话故事经过俄罗斯变种之后的产物，早年被来自波斯、印度和蒙古的军队、商人和游牧民带入俄国。斯塔索夫论点的依据是文化借用——这一理论在当时刚刚得到德国哲学家特奥尔多·本菲的极力推广。在 19 世纪最后几十年间，本菲的理论被越来越多的西方民俗学者接受（如戈德克、科勒、克劳斯顿和利

393

394

根据一份 14 世纪诺夫哥罗德手稿对俄语字母 "B" 的研究。作者
为弗拉基米尔·斯塔索夫。复制自斯塔索夫的《俄罗斯字体装饰》
（1872）。照片版权所有者：伦敦大英图书馆 [ref.7743]。

布雷希特）*，他们认为欧洲的民间故事都是以东方的传说为底本改
造之后而来的。斯塔索夫是第一位深入探讨本菲理论的人。他的论
点基于对俄罗斯英雄歌谣与一系列亚洲传说的文本比较研究——尤
其是古印度《摩诃婆罗多》《罗摩衍那》和《五卷书》†，本菲于 1859
年将这 3 部作品译成德文。

　　斯塔索夫尤其关注这些古代传说中的叙述性细节、象征与图

---

* 即 Karl Göedeke（1814—1887）、Reinhold Köhler（1830—1892）、William Alexander Clouston
　（1843—1896）、Felix Liebrecht（1812—1890）。——译注
† 《五卷书》为古印度著名的韵文寓言集，原文以梵文和巴利文写成。——译注

案（以此推断一种文化的影响似乎并非完全站得住脚，因为情节
与人物等基础架构上的相似在全世界的民间故事中都能找到）。*例
如，斯塔索夫推断俄国民间传说《萨德科》（一个商人潜入水底王
国寻求财富）来源于 5 世纪印度婆罗门的经典史诗《哈利梵萨》（这
个故事中的地下王国之旅是为了寻求真理）。按照斯塔索夫的说法，
俄国版（15 世纪之后的版本）是因应后人的视角用商业财富代替
了宗教元素。正是在这一时期，传说的主人公才变成历史人物萨德
科——他是一位富有的航海协会成员，12 世纪时在诺夫哥罗德赞助
了一座圣鲍里斯和圣格列布教堂。[83]

　　同样，斯塔索夫认为英雄歌谣中的民间英雄（bogatyrs）确实
来自东方诸神形象。这些英雄中最著名的就是伊利亚·穆罗梅茨——
这位勇敢而真诚的勇士为了人民的福祉，对抗像外号"夜莺强盗"
的索洛韦伊·拉兹波尼克（Solovei Razboinik）这样的敌人。在后
来的版本中，"夜莺强盗"的形象被赋予许多鞑靼人的特征。斯塔
索夫注意到伊利亚超自然的年龄——根据故事情节推理，他大概有
几百岁。这或许意味着伊利亚来自统治印度几百年的神秘国王，或
是来自不受人类时间限制的东方神灵。[84] 按照斯塔索夫的说法，英
雄"bogatyr"一词是来自蒙古语中的"勇士"（bagadur）。他的论
据来源于欧洲语言学家，这些语言学家将这个词的相关词源追溯到
所有曾被蒙古铁骑占领的国家："bahadir"（波斯语）、"behader"（突
厥语）、"bohater"（波兰语）、"bator"（马扎尔语）等。[85]

　　最后，斯塔索夫分析了文本中的民族学细节——他们的地名、
数字体系、风景与建筑、家庭用品和家具、服饰、游戏与风俗——
一切都表明英雄歌谣不是来自北方的俄罗斯林地，而是来自大草原。

---

*　然而，有一些历史证据可以支持斯塔索夫的理论。印度的民间故事肯定通过前往东南亚
　的移民流传开来，这些故事如今都广为人知；《罗摩衍那》至少从 13 世纪起就有了藏文
　译本。——原注

　　如果英雄歌谣真的起源于我们古老的祖国，那么不论后来的王公贵族与沙皇如何删改这些故事，其中一定还保留着我们俄罗斯土地的痕迹。因此我们在里面应该读到我们俄国的冬天、大雪以及冰湖，我们俄国的田野与草地；读到我们人民身上的农民特点；读到我们农民的小屋以及俄罗斯人常用的木制建筑和器具；俄国的火炉以及围绕它所体现的精神信仰；村庄合唱班的歌声和礼俗；读到我们敬拜祖先的仪式；读到我们对于美人鱼、小妖精、家庭精灵的笃信以及其他各式古罗斯的迷信。简而言之，应该有与我们农村生活息息相关的所有事物。然而这些在英雄歌谣中一个都没有。里面没有冬天，没有冰雪，似乎这些故事根本与俄罗斯无关，而是发生在亚洲或东方一些气候炎热的地方。英雄歌谣中也没有湖或者长满青苔的河岸。农业生活在其中不见踪影。没有木制小屋，也从来没有描写过农民的习俗。里面没有任何关于俄罗斯生活的内容——相反，我们在其中只看到干旱的亚洲草原。[86]

　　斯塔索夫关于英雄歌谣源于亚洲的理论激怒了斯拉夫主义者和民族主义者。他们指控他是在"毁谤俄罗斯"；将他的书批判为"民族耻辱的来源"，并说他的结论"不是一个俄罗斯的爱国者所为"。[87] 批判斯塔索夫的人针对的可不只是他"东方幻想"中所谓"我们的文化可能源自亚洲草原野蛮的游牧民族"的观点。[88] 这些人认为，斯塔索夫的理论对整个民族身份认同的基础提出了挑战。斯拉夫主义者的哲学基础正是建立在民族文化源自本土这个前提之上。他们对英雄歌谣投入巨大的精力，用了超过 30 年的时间到农村搜集记录这些故事，他们深信这是俄国民间文化最纯粹的表达。斯拉夫主义者坚称，萨德科和伊利亚·穆罗梅茨这样的故事是人民历史的神圣遗产，而英雄歌谣（bylina）这个词本身就印证了这一事实："bylina"是"存在"（byl）的过去式。[89]

　　斯拉夫主义者的一个坚固阵地就是民俗学和文学研究中的"神话流派"，它是从 19 世纪初欧洲浪漫主义运动中发展而来。对斯塔索夫最猛烈的批判就是来自这一流派，其支持者包括一批最为知名的民俗学者，例如布斯拉耶夫和阿法纳谢夫。神话学理论的支持者所假设的前提颇值得商榷，他们认为俄罗斯人民的古老信仰可以通过当代生活和艺术再现。在布斯拉耶夫看来，关于萨德科的歌曲是"我们人民诗歌中最好的活化石，它的纯粹性得以完整地保留，丝毫没有受到外来文化的影响"。伊利亚·穆罗梅茨是一个真正的古代民间英雄，"他以最纯粹的形式表现了人民大众的精神追求"。[90] 19 世纪 60 年代早期，英雄歌谣突然成为神话流派新的关键论据。因为帕维尔·雷布尼科夫称它为一种仍在不断演进的鲜活艺术形式。帕维尔·雷布尼科夫曾是一名公务员，因为参加革命团体被流放到圣彼得堡东北 200 公里奥洛涅茨（Olonets）的乡下。和许许多多被沙皇政府流放的俄国人一样，雷布尼科夫成为了一名民俗学者。他在奥洛涅茨的乡村采风，记录下 30 多名不同的英雄歌谣歌者，每一位都有自己版本的伊利亚·穆罗梅茨。1861 年至 1867 年，这些歌曲以四卷本的形式发行，引发关于俄罗斯民间文化特点及起源的激烈辩论，如果从屠格涅夫的《烟》（1867）来推断，这一辩论甚至波及了远在德国的俄人团体。突然之间，英雄歌谣的起源成为一个关于俄罗斯及其文化宿命的争辩战场。其中一方以斯塔索夫为代表，他认为俄罗斯乡村依然跳动着古亚洲的脉搏；另外一方的代表是斯拉夫主义者，他们认为英雄歌谣是俄国基督教文化几百年来未受侵扰的鲜活证据。

　　这就是里姆斯基-科萨科夫的歌剧《萨德科》背后创作理念的文化冲突背景。这部歌剧的酝酿过程是"强力五人组"集体创作传统的典型。早在 1867 年，斯塔索夫就给巴拉基列夫提供了最初的构想；巴拉基列夫告诉了穆索尔斯基；穆索尔斯基又把它交给里姆斯基-科萨科夫。里姆斯基对这部作品感兴趣的理由不难理解。和萨德科一样，里姆斯基曾是一名来自诺夫哥罗德的水手（准确地说，是一名前海军军官）和音乐家。而且，斯塔索夫 1894 年写信给他讲述自己对这部歌剧的构思时，说这个题材可以让里姆斯基探索他"艺术风格中所包含的强烈而神秘的俄国异教元素"。[91] 在标准版本的英雄歌谣中，萨德科是一名卑微的吟游艺人，弹着古斯里琴唱着歌，漂洋过海到陌生的土地为诺夫哥罗德寻找新的市场。没有一个有实力的商人愿意支持他，所以萨德科只好对着伊尔门湖放歌，后来海王的公主出现并向他示爱。两人一起来到海底世界，海王喜欢他的歌声，就把女儿许配给他。在他们的婚礼上，萨德科演奏的曲子让人开怀大舞，导致一场严重的暴风雨，淹没了所有来自诺夫哥罗德的船只。风暴平息之后，萨德科被冲到岸边，身旁有一渔网的金子做的鱼。他回到诺夫哥罗德，把自己的钱财分给那些被风暴摧毁了家园的商人，并资助了圣鲍里斯和圣格列布教堂。

　　对于斯塔索夫来说，英雄歌谣是宣传自己文化政见的最佳载体。萨德科在反抗诺夫哥罗德权贵时所表现出来的叛逆精神，象征着俄国音乐学校对现有音乐体制的反抗斗争。但更重要的是，正如斯塔索夫所期待的，这部歌剧有机会引起人们对于萨德科故事中东方元素的关注。正如斯塔索夫向里姆斯基-科萨科夫讲述这部歌剧的最初创意，萨德科身上充满了萨满教的魔力，这指明了它的亚洲渊源，尤其是《哈利梵萨》的故事。在斯塔索夫看来，俄国吟游艺人的形象是从亚洲萨满教演变而来的（许多当代学者也恰巧持有同样的观点）。[92] 吟游艺人和萨满教徒一样，穿着熊皮大衣，戴着面具，也和萨满教徒敲鼓一样，弹着自己的古斯里琴，像被附体一般又唱又跳，念着咒语召唤神灵。[93] 在《萨德科》剧本的初稿中，斯塔索夫用音乐来表现主人公往返水下世界的超验之旅，以此来强调萨满教

398

的这些神奇力量；而且，他向里姆斯基-科萨科夫强调，"你的音乐应该有引发海上风暴的神奇效果，而所有的船只都将被风暴击沉"。*
萨德科的超验之旅如同萨满教徒前往梦想世界，是一次"回归自己族类的精神之旅"，就像斯塔索夫给作曲家所规划的，剧中的主人公应该"像是从一场梦中归来"般回到诺夫哥罗德。[94]

斯塔索夫认为里姆斯基是创作这部歌剧的最佳人选当然是有原因的。里姆斯基过去就曾表现出对斯塔索夫东方版本的《萨德科》的兴趣。1867 年他曾创作过《萨德科》组曲，这部作品要感谢巴拉基列夫的《塔玛拉》，里姆斯基在自己的《回忆录》中也坦然承认了这一点（"当时还远未完成，但是巴拉基列夫已经给我演奏过一些片段，我对这些片段十分熟悉"）。[95] 萨德科的轮圈舞与《塔玛拉》的主题完全一致，和巴拉基列夫一样，里姆斯基也使用五音音阶来营造正宗的东方风格。但是，到了《萨德科》创作完成的时候，里姆斯基已经成为音乐学院的教授，那时他和许多守旧的教授一样，无心再用实验性的五声音阶和声和东方主题来设计情节了。另外，那时里姆斯基对英雄歌谣中的基督教主题更感兴趣。他越来越执迷于俄国的基督教理想——这一理想是他最后一部伟大歌剧《隐城基捷日和少女费维罗尼亚传奇》（1907）表达的主题。里姆斯基以他惯用的委婉方式拒绝了斯塔索夫所坚持的剧本设计（里姆斯基唯一对斯塔索夫让步的地方就是开场的一幕：《萨德科》的开场采用了庞大的交响乐团和合唱团，这在后来成为俄罗斯民族主义风格歌剧开场的标准配置）。音乐中完全没有交响组曲中的东方韵味——不同于过去作曲家常用带有"东方异域风情"的装饰音（里姆斯基用装饰音来表现超脱尘世的海洋王国）。在那些批判斯塔索夫的斯拉

399

---

* 按照 19 世纪伟大的神话学家 A. N. 阿法纳谢夫的观点，萨德科是古斯拉夫人异教信仰中的风暴之神。——原注

夫主义民俗学者的帮助下，里姆斯基将《萨德科》打造成一部"俄罗斯歌剧"，结尾处向人们传达了基督教的信息。在婚礼一幕的高潮时，海皇呼唤大海翻腾去"毁灭那些东正教徒"！但就在那时，一位俄罗斯朝圣者（在英雄歌谣中是莫扎伊斯克的圣尼古拉）出现，打破了海皇的魔咒，将萨德科送回诺夫哥罗德。海王的公主也奇迹般被变成沃尔科瓦河，成为诺夫哥罗德通往大海的出口。公主的消失象征着异教的灭亡以及基督教精神在俄国的胜利——圣鲍里斯和圣格列布教堂的建成正是这一精神的象征。

最终来看，在舞台上将萨德科作为联系俄国与亚洲草原的创作理念争议过大。毕竟萨德科是一个民族神话——就像《贝奥武甫》（有记载的最早一部英国文学作品）之于英国人和《卡勒瓦拉》之于芬兰人一样。这部歌剧唯一留下的亚洲痕迹就是斯塔索夫为其设计的乐谱封面。斯塔索夫使用了他认为明显发源于东方中世纪经书上的图案。中间的字母 D 被设计成了一个弹着古斯里琴的吟游艺人的形象。他的坐姿像个偶像或者东方的佛像。字母 S 下的玫瑰花饰则是来自伊斯法罕（伊朗第三大城市）宫殿入口的纹饰。[96] 这部歌剧的基督教意味在这一封面上被略微打了折扣。

第五节

1890 年 4 月，契诃夫离开莫斯科前往萨哈林岛，开始一段为期 3 个月的艰难跋涉。这座荒无人烟的贫瘠岛屿坐落在鄂霍次克海，距日本以北 800 公里，沙皇政府把一些最危险的罪犯送到这里服刑。 ₄₀₀这位作家刚刚成名不久，朋友几乎都不能理解他为什么要放弃一切来这么一趟痛苦的远行，尤其是考虑到他糟糕的健康状况。契诃夫自己告诉苏沃宁说，他"完全明白这次远行既不会给文学创作也不会给科学发现带来任何灵感"。[97] 但这位作家天性善于自嘲。不管 ₄₀₁是因为一段恋情的结束 *，还是为了寻找创作新作品的灵感，或者是因为他那得了肺结核刚刚去世的弟弟尼古拉，还是仅仅希望逃离自己病情所造成的压抑气氛，看来契诃夫迫切地想要离开，在自己死前完成一些"严肃的"成就。

旅行家和作家尼古拉·普热瓦利斯基是契诃夫的偶像之一，他在契诃夫很小的时候，就为识字的俄国人打开了通往中亚与西藏未

---

* 他与利迪亚·阿维洛娃（一个有夫之妇）的恋情。——原注

里姆斯基—科萨科夫为歌剧《萨德科》创作的乐谱。弗拉基米尔·斯塔索夫创作于 1897 年。
照片版权所有者：伦敦大英图书馆 [ref.G.1073.a]

知世界的阅读之门。在尼古拉·普热瓦利斯基死的时候，契诃夫为他写了一份悼词，悼词透露出作者当时的精神状态。一个尼古拉·普热瓦利斯基——

> 比十所学术机构和几百本好书都更有价值……在我们生活的病态年代里，欧洲社会满是好逸恶劳之风，我们就像需要太阳一样需要一位英雄。他们身体力行地证明了除了写一写无聊而微不足道的故事、无用的计划书和论文之外，还有人怀着明确的信仰写着令人赏心悦目的事物。[98]

契诃夫想要成为另外一个普热瓦利斯基——为人类作出一些显著的贡献，写出超越他现在那些"微不足道的故事"的伟大作品。在出行之前他阅读了大量的资料，从这座遥远岛屿的地理条件到岛上囚犯的安置情况，他曾戏称自己要被逼疯了：他成了"萨哈林岛狂"。[99]

从他的书信中推断，契诃夫最初的目的，是通过专注于治疗萨哈林岛上的囚犯"来补偿一下自己对医学所欠下的债"。"我后悔自己不是一个感情丰富的人，"他在给苏沃宁的信中写道，"不然我就可以说我们应该去像萨哈林岛这样的地方朝圣，就像土耳其人去麦加一样。我从读过的书中了解到，我们让几百万人在监狱中自生自灭，毫无缘由地消失，他们得不到任何照料，以最野蛮的方式消失了……我们每个人都是有罪的，但这些和我们都毫无关系，一点也引不起人的兴趣。"[100]

在萨哈林岛上待的 3 个月期间，契诃夫采访了几千名囚犯，每天工作 18 个小时，用他为自己研究所印制的卡片，记录了所有的访谈细节。那里的官员十分好奇他是如何这么轻易就取得了犯人的信任，这或许是他行医生涯中所练就的能力。他用朴素的纪实风格

402

写就了《萨哈林旅行记》（1893—1894），这部真实性无可置疑的权威之作。在这部作品的最后部分，契诃夫用一段令人难忘的章节描述了岛上男女犯人不时会遭遇的残酷殴打：

> 行刑员站在犯人身旁，鞭子落下去刚好横着抽在犯人身上。每打五下以后，他就慢步转到另一边去，让犯人喘息半分钟，普罗霍罗夫的头发粘在前额上，脖颈涨得老粗，五到十下鞭打之后，身上的鞭痕由红变紫，由紫变青。每下鞭打都在皮肤上留下一道血印。
>
> “大人！”透过嘶叫和哭泣可以听到，“大人，饶了我吧，大人！”
>
> 第二十到第三十下以后，他开始数落自己，断断续续地，既像醉汉，又像在说谵语：
>
> “我是倒霉的人，我没救了……我干了什么，要受这种苦啊？”
>
> 接着，他奇怪地伸长脖子，发出像是呕吐的声音……他已经语不成声，只是低声哼着、喘着。从开始施行，好像过去了整整一个世纪。但是看守却只喊到“四十二！四十三！”，离九十下还远着呢。* [101]

这段文字给俄国人留下了如此深刻的印象，以至于后来逐渐推动废弃了体罚——首先针对妇女（1897），后来是男性（1904）。这一废止体罚的运动由医学界的专业人士领导，而契诃夫也不断为其呼吁。[102]

除了是一部控诉沙皇政府刑罚体系影响深远的作品以外，

---

* 译文出自《萨哈林旅行记》，契诃夫著，刁绍华、姜长斌译，黑龙江人民出版社1980年版，第276页。——译注

《萨哈林旅行记》还是一部杰出的游记，书中对于西伯利亚草原风
景和野生动物的卓越描述至今无人企及：

> 　　我有生以来从没见过比叶尼塞河更壮美的河流，我这么说，　403
> 但不愿伤害好生气的伏尔加河的崇拜者。如果说伏尔加河是一
> 位盛装的淳朴而忧郁的美女，那么叶尼塞河则是强壮彪悍的小
> 伙子，不知把自己的青春和力量用到何处。在伏尔加河上，人
> 开始很勇敢，而最后却唱起叹息的歌来。它那光辉灿烂的金色
> 希望，被一种称作"俄罗斯感伤"的无力感所取代。而在叶尼
> 塞河，生活开始是叹息，最后却是我们在梦中也没有见过的勇
> 敢，起码我站在宽阔的叶尼塞河的岸上是这样想的。穿过叶尼
> 塞河不久，就看到了著名的针叶林带。一开始我真的是有点小
> 小的失望。路的两边分布着普通的松树、落叶松、云杉和桦树
> 林。这些树木树围均不达五倍臂长，没有树冠，看上去让人犯晕；
> 这些树甚至还没有莫斯科索科尔尼基公园的树多。我听说针叶
> 林带十分寂静，这里的植物也没有味道。这是我此前所期待的，
> 但是在我穿越针叶林带的整个旅程中，到处都是鸟叫虫鸣；在
> 阳光的烘烤下，空气中充满了浓重的松香，林间的空地和边缘
> 长满了五颜六色的野花，让人不只是饱了眼福。针叶林带的魅
> 力不在于参天巨树和墓地般的宁静，而在于它的神秘广阔，只
> 有鸟儿才知道哪里是它的尽头。[103]

　　当他在阿穆尔河上顺流而下，经过一个个40年前才建成的小
村庄时，他感觉自己"已经不再是在俄国，而是在巴塔哥尼亚或者
德克萨斯的某个地方；就算不提到极具风味、非俄国特色的风景，
我也觉得我们俄国人的生活方式对于阿穆尔河流域的居民来说都是
完全陌生的，这里的人们不理解普希金和果戈理，因此他们在这里

也是可有可无的，对他们来说我们的历史枯燥乏味，我们这些来自俄国欧洲部分的人就像是外国人"。[104] 俄国的囚犯也被这种异域感所震惊，以至于，用契诃夫的话说，这里试图逃跑的犯人主要是发自内心的对故土的渴望：

> 首先，流放犯急于从萨哈林脱身，是他对祖国仍存炙热的爱恋。只要听听苦役犯的谈话，就会知道，生活在祖国是多么大的幸福，多么大的快乐！谈着萨哈林，谈着这里的土地、人、树木、气候，谁都免不了带着轻蔑的嘲笑、反感和懊丧。在俄国，什么都是美好的，令人陶醉的。简直不能想象俄国还会有不幸的人，只要能够住在土拉省或者库尔斯克省，天天看见农舍，呼吸俄国的空气，就是至高无上的幸福了。上帝啊，让我们受穷、生病、又聋又哑、被人凌辱，但是让我们死在老家吧。*[105]

404

萨哈林岛的风景是如此强烈地呈现在我们眼前，好几次，契诃夫的文字就仿佛是浓妆重彩的颜料：

> 假如哪位风景画家有机会到萨哈林来，那么我建议他留心一下阿尔科伊河谷。这个地方除了环境优美而外，景物的色调也绚丽斑斓。用五色缤纷的地毯或者万花筒作比喻，虽然不免陈腐，但很难找出更恰当的字眼来。葱茏茂密的草丛中，有几棵高大的牛蒡，刚被雨水洗濯过，显得生意盎然。距离此处不过两三俄丈远的平野上，黑麦泛着翠绿。接着是一小块大麦地，而那边又有一棵牛蒡，后面是一小块燕麦地。在过去是一垄垄

---

* 《萨哈林旅行记》，第283页。——译注

的马铃薯，两棵没有长成的向日葵垂着头，最后是一块楔形的
麻田。漫山遍野，随处长着伞形科植物，好像一个个枝形烛台
傲倨于群芳之上。在这五颜六色的世界里，漫洒着罂粟花的玫
瑰色和鲜红色的斑点。路上走来几个妇女，头上顶着牛蒡的大
叶子挡雨，好像是绿色的甲虫。而周围群山环抱，这些山尽管
没有高加索山那么雄伟，但毕竟是山啊！　＊[106]

　　实际上确实有一位风景画家有意要跟契诃夫一起到萨哈林岛
去。艾萨克·列维坦是契诃夫的密友。作为同龄人，两个人在少年
时代就相识了——那时列维坦在艺术学校是契诃夫哥哥的同学。列
维坦出生于立陶宛一个贫困的犹太家庭，他在认识契诃夫兄弟时已
经是个孤儿，契诃夫兄弟把他当作自家人和好朋友。列维坦和契诃
夫有共同的兴趣爱好——打猎、钓鱼、玩女人、逛妓院——或许是
因为契诃夫对这个朋友过于知根知底，后来列维坦爱上他的妹妹玛
丽亚时，契诃夫告诉她不要嫁给列维坦。[107] 两个人关系十分亲密，
对于艺术也有十分相近的见解，他们不论在生活还是艺术上都有着
相当多的交集。列维坦以各种形式出现在契诃夫的作品中——或许
最著名的（也是给两个人关系带来最大伤害的）就是在《跳来跳去
的女人》中那个好色的艺术家里亚博夫斯基，他与一位跟自己学习
艺术的有夫之妇发展了一段地下情。《海鸥》中的许多场景——剧
作家特列普勒夫试图自杀以及杀死海鸥的情节——都是直接取材于
列维坦的真实生活。[108]

　　列维坦的风景画创作手法与契诃夫描写大自然的方式十分相
似。两个人对于破败泥泞的莫斯科郊外情有独钟，他们的作品都精
准地把握了那里忧郁的诗意气息。两个人彼此也十分欣赏对方。许

405

＊《萨哈林旅行记》，第86页。——译注

多列维坦的乡村画作都被契诃夫以文字的形式用在自己的作品中，而列维坦也认为《幸福》（1887）中的这一段落是风景画艺术"完美的巅峰" [109]：

　　　一群羊在草原上一条名叫"大路"的宽阔道路上过夜。看羊的是两个牧人。一个年纪已经八十上下，牙齿脱落，脸皮发颤，他伏在路旁，肚皮朝下，胳膊肘放在扑满尘土的车前草叶子上；另一个是年轻小伙子，生着浓密的黑眉毛，还没长出唇髭，身上的衣服是粗麻布做的，这种布通常是做廉价的麻袋用的。他躺在那儿，脸朝上，两只手枕在脑袋底下，眼睛向上仰望天空，银河正好横在他的脸上面，那有许多睡眼惺忪的星星。

　　　……

　　　那些羊睡着了。曙光已经开始布满东方的天空，在这灰白色的背景上，可以看到这儿那儿有些没有睡觉的羊的身影。它们站在那儿，低下头，在想什么心思。

　　　……

　　　昏沉、凝滞的空气里满是夏天草原夜晚必然会有的单调的闹声。蟊斯不停地唧唧叫，鹌鹑在歌唱。在离羊群一俄里远的小山沟里，流着小河和生着柳树的地方，有些幼小的夜莺在懒洋洋地打着呼哨。

　　　……

　　　天已经亮了。银河黯淡，渐渐像雪那样融化，失去了轮廓。天空变得朦胧而混浊，谁也看不清那里是万里无云呢，还是盖满了云，只有东方那一带明朗发光的鱼白色和这儿那儿残存的星星，才使人明白那是怎么回事。

　　　……

　　　太阳开始烘烤大地，预示溽暑会来得很久，谁也阻挡不

406

住，于是一切夜间活动和发出声音的活东西都沉入半睡半醒的状态了。*[110]

列维坦的艺术中契诃夫最欣赏的一点（同样也是列维坦欣赏契诃夫的地方）是他对自然世界在心灵上的呼应。列维坦的风景画激发人们沉思的情绪和情感，尽管他的大多数题材都是平凡的事物。从这一点来看，他确实是自己老师萨夫拉索夫的好学生，萨伏拉索夫的代表作《白嘴鸦归来》就完美刻画出最普通的乡间景色所蕴含的诗意。契诃夫在列维坦身上看到自己想要向读者传达的形象。在《三年》（1895）中，他如此描述列维坦的《幽静的去处》（1891），这幅画正是他想要达到的艺术效果：

> 在复活节周，拉普捷夫夫妇到绘画学校去看画展。
>
> ……
>
> 尤丽雅站在一幅不大的风景画面前，冷淡地瞧着它。前景是一条小河，河上搭着小木桥，河对面有一条小径，消失在深色的杂草丛中，四下是一片旷野。远处右边有一片小树林，树林旁边生着篝火，大概是夜间牧马人在看守马匹。远方是一抹晚霞。
>
> 尤丽雅想象她自己穿过小桥，然后走上那条小径，越走越远，四下里静悄悄的，带着睡意的长脚秧鸡不住地叫唤，远处火光摇曳不定。不知什么缘故，她忽然觉得，顺着那块红色天空铺开的云、那丛树林、那片旷野，她早就见过，而且见过很多次。她感到孤单，一心想顺着那条小径往前走，走啊走；那

---

* 译文出自《契诃夫小说全集》第六卷，汝龙译，上海译文出版社 2008 年版，第 191、196、199 页。——译注

边，燃着晚霞的地方，和平安宁，透出一种超脱人间的、永恒的
意味。*[111]

契诃夫了解莫奈和塞尚的作品，但是他仍然认为列维坦是那个
年代最伟大的风景画家。[112] 契诃夫一生都在后悔没有去买自己最
喜欢的列维坦的画作：《村庄》（1888）。他在 1904 年对一位记者说，
这只是"一个无趣、悲惨、被上帝遗弃的毫无生气的乡村，但是画
中却传达了一种让你目不转睛难以言喻的魅力；你只想对着这幅画
一看再看。终其一生也没有人能达到列维坦这样简洁而纯粹的境界，
我也不知道是否还有人能够达到如此成就"。[113]

1886 年，列维坦造访伏尔加草原数次。这标志着他进入全新的
史诗风格，完全不同于之前他所创作的莫斯科及周边题材的风景画，
早期创作中对待自然亲密且抒情的手法一扫而空。第一幅这种史诗
风格的油画作品是《伏尔加河上的夜晚》（1888），画中通过大面积
的天空来间接地表现大草原的一望无垠。当时，契诃夫也从一次伏
尔加大草原之旅中获得了灵感。他的成名作《草原》（1887）中处
理风景的手法与列维坦十分相似：

　　这当儿，旅客眼前展开一片平原，广漠无垠，被一道连绵
　　不断的冈峦切断。那些小山互相挤紧，争先恐后地探出头来，
　　合成一片高地，在道路右边伸展出去，直到地平线，消失在淡
　　紫色的远方。车子又往前走了走，却无论如何也看不清平原从
　　哪儿开的头，到哪儿为止……†[114]

*　译文出自《契诃夫小说全集》第九卷，汝龙译，上海译文出版社 2008 年版，第 258—259
　　页。——译注
†　译文出自《契诃夫小说全集》第七卷，汝龙译，上海译文出版社 2008 年版，第 106 页。
　　　　　　　　　　　　　　　　　　　　　　　　　　　　　　——译注

　　出于对草原共同的热情，两个人考虑一同前往西伯利亚，契诃夫前往萨哈林岛的计划也包括了列维坦。在契诃夫旅程的开始，列维坦是陪伴他前行的亲友中的一员。但是他并没有一直跟随契诃夫到西伯利亚，因为他考虑到自己不能让自己的情妇及其丈夫单独相处太久。契诃夫对列维坦十分恼火（或许这也是他创作那篇刻薄的讽刺作品《跳来跳去的女人》的原因，这篇作品使两人断绝关系三年之久）。契诃夫从西伯利亚写给妹妹的好几封信中都提到列维坦的行为是多么愚蠢，因为他错过了叶尼塞河以及贝加尔湖畔无名森林和山丘中的迷人风光："多么壮观的峡谷！多么险峻的山崖！" [115]

　　和契诃夫一样，列维坦也被西伯利亚作为服刑地的历史深深吸引。在他的《弗拉基米尔卡》（1892）中，他将风景画艺术与草原的社会历史结合起来。列维坦试图在绘画中达到契诃夫在《萨哈林旅行记》中所取得的成就。这幅画的灵感源于他和情人，年轻的艺术家索菲亚·库夫什尼科娃（就是契诃夫在《跳来跳去的女人》中所描写的那位）的一次狩猎。那时列维坦恰巧路过弗拉基米尔省波尔季诺附近一条著名的大路，不久前这位画家和契诃夫待在一起，契诃夫跟他说了自己的萨哈林之旅，或许正是此事影响了他看待这条道路的角度。[116] 库夫什尼科娃回忆说，"这片风景中孕育着令人惊奇的宁静"——

408

　　　　绵延而去的白色马路逐渐隐退，随着蓝色地平线尽头的林木消失。远远望去我们只能看到两个朝圣者……一切都宁静祥和。突然之间，列维坦想起这是一条怎样的道路。"停下，"他说道，"这就是弗拉基米尔卡，无数人在前往西伯利亚的漫长旅途中死在这条路上。"在这宁静的美丽风景之中，我们突然感到心头一种沉甸甸的强烈忧伤。[117]

看着这样的风景，就如列维坦所描绘的那样，一个人不可能不留意到这其中的荒凉感——那些离乡背井在这里受尽折磨的囚犯更增加了这样的感受。沃尔孔斯基曾在酷暑难耐的夏月里拖着沉重的铁链，花了 3 个月从弗拉基米尔卡走到西伯利亚。

契诃夫的《草原》也充满了这种痛苦的氛围。这里无垠的土地让人觉得无处可逃——它本身就是个大监牢。书中的草原是压抑和令人窒息的，没有声响和动静来打破这里的单调与乏味。时间在这里似乎停止了，眼前的风景从不改变，四个人搭乘一辆"破布盖着的马车"穿过草原。所有的一切都带着一种停滞和荒凉的感觉。甚至连远处一个女人的歌声听起来都是如此悲伤，"让空气中的氛围更加凝重和窒息"。[118]

与契诃夫一样，许多艺术家和作家对草原抱着矛盾的态度——它的美和它无尽的单调与荒凉。一方面，许多人从广阔的草原上获取了自豪感和创作的灵感。例如在瓦斯涅佐夫和弗鲁贝尔的史诗画作中，不朽的广阔草原衬托出俄国历史中传奇人物的英雄形象。瓦斯涅佐夫的画作《伊戈尔同波洛韦茨人激战之后》（1880）中，这一史诗场景完全是靠广阔无垠的草原表现的，因为画面中最吸引眼球的就是低垂的地平线。同样的，在他的作品《三勇士》（1898）中，真正的主角是画中的风景，而不是画名的传奇英雄。站在中间的勇士更增强了这一印象，他抬手齐眉，眺望远方。在这方面，弗鲁贝尔那幅著名的耕田者《米库拉·谢良尼诺维奇》（1896）采用了相似的手法——表情呆滞的农民形象因为同风景之间的关系被提高到了英雄般的高度。对于这些艺术家来说，是广阔的草原塑造了民族性格：俄国人就像一望无际的大草原一样具备"广阔与不羁"的性格。果戈理在他的《关于地理课的设想》一文中也表达了这一观点，这篇文章后来被收集在 1835 年出版的《散文选》中。他在小说《塔拉斯·布尔巴》中重申了这一观点，小说中的广袤草原被用来映射

409

哥萨克人开放宽广的胸襟。许多艺术家认为无垠的草原激励着人们去思考，给人信仰上的希望——这里一望无际的地平线逼着人们抬头仰望。[119] 契诃夫也同样幻想"像伊利亚这样迈着大步的巨人"仍然活着，如果他们还活着的话，"他们与草原的气质一定非常契合……他们过去肯定也是如此！"[120]

另一方面，单调乏味永无尽头的草原让许多诗人感到绝望。曼德尔施塔姆称其为"俄国如西瓜般的空虚"，而穆索尔斯基则形容它是"整个俄罗斯的沼泽"。[121] 在这样绝望的时刻，这些艺术家总认为是草原限制了人们的想象力和创造力。高尔基认为——

> 无垠的草原有着毒药般的奇异特性，能让人感到空虚，吸干一个人的欲望。农民只需要走出村庄，看一下空空如也的四周，很快就能感受到这种空虚已经侵入他的灵魂。人们在四周根本找不到有创造性的劳动成就。地主的庄园？这些数量少之又少，住着还都是仇视你的人。镇里又如何？那里太遥远也没多少文化生活。迂回的小路在无尽的草原之中，其间是那些被遗弃在这片荒芜的土地上、渺小、微不足道、在此服劳役的囚犯。冷漠感充斥着人们的内心，这种感觉杀死了他们的思考能力，让他们无法回忆过去，无法从经验中找到自己的创意。[122]

不过，因为生活在这片草原上而变得越来越麻木的，绝不仅仅是农民。贵族也是如此。乡下生活的孤独感，远离任何与自己来自同一社会阶层的邻居，缺乏刺激，冗长的一天里除了盯着窗外漫无尽头的草原，没有其他任何事可以做：你还会奇怪那些生活在草原上的贵族为什么会变得肥头大耳无精打采么？萨尔蒂科夫-谢德林在《戈洛夫廖夫一家》中对这种精神休眠有一段精彩的描写：

410

　　阿莲娜一天中的大部分时间都在打盹。她会坐在自己的躺椅上打盹，旁边的桌子上扔着平时玩的肮脏纸牌。在醒来时，她会先看着窗外，双眼空洞地盯着一望无垠的草原……四周全是田地，没有尽头的田地，地平线上连棵树也没有。但是，由于阿莲娜从小就几乎都是独自住在农村，这悲凉的景色并没有让她感到压抑；相反，甚至还在她的心里形成了一种反应，激起郁积在心底的感情火花。她生活在这片贫瘠无垠的田地上的好处是，一有机会她的眼睛就会到处打量。她会注视着退向远方的田野，看上去像是地平线上一个黑点的笼罩在雨中的村庄，村子里墓地中的白色教堂，从飘荡在草原上空云彩的空隙间射下的、仿佛给草原打上各色补丁的阳光，一个她之前从没见过的农民，这个农民在田垄间走来走去，但在她眼里好像是一动不动。她在注视这些事物的时候脑子里一片空白——或者说，她的思绪是如此繁乱，以至于无法长时间停留在某个事物上。她只是看啊看啊，直到一阵老年人的困意再次在她耳边响起，将田野、教堂、村庄和远处劳碌的农民蒙进一片迷雾之中。[123]

　　俄语中针对这种惰性有一个专门的词汇——奥勃洛莫夫习气（Oblomovshchina），这个词源自冈察洛夫在《奥勃洛莫夫》中塑造的一个终日躺在沙发上做白日梦的贵族形象。* 文学评论家尼古拉·杜勃罗留波夫在1859年这本书发行后首次使用这一词，此后它被公认为是俄罗斯的民族顽疾。其代表形象就是奥勃洛莫夫的睡袍。杜勃罗留波夫甚至宣称，"我们所有的奥勃洛莫夫最由衷的努力，就是穿着睡衣想努力让人对他有所回应"。[124] 冈察洛夫尤其仔细地指出，主人公的这件睡衣是来自亚洲。这是"一件真正的东方

---

* 尽管果戈理也曾在《死魂灵》第二卷中将这样的俄国人称为"躺在床上的人"。——原注

风格的睡衣，没有一点欧洲的痕迹，没有流苏，也没有天鹅绒衬料"，剪裁是真正的"亚洲风格"，袖子"从肩膀到手越来越宽"。[125] 奥勃洛莫夫的生活就像一个苏丹王，被仆人簇拥着，只要是能让别人代劳的，他绝对不会亲自动手，他成为代表俄罗斯"亚洲惰性"的文化丰碑。列宁在感到无法改造俄国的社会生活而沮丧万分时，使用了这一词汇。"奥勃洛莫夫还活在我们中间，"他在 1920 年写道，"我们还需要用很长的时间来洗净、清除、动摇并狠命地打掉他对我们的影响。"[126]

第六节

1874 年，位于圣彼得堡的国家内务部举办了一场盛大的瓦西里·韦列夏金作品展，他宏大的土耳其斯坦战役组画不久前刚刚在欧洲巡展中获得盛赞，载誉而归。大量的观众前来参观（展览目录在第一周就卖出了 3 万份），内务部人满为患，好几次人们为了能从更好的角度欣赏作品，甚至都打了起来。在韦列夏金的作品中，俄国大众第一次亲眼目睹了过去 10 年来沙皇军队在征服土耳其的过程中，俄罗斯帝国与土耳其之间的卓绝战争。对于俄军擒获浩罕、布哈拉和希瓦三国可汗，以及随后征服塔什干和直抵阿富汗及英属印度北部国境线的中亚干草原，俄国人民感到无比自豪。克里米亚战争的胜利，标志着俄国成为世界上令人瞩目的一个强权国家。但韦列夏金照片般的作品生动地向普通民众揭示了此前他们从未见过的残酷战争场面。至于哪一边更为"野蛮"——是俄国军队还是亚洲敌人——他的画作并没有明确交代。一位观众在报纸上总结说："这些画作狂野的能量中蕴含着一种奇妙的、让人深深畏惧的东西。我们看到一种不可能属于法国人甚至是巴尔干人的暴力：它是半野蛮人、半亚洲人的一种俄国式的暴力。"[127]

作者创作的动机并不是为了这种对比。韦列夏金职业生涯以一名随军画家起步，批判俄国军队并不是他的工作。他受俄土战争高级指挥官考夫曼将军之邀，作为一名调查员随军出征，亲自参战且表现突出（他是唯一一名获得过圣乔治勋章的俄国画家），之后弗拉基米尔大公（就是购买了列宾《伏尔加河上的纤夫》的那位）邀请他为其创作关于这场亚洲战争题材的作品。[128]但战场上的经历使他开始怀疑这项俄罗斯帝国在东方的"文明使命"。其中有一次，当俄国军队在一个土库曼村庄大肆杀戮之后，韦列夏金亲自为死者挖掘了墓坑。没有一位同伴愿意触碰这些死人。[129]韦列夏金意识到这场战争是毫无意义的杀戮。"必须强调的是，作战双方是向同一位上帝祈祷的，"他在为展览准备一幅画作的时候对自己的朋友斯塔索夫表示，"这也是我艺术中的悲剧内涵。"[130]观众可以清晰地从韦列夏金的画作中感受到他所传达的这一信息。他没有将亚洲的游牧民族刻画成野蛮人，而是视为不得不为保卫家园而作战的人类之一。斯塔索夫后来写道："观众看到了战争的两面性——军事征服与人类的苦难。他的画作首次对野蛮的帝国战争提出了大声抗议。"[131]

这在当时引起了巨大争议。自由主义者称赞艺术家反对一切战争的立场。*保守主义者批判他是"俄国的叛徒"，并发起了号召剥夺他圣乔治勋章的运动。[132]考夫曼看到这些画作时无比生气，当着其他军官的面对韦列夏金大喊大叫，还动手打了他。幕僚长批判 413 他的画作是"对帝国军队的毁谤"，并呼吁将它们销毁；但讽刺的是，沙皇却站在自由主义者这一边。同时，右翼媒体对皇家艺术学院授

---

* 甚至是威廉二世，这位最好战的德国皇帝，在1897年韦列夏金在柏林的展览上对他说："你的画作是防止战争最好的保证。"——原注

予韦列夏金教授职位出离愤怒（当这位艺术家拒绝这一职位时他们更加恼火）。反对者以种族主义的立场批判他这些"野蛮的艺术"，因为真正的俄国人不会把这些部落描绘成平等的人类。"这是一种冒犯，"《俄罗斯世界报》一位教授声称，"当你知道这些画作是出自一个自称为欧洲人的艺术家之手时！我们只能认为，当他画出这些画时，他就不再是一名俄国人了；他一定在精神上与这些亚洲野蛮人沆瀣一气。"[133]

他的反对者知道，韦列夏金是鞑靼人的后裔。他的祖母出生于一个土库曼部落。[134] 由于这一点，他感觉与中亚草原上的风景和部落人民十分亲近。他曾给斯塔索夫写信说："我坚持认为只有当我去了土耳其斯坦之后我才懂得绘画。即使我去西方学习，也没有我在那里所获得的自由更多。我住进了吉尔吉斯人的帐篷，而不是巴黎的阁楼；我所画的是真实的人，而不是收费的模特。"[135] 斯塔索夫认为，韦列夏金对中亚草原的感情"只有和东方人民生活在一起的俄国艺术家（而不是欧洲艺术家）才能感同身受"。[136]

被民族主义媒体的批判运动搞得心灰意冷的韦列夏金逃离了圣彼得堡，他收到许多死亡威胁，而当时那里的警察甚至拒绝为他提供保护。就在展览结束前夕他离开了俄国。韦列夏金首先前往印度，正如他给斯塔索夫信中所写的，他在那里感到"有一种东西将我与东方拉得更近"。然后他翻越了喜马拉雅山脉，在寄给朋友的素描中，他还指出了"藏族人的建筑与古俄罗斯之间的相似之处"。[137] 斯塔索夫被禁止在圣彼得堡的公共图书馆中展示这些素描（尽管他是当时的图书馆馆长）。[138] 在右翼媒体的压力之下，政府下达了一封逮捕这位流亡画家的通缉令，送到了蒙古边境。[139] 这一逮捕令正是从展览韦列夏金画作的同一所建筑（内务部）中发出。这些画作后来被特列季亚科夫买去（没有学院愿意接收这些画作）。韦列夏金被自己的祖国驱逐了20年，他在欧洲度过余生，他的作品也在那里取得了盛誉。但他一直渴望回到东方。1904 年他梦想成真，当时的海军上将马卡洛夫邀请他加入自己的舰队，参加对日作战。3 个月后他死在了彼得巴甫洛夫斯克 *，当时他乘坐的船只被炸弹击沉，所有船员全部牺牲。

在俄国知识阶层中，对中亚草原的军事征服有两种不同的反响。第一种是类似于帝国主义的态度，韦列夏金的画作所激怒的也正是这群人。他们对亚洲部落抱有一种种族优越感，同时也怀有恐惧，而在对日本作战时，这种恐惧被所谓的"黄祸"所取代。第二种反应也带有同样的帝国主义色彩，只不过他们认为俄国的文化故乡是在欧亚大陆的草原上，因此帝国的东方使命是完全正当的。他们向着亚洲前进，只不过是为了回到自己古老的家乡。这一理论最初是东方主义者格里高列耶夫于 1840 年提出。"谁比我们与亚洲的关系更近？"格里高列耶夫问道，"作为最后一支离开亚洲古老故乡的伟大欧洲人种，哪个欧洲民族比斯拉夫人保留了更多的亚洲元素？"正是"上帝的旨意召唤着俄罗斯人去重新夺回亚洲草原"；正因为"我们与亚洲地区的亲密关系"，这一过程会是一次和平的"与我们远古的兄弟的团聚"，而不是一次异族的征服。[140] 在中亚的多次战役中这一理论不断发展。作为考夫曼军队中的地理学家，文纽科夫上校声称，斯拉夫人要回到自己"史前的家园"，因为"我们的祖先在蒙古铁蹄征服草原之前，就已经生活在印度河和阿姆河流域"。文纽科夫认为中亚应该由俄国人来定居，应该鼓励俄国定居者与这些穆斯林部落通婚，以此再造曾经生活在欧亚大草原的图兰民族。俄国皇帝不会像那些欧洲国家，靠种族隔离来征服，而是会以符合俄罗斯人行为准则的"和平演进与同化"的方式扩张。[141]

---

* Petropavlovsk，位于太平洋边缘的阿瓦查湾海岸，是俄罗斯堪察加边疆区首府。——译注

关于俄国在亚洲有文化与历史渊源的说法，后来成为整个帝国的神话。19 世纪 90 年代建设跨西伯利亚铁路期间，出版业巨头，年轻的沙皇尼古拉二世的顾问乌赫托姆斯基公爵主张俄国应该扩张至整个亚洲大陆，因为俄国可以说是中国和印度的"老大哥"。"一直以来我们都属于亚洲，"乌赫托莫斯基告诉沙皇，"我们与它同命相连荣辱与共。我们不需要去征服什么。"[142]

受到俄国征服中亚的激励，陀思妥耶夫斯基也提出，俄国的命运并不像长久以来大家所认为的是取决于欧洲，而是亚洲。1881 年陀思妥耶夫斯基告诉《作家日记》的读者说：

> 俄国不仅仅属于欧洲，同时也属于亚洲……我们必须抛弃一种束缚我们的恐惧，就是害怕欧洲人会叫我们是亚洲野蛮人，说我们更像亚洲人而不是欧洲人……这种认为自己是纯粹的欧洲人而不是亚洲人（我们从未停止过成为后者）的错误观点……在过去两个世纪让我们付出了巨大的代价，我们不得不承担失去精神独立性的后果……让我们背离我们的欧洲之窗是一件痛苦的事；但这却关乎我们的命运……当我们带着全新的观点转向亚洲，在我们身上，可能会发生像是发现美洲新大陆时发生在欧洲的事情。实际上对于我们来说，亚洲就是我们还未曾发现的美洲大陆。随着我们朝亚洲靠拢，我们能够获得高涨的精神和力量……在欧洲我们是跟随者和奴隶，但在亚洲我们应该成为主人。在欧洲我们是鞑靼人，但在亚洲我们就可以成为欧洲人。我们的使命，我们在亚洲的文明使命会激励着我们继续前行；这个运动所需要的只是一个开始。[143]

这一段话是俄国人出于自我认同以及自己在西方身份地位的考虑，进而确定与东方之间关系的最好例证。陀思妥耶夫斯基并不真的认

为俄罗斯文化是一种亚洲文化，只是欧洲人这么认为。同样，他所
主张的俄国要向亚洲靠拢，并非是要让俄国成为一个亚洲国家：相
反，他们只有在亚洲才能找到重申自己欧洲身份的新的力量。和许
多俄国人一样，陀思妥耶夫斯基转向东方的根源在于他对在克里米
亚战争中，西方世界对俄国基督事业背叛的愤恨与不满，当时法国
与英国为了自己国家的利益，和奥斯曼帝国一起对抗俄军。在唯一   416
发表的一段诗歌里（从《论 1854 年欧洲事件》的诗性文字中，人
们可以看出来陀思妥耶夫斯基为什么要采用诗歌的形式），陀思妥
耶夫斯基将克里米亚战争描述成"俄国的基督被钉上了十字架"。
但是就像他在诗中警告西方读者那样，俄国会重新崛起，当那一天
到来时，她会将天佑的使命转向东方，并将全世界基督化。

> 你所不清楚的是她［俄国］的命运！
> 东方——是她的！千秋万代的子民
> 不知疲倦地向她举起双手……
> 古老东方重新复活
> 由俄国率领（按着上帝的命令），这已经越来越近。[144]

对于西方人对自己的排斥，俄国人最常见的反应就是对西方价
值观带有怨恨的蔑视。19 世纪时，"斯基泰人性情"——野蛮粗鲁、
偶像崇拜、极端、缺乏有教养的欧洲公民的自控与节制——一词进
入了文化词汇，代表着坚持自己"未开化"权利的俄国人的"亚洲性"。
这是普希金的诗句所表达的意思：

> 如今禁酒不合时宜，
> 我想要像个野蛮的斯基泰人那样喝酒。[145]

而赫尔岑在 1849 年写给蒲鲁东 * 的信中也有类似的表达：

> 但是先生你知道吗，你与一个野蛮人签了合同［当时他与
> 赫尔岑签约共同资助一家报纸］，一个积习难改、出身如此信念
> 更是如此的野蛮人……一个真正的斯基泰人，我很高兴看到这
> 个旧世界自我毁灭，对此我没有丝毫同情。[146]

　　"斯基泰诗人"——包括勃洛克、别雷和评论家伊凡诺夫·拉
佐姆尼克的松散作家团体这么称呼自己——欣然接受这种野蛮精
神，以此来表达对西方的蔑视。然而他们的诗作却充满欧洲先锋主
义风格。他们的名字取自古斯基泰人，这个隶属伊朗语支的游牧民
族于公元前 8 世纪离开中亚，并在此后 500 年间统治着黑海和里海
之间的大草原。19 世纪的俄国知识分子将斯基泰人视为东方斯拉夫
人的神秘祖先。19 世纪最后几十年，考古学家扎别林和维塞洛夫
斯基等带领考古队发掘了大量斯基泰人的墓地，这些墓地遍布俄国
南部、东南大草原、中亚和西伯利亚，希望可以借此确立斯基泰人
与古斯拉夫人之间的文化联系。艺术家廖里赫在其《春之祭》斯基
泰风格的设计声名鹊起之前，曾是一名受过系统训练的考古学家，
1897 年他与维塞洛夫斯基共同参与了克里米亚地区迈科普墓地的发
掘工作。当时发掘出来的金银财宝等文物，如今仍在圣彼得堡艾尔
米塔什博物馆展出。[147]

　　作为一名考古专业的学生，廖里赫曾被斯塔索夫关于俄国文化
的东方起源理论深深影响。1897 年，他计划创作一系列共 12 幅关
于 9 世纪俄罗斯建国题材的画作。这个系列最终只完成了一幅——

417

---

* 皮埃尔-约瑟夫·蒲鲁东（Pierre-Joseph Proudhon，1809—1865），法国著名革命理论家，
　无政府主义的奠基人。——译注

《信使：部落之争》(1897)，廖里赫将这幅画作当作自己美术学院
的毕业作品——但这也是他所计划执行的民族学项目的一个不错的
样本。廖里赫在给斯塔索夫的信里详细查对了早期斯拉夫人生活中
的每一个细节。人们对于早期斯拉夫人的生活所知不多。因此允许
从艺术的角度，由古斯基泰人和其他东方部落的考古发现中来推
测。在斯塔索夫写给廖里赫的信中，他说这一切的前提是假设"古
代东方即古代俄罗斯：两者是不可分割的"。[148] 在被问到关于窗
棂的设计时，斯塔索夫回复说，例如，在 11 世纪之前并没有关于
俄罗斯装饰的记录。他建议廖里赫参考古亚洲和近东的装饰纹理来
创作。[149]

　　这种依靠想象的特点也能在廖里赫关于俄国石器时代的绘画中
看到。廖里赫将史前斯基泰—罗斯理想化为一个人类与自然和谐共
处、艺术与生活合二为一的完美的精神王国。在他的论文《艺术的
乐趣》(1909) 中，他所描述的古斯拉夫人在春天祭祀中所使用的　　418
肉身祭就是《春之祭》的创作基础，廖里赫认为人类不可能通过民
族学的案例去了解史前俄罗斯人，而是只能通过艺术直觉和宗教信
仰。这也是他石器时代主题画作的精神内涵，例如《偶像》(1901)，
画中人物的抽象或者脸谱化形象可以说都是来自他这种神秘化的理
想。他为佳吉列夫和俄罗斯芭蕾舞团所做的设计也是如此。廖里赫
所塑造的亚洲形象的古斯基泰-罗斯，出现在他为《春之祭》所做
的舞台设计以及里姆斯基的歌剧《雪姑娘》中。在这种虚构的斯基
泰历史背景下，为这两部作品所做的设计结合了含有丰富民俗内容
的俄罗斯中世纪饰品纹饰（例如大量的珠宝或姑娘戴的鞑靼风格头
饰），以此展示早期斯拉夫人的半亚洲特质。不要忘了，在《春之祭》
首演后所引起的巨大争议中，廖里赫在服装道具设计中的亚洲元素
才是评论家最为震惊的事。[150]

　　斯基泰诗人沉迷于这个史前王国。在他们的想象中，斯基泰人

是早期俄罗斯人狂野的叛逆本质的象征。他们陶醉于原始农业俄国的精神本质（stikhiia），并使自己相信在即将到来的革命中——每个人都预感到这会紧随 1905 年革命发生——欧洲文明的重负会被一扫而光，取而代之的将是一个人类与自然、艺术与生活合而为一的全新文化。勃洛克著名的诗歌《斯基泰人》（1918）就是这一面对西方采取亚洲姿态的纲领性宣言：

> 你们——成千上万，我们——浩荡无边，
> 试一试，同我们拼杀对阵吧！
> 是的，我们是斯基泰人，是的，我们是亚洲人，
> 有一双斜视和贪婪的眼睛！

这并不是简单的意识形态上的排斥，将西方看作包围在身边的威胁，而是呼吁欧洲加入"野蛮游牧民族"革命，在东西方文化统一中获得自我的新生：否则它将面临被"多数人"击败的危险。勃洛克认为，几个世纪以来，俄国都保护着毫无感恩之心的欧洲免受亚洲部落的侵扰：

> 你们历史悠久，我们只有短暂的一瞬。
> 我们手中擎着护身之盾，
> 在两个彼此敌对的种族——蒙古与欧洲之间，
> 像奴隶一样百依百顺！

但如今轮到"旧世界"的欧洲在"斯芬克斯面前停下脚步了"：

> 俄罗斯是斯芬克斯。她流着黑血，
> 既欢乐，又惆怅，

> 她满怀着爱，也满怀着恨，时刻
> 把你凝望，凝望！……

俄罗斯仍保留着欧洲早已失去的东西——"像火一样燃烧的爱"——一种自我毁灭后获得新生的暴力。加入俄国革命，与东方和平交融以后，欧洲就能体验到一种精神上的重生。

> 到这里来吧，远离战争的恐怖
> 投入到我们和平的怀抱中！
> 趁为时不晚，把刀剑放回鞘里，
> 伙伴们，让我们成为弟兄！

但如果西方拒绝接受这种"俄罗斯的精神"，俄国将会放任亚洲部落攻击他们：

> 但我们——从此不再参加角逐，
> 我们也不再是护卫你们的盾。
> 我们要睁大细小的眼睛观看
> 殊死的搏斗将如何难解难分。
> 我们纹丝不动，当彪悍的匈奴人
> 在死尸的身上搜索银钱，
> 放火烧毁城市，把马群赶进教堂，
> 还把白人兄弟的肉体烹煎！……* [151]

　　勃洛克这种末世景象（以及俄国先锋主义中的许多其他元素）　420

---

* 《勃洛克　叶赛宁诗选》，郑体武、郑铮译，人民文学出版社 1998 年版，第 250—253 页。

　　　　　　　　　　　　　　　　　　　　　　　　　　——译注

的灵感来源于哲学家弗拉基米尔·索洛维约夫。他的诗歌《泛蒙主义》（1894）开篇朗朗上口的几句诗文被勃洛克用作《斯基泰人》的题词。这句话完美展示了勃洛克这代人面对东方时摇摆不定、夹杂着恐惧与迷恋的不安情绪：

> 泛蒙主义！尽管字眼儿粗俗，
> 但我听起来却非常悦耳。[152]

在他最后一篇重要论文《关于战争、进步和历史尽头的三次谈话》（1900）中，索洛维约夫描绘了一场在反基督大旗之下亚洲大规模入侵欧洲的场景。在索洛维约夫看来，"黄祸"是一种可怕的威胁。但对斯基泰人来说则代表着新生。混合了俄国的欧洲文化，亚洲草原的核心精神将与世界统一起来。

安德烈·别雷是索洛维约夫的另一位信徒。在1905年大革命期间，俄国对日作战的背景下，他笔下的彼得堡正在经受来自亚洲草原的狂风侵袭，这飓风几乎将要把这座城市吹到海里去。小说的故事情节建立在19世纪一场毁灭一切的大洪水上，这也是关于这座俄国首都文学传说创作的永恒主题。在建造时忽略了自然法则，整座城市树立在从大海中偷来的一块土地之上，这座彼得大帝建造的巨石之城似乎就是故意在招致自然的报复。普希金的《青铜骑士》也用了这一大洪水主题，他是许许多多利用这一主题创作的先驱者。弗拉基米尔·奥多耶夫斯基的小说《俄罗斯之夜》中，"死者的玩笑"故事＊也使用了这一主题。

＊　故事讲述了一个美丽的公主抛弃了自己年轻的爱人，嫁给一个中年官员。在一个风雨交加的秋夜，他们在圣彼得堡参加一场舞会时，公主突然晕了过去。在梦里她看到涅瓦河决堤，大水淹没了舞会大厅，飘进来一口棺材，棺材盖子自动打开，里面躺着的是她死去的爱人。宫殿的高墙分崩离析，圣彼得堡被冲入了海中。——原注

到了 19 世纪中期，大洪水的概念几乎与这座城市自我设想的命运融为一体，卡尔·布留洛夫著名的画作《庞贝的末日》（1833）其至也被看作对圣彼得堡的一个警告。*斯拉夫主义者如果戈理（他是布留洛夫的好友），认为这是上帝惩罚腐朽没落的西方的预言。"电闪雷鸣、大雨倾盆，淹没了这里的一切"，果戈理评论说，这似乎是提醒这座涅瓦河上的城市永远处于同样灾难的威胁之下。[153] 而赫尔岑这样的西化主义者也抱着类似的观点："庞贝就是彼得堡的缪斯！"[154] 随着 1917 年日益临近，这一洪水变成革命的风暴。每个人都意识到近在咫尺的大毁灭。所有的艺术形式都呈现了这一主题：从贝诺瓦的画作《青铜骑士》（1905—1918）——它似乎预言了即将从大海与天空的风暴之中爆发的大革命——到《春之祭》中的暴力（斯基泰人式的）节奏，再到勃洛克的诗歌：

我看到在整个俄国有一场迅速蔓延将要毁灭一切的大火。[155]

在别雷笔下，圣彼得堡是在野蛮的"东方"农民文化之上岌岌可危的西方文明。彼得大帝——以青铜骑士的面目出现——被塑造成反基督的、末日式的骑士，朝着时间的尽头狂奔，并把俄国和他一起带进漩涡之中。单薄的故事情节（一个学生在革命分子劝说下想要暗杀自己做高官的父亲）所围绕的炸弹就是这种迫在眉睫的大灾难的象征。

小说的中心主题就是分裂。城市为不同阶级、彼此冲突的人们所切割，两位主角，参政员阿波罗·阿波罗诺维奇·阿勃列乌霍夫和他的儿子，学生和革命分子尼古拉·阿波罗诺维奇，分别处在敌对的两个阵营。和俄国一样，阿勃列乌霍夫一家也是由分别来自

* 19 世纪的欧洲文学作品盛行现代城市被自然灾害毁灭的题材。——原注

亚洲和欧洲的不和谐元素构成。他们是随成吉思汗一起来到俄国的蒙古骑兵的后裔；尽管看似已经欧洲化，但身上的亚洲血统却依然深埋。尼古拉是个康德的信徒，但生活方式却是"完全蒙古式的"，因此"他的灵魂被撕成两半"。阿波罗是个典型的欧洲官僚，完全按照理性的条条框框思考问题，喜欢井然有序的城市生活。但他对亚洲草原有着深切的恐惧，他小时候曾经几乎在这里被冻死，常常幻听到蒙古骑兵从平原闯进来时轰隆隆的马蹄声。

422

　　他对广阔的空间心存恐惧。乡下的景色切实地吓到了他。在冰天雪地之外，在犬牙交错的森林线之外，冰风暴呼之欲出。由于一次愚蠢的事故，他差点冻死在那里。那已经是差不多50年前的事情了。当他快要被冻死的时候，一个人冰冷的手指使劲按压住他的胸口，猛力敲击他的心脏，一只冰冷的手带领他走出困境。在他职业生涯步步高升的过程中，这片广袤的原野一直在他眼前显现。他时常想起那只冰冷的手。那里是无法测度的广阔：俄罗斯帝国。

　　许多年来阿波罗·阿波罗诺维奇·阿勃列乌霍夫都把自己藏在城市高墙的后面，他厌恶无依无靠的乡村之间漫长的距离，厌恶小村庄里的袅袅炊烟，厌恶那里的寒鸦。只有一次他冒险搭乘高速列车横穿俄国：一次他因公从彼得堡到东京出差。阿波罗·阿波罗诺维奇从没和任何人聊过他在东京的经历。他曾对日本大臣说过："俄国是一片冰原。上面有狼群四处游荡！"大臣用他白白的手捻着自己精心打理过的白胡须，两眼看着他。然后大臣什么也没说，只是叹了口气。在他的公差即将完成时他本打算……

　　但是他死了。

　　阿波罗·阿波罗诺维奇是个彻底孤独的人。在他身后，时间无休止地延伸。在他眼前，那只冰冷的手在提醒他这种无休止的延伸。这无尽的旷野自己来到了他的面前。

噢，罗斯，罗斯！

是你安排了呼啸着穿过草原的大风、雪暴和大雪么？这位参议员似乎听见土丘后面有人在喊他的名字。但那里只有一群饥肠辘辘的野狼。[156]

这种对亚洲旷野的恐惧，在他那个革命家儿子的一个噩梦中达到了顶峰：

尼古拉·阿波罗诺维奇是一个堕落的怪物……他到了中国，阿波罗·阿波罗诺维奇成了中国皇帝，命令他屠杀成千上万的人（他也是这么做的）。成千上万的帖木儿骑兵涌入罗斯。尼古拉·阿波罗诺维奇骑着一匹来自草原的战马疾驰而来。后来他化身为一个俄罗斯贵族。他露出本来面目：在那里他杀掉了成千上万的人。现在他想向他父亲扔一颗炸弹。但他的父亲是农神赛特恩。时间经历了一个轮回，赛特恩的王国重新降临。[157]

这些草原铁蹄的轰鸣预示着即将到来的 1917 年大革命。因为对于欧化的俄国人来说，这充满破坏力的革命是一种亚洲的力量。

在那些逃离苏维埃、流散四方的流亡者中，有一群被称为欧亚主义者的知识分子。20 世纪 20 年代，斯特拉文斯基属于他们巴黎圈子的核心；他的朋友，哲学家列夫·卡尔沙文和出色的音乐评论家皮埃尔·索夫琴斯基（卡尔沙文的女婿）是这个群体的重要成员。但是在所有的流亡者群体中，欧亚主义都是一种主流的文化趋势。许多最著名的俄国流亡者，包括哲学家 N. S. 特鲁别茨柯依、宗教思想家乔治·弗洛罗夫斯基神父、历史学家乔治·范伦斯基和语言学理论家罗曼·雅各布森，都是这一群体的成员。信奉欧亚主义成为流亡团体中的一种普遍现象，它植根于1917年到1921年间俄国被西方背叛的情感之中。它的绝大多数贵族信徒指责西方在大革命与内战中没有击败布尔什维克政权，从而使俄罗斯作为一个欧洲政权垮台，并导致他们被迫逃离自己的祖国。出于对西方的幻灭，但又没有完全放弃自己在未来俄国的种种可能与希望，他们将自己的故土重新塑造成一种亚洲大草原上独特的（"图兰"）文化。

　　这一运动的奠基宣言是《东方出埃及记》，一本于1921年在索菲亚（保加利亚首都）出版的论文集，书中欧亚主义者预言了西方的毁灭，以及在俄国与欧亚的领导下一种新的文明的崛起。本书中最重要的论文的作者，特鲁别茨柯依主张说，从根源上来看，俄国隶属亚洲草原文化。影响和塑造了俄国政治和精英文化的拜占庭及欧洲文化，对俄国底层的民间文化几乎毫无影响，她的民间文化主要是从与东方的接触中发展而来的。几个世纪以来，俄国人与芬兰-乌戈尔族部落、蒙古人和其他来自草原的游牧民族自由融合。他们同化了许多游牧民族的语言、音乐、习俗和信仰中的元素，因此这些亚洲文化在俄国的历史进化过程中也被吸收进去。

　　特鲁别茨柯依引用了俄国的地质条件，欧亚主义理念的诞生与此有着很深的渊源。19世纪最后几十年里，地理学家弗拉基米尔·拉曼斯基发现乌拉尔山脉两侧的土壤结构是完全一样的：曾经有一片广阔的草原从俄罗斯西边的国界一直延伸到太平洋。在拉曼斯基的基础上，欧亚主义的地理学者萨维斯基发现，整个欧亚大陆在生物地理学的层面上是一块完整的大陆。这块大陆由一系列在纬度上平行、彩虹般的版块构成——完全不受乌拉尔山脉的影响——从匈牙利平原横贯至蒙古。萨维斯基将这些版块分为四类——北部冻土、林地、草原和最南边的沙漠。这种地理构造并没有什么特别之处，

424

但却为更加大胆、关于东方文化对俄国民间文化影响的理论提供了"科学"的依据。

在他名为《论上层与下层俄国文化》（1921）的论文中，特鲁别茨柯依试图证明亚洲文化对俄国音乐、舞蹈以及心理学的影响。他提出俄国的民间音乐本质上是从五音音阶发展而来的——这一论点基于他对最朴素的农民歌曲的观察。民间舞蹈也一样，用特鲁别茨柯依的观点来说，它与东方舞蹈也有许多共同之处，尤其是高加索地区。和西方成双成对的传统不同，俄国的舞蹈是走直线或者是圆圈。它有节奏的动作是靠手臂肩膀与腿和脚同时完成的。男性的舞蹈对于技能要求极高，以哥萨克族舞蹈为例，需要有脚跟触碰手指与高跳的动作。而西方传统舞蹈中完全没有这样的动作——只有西班牙的舞蹈是个例外（特鲁别茨柯依将其归因于摩尔人的影响）。女性舞蹈中也展现出了东方特色，就是保持头部平稳的重要性以及身体其他部位玩偶般的动作。这些文化形式在特鲁别茨柯依看来，是俄罗斯所表现出来的典型东方式对严谨规则的偏好。这种"东方心理"，从俄国人对冥思的爱好、对他们宿命论的生活态度、对抽象对称以及宇宙法则的热爱、对宗教礼仪的重视以及他们的"蛮勇"（udal）上就可以看出。根据特鲁别茨柯依的观点，俄国人的这些精神特质在东欧的斯拉夫人身上找不到，在他看来，这意味着这些特点应该是来自亚洲，而不是拜占庭。这种"图兰人心理"已经深入俄国人的潜意识，在俄国的民族性格中留下了不可磨灭的烙印。甚至俄国东正教，尽管表面上看是来自拜占庭，"实际上在心理架构上却是亚洲式的"，已经达到了"礼仪、生活与艺术的全方位的统一"。对特鲁别茨柯依来说，这种统一揭示了政府在俄国的半宗教地位以及俄国人随时随地对政府的服从。教会、政府和民族完全是不可分割的。[158]

几乎没有什么民族学的证据来支持这样的论点。这些只不过是出于诡辩和对于西方仇恨的产物罢了。从这方面来说，陀思妥耶夫斯基最早提出所谓俄罗斯帝国的命运在亚洲（在那里，俄国人可以被当成"欧洲人"）而不是欧洲（在那里俄国人只是"跟随者"）的说法与这些欧亚主义者如出一辙。但由于其引起的强大共鸣，欧亚主义者的理论在 20 世纪 20 年代对俄国流亡者产生了重大的文化影响，当时他们正为自己的国家从欧洲地图中消失而感到悲伤，从而想要从欧亚大陆重新找到希望。斯特拉文斯基也是其中一员，他曾被欧亚主义者的神秘主义观点深深影响，尤其是俄国人集体主义的自然倾向，这正是《婚礼》这一类缺乏个人表达并努力想要表现稀有的、中性的声音的音乐作品所试图反映的观点。[159] 根据索夫琴斯基的观点，带有律动的静止状态（nepodvizhnost）是斯特拉文斯基《婚礼》和《春之祭》音乐最重要的特点，而这一特点则是"图兰人"的风格。和东方的音乐传统一样，斯特拉文斯基的音乐主要是靠一种律动类型的不断重复加上旋律的变调来发展，而不是西方传统中的音乐创作思路。正是这种带有律动的静止状态造就了斯特拉文斯基"图兰式"音乐中的爆炸性能量。康定斯基试图用几何图形和线条来表现同样的能量，这也成为他抽象艺术的标志性风格。

第七节

在谈到科米人对他抽象艺术发展的影响时，康定斯基回忆道：
"在他们原始的栖息地，我人生中第一次遇到真正令人赞叹的事物，
这些事物成了我后来所有作品的核心元素。"[160]

"原始"与现代抽象艺术之间的关联并非俄国先锋艺术所特有。
在整个西方世界，艺术家们都痴迷于遥远的殖民地，那里原始部落
的生活和艺术，他们的史前文化，甚至农民和孩子无修饰的表达方
式都是他们的创作灵感，这些艺术家风格不一，包括高更、毕加索、
基希纳（Ernst Kirchner）、保罗·克利、诺尔德（Emil Nolde）和
弗兰茨·马尔克（Franz Marc）。当西方的艺术家还要远赴马提尼
克岛采风，从那里寻找"原始野性"的灵感时，俄国艺术家只需要
到自己的后院看看就行。这使他们的艺术有一种特别的新鲜感和重
要价值。

俄国原始主义艺术家（马列维奇、康定斯基、夏戈尔、冈察
洛娃、拉里奥诺夫和布尔柳克）从俄国农民艺术以及亚洲草原的部
落文化中汲取灵感。他们将这种"蒙昧主义"视为俄国摆脱欧洲的

压制以及陈腐的艺术教条的途径。拉里奥诺夫宣称："我们反对西方，我们反对死气沉沉的艺术团体。"[161] 这些先锋艺术家围绕在拉里奥诺夫和他妻子冈察洛娃周围，将俄国民间和东方艺术视为世界的新希望。冈察洛娃谈到"农民的审美"更接近东方的象征主义艺术形式，而不是西方的具象主义表现传统。她将这种象征主义映射在丰碑般的农民身上——她甚至赋予了这些农民亚洲形象——例如在《割草者》（1910）这样的作品中。所有这些艺术家都把亚洲当作俄国文化身份的一部分。"新原始主义是一种意义深远的民族现象，"画家舍甫琴科写道，"俄国与东方自鞑靼人入侵开始就形成了不可分割的关系，鞑靼人与东方的精神已经深深植根于我们的生活之中，很多时候我们根本无法区分我们的民族特色在哪里终了，东方的影响从哪里开始……是的，我们是亚洲人，我们以此为荣。"舍甫琴科认真细致地探讨了俄国艺术的东方渊源。将俄国民间艺术与印度—波斯艺术对比之后，他宣称，人们"可以看到两者共同的根源"。[162]

427

康定斯基本人非常热爱波斯艺术，并将其对简洁与真实的追求比作"我们俄罗斯最古老的圣像"。[163] 在第一次世界大战之前，康定斯基住在德国慕尼黑，在那里他和弗兰茨·马尔克合作担任《蓝骑士》年鉴的编辑。除了发表欧洲顶尖艺术家的作品之外，《蓝骑士》还制作了农民艺术、儿童绘画、民间印画与圣像、部落面具与图腾等所有反应自然表达与生命力的主题，康定斯基把这些看作他创作哲学的核心。和斯基泰人一样，此时康定斯基也在寻求东方原始文化与西方的融合。他将俄国看作应许之地（并在1917年后回归俄国）。这种对东西融合的追求是康定斯基早期（也称作"俄国风格"时期）作品的核心主题（那时的作品依然是写实风格，而不是后来的抽象风格）。实际上这些作品混杂了基督教、异教与来自科米地区萨满教的各种形象。例如在《多彩多姿的生活》（1907）中，画

面的背景明显设置在科米首府乌斯特—瑟索尔斯科，那里是瑟索拉
河和维切格达河的交汇处（画面右上角有一处小的木质建筑，处在
山顶修道院的下方，这证实了这一地点：科米人使用这些建在木桩
上的小屋当作小仓库）。表面上看这是一幅俄国的基督教场景。但
正如康定斯基为这幅画所取的名字《多彩多姿的生活》所暗示的，
在表面现象之下隐藏着不同信仰之间的冲突。画面正中间树权上的
红色松鼠和右边与之相呼应的教堂金色屋顶，象征着森林中的神灵，
科米人会用松鼠当作贡品祭祀这些神灵。画面前方的老者看起来像
是一个朝圣的基督徒，但他带有的超自然色彩的胡须（黄绿色）或
许也意味着他是一名巫师，他的手杖与右侧身边演奏乐器（看起来   428
像是笛子）的同伴则暗示着萨满教的传说。[164]

　　康定斯基早期的几幅作品讲述了彼尔姆的斯特凡与科米萨满教
徒帕姆（Pam）在维切格达河畔对峙的故事。传说中，帕姆带领科
米人抵制 14 世纪的俄国传教士。在维切格达河畔一次公开辩论中，
帕姆为萨满教辩护的依据是他们比基督教徒更善于猎杀黑熊和其他
森林中的野兽。但斯特凡却要求帕姆接受"神火与神水的考验"，
帕姆需要穿过一间燃烧的房子，并跳入冰冷的河水之中。萨满教
徒被迫承认失败。在康定斯基关于这个传说的画作《全圣日 II》
（1911）中，帕姆乘坐一条小船逃过一劫。他戴着尖尖的"巫师帽"，
一条美人鱼在他的船边游着，另外一条美人鱼则坐在右边的石头上。
石头上站着两个圣徒，他俩也戴着巫师帽，但是头上却有光圈，象
征着基督教与异教传统的融合。左边圣以利亚在暴风中乘坐着三驾
马车——风暴来自天上一根正在吹奏的笛子——这参考了芬兰—乌
戈尔人所信奉的"雷神"，俄罗斯民间信仰中以利亚就是雷神的化
身。画面的右下角，圣西蒙站在一根柱子上。这也是个组合形象，
包含了铁匠西蒙（在俄国农民传说"七个西蒙"中他建造了一根铁
柱来丈量世界）和高柱修士圣西蒙（他一生都在一根柱子的顶端冥

修，最后成为所有铁匠的守护神）。最后，画面前端的人物，坐在马背上双臂张开的世界守护者，在这里，他也拥有双重身份：一个骑马奔向灵异世界的萨满教徒，以及圣乔治*。[165] 这一形象在康定斯基的作品中不停地出现，从他 1910 年创作的第一幅抽象风格油画《构成 2 号》，到他人生的最后一部作品，1944 年的《适当的活力》，都有这个形象。这个人物象征着康定斯基萨满教一面的第二自我（alter ego）——把艺术当作充满魔力的工具，来唤醒更高的属灵世界。

　　萨满教的圆鼓是康定斯基艺术创作的另一主题。康定斯基所画的抽象图形中占据主导地位的圆圈和线条象征着萨满教的鼓和鼓棒。他的许多作品，例如《椭圆 2 号》，本身就像是一面鼓。画中的象形文字是康定斯基自己的发明，以此来模仿他在西伯利亚看到的萨满教徒所用的鼓上的符号：一条钩形的弧线和直线象征马，圆圈象征太阳和月亮，喙和眼睛象征鸟，而许多萨满教徒在跳舞时会佩戴鸟形的装饰。[166] 钩形的弧线和直线也有着双重意义。它象征着在降神会上萨满教徒骑着通向神灵世界的马头杖。布里亚特的萨满教徒在跳舞时会敲打自己的棍子（他们称之为"马"）：棍子的一端像是马头，而另一端的形状则像是马蹄。在芬兰—乌戈尔人的部落里，萨满教的鼓本身就被称作"马"，还给它配上了缰绳，而鼓棒则被当作是"马鞭"。[167]

　　在东欧，竹马玩具有着超自然的起源，这与其在西方育儿功用上的温和形象并不相符。匈牙利人的"taltos"，或叫巫师，就骑着一匹芦苇马神速前进——双腿间夹着一根芦苇——这后来也成了农民制作玩具的模型。在芬兰史诗《卡勒瓦拉》中，主人公维纳莫宁

---

* Saint George（275/281—303），罗马帝国骑兵军官，英格兰的守护圣者，常以骑马屠龙的形象出现。——译注

就是骑着一匹稻草公马去往北方——后来世世代代的芬兰小孩都会模仿这一造型。在俄国，马由于被当作这个国家亚洲血统的象征而有着特殊的文化地位——从哈札尔人到蒙古人，亚洲草原游牧骑兵前仆后继的入侵浪潮塑造了俄国的历史进程。马成为象征着俄国命运、充满诗意的伟大隐喻。普希金的《青铜骑士》就是这样开篇的：

> 你将向哪里疾驰，骄傲的战马，
> 你那突击的马蹄将在何处歇脚？ [168]

对于后来加入象征主义圈子的康定斯基来说，马是俄国欧洲文明赖以建立的亚洲草原的象征。马是象征主义画家作品中永恒的主题（最著名的应该是彼得罗夫-沃特金的《沐浴的赤兔马》），它还是斯基泰人诗歌中的主角，从勃洛克的《草原的母马》到勃留索夫的《白骑士》。蒙古铁骑越来越近的马蹄声则一直在别雷的《彼得堡》中回响。如果要强加给那些一无所知的孩子所玩耍的竹马一些"阴暗面"，无疑是非常荒唐的。但是很久以前俄国人就已经知道，竹马象征"在草原上骑着战马疾驰"。他们感觉脚下有来自亚洲草原轰隆隆的马蹄声。

第七章

透过苏维埃看俄罗斯

喷泉宫中的阿赫玛托娃。版权所有者：圣彼得堡喷泉宫内的安娜·阿赫玛托娃博物馆。

第一节

阿赫玛托娃来到舍列梅捷夫家族的故居喷泉宫。1918 年，她搬到这里来与第二任丈夫弗拉基米尔·希列伊科同住。这座建筑还保持着当年的样子。过去 4 年，在这场将彼得堡变成彼得格勒[*]的战争和革命中，这里是保护这个家族免遭战火的避难所。但是正如这座城市（已经不再是首都），这座宫殿也盛景不再。它的最后一任主人谢尔盖伯爵，是普拉斯科维娅和尼古拉·彼得罗维奇的孙子，正是他将这座房子作为家族博物馆保留了下来。他自己写过几本关于舍列梅捷夫家族历史的书籍。在 1917 年的二月革命期间，群众涌入这座建筑，要求提供武器来帮助他们对抗最后一批忠于沙皇的军队。伯爵打开了这座宫殿的创立者，陆军元帅鲍里斯·舍列梅捷夫的收藏间，交出了一些来自 16 世纪的鹤嘴锄和战斧。[1] 为了让自己的家免遭侵袭，他将宫殿交了公，并在携全家

---

[*] 在第一次世界大战爆发之后，为了安抚民众的爱国情绪，听起来有德国味的"圣彼得堡"被更名为更斯拉夫化的"彼得格勒"。它的这个新名字一直用到 1924 年列宁去世，之后再次更名为列宁格勒。——原注

流亡国外之前与新建立的苏维埃政权签署协议，要求保留这座建筑做博物馆。舍列梅捷夫家的老仆人们留了下来。同时一位聪明年轻、研究中东的考古学家，希列伊科也在房子的北翼有了一间房间，他曾是末代伯爵孙子们的家庭教师，也是该家族的密友。阿赫玛托娃在一战前就已经认识希列伊科了，当时他是她在"流浪狗俱乐部"的波西米亚小圈子里认识的一个小诗人，曼德尔施塔姆和她的前夫，诗人尼古拉·古米廖夫也在其中。喷泉宫不仅是她与希列伊科之间发生关系，也是将她的心向他拉近的地方。舍列梅捷夫家族的格言——"上帝善存一切"（Deus conservat omnia）镌刻在喷泉宫的家族盾徽上，她将在这里度过接下来的 30 多年，而这句话也成为她生活与艺术的救赎指导。

435

　　尽管在搬入这座前舍列梅捷夫家族居所时，阿赫玛托娃只有 29 岁，但这里就像她的新家，她来自一个已经消失的世界。她生于 1889 年，在皇村上学。和普希金一样，她在这里吸收了法国诗歌的精髓。1911 年她搬到巴黎，与画家阿梅代奥·莫迪利亚尼成为好朋友。他为她画了许多肖像，其中一幅在 1952 年之前一直挂在喷泉宫她的房间里。她的早期诗作受到象征主义的影响。但是在 1913 年，她与古米廖夫和曼德尔施塔姆一同加入了一个新的文学团体阿克梅派（Acmeists）。他们拒斥象征主义的神秘主义倾向，重返诗歌的经典创作准则：明晰、简洁，以及对情绪体验的精确表达。她收入《黄昏》（1912）中的情诗为她赢得了很多喝彩，随后的《念珠》（1914）也是。她简单易懂的韵律风格使其很容易让人记住，而她的女性笔触与敏感在当时的俄国还属于新事物，这使她的诗歌非常流行，尤其在女性读者中间。很多女人曾模仿阿赫玛托娃的早期风格——她在多年后对此颇为厌弃。在《颂歌》（1958）中她写道：

　　　　我教会了女人如何说话……

但是主啊，要怎样才能让她们停下来呢？[2]

在第一次世界大战前夕，阿赫玛托娃正处于成功的巅峰。她身材高挑，面容姣好，身边总是围绕一群朋友、情人和仰慕者。那些年，她的生活中满是自由、欢悦和波西米亚精神。她与曼德尔施塔姆会让对方放声大笑，以至于"都陷到了睡椅中，不断传出弹簧的歌唱"。[3] 然后，随着战争的爆发，在一瞬间，"我们衰老了一百年"。她在《记 1914 年 7 月 19 日》（1916）中这样写道：

> 我们衰老了一百年，
> 这事发生在一瞬间；
> 短短的夏季已经结束，
> 耕后的平原升起硝烟。

> 沉寂的大道顿时声色杂乱
> 哭声阵阵像银器响彻云天……
> 我祈求上苍，捂住了脸，
> 让我死在第一仗之前。

> 歌声倩影从记忆中消逝
> 从此摆脱了多余的负担
> 上苍命令它把空白记忆变成可怕的书，
> 把雷雨的信息写在上边。* [4]

---

* 译文出自《爱：阿赫马托娃诗选》，乌兰汗译，外国文学出版社 1991 年版，第 57 页。
                                                                      ——译注

在恐怖的第一次世界大战与俄国革命之后，阿赫玛托娃诗歌那种私密、抒情的风格看起来就像来自另一个世界。它已经过时了，似乎来自另一个世纪。

二月革命扫除的不仅仅是俄国君主制，更是一整个文明。亚历山大·克伦斯基等自由主义者和温和社会主义者建立了临时政府，在第一次世界大战结束前一直领导着国家，之后选举产生了立宪会议。他们都假定革命能够被限制在政治领域之内。但几乎在一夜之间，所有的权力机构及权威都土崩瓦解——教会、法律、领地上的乡绅、军队里的军官、下对上的尊重和服从——全国唯一真正的权力都转移到地方工农兵革命委员会（也就是苏维埃）的手中。正是以它的名义，列宁领导的布尔什维克，在 1917 年 10 月夺取了政权，建立了自己的无产阶级专政。他们通过结束战争、割地赔款并与德国达成和议来巩固政权。《布列斯特-立陶夫斯克条约》于 1918 年 3 月签署，波兰、波罗的海地区和乌克兰大部在德国保护下取得名义上的独立，俄国于是损失了帝制时代三分之一的耕地和超过一半的工业基地。作为一个欧洲国家，苏维埃俄国的力量被削减到仅与 17 世纪俄罗斯相当的程度。利用沙皇军队的残部，布尔什维克建起了红军，在 1918—1921 年的内战中与白军（保皇党、民主派和反对苏维埃政权的社会主义者的大杂烩）和支持白军的外国干涉军（来自英国、法国、日本、美国和其他 10 多个欧洲国家）作战。

437

人们通常认为这是一场反对一切特权的战争，但是要论俄国革命实际上的意识形态，马克思的作用——半文盲的大众对他的著作所知甚少——要远小于平等主义的习俗和农民对乌托邦的呼唤。早在马克思写下这些理念之前，俄罗斯人民的生活就贯穿着它们：多余的财富是不道德的，所有财产都是偷窃得来，以及体力劳动是价值唯一真正的来源。在俄国农民的头脑中有着基督教尚贫的美德观念，而布尔什维克给自己的报纸起名为"贫农报"正是机智地利用

了这个事实。这种对真理（pravda），对真相与正义的追求，赋予
了这场革命在大众认知中半宗教的地位：对私有财产的宣战是通往
地上天国的炼狱之路。

通过给这场革命披上制度形式的外衣，布尔什维克得以调动广
大贫民身上极为强大的革命力量。这些贫民是很乐于看到富人和强
者被毁灭的，不管这是否会让他们自己的生活得到显著改善。他们
允许赤卫军和其他自封的武装工人团体劫掠"富人"的住所、没收
其财产。他们把有闲阶级驱赶去做诸如扫雪和扫垃圾这样的工作。
阿赫玛托娃被迫清理喷泉宫周围的街道。[5] 房屋委员会（一般由前
守门人和家仆组成）接到命令，将城里的穷人迁入之前特权精英的
住所中。喷泉宫等宫殿被分隔成了公寓单元。在夺取政权后不久，
布尔什维克就发起了一场群众运动，鼓励工人和农民向革命法院和
当地的契卡（Cheka），也就是政治警察告发自己的邻居。几乎任何
事情都能被认为是"反革命"——隐藏财产、上工迟到、醉酒或流
氓行为，于是监狱不久便人满为患。大多数在布尔什维克政权早期
被契卡逮捕的人都是被邻居告发，而且经常是公报私仇。在群众运
动的气氛中，没有任何私人空间不被触及。人们生活在不断的审查
中，一直被房屋委员会监视，还要随时为被捕担惊受怕。这可不是
抒情诗的时代。

作为来自昔日的人物，阿赫玛托娃被大众所遗弃。左翼评论家
说她表达个人情感的诗歌与新的集体主义秩序不符。有一些与她同
时代的诗人适应了革命的新情势，比如帕斯捷尔纳克。还有一些人
天生就为革命而生，比如马雅可夫斯基。但是阿赫玛托娃深深植根
于古典传统，于是就像曼德尔施塔姆一样，发现自己很难与新的苏
维埃环境相妥协。在苏维埃时代早期，她创作很少。在内战期间彼
得格勒条件艰苦，挣扎求生耗尽了她的能量。当时长期缺少食物和
燃料，人们不是沦为冻死骨，就是从这座饥荒的城市逃去乡下，结

果人口下降了一多半。树木和木屋都被砍了当柴火烧，马匹倒毙在大路中间，莫伊卡河与丰坦卡河漂满了垃圾，鼠疫疾病横行，这座沙俄首都的日常生活仿佛回到了史前时代，绝望的人们翻箱倒柜，只为一片果腹的面包或一根用来烧的木棍。[6]

> 我们已经永远遗忘了
> 湖泊、草地与城镇，
> 在这伟大祖国的黎明。
> 在这血腥中，
> 残酷的惰怠压垮了我们……
> 没有人想帮我们
> 因为我们待在家中，
> 因为，我们爱自己的城市。
> 没有自由，
> 我们为自己保留下了
> 它的宫殿、它的火和它的水。
> 新时代将要到来，
> 死亡之风凉彻心扉，
> 但是神圣的彼得之城
> 会成为我们不意之中的纪念碑。[7]

439

对旧知识分子来说，条件尤其恶劣，他们成为社会的最底层。虽然大部分人都被国家征召加入了劳动组，但很少人有工作。虽然他们从国家能得到食物，但是用彼得格勒的党领导人季诺维也夫的话说，这微薄的第三等配给"仅是一点面包，只够让人尝一尝味道"。[8] 高尔基在布尔什维克中间以其 1917 年之前的左翼立场而颇受看重，于是担起了为饥饿的彼得格勒知识分子发声的重任，为他们请求特殊配给和更好的住房。他建立了一个作家的避难所，随后建立了"艺术家之家"，还建立了自己的出版社——世界文学出版社——为大众出版廉价的经典名著。世界文学出版社为大量作家、艺术家和音乐家提供了翻译和编辑的工作。实际上，许多20世纪的文学巨擘能在饥荒年月中活下来，都要感谢高尔基的帮助——包括扎米亚京、巴别尔、楚科夫斯基、霍达谢维奇、曼德尔斯塔姆、皮阿斯特 *、左琴科、勃洛克和古米廖夫等人。

阿赫玛托娃也向高尔基求助，请他为自己谋得工作和配给。她当时与希列伊科分享他在艾尔米塔什博物馆古代所当助手的微薄食物补贴。他们没有燃料，痢疾在喷泉宫住户中蔓延，而且听起来有点夸张，他们还养着一只希列伊科捡到的被遗弃的圣伯纳德犬，根据舍列梅捷夫格言的精神，他们把它留了下来。高尔基告诉阿赫玛托娃，她只能通过做某种办公室工作来得到最微薄的工资，然后还带她去看自己收藏的高级东方地毯。据娜杰日达·曼德尔施塔姆所说，"阿赫玛托娃看着高尔基的地毯，赞美了它们，然后空手而归。我相信，这让她终生讨厌地毯。它们尘土味太重，而且带着一种与即将毁灭的城市不符的奢华气息。也许高尔基害怕帮助阿赫玛托娃，也可能他讨厌她和她的诗歌"。[9] 但是在1920年，她还是成功找到一份在彼得格勒农业学院当图书管理员的工作，也许还是高尔基帮的忙。

440

1921年8月，阿赫玛托娃的前夫尼古拉·古米廖夫被彼得格勒契卡逮捕，监禁了几天，不经审判就遭枪杀，罪名是参与了一次保皇派阴谋——这几乎肯定是莫须有。古米廖夫是被杀害的第一个大诗人，而之后还有很多。他死后，知识阶层感觉他们的文明已经死

---

* Vladimir Piast（1886—1940），真名为 Pestovo Vladimir Alekseevich，俄国象征主义诗人、散文作家。——译注

掉了。在《耶稣纪元1921》这本诗集中,阿赫玛托娃的动人诗篇仿佛就是一次祝祷,一首挽歌,为古米廖夫,为他所属时代的种种价值。

> 被泪水浸湿的秋天,就像一位寡妇,
> 身披黑色野草,乌云笼罩心头……
> 忆起亡夫的话语,
> 她不住抽泣。
> 一直会是如此,直到最寂静的雪
> 来怜悯这位忧伤而疲惫的人……
> 痛不再,喜亦不再——
> 放弃生命吧,因为这并非小事。[10]

阿赫玛托娃对革命没有希望,只有恐惧。但是她明确说道,她认为一位诗人如果在1917年之后离开俄国,那就是罪恶:

> 抛弃国土,任敌人蹂躏,
> 我不能和那种人在一起。
> 我厌恶他那粗俗的奉承,
> 我不会为他们献出歌曲。
>
> 我永远怜悯沦落他乡的游子,
> 他像个囚徒,像个病夫。
> 旅人啊,你的路途黑暗茫茫,
> 异乡的粮食含着艾蒿的苦楚。
>
> 我剩余的青春在这儿,
> 在大火的烟雾中耗去,

我们从来没有回避过
对自己的任何一次打击。

我们知道，在以后进行评审时，
每个小时都将证明自己无罪……
然而世上不流泪的人中间，
没人比我们更高傲，更纯粹。*[11]

就像所有伟大的俄国诗人，阿赫玛托娃感到成为祖国"记忆的声音"
是一种道德义务。[12] 但是她的责任感超越了民族立场，作为一个基
督徒，她有着留在俄国与人民共同经受苦难命运的感情冲动。和很
多她那一代的诗人一样，她将苦难命运视为对原罪的惩罚，相信她
是受召来用吟诵诗歌救赎俄国的过犯（或罪）。阿赫玛托娃是一位
有救赎情怀的诗人。楚科夫斯基说她是"最后一位伟大的东正教诗
人"。为俄国的苦难而牺牲的主题贯穿她的著作。[13]

让我饱尝坎坷岁月的辛酸，
让我窒息、发烧、失眠，
夺走我的婴儿、我的朋友，
还有我吟唱的神秘才干——
经受了一连串难熬的日子，
我跟随你的弥撒如此祈祷，
但愿黑暗的俄罗斯上空，
乌云变成彩霞辉煌照耀。†[14]

---

* 译文出自《爱：阿赫马托娃诗选》，第 76—77 页。——译注
† 译文出自《爱：阿赫玛托娃诗选》，第 55 页。——译注

喷泉宫在阿赫玛托娃的世界中有着特殊的位置。她将其视为一块福地，是圣彼得堡的精神代表。圣彼得堡作为她诗歌中的理想城市（"神圣的彼得之城"），在多首诗中她将它比作基捷日，这座传说中的城市在蒙古异教徒入侵时消失在斯沃特罗亚湖下，进入一个精神国度，从而保存自己的神圣珍宝。[15] 喷泉宫是另一个被水环绕的世界，它内在的神圣处所代表着欧洲文明，那个阿赫玛托娃以怀旧之情思念的、已经消逝的天地。* 阿赫玛托娃被这座建筑的历史所吸引。她自视为它的守护者。在她住进来的第一个秋天，她就成功地证实花园中的橡树比圣彼得堡本身还要古老。它们比任何政权都要长寿。[16] 她研究了舍列梅捷夫家族的历史，而尤其对普拉斯科维娅感到亲近——她也有"吟诵的天赋"，而且也作为一名不受欢迎的人生活在喷泉宫中。

> 你在深夜呢喃着什么？
> 不论如何，帕拉沙已经死去了，
> 这座宫殿的年轻女主人。[17]

这座宫殿的文化史是阿赫玛托娃真正的灵感源泉。她在这里感到此前那些伟大俄国诗人的存在：丘特切夫（谢尔盖伯爵的朋友）、维亚泽姆斯基（曾来此到访，虽然阿赫玛托娃错误地相信他是在她住过的房间里死去的）†，最后还有普希金，他是普拉斯科维娅的儿子

---

* 以赛亚·伯林 1945 年在喷泉宫与她那次著名的会面中，这位哲学家问阿赫玛托娃，对她来说，文艺复兴是充斥着不完美人类的历史，还是一个想象世界的完美图景。"她回答说当然是后者；对她来说，所有的诗歌与艺术都是——以下使用曼德尔施塔姆的表述——某种怀旧的形式，一种对普世文化的渴望，歌德和斯宾格勒说过，正是这种文化幻化成为艺术与思想……"——原注

† 这座房间中有一张刻有"维亚泽姆斯基公爵"的桌子，但它属于这位诗人的儿子。他儿子 1888 年在这个房间过世，而他自己则在 10 年前死于巴登-巴登。——原注

阿赫玛托娃与普宁站在温泉宫的庭院中。1927 年。照片版权所有者：圣彼得堡喷泉宫内的安娜·阿赫玛托娃博物馆。

德米特里·舍列梅捷夫的密友，后者是这座建筑最后一位主人的父亲。在 20 世纪 20 年代中期，苏俄出版社认为阿赫玛托娃的诗作神秘意味太重而拒绝出版，于是她愈发感到与普希金亲近了。100 多年前，他的作品也被沙皇政府封杀过。对普希金的感同身受，让她研究普希金有了独特的优势，这一时期她几篇最出色的文章都围绕这一主题。同样是诗人，她注意到他在文学的伪装下讨论政治和其他道德议题，从而藐视当局的做法——她在撰写关于普希金的著作时基本上也是如法炮制。

阿赫玛托娃与希列伊科于 1926 年离婚。他是一位嫉妒心很重的丈夫，不仅是对她的其他情人，也包括对她的才华（他有一次甚至在盛怒之下烧了她的诗作）。阿赫玛托娃搬出了喷泉宫，但不久就和新情人尼古拉·普宁搬了回来，后者已经分居的妻子也搬来，一起住在她位于喷泉宫南翼的公寓里。普宁是一位艺术评论家，是未来主义运动的领军人物，和许多未来主义者不同，他知晓过去诗歌的文化价值。在 1922 年的一篇文章里，他甚至勇敢地反对托洛茨基，后者在《真理报》上写了一篇文章攻击阿赫玛托娃和茨维塔耶娃的诗作《国内与国外的流亡者》是"与十月不搭调的文学作品"。[18] 这是对即将到来的恐怖的一次警告。* 普宁问道："如果阿赫玛托娃穿上皮革夹克衫，别上一颗红星，那么她是否就与十月搭调了呢？"如果不能接受阿赫玛托娃，"为什么巴赫的作品就可以呢？"[19]

尽管身系左翼艺术家的未来主义团体，普宁在喷泉宫的公寓仍然保持着革命前彼得堡的氛围。那里总有人来拜访，他们围着厨房里的桌子夜谈，困了就睡在地上。除了普宁的前妻，她的母亲和女

443

444

---

* 就在托洛茨基的两篇文章发表两周后，1921 年 9 月，几百名俄罗斯知识分子被清洗（罪名是"反革命"）。——原注

儿，还有一个名叫安努什卡的佣人以外，这座小小的四室公寓总是高朋满座。以苏维埃俄国的标准来看，普宁一家享有的空间比其有权享有的超出太多了，于是在房屋委员会的命令下，安努什卡的儿子和新儿媳——一个不识字的农家女孩，来彼得格勒谋生的工厂工人——也搬了进来，这座公寓成了公共宿舍。[20] 阿赫玛托娃和普宁仅依赖普宁的微薄工资过活（因为在 20 世纪 30 年代阿赫玛托娃什么也挣不到），条件困难，生活清贫，这都为他们的关系施加了障碍。他们经常为了食物和金钱争吵，邻居们在楼道里都能听到。[21] 利季娅·丘科夫斯卡娅这样描述 1938 年在喷泉宫与阿赫玛托娃的会面，当时她正要与普宁分手：

> 我爬上一道房子后面的楼梯，它来自上个世纪，每一级都有别的楼梯三级那么高。在她和楼梯之间还有一些联系，但是然后！在我按了门铃之后，一个女人一边甩着手上的肥皂泡，一边开了门。这些肥皂泡，还有墙纸破碎剥落的寒酸门厅，都颇为出人意料。这个女人走在我前面。厨房里几件刚洗好的衣服挂在绳子上，湿气扑面而来。湿漉漉的衣服就好像是一部令人讨厌的故事的结局，像陀思妥耶夫斯基小说里的场景。走过厨房是一个小走廊，左边是通往她房间的门。[22]

445

第二节

　　喷泉宫只是在1917年被改为公共宿舍的许多前宫殿之一。沃尔孔斯基家族在莫斯科的别墅也同样成了工人宿舍，而在19世纪20年代，这里是季娜伊达·沃尔孔斯基公主著名的沙龙会所。苏联作家奥斯特洛夫斯基，就是在其中一座改造的宫殿里度过他生命的最后时光（1935—1936）。此前他的小说《钢铁是怎样炼成的》（1932）取得了巨大成功，在出版后的3年中就卖出了200多万本，并为作者于1935年赢得了苏联最高荣誉列宁勋章。[23]而季娜伊达的曾侄子，十二月党人沃尔孔斯基的孙子S. M. 沃尔孔斯基公爵，在1918—1921年间则住在莫斯科城郊的一个工人宿舍里。[24]

　　没有什么比家庭空间的变化更能反映这场革命的日常现状了。各省的乡绅被剥夺了财产，别墅被烧毁或被农村公社和当地苏维埃没收。富人被迫把自己的大房子分给城里的贫民，或者把房间让给以前的家仆和他们的家人。苏维埃这场"对宫殿的战争"是对沙皇时代特权阶级及其文化象征的宣战。它也是当时苏联文化革命的一部分，旨在打造一种更彻底的集体生活。布尔什维克相信，强

制人们住进集体宿舍，能够让他们在基本思想和日常行为上趋向
共产主义。私人空间和私有财产都会消失，父权制（"资产阶级"）
家庭将被共产主义的友爱与组织所取代，个人生活将融入到群体
之中。

　　在革命后的最初几年里，这个计划意味着现有住宅的公有化：　446
每个家庭被分配到一个房间，有时在老公寓楼里还更少，要和其他
家庭共用厨房和浴室。20 世纪 20 年代以后设计了旨在改造人们精
神状态的新住宅。最激进的苏联建筑师，比如"当代建筑师联盟"
的构成主义者提出，要通过修建公社房屋（dom kommuny）来彻
底消除私人空间，全部财产——甚至包括内衣——都要由住户分享，
做饭和看孩子这样的家务劳动也由各个小组轮流完成，人们住在按
性别划分的大型宿舍里，另有为性生活保留的单间。[25]

　　这样的房子真正付诸实践的其实很少，仅在对乌托邦的想象和
未来主义小说中一再出现——比如扎米亚京的《我们》（1920）。大
多数完工的项目——比如由构成主义者莫伊谢伊·金兹伯格设计，
于 1928—1930 年在莫斯科建成的纳康芬公寓（Narkomfin，财政部
大楼）——都试图达到完全的公有形式，里面兼顾私人的居住空间
和公用洗衣房、浴室、餐厅、厨房、育婴室和学校。[26] 但出发点仍
然是以某种方式引导个人放弃私人（"资产阶级"）家庭，转向集体
生活。建筑师设想出一个乌托邦，那里人人生活在大型公共住宅中，
它们高耸入云，周围有大片的开放绿地（很像勒·柯布西耶的想法，
或者当时欧洲的花园城市运动），从娱乐活动到电力供应一切都由
社会配给。他们将城市视为一个整合大众行为和心理的综合实验室，
通过完全可控的环境，将原本由自我意识推动的个体理性地改造，
作为共同体——或者说机器——的一个部件。[27]

　　布尔什维克念兹在兹的就是要创造一种新人类。作为马克思主
义者，他们相信人类的天性是历史发展的产物，因而可以用一场针

对人们生活方式的革命加以改变。列宁深受生理学家伊凡·谢切诺夫思想的影响，后者认为大脑是一部会对外部刺激做出反应的机电设备。谢切诺夫的唯物主义思想启发了 I. P. 巴甫洛夫对大脑条件反射的研究（尤其是狗的大脑）。虽然巴甫洛夫以反苏维埃的观点知名，苏联政府还是对他的研究提供了大量支持。这就是科学与社会主义的交汇处。列宁称巴甫洛夫的研究"对我们的革命有极大的重要性"。[28]托洛茨基用抒情的语言描绘了重塑人类的"真实科学可能性"：

> 人是什么？他绝不是完成了的，或者和谐的存在，不，他依然是非常笨拙的生物。作为动物，人类的进化不是有计划的，而是自发的，而且积聚了许多不协调之处。如何教育、规范、改善和完成人类的身体与精神构造，我们面临的这个巨大问题只有在社会主义的基础上才能够得到理解。我们可以修建横穿撒哈拉沙漠的铁路，能够造出埃菲尔铁塔，也能直接与纽约通话，但是我们肯定还不能改进人类本身。我们当然能！生产一种新的、"改进版"的人类是未来共产主义的任务。就当前来说，我们应当推进关于人类的一切认识，关于他的解剖学、生理学，还有被称为心理学的那一部分生理学。人类必须审视自己，将自己看做原材料——最多是半成品——然后说："我亲爱的人类啊，我终于要来对你展开工作了。"[29]

在塑造苏维埃新人的过程中，艺术家也起到核心的作用。是斯大林在 1932 年首次使用了这个著名的短语，把艺术家称为"人类灵魂的工程师"。但是将艺术家视为工程师这个概念，在整个苏联先锋艺术家（不仅仅是党旗下的那些）中都相当关键，而且在许多左翼和实验性团体中都得到运用，他们致力于用自己的艺术来打造1917 年之后的新世界，比如说构成主义者、未来主义者，无产阶级文化协会（Proletkult）和左翼战线（LEF）的艺术家，弗谢沃洛德·梅耶荷德的戏剧，还有"电影眼睛派"*和爱森斯坦的电影——这些艺术家都有共产主义式的理想，各自进行对"资产阶级"艺术的革命。他们相信自己可以训练人类的头脑，让他们通过新的艺术形式以更社会主义的方式看待这个世界。他们将大脑视为一部复杂的机器，可以通过自己的机械式艺术（电影中的蒙太奇、影院中应用的生物力学、工业艺术等）产生的刺激来加以重塑。他们相信环境塑造意识，从而关注对人们的日常生活有直接影响的艺术形式，比如建筑、纪录片、摄影蒙太奇、海报艺术、服装面料设计、日用品和家具等。

　　构成主义者站在这场将艺术与生活结合的运动的最前线。在1921年发布的成立宣言中，他们与过往的艺术划清了界线，拒绝使用画架作画以及那些他们认为是个人主义、与新社会无关的艺术模式。与此相对，他们宣称自己作为"建筑师"与"机械师"，会致力于设计和生产他们相信会改变社会生活的实用物件。[30] 为了这个目标，瓦尔瓦拉·斯捷潘诺娃和弗拉基米尔·塔特林为工人设计了服装和工作制服。斯捷潘诺娃的设计有很强的几何与非个人化风格，而且去除了男装和女装的划分。塔特林则让艺术元素从属于功能。比如说，有一件男士春季外套轻薄同时保暖，但是用的是未染色面料，而且缺乏装饰设计。[31] 亚历山大·罗琴科和古斯塔夫·克鲁特西斯使用摄影蒙太奇，将煽动性元素夹带到商业广告甚至产品包装上。埃尔·利西茨基（他很晚才采纳构成主义的产品设计理念）设计出能够大量生产、标准化配备的简单轻便家具。它用途广泛而且方便移动，这对住户经常流动的公共住宅来说很必要。他的折叠

---

* "电影眼睛"（Kinok），是 1923 年苏联电影导演吉加·维尔托夫（Dziga Vertov）首创的电影理论。他把摄影机比作人的眼睛，提出镜头不仅可以客观地观看，还可以主观地编辑。——译注

床就是构成主义哲学的一个经典范例。它非常实用，在拥挤的苏联公寓中很省地方，同时它还让一个人能够改变自己的睡觉地点和伴侣。它的设计是为共产主义运动服务，要打破资产阶级家庭的夫妻关系。[32]

无产阶级文化协会同样坚持艺术家应培育新社会生活方式的理念。它的创始人之一帕维尔·列别杰夫–波利扬斯基在 1918 年写道："新的科学、艺术、文学和道德正在为一种新人做准备，他们将生活在一种新的情绪和信念体系之中。"[33] 这场运动可以追溯到 20 世纪初，当时俄国社会民主工党中的前进团体（Vpered，包括高尔基、波格丹诺夫、阿纳托利·卢那察尔斯基等人）在意大利为私逃出俄国的工人开办学校。目标是教育出一批"自觉的无产阶级社会主义者"，一种劳工知识分子，他们能够将自己的知识传播给其他工人，从而确保革命运动能催生出自己的文化革命。前进团体认为，劳工文化的有机发展是社会主义民主革命成功的重要前提条件，因为知识是力量的关键，而在大众掌握它之前，他们都要受制于资产阶级。前进团体与列宁发生了激烈冲突，后者对劳工成为独立文化力量的潜能不屑一顾。但是 1917 年之后布尔什维克忙于更紧迫的国内战争，于是文化政策的制定很大程度上就落到前进团体手上。卢那察尔斯基有了个引人遐想的头衔——教育人民委员会总监（Commissar of Enlightenment），而波格丹诺夫则是无产阶级文化协会的领导人。1920 年是无产阶级文化协会的巅峰，旗下号称有 40 多万成员，分布在工人俱乐部、工人剧院、艺术家工作室、创意写作小组、铜管乐队、合唱团等，在整个苏联有大约 300 个分部。莫斯科甚至还有一个无产阶级大学。在波格丹诺夫看来，《社会主义百科全书》的出版是为未来无产阶级文明所做的准备，正如狄德罗的《百科全书》是 18 世纪法国正在崛起的资产阶级为自己的文化革命做的准备。[34]

449

可以想见，在这样一场广泛的运动中，关于革命文化的确切内容是众说纷纭。主要的意识形态分野是在无产阶级文明中新与旧的关系，以及苏维埃与俄罗斯的关系。无产阶级文化协会的极左分子有强烈的砸碎旧世界的倾向。左翼艺术战线的创始人马雅可夫斯基宣称，"用子弹摧毁博物馆的时刻到了"。这是一个未来主义者和构成主义者组成的松散联合，他们希望将先锋运动与无产阶级文化运动和苏维埃国家联系起来。他将古典艺术斥为"古老的审美垃圾"，还抨击圣彼得堡的伟大宫殿建筑师拉斯特雷利，说他应该被挂在墙上（rasstreliat，在俄语里是处决的意思）。这些话很多不过是知识分子的大吹大擂，就像无产阶级文化协会的诗人弗拉基米尔·基里洛夫在《我们》这首诗中写到的：

> 为了我们的明天，我们要烧掉拉斐尔，   450
> 捣毁博物馆，践踏艺术。[35]

但是当时也有一种乌托邦式的信念，相信新文化会在旧文化的废墟中建立起来。无产阶级文化协会中最坚定的成员确实相信，会有一种完全没有历史和民族元素的纯苏维埃文明。这种"苏维埃文化"将属于国际主义、集体主义和无产阶级。将会有无产阶级哲学、无产阶级科学和无产阶级艺术。在这些理念的影响下，出现了各种实验艺术形式。当时有着无专业演员的电影（用的是从街上找来的各色"典型人物"）、没有指挥的交响乐和使用汽笛、哨子、勺子和洗衣板演奏的"工厂演唱会"。肖斯塔科维奇（可能是违心地）在1927年创作的《第二交响曲》的高潮部分加入了工厂汽笛的声音。

但是在不吸纳旧文化的情况下怎么可能建立一种新文化呢？除非先让无产阶级接受旧文明的科学与艺术教育，否则怎么可能产生

"无产阶级文化"，或者"无产阶级知识分子"呢？然而，如果他们接受了这样的教育，他们——或者说他们的文化——还是无产阶级吗？无产阶级文化运动中较温和的成员被迫认识到，构建新文化不能从零开始，而且不管他们有如何理想的计划，他们工作的一大部分仍然是教授工人旧文化。1921年之后，随着布尔什维克在国内战争中胜局已定，官方政策马上借着新经济政策，鼓励与"小资产阶级"（也就是自耕农和小业主）和剩余的知识分子进行某种和解。

　　在艺术上持保守态度的列宁，一直对先锋运动的文化虚无主义深感错愕。他曾经向德国共产主义者克拉拉·蔡特金坦承，他不能理解也不喜欢现代艺术作品。他的文化政策坚定地建立在19世纪知识分子的启蒙理想之上，而且他认为革命的任务是将无产阶级提升到旧日文化精英的水准上。他对蔡特金说："我们必须将美保存下来，将它作为一个模型，一个起点，虽然它是'旧'的。我们为什么要漠视真正的美呢？就因为它们是'旧'的？为什么我们像对上帝一样对新事物顶礼膜拜，就因为它们是'新'的？"[36]

　　无产阶级文化运动也要面对来自底层的压力。大多数来俱乐部的工人都想要学法语，或者学跳双人舞。据他们自己说，他们想要"有文化"，这样他们就能有更"精致"的理解力。俄国大众的习惯和艺术品位似乎都与先锋派的实验相抵触。人们对集体宿舍意兴阑珊，它们总是摆脱不了无情、冷漠的强制气氛。甚至集体宿舍的住户自己也很少使用公共空间，他们会把饭端回床上吃，而不是在食堂就餐。[37]在1930年建成的莫斯科苏维埃模范宿舍中，房间墙上挂着圣像和圣徒日历。[38]人们对视觉艺术的有限接触就是建立在圣像的基础上，而无生命的先锋派图像对他们来说很陌生。夏加尔为十月革命一周年纪念日装扮了维捷布斯克市的街道，之后被当地官员叫去问话："奶牛怎么是绿的？房子怎么在天上飞？为啥？这跟马克思和恩格斯有什么关系？"[39]对20世纪20年代人们阅读习惯的调

451

查表明，比起先锋派的"无产阶级诗歌"，工人还是更喜欢 1917 年以前就在读的冒险故事，甚至 19 世纪经典文学都比它受欢迎。[40]新的音乐也同样很不成功。在一次"工厂演唱会"中，汽笛发出的不和谐噪音甚至让工人根本没法听出曲调：那可是无产阶级文明的颂歌。[41]

第三节

"对我们来说，最重要的艺术形式就是电影。"据说列宁曾如是说。[42] 他如此看重电影，是因为它的宣传作用。在 1920 年，俄国只有四成的成年人能够阅读，[43] 而电影正是党将影响扩展到偏远农村这场战斗中的有力武器，在收归国有的教堂和村庄议事厅中安上了移动影院。托洛茨基说，电影将与酒馆和教会展开竞争：它面向的是年轻人，就像孩子一样，他们的品格可以通过戏剧来塑造。[44] 在 20 世纪 20 年代初，苏联电影院的观众里有一多半是 10 岁到 15 岁之间（正是一个人的政治理念开始形成的年龄），这是电影媒介为克里姆林宫的赞助者所关注的最大优点之一。[45] 社会主义新社会的艺术形式——它在技术上更先进、更民主，而且比任何旧世界的艺术都更"贴近真实"。

"剧院只是游戏，而影院则是生活。"一位苏联评论家在 1927 年如是写道。[46] 正是影视图像的现实性让电影成为苏联的"未来艺术"。[47] 其他艺术形式都是刻画生活，只有电影能够抓住生活，并将其重组为新的现实。这正是成立于 1922 年"电影眼睛派"做出

的假设。这个群体由天才导演吉加·维尔托夫，他的妻子伊丽莎白·斯
维洛娃，他的弟弟、曾在国内战争期间与红军同行的勇敢摄影师米
哈伊尔·考夫曼发起。这三个人都为苏联的政治鼓动制作过宣传片·
国内战争期间他们乘坐着"宣传车"专列穿梭于前线各区域，注意
到自己电影的观众并没有在期待看到一个好故事。他们中大部分之
前从没看过电影或戏剧。维尔托夫后来写道："我是一辆宣传列车的
电影放映设备管理员。观众都是文盲或半文盲的农民。他们甚至连
字幕也读不懂。这些天真烂漫的观众理解不了戏剧的传统惯例。"[48]
发现了这一点之后，电影眼睛派相信苏维埃俄国未来的电影就是非
虚构影片。这一派的基本观点从其名字中就能看出来。Kinok 这个
词是由 Kino（电影）和 oko（眼睛）组合而成的，而"电影眼睛派"
就是要展开对视线的争夺。他们向工作室产出的虚构故事片宣战，
后者只是让大众受资产阶级奴役的"幻梦工厂"。他们将摄影机带
到街头，以"捕捉生活本来的面貌"为目的拍摄影片——或者说是
"以无产阶级革命的名义观察并展示这个世界"，捕捉生活应然的
面貌。[49]

　　电影眼睛派和西方电影传统中后来出现的真实电影 * 的根本区　453
别就在于篡改元素的有无，后者希望达到一种相对客观的自然主义，
而前者则以一种符号化的方式对生活中的影像加以安排（尽管这与
他们自己宣称的相反）。也许这是因为他们的方法植根于俄罗斯的
圣像传统。电影眼睛派最著名的影片《持摄影机的人》（1929）就
是经过设计的影像组成的交响乐，苏联大都会的浮生一日，从上午
多种工作的景象，一直到晚上的体育休闲活动。影片的结尾是人们

---

* 真实电影（cinéma vérité），最重要的提倡者为法国导演、人类学家让·鲁什（Jean
　Rouch，1917—2004），其理念鼓励导演介入拍摄，以蓄意设计的手法刺激被拍摄者另一
　面的真实。他与法国著名哲学家、社会学家埃德加·莫兰（Edgar Morin）拍摄的《夏日纪事》
　（1961）被认为是真实电影最具代表性的作品。——译注

前往一家正放映着《持摄影机的人》的电影院的场景。这部影片充斥着这样的视觉玩笑和花招，为的就是拆穿虚构电影的迷梦。尽管解构了观影，但这些诙谐的讽刺手法呈现了一次精彩的关于所见与所是的智识对话。我们在看电影的时候看到了什么？是生活的"本来面貌"，还是专为拍摄所做的表演？摄影机是观察生活的一扇窗，还是创造了自己的一套现实？

　　就像所有苏联先锋派导演，维尔托夫也希望电影院能改变观众看待世界的方式。为了打造苏维埃精神，他们发明了一项新技术——蒙太奇。通过交切镜头来创造富有冲击力的对立和联系，蒙太奇的目的是操纵观众的反应，将他们引导到导演想让他们拥有的想法上。列夫·库里肖夫是第一位在电影中使用蒙太奇的导演——远在西方采用这项技术之前。他发现这项技术纯属无心插柳。国内战争期间胶卷长期匮乏，于是他开始尝试通过剪切和重组旧电影的片断来创作新电影。胶卷的短缺迫使所有苏联早期导演事先在纸上来规划拍摄场景（分镜）。他们的电影本就是一系列象征性动作和姿势的精妙组合，而拍摄手法更加强了这种风格。库里肖夫相信，传达影片视觉意义的最好方式是对每一帧画面的安排（蒙太奇），而不是不同镜头的内容叠加，后者是默片以及美国 D. W. 格里菲斯早期蒙太奇实验中所使用的手法。库里洛夫认为，正是通过影像之间的蒙太奇对比，影片才能在观众心中带来意义和情绪。为了展示他的理论，他将演员伊凡·莫兹尤辛没有表情的特写与三个不同的影像交切到一起，分别是一碗冒着热气的汤、一个躺在棺材里的女性尸体，还有一个正在玩耍的孩子。结果显示，观众是根据这张特写所处的语境来解读其意义的：在第一组序列中看到了莫兹尤辛一脸饥饿的样子，第二个是悲伤，第三个则是欢乐——虽然他的形象在这三组镜头中是完全一样的。[50] 其他所有 20 世纪 20 年代的苏联伟大导演都用过蒙太奇：吉加·维尔托夫、弗谢沃洛德·普多夫金、鲍里斯·巴

454

尔涅特，还有谢尔盖·爱森斯坦——在他手里这种技术得到了最精妙的运用。蒙太奇对苏联实验电影的视觉效果起到了核心作用，以至于它的提倡者都害怕自己的媒介会被电影配音的到来所毁灭。在这些导演看来，电影艺术的核心就在于安排视觉影像，以及运用动作和模仿来暗示情感和思想。引入语言注定会让电影沦为廉价的戏剧的替代品。随着有声电影的出现，爱森斯坦和普多夫金提议用"声画对位法"来使用配音，也就是将声音和影像的对比作为蒙太奇的一种新元素。[51]

　　蒙太奇需要的是一种不同的表演形式，以便能够快速、经济地传达影片的意义。这种新表演形式的理论很大程度上来源于弗朗索瓦·德尔萨特和爱弥尔·雅克·达尔克罗兹 * 的著作，他们发展出一整套关于哑剧、舞蹈和艺术体操（韵律体操）的体系理论。其基本理念是，动作和姿态的组合能够向观众传达观点和情绪，而库里肖夫则利用同样的理念来训练演员和对电影进行蒙太奇剪辑。

　　德尔萨特-达尔克罗兹体系于 1910 年代早期由沃尔孔斯基公爵引入俄国。这位十二月党人的孙子在 1899—1901 年间曾任帝国剧院的总监，在与首席芭蕾舞演员（也是沙皇的情妇）玛蒂尔达·克谢辛斯卡争吵之后被解职。起因是克谢辛斯卡拒绝在她卡玛戈 † 式的芭蕾服里穿裙环。沃尔孔斯基因此对她处以罚金，而她说服了沙皇将其解职。如果撤销罚金，沃尔孔斯基也许可以挽救自己的事业，但是就像他的祖父，他不是那种会屈服皇家敕令而偏离自己职责的人。[52] 沃尔孔斯基短暂任期中为后人所留下的一份真正遗产，就是

455

---

* 弗朗索瓦·德尔萨特（Francois Delsarte，1811—1871），法国声乐和美学教师；爱弥尔·雅克·达尔克罗兹（Emile Jacques Dalcroze，1865—1950），瑞士音乐家、教育家。——译注

† 卡玛戈（Marie Camargo，1710—1770），18 世纪著名芭蕾舞舞蹈家。她改革了芭蕾舞服装，将女舞者的曳地长裙剪短，促进芭蕾舞肢体美学的轻盈飘逸化，而带群环的长裙则逐渐退出历史舞台。——译注

发掘了佳吉列夫，他将其提拔为帝国剧院年度刊物的编辑和出版人，让他做了剧院的一把手。*1901 年之后，沃尔孔斯基成为俄国最重要的艺术和戏剧评论家。所以在他开始宣传德尔萨特-达尔克罗兹体系，甚至在彼得堡建立自己的艺术体操学校时，俄国戏剧界都有很多人赶来相助，其中就包括佳吉列夫和他的俄罗斯芭蕾舞团。沃尔孔斯基指导学生的核心理念是，人的身体是一个动态物体，身体有韵律的动作可以通过下意识的训练来表达出艺术所需的情感。†沃尔孔斯基将人体视为一架服从"力学普遍规律"的机器，但是要"通过感受来润滑和驱动"。[53] 1917 年之后，苏联电影和戏剧界人士也采纳了这个观点，也就是与之类似的"生物力学"理论，它得到伟大的先锋导演梅耶荷德的倡导。1919 年，沃尔孔斯基在莫斯科创立了艺术体操学院。在 1921 年被迫逃离之前，他还一直在俄罗斯电影学院（全世界第一个电影学院）教授自己的理论，库里肖夫就是众多受其影响的导演之一。在库里肖夫自己于 1920 年创办于莫斯科的工作室中，他训练演员所使用的那一套动作和姿态的词汇，正是建立在沃尔孔斯基的韵律原则基础上。[54]

　　许多苏联最重要的先锋导演都出自库里肖夫的工作室，其中就有普多夫金、巴尔涅特和爱森斯坦。谢尔盖·爱森斯坦于 1898 年出生在里加，他的父亲具有俄罗斯、德国和犹太血统，是一位著名的现代主义建筑师。1915 年，他来到彼得格勒修读土木工程。1917 年，还是个 19 岁学生的他为革命群众所吸引，他们后来成为其历

456

---

*　佳吉列夫在沃尔孔斯基离开帝国剧院之后也被解雇了。这意味着他之后在帝国剧院不会再有任何工作机会，所以一定程度上可以说，沃尔孔斯基在俄罗斯芭蕾舞团的建立上也助了一臂之力。——原注

†　这个理论与戈登·克雷格（Gordon Craig）将演员视为"高级提线木偶"的概念不无相似之处，但两者的一个重要区别在于，在克雷格看来，演员的动作是由导演编排的，而在沃尔孔斯基看来，演员应该将这些韵律的驱动内化，以至于他们自己能完全无意识地进行表演。——原注

史片的主角。在 7 月的第一个星期，爱森斯坦参加了布尔什维克组织的反临时政府示威活动，当隐蔽在涅瓦大街两旁房屋顶上的警方狙击手向群众开火的时候，他就在人群之中。人们四散逃命。他后来回忆道："我发现那些不适合甚至连身体条件都不允许奔跑的人，现在都在仓皇逃命。"

> 链表在跑动中被晃出了背心口袋。香烟盒从插袋里飞了出来。还有拐杖。拐杖。拐杖。巴拿马帽。我跑到了机枪射程之外。但是这一点都不可怕……这些日子是在大历史中走过的。这是令我激动不已的历史，我是多么想参与其中啊！[55]

在将来的《十月》（1928）——有时被称作《震撼世界的十天》——一片中，爱森斯坦重现了这些画面。

爱森斯坦对布尔什维克夺取政权非常热心，于是在彼得格勒附近的北方前线加入红军，当了一名工程师。他参加了 1919 年秋天红军与尤登尼奇将军率领的白军在彼得格勒城下展开的战斗。爱森斯坦的父亲在白军中担任工程师。通过电影回首往事时，爱森斯坦将这场革命视为年轻人与老年人的斗争。他的影片洋溢着年轻的无产阶级起而反抗资产阶级父权规训的精神。他所有电影中的资产阶级角色都与他自己的父亲很相像，从第一部影片《罢工》（1924）里的工厂主一直到《十月》中衣冠楚楚的总理克伦斯基。"爸爸有 40 双黑漆皮鞋，"爱森斯坦回忆道，"他只认这一种鞋。他有很多鞋，为'每一种场合'都做好了准备。他甚至还给这些鞋列了一个明细，上面包含着所有不同鞋的特征：'新鞋'、'旧鞋'、'有一道划痕'。他经常检查并一一核对。"[56] 爱森斯坦曾写道，他支持革命的原因"与社会不公带来的真实苦难关系不大……反而与所有社会暴政的原型——也就是父亲在家庭中的专制——有直接、完全的

457

联系"。[57] 但是他对革命的忠诚同样与他自己对新社会的艺术设想
有关。在他的回忆录中名为"我为何成为一名导演"的一章中提到，
他将自己艺术灵感的来源归功于红军工程师在彼得格勒附近的集体
筑桥行动：

> 强健的年轻新兵——望过去就像蚁丘一样——沿着测量
> 好的道路，准确、有序、协调地工作着，一座横跨河流的桥梁
> 一点一点建了起来。在这座蚁丘的某处，我也跟着移动。我肩
> 膀上的方皮革垫子上搁着一块木板，偏在一旁。就像发条机
> 关的部件一样，人们快速地移动着，走上浮桥，把扎到一起的
> 梁和栏杆扔给另一个人——这是一部简单、和谐的永动机，队
> 伍随着道路的不断延伸，从一侧岸边伸向另一侧不断后退的
> 桥头……这项事业共同构成了一部壮丽、和谐的复调音乐……
> 天哪，这太棒了！……不：它不是古典音乐的样式，不是精彩
> 演出的记录，不是复杂的交响乐谱，也不是让我首次体验到那
> 种狂喜的芭蕾舞团精心设计的，肉体从各个方向、以不同速度在
> 空旷舞台上行进的画面：它是轨迹相互交错的表演，人们来来往往，
> 须臾间的复杂碰撞，这一切变动不居，转瞬即逝。这座浮桥……第
> 一次让我体会到了这种欣悦，之后我再也没能忘怀。[58]

爱森斯坦在从《罢工》到《十月》的电影生涯中，一直试图在影片
的大规模人群场景中重现这种诗意的感觉。

1920 年返回莫斯科之后，爱森斯坦马上加入无产阶级文化协会，
担任戏剧导演，并逐渐成为库里肖夫工作室的一员。这两件事情给
他带来了"典型人物"（typage）的灵感：使用未经训练的演员，以
及在街头拍摄平凡的"真实典型"（有时是虚构）。库里肖夫在《西
方先生在布尔什维克国奇遇记》（1923）中运用过这项技术，而它

最著名的例子就是爱森斯坦自己的《战舰波将金号》（1925）和《十月》。无产阶级文化协会对爱森斯坦有着持久的影响，尤其是在其历史影片中对群众的处理上。但是对爱森斯坦影响最大的是导演梅耶荷德，他于1921年进入了后者创办的学校。

    弗谢沃洛德·梅耶荷德是俄国先锋导演中的核心成员。1874年他出生在奔萨省城一个热爱戏剧的家庭中，一开始在莫斯科艺术剧院当演员，到了20世纪头十年，他在象征主义思想影响下开始导演自己的实验戏剧。在他看来，戏剧是一种高度程式化甚至极度抽象的艺术形式，而不是对现实的模仿。他强调运用哑剧和姿势向观众传达观念。他发展了来自意大利即兴喜剧和日本歌舞伎艺术的观念，这与德尔萨特和达尔克罗兹的做法相去不远。在1915—1917年间，梅耶荷德多部精彩作品在彼得格勒上映。布尔什维克于1917年11月将剧院国有化，梅耶荷德是艺术界为数不多的支持者之一。他甚至于入党。1920年，梅耶荷德被任命为苏俄主要的教育艺术机构——教育人民委员会戏剧部的负责人。在"戏剧十月革命"的口号下，他展开一场针对昔日自然主义传统的戏剧革命。1921年，他建立了国立舞台导演学校（State School for Stage Direction），以便训练出新的导演来将他的革命戏剧带上街头。爱森斯坦是梅耶荷德第一批学生。他说过，正是梅耶荷德的戏剧激励他"放弃工程学"并"将自己献给艺术"。[59] 通过梅耶荷德，爱森斯坦认识到群众场面（mass spectacle）的观念，这种真实生活的戏剧将打破舞台的惯例与虚幻。他学会了将演员当作运动员那样训练，让他们通过动作和姿势来表达情感与想法。像梅耶荷德一样，他将哑剧和滑稽剧、体操与马戏团表演，以及强烈的视觉符号和蒙太奇引入了他的艺术作品。

    爱森斯坦的电影蒙太奇也带着梅耶荷德的程式化色彩。与想利用蒙太奇在潜意识中影响观众情绪的库里肖夫不同，爱森斯坦致力

于直截了当地向观众进行教育和说明。将影像并列的目的是让观众
有意识地关注某些东西，并将他们导向正确的意识形态结论。比如
说在《十月》一片中，爱森斯坦将白马从桥上跌入涅瓦河的影像，
与哥萨克军队于 1917 年 7 月镇压工人反临时政府示威的影像剪到
一起。这其中的寓意颇堪玩味。在俄罗斯智识传统中，马长久以来
都是末日的象征。在 1917 年之前，象征主义者就曾用它来代表自
己感受到正在迫近的革命（别雷的小说《彼得堡》中就描绘了从草
原袭来的蒙古战马的马蹄声）。但吊诡的是，白马也是波拿巴主义（政
治独裁）传统的象征。在布尔什维克的宣传中，骑在白马上的将军
是标准的反革命象征。在镇压了七月示威之后，临时政府新任总理
亚历山大·克伦斯基下令逮捕了想要利用这次示威来发动起义的布
尔什维克领导人。列宁被迫转入地下，他谴责克伦斯基是波拿巴主
义的反革命分子。这个观点在《十月》中得到了加强，片中将克伦
斯基在冬宫中皇帝般的生活场景与拿破仑的影像交切。列宁认为，
7 月发生的事件已经将革命转化为内战，一场红军与白军之间的军
事斗争。他宣称如果苏维埃不控制国家的话，克伦斯基就会建立自
己的波拿巴式独裁，并以此鼓动夺取政权。这些想法都潜伏在影像
中——爱森斯坦那匹倒下的马。它有意让观众将镇压七月示威看作
1917 年的重要转折点，正如列宁描述的那样。

　　在《为了上帝与国家》（这标题够讽刺）的片段中，爱森斯坦
也对蒙太奇这个概念做了类似的应用。片段中戏剧性地展现了 1917
年 8 月科尔尼洛夫将军率领的反革命哥萨克军向彼得格勒行进的景
象。通过扔给观众一系列对"上帝"挑战不断升级的影像（圣像—
斧头—圣像—弯刀—祝福礼—鲜血），爱森斯坦从视觉上解构了这个概
念。[60] 他还用蒙太奇来将时间抻长和加强紧张气氛。比如说《战舰波
将金号》中著名的敖德萨阶梯大屠杀场景，在那里通过将对群众的面
部特写和重复出现的士兵走下台阶画面进行交切，从而制造了慢动作

效果。*顺便说一句，这个场景完全是虚构的：1905年乌克兰的敖德萨   460
阶梯上并没有发生大屠杀，虽然历史书里经常这么写。

在爱森斯坦的电影里，这并非唯一一次通过虚构的影像来篡改
历史。当他为了拍摄《十月》中冲击冬宫的场景而来到现场时，其
他人向他展示了左边布尔什维克攀登过的（"十月"）阶梯。但是这
与他脑海里的群众起义规模相比显得太小了，所以他选用了在帝俄
时期为国务活动使用、气势非凡的约旦阶梯。于是在公众心目中，
约旦阶梯成为十月革命胜利进军的固定形象。总体来说，爱森斯坦
的《十月》描述的场景要比真实的历史规模大得多。他召集了5000
名国内战争的老兵，而当时冲击宫殿的只不过有几百个水兵和赤卫
队而已。他们很多人都带着真枪实弹，而且爬楼梯的时候还朝着赛
福尔花瓶开枪，伤了好几个人——拍电影时造成的伤亡甚至可能超
过了1917年占领冬宫的伤亡。拍摄结束后，爱森斯坦回忆说，一
位在清扫打碎花瓶的看门老人跟他说："你们这些人比他们第一次
占领这座宫殿时要小心多了。"[61]

同时，梅耶荷德也在剧院中开始一场扫清自己障碍的革命。这
始于他惊人的导演作品，弗拉基米尔·马雅可夫斯基的《宗教滑稽剧》
（1918年首次上演，1921年重映）。这是一部混合了神秘剧和街头
喜剧的作品，描述了"干净人"（资产阶级）被"脏人"（无产阶级）
征服的故事。梅耶荷德拆掉了剧院拱顶，建造了一个延伸到观众席
的巨大平台代替舞台。在这部壮观作品的高潮，他让观众来到平台，
加入身着戏服的演员、小丑和杂技演员的行列，就好像在城市里的
广场上一样，然后和他们一起撕毁画着各种旧剧院象征——面具和
假发——的幕布。[62]这场拒斥戏剧性幻觉的战争很好地由序幕里的
一句话总结："我们将向你展现真实的历史——但是在剧中，它会   461

_____

* 一般称为"通过重叠剪辑进行时间扩展"。——原注

转变为某种超常的东西。"[63] 对梅耶荷德的政治支持者来说，这样
的想法是太过激进了，于是在1921年他被撤销了在委员会中的职位。
但是他还是继续创作一些真正革命性的作品。1922年，他将比利时
剧作家费尔南德·克罗梅兰克的《慷慨的乌龟》（1920）搬上了舞台，
由构成主义艺术家柳博芙·波波娃设计的舞台变成了一种"多功能
脚手架"。演员们都穿着工作服表演各种马戏团的把戏。谢尔盖·特
列季亚科夫1923年的戏剧《骚乱之地》改编自马塞尔·马蒂内
（Marcel Martinet）的《夜》，题材是第一次世界大战中法军的兵变。
剧里出现了真正的汽车和机枪，不仅仅在舞台上，过道里也有。闪
电效果使用舞台前面的巨型探照灯，而穿着真正军装的演员在观众
中穿行来为一架红军飞机筹款。[64]

　　梅耶荷德最吸引人的艺术手法中，有一些和电影相当接近。其
实他也当过电影导演（1917年之前拍过两部影片），而且几乎对电
影界有最深远的影响（由于其对爱森斯坦和格里戈里·科津采夫等
电影导演的影响）。[65] 比如说在他1924年导演（由奥斯特洛夫斯基
创作）的《森林》一剧中，梅耶荷德运用蒙太奇将五幕剧分成了33
个小场景，之间穿插着滑稽剧以创造节奏和情绪气氛的对比。其他
剧中——最有名的就是果戈理的《钦差大臣》（1926年上演）——
他将几个演员装到舞台小推车里，把他们推到主舞台前面来模拟电
影中的特写镜头。他深受巴斯特·基顿（Buster Keaton）等电影演
员的影响，其中受查理·卓别林影响最甚，后者的电影在苏联各大
影院都有上映。卓别林对哑剧和肢体动作的强调使其很接近梅耶荷
德的理想戏剧。[66]

　　这种理想透过"生物力学"理论表达。它与德尔萨特－达尔克
罗兹学派的反射论和艺术体操不同，是将演员的身体视为一种物理
性呈现情绪和观念的生物力学装置。梅耶荷德会让演员接受杂技、
击剑、拳击、芭蕾和艺术体操训练，以便他们能够通过全身的灵活

462

梅耶荷德于 1922 年上演的《绿帽王》的舞台设计图。柳波夫·波波娃设计。现藏于莫斯科的特列季亚科夫美术馆。图片来源：Bridgeman Art Library, London。

动作——甚至仅仅是用面部表情——来讲故事。[67] 这个体系有意识地与斯坦尼斯拉夫斯基的表演方法（梅耶荷德在 1898—1902 年间在莫斯科艺术剧院接受的就是这套方法）针锋相对，后者鼓励演员通过回忆自己过去的强烈体验来体会角色的内心想法和感受。梅耶荷德不允许这样的自由发挥，坚持要严格控制演员的节奏。他对红军的体育节目很感兴趣（整齐划一的体操等），甚至在 1921 年还掌管了教育人民委员会底下一个促进体育文化的特殊戏剧部门，其目标是将军队的体操训练应用于"劳动力的科学组织"，一种军事化的试验。[68] 这一劳动力管理的面向是生物力学与德尔萨特−达尔克罗兹学派的关键区别。梅耶荷德将演员视为艺术工程师，他们应当根据时间和运动的科学定律将自己身体的"素材"组织起来。他认为自己的理论在戏剧中的地位，就相当于工业中的"科学管理"。就像所有布尔什维克一样，他也深受美国工程师泰勒（F. W. Taylor）理论的影响，后者利用对"时间与动作"的研究来实现工厂里劳动任务的划分与自动化。

　　列宁是泰勒理论的忠实粉丝。该理论的前提是，工人是整个生产体系中效率最低的部分，这与列宁对俄国劳工阶层的看法是一致的。他将泰勒理论中的"科学"方法视为一种规训手段，用可控程度更高、更规范的方式来重塑工人。这些都是现代主义者信念的一部分：机器的力量会改变人类和世界。先锋派艺术家普遍都有梅耶荷德对机械的这种执著。未来主义者对技术的大胆畅想，爱森斯坦和维尔托夫影片中充斥着对机器的着迷，左翼艺术家对工厂生产的赞美，还有构成主义者的工业化设计——从中我们都能看到这一点。列宁鼓励传播泰勒和另一位美国大实业家亨利·福特的思想，后者发明了亲民的 T 型车，当时它正在全俄国热卖，甚至边远地区的乡民也听过亨利·福特的名字（有些人还相信他是将列宁和托洛茨基的工作组织起来的神一般的人物）。

463

泰勒思想最激进的支持者就是阿列克谢·加斯杰夫。在这位布尔什维克心目中，从生产方法到普通人的思维方式，几乎苏维埃俄国的所有方面都要进行机械化。他是梅耶荷德的朋友，而且可能是第一个使用"生物力学"这个术语的人（时间在1922年左右）。[69] 作为"无产阶级诗人"（他的诗人同行尼古拉·阿谢耶夫称他是"工程师、矿工和冶金工人的奥维德"）[70]，加斯杰夫描绘了未来共产主义社会的愿景，在那里人与机器已经融为一体。他的诗歌中回荡着熔炉与汽笛的巨响。它是对"钢铁弥赛亚"的颂歌，这位救世主为我们揭示了人类完全自动化的美妙新世界。

加斯杰夫是1920年成立的中央劳工研究院（Central Institute of Labour）院长，他在那里进行了多项针对工人的训练实验，以使其能够像机器一样工作。上百名统一制服的受训者一排排走进自己的工位，听从机器发出的蜂鸣声命令。比如说，训练工人正确使用锤子的方法，是让他拿着固定在一部特殊机器上并随之移动的锤子，从而内化机器的节奏。同样的过程也应用在使用凿子、锉床等其他基本技能的训练中。加斯杰夫自己承认，他的目的是将工人转变为一种"人体机器人"——机器人（robot）一词来源于俄语（和捷克语）中的动词"工作"（rabotat），这并非巧合。由于加斯杰夫认为机器比人类优越，他将人类机械化看作人类的进步。事实上，他将此视为符合人类进化规律的新阶段。加斯杰夫设想了一个乌托邦，那里"人"将被"无产阶级单位"所取代，每个单位都用A、B、C或者325、075等代号来命名。这些自动人就像是机器一样，"没有个人思想"，只会一味服从控制者。"在无产阶级心理学中，'机械化的集体主义'将取代独立人格。"情绪不再有必要，人们的心理状态也不会再用"叫喊或微笑"来揣度，而是凭借"压力计或速度计"来测度。[71] 这正是扎米亚京在《我们》这部小说中讽刺的天堂。他描绘了一个理性和高科技的未来世界，生活在其中的类机器人不再有名字，只有数字代号，他们生活的所有方面都由大一统王国和统治者大恩主控制。扎米亚京的小说是乔治·奥威尔《1984》的灵感来源。[72]

多亏梅耶荷德的影响，两位大艺术家得以走上银幕。一位是德米特里·肖斯塔科维奇。1928—1929 年他在梅耶荷德的剧场中工作，其间他无疑受到《钦差大臣》剧作的影响，并将果戈理的《鼻子》（1930）改编为话剧。在 1924—1926 年的学生岁月中，肖斯塔科维奇在列宁格勒涅瓦大街的光明胶卷影院（Bright Reel）为默片做钢琴伴奏。[73] 这奠定了他人生的方向。他靠给电影作曲赚外快，从而摆脱了困境（他总共为 30 多部电影做过配乐）。[74]

为电影配乐对肖斯塔科维奇的作曲风格有重大的影响，对整个苏联音乐界也是如此。[75] 苏联管弦乐队拥有大型电影声效和为了吸引大众的动听旋律，这一点非常明显。20 世纪没有任何作曲家的创作数量超过肖斯塔科维奇，也没有任何人写出过比普罗科菲耶夫更动听的旋律——这当然都是为电影作曲带来的效果。尤其是电影中蒙太奇的运用，对作曲提出了新的要求以反映其复调的戏剧性。为了应对帧与帧之间不断的交错剪辑*、场景之间的鲜明结合，以及强调主题与视觉影像的关联，电影需要一种新的节奏处理和更快的平滑过渡。在肖斯塔科维奇不少作品中，影视配乐的特点清晰可辨，比较著名的有《鼻子》的配乐和《第三（"五一劳动节"）交响曲》（1930），其中有快节奏的音乐画面蒙太奇。肖斯塔科维奇曾经解释道，在创作电影配乐的时候，他并没有遵循标准的西方作曲和伴奏原则，而是想方设法将一系列片段用同一理念的音乐贯穿，这样在一定程度上音乐就展现了"影片的本质与主题"。[76] 音乐成为了蒙太奇的一个新元素。这个理想在肖斯塔科

465

---

* 使用蒙太奇的苏联电影镜头数非常多，比方说《十月》就有 3200 个镜头，而 20 世纪 20 年代一般好莱坞电影的镜头平均是 600 个左右。——原注

维奇人生第一部电影配乐——《新巴比伦》（1929）——的创作中得到了最好的诠释。这部电影表现的是1871年巴黎公社的革命事件。正如其导演科津采夫所说，配乐的目的不仅仅是反映或展现行动，而是更主动地将影片背后的情感传达给观众。[77]

梅耶荷德为电影界发掘的另一个新人是诗人马雅可夫斯基，后者写过13部电影脚本，而且还主演过几部电影（他的长相非常英俊）。梅耶荷德与马雅可夫斯基在一战前就是密友。他们对政治和戏剧都持极左观点，这在他们合作拍摄的《宗教滑稽剧》中就能看出来。在1918年首次上演时，马雅可夫斯基在其中饰演"未来人类"一角—— 一个无产阶级的"吊台之神"*。他说，对他本人和梅耶荷德而言，这部剧是"我们对诗歌与戏剧的革命。'宗教'指的是这个行动的伟大，而'滑稽剧'指的是其中的笑声"。[78] 马雅可夫斯基在很多地方挥洒着自己的才华：在诗歌和戏剧电影作品中，他加入了新闻元素，他为电台写歌和讽刺剧，为俄罗斯电报局（ROSTA）画有简短标题的鲁伯克（lubok）风格宣传漫画，还为国有商店写广告词，为大街上随处可见的横幅写标语。他的诗歌弥漫着政治气息，即使是他为情妇莉莉·布里克写的亲密抒情诗也是如此。他最著名的诗作中有很多都是煽动性的，比如寓言诗《一亿五千万》（1921）。这是一部苏联对传统英雄歌谣的模仿，讲述了1.5亿俄国工人的领袖伊凡与西方资本主义大恶棍伍德罗·威尔逊斗争的故事。马雅可夫斯基简洁明快、呵佛骂祖的风格是为俄国量身定做的，这是一个鲁伯克和恰斯图什卡（chastushka，一种简单，往往带点下流的押韵歌曲）在大众中有深厚基础的国家，同时他也在模仿这两种文学形式。

---

* deus ex machina，希腊戏剧中的机器之神，多在滑稽剧中出现，出现后往往使得事情得到好的转机。——译注

前进，我的祖国，

再快些！继续干，

扫除陈旧的垃圾！

同胞们，狠狠打击敌人，

让这怪兽，让这旧的生活方式死绝。[79]

马雅可夫斯基拥抱革命是因为它会让事件加速发展。他渴望一扫"小资产阶级"家庭的"旧生活方式"，而以更崇高、更追求精神的存在。*对旧生活方式的斗争是俄国建立一种更共产主义化生活的核心革命。[80] 马雅可夫斯基痛恨旧生活方式。他痛恨一切陈规。他痛恨一切"舒适家庭"中的鄙俗物件：茶炊、家养橡胶树、小镜框中的马克思肖像、趴在旧《消息报》上的猫、壁炉上装饰用的瓷器，还有歌唱的金丝雀。

马克思从墙上瞧着，瞧着……

冷不防张开了口，

大声疾呼：

"庸俗的丝线缠住了革命队伍！

庸俗的生活比弗兰格尔†更有害。

赶快

扭下金丝雀的脑袋，

否则，共产主义

---

*　生活方式（byt）这个词来源于动词 byvat，意思是发生。但是从 19 世纪开始，存在（bytie）以"有意义的存在"的积极含义逐渐成为俄国智识传统的核心，而 byt 则越发与"旧"生活方式的消极方面联系在一起。——原注

†　彼得·弗兰格尔（Pyotr Wrangel），国内战争期间南俄地区的白军领袖。——译注

《致她与我》, 马雅可夫斯基的长诗《关于这个》的插图, 1923 年, 作者为亚历山大·罗琴科。私人藏品。版权所有者 : DACS 2002。

将会被金丝雀击败！”　＊[81]

　　在他的很多作品中，马雅可夫斯基都谈到他对逃离物质庸俗
世界的渴望（“它会把我们都变得庸俗”），就像夏加尔作品中的人
物一样飞到一个更崇高的精神世界。这就是他的长诗《关于这个》
（1923）的主题。在形式上，它是写给莉莉·布里克的一首抒情诗，
他、她还有她丈夫——左翼诗人和评论家奥西普·布里克——在莫
斯科和彼得堡断断续续地过着三人家庭的生活。在自传中，马雅可
夫斯基说这首诗“是我们生活方式的概括，但素材来自个人”。他
说这首诗是“关于旧的生活方式，我指的是一种从未改变的生活方
式，它是我们最大的敌人”。[82]《关于这个》记录了马雅可夫斯基
在 1922 年 12 月被莉莉·布里克要求分开两个月后的反应。主人公　　468
就是诗人本人，他的爱人莉莉忙于社交和家庭生活，而自己则独居
陋室。他梦到了在 1917 年之前写过的一首诗，在诗中有一个耶稣
一般的人物——那是他后来更纯洁的自己——正在为将要到来的革
命做准备。绝望的主人公威胁要从涅瓦河上的桥上跳下自杀：他对
莉莉的爱让他自己的身份危机越发复杂，因为在他的想象中，她是　　469
与新经济政策时期俄国的“小资产阶级”生活方式联系在一起的，
这会让他偏离真正革命的苦修生活。这种背叛让他想到了叙述者被
钉在十字架上的戏剧性画面，随后又看到了未来共产主义的救赎，
在那里爱情不再是肉体的或私人的，而是一种更高的兄弟之谊。在
诗的高潮，叙述者将自己投射到千年之后的未来，一个博爱的世界，
在那里他请求一位药剂师将自己还阳：

＊　译文出自《马雅可夫斯基诗选：上卷》，飞白译，上海译文出版社 1981 年版，第 139—
　　140 页。——译注

让我复活吧，

我想要过完自己的生活！

为了再没有这样的爱情——

结婚、色欲和金钱。

为了诅咒卧床，

下了寝台，

爱情走遍天下。* [83]

---

* 译文出自《马雅可夫斯基诗选》，卢永编选，人民文学出版社 1998 年版，第 452 页。

——译注

第四节

1930 年，马雅可夫斯基在之前住过的公寓饮弹自尽，时年 37 岁。这所公寓位于莫斯科的卢比扬卡大楼附近，那时布里克一家把他赶了出来。自杀是马雅可夫斯基诗作中反复出现的主题。他为自杀写的遗言就是从一首未命名也未完成的诗中摘选的（略有改动），那首诗很可能写于 1929 年夏天：

> 如他们所说，
> 一个拙劣的故事。爱情之舟
> 在现实面前
> 摔得粉碎。我们的生活
> 恰好已经过够了。
> 那么我们为什么还要无益地
> 用痛苦和侮辱互相指责呢？
> 对活下来的人——我祝福他们。[84]

布里克夫妇将他的自杀解释为"马雅可夫斯基扭曲生活态度不可避免的结果"。[85] 他超越俗世的希望和期待与现实生活发生了激烈的冲撞。最近有证据表明，马雅可夫斯基并非自杀。现已发现莉莉·布里克是政治警察机关内务人民委员会的特工，她负责报告这位诗人私底下的看法。在他的公寓中有一条密道，通过那里别人能够进入马雅可夫斯基的房间，将其射杀后逃脱而不引起邻居的注意。他的密友爱森斯坦的档案中发现了一些笔记，说明马雅可夫斯基一直生活在对被捕的恐惧中。"他必须被消灭——于是他们把他消灭了"，这是爱森斯坦的结论。[86]

　　不管是自杀还是谋杀，诗人之死的意义很明显：苏联文学中再也不会有特立独行者的空间了。马雅可夫斯基的思想毕竟深植于革命前的时代，而他的悲剧也在所有像他一样、将自己的命运和新社会绑在一起的先锋派艺术家身上重复。马雅可夫斯基晚期的作品遭到苏联当局的攻击。《臭虫》（1929）是一部针对苏联作风和新官僚、令人目不暇给的讽刺剧，而肖斯塔科维奇为其作曲，让多个乐队在台上台下交错演奏不同类型的音乐（从古典音乐一直到狐步），更为这炫目的蒙太奇多添了一笔。[87] 媒体攻击这部剧，说它没能以英雄主义来描绘苏联的未来。一位评论者抱怨说："我们就此剧得到的结论是，1979 年社会主义下的生活将会非常沉闷。"（事实上，这正是勃列日涅夫时代的真实写照。）[88] 下一部剧《澡堂》在诗人去世前一个月于莫斯科梅耶荷德剧院首演。这部剧是一场惨败，它对苏联官僚的诙谐批判再一次为他惹来了媒体的挞伐。但是压倒马雅可夫斯基的最后一根稻草是 1930 年 3 月在莫斯科举办的回顾展。这场展览被艺术界人士有意识地回避了。去展览上拜访他的奥尔加·博尔格里茨回忆说，她看到的是一个"表情严峻忧伤的高个子男人，他的手背在后面，独自在空荡荡的展厅中徘徊"。[89] 在为展览工作了整整一晚之后，马雅可夫斯基说他再也

471

得不到他追求的东西了——"嘲笑那些我认为错误的东西……而把真正伟大的诗歌带给工人，这既不是落魄文人的穷酸文章，也不用刻意降低标准。"[90]

俄国无产阶级作家联合会（RAPP）的活动让非无产阶级作家和马雅可夫斯基这样的"同路人"无路可走。在人生的最后几个星期中，为了挽救自己，绝望的马雅可夫斯基解散了左翼战线，加入了RAPP。这个组织于1928年成立，是斯大林工业五年计划的文学组织。它自视为对抗旧知识分子的文化革命的急先锋。在1930年的会刊中，它宣称"苏联文学的唯一目的就是描绘五年计划和阶级战争"。[91]五年计划的目的是开启一场革命，将俄国变成先进的工业化国家，同时让劳工阶层掌握权力。实业界迎来了新一波针对所谓的"资产阶级"管理人员（即1917年之前就担任管理职务的人）的恐怖行动，随后类似的运动也落到了技术和艺术领域的"资产阶级专家"头上。在国家的支持下，RAPP宣称苏联文学的"资产阶级敌人"就隐藏在左翼先锋派之中，并对其展开抨击。在马雅可夫斯基死前仅仅5天，他在一次RAPP的会议上遭到了谴责，批评他的人要求他证明自己的作品在20年后仍然会有人读。[92]

在20世纪30年代初，任何发表个人思想情感的作家都被认为在政治上可疑。首批遭到冲击的是活跃在气氛相对自由的20年代的讽刺作家，其中就有米哈伊尔·左琴科。在五年计划的新政治气氛中，他针对苏联官僚空洞冗长的发言以及集体宿舍糟糕的生活状况所写的道德讽刺作品，突然间就被打成了反苏维埃。此时作家被要求表现积极面，唯一能够讽刺的题材就是苏联的外国敌人。随后米哈伊尔·布尔加科夫也遭到打击，他的果戈理风格的讽刺作品不仅被禁止出版，甚至不许以手抄本的形式流传，比如针对审查制度的《紫红色的岛屿》，以及针对新经济政策时期莫斯科

日常生活的《奇奇科夫冒险记》，苏联仇外的《不祥的蛋》，还有
杰出的喜剧小说《狗心》（讲述一位神似巴甫洛夫的实验科学家将
狗的大脑和性器官移植到人身上的故事）。最后还有安德烈·普拉 472
东诺夫，他是一位工程师和乌托邦式共产主义者（直到他在 1926
年被开除出布尔什维克为止），对苏联所做实验在人身上产生的代
价，他越发感到忧虑，这反映在他一系列非凡的反乌托邦讽刺作品
中。其中有《叶皮凡水闸》（1927），一部适逢其时的寓言，讲述
了彼得大帝进行的一场宏大但最终失败的运河开凿计划；《切文古
尔》（1927），一个讲述追寻纯正共产主义社会失败过程的故事；还
有《基坑》（1930），描述了噩梦般的集体化景象，其中为当地无产
阶级准备的巨大公共宿舍——基坑，最后成为了人的巨大坟墓。这
三部作品都被斥为"反革命"，而且在接下来的 60 多年中都禁止
出版。

　　1929 年，在对扎米亚京和皮利尼亚克有组织的批判运动中，
RAPP 的阶级斗争狂热达到了高潮。两位作家都在国外发表过苏联
国内遭到查禁的作品：扎米亚京的《我们》于 1927 年在布拉格出版，
而皮利尼亚克的《红木》则于 1929 年在柏林出版，是一部对苏联
革命理想的失落提出尖锐批评的作品。但是对他们的攻击不仅限于
对个别作品的批判。鲍里斯·皮利尼亚克时任全俄作家协会（All-
Russian Writers' Union）主席团主席，实际上就是苏联的头号作家，
可能也是苏联读者和模仿者最多的严肃散文作家。*对他的迫害是苏
维埃政权向全体作家发出的明确警告，要求他们严格地服从并和党
保持一致——正如第一个五年计划开始之初就提出的那样。

　　五年计划并不仅仅是一个工业化方案，它更是一场文化革命，

---

* 皮利尼亚克最知名的小说为《荒年》（1921）、《黑面包的故事》（1923）和《机器与狼》
（1924）。——原注

是国家将所有艺术形式动员起来建设新社会的一场战役。根据这项
计划，苏联作家的首要目标就是提高工人的觉悟，通过包含着工人
能够理解的社会内容并从中联系到积极理想的作品，让他们加入"社
会主义建设的战斗"。对 RAPP 这些好战分子来说，只有高尔基这
样根正苗红的作家才能完成这一点，而不是由那些最多不过是"同
路人"的左翼"资产阶级"作家。1928—1931 年之间，约有 1 万名
"作家突击手"——如同"工人突击手"，为了完成计划，他们将带
头冲锋——从工厂中选拔出来，由 RAPP 训练他们为苏联出版社编
写工人自己的故事。[93]

　　高尔基被奉为苏联文学的典范。在 1921 年，他对革命转向暴
力深感恐惧，于是逃到了欧洲。但是他也不能忍受流亡生活：法西
斯主义正在他寓居的意大利崛起，这令他颇为幻灭，于是他说服自
己，一旦五年计划扫除了他认为导致革命失败的农民的落后性，斯
大林治下的俄国就将是更容易忍受的地方。从 1928 年起他开始在
苏联度夏，1931 年之后就永久回国了。这个回头的浪子得到无数的
荣誉：有街道、建筑、农场和学校以他命名，他的一生被拍成了三
部曲电影，莫斯科艺术剧院更名为高尔基剧院，还有他出生的城市
（下诺夫哥罗德）也被改成了他的名字。此外，他还被任命为作家
协会主席，这是皮利尼亚克之前的职位。

　　作为一种临时措施，高尔基一开始支持 RAPP 提拔工人当作家
的尝试，但是很快他就意识到他们的作品质量不高。1932 年 4 月，
中央委员会通过决议解散 RAPP，同时被解散的还有所有其他的独
立文学团体，它们被置于作家协会的统一控制下。高尔基的影响力
在这场突然的方向转变中起到了重要作用，但事情的发展并非如他
所预料。高尔基本来有两个目的：停止由 RAPP 领导的毁灭性的"阶
级斗争"，以及将苏联文学恢复到由托尔斯泰建立的审美原则上来。
1932 年 10 月，在高尔基位于莫斯科的宅邸中进行了一次重要会议，

与会者包括斯大林和其他高层领导人，以及 50 名作家和其他职员。
正是在这场会议上确定了"社会主义现实主义"（Socialist realism）
理论，尽管当时高尔基并没料到日后它会成为苏联所有文艺工作者
要遵循的正统教条。高尔基的理解是，社会主义现实主义将会把 19 474
世纪文学的批判现实主义传统与布尔什维克的革命浪漫主义传统统
一起来。它既要描绘苏联平凡的真实日常生活，也要表现革命的英
雄主义愿景。但是斯大林有自己的理解，正如 1934 年在作家协会
第一次代表大会上所定义的，它意味着文艺工作者应当描绘苏联生
活的应然，而非实然：

> 社会主义现实主义意味着不仅要知道现实本身是什么样的，
> 更要知道它将向何处发展。现实是朝着社会主义发展的，是朝
> 着国际无产阶级的胜利发展的。一位社会主义现实主义者创作
> 的作品，应当表现出自己在生活中看到的，而且在作品中反映
> 出来的矛盾冲突将要导向何方。[94]

根据这套程式，艺术家只能创作出与党对社会主义发展论述严
格一致的作品。[95] 20 世纪 20 年代中，电影眼睛派和其他先锋艺术
家努力扩展观众对自由与可能性的见识，而现在艺术家必须用国家
指定的方式确定视界。新的苏联作家不再是原创艺术作品的创造者，
而只是复述着党自己编写的神话中已经包含着的故事。[96] 苏联作家
在创作小说、塑造人物的时候，现在有了必须要使用的某种"核心
情节"。它的经典形式就是高尔基的早期小说《母亲》（1906），情
节基本就是布尔什维克版的教育小说：年轻的工人主人公加入阶级
斗争，在老党员同志的教育下达到更高的觉悟，对周围的世界以及
为了革命要完成的任务有了更好的理解，最后成为革命道路上的烈
士。之后的小说在这个核心情节上加入了新的元素：德米特里·富

尔马诺夫的《恰巴耶夫》定下了国内战争英雄的模范，而费多尔·格拉特科夫的《水泥》*和奥斯特洛夫斯基的《钢铁是怎样炼成的》则将共产主义产业工人提升到了普罗米修斯的高度，他们能够征服面前的一切，甚至是自然界最难以驾驭的力量——只要是在党的指挥下。但是小说家能讲的故事基本上都严格限定在党的革命史内；而且即使是地位很高的作家，如果不遵循这歌功颂德的一套，也要被迫修改自己的作品。†

475

对见多识广的西方读者来说，这看来无疑是对文学地位的扭曲。但是在斯大林治下的俄罗斯却不是这样，在那里阅读群体的主体对文学创作的惯例都很陌生，而且也很少意识到真实世界与书中世界的区别。人们接触文学，就像他们曾经可能接触圣像或圣徒传记那样，是相信其中蕴含着指导他们生活的道德真理。德国作家利翁·福伊希特万格在1937年访问莫斯科时，曾这样评论苏联大众阅读的这个奇怪特点：

> 苏联人民对阅读的渴望完全是不可想象的。新闻、期刊、书籍——然而这些对人们阅读炙热的渴望来说简直是杯水车薪。阅读是日常生活的一项主要活动。但是对苏联的读者来说，似乎他们生活的现实与在书中读到的世界并没有清晰的划分。读者看待书中的主人公就好像他们是真实存在的人一样。他会与他们争论，会谴责他们，甚至还会把现实代入到书中描绘的事件和人物上去。[97]

---

* 1930年即由上海启智书局出版（译名作《士敏土》），译者董秋斯、蔡咏裳。——译注

† 最著名的例子就是亚历山大·法捷耶夫。1946年他以《青年近卫军》获得了斯大林奖，这是一部关于二战期间乌克兰沦陷区地下青年组织的半纪实作品。在出版社批评他低估了党的领导地位之后，法捷耶夫被迫在小说里加进了新的材料。1951年出版的这个增订本后来被奉为社会主义现实主义的经典文本。——原注

以赛亚·伯林在 1945 年访问苏联时，也注意到这一对待文学的态度：

> 严格的书刊审查以及更多别的措施，打击了充斥西方火车站报刊摊的那些色情书刊、粗制滥造的惊险小说，使苏联读者和剧院观众比我们更纯洁、更直率和更朴素。我注意到，上演莎士比亚、谢里丹或格里鲍耶多夫的戏剧时，观众（其中一些明显是乡下人）很容易为舞台上的演出所触动……会赞成或不赞成地大声议论；有时，观众情绪之强烈，在西方来访者看来既新鲜又令人感动。* [98]

在电影院中，国家一直关注艺术应扮演道德教化角色，这对社会主义现实主义电影的崛起相当关键。在五年计划开始之后，党对先锋派导演表现出了不耐烦，他们的高智商电影从来没有真正吸引到大量观众。调查表明，苏联公众更偏爱外国的动作冒险电影或爱情喜剧，而不是维尔托夫或爱森斯坦的宣传片。[99] 党在 1928 年召开了一次电影会议，会上强烈要求电影在动员大众对五年计划和阶级战争的热情上应起到更积极的作用。20 世纪 20 年代的先锋派导演——维尔托夫、普多夫金和库里肖夫——都被谴责为"形式主义者"，也就是更关心电影的艺术价值，而非制作出让"成千上万的观众能够理解"的影片的知识分子。[100] 爱森斯坦的《十月》恰好在会议召开前夕上映，在大会上遭到激烈攻击，因其执著于"形式主义"的蒙太奇手法、没有英雄形象的主人公以致大众难以产生认同，以及列宁演员的选角（由一名叫尼坎德罗夫的工人扮演）。这个演员表现非常木讷，被认为极大地伤害了党的感情。另外，由于

476

＊ 译文出自《个人印象》，以赛亚·伯林著，林振义等译，译林出版社 2013 年版，第 198 页。

——译注

影片中描绘了十月起义的军事领导人托洛茨基——他在会议召开之前三个月刚被开除出党，这更是严重伤害了斯大林同志的感情，他在工作室预览了这部影片后就命令把他自己的影像剪掉。[101]

然而，由卢那察尔斯基的教育人民委员会控制的苏联电影托拉斯，索夫影业（Sovkino）也同样遭到大量批评，原因是它没能提供有吸引力而更健康向上的苏联电影，以替代从国外进口的低俗娱乐影片。作为国家的宣传工具，苏联电影必须面向大众。"我们的电影在意识形态上要百分百正确，同时在商业上也要百分百成功。"一位党的官员如此发言。[102]

1930 年，索夫影业最终被解散，同时消失的还有 20 年代繁盛一时的独立工作室。整个苏联影业都被国有化，受一家庞大的国有企业——全苏电影业联合公司（Soiuzkino）的统一指导。它的主要领导干部鲍里斯·舒米亚茨基于是成为苏联电影界的最高权威（直到他于 1938 年被打成"托洛茨基分子"而被逮捕处决为止）。当然，钟爱电影的斯大林经常会在克里姆林宫的影院里观看电影，他总是非常关注最新电影，而且不时干涉电影的制作。* 舒米亚茨基掌管的就像是"苏联的好莱坞"，它在莫斯科、基辅、列宁格勒和明斯克都有巨大的电影工作室，源源不断地产出纯正苏维埃的音乐剧、爱情喜剧、战争冒险片和《恰巴耶夫》（1934）——这是斯大林最喜欢的一部电影†——等模仿西方的前线电影（"东线电影"）。舒米亚茨基还为电影业也制定了五年计划，规定仅 1932 年就至少要制作 500 部影片。它们都必须要符合新的意识形态指导，要求用出身无

477

---

* 在 1938 年爱森斯坦的《亚历山大·涅夫斯基》剪辑的最后阶段，斯大林要求看一看粗剪版。这位电影制作人急急忙忙地赶往克里姆林宫，结果忘了一个分本。斯大林很喜欢这部电影，但是因为没人敢告诉他这不是完整版，于是上映的时候也就缺了这个分本的部分。

——原注

† 斯大林能够背诵出片中的大段对话。——原注

产阶级的正面英雄人物来描绘苏联生活乐观向上的一面。为了保证
所有这些娱乐产品都政治正确，电影生产由受党管理的制片人和剧
本编辑部负责。"生活越来越欢乐了，同志们。"这是斯大林的一句
著名评语。但是只有某些笑声才是允许的。

　　这正是爱森斯坦1932年回国时的大环境。之前3年他一直在
国外，以半异见分子的身份传播苏联电影。他先去了欧洲，然后到
好莱坞学习新的有声电影技术，还签了几份从没开拍的电影的合
同。他享受西方社会的自由，无疑很害怕回到苏联，当时在舒米亚
茨基对"形式主义者"的批判中，要数对他的最激烈。斯大林谴责
爱森斯坦叛逃西方。人民内务委员会强迫他可怜的母亲求他回国，
威胁说如果他不服从就对她进行惩罚。在回国后的头两年，他提议
要拍几部电影，但是都被全苏电影业联合公司拒绝了。他于是退而
求其次，在莫斯科国立电影学院寻了个教职，而且虽然他（在公开
声明中）赞扬当时市面上的平庸电影，但他一直坚持自己拍过的电
影没有问题。当1935年党的第二次电影会议要求他做自我批评时，
他拒绝了。[103]

　　在必须制作出一部符合社会主义现实主义模式影片的压力下，
1935年爱森斯坦接受了苏联共青团（Komsomol）的一份委托。这
部电影的场景取自屠格涅夫的《白净草原》——当然除了题目以外
也就没什么交集了。它本是《猎人笔记》中的一章，关于一群农家
男孩探讨死亡的超自然预兆。这部影片的灵感实际上来自帕夫利
克·莫罗佐夫的故事。在斯大林政权对他生平的宣传中，这位小英
雄生在一个偏远的乌拉尔山村，父亲是村苏维埃主席，在他揭发
父亲作为富农反对苏联集体化运动后，就被"富农"杀害了。* 在

478

---

* 　实际上，莫罗佐夫是被人民内务委员会杀害的，之后他们还为了宣传目的处决了37名富
农村民，把杀害这个男孩的罪名安在他们头上。欲了解完整故事，请阅读 Y. Druzhnikov,
Informer 001: The Myth of Pavlik Morozov (New Brunswick, 1997)。——原注

1935 年之前，对莫罗佐夫的崇拜达到了高峰：有为他创作的歌曲和诗作，甚至还有一部配备全套管弦乐队和合唱团的清唱剧。这无疑让爱森斯坦相信，拍摄关于他的电影很安全。但是他对这部影片的理念被认为是不可接受的。他将一个人与人的故事转化为不同典型、新与旧之间的冲突，而且在一个表现共产党人通过拆毁教堂来瓦解富农破坏者抵抗的场景中，他近乎在暗示集体化运动是毁灭性的东西——这是很危险的想法。1936 年 8 月，就在他已经完成大部分影片拍摄工作时，舒米亚茨基命令他重写剧本。在剧作家伊萨克·巴别尔的帮助下，他于当年秋天重新拍摄。教堂场景被剪掉，加进了一段向斯大林致敬的演说。但是在 1937 年 3 月，舒米亚茨基下令这部影片全面停工。在《真理报》的一篇文章中，他谴责爱森斯坦将集体化运动描绘为善恶之间的根本斗争，而且谴责这部影片的"形式主义"倾向以及宗教化的角色。[104] 爱森斯坦被迫发表了一份对自己错误的"坦白书"，虽然这篇文章的形式，让那些看重其观点的作者都能看出来：这是对苏联领导方式的讽刺与批判。这部影片的底片都被烧毁了——除了几百张有非凡美感的静物照片，1948 年爱森斯坦去世后才在他的个人档案中发现。[105]

　　对《白净草原》的压制属于长期以来对先锋艺术的抵制。1934 年，在第一次作家代表大会上，党的领导人卡尔·拉狄克——前托洛茨基分子，现在要以证明自己是个优秀的斯大林主义者来将功折罪——谴责了对爱森斯坦和所有苏联先锋派都有巨大影响的詹姆斯·乔伊斯。拉狄克这样描述《尤利西斯》："爬满蛆虫的粪堆，还有人拿着摄影机透过显微镜去拍它。"[106] 这无疑是在暗指《战舰波将金号》中那个著名的蛆虫场景，其中爱森斯坦透过指挥官的单筒望远镜来放大拍摄这些恶心人的幼虫。之后在 1936 年 1 月，《真理报》发表了一篇文章漫骂肖斯塔科维奇的歌剧《姆钦斯克县的麦克白夫人》。之前这出歌剧已经取得了巨大成功，自 1934 年于列宁格勒首

映以来，在俄国和西方都上演了数百次之多。这篇匿名文章《混乱
而非音乐》无疑得到克里姆林宫的全力支持，而且有证据显示，这
篇文章是列宁格勒市委书记安德烈·日丹诺夫在斯大林的亲手指导
下写就的，就像当时流言说的那样。在这篇文章发表前几天，斯大
林刚看过这部歌剧，明显很不喜欢它。[107]

> 从歌剧一开始，听众就会震惊于那故意制造的不和谐、令
> 人困惑的音乐。旋律片段和没说完的话刚出现，就再次消失在
> 嘈杂声、摩擦声和尖叫声中……这种音乐……带给这部剧的——
> 只是"梅耶荷德风格"中最负面特征的不断重复。好，我们现
> 在没有自然的人类音乐，却有了"左倾分子"的杂乱噪音……
> 这种倾向对苏联音乐的危害是显而易见的。左倾分子对歌剧的
> 扭曲，与他们对绘画、诗歌、教育和科学的扭曲有着同样的来源。
> 小资产阶级的新玩意导致了与真正的艺术、科学和文学的断裂
> ……这些都既原始又鄙俗。[108]

虽然这个批评不仅仅针对肖斯塔科维奇，但可以肯定的是，它对他
产生了毁灭性的影响，以至于他再也不敢写歌剧。这是一场对所有
现代派艺术家的冲击，包括绘画、诗歌、戏剧以及音乐领域。尤其
是梅耶荷德，他勇敢自信地公开站出来为肖斯塔科维奇辩护，反对
党对艺术的僵化影响，结果却遭到猛烈批判。苏联媒体将他斥为"异
类"。尽管为了自救，梅耶荷德在1937年将社会主义现实主义经典
《钢铁是怎样炼成的》搬上了舞台，他的剧院还是在次年年初被关闭。
斯坦尼斯拉夫斯基对这位以前的学生伸出了援手，1938年3月邀
请他加入自己的歌剧院，虽然两位导演在艺术风格上大相径庭。斯
坦尼斯拉夫斯基于当年夏天去世后，梅耶荷德就成了该剧院的艺术
指导。但是在1939年，他被人民内务委员会逮捕并遭到严刑拷打，

480

要他"坦白交代"。在冰冷刺骨的 1940 年初，他被枪杀。[109]

　　新一轮对先锋派的打击卷入了文化政策的一场反动中。随着 20 世纪 30 年代走入尾声，苏联政权完全放弃了建立与旧文化区别开来的"无产阶级"或者说"苏维埃"式文化的努力。反之，它推动了 19 世纪民族传统的回归，当然是以"社会主义现实主义"这种形式加以重现。重提"俄罗斯民族经典"是斯大林政治谋划中的一个重要方面，在其统治的那一剧变年代，它通过文化创造出一种稳定的现象，尤其是要高举自己那一套民族艺术旗帜，来抗衡"外国"先锋派的影响。在所有艺术门类中，19 世纪的经典都被奉为苏联艺术家应当效仿的榜样。阿赫玛托娃等现代作家的作品无人问津，而普希金、屠格涅夫、契诃夫和托尔斯泰（虽然不包括陀思妥耶夫斯基 *）的全集倒是数以百万计地出版，以满足新一批读者的需要。风景画本来在 20 世纪 20 年代几乎濒临绝种，结果突然成了社会主义现实主义美术的宠儿，尤其是展现苏联工业征服自然世界壮举的画。这些风景画遵循的都是 19 世纪末画家的风格，比如列维坦、库茵芝 † 和巡回展览画派，有些年龄大些的画家年轻时还可能跟他们学过画。正如伊凡·格隆斯基所评论（以《消息报》编辑向来的直率作风），"社会主义现实主义就是为工人阶级服务的鲁本斯、伦勃朗和列宾"。[110]

　　在音乐上，苏联政权也将时钟拨回到 19 世纪。格林卡、柴可

481

---

* 陀思妥耶夫斯基为列宁所鄙夷（虽然他也没读过），后者有一段对《群魔》——其中有对俄国革命精神的精妙批判——的著名批评，说它是"反动的垃圾"。除了卢那察尔斯基以外，没有苏联领导人希望把他的作品奉为文学经典，甚至高尔基也不想要他。因此在 20 世纪 30 年代，他的书印数很少，在 1938—1941 年间不过卖出了大约 10 万册。与此相比，托尔斯泰的书则卖出了 500 万册。只是在赫鲁晓夫的解冻运动之后，陀思妥耶夫斯基的作品才开始增印。1956 年为纪念其去世 75 周年出版的十卷本《陀思妥耶夫斯基作品集》印了 30 万册——但以苏联标准来看，这还是相当少的。——原注

† Arkhip Kuinji（1842—1910），19 世纪俄国风景画家，巡回展览画派的重要成员。列宾称他为"善绘诗意光辉的艺术大师"。——译注

夫斯基和"强力五人组"在 20 世纪 20 年代的先锋作曲家那里虽然
失宠，但现在又成了苏联所有未来音乐的典范。19 世纪宣扬民族艺
术的斯塔索夫，他的作品现在又被擢升为经典。斯塔索夫支持在艺
术作品中加入民主的内涵和进步的目的或理念，这在 20 世纪 30 年
代被利用来为社会主义现实主义艺术张目。他对佳吉列夫和欧洲先
锋派世界主义的反对，被苏联拿来为其反对现代主义"异类"的运
动服务。*这是对这位艺术评论家观点的极大歪曲。斯塔索夫是西化
主义者。他希望将俄国文化提升到西方的高度，让双方能够平等地
交流接触。他的民族情怀从不排斥欧洲的影响。但是在苏维埃政权
的手中，他成了大俄罗斯沙文主义者，是西方势力的反对者，是宣　　482
扬苏共领导人对俄国文化优越性信念的先知。

　　在 1937 年，普希金逝世一百周年是苏联当时的一件大事。全
国四处举行节庆活动：地方小剧院上演他的戏剧，学校组织特别庆
祝活动，共青团员去诗人生平行迹所至之处朝圣，工厂组织起学习
小组和"普希金"俱乐部，集体农庄也在举办嘉年华活动——会上
还有人装扮成普希金童话中的角色（有一个地方不知道为啥出现
了拿机关枪的恰巴耶夫）。当时拍摄了几十部关于普希金生平的电
影，建起多座以他命名的图书馆和剧院，还有不少街道、广场、剧
院和博物馆也都改以他命名。[111] 普希金作品出版也惊人地繁盛起
来。在这场狂欢中，他的作品卖出了 1900 万册，计划于 1937 年推
出的新版普希金全集也接到了上千万份预订——虽然由于大清洗以
及频繁的工作人员流失，这部全集直到 1949 年才完成。在《真理
报》宣布普希金是"半神之人"，以及中央委员会颁布法令授予他"俄

＊　比如说，在 1952 年出版的三卷本《斯塔索夫作品集》前言中，苏联的编辑惊人地宣称"本
　　书材料选取的原则，是由我们要展现斯塔索夫对帝国主义学院派的世界主义的斗争这一
　　点决定的。在 19 世纪的帝国主义学院派中，充斥着鼓吹'为艺术而艺术'的先知、唯美
　　主义、形式主义和艺术的堕落"。——原注

国文学语言的缔造者"、"俄国文学之父"甚至还有"共产主义奠基人"荣誉称号之后,对普希金的崇拜达到狂热的顶点。[112] 安德烈·普拉东诺夫在《我们的普希金同志》中写道,普希金已经预见到了十月革命的到来,因为俄罗斯民族的精神在他的心中像"火红的煤块"一样熊熊燃烧,这种精神在整个 19 世纪不断闪现,最终在列宁的灵魂中燃起了新的火焰。[113]《真理报》宣称,因为普希金是一位为所有人写作的纯正民族主义诗人,他的祖国就不再是旧俄国,而是苏联和全人类。[114]

"只有在这个国家中,诗歌才受到尊重,"曼德尔施塔姆在 20 世纪 30 年代对朋友们说,"再也没有一个地方有更多的人为它而死。"[115] 就在苏维埃政权不断树立着普希金纪念碑的同时,它正在解决着普希金的文学后辈。在参加了 1934 年第一届作家大会的 700 名作家里,只有 50 人活到 1954 年的第二届大会。[116] 斯大林救了布尔加科夫,喜爱帕斯捷尔纳克(两人尽可以被打成反苏维埃分子),但是也毫不犹豫地谴责 RAPP 中党的写手和左翼作家。他阅读严肃文学(诗人杰米扬·别德内依很讨厌借书给他,因为他还的书上面总有油乎乎的指纹)。[117] 他知道诗歌在俄国的力量。在 1934 年运动全面发动之后,他转向了更强有力的控制措施。转折点就是 1934 年列宁格勒州委书记谢尔盖·基洛夫被谋杀。他支持更温和的政策,因而比斯大林更受欢迎,而且之前也有过将他推上台的密谋活动。斯大林利用这次谋杀发动了一场针对苏维埃政权所有"敌人"的大规模运动。这场运动在 1936 年 8 月对布哈林、加米涅夫和季诺维也夫这三位布尔什维克领导人摆样子的公审时达到高潮,直到 1941 年俄国卷入二战之后才停止。阿赫玛托娃将 20 世纪 30 年代初的日子称为"素食年代",因为跟随后的年代相比,这段时间造成的伤害要少得多。[118]

曼德尔施塔姆第一个被打倒。1933 年 11 月他写过一首关于斯大林的诗，还秘密地读给朋友们听过。这是他写过的最简单、最直截了当的诗句，他的遗孀娜杰日达解释说，这表明曼德尔施塔姆希望让这首诗能为所有人读到和读懂。"在我心目中，这是从他的整个人生和全部作品中自然流溢出的一个姿态，一种行动……他希望在死前能够用毫不含糊的语言，把自己对周围发生之事的想法表达出来。"[119]

我们生活着，感受不到脚下的国家，
十步之外便听不到我们的谈话，
在某处却只用半低的声音，
让人们想起克里姆林宫的山民。
他肥胖的手指，如此油腻，
他的话，恰似秤砣，正确无疑，
他的大眼睛　含着笑
他的长筒靴总是光芒闪耀。

他的身边围着一群细脖儿的首领，

484

他把这些仆人玩弄。
有的吹口哨，有的学猫叫，有的在哭泣，
只有他一人拍拍打打　指天画地。
如同钉马掌，他发出一道道命令——
有的钉屁股、额头，有的钉眉毛、眼睛。
至于他的死刑令——也让人愉快
更显出奥赛梯人宽广的胸怀。*[120]

---

*　晴朗李寒译，有删改。——译注

1934 年 5 月秘密警察冲进曼德尔施塔姆一家在莫斯科的公寓时，阿赫玛托娃正好拜访他们。"他们搜了一整晚，"她在一部关于曼德尔施塔姆的回忆录中说，"他们四处找诗，他们把手稿从箱子里扔了出来，仔仔细细地查。我们都坐在一个房间里。当时非常安静。隔壁基尔萨诺夫的公寓里传来了尤克里里的声音……他们在早晨七点把曼德尔施塔姆带走了。"[121] 在卢比扬卡大楼接受审讯时，曼德尔施塔姆毫不避讳自己那首诗（他甚至还给审讯者把诗写了下来），可能因为他已经猜到自己会被直接送到西伯利亚的集中营。但是斯大林的决定却是"隔离审查"。[122] 布尔什维克领导人尼古拉·布哈林站在曼德尔施塔姆一边进行了干涉，警告斯大林"诗人总是正确的，历史是站在他们一边的"。[123] 还有帕斯捷尔纳克，在尽量不把自己也卷进去的前提下，当斯大林给他家里打电话的时候他也尽全力为曼德尔施塔姆辩护。[124]

曼德尔施塔姆一家被流放到莫斯科以南 400 公里的沃罗涅什，在 1937 年回到了莫斯科地区（但还是不许进城）。当年秋天，他们一家无处可去，于是就去列宁格勒拜访阿赫玛托娃，睡在喷泉宫她房间的大沙发上。在这最后一次来访中，阿赫玛托娃为奥西普·曼德尔施塔姆——她几乎把他看做自己的孪生兄弟——写了一首诗，关于那座他们两人同样深爱的城市：

> 不是那座因美丽而赢得桂冠的
> 欧洲的首都——
> 而是叶尼塞窒息的流放地，
> 是换乘到赤塔，
> 到伊希姆，到那干旱的伊尔吉兹，
> 到那光荣的阿克巴萨尔，
> 是押解到斯沃博德内劳改营，

485

　　　　　　在腐烂的木板床死尸的气味里——

　　　　　　这个城市以它幽蓝的子夜

　　　　　　呈现给我，

　　　　　　它，被第一位诗人讴歌，

　　　　　　被我和你——两个罪孽深重的人赞美。* [125]

　　6 个月后，曼德尔施塔姆再次被捕，并被判处到西伯利亚东部科雷马河畔进行 5 年劳动改造——对身体羸弱的他来说，这无异于死刑。一路上他渡过了叶尼塞河、赤塔的小城还有斯沃博德内。1938 年 12 月 26 日，他在符拉迪沃斯托克附近的转运营因心脏病发作去世。

　　在关于曼德尔施塔姆的回忆录中，阿赫玛托娃回忆了最后一次看到这位朋友的情景，那时他已经被剥夺了一切，而且即将被捕："对我来说，他不仅仅是一个伟大的诗人，更是一个伟大的人，在发现了这座丰坦卡河上的房子对我来说是多么糟糕［很可能是从纳迪娅（娜杰日达）那里知道的］以后，就在莫斯科火车站告别时跟我说：'阿努舒卡（他以前从没这么叫过我），要一直记得我的家就是你的家啊。'" [126]

　　曼德尔施塔姆那首获罪之诗，一定程度上也导致了 1935 年阿赫玛托娃的儿子列夫·古米廖夫被捕。自从 1921 年父亲去世后，列夫一直和几位亲戚一起住在莫斯科以南 250 公里的别热茨克城，1929 年他搬进了普宁在喷泉宫的公寓。1934 年，在多次申请后他终于进入列宁格勒大学历史系学习（之前每一次都因为"家庭背景"问题被拒）。一个春天的晚上，列夫在喷泉宫吟诵起了曼德尔施塔姆的那首诗——就像很多其他人一样，他能把这首诗背下来。但是当晚在他的同学朋友中，有一个是人民内务委员会的密探，于是他

----

*　晴朗李寒译。——译注

和普宁一起于 1935 年 10 月被捕。阿赫玛托娃几乎发了疯。她冲到莫斯科，帕斯捷尔纳克帮忙给斯大林亲自写了一封信，列夫这才被放出来。这不是列夫第一次被捕，也不是最后一次。他从来没有参加任何反苏联的煽动活动。事实上，他唯一的罪过就是生为古米廖夫和阿赫玛托娃的儿子。如果被捕，那他也只是用来确保他母亲对苏维埃政权保持默许态度的人质而已。她与曼德尔施塔姆的亲密关系足以让当局对她心生疑窦。

　　阿赫玛托娃自己在 1935 年也受到人民内务委员会的严密监视。特工们会跟踪她，拍下进出喷泉宫的访客来为逮捕她做准备——档案已经披露了这一点。[127] 阿赫玛托娃很清楚自己身处险境。在列夫被捕之后，她觉得可能还会对普宁的公寓来一次全面搜查，于是烧掉了自己的大量手稿。[128] 就像所有集体宿舍一样，喷泉宫里遍布人民内务委员会的告密者——这可不是领薪水的官员，都是些普通住户而已，他们要么是感到害怕，想要展示自己的忠诚，要么与邻居有些小矛盾，或者觉得这样也许能得到更大的居住空间。集体宿舍糟糕的生活条件带出了在其中受苦之人内心中最阴暗的一面。当然也有大家相处融洽的集体宿舍，但是总体来说，人们的实际生活状况与共产主义理想还差着十万八千里。邻里会为各种事情争吵：个人财物、从公用厨房消失的食材、吵闹的情侣、彻夜不停的音乐等，而且每个人都处在紧张的偏执狂状态中，于是邻里纠纷很容易就会导致向内务委员会的揭发。

　　列夫在 1938 年 3 月再次被捕。他在列宁格勒的克列斯特监狱被关了 8 个月，受尽折磨，随后被判处在俄罗斯西北部的白海运河工地做 10 年苦工。*这正是此次运动的高潮期，上百万人就此消失。在这 8 个月里，阿赫玛托娃每天都会加入克列斯特监狱门前的长队，

---

* 判决后来改成在诺里尔斯克集中营劳改 5 年。——原注

就像很多等待着通过小窗将包裹或信件传进去的俄罗斯女人一样。如果东西被收下，她们就能稍稍宽慰地离开，因为她们知道自己所爱的人还活着。这就是她的诗作《安魂曲》漫长的创作周期所处的背景（写于 1935—1940 年间，1963 年在慕尼黑首次出版）。

正如阿赫玛托娃在她简短的《代序》（1957）中所解释的：

> 在那令人担惊受怕的叶若夫年代，有 17 个月我是在排队探监中度过的。一天，有人把我"认出来了"。排在我身后那个嘴唇毫无血色的女人，她虽然从未听说过我的名字，却突然从我们大家特有的麻木状态中苏醒过来，在我耳边低声问道（在那个地方人人都是悄声说话的）：
> "您能把这个都写出来吗？"
> "能。"我说。
> 于是，在她那曾经是一张脸的部分掠过一丝似乎是微笑的表情。*[129]

在《安魂曲》中，阿赫玛托娃在为人民发声。这首诗是她艺术发展的一个决定性时刻，从描写私人体验的抒情诗到"亿万人民用我的呼喊抗议"——用《安魂曲》里的话说。[130] 这首诗有很强烈的个人色彩，但是它也表达了每一个失去爱人的人所感受到的痛苦。

> 这事情发生的时候，
> 唯有死人才会高兴，
> 高兴他获得了安宁。
> 列宁格勒像多余的废物，

---

* 野里译，见 https://www.douban.com/note/353275355/，下同。——译注

> 在自己的监狱周围彷徨，
>
> 被判罪的人走着，成队成行，
>
> 苦难的折磨使他们神情癫狂，
>
> 火车的汽笛短促地
>
> 把离情别绪吟唱。
>
> 在沾满鲜血的皮靴下。
>
> 在囚车黑色的轮胎下，
>
> 无辜的罗斯在痛苦挣扎，
>
> 死亡的星辰高悬在我们头上。[131]

正是从此时开始，阿赫玛托娃留在俄国的决定有了意义。她与同胞一同感受着苦难。她的诗已经成了一座纪念碑——为死者作的悼词，在朋友间低吟的符咒。它以某种方式对苦难达成了救赎。

> 不，我并非在异域他邦，
>
> 也不是在别人的羽翼下躲藏——
>
> 我当时是和我的人民一起，
>
> 处在我的人民不幸而在的地方。[132]

488

第五节

在 20 世纪 40 年代末的某个时候，阿赫玛托娃与娜杰日达·曼德尔施塔姆一起在列宁格勒漫步，她突然评论道："想想吧，我们生命最好的岁月正值夺去无数人生命的战争年代，我们在忍饥挨饿，我的儿子还在劳动改造。"[133] 对任何一位像她一样经历过恐怖时期的人来说，第二次世界大战肯定就像一次解脱。正如《日瓦戈医生》结尾中戈尔东对杜多罗夫所说的那样："当战争爆发后，它真正的危险和死亡的威胁同不人道的谎言统治相比，反而让人们感到放松，因为它们打破了僵死语言的魔咒。"[134] 人们被允许而且不得不以在战前不可想象的方式行动。他们自行组织了民防队。出于情形所需，人与人之间的敌意和戒心放松了。从这种自发活动中，一种新的民族感产生。帕斯捷尔纳克日后写道，战争是"一段富有活力的岁月，在这个意义上，也是人们重获共同体意识的一段自由欢乐的时光"。[135] 他自己在战时的诗篇充盈着对共同体的感情，就好像这场斗争已经剥去了国家，而显露出俄罗斯民族性的内核：

> 通过这场与过去的断裂，
> 还有战争与贫困的岁月，
> 默默地，我认识到
> 俄罗斯不可模仿的特性。
>
> 克制住对她的爱，
> 我怀着敬仰观察
> 老妇、居民
> 学生和锁匠。[136]

1941 年 6 月 22 日，德军跨过苏联边境时，外交部长维亚切斯拉夫·莫洛托夫发表了广播讲话，谈到了正在迫近的"为了祖国、荣誉和自由的爱国战争"。[137] 第二天，苏联的主要军方报纸《红星报》称其为"神圣之战"。[138] 值得重视的是，共产主义在苏联战时宣传中消失了。苏联以俄罗斯的名义，以苏联"民族大家庭"的名义，以泛斯拉夫情谊的名义，或者以斯大林的名义而战，但从来不说以共产主义的名义而战。为了动员支持力量，苏联政府甚至还与俄罗斯教会合作。对仍在从集体化运动的灾难性影响中恢复的农村居民来说，由教会进行爱国宣传更可能奏效。1943 年选出了自 1917 年以来首位大牧首，同时还重新开放了一所神学院和若干所宗教学校。在经历了多年压制之后，教区教堂终于被允许恢复某些属灵生活。[139] 苏联为多名俄国历史上的军旅英雄奏响赞歌，包括亚历山大·涅夫斯基*、

489

---

*　亚历山大·涅夫斯基（Alexander Nevsky, 1220？—1263），13 世纪诺夫哥罗德大公，曾击退瑞典人和日耳曼人的侵犯，并对来势汹汹的蒙古征服者采取怀柔政策，保持了俄罗斯的统一。——译注

德米特里·顿斯科伊[*]、库兹马·米宁和德米特里·波扎尔斯基[†]、亚
历山大·苏沃洛夫[‡]还有米哈伊尔·库图佐夫——把他们拿出来宣传
是为了提振抗敌御侮的士气。当时拍摄了一些关于他们生平的电影，
还设立了以他们命名的军事勋章。历史成为伟大领袖的故事，而不
是阶级斗争的图谱。

　　俄国艺术家在战争年代享受到了新的自由和信任。原本那些不
受苏维埃政权喜欢，甚至禁止其作品出版的诗人突然收到前线士兵
的来信。在整个恐怖年代，他们从没被读者忘掉，而且看来他们也
从没真正丧失精神权威。以赛亚·伯林 1945 年访问俄国时被告知：

> 勃洛克、勃留索夫、索洛古布、叶赛宁、茨维塔耶娃和马
> 雅可夫斯基的诗歌被战士、军官甚至是政治委员们广泛阅读和
> 背诵。曾经长期生活在某种国内流放状态中的阿赫玛托娃和帕
> 斯捷尔纳克，收到的前线来信数量惊人，这些来信引用他们的
> 诗歌，既有公开出版的，也有从未发表过的，多半以手抄本形
> 式私下流传；有索取亲笔签名的，有求证手稿真实性的，有寻
> 求作者对各种问题表态的。[§] [140]

---

* 德米特里·顿斯科伊（Dmitry Donskoi，1350—1389），莫斯科大公，1380 年在顿河流域
　的库里科沃击败金帐汗国，打败了蒙古人不可战胜的神话。"顿斯科伊"意为顿河英雄。
　　　　　　　　　　　　　　　　　　　　　　　　　　　　　——译注

† 库兹马·米宁（Kuzma Minin，？—1616）和德米特里·波扎尔斯基（Dmitry Pozharsky，
　1577—1642）是俄罗斯民族英雄。米宁本为下诺夫哥罗德的肉商，在 17 世纪初俄罗斯政
　局动荡的"混乱时期"挺身而出，组织了对抗波兰侵略者的民间武装，邀请忠于沙皇的
　贵族波扎尔斯基公爵率领，1612 年收复了莫斯科。红场前有两人的塑像。——译注

‡ 亚历山大·苏沃洛夫（Alexander Suvorov，1729—1800），俄国著名统帅和军事思想家，
　曾参加七年战争、两次俄土战争和对波兰的进军等 60 多次战役，取得了全胜的战绩。著
　有军事学名著《制胜的科学》。——译注

§ 译文出自《个人印象》，译林出版社 2013 年版，第 196 页。——译注

左琴科一年就收到了大约 6000 封来信。其中很多读者都说自己经
常想到自杀，向他寻求精神上的帮助。[141] 最后，这些作家的道德
价值让党的官僚刮目相看，于是其境况逐渐有了改善。国家允许出
版阿赫玛托娃早期抒情诗选《六篇集》。这本诗集第一版只印了 1
万册，1940 年夏天上市的时候就排起了长队。列宁格勒当局害怕了，
于是市委书记安德烈·日丹诺夫下令将这本书下架。[142]

　　在爱国主义诗歌《勇敢》（1942 年 2 月在苏联媒体刊载）中，
阿赫玛托娃将战争展现为对"俄罗斯语言"的捍卫——这首诗给亿
万战士带来勇气，他们念着这首诗走向战斗：

> 我们知道，现时什么置于天平，
> 现时发生了些什么事情。
> 我们的时钟敲响勇敢的时辰，
> 勇敢绝不会把我们抛弃。
> 躺到致命的流弹下毫不惊悸，
> 无容身之所也毫不痛苦——
> 俄罗斯语言，我们保护你，
> 伟大的俄罗斯的词语。
> 我们带给你自由与明晰，
> 传给子孙们，使免于奴役
> 永远！ [143]

　　在战争的前几个月里，阿赫玛托娃加入了列宁格勒的民防队。
"我记得她出现在丰坦卡河畔房子附近的旧铁轨附近，"诗人奥尔
加·博尔格里茨写道，"她脸色严峻，面露怒容，肩膀上系着一个
防毒面具。她像普通士兵一样轮流进行防火检查。"[144] 德军包围
了列宁格勒之后，博尔格里茨的丈夫，文学评论家格奥尔基·马科

戈年科请求阿赫玛托娃对市民进行一次广播讲话，以提振士气。她
的诗已经有多年遭到苏联当局封杀了。但是正如这位评论家日后所
言，阿赫玛托娃这个名字就是这座城市精神的代名词，甚至日丹诺 491
夫在需要的时候也要对她鞠躬致敬。阿赫玛托娃当时正在生病，于
是当局同意在喷泉宫里为她录制演说。她呼唤着这座城市过去的
伟大人物，不仅仅是列宁，还有彼得大帝、普希金、陀思妥耶夫
斯基和勃洛克。在演说的结尾，她感人至深地向这座故都的妇女
致敬：

> 我们的子孙将对卫国战争年代的每一个母亲给予应有的评
> 价，但他们的注意力将特别集中在列宁格勒的妇女。轰炸时她
> 们手持钩竿和钳子，站在屋顶，保卫城市免被焚毁；列宁格勒
> 的女兵们，在燃烧着的建筑物和瓦砾堆中，抢救伤兵……
> 可以肯定，抚育出如此女性的城市是不可能被征服的。[145]

　　肖斯塔科维奇也做过广播讲话。他们两人之前从未见过面，但
却都喜爱对方的作品，并感到在精神上是亲近的。*两人都深切感
受到他们的城市所遭受的苦难，而且以自己的艺术手法将其表现出
来。像阿赫玛托娃一样，肖斯塔科维奇也加入民防队当了一名消防
员。由于糟糕的视力他没能在战争初期加入红军。7 月，当彼得堡
音乐学院的音乐家们纷纷疏散到乌兹别克斯坦的塔什干时，他拒绝
了离开这座被围困城市的机会。在救火的间隙，他开始为前线部队

---

* 阿赫玛托娃很少错过肖斯塔科维奇作品的首演。1957 年在《第十一（1905）交响曲》首
　演之后，她将这部洋溢着希望的革命乐章——评论家批评说它缺少趣味（当时正是赫鲁
　晓夫的解冻时代）——比作"飞过可怕黑色天空的白色鸟儿"。第二年她将自己在苏联出
　版的一部诗集"献给德米特里·德米特耶维奇·肖斯塔科维奇，我是听着他的乐章生
　活的"。1961 年两人终于见面了。"我们相对无言了有 20 分钟。那太美妙了。"阿赫玛托
　娃回忆说。——原注

创作进行曲。在 9 月的前两周里，由于遭受轰炸，列宁格勒全面停电，他在烛光下坚持完成了《第七交响曲》。他是经历过恐怖年代的人，因而不免谨言慎行，再加上圣彼得堡人特有的克制，不难料到肖斯塔科维奇的广播讲话可谓慎之又慎。他只是告诉市民自己将要完成一部新的交响曲。正常的生活仍将继续。[146]

　　当天晚些时候，也就是 1941 年 9 月 6 日，德军兵临列宁格勒城下。整整 900 天，他们实际上切断了城市的全部食物和燃料供给。1944 年 1 月解围之前，列宁格勒城内可能有 100 万人饿死或病死，相当于战前人口的三分之一。德军入侵后不久，阿赫玛托娃就被疏散到塔什干，而肖斯塔科维奇也疏散到伏尔加河畔的古比雪夫市（现在改回了革命前的名字萨马拉），在自己两居室的公寓里，他在一台破旧的立式钢琴上完成了《第七交响曲》最后的部分。在第一页的最上面，他用红墨水潦草地写道："献给列宁格勒城。"1942 年 3 月 5 日，这部交响乐在古比雪夫首次演出，由也被疏散到这里的莫斯科大剧院管弦乐团演奏。这次演出通过无线电在苏联各地播放，用当时在莫斯科收听这次演出的小提琴演奏家大卫·奥伊斯特拉赫的话说，它传递的信息是："以预言家的姿态坚定了⋯⋯我们对人性与光明终将胜利的信念。"[147] 当月晚些时候在莫斯科的首演是向全球播放的，表演中途还经历过一次空袭。很快，这部交响乐就在整个同盟国世界到处上演，1942 年仅美国就演出了 42 次。[148] 它是坚韧与生命精神的象征，这种精神不仅仅是列宁格勒的，更属于所有联合起来对抗法西斯威胁的国家。

　　《第七交响曲》回荡着彼得堡的主题：中速的节奏勾起了对它富有抒情意味的美和古典韵味的怀想（最初题为《记忆》）；开头的柔板中不和谐的斯特拉文斯基式管乐和弦，则表现了它的进步和现代精神；还有这个城市自身的暴行与战争往事（第一乐章中类似波莱罗舞曲的进行曲并不仅仅是德军逼近的声音，它也是从内部涌出

492

的)。自斯大林于 1936 年对他的音乐进行批判以来，肖斯塔科维奇
在自己的音乐中发展出一种双重话语，用一套来取悦克里姆林宫，
而用另一套来满足自己作为一个艺术家和公民的道德良知。他对外
总是在宣扬胜利。但是在这套给苏维埃歌功颂德的官话底下，有一
种更轻柔、更忧郁的声音——只有那些感受到他音乐中表达出的苦
难的人，才能听出这仔细隐藏起来的讽刺与不满。这两种声音在肖
斯塔科维奇的《第五交响曲》中清晰可辨（这是针对《麦克白夫
人》的批评意见所做的"社会主义现实主义"回击）。1937 年 11 月
它在列宁格勒爱乐大厅首次演出时，激动的观众报以长达半小时的
欢呼。[149] 在无处不在的歌颂苏维埃祖国伟大胜利的嘹亮号角声下
面，听众能听到来自马勒《第一交响曲》中葬礼进行曲的遥远回响。
不管是否捕捉到这点，他们必定感受到了其中的悲伤——几乎所有
在场听众都在 1937 年大清洗中失去了生命中的亲友——他们对音
乐的回应就是一次精神发泄。[150]《第七交响曲》也有着同样压倒性
的情感效果。

　　为了能够成为精神的象征，在列宁格勒城内演出这部交响乐是
非常关键的——这是希特勒和斯大林都厌恶的一座城市。列宁格勒
爱乐乐团已经被疏散了，城内唯一剩下的乐队就是电台的交响乐团。
在围城战的第一个冬天，这个乐团的成员只剩下 15 人，所以必须
从退休人员和列宁格勒守军中借调更多音乐家。1942 年 8 月 9 日那
一天，它终于在被轰炸过的爱乐大厅演奏时，质量不是很高，但是
根本没人计较这一点——这一天，本是希特勒计划在圣彼得堡阿斯
托里亚饭店举办豪华宴会，庆祝列宁格勒陷落的日子。当市民聚集
到大厅里，或者围在街上的扩音器旁收听这次音乐会，这就是一个
转折点的到来。音乐凝聚了普通市民，这是他们的城市，它的精神
力量让他们团结起来，坚信城市一定会得救。作家亚历山大·罗森
（Alexander Rozen）当时就在这场首映式上，他将其描述为一种民

族的净化：

> 许多人在音乐会上泣不成声。有些人哭是因为这是他们唯
> 一能表达喜悦的方式，有些人是因为他们一直生活在这部音乐
> 如此强有力地表达出来的情境中，有些人是为逝去之人感到哀
> 恸而哭泣，还有些人只是因为深切地感受到自己还活着。[151]

　　二战是俄国作曲家高产而且相对自由的时代。受到与希特勒
军队斗争的启发，或者也可能是对斯大林时期政治运动的暂时放松
感到宽慰，他们用不断涌现的新音乐作品来回应这场危机。为士兵
行军所创作、曲调激昂的交响乐和歌曲可谓应需而生。当时有一整
条音乐生产线来创作此类作品。作曲家阿拉姆·哈恰图良*回忆道，
在德军入侵几天后，莫斯科的作曲家协会就设立了一个"歌曲大
本营"。[152] 即使是严肃的作曲家也迫切地感到应当回应祖国的
召唤。

　　普罗科菲耶夫尤其积极地想要证明自己对祖国事业的忠诚。在
西方居住了18年之后，1936年他回到苏联，那时正处在运动高潮
期，任何海外联系都被认为是潜在的背叛。普罗科菲耶夫似乎成了
一个外国人。他曾在纽约、巴黎和好莱坞待过，而且通过为俄罗斯
芭蕾舞团、戏剧和电影作曲而小有资财。在当时气氛灰暗的莫斯科，
穿着鲜艳时髦的普罗科菲耶夫尤其令人另眼相看。当时还是音乐学

494

---

* 阿拉姆·哈恰图良（Aram Khachaturian，1903—1978），苏联亚美尼亚族作曲家，其音乐
的新民间音乐风格（neo-folkloristic style）和戏剧化的浪漫主义特色，使其与肖斯塔科维奇、
普罗科菲耶夫一起被誉为苏联音乐三巨头。代表作《斯巴达克斯》、《加雅涅》（曾为斯坦
利·库布里克的电影《2001 太空漫游》作为配乐，其中包含著名的《马刀舞曲》）等。
　　　　　　　　　　　　　　　　　　　　　　　　　　　　　　——译注

院学生的钢琴家斯维亚托斯拉夫·里赫特*回忆说，他当时穿着"方格裤子，亮黄色鞋子和红橙相间的领带"。[153] 普罗科菲耶夫的西班牙妻子丽娜——他把她带来莫斯科，可后来又为一个文学院的学生抛弃了她——于 1941 年作为外国人被捕，之前她拒绝跟着他和他的新情妇离开莫斯科前往高加索地区。† 普罗科菲耶夫后来被批判为"形式主义者"，而他的很多更具试验性的作品，比如说为梅耶荷德1937 年上演的普希金原著《鲍里斯·戈东诺夫》创作的配乐一直未能演出。但是，正是他惊人的旋律创作天赋挽救了他。他的《第五交响曲》（1944）充斥着夸张的英雄主义主题，完美地表现出了苏联奋力抗争的精神。它以其宽广的音域、厚重的低音色彩和鲍罗丁风格的和声，描绘出了俄罗斯土地的壮美。在《战争与和平》中也能发现同样的史诗特质——这部歌剧的主旋律在明显地暗示，俄国反抗希特勒的战争与其反抗拿破仑的战争惊人相似。歌剧初版于 1941 年秋完成，其中对私密的爱情场景投入的关注几乎与战斗场景相等。但是 1942 年遭到苏联艺术委员会的批评，普罗科菲耶夫被迫创作了几个修订版，其意图与托尔斯泰截然相悖：俄国胜利的关键成了库图佐夫的英勇领导和军事天才（如同斯大林），而农奴士兵的英雄主义精神则是通过大段插入俄罗斯民歌旋律的合唱来加以强调。[154]

495

　　正当普罗科菲耶夫为《战争与和平》创作乐曲的时候，爱森斯

---

* 斯维亚托斯拉夫·里赫特（Sviatoslav Richter，1915—1997），德裔苏联大钢琴家。一位极具天分、特立独行、有创造力的人物。自学成才，终身未自入党，直到 1960 年才获准访问美国，在卡内基音乐厅的演出场场爆满。可参看 Bruno Monsaingeon, *Sviatoslav Richter: Notebooks and Conversations*（2001）。——译注

† 丽娜·普罗科菲耶夫被判处在西伯利亚做 20 年苦工，1957 年获释。她多年为自己作为未亡人的权利而奔走，最终于 1972 年被允许回到西方，1989 年死于伦敦。——原注

[丽娜·普罗科菲耶夫应是在 1948 年因间谍罪名被捕，那时她试图给西班牙的母亲汇钱。——编注]

坦请他为自己于 1944 年上映的影片《伊凡雷帝》作曲。电影是普罗科菲耶夫的理想媒介。他恰到好处地编排旋律的能力是惊人的。对在彼得堡音乐学院师从里姆斯基–科萨科夫的普罗科菲耶夫来说，电影承接的是一种苏联版本的歌剧传统。它为他的传统交响乐带来了新的启发，让他能够自由驰骋，为宏大的舞台布景创作出宏大的旋律。普罗科菲耶夫与爱森斯坦的合作始于 1938 年。在《白净草原》遭遇惨败之后，这位电影导演得到第二次机会来取悦斯大林，即拍摄史诗片《亚历山大·涅夫斯基》。电影讲的是诺夫哥罗德大公在 13 世纪从条顿骑士团手中捍卫俄罗斯的故事。爱森斯坦请普罗科菲耶夫为这部电影作曲，这是后者头一次为电影配乐。在梅耶荷德的影响之下，两人当时正朝着将影像与声音综合起来的理念努力——他们将会把这个本质上属于瓦格纳式的概念应用到电影和戏剧上。*

　　这便是他们对《亚历山大·涅夫斯基》和《伊凡雷帝》的构想核心。两部史诗片实质上是 19 世纪伟大历史歌剧的电影版，尤其是《伊凡雷帝》。这部影片的场景结构和歌剧很相像，而普罗科菲耶夫精彩的配乐放到任何歌剧院都毫不逊色。影片开场序曲的主题就是风暴，这明显借自瓦格纳的《女武神》。片中有管弦乐队演奏的咏叹调和合唱曲，有齐唱圣歌，甚至还有一段与整体很不协调的波兰舞。交响乐的主题，也就是钟鸣声承载了此"音乐剧"——爱森斯坦在笔记中如此表述自己这部新瓦格纳式电影——的情感基调。在最后的彩色场景中既有音乐、舞蹈，也有戏剧，导演在这里甚至试图达到音乐与色彩的完美和谐，就像瓦格纳梦想的那样。[155]

　　对爱森斯坦来说，这些电影代表着艺术准则的转向：20 世纪

496

---

* 普罗科菲耶夫 1939 年的歌剧《谢苗·科特科》由他、爱森斯坦和梅耶荷德通力合作。在苏德协定签署之后，次年爱森斯坦导演的《女武神》在莫斯科大剧院上演。——原注

20 年代的先锋艺术家曾经试图从电影中剥离戏剧元素，而现在他又试图把它加回来。现在他是通过影像与声音结合产生的效果来清晰有序地表现主题，从而取代了蒙太奇技术。比如说在《亚历山大·涅夫斯基》中，在表现影片的核心观念——和平的俄罗斯人与条顿人侵略者的激烈冲撞——这一点上，主题曲起到的作用与视觉影像是同样重要的。在著名的冰上战斗场景中，他甚至会让拍摄工作去配合音乐。[156] 斯大林对《亚历山大·涅夫斯基》很满意。在战争爆发之际，苏维埃政权非常需要通过英勇领导和爱国旗帜下的众志成城来鼓舞国民的士气，于是这部影片的情感力量被充分利用来传达这个信息。实际上，这部电影的主题与纳粹的威胁是如此相似，以至于一直拖到 1939 年苏德协定签署之后才上映。

　　斯大林视伊凡雷帝为自己统治风格的中世纪典范。1941 年俄国卷入战争后，提醒国民认识到斯大林从伊凡的统治中学到的东西似乎恰逢其时，那就是为了将外国人和叛徒赶出祖国，强力是必要的。官方对伊凡的崇拜始于 1939 年，恰恰在大清洗之后（如同为其开脱）。"我们的恩主认为我们一直太多愁善感了，"帕斯捷尔纳克在 1941 年 2 月致奥尔加·弗洛依登贝格的信中说道，"彼得大帝不再是恰当的模范了。现在已经公开承认，新热点是伊凡雷帝、特辖制和残酷。这就是新歌剧、新戏剧和新电影的题材。"[157] 就在一个月前，日丹诺夫委托爱森斯坦给他拍一部电影。但是爱森斯坦对《伊凡雷帝》的构想与官方相去甚远。在他的想象中，第一部分将是忏悔的场景（本来计划放到第三或第四部分），伊凡跪在圣母升天大教堂中最后的审判壁画下面，对他统治中犯下的罪恶表示悔恨，与此同时，一名僧侣宣读着沙皇下令处决者的无尽名单。[158]

　　这样的话，从一开始伊凡就被表现为一个悲剧人物，是苏维埃版的鲍里斯·戈东诺夫，影片应探讨人性为暴政所付出的代价。但

497

由于人人都知道的某种原因，影片的悲剧本质和现实主题直到最后才得以揭示。[159] 在影片的首部曲中，爱森斯坦描绘了伊凡英雄的一面：他对统一国家的设想、与密谋反叛的波雅尔的勇敢斗争，还有在对抗喀山汗国鞑靼人的战争中所表现出的强大权威和领导力。斯大林很满意，爱森斯坦因而荣获斯大林奖。但是在这部电影的一次庆功宴上，爱森斯坦心脏病突发。当天早些时候，他对这部史诗电影的第二部（直到 1958 年才公映）做了最后的处理。他知道其中的内容。第二部从公共领域转向伊凡的内心世界。这位沙皇现在成了一位饱受折磨的人，他自身的偏执和与世隔绝让他一直生活在恐惧中。他之前的盟友都抛弃了他，他的妻子在波雅尔的一次密谋中被杀害，现在他没有一个人能够信任。斯大林也失去了自己的妻子（她于 1932 年自杀）。她的去世无疑令他的精神状况对他发动的运动产生了影响。[160]

斯大林看这部影片时反应很激烈。"这不是电影——这简直是噩梦！"[161]1947 年 2 月深夜，斯大林把爱森斯坦叫到克里姆林宫里谈话，给他上了一堂颇具启发性的俄国历史课。他说，爱森斯坦描绘的伊凡就像哈姆雷特一样意志薄弱且神经质，而真正的沙皇在"保护国家免受外来影响"这一点上是伟大而睿智的。伊凡确实"很残酷"，而且爱森斯坦很可以"将他描绘为一个残酷的人"。"但是，"斯大林解释道——

　　你必须把他不得不残酷的原因表现出来。伊凡雷帝的一个错误就是没有彻底摧毁五个主要的封建家族。如果他成功摧毁了他们，就不会有大动乱时期了。而且每当伊凡雷帝处决了某人时，他就会花上很长时间来忏悔和祈祷。在这个方面来看，上帝阻碍了他。他应该更果决的。[162]

498

《伊凡雷帝》的第二部被斯大林禁播，但是爱森斯坦得到了继续制作第三部的批准，只要他把前一部中得到许可的素材整合进去。在斯大林的指导下，他甚至保证会缩短伊凡的胡子。在第二部于国立电影学院的放映会上，爱森斯坦发表了一次演讲，对电影中的"形式主义倾向"做了自我批评。但是他告诉朋友们自己不会改动这部电影。"什么重拍？"他对一位导演说，"你难道没意识到我在重拍第一镜时就会死掉吗？"[163] 从来不缺少胆量的爱森斯坦无疑准备着一场艺术反叛，高潮就在三部曲的最后一部：

> 沙皇伊凡在猛地跪下站起几次之后，一头栽到了石板上。血流到了他眼睛上，让他目不能视。血流到了他耳朵里，让他耳不能闻。他什么也看不见了。[164]

在拍摄这个场景时，演员米哈伊尔·库兹涅佐夫问爱森斯坦这到底是怎么一回事。"看哪，1200个波雅尔已经被处死了。沙皇是多么令人闻之丧胆啊！他为何还会忏悔呢？"爱森斯坦回答说，"让他看看这一幕吧，然后他就会去忏悔的。"[165]

爱森斯坦受到了普希金的启发。沙皇尼古拉一世镇压十二月党人暴乱之后，普希金用伟大歌剧《鲍里斯·戈东诺夫》来向暴政发出警告。但是他作为一个艺术家做出的勇敢挑战有着更深层的意义，这植根于整个俄国19世纪人文传统之中。他向一位指出了这部电影与《鲍里斯·戈东诺夫》之间联系的导演同行解释道：

> 我的上帝，你真的能看到吗？我真高兴，真的很高兴！当 499
> 然这就是《鲍里斯·戈东诺夫》："5年来我看似很平和，但我的
> 灵魂却深受困扰……"如果没有俄罗斯传统，没有伟大的良知
> 传统，我是拍不出这样的电影的。暴力可以得到解释，也可以

被合法化，但它不会被认可。如果你还属于人类，你就必须为它做出补偿。一个人也许可以毁灭另一个人——但是作为人类，我必须认为这是痛苦的，因为人就是最高的价值……在我看来，这就是我们的人民、我们的民族和我们的文学动人心魄的传统。[166]

爱森斯坦最终无力完成这部影片。心脏病把他击倒了。他于1948年去世。

第六节

    阿赫玛托娃1944年回到列宁格勒时,这座城市不过是过去的影子而已。对她来说,那是"一大片墓地,是朋友们的坟茔"。以赛亚·伯林写道:"那就像森林大火之后的景象——仅存的几棵烧焦的树衬得惨象更加凄凉。"[167] 二战前她曾与一位有妇之夫弗拉基米尔·加尔申相爱,他是一位出身19世纪书香门第的医学教授。他帮助她挺过了儿子被捕的时光,以及1940年的第一次心脏病发作。阿赫玛托娃回到列宁格勒后,还希望能和他再续前缘。但这时已物是人非。在围城期间,加尔申成为列宁格勒的首席验尸官,在这座饿殍遍地、食人盛行的城市里,他每天都活在恐惧中。他精神失常了。1942年10月,他的妻子饿死在街头。他在太平间里认出了妻子的尸体。[168] 当加尔申在火车站见到阿赫玛托娃时,她明白两人的感情已经结束了。阿赫玛托娃回到喷泉宫。这座宫殿几乎被一枚德国炸弹夷为平地。她的旧公寓墙上出现了巨大的裂痕,窗户也碎了,而且还没有自来水和电力。1945年11月,她的儿子列夫搬来与她同住。他之前从劳改营放了出来,当了一名战士,后来回到大学继续学业。

　　在这个月，阿赫玛托娃还接待了一位英国访客。1945 年，以赛 500
亚·伯林刚刚就任英国驻莫斯科大使馆一等秘书。他于 1909 年出
生在里加，父亲是一位俄犹混血的木材商。伯林于 1916 年随全家
迁往彼得堡，并在那里见证了二月革命。1919 年，他们一家回到了
拉脱维亚，之后又移民英国。在被派到驻莫斯科大使馆之前，伯林
已经因为 1939 年的一本关于马克思的著作奠定了在学术界的地位。
在列宁格勒旅行时，伯林到涅瓦大街上的作家书店中随便翻翻书，
其间他和"正在翻看诗集的某人攀谈"。[169] 结果这个"某人"就是
著名的文学评论家弗拉基米尔·奥尔洛夫，他告诉伯林阿赫玛托娃
依然健在，而且就住在不远处的喷泉宫里。奥尔洛夫给她打了个电
话，当天下午 3 点就和伯林一起走上楼梯，进了阿赫玛托娃的公寓。

　　　　房间陈设极为简陋，我推断房间里的所有东西在大围城时
　　期都被弄走了——不是被洗劫就是被卖掉。只剩下一张小桌子、
　　三四把椅子、一个木柜、一张沙发，壁炉里没有生火，上方挂
　　着莫迪利亚尼画的一幅画。一位仪态高贵、头发灰白的女士，
　　肩上裹着一条白色的披肩，款款起身欢迎我们。安娜·安德烈
　　耶夫娜·阿赫玛托娃气度无比雍容。她举止从容，道德高尚，
　　容貌端庄而又有些严肃。* [170]

在交谈了一会之后，伯林突然听到外面有人喊他的名字，是伦道
夫·丘吉尔，温斯顿·丘吉尔的儿子。他在牛津念本科的时候伯林
就认识他，之前作为记者来到俄国。他需要人帮他口译俄语，听说
伯林也在列宁格勒，于是就追踪他来到喷泉宫。但他不知道阿赫玛

---

* 译文出自《个人印象》，以赛亚·伯林著，林振义等译，译林出版社 2013 年版，第 226 页。

　　　　　　　　　　　　　　　　　　　　　　　　　　　　——译注

托娃公寓的确切位置，于是就采用了一个"当年在基督堂学院屡试
不爽的办法"。伯林马上冲下楼，和丘吉尔一起离开——他的出现
可能会给阿赫玛托娃带来危险。他当天傍晚回来，和阿赫玛托娃谈
了整整一晚——有可能她已经爱上他了。他们谈了很多事情，有俄
国文学，有她的孤独与疏离，也有她在革命前的彼得堡——那个已
经消逝的世界——的朋友，有些流亡国外的他还见过。在她眼中，
伯林是 1917 年以后分道扬镳的两个俄国之间的信使。通过他，她
能够回到那个圣彼得堡所属的欧洲俄国，她感到自己——作为列宁
格勒的"内在流亡者"——早已与这座城市生离。在她最美的组诗《诗
五首》中，阿赫玛托娃用神圣的语言来表达她与这位英国来访者的
戚戚之情。

> 声音在太空中消逝，
> 霞光变得昏暗。
> 永远沉默的世界里
> 只有你和我交谈。
> 如同穿过阵阵的钟鸣，
> 风儿来自无形的拉多加湖畔，
> 彻夜娓娓的倾诉变成了
> 彩虹交叉的微弱的光线。* [171]

"所以说有外国间谍来拜访我们的老修女了。"斯大林在被告
知伯林造访喷泉宫时如是评论——或者据传如此。说伯林是间谍那
简直太荒谬了，但在当时那个冷战初起的年代，所有为西方使馆工
作的人都自然被认为是间谍。人民内务委员会加紧了对喷泉宫的

---

*　乌兰汗译，译文来自网络。——译注

监视，在大门派了两个新特工专门检查阿赫玛托娃的访客，还在她公寓的天花板钻了个洞，里面安装了窃听器。可惜活做得不太精细，在地板上留了几堆石膏屑，阿赫玛托娃把其中一堆留下来警告她的客人。[172] 1946 年 8 月，阿赫玛托娃在中央委员会一份行政命令中遭到抨击，其中谴责了两份刊登她作品的期刊。一周之后，斯大林手下主管意识形态的安德烈·日丹诺夫宣布将她开除出作家协会，他在一篇恶毒的演讲中称阿赫玛托娃为"旧贵族文化的残渣余孽"，还说她"不完全是修女，不完全是荡妇，更确切地说，是混合着淫秽和祷告的荡妇与修女"（之前苏联评论家也这么用过）。[173]

　　阿赫玛托娃被剥夺了配给卡，不得不靠朋友赠送的食物过活。　502列夫也被禁止取得大学学位。1949 年，列夫再次被捕，在严刑拷打后被迫认罪，然后被判处在鄂木斯克附近的一个劳改营服刑 10 年。阿赫玛托娃当时病入膏肓。当时有传言说要逮捕她，于是她把在喷泉宫的所有手稿都烧了。其中就有为一部戏剧写的文章草稿，讲的是一位女作家在作家组成的法庭上被审判和判处监禁。这是她自己困苦处境的一篇寓言。由于这个法庭有意识地违背了作家们本应捍卫的思想自由，这些文学官僚要比国家的警察还要可怕。[174] 为了让儿子被放出来，她甚至写了一首向斯大林致敬的诗，这是她极度绝望的表现。*列夫直到斯大林死后的 1956 年才被释放。阿赫玛托娃相信他被捕的原因就是她 1945 年与伯林的那次会面。在对列夫的审讯中，他多次被问到"英国间谍"的事——其中有一次还拿他的头去撞监狱的墙。[175] 她甚至说服自己（如果说没有其他人的话）相信，他们的相遇是冷战的起因。她"将我和她自己视为被命运拣选来开启一场世界大冲突的世界历史人物"，伯林写道。[176]

　　伯林一直为他所造成的苦难而自责。[177] 但是他对喷泉宫的造

---

* 她后来要求从她的诗集中删掉这首诗。——原注

访既不是阿赫玛托娃被批判也不是列夫被捕的原因，虽然它被用来当作这两件事的借口。中央委员会的法令是新一轮压制艺术家自由开端，而阿赫玛托娃是最好的靶子。对知识界而言，她是这个政权无法摧毁也无法控制的那种坚韧不拔与人类尊严之精神犹在的象征，正是它让他们得以撑过恐怖和战争岁月。左琴科相信，这部法令是在斯大林得知 1944 年莫斯科工艺技术博物馆举办的一次文学晚会之后才发布的，这次晚会上阿赫玛托娃得到了 3000 多名听众长时间起立鼓掌。"是谁组织了这次长时间欢呼？"据说斯大林这样问道。[178]

这一法令还批判了米哈伊尔·左琴科。与阿赫玛托娃一样，他当时也住在列宁格勒。批判这两位作家，为的是向列宁格勒知识界点明他们在社会中的位置。在马雅可夫斯基、扎米亚京和布尔加科夫去世之后，左琴科成了最后一位讽刺作家。对他进行批判的起因是一部儿童文学作品，1946 年在《红星报》（这是该法令中批判的两份报刊之一）上发表的《猴子奇遇记》。它讲述了一只从动物园逃脱的猴子被重新训练成人的故事。在《列宁与守卫》（1939）中的哨兵身上，左琴科将这个哨兵描绘为一个留着小胡子的粗鲁而缺乏耐心的"南方人"。[179] 斯大林亲自关照了对左琴科的处理，他将其视为"寄生虫"，是一个缺乏正面政治信仰的作家，这种人的愤世嫉俗正败坏着社会风气。法令发布之后，日丹诺夫发表的措词严厉的演说中也使用了同样的词汇。其作品被禁止出版，左琴科在斯大林 1953 年去世之前都只能当一个翻译员，还重操起鞋匠的旧业。之后他重新被作家协会接纳。但是左琴科至此已陷入深深的抑郁之中，以至于在 1958 年去世之前再也没能创作出重要作品。

阿赫玛托娃和左琴科被批判之后，很快日丹诺夫就对其他所有艺术制定了党的严格路线。战后日丹诺夫的影响力如日中天，以至于这段时期被称作"日丹诺夫统治时期"。虽然他在 1948 年去世，但其文化政策的阴影一直保留到赫鲁晓夫解冻时期（某种意义上还要延续更久）。苏联在 1945 年打败希特勒之后，党的优秀分子中间出现了共产主义必胜的信念，而日丹诺夫的意识形态正是其反映。在文化事务上，冷战使得铁的纪律卷土重来。国家的政策现在主要针对知识界，目的是让所有艺术和科学在意识形态上与党保持一致，就像奥威尔所描绘的那样。日丹诺夫对"堕落的西方影响"发起了一系列猛烈的进攻。中央委员会还于 1948 年 2 月发布了一份作曲家黑名单（包括肖斯塔科维奇、哈恰图良和普罗科菲耶夫），他们被指控创作"自绝于苏联人民及其艺术品位"的音乐作品。[180] 对上了榜的作曲家来说，这意味着突然的失业，演出被取消，苏联的保留曲目中再也不见他们的身影。这新一轮运动明面上的目的是要阻断西方对苏联文化的影响。日丹诺夫路线的强硬派，作曲家协会主席吉洪·赫连尼科夫在苏联音乐中消除了所有外国或现代派（尤其是斯特拉文斯基）的印记。他严格地要求所有苏联作曲家都要以柴可夫斯基为典范，以 19 世纪俄罗斯民族乐派为出发点。

504

　　冷战期间，与反西方情绪分不开的是强烈的民族自豪感，相信苏维埃俄国具有文化和政治上的优越性。苏联出版物开始出现各种关于俄国如何伟大的说法。《真理报》宣称，"在整个俄国历史中，俄国人民都以非凡的发现与发明丰富了世界科学技术"。[181] 他们还赞颂苏联科学的优越性，让特罗菲姆·李森科这样的伪遗传学家一步登天——他声称开发出了能够在冰天雪地的北极种植的新型小麦。飞机、蒸汽机、无线电和白炽灯等这些本非俄国人发明的东西也被说成是他们的发明。那时还有人开玩笑说俄国是大象的故乡。

　　在 1945 年之后苏联城市重建计划的主导建筑风格中，这种必胜信念也有所体现。"苏维埃帝国"是两种风格的结合，一是 1812

年之后在沙俄盛极一时的新古典和哥特主题，二是宣扬苏联伟大成就的纪念性建筑物。1945 年在莫斯科周围兴建的"斯大林的大教堂"——七座形似婚礼蛋糕的巨大建筑，比如说在列宁山上的外交部大楼和莫斯科大学——就是这种风格的极端例子。就连地铁站、"文化宫"、电影院乃至体育场也都是按苏维埃帝国风格建造，规模宏大，有古典式的正面和廊柱门廊，还有新俄罗斯风格的历史主题。最惊人的例子就是修建于 1952 年的莫斯科共青团地铁站。这部巨大的地下"胜利大厅"是俄国过往军事英雄的纪念碑，也是俄国巴洛克风格的典范。它的装饰主题很多都抄袭自罗斯托夫克里姆林宫里的大教堂。[182]

　　苏联对俄罗斯文化的自豪感可谓滔滔江水，绵延不绝。他们宣称俄罗斯的芭蕾舞是最好的，俄罗斯文学和音乐经典在全世界范围内都是最流行的。俄罗斯文化的支配地位也被强加于东欧各国和苏联的其他加盟共和国。政府强制要求在所有加盟共和国的学校中使用俄语，孩子们从小听着俄罗斯童话和文学长大。苏联的"民间"合唱团和舞蹈队经常在东欧巡回演出，在政府支持和苏联设计指导下，这些国家自己的"民间"表演团体［比如南斯拉夫的"拉多"（ Lado ）和"科洛"（ Kolo ），波兰的"马佐夫舍"（ Mazowsze ），捷克斯洛伐克的"斯拉克"（ Sluk ）以及匈牙利国立民俗乐团（ Hungarian State Folk Ensemble ）］不断涌现。[183] 这些"民间"艺术团体名义上是为了促进苏联集团内部地方和民族文化的发展。自 1934 年以来,苏联的政策就是要培育"形式上是民族的,内容上是社会主义的"文化。[184] 但实际上这些团体与他们所要代表的民间文化并没有什么真正的联系。它们都是由专业人员创作的，这些歌曲舞蹈有着明显的红军合唱团的伪民歌特征，其民族特征只在外在形式上有所体现（普遍使用"民族服装"和旋律）。

　　苏联政策的长期规划是要根据 19 世纪俄罗斯民族主义者定下

505

的思路，为这些"民族文化"引入更高级的艺术形式（或者只是他 506
们自己这么认为）。莫斯科将俄罗斯作曲家派到中亚和高加索的加
盟共和国，在这些地方建起本来没有的"民族歌剧"和交响乐传统。
欧洲式的歌剧院和音乐厅在阿拉木图、塔什干、布哈拉和撒马尔罕
建立起来，它们是苏联—俄罗斯文化的舶来基石。很快这些建筑中
就充斥着完全是生造出来的"民族音乐"，这些音乐将地方民俗曲
调以欧洲方式记谱，再置于 19 世纪俄罗斯民族运动时期定下的音
乐框架之中。

　　俄罗斯作曲家莱茵霍尔德·格里埃尔（他是普罗科菲耶夫年
轻时的作曲老师）创作了第一部阿塞拜疆"民族歌剧"，它混合了
古老的阿塞拜疆旋律和欧洲风格的形式与和声。格里埃尔还创作了
第一部乌兹别克歌剧《古尔萨拉》（1937），这是一部苏维埃的史
诗故事，讲的是一位妇女从旧的父权生活方式中获得了解放。里面
有乌兹别克的民间曲调，但是却以柏辽兹的风格改编为和声和交响
乐。吉尔吉斯的歌剧是由两位莫斯科人创作的（弗拉基米尔·弗拉
索夫和弗拉基米尔·费耶），利用自己想象中的吉尔吉斯民族风格
加上许多粗糙的广位和弦，他们将吉尔吉斯本土旋律（由吉尔吉斯
人阿卜杜拉·玛尔蒂巴耶夫记录）编成了交响曲。哈萨克民族歌剧
的俄罗斯创始人叶甫根尼·布鲁西洛夫斯基直到 20 世纪 50 年代
还在坚持创作哈萨克歌剧，而此时毕业于阿拉木图音乐学校的新一
代哈萨克本土作曲家早已涌现。反对"形式主义者"的运动促使许
多作曲家离开莫斯科和彼得堡，前往这些气氛相对自由的偏远加
盟共和国。亚历山大·莫索洛夫在 20 世纪 20 年代因创作实验音
乐作品而小有名气，在劳改营里待了一阵子之后搬到土库曼斯坦，
1973 年去世之前一直留在那里，以鲍罗丁的风格创作土库曼斯坦
的民族音乐。马克西米利安·斯坦贝格在 1910 年代的圣彼得堡与
斯特拉文斯基齐名，1920 年代教出了不少重要先锋作曲家（包括

肖斯塔科维奇），最后成为乌兹别克苏维埃社会主义共和国的人民艺术家。[185]

随着冷战的加剧，以及对"国内敌人"和"间谍"的恐惧与日俱增，苏联对所有外国影响的怀疑转变成了对犹太人的仇视。这种反犹主义在苏联（也就是俄罗斯）爱国主义高调下稍加掩盖，但毫无疑问，反对"世界主义"运动中遭受恶意审问的受害者基本都是犹太人。1948 年 7 月，著名犹太演员，犹太人反法西斯委员会（JAFC）主席所罗门·米霍埃尔斯被国家安全部的人杀害。在这件事发生前三天，斯大林召集所有政治局成员，谴责了米霍埃尔斯。*[186]

几十名犹太人领袖的被捕也与米霍埃尔斯被杀案有关，他们被指控参与由犹太人反法西斯委员会组织的美国—锡安主义的反苏维埃阴谋。†犹太人反法西斯委员会是 1941 年斯大林下令成立的，目的是动员海外犹太人支持苏联的战争。它得到巴勒斯坦左翼犹太群体的热情支持，以至于斯大林一度认为，也许可以将新的以色列国家变成中东地区受苏联影响的主要区域。但是 1948 年之后以色列与美国联系日益紧密。[187]犹太人反法西斯委员会被解散，其成员均遭逮捕，并被指控密谋将克里米亚变成美国—锡安主义向苏联进攻的基地。成千上万住在莫斯科周围区域的犹太人被送到了西伯利亚的荒野，成了"无根的寄生虫"。苏联在比罗比詹（Birobidzhan）建立了一个特殊的"犹太自治区"。1948 年 11 月，中央委员会决定苏联境内的所有犹太人都要迁往西伯利亚。[188]

在文化领域，先锋派的"丑陋扭曲"也被解释成是受爱森斯坦、

507

---

* 斯大林的父亲是被一把包在棉袄里的斧头杀害的。凶手可能是在 1900 年代为沙皇秘密警察工作的一位亚美尼亚罪犯，16 年后的 1922 年，斯大林下令将其处死。——原注

† 甚至斯大林自己的两位姻亲——安娜·瑞登思（Anna Redens）和奥尔加·阿利卢耶娃（Olga Allilueva）也因为犹太血统而被捕。在向女儿解释她的两位姨母被捕原因的时候，斯大林说："她们知道的太多了，还四处去说。"——原注

曼德尔施塔姆、夏加尔等犹太人的影响。为了批判最早由尼古拉·马 508
尔 * 提出的"犹太"理论——该理论认为格鲁吉亚语起源于闪米特语
族——斯大林甚至去研究了语言学，并于 1949 年在《真理报》上
发表长篇相关文章。[189] 1953 年，斯大林下令逮捕多名为克里姆林
宫服务的犹太人医生，指控他们毒杀了日丹诺夫和另一名政治局成
员 A. S. 谢尔巴科夫，这就是所谓的"医生案"。† 报刊上对"白
衣凶手"连篇累牍的批判引发了反犹仇恨的浪潮，许多犹太人都被
剥夺了工作和住宅。犹太科学家、学者和艺术家都被拎出来作为"资
产阶级民族主义者"挨批，尽管他们更像俄国人而非犹太人（在这
个案例中非常普遍）。光凭他们的苏联护照上写着"犹太人"这个
事实，就足够来谴责他们是锡安主义者了。‡

　　犹太电影导演（列昂尼德·塔拉乌别尔格、吉加·维尔托夫、
米哈伊尔·罗姆）被指控制作"反俄"影片，被赶出了自己的工作
室。瓦西里·格罗斯曼基于其战争记者经历撰写的小说《斯大林
格勒》也被封杀，主要原因是其核心人物是一名俄国犹太人。格
罗斯曼无与伦比的作品《黑皮书》（首版于 1980 年在耶路撒冷发
行）是作者集合了犹太人反法西斯委员会的文艺委员会成员，并基
于他们的回忆撰写的，题材是苏联土地上的犹太大屠杀。这本书从
未在苏联出版。格罗斯曼在 20 世纪 30 年代开始写作的时候，他认
为自己是苏联的公民。革命结束了沙俄对犹太人的迫害。但是在他

---

* 尼古拉·马尔（Niko Marr, 1865—1934），格鲁吉亚历史学家、语言学家。1910 年代因
　提出关于语言起源的雅弗理论而知名，他声称高加索地区的南高加索语系与中东地区的
　闪米特语族相关。——译注

† 这些著名医生中有一位是以赛亚·伯林的叔叔利奥，他被指控在他侄子 1945 年访问莫斯
　科时，趁机把克里姆林宫的秘密传递给英国人。在经历了严刑拷打和自杀未遂之后，他"承
　认"当过间谍。他在牢里待了一年，1954 年斯大林死后不久就被释放了。刚出狱后他身
　体还很虚弱，有一天在街上看到一个曾拷打过他的人，心脏病发作去世。——原注

‡ 所有苏联公民都有苏联护照，但是护照里有一栏是"民族"（种族）。——原注

的最后一部小说《一切都在流动》和《生活与命运》（1980 年首版
于瑞士出版）中，描写了战时生活的史诗故事。格罗斯曼于 1964
年去世，25 年后他的杰作终于在故土出版。他曾请求归葬在犹太
墓地里。[190]

509

　　"我曾经相信，在苏维埃取得胜利之后，30 年代的经历再也不
会出现了，但身边的一切都在提醒着我，过去的还没有过去。"伊
利亚·爱伦堡（他是斯大林时期为数不多未受戕害的资深犹太知识
分子之一）在《人·岁月·生活》（1961—1966）中如是写道。[191]
新的运动浪潮紧接着战争年月而来，某种程度上，它给人的感受必
定要比前一次更具压迫性。再一次，为了在运动浪潮中保存性命，
人们必须要努力保持神志清醒。爱伦堡于 1947 年到喷泉宫拜访了
阿赫玛托娃：

　　　　她坐在小屋子里，墙上挂着莫迪利亚尼为她画的肖像。她
　　正读着贺拉斯的诗作，悲伤与雍容一如往昔。不幸像雪崩一样
　　朝她压来，为了维持这样的尊严、沉静和骄傲，需要的不仅仅
　　是一般的坚强而已。[192]

　　阅读贺拉斯的诗作是保持神志清醒的一个方法。有些作家开始
文学研究，或者像科尔内·楚科夫斯基那样写儿童文学。还有些人
转向翻译外国著作，比如帕斯捷尔纳克。

　　帕斯捷尔纳克的莎士比亚作品俄译本具有真正的艺术美感，虽
然并不完全忠于原意。他是斯大林最喜欢的诗人，因为太宝贵才免
遭逮捕。他对格鲁吉亚的爱和翻译的格鲁吉亚诗歌让这位苏联领
袖很宠爱他。虽然在莫斯科过着舒适的体面生活，帕斯捷尔纳克
不得不以另一种方式在恐怖中受苦。对那些他没能利用自己的影
响力予以救助的作家所遭受的苦难，他一直心存愧疚。他一直受

一个念头的折磨，那就是仅仅他自己幸免于难这一点表明，作为一个人他并不高尚——更不用说作为一个俄罗斯传统下的伟大作家了，那是以十二月党人为榜样汲取道德价值的传统。以赛亚·伯林在 1945 年曾见过帕斯捷尔纳克几次，后来回忆道，"他说着说着总会回到这个话题上，然后喋喋不休地否认自己能够与当局达成妥协，每一个认识他的人应该都不会认为他在这个问题上是有罪的"。[193]

帕斯捷尔纳克拒绝参加作家协会召开的批判阿赫玛托娃和左琴科的会议。为此他被开除出了作协主席团。他前去拜访阿赫玛托娃，给了她一些钱。这可能导致他被《真理报》批判为"异类"以及"脱离苏联实际"。[194] 在战时满是乐观情绪的帕斯捷尔纳克被旧体制击垮了。他退出了公共视线，全力完成他视为留给世界遗言的杰作：《日瓦戈医生》。这部小说的背景是混乱可怕的俄国革命与国内战争时期，主题是保存以日瓦戈医生为代表的旧知识分子的重要性——这绝非巧合。在很多方面，主人公的弟弟叶夫格拉夫这个奇怪的角色——他对革命党人有些影响，而且经常给正确的人打个电话就救了他哥哥一把——正是作者本人希望扮演的那种救世主角色。帕斯捷尔纳克认为这部小说是他最伟大的作品（比他的诗作重要得多），是散文体的《圣经》，而且他决心要让尽可能多的读者看到它。他一开始想在杂志《新世界》上刊登，结果一再拖延，后来还被退稿，于是他决定在国外出版，这是他最后一次反抗苏维埃政权的行动。*

肖斯塔科维奇找到了另一种方式来保护自己的神智。1948 年，

---

* 《日瓦戈医生》于 1957 年在意大利首次出版，而且后来被走私进了俄国。它是一本国际畅销书，帕斯捷尔纳克在 1958 年还获得了诺贝尔文学奖。但是在作家协会的压力和苏联报刊对他的谴责之下，他被迫拒绝接受。帕斯捷尔纳克死于 1960 年。

——原注

510

他在莫斯科和列宁格勒音乐学校的教职被取消了，他的学生也被迫
为曾师从这位"形式主义者"而悔过。因为害怕家里人受牵连，肖
斯塔科维奇在4月的一次作曲家大会上承认了自己的"错误"：他
保证会创作那些"人民喜爱而且听得懂的"音乐作品。肖斯塔科维
奇一度考虑过自杀。他的作品从音乐会的保留节目单上被撤了下来。
但就像以前一样，他在电影中找到了避难所和出路。

　　1948—1953年间，肖斯塔科维奇为至少7部电影创作了配
乐。[195]"它让我有了饭吃，"他在给朋友伊萨克·吉利科曼的信中说，
"但却让我非常疲惫。"[196]他告诉作曲家同行说，这是"令人讨厌的"   511
工作，他"只在极度困窘中"才会去做。[197]他需要从这苦力工作
中得到的每一分钱。但是他也必须表明他参与到"党的创造生活"中。
他在这些年创作的配乐中，有5部荣获斯大林奖，他为《易北河两岸》
（1948）创作的两首歌曲还成了大热门，销路很好。于是这位作曲
家自己的政治名誉有所恢复，而家人也有了基本的生活保障。

　　但是在这期间，肖斯塔科维奇一直在秘密地"为抽屉创作"。
有一些是讽刺性的，比如说《小天堂》——亦称《西洋镜》，这是
一部创作于日丹诺夫时期的康塔塔讽刺剧（cantata satire），里面的
音乐与苏联领导人的讲话方式相得益彰。这部剧最终于1989年在
华盛顿首次上演。*为了挽救自己的神智，肖斯塔科维奇比任何其他
艺术家都更多地（在心中）放声大笑：这就是他如此喜欢果戈理和
左琴科作品的原因。但是他在此期间创作的大部分音乐作品都是充
满个人感情的，尤其是犹太主题的音乐。肖斯塔科维奇对犹太人遭
受的苦难感同身受。在某种程度上，他甚至采用了犹太人的身份——
作为一个作曲家，他会用犹太俚语来表现自己，还在创作中加入犹

---

*　我们并不完全清楚肖斯塔科维奇于何时创作了《小天堂》。它的草稿似乎可以追溯到1948
年，但是由于一直害怕抄家，他不大可能在斯大林死前全部完成。——原注

太旋律。在一次揭秘性的访谈中，肖斯塔科维奇说犹太人音乐让自己喜欢的地方，就在于它"在悲伤曲调上创造欢乐旋律的能力。为什么一个人会唱欢乐的歌？因为他内心的哀伤"。[198] 但是运用犹太音乐也是道德上的宣言：它是一位一直以各种形式反抗法西斯的艺术家的抗议。

肖斯塔科维奇第一次使用犹太主题是在《第二钢琴三重奏》（1944）的最后一个乐章中。这部作品是献给他最亲密的朋友，死于 1944 年 2 月的音乐学者伊凡·索拉尔廷斯基。这部作品创作的时候，正值红军占领纳粹在马伊达内克（Majdanek）、贝乌热茨（Belzec）和特雷布林卡（Treblinka）死亡营的消息传来。随着斯大林发动了自己的反犹运动，肖斯塔科维奇通过在很多作品中加入犹太主题来表达自己的抗议。声乐套曲《犹太民间诗选》（1948）是在医生案件高潮期间，在他的公寓里举办的私人演唱会上举办的，这是很有勇气的行为。《第十三交响曲》中有一段安魂曲《娘子谷》——词作者为诗人叶夫图申科——是为 1941 年被纳粹杀害的基辅犹太人所作的。几乎从第三（1946）一直到令人难忘的第八（1961）弦乐四重奏都是犹太主题。公开来说，《第八弦乐四重奏》是献给"法西斯的受害者"，但肖斯塔科维奇告诉自己的女儿，它实际上是"献给我自己的"。[199]

《第八弦乐四重奏》是肖斯塔科维奇的音乐自传，是对他的一生和斯大林时代祖国生活的悲剧性总结。在这部满溢着个人感情的作品中，有四个音符不断重复（D-E-降 C-B）——在德国记谱法中，它们构成了这位作曲家名字的四个字母缩写（D-S-C-H）。这四个音符就像一曲挽歌，像泪水一样流下。在第四和第五乐章中，这四个音符被富有象征意义地与工人的革命哀乐《残酷奴役的折磨》结合到了一起，悲恸之情难以自抑——那首哀乐，正是肖斯塔科维奇为自己而唱。

512

第七节

1957 年 10 月 4 日，航天先驱斯普尼克 1 号上天，人们第一次听到从太空传来的声音。在几周之后的十月革命 40 周年纪念日上，斯普尼克 2 号带着狗狗莱卡飞入了太空。通过这小小的一步，苏联的科学技术似乎突然超越了西方世界。赫鲁晓夫很好地利用了这次成功，宣称它预示着共产主义理念的胜利。之后一年，红旗就插到了月球表面。1961 年 4 月，尤里·加加林成为第一位脱离地球大气层的人。

苏维埃体系的一大标志就是其对科学技术的信念。1945 年之后，苏联政府开始大量资助科学机构，不仅推动核物理学等有军事价值的学科的发展，也鼓励纯科学和数学的研究。国家高度重视科学家，将其提升到了与高级工业管理人员和党干部同等的地位。苏联意识形态的内核，就是对人能够用理性消除人类的苦难和驾驭自然力量的乐观信念。苏维埃政权是建立在儒勒·凡尔纳和 H. G. 威尔斯想象中的那种未来景象之上的——他们的作品在苏联比在其他任何国家都流行。威尔斯属于最早一批访问苏维埃俄国的西方作家(1919)。

他发现，即便在俄罗斯人为国内战争荼毒的时刻，列宁仍在克里姆林宫中梦想着太空旅行。[200]

俄国有一批自己的科幻巨著，而且与西方不同的是，它们从一开始就是主流文学的一部分。科幻小说是未来社会乌托邦蓝图的竞技场，……是俄罗斯文学宏大道德理念的试验场，就像在陀思妥耶夫斯基的科幻故事《一个荒唐的梦》（1877）中，车尔尼雪夫斯基描绘的通过科学和物质进步达成拯救的幻梦破灭了，这个梦里乌托邦最终与当今地球一般无二：太空天堂很快分裂成由主人和奴隶组成的社会。此时故事叙述者从梦中醒来，发现真正的救赎只有通过基督徒对人类同胞的爱才能达到。

将科学幻想与神秘信仰结合起来是典型的俄罗斯文学传统，其中通往理想世界的道路往往要借助于对此世及其庸常现实的超越。伴随俄国革命而来的是启示录式科幻作品的一波浪潮。无产阶级文化协会创始人之一波格丹诺夫便是其中执牛耳者，他的科幻小说《红星》（1908）和《工程师梅尼》描绘了公元3000多年的火星共产主义。这种太空的社会主义救赎场景推动了20世纪20年代科幻作品的繁荣，从普拉东诺夫的乌托邦故事一直到阿列克谢·托尔斯泰的畅销小说《阿爱里塔》（1922）和《加林工程师的双曲线体》（1926），后者的主题重新回到在火星上为无产阶级服务的科学。就像其19世纪的先驱一样，这些奇幻的文学作品是表达关于科学和良知的宏大哲学与伦理问题的工具。扎米亚京的小说汲取了俄罗斯的传统，展开对苏维埃科技乌托邦的人文批判。他的反乌托邦小说《我们》中的很多道德论辩都来源于陀思妥耶夫斯基。这部小说的核心矛盾就是在理性的、无所不包的高技术国家与美丽的浪妇I-330之间展开的，后者对自由的不正常、非理性要求让这个专制国家受到被推翻的威胁。这个矛盾是《卡拉马佐夫兄弟》"宗教大法官"篇对话核心的延续：人类对安全和自由的渴望之间永无尽头的

514

冲突。[*]

科幻小说在 20 世纪 30 和 40 年代基本销声匿迹了。社会主义现实主义中没有乌托邦幻想的空间，也不允许有任何道德上的不确定。当时只有那些吹捧苏联科技的科幻小说才没有被禁。但是 20世纪 50 年代的太空计划带来了科幻小说的复兴，而且本身是个科幻小说迷的赫鲁晓夫也鼓励作家重返前斯大林时代的传统。

伊凡·叶夫列莫夫的《仙女座星云》（1957）也许是这一新浪潮中最重要的作品，而且无疑是最畅销的那种（在苏联国内就卖出了 2000 多万册）。故事发生在遥远的未来——那时地球已经与其他星系联合为一宇宙文明——一个科学能够满足人类一切所需的太空天堂。但是高居其他一切之上的存在目的，是人类对伦理关系、自由、美和创造性的永恒渴求。叶夫列莫夫遭到共产主义的激烈抨击，说他对精神价值的强调几近于对苏维埃政权整套唯物主义哲学的根本挑战，这是令他们感到不舒服的。科幻作品迅速成为对苏维埃世界观进行批判——不管是为了自由、宗教，还是不满——的重要竞技场。在达尼伊尔·格拉宁的《迎着雷雨》中，主人公彼得·卡皮查是一名物理学家，也是一个人文主义者，他理解利用科学达成人类精神目标的需求。"是什么，"他问道，"将人与动物区分开来呢？原子能？电话？要我说，是道德良知、想象力和精神理想。人类的灵魂不会因为你我研究地磁场而变得更好。"[201]

斯特鲁伽茨基兄弟（阿卡迪和鲍里斯）的颠覆性科幻作品被认为是果戈理风格的当代社会讽刺，也是对苏联唯物主义乌托邦意识形态的批判——这很大程度上来源于陀思妥耶夫斯基。这使得他们

515

---

[*] 扎米亚京的小说《我们》的题目可能至少部分来源于陀思妥耶夫斯基，尤其是韦尔霍文斯基对斯塔夫沃金所说的话（出自《群魔》），其中描述了他对未来革命政权的预想（我们应该考虑如何树立起一座石头的大厦……我们应当把它建起来，我们，我们自己！）。也许更明显的是，这个标题可能指的是革命者对集体主义的崇拜（无产阶级文化运动的诗人基里洛夫甚至写过一首题为"我们"的诗）。——原注

理所当然得到苏联上百万读者的欢迎。在书报审查的时代，人们已经习惯将所有文学作品都当作寓言来阅读。在《本世纪的掠夺者》（1965）中，斯特鲁伽茨基兄弟描绘了一个类似苏联的未来社会，核子科技让无所不在的官僚国家掌握了一切权力。由于再也不需要工作或独立思考，人们变成了快乐的白痴，满足于物质享受，但他们在精神上已经死去了。同样的想法也出现在异见作家安德烈·西亚尼夫斯基的《毫无戒备的思想》（1966）中，这是一部谴责科学和唯物主义的格言集，歌颂了俄罗斯的信仰和那种能够从陀思妥耶夫斯基的作品中直接感受到的、带着泥土气息的民族主义。

科幻电影同样是挑战苏联唯物主义的载体。比如在罗姆的《一年中的九天》（1962）中，一些科学家就原子能产生的伦理问题展开了长时间的争论。这本来是个挺通俗的一部电影，但他们对整个科学的手段和目的的哲学思考，让它都有点像陀思妥耶夫斯基笔下的角色讨论上帝存在时的情境了。在安德烈·塔可夫斯基的杰作《索拉里斯星》（1972）中，对外太空的探索成为对追求认识自我、爱与信仰的精神征途。太空旅者、科学家克里斯来到遥远星系的一个空间站，那里的科学家正在研究一颗熊熊燃烧的巨大恒星的神秘再生力量。因克里斯的冷漠而自杀的前爱人哈莉被这颗星的力量复活了——或者说是召唤出的幻象，克里斯因此重新发现自己有爱的能力，于是这次旅途有了更多的个人追寻。哈莉的牺牲（她再次自杀）让克里斯摆脱了对她的情感依赖，并得以重返地球（地球仿佛是出现在炙热恒星之外的一片绿洲）。出于忏悔的精神，他跪在父亲面前请求他原谅自己的过错。地球于是成为所有太空旅行最恰当的终点。人类外出探险不是为了发现新的世界，而是为了在太空中找到与地球一样的地方。在哈莉于太空站中凝视着勃鲁盖尔的画作《雪中猎者》以帮助自己回忆起之前地球生活的这个场景中，对人文精神的确证以一种奇幻的方式表达了出来。伴着巴赫的《f 小调前奏曲》，森林的声响，罗斯托夫钟声齐鸣，摄影机一点一点地在勃鲁盖尔的画作前移动，仿佛在为我们世界的美丽而欣悦。《索拉里斯星》并不是像斯坦利·库布里克的《2001太空漫游》那样严格意义上的太空故事，虽然两者经常被拿来比较。库布里克电影是站在地球上凝视宇宙，而塔可夫斯基则是从宇宙观照地球本身。这是一部关于人性价值的影片，每一种基督教——甚至苏维埃俄国的文化——都能从中发现对它的救赎。

在自己的电影著作《雕刻时光》（1986）中，塔可夫斯基将艺术家比作一名祭司，他的使命就是揭示"不追寻真理的人所看不到的"美。[202]这样的观点与陀思妥耶夫斯基和托尔斯泰以来的俄罗斯艺术传统一脉相承，甚至可以再向前追溯到中世纪圣像画家——比如说塔可夫斯基在自己的《安德烈·卢布廖夫》（1966）一片中赞颂了其生活与艺术的主人公。实际上，塔可夫斯基的电影恰似圣像，注视着它们的视觉美感与象征性的影像——影片中动作的迟缓让人们不得不如此——就是与艺术家一起进行一次追寻精神理想的征程。"艺术一定要给人希望与信仰"，这位导演写道。[203]他所有电影都是关于寻找道德真理的旅程。就像《卡拉马佐夫兄弟》中的阿廖沙一样，安德烈·卢布廖夫也放弃了修道院生活而走入俗世，走到蒙古人统治的俄罗斯同胞之中，按照基督徒的博爱与兄弟之谊生活。"真理在生活中，而不在说教中。准备战斗吧！"塔可夫斯基说，赫尔曼·黑塞的《玻璃球游戏》（1943）中的这句台词 517 "刻在安德烈·卢布廖夫的墓碑上也是再贴切不过"。[204]

《潜行者》（1979）的核心也是同样的宗教主题。根据塔可夫斯基自己的描述，他的这部片意在探讨"上帝在人身上的存在"。[205]标题中说的那个潜行者指引着一名科学家和一名作家来到了"特别区域"，一片在某种工业灾难之后被国家抛弃的超自然荒野。他的形象就是俄罗斯传统中的"圣愚"。他孤独一人，生活困苦，在一个所有人都早已不信上帝的社会中饱受鄙视，但是他从自己的宗教信仰中得到了精神力量。他知道"特别区域"的核心就像是弃屋中的空房。但是他告诉旅伴，纯正信仰的基础是对应许之地的信念：它是旅途而非终点。俄罗斯民族的一大特点就是他们对信仰、对相信自身之外的某种东西的渴望，这反映在自果戈理时代以来他们对自身的神秘主义和"俄罗斯灵魂"的理解之中。塔可夫斯基复兴了这种民族神话，来对抗苏维埃政权的价值观体系及其外来的理性唯物主义观念。"现代大众文化，"塔可夫斯基写道，"正在摧残人的灵魂，它在人们与关于其存在、关于其作为精神造物的意识的关键问题之间竖起了藩篱。"[206] 他相信，意识到自身的精神存在是俄罗斯可能带给西方的一大贡献——他的《乡愁》（1983）一片中最后的象征性影像就蕴含着这个观念：一座俄国乡间小屋被展现在一座毁坏了的意大利大教堂之中。

　　《索拉里斯星》和《潜行者》这样的电影出现在勃列日涅夫时代，似乎很不寻常。那是一个所有有组织的宗教活动都受到严格限制的时代。但是在苏联内部，也有着许多呼唤重返"俄罗斯准则"的不同声音。其中之一就是文学期刊《青年近卫军》，这里聚集了俄罗斯民族主义者、保守主义者、俄国教会的捍卫者、新民粹主义者——如"乡土散文作家"费奥多尔·阿布拉莫夫和瓦伦丁·拉斯普京，是他们发声的论坛。这些"乡土散文作家"以怀旧的笔触描绘了乡村，并将诚实劳动的农民理想化为俄罗斯灵魂及其在世间使命真正的支撑者。在整个 20 世纪 70 年代，《青年近卫军》都得到党的高级领导人支持。*但是它的文化政治倾向很难说是共产主义的，而且

518

---

* 它得到勃列日涅夫手下主管意识形态工作的政治局成员米哈伊尔·苏斯洛夫的政治庇护。在亚历山大·雅科夫列夫因《青年近卫军》的民族主义倾向和对宗教的强调而抨击其为反列宁主义时，苏斯洛夫成功地把勃列日涅夫争取到期刊一边。雅科夫列夫被党的宣传部辞退。1973 年，他被驱逐出中央委员会，出任苏联驻加拿大大使（卸任后成为戈尔巴乔夫的意识形态主管）。——原注

"意大利大教堂中的俄罗斯房屋"。安德烈·塔尔科夫斯基导演的《乡愁》(1983)中的最后一个镜头。照片来源：Ronald Grant Archive，London。

有时它就是反苏维埃的，比如它反对拆毁教堂和历史纪念碑，还发表了民族主义画家伊利亚·格拉祖诺夫饱受争议的文章，其中公开指责革命斩断了民族传统。这份期刊还与俄国教会组织的反对派团体的环境主义运动——该运动在 20 世纪 60 年代有几百万成员——以及异见知识分子有联系。在它被《新世界》期刊（因 1962 年发表索尔仁尼琴的《伊凡·杰尼索维奇的一天》而声名大噪）攻击的时候，甚至索尔仁尼琴都来为它辩护。[207] 在 20 世纪 70 年代，俄罗斯民族主义蓬勃发展，同时得到党员与异见者的支持。当时有多份像《青年近卫军》这样的期刊——有些是官方的，其他则是异见分子办的地下出版物，还有一系列国家组织或自发形成的协会——

519

从文学社到环境主义团体，它们缔造了一个支持"俄罗斯准则"的广大群体。正如地下出版物《人民议会》的编辑在1971年的创刊号中所说："虽然发生了这么多事情，俄罗斯人依然存在。现在回归祖国尚未为晚。"[208]

那么到最后什么才是"苏维埃文化"呢？在艺术上，我们能说有一个特殊的苏维埃风格吗？ 20世纪20年代的先锋艺术从西欧文化中借鉴甚多，实际上是19、20世纪之交现代主义的延续。它是革命的，在很多方面比布尔什维克政权更革命，但是最终却不见容于苏维埃国家——它从来不是建立在艺术家的梦想之上。以"无产阶级"为基础建设苏维埃文化的理念也同样没能持续——虽然这个独一无二的文化观念才真正是"苏维埃的"——工厂汽笛是没法奏出乐音的（而且说到底，到底什么才是"无产阶级艺术"？）。社会主义现实主义无疑也是独特的苏联艺术形式，但是它有一大部分是对19世纪传统的扭曲。最终"苏维埃"元素没有为艺术添上一砖一瓦。

格鲁吉亚电影导演奥塔·埃索里亚尼回忆起1962年与资深电影制作人鲍里斯·巴尔涅特的一次谈话：

> 他问我："你是谁？"我说："一个导演。"……"苏联导演，"他纠正道，"你永远都必须说'苏联导演'。这是一个很特殊的职业。""在哪些方面呢？"我问。"因为如果你真的变得诚实了——那会让我很惊讶——你就可以把'苏联'这两个字去掉了。"[209]

第八节

在这样的废墟下，我说话，
在这样的雪崩中，我哭泣，
我仿佛在恶臭的地窖里，
在生石灰中燃烧。
我会在这个冬天隐匿起自己的声音，
我会将这不朽的门永远关上，
即使如此，他们还是认出了我的声音，
即便如此，他们还是再一次相信了我的声音。[210]

　　安娜·阿赫玛托娃是一名伟大的幸存者，她的以诗发声是不可抑止的。1956年列夫从劳改营放回来后，阿赫玛托娃在她漫长人生的最后10年享受了一段相对安定的时光。她直到去世前都保持着写诗的能力，这是很幸运的。

　　1963年，她完成了最后一部名著《没有主人公的叙事诗》，她从1940年就开始动笔。以赛亚·伯林1945年曾在喷泉宫里听她读过这首诗，他将其描述为"她为自己作为一个诗人的一生所作的总结性诗歌，献给圣彼得堡——这座成为她生命一部分的城市——的过去"。[211] 在诗中，身居喷泉宫的作者以戴着面具的角色在狂欢节游行的形式，展现了历史在 1913 年抛弃了的那一整代她逝去的友人和彼得堡人物。通过创造性的回忆，这首诗保存和救赎了那段历史。在开篇献词中，阿赫玛托娃写道：

> ……因为我的纸张已经不够，
> 我就在你的草稿本上书写。* [212]

这首诗中暗含许多文学界的人与事，无数的学者都为此大伤脑筋，但这首诗的本质——正如献词暗示的那样——已经在曼德尔施塔姆一首祷文般的诗歌中得到了预示，阿赫玛托娃在自己诗中的第三章题词中还引用了一段： 521

> 我们将在彼得堡重逢，
> 仿佛我们把太阳埋在那里，
> 然后我们将第一次念出
> 那个幸福的、没有意义的词。
> 在苏维埃的夜晚，在丝绒似的黑暗中，
> 在漆黑的丝绒似的空虚里，那些幸福的女人
> 她们可爱的眼睛仍在歌唱，
> 不朽的鲜花仍在盛放。† [213]

---

* 阿赫玛托娃告诉了几位朋友，这个献词是写给曼德尔施塔姆的。在娜杰日达·曼德尔施塔姆第一次听她读这首诗，并问她献词是为谁而作的时候，阿赫玛托娃"略带愠怒"地回答："你觉得我能在谁的草稿本上写东西？"——原注

† 黄灿然译。——译注

阿赫玛托娃的《叙事诗》是为列宁格勒死难者所作的安魂曲。这种缅怀是神圣的行为，在某种意义上是对曼德尔施塔姆祈祷的回应。但是这首诗也是一曲将过去复活的歌，是那种精神价值的文字化身——它让这座城市的人民能够忍受的夜晚，并在彼得堡重逢。

1966年3月5日，阿赫玛托娃在莫斯科的一家疗养院中安详地故去了。她的遗体被送到前舍列梅捷夫救济院的太平间。这座救济院是为纪念普拉斯科维娅而修建的，她在那里同样接受着俯视着喷泉宫大门的格言的守护："上帝善存一切。"成千上万的人参加了她在列宁格勒举行的葬礼。整场追思弥撒中，巴洛克风格的圣尼古拉大教堂中涌进了无数人，进不去的人就站在大街上，人人都在虔诚地默哀。这座城市的百姓向这位市民致以最后的敬意，她在其他人不得不保持沉默的时候，用自己的诗表达了他们的心声。阿赫玛托娃曾与她的同胞同在"我的人民不幸而在的地方"。现在他们与她同在。在送葬队伍穿过彼得堡来到科马罗沃墓地的路上，人群在喷泉宫前停留了片刻，这样她就能和它作最后的告别。

第八章

俄罗斯在海外

伊戈尔·斯特拉文斯基与维拉·斯特拉文斯基于 1962 年 9 月 21 日抵达莫斯科舍列梅捷夫机场。由伊戈尔·斯特拉文斯基与维拉·斯特拉文斯基复制，出自《影像集：1921—1971》（London: Thames Hudson, 1982）。

第一节

我的乡愁啊！这早已
显露原形的烦心事。
我反正到哪都一样——
在任何地方都孤零零。

提着一只粗糙的篮子，
沿着坑洼的石路回家，
走向不知是否属于我的屋子，
它已被用作医院或兵营。

我反正都一样——在某些人中间，
像被捕获的狮子般竖起鬃毛，
从某些人群中被推搡出来，
顺乎必然地回到自身。

回到感情的个体之中。
像离开冰天雪地的北极熊——
无法生存（我也不再努力！）
受尽屈辱——在我全然一样。

我不会陶醉于祖国的语言，
也不会陶醉于它乳白的召唤。
是用什么语言而不为路人
理解——在我全然无所谓！

（贪婪地吞噬报纸的读者，
和挤奶工人混淆在一起）
他属于20世纪的人
至于我——属于所有的世纪。

迟钝的人，像林荫道上
竖立，木头般的人——
在我都一样，我都无所谓，
不过，最无所谓的，也许是——

都比不上亲切的往日。
仿佛有只手，从我这儿，
抹去了所有标志、所有日期：
那在某处诞生的灵魂。

就这样，我的故乡无法
保护我，那最能干的侦探——

527

来回搜遍了整个灵魂！
根本找不到与生俱来的胎记！

我感到所有屋子都陌生，所有的
庙宇都空荡荡，反正都无所谓。
但是，倘若在道路旁——出现
灌木丛，尤其是山楂树……* [1]

山楂树勾起了流亡中的诗人，玛琳娜·茨维塔耶娃的痛苦回忆。它提醒着她久已逝去的在俄国的童年，还有那天生的"胎记"，那是她在这假装对祖国无所谓的诗句下掩藏不了也伪装不了的。从涉足诗坛之初，茨维塔耶娃就将山楂树当作她孤独的象征：

山楂树的果实红起来了，
它的叶子落下了，我出生了。[2]

从这些联想中，乡愁成了流亡者心中的故乡。乡愁是对具体之物的想往，而不是对抽象的祖国的热诚。对纳博科夫来说，"俄罗斯"存在于梦回儿时在家族庄园里度夏的情景：在树林里采蘑菇、捕蝴蝶，还有脚踩在雪上吱吱的声音。对斯特拉文斯基来说，它是儿时在彼得堡听到的种种声音：卵石路上的马蹄和车轮、街边小贩的吆喝声、圣尼古拉大教堂的钟声，还有马林斯基剧院中的嘈杂声，最初他正是在那里与音乐结缘。同时，茨维塔耶娃父亲位于莫斯科三塘胡同（Three Ponds Lane）的房子也能唤起她的"俄罗 528

---

* 　译文出自《茨维塔耶娃文集·诗歌》，汪剑钊译，东方出版社 2003 年版，第 418—419 页。
　　　　　　　　　　　　　　　　　　　　　　　　　　　　　　——译注

斯"心象。这座房子在 1918 年的严冬被拆毁当了柴火。但是在经历了近 20 年的流亡生涯，她 1939 年回国时，发现自己最爱的山楂树生长一如往昔。这棵树是她的"俄罗斯"中仅存之物，她乞求阿赫玛托娃不要告诉别人它的存在，除非"他们自己发现并把它砍倒"。[3]

茨维塔耶娃回到斯大林治下的俄罗斯，这背后有很多因素，但最重要的是她渴望踏上俄罗斯的土地来感受它。她需要那棵山楂树在身边。她的回国是自己长期痛苦挣扎的结果。就像大部分流亡者一样，她被故土的两个不同概念所撕裂。一个是那个"你内心深处的俄罗斯：它的文字、文学，还有所有俄罗斯诗人都能感到自己是其中一份子的文化传统"。[4] 这个内心的俄罗斯不受任何地域局限。"一个人可以身处俄罗斯之外，而在内心中依然拥有它。"茨维塔耶娃对作家罗曼·古尔 * 解释道。那是一个可以"在任何地方都生活于其中的"国度。[5] 霍达谢维奇 1922 年移居柏林时说："这个'俄罗斯'就蕴含在普希金的作品中，可以'装进一个口袋里'。"

> 我拥有的一切就是八本薄薄的书，而我的祖国就在其中。[6]

另一个俄罗斯就是那片土地本身——依然有着家的回忆的地方。不管她再怎么说无所谓，茨维塔耶娃还是无法抵抗它的吸引力。就像不在身边的情人一样，它的存在就足以让她痛苦。她怀念那广阔的风景，怀念用俄语交谈，而这在内心交织的联想正激励着她的创作。

1917—1929 年间有 300 万俄国人逃离故土。他们组成了一个

---

* 罗曼·古尔（Roman Gul, 1896—1986），俄罗斯流亡作家，曾加入白军。1920 年代定居柏林，
　为俄国流亡者办的杂志和报纸写稿。1950 年后定居美国。——译注

从中国东北延伸到加利福尼亚的影子国度，其中俄国文化生活的主
要中心是在柏林、巴黎和纽约。这是一个已经消逝的世界的残余：
以前的沙皇顾问和政府高官靠变卖最后的首饰过活，以前的地主现
在当起了服务生，破产的商人进了工厂做工，而那些战败的白军军
官白天撰写声讨白军领袖邓尼金将军过错的回忆录，晚上则去开出
租车。舍列梅捷夫等大家族分崩离析，成员也四散逃命。舍列梅捷
夫家族的长支与谢尔盖伯爵一起于1918年出国去了巴黎，后来又
赴纽约。但是其他人则逃到南美洲、比利时、希腊和摩洛哥。

529

柏林首先成为侨民的重要中心。它天然地处在俄罗斯与欧洲的
十字路口上。第一次世界大战后的经济危机与马克的巨幅贬值，使
得那些带着珠宝和西方货币到来的俄国人生活成本相对较低，而且
在破产的中产阶级居住的郊区，很容易找到宽敞且廉价的公寓。作
为新经济政策的一部分，苏俄政府于1921年取消了对出境签证的
控制。德国是当时唯一一个与苏俄有外交和贸易联系的欧洲大国。
当时德国还在为战争付出代价，不仅要缴纳赔款，还受到西方战胜
国强加的贸易禁运，于是它希望苏俄能成为自己的贸易伙伴和外交
盟友。在20年代初，有50万俄国人涌入德国首都柏林的夏洛滕堡
（Charlottenburg）和其他西南郊区。柏林人给城市的主要商业街选
帝侯大街起了个诨名"涅瓦大街"。柏林有自己的俄国咖啡馆、俄
国剧院、俄国书店和俄国歌舞夜总会。至于在郊区，俄国的一切就
应有尽有了：俄国理发店、俄国杂货商、俄国当铺，还有俄国古董店。
那里甚至还有个俄国交响乐队和俄国足球队（年轻的弗拉基米尔·纳
博科夫当守门员）。[7]

柏林是俄国流亡群体无可争议的文化首都。那里的音乐异彩纷
呈：斯特拉文斯基、拉赫玛尼诺夫、海菲兹、霍洛维茨和内森·米
尔斯坦随时可能同台献艺。在茨维塔耶娃1922年到来的时候，俄
国先锋派中一些最杰出的文学天才都已经在柏林当了寓公（霍达谢

维奇、纳博科夫、贝蓓洛娃、雷米佐夫）。这座城市有数量惊人的86 家俄语出版商——轻松超过了德语出版商的数量——其发行的俄语报纸在全世界销售。[8]

对高尔基、别雷、帕斯捷尔纳克、阿列克谢·托尔斯泰和伊利亚·爱伦堡等还没下定决心在苏俄还是西方扎根的作家来说，柏林也是他们中途停留的地方。它成为来自苏联的作家、西方的文学同行，还有已经建立起来的俄国流亡群体的会面之地。柏林的出版成本非常低，若干苏联出版社和期刊都在这座德国首都设立了办事处。在 20 世纪 20 年代，柏林的俄罗斯群体中还没有形成苏维埃文化与流亡文化的明确分隔。这座城市是左翼先锋派的中心，在 1917 年之后，认为苏维埃俄国与流亡者共享同一种俄罗斯文化的意见占主流。这样的想法在其他流亡者聚集地一般是不被接受的。但是柏林不一样——作家一度可以在莫斯科与柏林之间自由往来。然而在 20年代中期，有一群被称作"路标转换"（Smena vekh）的流亡者发起永久返回苏联的运动，并在苏联支持下创立了自己的期刊《黎明》，从此氛围就变了。1923 年是转折点，历史小说家阿列克谢·托尔斯泰回到莫斯科，此事在柏林引发了流言蜚语。侨民群体迅速左右两极分化，一派希望与苏联祖国建起沟通的桥梁，而另一派则想将桥梁烧毁。

20 世纪 20 年代中期，德国马克的币值稳定下来，经济也开始恢复，于是对俄国流亡者来说，柏林突然住不起了。当地的俄国人纷纷去往欧陆其他地方，人口减少了一半。茨维塔耶娃和她的丈夫谢尔盖·艾伏隆去了布拉格，以便他能在查理大学学习。布拉格是当时俄罗斯研究中心之一。捷克斯洛伐克的首任总统马萨里克（Masaryk）就是一位研究俄国的知名学者。捷克人很欢迎这些"白俄"，将他们视为斯拉夫同胞以及俄国内战中的盟友。1918 年，有一支捷克民族主义者组成的部队站到了反布尔什维克一边，希望能

让俄国重新加入与同盟国的战争。*当年捷克斯洛伐克独立建国，布　　531
拉格政府甚至给艾伏隆这样的俄国学生发放了奖学金。

　　1925 年，茨维塔耶娃和艾伏隆移居巴黎。如果说柏林是海外俄
国人的文化中心，那么巴黎就是它的政治首都。战后的凡尔赛会议
吸引了俄罗斯出逃的各主要党派人士和政府代表。到 20 年代中期
以前，巴黎成为政治阴谋的温床，各种各样的俄国党派和运动都在
争取西方政府的关注，以及获得那些想要定居于此的俄国流亡富豪
的支持。茨维塔耶娃、艾伏隆和两个孩子，住在维克多·切尔诺夫
的前妻奥尔加·切尔诺娃的狭小公寓中。维克多领导过社会革命党
多年，还担任过短命的 1918 年 1 月被布尔什维克解散的立宪会议
的主席。在达鲁街（Rue Daru）周围形成的"小俄罗斯"中，艾伏
隆一家经常会碰到俄国革命的其他末路英雄：第一届临时政府总理
李沃夫亲王、外交部长米留科夫，还有另一位总理，年轻而活跃的
亚历山大·克伦斯基——在那个命定的 1917 年夏天，茨维塔耶娃
曾将他比作自己的偶像波拿巴。

　　　　他卧倒在地图上，
　　　　却没有入眠。
　　　　那就是我们祖国的波拿巴。[9]

––––––––––––––––

*　这些民族主义者战斗的目标是从奥匈帝国手中取得独立，所以捷克军团的 3.5 万名士兵想
　要回到法国前线继续与奥地利作战。他们没有冒着危险穿越敌国前线，而是决心向东走，
　经过符拉迪沃斯托克和美国，几乎绕地球一圈后到达欧洲。但是在沿着西伯利亚铁路东
　进时，他们很快就与试图将其缴械的地方苏维埃发生小规模冲突而停了下来。这些捷克
　人最后与社会革命党合流。后者从莫斯科和圣彼得堡出逃后，来到伏尔加地区动员农民
　支持他们反对布尔什维克政权，要求在 1918 年 1 月召开立宪会议之后结束战争。6 月 8 日，
　捷克军团占领了伏尔加河畔的萨马拉市。在次年 10 月被红军打败之前，这里一直有一个
　由前立宪会议成员组成的弱政府。1918 年 10 月 28 日，捷克宣布独立，捷克军团被击溃，
　他们就失去了战斗意志。——原注

到 20 年代末，巴黎已经无可争议地成为俄国侨民在欧洲的中
心。随着俄国人在大萧条中从希特勒治下的德国前往法国首都，它
的地位得到了确认。在巴黎第十六区的咖啡馆中，巴黎俄国人的艺
术与文学生活非常繁荣，那里有冈察洛娃和她的丈夫米哈伊尔·拉
里奥诺夫，有贝诺瓦、巴克斯特和亚历珊德拉·埃克斯特等画家，
有斯特拉文斯基和普罗科菲耶夫等作曲家，还有蒲宁、梅列日可夫
斯基以及妮娜·贝蓓洛娃和她的丈夫，1925 年从柏林搬来的霍达谢
维奇等作家。

　　大多数流亡者都认为，1917 年 10 月过后俄国就不复存在了。
斯特拉文斯基经常说，他开始流亡的时候并没有觉得是"与俄国永
别了"。[10]茨维塔耶娃在她写于 20 世纪 30 年代初的诗作《给儿子
的诗》中做出结论，她再也没有可以回归的俄罗斯祖国：

> 手持灯火在这个月下的世界
> 寻寻觅觅。
> 那个国家不存在了
> 不在地图上，也不在太空里。
>
> 饮尽这杯酒吧：
> 杯底都在闪着光！
> 你如何能够回到
> 夷为平地的家？[11]

俄国海外流亡诗作的一个中心主题，即俄国只是一个视觉上的错觉，
是某种像童年记忆一样已经消逝的东西。正如格奥尔基·伊凡诺夫
所说的：

俄国是欢乐的，俄国到处都是光明。
抑或俄国已经在夜幕中消失。

在涅瓦河上，太阳不会落下，
普希金在我们的欧洲城中永不死去，

再也没有彼得堡，也没有莫斯科的克里姆林——
只有旷野和旷野，雪以及更多的雪。[12]

对茨维塔耶娃来说，俄国的幻影是她对三塘胡同已经拆毁的家逐渐   533
褪色的记忆。对纳博科夫来说，它是骑车去维拉庄园的梦境，别人
总是保证说绕过下一个弯就是了——结果从来不是。[13]纳博科夫在
《说吧，记忆》（1953）中，动人地描绘了这种童年往事一去不回的
乡愁。被迫与儿时脚下的那块土地分离，就是眼睁睁看着自己的过
去消逝成为神话。

　　茨维塔耶娃的父亲是莫斯科大学艺术史教授伊凡·茨维塔耶夫，
他也是莫斯科美术博物馆（现为普希金造型艺术博物馆）的首任馆
长。就像普希金的《叶甫盖尼·奥涅金》中的塔季扬娜一样，茨
维塔耶娃这位年轻的诗人也生活在书的世界里。"我这到处都是手
稿。"[14]普希金和拿破仑是她最早倾心爱慕的对象，她在现实生活
中爱上的人（男女都有），不少很可能不过是她文学理想的投射而已。
她称这些情事为"文学恋爱"——包括诗人勃洛克、别雷、帕斯捷
尔纳克和曼德尔施塔姆。没人说得清在她心中这种激情到底有多强
烈。艾伏隆是例外——在她悲剧的生命中，他是唯一一个与她有长
期亲密接触的人，她不能没有他。茨维塔耶娃对被需要的渴望是如
此不顾一切，以至于她准备好为他牺牲自己的生命。1911年的暑假，
他们在克里米亚相遇了，那时他还在上学，而她则快要毕业。艾伏

隆是一位英俊的年轻人——细瘦的脸颊上有大大的眼睛——他就是
她眼中的"波拿巴"。两人都对革命的理念有着浪漫的感情（艾伏
隆的父亲是地下革命党的激进分子）。但是在革命最终到来的时候，
他们都站到白军一边。茨维塔耶娃厌恶集体主义的精神状态，在她
看来这种精神会把个人踏倒在脚下。当艾伏隆离开莫斯科去参加俄
罗斯南部邓尼金的部队时，她将他描绘为自己的英雄：

> 白卫军：俄罗斯勇气的戈耳狄俄斯之结。
>
> 白卫军：俄罗斯民歌中的白色蘑菇。
>
> 白卫军：夜空中永远闪烁的白星。
>
> 白卫军：反基督者肋骨中的黑色指甲。[15]

534

在接下来的 5 年里，也就是 1918—1922 年之间，这对年轻夫
妇彼此分离。茨维塔耶娃保证，如果两人都在内战中活了下来，那
么她会"像狗一样 [忠实地]"跟随艾伏隆，追随他去天涯海角。当
艾伏隆在南方为邓尼金的军队奋战时，茨维塔耶娃留在莫斯科。每
天她都要争取面包和燃料，这让她过早地衰老。在这些年中与她成
为密友的谢尔盖·沃尔孔斯基公爵回忆说，她生活在"冰冷的房子
里，有时还没有灯光，家徒四壁……小阿莉亚睡在帘子后面，周围
满是自己的画……肮脏的壁炉里没有燃料，电灯也熄灭了……街上
的阴冷侵入房中，仿佛它们才是这里的主人"。[16] 看到人们不顾一
切地寻找食物的景象，茨维塔耶娃认识到革命会让人们变得野蛮。 535
在她看来，普通民众似乎已经失去了对人类特有尊严与柔情的感
知。虽然她热爱俄罗斯，但是新现实让她不得不开始考虑移居国外。
1920 年，她的小女儿伊琳娜死了，这对她是灾难性的打击。"妈妈
再也不能忘却孩子会活活饿死这个念头。"她的大女儿阿莉亚后来
写道。[17] 伊琳娜的死让她更强烈地想要和艾伏隆在一起。1920 年

秋天，战败的白军向南撤退到克里米亚，在那里蜂拥上船逃离布尔什维克，此后一直没有任何他的音讯。她说，如果他不在人世了，她也无法独活。最后，艾伏隆被发现在君士坦丁堡。她于是离开莫斯科到柏林与他会合。

茨维塔耶娃将离开俄国描述为一种死亡，是灵魂与肉体的分离，而且她害怕在离开乡音故土之后，自己会丧失写诗的能力。在启程离开莫斯科之前，她写了一封信给爱伦堡，信中说："在这里，穿着破烂的鞋是不幸的或是英勇的，而在那里则是一种耻辱。人们会把我当成乞丐，把我赶回我逃离的地方。如果是这样的话，我就上吊自杀。"[18]

离开俄罗斯让茨维塔耶娃更关注民族主题。在 20 世纪 20 年代中，她写了大量的思乡诗。其中最好的都收录在《离开俄罗斯以后》（1928），这是她生前出版的最后一本书：

> 我向俄罗斯的裸麦，
> 向比女人还高的玉米地致以问候。[19]

她越发转向散文（"流亡生活让我变成了散文家"[20]），写了一系列感人至深的文章回忆自己失落了的俄罗斯。"我想要将整个世界复活，"她对一个流亡者说，"这样所有人就应该不会白活了，我也因此没有白白活着。"[21]在《我的普希金》（1937）这样的文章中，她渴求的是构成了自己心中那个昔日俄罗斯的文化传统。她在《我的乡愁啊》中写道，自己感觉像

> 迟钝的人，像林荫道上
> 竖立，木头般的人[22]

谢尔盖·艾伏隆与玛琳娜·茨维塔耶娃，1911 年。现由维多利亚·史怀泽收藏。

作为一个艺术家，她感到离开普希金开创的那个文学团体之后，　536
自己成为了一个孤儿。

于是她热烈地，甚至像女儿一样，被谢尔盖·沃尔孔斯基所吸引，
这位被迫于 1921 年逃离苏俄的艺术体操理论家和前帝国剧院总监，
在巴黎成为流亡者出版物上卓越的戏剧评论家。他在欧洲和美国的
众多大学里发表关于俄国文化史的演说。但是让他对茨维塔耶娃有
如此大吸引力的，是他与 19 世纪文化传统的联系。公爵是那位著
名的十二月党人的孙子，他的父亲是普希金的密友。他自己也在母
亲的画室中见到过诗人秋切夫。沃尔孔斯基家和茨维塔耶娃家也有
渊源。正如伊凡·茨维塔耶夫 1912 年在美术博物馆的开幕演讲上
所说，在莫斯科建立这样一间博物馆的想法，最早就是由这位公爵

的婶祖母季娜伊达·沃尔孔斯卡娅提出来的。[23] 茨维塔耶娃爱上了沃尔孔斯基，不是男女之间那种（沃尔孔斯基几乎肯定是同性恋），而是以她顽固的文学恋爱方式。在追求几年无果之后，抒情诗再次自茨维塔耶娃的笔端淌出。在组诗《弟子》（1921—1922）中，她将自己置于一位先知（"父亲"）的脚下，他将她与过去的智慧与价值观联系起来。她的诗作《致父亲》是献给"我生命中最好的朋友"。她这样向叶夫根尼娅·奇里科娃描述沃尔孔斯基："世界上最智慧、最迷人、最神奇、最老派、最有魅力——也是最天才的人。他 63 岁了。但是当你看到他时，你就会忘了自己的年纪。你会忘记自己生活在哪里，哪个世纪，哪一天。"[24]

> 在一个咆哮着
> "光荣属于那些将要出生的人！"的世界中，
> 有什么向我低诉：
> "光荣属于那些已经出生的人！"[25]

沃尔孔斯基将自己的《回忆录》（1923）献给了茨维塔耶娃——也许是对她把这厚厚的两大本打出来交给出版商的报偿。在她的眼中，他的回忆是已经在 1917 年断裂的 19 世纪传统的"圣经"。为了纪念这两本书的出版，她写了一篇题为《雪松：一份辩护》的文章。题目可能取自公爵的昵称，因为他在自己最喜欢的一块土地（今天是 1.2 万公顷的一片森林）上种了雪松，那是他家族在坦波夫省鲍里索格列布斯克（Borisoglebsk）的地产。

> 雪松是所有树中最高也最直的，它既来自北方（西伯利亚雪松），也来自南方（黎巴嫩雪松）。这正是沃尔孔斯基家族的双重品格：西伯利亚与罗马 [季娜伊达曾迁居于此]！[26]

在自己《回忆录》的前言中，沃尔孔斯基表达了流亡者的痛苦：

> 祖国啊！一个多么复杂的概念，又是多么难以琢磨。我们爱自己的祖国——有谁不爱呢？但是我们爱的到底是什么？是某个存在过的东西，还是将要存在的？我们爱自己的国家。但是我们的国家在哪里？它只是一片土地吗？如果我们与这片土地分离，但可以通过想象将其重现，那么我们真的可以说祖国还在吗？自己真的是在流亡吗？[27]

第二节

俄国侨民群体是由其文化遗产凝聚起来的紧密共同体。将1917年后的第一批俄国流亡者团结起来的，是他们希望而且确信自己终将回到俄国的这个信念。他们将自己的处境比作19世纪的政治流亡者，后者移居国外，在相对自由的欧洲与沙皇政权作斗争，而且最终回到了祖国。由于一直做好回国的准备，他们甚至从来都没有打开自己的行李箱。他们只承认自己是临时的流亡者。他们认为自己的使命是保存古老的俄罗斯生活传统——让孩子在俄语学校中接受教育，坚持俄罗斯教会的礼拜仪式，还有高举19世纪俄国文化的价值观与成就——这样在回国的时候，他们就能全面恢复这些制度习惯。他们自视为纯正俄罗斯生活方式的守护者。

在柏林、巴黎和纽约的"小俄罗斯"，这些侨民创造出了属于他们的神话，关于1917年之前的"美好俄罗斯生活"。他们回到了一个从未存在的过去——它实际上从来不像这些流亡者想象的那样美好，或那样"俄罗斯"。纳博科夫将第一代离开苏俄的流亡者描述为"很难理解的一群人，他们在异国他乡模仿着一个死掉

的文明，那个遥远如传说，几乎像逝去的苏美尔文明一样虚幻的，
1900—1916 年间的圣彼得堡与莫斯科（即使在那时，在 20 和 30 年
代，它们听上去就已经遥远得如同在说公元前 1916 到公元前 1900
年）"。[28] 当时在私邸和租用的会所中有不少文学晚会，衰老的女演
员发出莫斯科艺术剧院的怀旧回响，而平庸的作家"蹒跚在散文韵
律的迷雾中"。[29]（这些人）午夜会在俄罗斯教堂举办复活节弥撒，
夏天会去比亚里茨（Biarritz）旅行（"像从前一样"），周末会在法
国南部的契诃夫之家举办聚会，这让人们能够回忆起早已逝去的俄
罗斯乡间"乡绅田园"的时代。那些在革命前以外国方式生活或者
从来不去教堂的人，当了流亡者以后却紧紧抱住了自己的本土传统
和东正教信仰。俄罗斯的信仰在海外经历了一次复兴，侨民中经常
谈论欧洲的世俗信念如何导致了革命，还表现出了一种 1917 年之
前从未出现过的对宗教的谨守。这些流亡者坚持说自己的母语，好
像这就保持了自己的人格一般。纳博科夫对俄语的掌握要晚于英语，
在 20 世纪 20 年代初居于剑桥大学时，他非常害怕自己俄语能力下
降，决心每天阅读 10 页《达尔俄语词典》

　　流亡者与东道主之间的敌意使得他们更加强调自己的俄国性。
特别是法国人和德国人，他们视俄国人为被战争摧残的寄生于他们
经济之上的野蛮人；而这些俄国人虽然穷困，但总体来说比法国人
和德国人读的书都多，于是认为自己高居这些"小资产阶级"之上
（据纳博科夫说，柏林的俄国人只与犹太人来往）。在《说吧，记忆》
的一个段落里仍然能感受到这种态度，纳博科夫在其中说他在柏林
认识的唯一一个德国人是一位大学生：

　　　　他有很好的教养，安静，戴眼镜，他的嗜好是死刑……尽
　　管我很久以前就失掉了迪特里希的行踪，我很可以想象他鱼蓝
　　色的眼里平静的满足，正当他如今（也许就在我写下这行字的

瞬间）给他拍着大腿、捧腹大笑的老战友们看一大批从未期望过的珍宝——他在希特勒治下拍摄的极其 wunderbar（德语"奇妙的，精彩的"）的照片。* [30]

　　侨民群体极高的艺术才能注定要将他们与自己身处的社会分隔开来。"跟我们周围的这个或那个国家比，侨民聚居区实际上是一个文化更加集中、思想也更自由的环境。"纳博科夫在 1966 年的一次访谈中回忆道，"有谁会想要离开自由的区内世界，只为了进入外面陌生的世界呢？" [31] 此外，西方知识分子与逃离布尔什维克政权的俄国人之间还有政治隔阂，前者主要是左翼人士。贝蓓洛娃认为"没有一个知名作家站在我们 [侨民] 一边"，实在很难反驳这一点。H. G. 威尔斯、乔治·萧伯纳、罗曼·罗兰、托马斯·曼、安德烈·纪德、斯蒂芬·茨威格都表示支持苏维埃政权。而其他人，比如说海明威和布鲁姆斯伯里派，基本对苏联内外发生的事情毫不关心。

　　在这样的孤立环境中，侨民团结在俄罗斯文化的种种符号周围，将其作为他们民族认同的焦点。文化是他们在这个混乱与毁灭的世界中一个稳定的元素——这是旧俄国留给他们唯一的东西。让侨民在内部政治纷争中感到彼此拥有一个共同目的，就是要保存自己的文化遗产。侨民的"小俄罗斯"是他们的心灵家园。他们之为俄罗斯人，不在于属于那片土地，甚至不在于属于真实的俄罗斯历史（俄罗斯历史上没有一个时期能让他们取得共识：因为侨民团体中既有君主主义者又有反君主主义者，既有社会主义者也有反社会主义者）。

---

* 译文出自《说吧，记忆》，纳博科夫著，陈东飙译，时代文艺出版社 1998 年版，第 270—271 页。——译注

在这些社团中，文学成为人们的故乡，而"重量级"文学刊
物是他们主要的机构。这些刊物中既有文学，又有社会评论和政 540
治探讨，它们将读者组织成一个个思想团体，就像 1917 年它们在
俄国所做的那样。每一个侨民的重要聚集地都有自己的重量级刊
物，而每一份刊物又与代表不同政治观点派别的文学俱乐部和咖啡
馆联系在一起。最畅销的刊物是在巴黎出版的《当代年鉴》，刊名
Sovremenny zapiski 来自两份 19 世纪最负盛名的自由派刊物：《现
代人》（Sovremennik）和《祖国纪事》（Otechestvennye zapiski）。
它宣示自己的使命是保存俄国文化遗产。这就意味着要主推 1917
年就已经成名的大人物——比如说伊凡·蒲宁、阿列克谢·雷米佐
夫还有（巴黎文学的女王）季娜伊达·吉皮乌斯等作家，这就让
年轻或更具试验精神的作家很难出头，比如说纳博科夫和茨维塔
耶娃。光再版俄罗斯经典著作的需求，已经足以维持几十家出版
社了。[32]

普希金在海外俄国人中成为领袖般的人物。在没有任何其他历
史事件能让所有侨民都统一庆祝的情况下，他的生日成了国庆日。
普希金身上有很多让侨民感同身受的东西：他对俄国历史的保守自
由主义（卡拉姆津式）立场、他因将君主视为对抗革命暴徒的无政
府暴力的堡垒而对其持有的谨慎支持、他坚定不移的个人主义与对
艺术自由的信念，以及他也被俄罗斯"流放"（离开了莫斯科和圣
彼得堡）。也许 20 世纪最杰出的几个普希金研究者都来自侨民团体，
这并非巧合——其中纳博科夫就完成了《叶甫盖尼·奥涅金》的 4
卷注释英译本。[33]

在巴黎的侨民中，蒲宁被敬为这种文化遗产的继承人，是屠格
涅夫和托尔斯泰的现实主义传统在流亡群体中蓬勃的确证。正如蒲
宁本人在 1924 年的一次著名演讲中所说，"侨民的使命"就是从
堕落的左翼现代派与苏维埃艺术手中保护这份遗产，来为"真正的

俄罗斯"出一份力。作为一个作家，蒲宁成为俄罗斯民族代表是在1917年之后的事。在革命之前，许多人认为他并非第一流的作家：与更受欢迎的先锋派作家比，他的散文风格显得沉重而传统。但是在1917年之后，侨民的艺术价值观发生了一场革命。他们开始拒斥他们认为与革命党人有联系的先锋文学，而且一旦身处国外，他们就在蒲宁那老派的"俄罗斯美文"中得到了极大的安慰。一位评论家说道，蒲宁的作品是"约柜"，是侨民与已经失落的罗斯之间的"神圣联系"。甚至身处柏林的高尔基一收到巴黎寄来的蒲宁新作，也会放下所有事情闭关攻读。作为现实主义传统的继承者，高尔基视蒲宁为契诃夫和托尔斯泰那已经断裂的传统中最后一位伟大的俄罗斯作家。[34] 蒲宁于1933年荣获诺贝尔文学奖，他是第一位获此殊荣的俄国作家。……许多侨民将这次获奖视为对（文化意义上）真正的俄罗斯在海外这一事实的认可。……还有人将他誉为将引领侨民重返应许之地的"俄国摩西"。[35]

　　蒲宁在自己的故事中重现的那个俄罗斯是一个幻想世界。在《割草人》（1923）和《从容的春光》（1924）中，他描绘了一个从未存在的旧俄国乡村幻象——一片阳光灿烂、有着原始森林与无边草原的乐土，农民辛勤而快乐地劳作着，与自然以及同自己一同耕种的贵族伙伴和谐共处。这与蒲宁在1910年发表的成名小说《村庄》中以阴暗笔调描写的腐朽外省形成了鲜明而讽刺的对比。此时的蒲宁已经躲到他早期作品大力抨击的那种乡村幻想之中。在流亡生涯里，他的文学使命是将他想象中的俄国乡村与邪恶的城市进行对照，在那里，古老美好的俄罗斯生活方式遭到败坏。但是他自己也承认，他描绘的那片土地是"关于过去生活的西天极乐"，是移身于"一种美梦"之中，[36] 而不是流亡者可以回到的那个真实的地方。对远离故土的艺术家来说，隐遁到幻想的过去也许是一种自然的反应。纳博科夫甚至从流亡经历中获得了艺术灵感。但是对蒲宁来说，在与故土隔绝的时候写作是非常艰难的。一个现实主义作家怎么能描述一个不复存在的俄罗斯呢？

流亡很容易产生艺术上的保守主义，它的感情就是追忆与思乡。甚至斯特拉文斯基也发现自己脱离了《春之祭》——这是他"俄罗斯风格时期"的最后一部重要作品——的超现实主义，巴黎流亡时期他转向类似巴赫作品的新古典主义。其他人也日益墨守于自己在本国发展出的风格，无法在新天地中有所突破。拉赫玛尼诺夫就是如此。就像蒲宁一样，拉赫玛尼诺夫的音乐也停留在 19 世纪的浪漫主义晚期模式之中。

谢尔盖·拉赫玛尼诺夫在莫斯科音乐学院学习作曲时，柴可夫斯基正是当时乐坛执牛耳者，他对拉赫玛尼诺夫的人生与艺术产生了至深的影响。1917 年后拉赫玛尼诺夫流亡纽约，他依然对先锋派毫无感觉——他是现代最后一位浪漫主义作曲家。在 1939 年一次直言不讳的访谈中——这位作曲家被禁止在他生前发表——他对《音乐快报》的记者莱奥纳多·利布林（Leonard Liebling）解释了他对现代主义世界的疏离感。他的音乐理念植根于俄罗斯的灵性传统，艺术家的作用是创造美以及说出内心深处的真实。

> 我就像一个在越发陌生的世界中游荡的鬼魂一样。我不再能用以前的方式写音乐，但我又学不会新的。我非常努力地去感受今天的音乐形式，但我对它们没有感觉……我一直感到自己的音乐和对其他音乐的反应在精神上从未改变，都是不断地汲汲于试图创造美……新的音乐似乎并非发自内心，而是来自头脑。它们的创作者是在思考，而非感受。他们无法使自己的作品崇高——他们在调和、抗议、分析、推理、计算和酝酿，但是没有升华。[37]

1941 年，在他的最后一次重要访谈中，拉赫玛尼诺夫揭示了他的情感流露与自身俄国性之间的精神联系：

> 我是一位俄国作曲家，我出生的土地对我的气质和看法都有影响。我的音乐是自身气质的产物，所以也是俄罗斯的音乐。我从未有意识地想写俄罗斯音乐，或任何其他种类的音乐。我在动笔那一刻想要做的，只是将我的心声简单直接地表达出来。[38]

543

拉赫玛尼诺夫音乐中的"俄国性"——一种抒情的思乡之情——是他流亡期间保守音乐风格的主要情感根源。

不随潮流进退一直是他性格的一部分。1873 年，他出生于诺夫哥罗德省一个古老的贵族家庭中，其童年一直郁郁寡欢。他的父亲在他 6 岁时离家出走，留下他身无分文的母亲。两年后，他被送到圣彼得堡学习音乐。他将感情注入了自己的音乐。他自视为一个局外人，浪漫主义的疏离感融入了他作为艺术家以及后来作为侨民的身份认同中。流亡与孤立从一开始就是他音乐主题的一大特点。这甚至在他音乐学校的毕业作品——基于普希金的诗作《吉卜赛人》创作的独幕歌剧《阿列柯》（1892）——中已经出现。在诗中，俄罗斯主人公被吉卜赛人拒斥，独自过起了隐居生活。拉赫玛尼诺夫 1917 年之前最著名的作品已经明显过早地表现出了对故土的思念。在《晚祷》（1915）中他有意识地模仿了古代的单声圣歌；在《钟声》（1912）中他探索了用俄语演唱；最明显的当属他所有钢琴协奏曲。《第三钢琴协奏曲》（1909）令人难忘的开篇主题就是礼拜式的，而且非常类似于源自基辅洞窟修道院（the Pechersk monastery in Kiev）晚祷的东正教颂歌，虽然拉赫玛尼诺夫本人否认它有任何的宗教渊源。拉赫玛尼诺夫从来没有定期上教堂，而且在东正教会禁止他迎娶自己的亲表妹娜塔莉亚·萨蒂娜（Natalia Satina）之后，他就压根不去了。但是他对教堂的仪式与音乐有很深的感情，尤其是俄式钟的响声，那会让他想起在莫斯科度过的童年。这成为他1917年之后思乡情怀的一个来源。

拉赫玛尼诺夫思乡情怀的另一个来源，就是他对俄国大地的眷恋。他对一块土地尤其怀念，那就是他妻子在伊凡诺夫卡（Ivanovka）的庄园，它位于莫斯科东南500公里处，自8岁那年他们家不得不卖掉自己的庄园之后，他每年都在这里消夏。伊凡诺夫卡有着他的童年与浪漫回忆。1910年，他与娜塔莉亚结婚后拥有了这个庄园，随后他们就搬来这里。拉赫玛尼诺夫几乎所有1917年以前的作品都是在伊凡诺夫卡创作的。"这里没什么特别的景观——没有高山巨谷，也没有海景，"拉赫玛尼诺夫在1931年回忆道，"它坐落在一片草原上，没有无边的海洋，却有看不到头的小麦和裸麦田，一直延伸到天际线。"[39] 拉赫玛尼诺夫的音乐表达的正是这片景致的神髓。他向一份美国杂志解释（很明显他主要想到的是自己），"俄国人与土地的羁绊比任何国家的人都深。它出自本能中对安宁、静谧、敬畏自然，也许还有追求孤独的倾向。在我看来，每个俄国人在某种程度上都是一名隐士"。[40] 伊凡诺夫卡的农民在1917年迫使拉赫玛尼诺夫抛弃了自己的家。"他们经常醉酒，然后就举着火把在庄园里四处跑，"一名村民回忆说，"他们偷走牲口，还闯入仓库。"在他离开后——一开始去了瑞典，后来去了美国——房子被劫掠一空，然后付之一炬。[41] 对拉赫玛尼诺夫来说，失去伊凡诺夫卡就等于失去了祖国，流亡时须臾不离的强烈痛苦中就夹杂着对它的回忆。

45岁时，财务困难让拉赫玛尼诺夫不得不当了一名钢琴师，每年在欧洲或美国巡回演出。居无定所的生活方式让他很少有时间作曲。但是他将自己不能作曲这一点归因于与俄国土地的分离："当我离开俄国时，我也留下了创作的渴望；在失去祖国的同时，我也

544

失去了自我。"[42]

1921 年，拉赫玛尼诺夫一家在美国买了第一套自己的房子——1930 年以后在法国和瑞士也买了几套，他们开始努力重现伊凡诺夫卡那种特别的俄国氛围。他们为自己的俄国朋友们举办家庭聚会：蒲宁、格拉祖诺夫、霍洛维茨、纳博科夫、福金和海菲兹都是常客。他们说俄语，雇了俄国仆人、俄国厨师、一名俄国秘书，找俄国医生看病，还一丝不苟地遵守所有的俄国生活习惯——比如喝茶炊煮的茶以及参加深夜弥撒。他们之所以买下位于法国巴黎附近克莱尔方丹（Clairefontaine）的乡间别墅，就是因为它毗邻一片与世隔绝的松树林，就像拉赫玛尼诺夫一家在伊凡诺夫卡喜欢散步的那片一样。1931 年拜访过他们的美国友人斯旺夫妇这样描述此处重现的俄国氛围：

545

> 拉氏亭（Le Pavilion）是一座城堡一样的建筑，结实的栏杆将其与街道隔开，在这一大片土地上重现了俄国生活……开放式阳台上宽大的阶梯直通庭院。风景很好：房前有一片朴素的绿地，有一个灌木环绕的网球场，沙地大道两旁是高耸的老树。庭院深处有一个大池塘。整体布置就像过去的俄国庄园一样……有一道小门通向巨大的猎场：里面松树如荫，野兔无数。拉赫玛尼诺夫喜欢坐在松树下，看着灵动的兔子。每天都是在餐厅的一张大桌子上吃早餐。就像在俄国乡间一样有奶油、火腿、乳酪和煮鸡蛋，还会上茶。大家随意，也没有严格的规矩或时间安排来妨碍我们睡懒觉。[43]

渐渐地，随着伊凡诺夫卡以前生活方式的恢复，拉赫玛尼诺夫也重新开始作曲，如《第三交响曲》（1936）那样纯粹的思乡之作。这部交响乐中保守的和声运用让西方评论家大感惊讶，将其比作过去时代的浪漫主义作品，但这是没体会到其中的俄国性。《第三交响曲》是一部回顾性的作品，是对俄国传统的告别，它全部的目的就在于过去的精神。20 世纪 30 年代，当拉赫玛尼诺夫在美国排练《三首俄国歌曲》（1916）时，他恳请合唱队员慢下来。"我求求你们，"他告诉演唱者，"为了虔诚的俄国东正教神父，别糟蹋了它。请一定要唱得再慢一些。"[44]

第三节

"我们的悲剧"，妮娜·贝蓓洛娃就 20 世纪 20 年代年轻一辈的侨民作家说道，就是"我们不能发展自己的风格"。[45] 风格的更新对侨民来说是一个根本问题。如果他们作为俄国艺术家的目的是保存自身民族文化，那么若要发展风格，怎么能够不对所处的新环境作出适应，从而在一定程度上抛弃俄国呢？被这个问题影响到的主要是新一代的人，比如"在革命后一无所有的"纳博科夫等作家。[46] 蒲宁等老一辈的作家来到西方时，已经有固定的读者群体和自己无法打破的写作风格。在他们身上有太多的压力，要他们继续那种令人宽慰的过去的传统——也就是大量炮制以俄国乡绅幸福家庭为主题的故事和戏剧；而那些想有所突破的人既不受褒奖，也无人理解。茨维塔耶娃的悲剧——失去了把她捧为前革命时代先锋诗人新星的读者——只是这种体验的另一个变种。

　　散落在书店里，
　　在时间与灰尘中变得灰暗，

> 无人看到，无人寻觅，无人翻开，无人购买，
>
> 我的诗会像最珍贵的葡萄酒一样被啜饮
>
> ——当它们经历了岁月之后。[47]

甚至前政治家、历史学家和巴黎《最新消息》的主编米留科夫也说过，"我不理解茨维塔耶娃"。[48] 但是对纳博科夫这样还没找到自己立足点的作家来说，没有理由回到过去，也没有什么前途。老一代的人日渐凋零，而随着新一代的人逐渐融入欧洲主流文化，他们身上俄罗斯的东西越来越少。为了创造出新的读者群体，这些作家必须打破条条框框。

　　纳博科夫是第一位完成了这场文学转型的重要作家。贝蓓洛娃说，在她那一代的俄语作家中，他是唯一有能力不仅开创出新的写作风格，也能赢得新读者的人。"通过他，我们学到的不仅是对小说主人公的感同身受"——那是 19 世纪的作家希望读者获得的，"而且能与作者，与纳博科夫有同样的感受，他的人生主题也成为了我们的主题"。[49] 纳博科夫总是宣称他的作品与俄国或侨民无关，但是流亡仍然是它们的核心主题。虽然他将其视为普世的主题，是对人类生活状况的隐喻，但是在 20 世纪 20 年代的柏林，俄国侨民在接受纳博科夫作品的表象时，是将其作为自身民族认同的确证。纳博科夫的作品是"俄国"（蕴含于其文化中）在西方与他们同在的证明。在他的第一部伟大小说《防守》于 1930 年发表时，贝蓓洛娃说道："一个伟大的俄国作家诞生了，就像凤凰在革命与流亡的灰烬中重生一般。我们的存在获得了新的意义。我们这一代人都有了正当的理由。我们得救了。"[50]

　　流亡是纳博科夫无处不在的主题，虽然早在革命将他早年生活一扫而光之前，他就已经发现了"思乡的酸楚与欣悦"。[51] 纳博科夫生于 1899 年，是圣彼得堡一个富有文化的著名自由派贵族世家

的长子，他们一家于 1919 年逃离俄国。他的祖父德米特里·纳博科夫在亚历山大二世在位晚期担任过司法大臣，当时这位皇帝已考虑按照欧洲模式采用一部自由宪法。德米特里 1885 年被解职，之前他一直致力反对亚历山大三世推翻 1864 年自由主义司法改革的企图。作家的父亲 V. D. 纳博科夫是一位知名自由派律师，也是 1906 年第一届杜马中一位颇具影响力的宪政民主党成员。他起草了在 1917 年的二月革命中短暂受邀登基的米哈伊尔大公的退位宣言，从而为君主制画上了正式的句号。他还曾担任过临时政府的秘书长，大概是内阁的执行书记一类，而且在制订立宪会议的选举制度的过程中起了领导作用。布尔什维克夺取政权后，纳博科夫一家离开俄国，先是去了伦敦，之后来到柏林，在那里纳博科夫的父亲担任报纸《舵手》*的主编，直到 1922 年被一位俄国保皇派分子刺杀。在他作为身处欧洲的俄国作家的生涯中，纳博科夫一直使用"西琳鸟"（Sirin，俄罗斯神话中一种生活在天堂里的虚构鸟类）这个笔名，以将自己与在侨民群体中很有名的父亲区分开来。

　　纳博科夫家有很强的亲英倾向。他们家在圣彼得堡的别墅中满是"盎格鲁—撒克逊文明令人舒适的成果"，纳博科夫在《说吧，记忆》中写道：

　　　　我们洗晨浴时用的是梨牌肥皂，干燥时沥青般黝黑，放在湿润的指间举到光亮之中则有如黄水晶。随着那只英国可折叠浴缸的一片橡皮开口被打开，把里面满是泡沫的东西倾吐进污水桶时，浴缸分量也变得越来越轻，那真是令人愉快。"我们再也改进不了膏油，于是我们改进了管子。"英国牙膏说。早餐时，548

---

*　从 1920 年直到去世为止，纳博科夫都是《舵手》的编辑。这份报纸鼓吹在俄国建立亲西方的民主政府。——译注

> 从英国进口的戈尔登糖浆会用它闪亮的圆圈缠绕着翻转的勺子，
> 直到足够的糖浆从勺子里滑到了一片俄国黄油面包上。各种各
> 样舒适、甘醇的物品从涅瓦大街的英国商店里稳定有序地来到
> 家里：水果饼、嗅盐、纸牌、游戏拼图、条纹运动衣、白如滑
> 石的网球。* [52]

纳博科夫学习英语要早于他的母语。他和弟弟妹妹是被"一连串令
人分不清谁是谁的英国保姆和女家庭教师"照看大的，她们会给他
们读《小公子西迪》，长大些又读《苏菲的烦恼》《环游世界八十天》
和《基督山伯爵》。在某种意义上，纳博科夫是被当作侨民养大的。
上学的时候，他会觉得自己和别人不一样，想象着自己是"一名流
亡诗人，向往一片遥远、忧伤而永不毁灭的俄罗斯"。[53] 普希金给
了纳博科夫灵感。他小说中的很多主角都是那位诗人的化身。纳博
科夫自视为普希金的继承者。在 18 岁那年全家逃离布尔什维克政
权来到克里米亚时，他在文学中找到了一个避难所，当时他从自己
作为浪漫的流亡者这个意象中得到了灵感，循着 100 年前曾被流放
至此的普希金的足迹漫步。他第一部发表的诗集《天路》（1923）
的扉页上，就有一段来自普希金的诗作《无题》的题词。

　　他们家从克里米亚去了英格兰，1919—1922 年间纳博科夫在
剑桥大学三一学院完成了学业。战后英格兰的现实情景与纳博科夫
在圣彼得堡别墅中了解到的那个盎格鲁—撒克逊梦幻世界相去甚
远。三一学院的房间阴冷潮湿，食物说不出地差劲，而学生俱乐部
里也满是天真的社会主义者，比如说《说吧，记忆》里那个叼着
烟斗只看到俄国过去的坏与布尔什维克的好的"奈斯比特"。† 纳博

---

* 译文出自《说吧，记忆》，时代文艺出版社 1998 年版，第 63—64 页。——译注

† 纳博科夫后来说《说吧，记忆》里那个戴着面具的 R. 奈斯比特就是 R.A. 巴特勒，他后来
　当了托利党副党魁，而且"无聊得让人害怕"。——原注

科夫越发思乡了。"我在英国读大学那段时光的故事，实际上就是
我试图成为一个俄国作家的故事，"他回忆道，"我感觉剑桥与它   549
所有著名的象征——令人肃然起敬的榆树、有纹章的窗子、喧闹的
钟塔——它们本身并不重要，只是为了铸造和支撑我浓烈的乡愁才
存在。"[54]

纳博科夫思乡的主要对象，就是他位于圣彼得堡附近的家族庄
园维拉，那里有着他的童年回忆。在《说吧，记忆》中，他说自己
5 岁时就第一次体会到了乡愁的冲击，那时他正在欧洲度假："我会
用食指在枕头上画出通往我们在维拉家的马车路径。"[55] 失去维拉
是极端痛楚的，也许比失去大部分家产或祖国——那个除了圣彼得
堡和维拉以外他几乎一无所知的祖国——还要痛。在《说吧，记忆》
中，他特别强调这一点。

　　下面这一节不是为普通读者而写的，而是为某个白痴而写，
他因为在某次破产中失去了一笔钱，就以为理解了我。
　　我与苏维埃政权的（从 1917 年起）旧怨同任何财产问题毫
不相干。对于那些只因为他们"窃取了"他的钱和土地而"仇
恨赤色分子"的流亡者，我的蔑视是彻底的。我怀了这么多年
的思乡病是对失去的童年一种过度膨胀的感情，不是对失去的
银行支票的悲伤。
　　最后，我为自己保留向往一个合适的生态场所的权利：

　　……在我的美利坚
　　的天空下慨叹
　　俄罗斯的一个地方。

普通读者现在可以接着读下去了。* [56]

1920 年 10 月，在阴郁的剑桥生活中——三一学院早餐的麦片粥"像大英博物馆大中庭之上的天空一样灰暗"，他给定居于柏林的母亲写信说：

> 亲爱的母亲，昨天我在深夜中醒来，问了某个人——我不知道是谁——我问夜色，问繁星，问上帝：我真的再也回不去了么？它是不是真的已经结束了，一扫而光，摧毁殆尽？母亲，我们必须要回去，不是吗？这一切不可能都死去化为尘土——这个想法会让人发疯的。我想要描述维拉庄园里的每一株小树，还有圣园中的枝干——但是这没人会懂。我们对自己的天堂看得多么淡漠啊！——我们应该更直率、更有意识地去爱它。[57]

这种对维拉的乡愁正是《说吧，记忆》的灵感来源。在这本书中，他怀着爱意描述了"每一棵小树"，努力要重现他的童年回忆与渴望。这是一种关于时间与意识之曲折的普鲁斯特式谈话。纳博科夫的"记忆"是创造行为，将那个通过联想与当下混在一起的过去复活了，于是记忆本身就转换为一种人格、一种艺术。他曾写道流亡者对时间有更敏锐的意识。他有着通过语词重新创造出过去情感的超凡能力，这无疑是他流亡生活带来的福利。

　　流亡是贯穿纳博科夫作品的一个主题。他于 1926 年在柏林出版的第一部小说《玛丽》意在描绘侨民的生活状况，尽管纳博科夫在 1970 年英文版的导言中强调了它的自传性质。在对玛丽的追求

550

---

* 　译文出自《说吧，记忆》，时代文艺出版社 1988 年版，第 57—58 页。——译注

中，主人公加宁成为流亡者梦想的象征：寻回与重返那失去的俄国早年生活的希望。在《荣耀》（1932）中，主人公马丁·埃德尔韦斯是一名来自克里米亚、在剑桥大学读书的流亡者，他梦想着回到俄国。他的幻想在他来到柏林后逐渐清晰，他冒险穿过森林，越过俄国边境，再也不曾返回。《天赋》（1938）的主题同样是"流亡的阴郁与荣耀"。[58] 它是纳博科夫全部俄语小说的主题（共9部）。它们的悲剧性角色都是侨民，在异国他乡中迷失、孤立，或者被那个再也寻不回的——除非通过幻想或艺术的创造性回忆——过去所萦绕。在《天赋》中，主人公费奥多尔·戈东诺夫–切尔登采夫是一位作家，他通过自己的诗而重现了俄罗斯的文学生命。在《荣耀》与《微暗的火》（原文为英文，1962 年）中，主人公为了逃避流亡生活的痛苦，而生活在对俄罗斯的幻梦中。纳博科夫对《微暗的火》中称作冷珀（Zembla）的"遥远北方"的构想，揭示了他对流亡的反应：

1. 冷珀的影像一定要缓缓地逐渐爬上读者的心头……

4. 没有人知道，也没有人应该知道——甚至金波特也不知道——冷珀是否真的存在。

5. 冷珀与它的特征应当保持一种流动的、模糊的状态……

6. 我们甚至不知道冷珀是纯粹捏造出来的，还是一种对俄罗斯的抒情譬喻（冷珀：Zemlya，俄语中的"土地"）。[59]

在纳博科夫的第一部英语小说《塞巴斯蒂安·奈特的真实生活》（1941）中，流亡主题以另一种方式出现了：身份分裂。主人公塞巴斯蒂安是一部传记的主角，表面上作者是他的弟弟，但故事逐渐显示出"弟弟"就是真正的塞巴斯蒂安。这种混乱与内心分裂的感觉是许多侨民都体验过的。霍达谢维奇在《索伦托照片》（收录于诗集《欧洲之夜》[1922—1927]）中感人至深地描写了这一点，他将流亡者分裂的意识——那种家乡与海外两种生活影响在头脑中造成的混乱——比作胶卷被曝了两次光。

纳博科夫从用俄语写作转向用英语写作的过程是个复杂的故事，与他接受了新的（美国人）身份紧密相连。这一定是一次痛苦的转变，这是素以行事高调著称的纳博科夫一直很喜欢强调的。他说，那"就像在一次爆炸中失去了七八根手指之后去学习如何抓握东西"。[60] 在他的一生中，纳博科夫一直在抱怨用英语写作的困难——也许说得太多，以至于让人无法百分百相信（他在一封给友人的信中承认自己"最好的作品是用英语写成的"）。[61] 甚至在他的文学造诣达到高峰的时候，他在《洛丽塔》1956年版的后记中还说他的"个人的悲剧"就是——

> 不得不放弃丰富无比的母语——那些我可以信手拈来的自然语汇，可以娴熟驾驭的俄文，而以二流的英文取而代之。于是我失去了我的所有装备——令人眼花缭乱的镜子、黑色的天鹅绒背景布、那些隐含的联想与传统；而一个本土的魔术师，一身白色燕尾服，风度翩翩，驾轻就熟地操作着这些装置，便可神奇地变幻超越他的文化遗产。*[62]

即使这样的说法很做作，他的成就仍然是不可否认的。一位被誉为现代英语文体大师的作家，作为一个外国人写下这样的话，实在很不平凡。用他妻子薇拉的话来说，他不仅"全靠自己从一种非常特殊而复杂的俄语中转出，而他在多年来砥砺这种俄语的过程中，它

---

* 范玮丽译，http://m.cn.nytimes.com/culture/20150629/t29nabokov/。——译注

已经成为对他来说独一无二的东西，他对它也有特殊的感情"，而
且发展了"一种他投入写作并使其服从自己意志的英语，在他的笔
下，它达到了之前从未有过的韵律感与灵活性"。她得出的结论是，
他所做的就是用和英语的权宜婚姻（un mariage de raison）来替代
他对俄语的热恋，不过"有的时候，这种出于理性结合的关系也会
转变成温柔的恋情"。[63]

　　纳博科夫一直想成为下一个普希金，直到革命摧毁了他的计
划。在余生中他都扮演着受伤天才的形象，虽然实际上他的英语写
作风格——他5岁时就已经形成——一直与他的俄语风格相当，如
果不是更好的话。但是流亡之后，纳博科夫很快就有了在虚无中写
作的感觉。从苏维埃政权手中逃脱之后，他开始感到自己享受到自
由是因为他在真空中工作——没有读者，也没有可以描绘的公共生
活——于是"这一切不过是某种脆弱的虚幻氛围"。[64]（茨维塔耶
娃表达了类似的失望——虽然她不懂第二门语言，于是这标志着更
明显的个人悲剧："从一个我的诗像面包一样不可或缺的世界／我
来到了一个没有人需要诗的世界／不管是我的，还是其他诗人的／
人们需要我的诗，就像需要甜点一样——如果任何人——需要／甜
点的话……"）[65]

　　需要倾听对象是纳博科夫转变的根本动机。正如他自己解释，
一个作家"需要某些回应，如果不是回复的话"。[66]随着侨民的下
一代融入了他们所在地的文化，他的俄语读者每年都在减少。对纳
博科夫这样的年轻俄罗斯作家来说，实际上不可能仅靠写作生活，
而且竞争也很激烈。"进入文坛就像是要挤进一辆人满为患的电车
一样。一旦进去了，你就要尽全力把任何想爬上来的新来者推开"，
另一位作家格奥尔基·伊凡诺夫抱怨道。[67]

　　随着希特勒1933年掌权，成千上万的俄国人逃离柏林，在这
座城市的生活尤其艰难。纳博科夫一家当时住在德国首都。他们生

活相当窘迫——薇拉给别人当秘书，纳博科夫开办私人英语和法语班。但是很明显，他们也必须要离开了。薇拉是犹太人，而且刺杀纳博科夫父亲的凶手谢尔盖·塔博瑞斯基在 1936 年被任命为希特勒侨民事务部门的二把手。纳博科夫倾尽全力在伦敦、纽约等任何希特勒德国以外的地方寻找学术职位，最终在 1938 年移居巴黎。1940 年春，纳博科夫一家前往纽约，当时距德军抵达巴黎只有两周时间。在他们布洛涅森林附近的公寓中，纳博科夫将自己锁在浴室里，把手提箱放在坐浴桶上，坐在上面写出了通往英语文学世界的入场券：《塞巴斯蒂安·奈特的真实生活》，这本书于 1941 年在纽约出版。

　　纳博科夫前往纽约是由亚历珊德拉·托尔斯泰安排的，她是那位伟大小说家的女儿，也是刚刚设立的托尔斯泰基金会的负责人，其目的是保护留美俄国侨民的利益。第二次世界大战的爆发，驱使一大批知名人士逃离希特勒统治的欧洲：爱因斯坦、托马斯·曼、赫胥黎、奥登、斯特拉文斯基、巴托克*，还有夏加尔。他们都在美国找到了新家。纽约有很多俄国侨民，是美国的俄国文学首都。在这里出版的俄语日报《新俄语》在全国有 50 万读者。纳博科夫一家住在中央公园附近西 87 街一间"小得可怕的公寓"中。作为一名俄罗斯侨民作家，纳博科夫在美国还默默无闻。直到推出同时带来丑闻与成功的《洛丽塔》——1952 年完稿，但直到 1955 年才出版——之前，他一直挣扎着靠写作过活。就像他的小说《普宁》（1957）的主人公一样，他也被迫靠在斯坦福大学、卫斯理学院和康奈尔大学等高校做临时演讲维持生计。经济上捉襟见肘并没有减损纳博科夫的高傲。当拉赫玛尼诺夫给这位挣扎中的作家寄去自己

---

*　巴托克（Bela Bartok，1881—1945），20 世纪最杰出的音乐家之一，是匈牙利现代音乐的领袖人物。他从事匈牙利民歌的收集、整理、研究，其作品以民间特点为主，充满节奏活力与丰富想象的独特风格。——译注

的旧衣服时，纳博科夫——他曾经是公子哥，还是整个圣彼得堡历史上可能穿着最讲究的人的儿子 *——把西服退给了这位作曲家，抱怨它们是在"序曲的时代"制作的。[68]

　　"现在美国就是我的家了，"纳博科夫在 1964 年的一次访谈中说，"我是一位美国作家。"[69] 虽然他有时对美国的描绘很严厉（最有名的就是在《洛丽塔》中），但他的这种感情似乎是真挚的。纳博科夫很喜欢装扮成真正的美国人。在革命中，纳博科夫失去了在旧世界的祖产；但在新世界，他通过辛苦工作和聪明才智赢得了新的财富。[70]《洛丽塔》带来的巨额收入是他作为一个美国人成功的勋章，他非常骄傲地将它挂在胸前。"一位来讨生活的欧洲人摇身一变成了富有的山姆大叔，这在历史上是绝无仅有。"一位心怀嫉妒与仰慕的评论者，在谈及俄国侨民作家瓦迪姆（即纳博科夫）的《看，那些小丑！》（1974）时如此说道。[71] 纳博科夫不能容忍任何对美国的批评。他是一位爱国者。终其一生，他都信守着 1945 年宣誓加入美国国籍时许下的誓言。当伽利玛出版社为法文版《普宁》设计的封面上画着普宁教授站在美国国旗上时，纳博科夫提出反对，星条旗"不应用作一个地板覆物或者路面铺设"。[72]

　　纳博科夫政治上的反苏态度是他美利坚至上信念的核心。他与麦卡锡站在一边。他蔑视那些同情苏联的自由派。他拒绝与苏维埃俄国有任何瓜葛，即使是在它还是西方盟友的二战高潮期。1945 年当纳博科夫得知瓦西里·马克拉科夫（俄国侨民在法国的正式代表），曾经去苏联驻巴黎大使馆参加过午餐会，而且在祝酒时说"致祖国、致红军、致斯大林"时，他愤怒地给朋友写了一封信：

554

———————————

* 纳博科夫父亲以其裁剪精致的英国西装闻名。他穿着这些衣服参加杜马会议，没有意识到会上有许多农村代表。他的奢华服饰是革命前彼得堡很多轶事的来源。据说他甚至把内裤送到英国去洗。——原注在一种例外情况下，我可以理解一个人违背自己的原则，那就是：如果他们告诉我，我最亲近的人是否会遭受折磨全看我怎么回答，我会马上同意做任何事情，不管是背叛自己的意识形态还是做邪恶的事情，甚至让我满怀爱意地站在领袖一边都可以。马克拉科夫是处在这种情况下吗？明显不是。

剩下的就是给侨民分分类了。我把他们主要分成五类：

鄙俗的大多数。他们讨厌布尔什维克，是因为对方夺走他们的那点土地和金钱，或者伊里夫和彼得罗夫的十二把椅子[*]。

梦想迫害少数民族和拥护罗曼诺夫王朝沙皇的人。他们现在与苏联人称兄道弟，因为他们在其中发现了俄罗斯民族的苏维埃联盟。

傻瓜。

游走于懒人、俗人、野心家之间的那么一类人。他们只追求自己的好处，心安理得地为任何领袖服务。

热爱自由的正派人，俄罗斯知识分子的坚守者。他们毫不动摇地蔑视对语言、思想和真理的侵害。[73]

纳博科夫认为自己属于最后一类。他的俄国文学课拒绝讲授1917年之后的任何作品，虽然在康奈尔大学的课上他做了一点让

555

---

[*]　出自苏联作家伊·伊里夫和叶·彼得罗夫所著的社会讽刺小说《十二把椅子》。——译注

步，讲了阿赫玛托娃和帕斯捷尔纳克的诗。*纳博科夫认为苏维埃政权阻止了"真正的文学"的发展。[74] 他对 19 世纪用文学反映社会内容和理念的现实主义传统也同样抱有敌意，他正确地将其视为苏联文学创作手法的前身。他正是基于这点批评《日瓦戈医生》（"沉闷的传统作品"）——这本与《洛丽塔》在 1958 年争夺畅销书榜的作品——和索尔仁尼琴的《古拉格群岛》（"生动的新闻体小说，缺乏形式上的美感而且冗长拖沓"），[75] 虽然这其中肯定也有点嫉妒的作用（因为与帕斯捷尔纳克和索尔仁尼琴不同，纳博科夫没有得过诺贝尔奖）。但是尽管在政治上排斥，他对俄罗斯传统还是有很深的依恋。他渴望用母语再写一部小说。他感到自己以及所有最优秀的侨民都有着某些他笔下的悲剧英雄普宁——这位装模作样、品格高尚的俄国侨民教授——身上的东西。

556

　　1965 年，纳博科夫完成了《洛丽塔》的俄文版。在英文版的后记中，他将从俄语到英语的转变说成是"个人的悲剧"。但是在俄语版后记中，他一开头就承认将自己的文字翻译回俄语令人幻灭：

---

* 纳博科夫一般对阿赫玛托娃和那一堆模仿其早期风格的女诗人都不屑一顾。在《普宁》中，与教授分居的妻子丽莎"用深沉悠长的声音，抒情地"唱出了一首模仿阿赫玛托娃诗作的残酷打油诗：

　　　我穿上了深色长裙
　　　比修女还要谦卑；
　　　象牙的十字架
　　　挂在我冰冷的床之上。

　　　但是那纵酒狂欢的美妙火花
　　　一点点将我烧尽，
　　　我轻声呼唤乔治——
　　　你那金子般的名啊！

阿赫玛托娃对这首打油诗深感愤怒，它利用了 1948 年日丹诺夫污蔑她"半是荡妇、半是修女"的形象。——原注

唉，"美妙绝伦的俄语"，我认为它就在某处等着我，就像
忠实躲在大门后的春天一般，只等我用珍藏多年的钥匙打开，
现在却证明是子虚乌有。在大门外只有烧焦的树桩和令人绝望
的秋景，而我手中的钥匙也更像撬锁的工具。[76]

在纳博科夫离开故土之后，俄语一直在持续演变，而"令人眼花缭
乱的镜子、黑色的天鹅绒背景布、那些隐含的联想与传统"，这些
他在早期俄语小说中像魔术师般运用的词汇，现在的苏联读者已经
无法理解。

第四节

当诗人季娜伊达·吉皮乌斯和她的丈夫德米特里·梅列日可夫斯基于 1919 年抵达巴黎时，他们用自己的钥匙打开了公寓的门，发现一切都井然有序：书本、床单、厨具。[77] 流亡就是回到第二故乡。对许多旧圣彼得堡精英来说，来到巴黎就像是回到了过去那种他们在圣彼得堡着力模仿的都会生活方式。最后一位沙皇的弟弟，亚历山大·米哈伊洛维奇大公与梅列日科夫斯基一家同年来到巴黎，就像回家的鸽子一样来到了丽兹酒店——他出手阔绰，都是用从故土逃出时所带来的沙俄钱币付账。这个巴黎像个"小俄罗斯"，1900—1916 年间圣彼得堡文化绚丽多彩的缩影（和延续）。这个时期的重要文化人物，如佳吉列夫、斯特拉文斯基、别雷、巴克斯特、夏里亚宾、冈察洛娃、库塞维茨基和普罗科菲耶夫，他们都在巴黎安了家。

这些来到西方的侨民，他们身上两个彼此相关的俄罗斯文化特征得到放大。第一个就是侨民重新欣赏起俄国文化中的欧洲特色，比如在斯特拉文斯基、普罗科菲耶夫和俄罗斯芭蕾舞团中表现出来的所谓"新古典主义"风格。斯特拉文斯基自己并不喜欢这个术语，声称它"毫无意义"，而且音乐本身并没有表达出任何这样的东西。[78] 但是他的新古典主义本身是一份艺术原则声明。它是斯特拉文斯基对自己早年新民族主义阶段的俄罗斯农村音乐，以及1917年革命爆发时创作的《春之祭》中狂暴的斯基泰旋律的有意拒斥。现在，被迫流亡的斯特拉文斯基满怀乡愁地墨守着自己的遗产，即自己原乡彼得堡的古典传统中所蕴含的那种美。他借鉴了巴赫和佩尔戈莱西（Pergolesi），还有意大利—斯拉夫派［别列佐夫斯基（Maksym Berezovsky）、格林卡和柴可夫斯基］等人的音乐，他们在18、19世纪形成了俄罗斯音乐风格的一个独特传统。

这种重新坚守帝俄过去的一个重要方面，就是佳吉列夫在巴黎对柴可夫斯基芭蕾舞的赞扬。在1917年之前，柴可夫斯基在西方被认为是俄国作曲家中最无趣的一位。用法国评论家阿尔弗雷德·布鲁诺1913年的话说，他的音乐"缺少新斯拉夫派音乐中那种吸引着我们让我们喜爱的俄国特色"。[79] 他的音乐被看作是对贝多芬和勃拉姆斯的无力模仿，缺少西方人希望从俄罗斯芭蕾舞中看到的异国俄罗斯风味；柴可夫斯基的芭蕾舞在俄罗斯演出季中没有一席之地。但是1917年之后，对帝俄时期的圣彼得堡及其古典传统的怀旧之情，促使巴黎的俄国侨民有意识地倒向以柴可夫斯基为缩影的音乐，借此重新定义自己的身份。1921年佳吉列夫在巴黎俄罗斯演出季中重新上演了《睡美人》（1890）。为其重写了管弦乐部分的斯特拉文斯基给伦敦《泰晤士报》写了一封公开信，将这部芭蕾舞誉为"对我们称为'彼得堡时代'的俄国生活最纯正的表达"。斯特拉文斯基现在坚称，如同1914年之前俄国芭蕾舞团向西方展示的民俗文化（比如他自己《火鸟》这样的作品）可以代表俄国，柴可夫斯基的传统同样具有俄罗斯的特质：

558

柴可夫斯基的音乐在大家看来并没有明显的俄国特质，但它们经常比那些长久以来贴着"莫斯科原生态风景"这种浅薄标签的作品要更"俄罗斯"。这些音乐就像普希金的诗与格林卡的歌一样，每一小节都代表俄罗斯。他没有刻意地在艺术中培育"俄国农民之魂"，而是在无意识中吸收了我们民族真正的本原。[80]

巴黎侨民的第二个文化特征，就是他们重新宣扬彼得大帝核心遗产之一——贵族价值观。在表面上的斯拉夫异域情调假象之下，是构成《艺术世界》杂志本质精神的贵族气质。它同样根植于柴可夫斯基的音乐中——它在 19 世纪 90 年代早期首次集结了《艺术世界》的三位创始人，别雷、费洛索福夫和佳吉列夫。正如别雷在 1939 年的回忆录中所说，他们喜欢柴可夫斯基芭蕾舞的地方就是其"贵族精神"，那仍然"没有受到任何民主干扰"——比如在功利的艺术形式中发现的那样——的精神。[81] 巴黎的侨民群体赞赏的正是这种"为艺术而艺术"的价值观。他们组成了一个崇拜亚历山大时代的小圈子，欣赏其高贵的法兰西帝国风格，还有以普希金为典范的考究的贵族艺术风范。退缩到安稳的过去是侨民自然的反应。他们大多数人都来自贵族文明，而革命已经将其摧毁，迫使他们在欧洲寻找新家。在某种程度上，失去昔日作为俄罗斯有产精英地位也给他们一记重挫，虽然纳博科夫说得轻描淡写。拿着（国际联盟签发的）南森护照* 和外国人登记卡，斯特拉文斯基和纳博科夫这样的地主子弟对西方国家将其作为"二等公民"对待心存怨恨。[82]

---

*　苏联成立之后，侨民的俄国护照就作废了：俄国作为一个国家已经不复存在。侨民和其他无国籍人士于是拿到了临时的"南森"护照（以国际联盟的难民高级专员、极地探险家弗里乔夫·南森命名）来替代旧证件。不管是在西方国家旅行还是找工作，那些拿着这薄薄护照的人都会遭受长时间的拖延和职能部门带有敌意的质询。——原注

俄罗斯芭蕾舞团是在巴黎的俄罗斯文化生活中心，它就像是以佳吉列夫大使为首的巴黎彼得堡文艺复兴大使馆。一战期间佳吉列夫在美国游历，之后带着自己的团队回到了法国，希望能重新团结起他高歌猛进的艺术团队，以及通过在法国开拓俄罗斯艺术市场来终结不断出现的现金流危机——就像他们在战前成功做到的那样。福金在美国定居了，佳吉列夫需要一位新的舞蹈指导来把源自珀蒂帕*的独特俄罗斯芭蕾舞传统延续下去。他找到了乔治·巴兰钦†。他于 1904 年在圣彼得堡出生，是一位格鲁吉亚作曲家的儿子。巴兰钦曾在珀蒂帕帝国芭蕾舞学院受过训练，1924 年前往欧洲之前在圣彼得堡的马林斯基剧院合唱队工作。佳吉列夫将巴兰钦视为与彼得堡传统的重要联系，在巴兰钦从俄罗斯带出来的舞蹈演员完成了几套常规动作之后，佳吉列夫问他的第一件事，就是能否把他们搬上舞台。[83]佳吉列夫在巴黎计划以斯特拉文斯基的芭蕾舞为核心，巴兰钦对其音乐的熟悉使他成为佳吉列夫的理想选择。斯特拉文斯基与巴兰钦的首次合作，《阿波罗：缪斯之主》（1928）开启了这位作曲家与舞蹈指导终生的伙伴关系。正是他们的合作保证现代芭蕾舞——佳吉列夫的发明——作为一种艺术形式生存下来。

20 世纪 20 年代的俄罗斯芭蕾舞团，其特色是新古典主义原则。在舞蹈上，这意味着重返古典学院风格的严格要求：一种对演员动作进行的几乎是整体规划出来的抽象设计，复兴男舞蹈演员做主角的模式，以及牺牲情节来为音乐、色彩与动作之间充满感官刺激的

---

*　莫里斯·珀蒂帕（Marius Petipa，1818—1910），法国人，芭蕾舞总监和编舞。1847 年以第一舞蹈家身份来到俄罗斯皇家芭蕾舞团，1869—1903 年任该团首席芭蕾舞指导。他是俄罗斯古典芭蕾舞主要创立者。——译注

†　乔治·巴兰钦（George Balanchine，1904—1983），20 世纪最杰出、最具影响力的编舞家之一。原名格奥尔基·巴兰奇瓦泽（Georgy Balanchivadze）。1933 年定居美国，与人合作创办了美国芭蕾学校、纽约城市芭蕾舞团等机构，被誉为"美国和现代芭蕾之父"。——译注

联系让路。在音乐中，这意味着放弃俄罗斯民族乐派，而僵硬地模仿彼得堡的古典（主要是意大利的）传统——比如斯特拉文斯基的即兴喜剧《普尔钦奈拉》（1920）和独幕滑稽歌剧《马芙拉》（1922），后者是为了纪念普希金、格林卡和柴可夫斯基而作。重新皈依古典560传统是侨民的一个明显反应。在革命时期的混乱与毁灭之后，他们渴望某种秩序感。他们回望欧洲价值观与彼得堡的遗产，以此来将自己重新定义为欧洲人，并将他们的"俄罗斯"移往西方。他们想要在圣彼得堡的瓦砾中恢复旧日的安稳。

　　佳吉列夫于 1929 年去世后，俄罗斯芭蕾舞团分裂了。这位经理一直是团队的激励者。他在场时有一种强大的气场，而他的离开则使得士气急转直下。所以当他辞世时，他手下的演职人员就注定要分道扬镳。许多人在各种巡回表演的"俄式芭蕾舞团"工作，这些组织继承了佳吉列夫的剧目与豪华班底：福金、马辛、别雷、尼任斯卡还有巴兰钦。安娜·巴甫洛娃等其他一些人则自立门户，建立了多个传承佳吉列夫实验传统的小团体。他在英格兰的学生打下了英式芭蕾的基础：妮涅特·德瓦洛和维克—威尔斯芭蕾舞团（the Vic-Wells Ballet，后来成为英国皇家芭蕾舞团）、兰伯特芭蕾舞团（Ballet Rambert）和马柯娃—杜林芭蕾舞团（Markova-Dolin Ballet）都是俄罗斯芭蕾舞团的后裔。巴兰钦将佳吉列夫的传统带到了美国，于 1933 年建立了纽约城市芭蕾舞团。

　　巴黎是通往西方的出口，是流亡俄国人能够通过它来到新家园的一扇门。在 20 世纪 30 年代战争威胁临近的时候，大多数在 20 年代于巴黎安家的人最后都逃往美国。美国主要的吸引是自由与安全。斯特拉文斯基和夏加尔等艺术家从希特勒的欧洲离开，前往美国以求平静工作。对斯特拉文斯基来说，这并不是政治问题：他公开支持意大利法西斯（"我有着非常强烈的冲动向你们的领袖效忠。他是意大利的救星——让我们希望他也能拯救欧洲吧。"他于 30 年代早期对一份意大利报纸如是说）；[84] 虽然他痛恨纳粹（他们抨击他的音乐），他还是在1933年之后小心地和身处德国的犹太联系人保持了距离。这更多是图他自己的方便：他热爱秩序，而且需要它才能工作。

作曲家尼古拉·纳博科夫（那位作家的表弟）回忆过一件揭示性的事情。在抵达美国不久，斯特拉文斯基就开始担心这里可能也会发生革命。他问一位熟人这是否有可能，而在得到了肯定的答复后，他以"惊恐而愤怒的语气"问道："但是我还能去哪儿呢？"[85] 经历过了俄国革命，斯特拉文斯基最深层的政治本能就是对无序的恐惧。

在哈佛大学教了一年书之后，斯特拉文斯基在洛杉矶找到自己的避难所。他在那里买了自己的第一座房子，是西好莱坞的一座小郊区别墅，接下来的30年里它一直是斯特拉文斯基的家。洛杉矶吸引了许多来自欧洲的艺术家，很大程度上是因为其电影产业。德国作家托马斯·曼将战时的好莱坞描述为"比任何时刻的巴黎和慕尼黑都刺激人的头脑、更世界主义的城市"。[86] 斯特拉文斯基的朋友有贝托尔特·布莱希特和查理·卓别林、雷内·克莱尔和葛丽泰·嘉宝、马克斯·莱因哈特和阿尔玛·马勒［嫁给了弗朗茨·韦菲尔（Franz Werfel）］、利翁·福伊希特万格和埃里希·玛利亚·雷马克。这样的世界主义氛围让美国成为很多俄国侨民天然的家。尤其是在纽约和洛杉矶这样的种族"大熔炉"中，他们更能回忆起当年在彼得堡的文化氛围。美国让他们得以发展成为国际艺术家，而不用像在欧洲那样，被恼人的国籍问题所困扰。

这种想要摆脱俄国——想要打破束缚，自由拥抱新身份——的感觉在纳博科夫的《致俄罗斯》（1939）中得到了表现，这首诗写于他离开巴黎前往美国前夕：

561

你能否让我独自哭泣，我请求，
这苍白的黄昏，人世的喧嚣停息，
而我是这样的无助，并因你狂风巨浪般的
打击，而奄奄一息。

可以站在人生高处傲视，并可以自由地
背弃祖国的人，是自由的。
而我此刻是在低谷，因此
请不要过来走近我。

我已做好了准备，从此销声匿迹，
没有名字地活着。如果说除非在梦中
我们才能相见，那我宁愿放弃
所有做梦的权利。

我可以流血，可以伤痕累累，
可以不再去读我最爱的书籍，
但只要能换回我久违的母语，
为了最早学会的词——俄罗斯。

为了俄罗斯，我曾走过泪水，
走过相隔遥远的草丛和墓地，
走过白桦树惊慌失措的颤抖，
走过青春至今的所有日子。

请别再用你亲切的、迷离的眼神，
把我凝视。哦，我这可怜的灵魂，

请别再四处查看这个幽暗的矿井，
别再搜寻我无处躲藏的生命。

因为许多年过去了，包括一个世纪，
而对于所有那些——苦难、悲哀、羞耻的记忆
都已经为时太晚。没有人好去谅解，
正如没有人去承担罪。[87]

斯特拉文斯基的美国流亡也经历了类似的情感历程。他想要忘掉过去，迈步向前。他的童年是一段痛苦的回忆。在他1917年"失去"俄罗斯之前，他已经失去了父亲、两个弟弟和一个女儿。他需要把俄罗斯甩在身后，但他做不到。作为一名身处法国的侨民，斯特拉文斯基试图否认自己的俄国性。他接纳了一种欧洲世界主义，有时就像在圣彼得堡时那样，它成了贵族式傲慢与对西方眼中的那个"俄罗斯"（也就是他在《春之祭》和《火鸟》中模仿的那种乡土文化）表示轻视的同义词。"我不认为自己单单是俄国人，"他在1928年对一位瑞士记者说，"我是一位世界公民。"[88]在巴黎，斯特拉文斯基混迹于科克托和普鲁斯特、普朗克和拉威尔、毕加索和可可·香奈尔的时尚圈子中。香奈尔成了他的情人，还把他从1920年初到巴黎时的那个毫无吸引力、不显山露水的家伙，变成了"穿硬领衬衫、戴单片眼镜"、优雅地穿着考究西装的绅士，毕加索还为他画过像（那双亚洲人的眼睛）。

斯特拉文斯基非常公开地将自己与那个曾经刺激他创作出早期作品的乡土俄罗斯划清了界限。那已经变成了他蔑视的俄国——那个背叛了他的俄国。他否认自己作品受到民间传说的影响。他谎称《春之祭》中俄罗斯古代布景是为配合之前写好的音乐做出的偶然选择，而与民间传说无关。[89]他同样否认《婚礼》的俄

罗斯根源——这可是一部完全基于民间传说配乐的作品。"我没有从民间乐曲中借鉴任何一段，"他在 1935 年的自传《我的生命纪事》中写道，"我并没有重现农村婚礼仪式的想法，我也从来没见过这样的仪式。我对民族志根本没有兴趣。" [90] 也许他是在将自己的音乐与斯大林时期的冒牌民间传说（实际上应该叫"伪民间传说"）区分开来，还有后者跳着虚假民族舞的剧团和巴拉莱卡琴乐队，以及穿着"民族"风的演出服、表演着快乐农民角色的红军合唱队——与此同时，真正的农民正在挨饿受苦，就在他们所有人被迫加入集体农庄的运动之后。但是他如此坚持不懈地想要抹去自己的俄罗斯之根，这是一种更强烈、更个人的反应。

斯特拉文斯基新古典时期的音乐是对他"世界公民"身份的表达。在受爵士乐启发创作的《管乐八重奏》（1923）等作品，或者按照古典风格创作的《钢琴奏鸣曲》（1924）中，几乎完全没有"俄罗斯"元素——当然更没有民间配乐了，甚至在更晚的《敦巴顿橡园》协奏曲（1937）和《C 大调交响曲》中也是如此。他选择在自己的"清唱剧"《俄狄浦斯王》（1927）中使用拉丁语——而不是母语俄语或后学的法语——这一事实，更进一步证实了这个观点。与斯特拉文斯基在好莱坞共度 1947 年圣诞的尼古拉·纳博科夫，被这位作曲家与故土如此明显彻底的决裂震惊了。"对斯特拉文斯基来说，俄罗斯是他能够精熟灵活运用的一门语言；它是格林卡和柴可夫斯基。剩下的他要么没兴趣，要么还会引起他的愤怒、蔑视和强烈的厌恶。" [91] 斯特拉文斯基有着变色龙般惊人的才能，能够自我调整并适应在异国他乡安家的生活。这也许也是他彼得堡背景的产物。他的儿子回忆说："每次我们搬新家，尽管只住几个星期，父亲总能赋予这暂时的生活一种永久的气氛……终其一生，不管在什么地方，他总是能够让周围充满他自己的味道。" [92]

564

1934 年，这位作曲家成为法国公民——他解释说，这个决定是因为他在巴黎找到了自己的"智识环境"，他也有一点"对祖国的羞愧"。[93]虽然拿到了法国护照，而且是世界级的管弦乐作曲家，斯特拉文斯基还是对出生的故土有着深深的感情。他比他自己愿意承认的更扎根于祖国的文化，而这种感情在他的作品中以一种隐蔽的方式表达出来。斯特拉文斯基对圣彼得堡有明显的思乡情怀，那座城市"在我生命中占据很大的一块"，他在 1959 年写道，"我几乎害怕去省察内心深处，以防发现自己身上有多么大的部分仍然与它相连"。[94]这是非常痛苦的回忆，以至于在 1955 年这位作曲家拒绝了前往赫尔辛基的邀请，因为"那里离某个我不想再看到的城市太近了"。[95]但是他很喜欢罗马和威尼斯，因为它们能让他回想起彼得堡。在他基于柴可夫斯基音乐创作的芭蕾舞剧《仙女之吻》（1928）中，我们明显能听到斯特拉文斯基对那座生养他的城市升华了的乡愁。他对乌斯帝卢格也有着同样的乡愁，他正是在这座位于沃里尼亚的家族庄园中创作出了《春之祭》。乌斯帝卢格是他不愿与任何人讨论的话题。[96]他对这座度过了童年中最快乐时光的房子后来发生的事一无所知，这是他无数痛楚的根源。但是从他在《婚礼》上比任何其他曲子用功都勤这个事实，我们能发现他对这个地方的感情。这部作品是基于他最后一次来到这座房屋时带走的材料创作的。

在整个流亡生涯中，斯特拉文斯基都对俄国教会的文化和仪式很有感情——虽然在法国他智识上受到了天主教传统的吸引，这表现在他《诗篇交响曲》（1930）的礼赞中。在 20 世纪 20 年代中期，过去将近 30 年都不守教规的斯特拉文斯基积极地重入东正教的怀抱，这部分是受妻子卡蒂娅的影响。她在长期卧病期间越发虔诚，最终于 1939 年去世。作为艺术家和侨民，斯特拉文斯基在俄国教会的纪律与秩序中找到了安慰。"你越是将自己与基督教教会的教规割裂，"他在创作《诗篇交响曲》期间对一位采访者说，"你就越发远离了真理。"

> 这些教规对创作管弦乐曲来说是严密合式的，如同它对个体生命的规范程度是同等的。这是唯一一个能够让秩序发挥到极致的地方：不是一种思辨的、虚假的秩序，而是被赐予我们的神圣秩序，它会自我显现于内心世界和外化的绘画、音乐等。它是与混乱的斗争，后者与其说是无序，不如说是秩序的缺位。我支持在艺术中进行整体架构的设计，因为其中包含了秩序；创造性的作品是对混乱与虚无的抗争。[97]

斯特拉文斯基在达鲁街会定期参加俄国教堂的礼拜仪式。他的身边总是带有崇敬东正教的气氛——他在尼斯和巴黎的住宅中满是圣像和十字架。他是按照东正教历法来给自己的乐谱草稿标日期的。他与侨民主要聚居地的俄罗斯神父通信，尼斯的俄罗斯神父成了他家"实际上的成员"。[98] 斯特拉文斯基声称，俄罗斯教会对他最大的吸引力是"语言"：他喜欢斯拉夫祈祷词。[99] 这在他为俄国教会创作的斯拉夫风格赞美诗中俯拾皆是。*

对重返出生时的宗教的渴望也与对俄罗斯深沉的爱有着联系。在他的一生中，斯特拉文斯基都遵循着儿时在革命前圣彼得堡的习惯。甚至在洛杉矶，他的家仍然像是旧俄国的据点。客厅摆满了俄国的书籍和装饰品、画作与圣像。斯特拉文斯基一家常与俄罗斯朋友来往。他们雇用俄罗斯仆人，在家里说俄语。斯特拉文斯基只在必要的时候说英语或法语，而且口音很重。他以俄国的方式喝茶：用装着果酱的玻璃杯喝。他喝汤用的勺子还是儿时老保姆

566

---

* 在改用拉丁语之前，他本来想在《诗篇交响曲》中用斯拉夫语。——原注

（babushka）喂他用的那一只。[100]

　　夏加尔是另一位隐藏了自己俄国心的"世界级艺术家"。和斯特拉文斯基一样，他展现出的形象也是一位世界主义者。他很喜欢声称批评者经常问他的国籍问题（你是犹太艺术家吗？是俄国艺术家，还是法国艺术家？）对他实际上毫无困扰。"你说你的话，我干我的活。"他经常这么说。[101] 但是这种宣示是不能当真的。夏加尔编造了自己的传记——而且还经常改动它。他说，他人生中的重大决定都是为了让自己的艺术生涯畅通无阻。1922 年，他离开苏维埃俄国，因为那里的条件让他很难工作。与此相对的是，在西欧他已声名在外，而且他知道自己会变得很富有。没有证据表明，他受到布尔什维克摧毁其故乡维捷布斯克的犹太教堂和犹太聚居区的影响。[102] 1941 年，夏加尔离开巴黎逃到了美国，当时纳粹的威胁已经足够真实——虽然这一次他还是用个人利益来为逃亡辩护。终其一生，夏加尔都是一个漫游者，从来没有在任何地方安顿下来，也没有把任何地方称作自己的土地。就像他画作中的对象一样，他的生活总在飘浮的半空中。

　　尽管如此，他没有回答的那个国籍问题依然处于画家生命与艺术的中心。在他个性中融合的众多不同元素（犹太、俄国、法国、美国和国际），俄国对他的意义是最大的。夏加尔曾经评论道："'俄罗斯画家'这个头衔，对我来说比任何国际声誉都意味着更多的东西。在我的画作中，没有一寸不关乎我对故乡的怀念。"[103] 夏加尔乡愁的中心在维捷布斯克，那是一座位于俄罗斯和白俄罗斯边境上的半犹太半俄罗斯城镇，19 世纪 90 年代他作为一个小商人的儿子在那里长大。1941 年它被纳粹蹂躏，所有的犹太居民都被杀害。3年后，夏加尔写下了动人的悲叹《我的故乡，维捷布斯克》，以信件的形式在《纽约时报》上发表。

　　我已经很久没有看到你，没有在你安着篱笆的街道上驻足了。你并没有痛苦地问我，我爱你，那你为什么还是要离开我这么多年？不，你在想：这个小伙子已经到某个地方去寻找倾泻而出、灿烂而不同寻常的色彩了，就像雪或星光洒在我们的屋顶上一样。但是他要从何处得到它们呢？为什么不能在近一点的地方找到呢？在你的土地上，我留下了祖先的坟茔和散落的石头。我不在你身边，但是我的画中，没有一幅反映的不是你的快乐与忧愁。这么多年来，我一直在忧虑：我的故乡理解我吗？[104]

维捷布斯克是被夏加尔理想化的世界。与其说它是传说中理想的所在，不如说是被他艺术化了的儿时记忆。在他梦幻般的画作中，他将维捷布斯克重现为一个梦的世界。那座真实城镇中泥泞的街道，被神奇地转换为那种会让你想起鹅妈妈童谣欢乐场面的色彩。夏加尔一再以维捷布斯克为主题创作，批评者为此谴责他是将自己的异想天开当作艺术来贩卖。毕加索说他是一个商人。画家鲍里斯·亚伦森抱怨说，夏加尔"总是在当屋顶上的提琴手"*。[105] 但是，不管他可能在多大程度上利用维捷布斯克主题牟利，他的乡愁仍然足够真挚。

　　以色列的犹太人不能理解，夏加尔如何能够对俄国的生活如此怀念。那不是发生过迫害犹太人事件的国家吗？但是在维捷布斯克这座城镇中，犹太人不仅仅是与俄罗斯人共存，而且还受益于俄国文化。就像曼德尔施塔姆这位兼有波兰与俄罗斯血统的犹太人一样，夏加尔一直认同俄罗斯传统：它是进入欧洲文化与价值观的手段。

---

* 夏加尔这辈子画了不少屋顶上的提琴手，鲍里斯·亚伦森设计成为音乐剧《屋顶上的提琴手》，里面有令人难忘的台词："犹太人就像屋顶上的提琴手，既要拉出优美的旋律，又要谨慎不至于摔落……"——译注

1917 年之前，俄罗斯文明是一种巨大的、世界主义的文明。它吸收了整个西方文化，就像夏加尔作为一个犹太人吸收了俄国文化一样。俄罗斯将夏加尔这样的犹太人从他们家乡的褊狭态度中解放出来，令其与更广大的世界建立起联系。[106] 只有俄罗斯能够激发这样的感情。东欧再没有任何一个文明有足够的腹地为犹太人提供一个文化家园。

第五节

　　当茨维塔耶娃于 1925 年移居巴黎时，她本希望能为自己的诗找到更多读者。在布拉格，她曾经挣扎着想保持"喂饱肚子和笔端"，纳博科夫后来如此令人难忘地描述侨民作家的艰难处境。[107] 她靠翻译和朋友的接济过活。但是这种长时间的挣扎让她与艾伏隆——他一直在上学，找不到工作——还有女儿和刚出生的儿子的关系变得十分紧张。

　　艾伏隆与她的联系少了——无疑是对她接连不断的婚外恋失去了耐心——转而醉心于政治。在巴黎，他很快投入欧亚主义运动（Eurasian movement），这个运动将俄罗斯视为一块独立的亚洲或图兰大陆，斯特拉文斯基之前已经倾心于此。到 20 世纪 20 年代中期，这场运动已经开始分裂。右翼分子与法西斯主义眉来眼去，而艾伏隆倾向的左翼则主张与苏维埃政权结盟，他们将苏联看作其俄罗斯帝国主义理想的支持者，是与西方势不两立的欧亚文明领袖。他们放下与布尔什维克政权的宿怨，而将其看作得到大众支持因而也是正义的内战胜利者，并将它的事业奉为复兴伟大俄国的唯一希望。艾伏隆极力主张回到祖国。他希望为苏联（也就是俄国）人民的事业奉献终生，以赎他在国内战争中站在白军一边战斗的"罪孽"。1931 年，艾伏隆申请要回到苏维埃俄国。他对俄国的思念一览无遗，这让他成为人民内务委员会利用的靶子，他们惯于利用这个弱点打入侨民群体内部。艾伏隆被招募为人民内务委员会的一名特工，得到的承诺是最后会让他回到苏维埃俄国。在 20 世纪 30 年代，他都是"巴黎返回祖国联盟"（Parisian Union for a Return to the Motherland）的领导人。这是人民内务委员会的外围组织。

艾伏隆的政治活动给他与茨维塔耶娃的关系增添了巨大压力。她理解他回国的渴望，但是她也同样清楚地知道苏维埃俄国正在发生的事情。她谴责丈夫的幼稚：他是对不想看到的东西闭上了双眼。 569 他们总是在争吵——她警告他，如果回到苏联，最后他可能被送到西伯利亚，甚至会更糟；他反驳说他愿意"到任何他们送我去的地方"。[108] 但是茨维塔耶娃知道，如果他去了，她还是会像以前一样跟随着他，"像狗一样"。

艾伏隆也让茨维塔耶娃在侨民群体中的地位无法维持。人们认为她本人也是布尔什维克，这跟她一直与帕斯捷尔纳克和别雷等"苏维埃作家"有联系不无关系，他们像她一样也是根植于革命前的先锋艺术。在这个越来越避免与苏维埃世界发生任何联系的群体中，她发现自己越来越孤立。"我感觉这里没有我的位置。"她在给捷克作家安娜·特斯科娃的信中说道。法国人"好交际却浅薄"，而且"只关心他们自己"，而"在俄国人中，我被自己的诗孤立了，没有人懂它们；就我个人看来，有些人以为这些诗是布尔什维主义，其他人以为是君主专制主义或无政府主义，然后——它们都成为我的标志"。[109] 贝蓓洛娃将茨维塔耶娃描述为巴黎的"弃儿"："她没有读者"，而且"没有人回应她写的东西"。[110] 她在世时出版的最后一部诗集《离开俄罗斯以后》于 1928 年在巴黎出版。在印出来的几百本中，只有 25 本预订出去。[111] 在国外生涯的最后岁月里，茨维塔耶娃的诗表现出她与日俱增的疏离与孤独。

> 说吧：折磨已经够多了——夺走
> 一座花园——像我一样孤独的花园。
> （但是你！不要站得太近！）
> 一座花园，孤独，像我一样。[112]

"所有的一切都在将我逼向俄罗斯，"她在 1931 年给特斯科娃的信中说，"在这里我无人需要。在那里我不可能生存。"[113] 茨维塔耶娃越发对侨民期刊的编辑们有挫败感——米留科夫这样的教授与政治家理解不了她的诗，将其强行拆分以符合他们期刊整齐干净的风格。她的挫败感使她对苏联的文学生活有了过分美好的看法。她说服自己相信，她在那里是"被需要的"，而且她将能够再次出版作品，找到一个新的作家朋友圈子，他们会"将我看作他们中的一员"。[114] 570
每过一年，她都会感到母语"微弱的召唤"，她知道这不仅对自己的艺术，更对自己的身份认同非常关键。这种对俄罗斯实体的渴望，比任何理智上支持她继续流亡的理由——俄罗斯就在她心中，就像那个装着普希金作品的手提箱，可以带到任何地方——都要强得多，也迫切得多。她总结道："诗人不能在流亡中生存：那里没有其站立的土地——没有媒介，没有语言。那里——没有根。"[115] 就像花楸树一样，她的艺术需要扎根于大地。

1937 年，艾伏隆苏联间谍的身份暴露，而且涉嫌刺杀一位拒绝回国的苏联间谍。在法国警方的追捕下，艾伏隆逃到了苏联，阿莉亚在当年早些时候已经回国。现在茨维塔耶娃也不能留在法国了。所有人都躲着她，她已经不可能在那里生活。贝蓓洛娃最后一次看见她是在 1938 年秋天，那是参加谢尔盖·沃尔孔斯基公爵的葬礼——

当时他的棺椁正从弗朗索瓦·热拉尔路（Rue François Gérard）的教堂里被抬出来。"她站在入口处，眼睛满含泪水，衰老——几乎苍白——的双手交叉在胸前……她站在那里，就好像感染了瘟疫：没有人靠近她。就像所有其他人一样，我也绕过她走开了。"[116]1939 年 6 月 12 日，茨维塔耶娃和儿子坐船从勒阿弗尔前往苏联。在启程前一天晚上，她写信给特斯科娃："再见了！现在面临的将不再是艰难，现在到来的一切都是命运。"[117]

帕斯捷尔纳克警告过茨维塔耶娃："不要回俄国——这里很冷，而且总是有气流。"这是她自己颇有先见之明的恐惧回响：

俄罗斯的气流会吹走我的灵魂！[118]

但是她就像她丈夫一样：不会去听她不愿听的话。

很多回到苏联的流亡者的确知道，或者凭直觉能感受到，自己回去将面临奴役般的生活。鉴于他们在西方的绝望处境，以及渴望一个能够工作的社会环境，这让他们准备好了对苏联"新生活"的严酷现实视而不见。乡愁压倒了他们生存的本能。

马克西姆·高尔基是第一位发现回国危险的重要文化人物。这位在早年《母亲》等小说中支持革命事业的作家，于 1917 年"十月革命"胜利后，陷入了迷惑。伴随着革命出现的混乱、破坏、无政府主义思潮及各种暴力事件，高尔基与列宁及新政权之间产生了矛盾。……在深受这些年自己目睹之事的震动之后，1921 年 10 月，高尔基离开俄国去了柏林。高尔基没法住在苏俄了，但他也同样不能忍受漂泊海外。有几年时间，他一直在这种精神分裂的状态中摇摆。他怀念俄罗斯，但又不愿回到那个地方。在定居于意大利度假胜地索伦托之前，他一直不知疲倦地从柏林出发，在德国和捷克斯洛伐克的各个温泉城镇之间漫游。"不，我不能去俄国，" 1924 年他给罗曼·罗兰写信说，"在俄国，我是一切事物、一切人的敌人，那就像是拿我的头去撞墙一样。"[119]

　　但是在列宁于 1924 年去世后，高尔基改变了自己的态度。他对与这位布尔什维克领袖决裂万分悔恨，而且用贝蓓洛娃的话说，他说服自己相信，"列宁的死让他和整个俄国都成了弃儿"。[120] 他歌功颂德的回忆录《列宁》是走向与列宁在克里姆林宫继任者和解的第一步。他开始考虑回到苏联，但却推迟了决定作出的时间，可能是害怕将要面临的一切。同时，他的两篇史诗小说《阿尔塔莫诺夫家的事业》（1925）和《克里姆·萨姆金的一生》（1925—1936）在西方反响平平，在那里他的说教风格已经不受欢迎了。在他定居的意大利，法西斯的崛起让高尔基开始质疑之前所有的理想——它们构成了他反对布尔什维克的基础——那些关于欧洲是道德进步与文明的历史力量的理想。他对法西斯主义的欧洲越幻灭，他就越倾向于将苏维埃俄国赞颂为一个道德优越的体系。1928 年，高尔基展开总计五次苏联消夏旅行中的第一次，并于 1931 年永久定居在国内。这位回头浪子收获了许多荣誉，得到了莫斯科著名的里亚布申斯基别墅（Riabushinsky mansion，由舍赫杰尔设计建造）作为住宅，两座很大的乡间别墅、几名仆人（后来证明是克格勃的间谍），还有由为斯大林服务的人民内务委员会部门提供的特供食物。这些都是为了保证得到高尔基的政治支持，以及将其作为一名苏联作家在西方世界面前展现。[121] 当时西方对高尔基和蒲宁谁应该获诺贝尔文学奖的两派意见旗鼓相当。一旦克里姆林宫开始支持高尔基，两位作家的竞争就成为了一场更广泛的政治斗争，争夺的是谁有权以这个能追溯到普希金和托尔斯泰的文化传统的名义发言——莫斯科还是巴黎侨民？

　　在高尔基回归的苏维埃政权内部，斯大林主义者和所谓的右派分子，比如托姆斯基和布哈林之间有着深刻的分歧，后者反对斯大林造成大量人员死亡的集体化和工业化政策。一开始，高尔基站在两派中间：他基本支持斯大林的目标，但是试图限制他极端的政策。可他越来越发现自己与斯大林政权针锋相对。高尔基绝不是那种在讨厌某事物时会默不作声的人。他之前反对过列宁，现在他又成了斯大林一派眼中的刺头。他对迫害扎米亚京、布尔加科夫和皮利尼亚克提出过抗议——虽然他没能引起公众对 1934 年曼德尔施塔姆被捕的注意。他发声反对对斯大林的个人崇拜，甚至拒绝了克里姆林宫给斯大林写一篇吹捧性传记文章的要求。在他 20 世纪 30 年代的日记里——他死后它被锁在了人民内务委员会的档案室——宣传和大众的恐惧让斯大林"被放大到不可思议的程度"。[122]

人民内务委员会将高尔基置于严密监视之下。有证据表明高尔基曾经与布哈林和基洛夫——列宁格勒州委书记，1934 年被暗杀——密谋反对斯大林。高尔基 1936 年去世可能也是这次密谋的结果。有一段时间内，他患有由肺病和心脏病引发的长期流感。在 1938 年对布哈林的走过场公审中，高尔基的医生被发现犯有"用药物谋杀"这位作家的罪行。也许斯大林曲解这位作家的自然死亡来作为摧毁政敌的借口，但高尔基与反抗行动的瓜葛也让他极有可能是被谋杀。几乎可以肯定，1934 年是人民内务委员会在谋害了高尔基的儿子马克西姆·佩什科夫，这也可能是削弱高尔基计划的一部分。[123] 当然对斯大林来说，这位作家的去世恰逢其时——正好在对季诺维也夫和加米涅夫的公审之前，高尔基本来打算向西方媒体揭穿这个骗局。1963 年当高尔基的遗孀被问到高尔基的去世时，她坚决地表明丈夫是被苏联特工谋杀的。然而真相很可能永远也不会大白。[124]

普罗科菲耶夫是另一位回到斯大林时期苏联的重要人物——在大恐怖处于高潮的 1936 年。这位作曲家向来不以政治敏锐著称，但是即使以他的标准来看，他选定的这个不幸的回国时间也是

573

异常天真的结果。普罗科菲耶夫对政治兴趣寥寥。他认为自己的音乐要高于政治。他似乎相信他可以回到苏联，而不受苏联政策的影响。

　　也许这与他作为圣彼得堡神童成名这一点不无关系。他的父母很有钱，而且溺爱他，于是普罗科菲耶夫从小就对自己的命运有着不可动摇的信念。在他 13 岁进入圣彼得堡音乐学院之前，已经有四部歌剧署有他的名字了。他就是俄国的莫扎特。1917 年他和母亲来到高加索躲避革命，后来又经由符拉迪沃斯托克（海参崴）和日本去了美国。由于拉赫玛尼诺夫也刚到美国不久，媒体不可避免地将两人拿来做比较。普罗科菲耶夫更具实验性的风格，使得他在普遍保守的美国评论家眼中并非最优秀的作曲家。多年以后，普罗科菲耶夫回忆起在纽约中央公园漫步的情景，他——

　　　由于对那些自以为了不起的美国管弦乐团的愤恨而浑身发抖，他们一点也不在意我的音乐……我来得太早了，这个婴孩——美国——还没有成熟到能够理解新的音乐。我是不是应该回国呢？但是怎么回？俄国已经被白军包围，而且不管怎么说，谁想空着手回家呢？ [125]

574

据贝蓓洛娃说，普罗科菲耶夫不止一次被人听到这样说："只要拉赫玛尼诺夫还活着，这里就没有我的空间，而他还能再活个 10 年或 15 年。欧洲对我来说太局限了，而我不想在美国屈居第二。" [126]

　　1920 年，普罗科菲耶夫离开纽约定居巴黎。但是斯特拉文斯基已经在那里站稳脚跟，普罗科菲耶夫想在这里攻城略地反而更难。佳吉列夫的支持在巴黎是无比重要的，而斯特拉文斯基当时正是这位剧团经理的"宠儿"。普罗科菲耶夫喜欢为歌剧作曲，这个兴趣来源于他对给俄国小说配乐的热爱：《战争与和平》、陀思妥耶夫斯基的《赌徒》和勃留索夫的《燃烧的天使》都被他改编成了歌剧。但是佳吉列夫向以宣称歌剧是一种"过时"的艺术形式而著称。[127]俄罗斯芭蕾舞团的建立，就是要寻找一种对各种艺术——舞蹈、哑剧、音乐和视觉艺术——的非语言综合，但是其中不包括文学。与他形成对照的是，斯特拉文斯基醉心于芭蕾舞，这种在西方赢得巨大荣誉、被认为是"俄罗斯"精粹的艺术形式。在佳吉列夫的鼓励下，普罗科菲耶夫在 20 世纪 20 年代为三部芭蕾舞剧创作了音乐。《小丑》（1921）取得了一定的成功——虽然这引来斯特拉文斯基的怨恨，他后来策划让巴黎音乐品位的评判家［纳迪娅·布朗热、普朗克和六人乐团（Les Six）］转而反对普罗科菲耶夫。第二部《钢铁般的疾驰》（1927）运用了苏维埃的主题，这被巴黎侨民斥为"对克里姆林宫的鼓吹"——实际上这是佳吉列夫的主意。普罗科菲耶夫的芭蕾舞剧中只有最后一部《回头的浪子》（1929）取得了绝对的成功。它的主题与作曲家的心灵很贴近。

　　普罗科菲耶夫在巴黎成了孤家寡人。他有一个俄罗斯朋友的小圈子，包括作曲家尼古拉·纳博科夫、指挥家谢尔盖·库塞维兹基和诗人康斯坦丁·巴尔蒙特。他花了 7 年时间创作歌剧《燃烧的天使》（1927），他一直认为这是一部杰作，但他却从未看到它上演。它的核心主题——两个世界不可逾越的鸿沟——在很多方面讲述了他自己与俄国的分离。

　　既然被巴黎的侨民群体孤立，普罗科菲耶夫就开始发展与苏联音乐机构的联系。1927 年他接受克里姆林宫的要求，在苏联举办了巡回音乐会。在重返彼得堡后，他的情感决堤了。"本来，我不知为何已经忘了彼得堡真实的样子，"他在旅途日记中写道，"我一度认为，它的欧洲魅力与西方比起来是苍白的，而与之相对，莫斯科是独特的。但是，现在这座城市的壮丽让我无法呼吸。"[128]马林斯基剧院隆重推出了他的《三橘爱》（1919），这让他感到自己终于被认定为俄国在世的最伟大作曲家了。苏联当局撤掉了一切障碍以引诱他永久回国。教育人民委员卢那察尔斯基在 1917 年曾经放他出国（"你是一个音乐上的革命者，我们是生活中的革命者……我不会阻止你"）[129]，现在他则引用马雅可夫斯基那封给高尔基的著名"诗信"（1927）——在信中，前者质问后者为什么明明在俄国有那么多事要做，他却待在意大利——来力劝他回国。马雅可夫斯基是普罗科菲耶夫的旧相识。在普罗科菲耶夫动身去美国之前，马雅可夫斯基曾将自己的一卷诗献给了他："世界诗坛总统致世界乐坛总统：致普罗科菲耶夫。"他的另一个老朋友，先锋导演梅耶荷德激情满满地谈到两人再度联手，将俄国经典搬上舞台。对这些老朋友的思念是普罗科菲耶夫决定回国的一个重要因素。"外国合作者没法给我灵感，"他于 1933 年承认道——

> 因为我是俄国人，那是最不适合流亡、最不适合留在异族心理氛围中的民族。我和我的同胞无论走到哪里都心怀祖国。带走的并非祖国的全部，但那也足够让人痛苦了。一开始是微微刺痛，然后越来越强，直到最后将我们摧折……我一定要回到祖国的氛围中生活。我一定要再次看到真正的冬天，还有在一瞬间迸发出来的春意。我一定要听到俄语回荡在耳畔。我一定要与和我流着相同血脉的同胞交心，这样他们就能给我在这里缺少的东西——他们的歌——我的歌。[130]

从 1932 年开始，普罗科菲耶夫每年都要在莫斯科待半年，4　　576
年后他把妻子和两个儿子也带来定居。他得到了很多奢侈品：一座莫斯科的大公寓，里面有从巴黎运来的他自己的家具——还有去西方旅行的自由（当时苏联公民仅仅因为跟外国人说话就被送到劳改营）。由于其高超的旋律创作才能，普罗科菲耶夫为苏联舞台和银幕创作了无数乐曲，包括《基杰中尉组曲》（1934）和《罗密欧与朱丽叶》（1935—1936）。大奖随之纷至沓来——1942—1949年间他不下5次荣获斯大林奖——尽管知道那不过是虚饰浮夸，他还是对祖国的认同感到很受用。

虽然得到了这么多嘉奖，普罗科菲耶夫在国内的工作生活还是变得越来越艰难。在那场从1936年以压制肖斯塔科维奇的歌剧《姆钦斯克县的麦克白夫人》为开端的运动中，普罗科菲耶夫被抨击为"形式主义者"，于是他退缩了，转而致力于为青少年创作音乐：《彼得与狼》（1936）就是恐怖岁月的产物（还是它的寓言，猎杀狼的言外之意就是打击"人民公敌"）。他的许多更具实验意味的作品仍然没有上演：为十月革命20周年纪念日（1937）创作的宏大康塔塔、为梅耶荷德1937年的普希金《鲍里斯·戈东诺夫》上演100周年纪念演出创作的音乐，甚至歌剧《战争与和平》（最终版）也直到1959年才搬上俄国的舞台。1948年之后，日丹诺夫再次开展斯大林主义针对"形式主义者"的批判，这次，几乎所有普罗科菲耶夫在巴黎和纽约创作的音乐，都被禁止列入苏联音乐会的保留节目名单。

普罗科菲耶夫的晚年生活实际上是自我隐居。就像肖斯塔科维奇一样，他越发转向室内乐的私密领域，在那里他可以表达个人的愁绪。这些作品中最动人的一部就是《D大调小提琴奏鸣曲》（讽刺的是它1947年还荣获了斯大林奖）。普罗科菲耶夫告诉小提琴家大卫·奥伊斯特拉赫，它开场回荡的乐声要"像墓地中的风"一样。[131] 在普罗科菲耶夫的葬礼上，奥伊斯特拉赫演奏了这首奏鸣曲。这件令人伤感之事基本上没有得到苏联媒体的关注。1953年3月5日，普罗科菲耶夫去世的同一天，斯大林也去世了。花都被卖光了，于是这位作曲家的墓前只摆了一根松枝。

茨维塔耶娃于1939年回国，与艾伏隆和儿女住在莫斯科附近

的一座别墅里。她本来希望能重新发现自己将近 20 年前抛下了的
那种作家圈子，但却震惊地发现自己在回到俄国后几乎完全被孤立。
娜杰日达·曼德尔施塔姆回忆说，在苏维埃"忽视那些从西方回来
的人几乎已经成为了第二天性"。[132] 关于茨维塔耶娃的一切，都让
认识她——或者被别人看到认识她——成为一件危险的事。她似乎
是外来的、过时的，是属于过去的人物，来自另一个世界的幽灵。
很少有人记得她的诗。

他们回国 2 个月之后，茨维塔耶娃的女儿阿莉亚就被逮捕了，
罪名是与托洛茨基分子勾结为西方国家当间谍。不久之后，他们把
艾伏隆也逮捕了。茨维塔耶娃于是加入了在监狱门前等待的妇女行
列，阿赫玛托娃曾经描述过的那种可怕负担。茨维塔耶娃再也没能
见到自己的丈夫和女儿。她甚至都不知道他们变成什么样了。[*] 她和
儿子一起被艾伏隆在莫斯科的姐妹收留。她消瘦而疲惫，面色灰黯
无光，只能靠翻译诗歌勉强过活。在帕斯捷尔纳克伸出援手之后，
她搬到了作家集中地戈利齐诺（Golitsyno）附近的一个小村庄，就
在莫斯科通往明斯克的道路边上。她在那里找到一份洗碗工的工作，
能自己挣钱吃饭了。那里有一些年纪稍大的作家还记得她的诗，而
且带着一种近乎崇拜的尊敬来对待她。但是就苏联官方文坛而言，
她已经消失很久。她在俄国出版的最后一本书是在 1922 年——而
在 1939 年的氛围下，再次出版她的诗歌可谓希望渺茫。她在 1940
年向国有出版社提交了一份自己的诗集，但她并没有把那些更爱国、
更关乎人民的诗选进去，而是选了很多创作于艾伏隆为白军作战时
的诗。不出所料，这部诗集被打成了反苏维埃。故意拒绝妥协是茨
维塔耶娃的典型作风。她无可自抑，即便有着给自己带来灭顶之灾的
危险。她不能与这个自己被迫生活的时代达成和解。

---

*   阿莉亚在劳改营做了 8 年苦工。艾伏隆于 1941 年被枪决。——原注

离开法国不久，茨维塔耶娃就告诉一位朋友，如果在苏联不能
写作的话，那么她会自杀。茨维塔耶娃越发执著于自杀的念头，还　　578
经常以此为要挟。1940 年之后，她写的诗很少，写下的那一点也充
斥着死亡：

> 是时候摘掉琥珀了，
> 是时候改变语言了，
> 是时候熄灭
> 门上的灯了。[133]

她最后一首诗写于 1941 年，写给年轻英俊的诗人阿尔谢尼·塔可
夫斯基（后来那位电影导演的父亲），当时两人正在恋爱。在这首
鬼气阴森的诗中，她诉说了自己被抛弃的感觉——不仅是被塔可夫
斯基，更是被所有她未点名地称做"六个人"的朋友：

> 什么都不是：不是兄弟，不是儿子，不是丈夫，
> 也不是朋友——我突然念叨着：
> 你呀，在桌上摆好六个人的餐具，
> 旁边，没有给我留一个——座位。* [134]

茨维塔耶娃的儿子莫尔是她最后的希望和情感依靠。但是这位少年
正在努力挣脱母亲令人窒息的控制。1941 年 8 月，随着德军横扫苏
联，直逼莫斯科，他们娘俩被疏散到了鞑靼共和国一个名叫叶拉布
加的小镇，在喀山附近。他们在一个小木屋里租了半个房间。茨维

---

*　译文出自《茨维塔耶娃文集·诗歌》，汪剑钊译，东方出版社 2003 年版，第 452 页。
　　　　　　　　　　　　　　　　　　　　　　　　　　　——译注

塔耶娃没有任何生计来源。8 月 30 日，星期天，她的房东和莫尔出去钓鱼。就在他们走了以后，她上吊自杀，死前给莫尔留下了遗言：

> 小莫尔，请原谅我，但我要活下去会更糟。我病得很重，这已经不是我了。我狂热地爱你。你要明白，我再也无法生存下去了。请转告爸爸和阿莉亚——如果你能见到的话——我直到最后一刻都爱着他们，请向他们解释，我已陷入了绝境。[135]

茨维塔耶娃被埋在一个无名墓中。没有人参加她的葬礼，甚至她儿子也没去。

第六节

1962 年，斯特拉文斯基接受苏联的邀请访问这个自己出生的国度。他离开俄国已经整整 50 年了，在他做出回国的决定背后，有着复杂的感情纠葛。作为侨民，他给人的印象一直是激烈地拒斥自己在俄国的过去。他告诉自己的密友和音乐助理，指挥家罗伯特·克拉夫特，在他心中，在圣彼得堡度过的儿时岁月是"一段我在等待着能够将所有东西、所有人送进地狱的那一刻降临的时期"。[136] 这种反感很大程度上是一个侨民对苏联的反应，它排斥这位作曲家的音乐，而且夺取了他的故土，光是提到苏联就足以让他怒发冲冠。1957 年，一位倒霉的德国服务生来到他桌旁，问他是否因为最近斯普尼克卫星上天而对俄国人民感到自豪，斯特拉文斯基"勃然大怒，程度堪比俄国人为成功做到这件事感到的狂喜，也堪比美国人为没能做到这件事感到的狂怒"。[137]

他对苏联乐派的看法尤其刻薄，在那里，曾经对《春之祭》大肆攻击的里姆斯基–科萨科夫和格拉祖诺夫精神依然活跃，积极地反对现代派音乐。"苏联音乐家的作品还没有超越 19 世纪。"斯特拉文斯基在1957年的一次访谈中告诉德国采访者。如果要求苏联管弦乐团演奏斯特拉文斯基或"维也纳三大家"（勋伯格、贝尔格和韦伯恩）的音乐作品，那他们对于"我们50年前就采用的旋律，怕是连最简单的也处理不来"。[138]斯特拉文斯基的作品自20世纪30年代初以后就被苏联禁演，当时他被苏联官方音乐机构谴责为"帝国主义资产阶级意识形态在艺术上的倡导者"。[139]这是某种音乐冷战。

　　但是斯大林去世后整个气氛为之一变。赫鲁晓夫的"解冻"结束了日丹诺夫针对所谓"形式主义者"的批判运动，恢复了肖斯塔科维奇作为苏联最重要音乐家的合法地位。从斯特拉文斯基作品中汲取灵感的年轻作曲家开始涌现（爱迪生·杰尼索夫、索菲娅·古拜杜林娜和阿尔弗雷德·施尼特凯）*。通过录音与巡回演出，新一代的优秀苏联音乐家（奥伊斯特拉赫、里赫特、罗斯特洛波维奇†、贝多芬弦乐四重奏组‡）在西方变得广为人知。简而言之，苏联似乎正要重返欧洲音乐世界的中心——那正是1912年斯特拉文斯基出国时俄国占据的地位。

　　虽然他自己否认，但斯特拉文斯基一直对他从俄国流亡后所处的环境感到后悔。他与过去的决裂就像是一道撕裂的创口。1962年

580

---

* 爱迪生·杰尼索夫（Edison Denisov, 1929—1996）、索菲娅·古拜杜林娜（Sofia Gubaidulina, 1931—　）、阿尔弗雷德·施尼特凯（Alfred Schnittke, 1934—1998），三人通常被称为苏联先锋派音乐三杰。——译注

† 罗斯特洛波维奇（Mstislav Leopoldovich Rostropovich, 1927—2007），俄罗斯著名大提琴家和指挥家。13岁时即作为大提琴家举办音乐会。曾师从普罗科菲耶夫与肖斯塔科维奇，1970年因声援被流放的诺贝尔文学奖得主亚历山大·索尔仁尼琴，被禁止演出。1974年逃离苏联，定居美国。一生荣誉无数，作曲家格里埃尔、米亚斯科夫斯基、普罗科菲耶夫、肖斯塔科维奇、哈恰图良等都为他写过大提琴乐曲。——译注

‡ 贝多芬弦乐四重奏组（the Beethoven Quartet），1922—1923年由莫斯科音乐学院学生组建。1938年首演了肖斯塔科维奇的第一部弦乐四重奏作品。此后几乎苏联所有作曲家的重奏作品都由他们来首演，直至1990年解散，共演出过600多部作品。——译注

他已经年近 80 岁，这肯定对他决定回国起了一定的作用。随着年纪渐长，他越来越多地想起自己的童年。他经常不经意地使用儿童口吻的俄语和小称。他重读了一些俄语作品——比如高尔基的《母亲》。"它第一次出版的时候我就读过（1916），现在我要重新拾起，"他告诉克拉夫特，"很可能是因为我想要回归自我。"[140] 斯特拉文斯基告诉美国媒体，他决定回到苏联"主要是因为我感受到，年轻一代的俄国音乐家对我怀着真切的渴望和需要"。[141] 也许这里面也有斯特拉文斯基想要维护自己在祖国遗业的渴望吧。虽然他说自己想回国旅行与乡愁无关，但这种感情无疑是核心原因之一。他想要在死前再看看俄国。

1962 年 9 月 21 日，斯特拉文斯基夫妇乘坐苏联飞机抵达舍列梅捷沃机场。在飞机降落的过程中，他紧张地望着窗外，看到染上秋黄的树林、草地、农田还有湖泊。据全程陪同的克拉夫特说，他在激动和强烈的情绪中哽咽了。飞机停下，舱门打开的那一刻，斯特拉文斯基现身，他站在飞机舷梯顶端，按照俄罗斯传统深深鞠了一躬。这是来自另一个时代的姿态，就像他佩戴的太阳镜一样——它能保护他不受电视光线的伤害，而且代表着好莱坞的另一种生活。在走下舷梯的过程中，斯特拉文斯基被一个庞大的欢迎团包围，其中就有玛丽亚·尤金娜，这个长着鞑靼人眼睛（或者说在克拉夫特看来是这样）的粗壮女人向这位作曲家自我介绍说是他的侄女。人群里还有康斯坦丁·巴尔蒙特的女儿，正是这位诗人带着斯特拉文斯基走进了《火鸟》与《春之祭》的古老异教世界。她给了克拉夫特一个"桦树皮的篮子，里面装着一根树枝、一片叶子、一束小麦、一个橡子、一些青苔，还有其他一些俄罗斯土地的纪念品"，只是这位年轻的美国人"当时并不很需要"。对这两个女人来说，毕生的梦想就要成真。克拉夫特将这里的氛围比作小孩的生日聚会："每个人，尤其是 I. S.（斯特拉文斯基），都深感慰藉。"[142]

581

这次旅行让斯特拉文斯基的情感滚滚流泻。在与斯特拉文斯基相识的 15 年中，克拉夫特从没意识到俄国对这位作曲家是多么重要，或者在他心中还存留着多少对俄国的感情。"仅仅两天前，在巴黎，我还是会否认 I.S. 有可能再次回国……现在我看到，半个世纪的放逐生涯在一夜间就被抛诸脑后——不管这遗忘是否早就完成。"[143] 斯特拉文斯基回到的不是苏联，而是俄国。当苏联作曲家协会主席赫连尼科夫在机场与他见面时，斯特拉文斯基拒绝与他握手，而是给了他一拐杖。[144] 次日，斯特拉文斯基夫妇与克拉夫特驱车来到了麻雀山——拿破仑第一次眺望莫斯科就是在这里——他们俯视这座城市，克拉夫特认为他们"比我之前见到的任何时候都更沉默、更动情"。[145] 在新圣女修道院 *，斯特拉文斯基夫妇明显地"受到了触动，不是由于任何宗教或政治因素，而只是因为新圣女修道院就是他们所知的那个俄罗斯，那个仍然构成他们一部分的俄罗斯"。在这座修道院的古墙之后，是昔日俄罗斯存在的一片孤岛。在花园里，戴着黑头巾、穿着破旧外衣和鞋子的女人们照料着墓地。教堂里有一位神父正在举行圣礼，克拉夫特看到，"虔诚的信徒趴在地上顶礼膜拜，就像 I.S. 自己在好莱坞的俄国教堂虔诚敬拜时那样"。[146] 虽然苏联经历了如此多的动乱，还是有一些俄国风俗原封不动地保留了下来。

音乐传统也是如此，正如在莫斯科柴可夫斯基音乐学院，罗伯特·克拉夫特为莫斯科交响乐团排练《春之祭》时所发现的那样：

> 交响乐团的成员很优秀，很快就接受了我这个外人提出的

---

* 新圣女修道院（Novodevichy Convent）坐落在莫斯科市中心西南部莫斯科河畔，修建于1524 年，是列宁、斯大林时代少数没有被摧毁的修道院之一。托尔斯泰曾在《战争与和平》和《安娜·卡列尼娜》两部巨著中都提到过这座教堂。——译注

对分节和过渡的要求，而且总体来说比欧洲交响乐团更努力。《祭献》（第二部分）是以一种我只能说不是法国也不是德国的情感演奏的，这是完全不同的一段。演奏不像美国乐团那样高亢，声音也要小些，虽然在演播厅里还是震耳欲聋……这种克制是很对 I. S. 的口味的……另一个令人满意的奇妙之处就是大鼓，它在侧边打开，就好像被锯成了两半。这些头脑简单的人对《大地之舞》（第一部分最后一段）开头的清晰、朴素的处理，听起来恰似 I. S. 说他脑子里有的那种惊跑感觉……I. S. 提到这里巴松管的音色也与美国的不同，《召唤祖先》（第二部分第四段）结尾处的五处巴松管听起来就像我想象中的那五棵老树一样”。[147]

斯特拉文斯基对这种独特的管弦乐声不胜欣悦。它让他的俄罗斯芭蕾舞恢复了生机。

他对回归母语也感到很高兴。自踏上俄国大地的那一刻起，他轻而易举地操起以前的说话方式，重拾 50 多年没用过的词汇和短语——甚至还有早已忘却的童言童语。在克拉夫特看来，以前他每次一说起俄语就像“换了一个人”。而现在“跟那些叫他‘伊戈尔·费奥多罗维奇’的音乐家说话——这很快就能建立起俄国人特有的家庭感——时，他比我记忆中任何时候都更开心”。[148] 克拉夫特被斯特拉文斯基性格的转变震惊了。当被问到他是否相信自己现在看到的是“真正的斯特拉文斯基”时，这位美国人回答道：“我所知的关于 I. S. 的一切都是足够真实的……但是现在他在我心中的形象终于有了自己的背景，这确实让我了解到，很多我以前认为是‘个性’或怪癖的东西其实并非如此。”[149] 克拉夫特写道，因为这次出访俄国，他的耳朵变得能够适应斯特拉文斯基在离开俄国后的作品里的俄国元素了。它们在斯特拉文斯基晚期作品中并不是很直接明显，

582

但它是存在的——就在旋律的力量与赞美诗般的曲调中。从《诗篇交响曲》一直到《安魂曲》（1966），他的音乐语言一直深得俄国文化的精髓。[150] 正如他向苏联媒体解释的那样：

> 我终生都在说俄语，用俄语思考，我进行自我表达的方式也是俄国式的。也许你第一次听我的音乐时不容易注意到，但是它内在于我的音乐，是它隐而不显的特点的一部分。[151]

俄罗斯在斯特拉文斯基的心里深深扎根。这不仅仅是他家里的 583
圣像、他读过的书，还有他儿时吃饭的勺子。他对俄国的土地、习惯、风俗、说话方式、社交方式仍然有着真实的情感和记忆，在他踏上故土的一刹那，所有这些感情就涌上了他的心头。文化不仅仅是一种传统。连一个图书馆都无法将其涵盖，更不用说流亡者揣在包里的"八本薄薄的书"了。它是某种内在的、情感的、本能的东西，是塑造一个人的人格并将其与一个民族、一个地方牢牢绑在一起的感情。在西方公众看来，斯特拉文斯基是一个访问出生地的流亡者，而在俄国人眼中，他是一个回家了的俄国人。

斯特拉文斯基基本不了解莫斯科。他只是在大约60年前的一次短途旅行中去过那里。[152] 相比之下，重游自己的出生地彼得堡让他更为触动。在机场，斯特拉文斯基受到一位老人的欢迎，后者一见他就开始流泪。克拉夫特这样回忆那次相遇：

> 他是弗拉基米尔·里姆斯基-科萨科夫（作曲家里姆斯基的儿子），I. S. 没认出他来，他说因为对方当时留着小胡子，而不是像上一次见面那样是络腮胡（1910）；但后来 I. S. 告诉我，真正的原因是"他叫我'伊戈尔·费奥多罗维奇'，而不是'季马'。他以前总是叫我和我弟弟'古里和季马'"。[153]

在到达俄国之后的几天里，斯特拉文斯基好像回到了 50 年前。在认出马林斯基剧院（当时更名为基洛夫剧院）之后，他的脸上洋溢着喜悦。小时候，他会坐在他父亲的包厢里观看芭蕾舞。他还记得包厢里长着翅膀的丘比特装饰、观众席上蓝色和金色的装饰物、闪闪发光的大吊灯、满是香水味的观众，还有在 1892 年一次节庆演出中他从包厢里走出来到休息厅——当时演出的是格林卡的歌剧《鲁斯兰与柳德米拉》（他父亲在其中饰演法尔拉夫一角）——他看到了时年 52 岁、头发花白的柴可夫斯基。[154] 斯特拉文斯基实际上就是在马林斯基剧院中长大的。他们家在克留科夫运河边上的公寓离剧院只有几步之遥。他们随后去看他在人生的头 24 年里住过的房子，此时斯特拉文斯基没有表现出任何情绪。但他对克拉夫特解释说，这只是因为"我必须控制自己"。[155] 每一座建筑都是"神奇"或者"美丽"的。在爱乐大厅举办的纪念斯特拉文斯基音乐会的票早在一年前就开始排队，而且发展出一个复杂的求票生态——每一张票都是通过许多人的接力排队才取得的。这是关于艺术在俄罗斯的地位，以及斯特拉文斯基在这个神圣传统中位置的鲜活典范。他一位 84 岁的表姐不得不在电视上观看这场音乐会，因为她排在5001 号。[156]

584

"肖斯塔科维奇在哪里？"斯特拉文斯基从抵达俄国就一直在问。斯特拉文斯基在莫斯科的时候，肖斯塔科维奇在列宁格勒；而就在斯特拉文斯基去往列宁格勒时，肖斯塔科维奇又回莫斯科了。"这个肖斯塔科维奇是怎么回事？"斯特拉文斯基问哈恰图良，"为什么他总是躲着我？"[157] 作为一名艺术家，肖斯塔科维奇崇拜斯特拉文斯基。他是他不为人知的缪斯。在工作台玻璃的下面，肖斯塔科维奇放着两张照片：一张是他自己和贝多芬弦乐四重奏组的合影，另一张就是斯特拉文斯基的大幅肖像照片。[158] 虽然他从来没有公开表达对斯特拉文斯基音乐的喜爱，它对肖斯塔科维奇许多作品的影响还是很明显的（比如《第十交响曲》中的《彼得鲁什卡》主题，还有《第七交响曲》中的柔板，明显能让人想起斯特拉文斯基的《诗篇交响曲》）。

　　赫鲁晓夫的解冻对肖斯塔科维奇是巨大的解放。他因而能够重新建立起与圣彼得堡古典传统的联系——他和斯特拉文斯基都是在这座城市出生的。但这并不意味着他完全没有麻烦。根据叶甫盖尼·叶夫图申科的诗《娘子谷》（1961）创作的《第十三交响曲》就遭到了攻击（还试图阻止它的首演），说将焦点集中在纳粹对基辅犹太人的大屠杀上，就减损了俄罗斯人民在战争中的苦难。不过在其他方面，解冻还是为肖斯塔科维奇带来了创作的春天。他重返在列宁格勒音乐学校的教学岗位。他荣获了官方大奖，还被允许多次出国旅行。他一些最卓越的音乐作品就是在他人生最后的这几年中创作的——最后三部弦乐四重奏还有《中提琴奏鸣曲》，后者于1975 年 8 月 9 日完成，就在他去世前一个月，这是他为自己创作的安魂曲，也是对人生的艺术总结。他甚至抽出时间写了两部电影配乐——《哈姆雷特》（1964）和《李尔王》（1971）——这是来自他的老朋友，电影导演格里戈里·科津采夫的委托，肖斯塔科维奇的第一部电影配乐就是 1929 年为他创作的。他在这些年创作的大部分音乐的灵感来源，都是来自彼得堡的欧洲遗产，而这在 1917 年就已失落。在个人世界里，肖斯塔科维奇生活在文学之中。他的谈话充斥着出自 19 世纪俄国经典著作的文学典故和用语。他喜欢果戈理的讽刺小说和契诃夫写的故事。终其一生，他都感到与陀思妥耶夫斯基尤其亲近——他很小心地掩盖了这一点——直到踏入棺材前，他根据《群魔》创作了一套组曲，《列比亚德金上尉诗四首》。肖斯塔科维奇一度承认，自己经常会梦到创作陀思妥耶夫斯基主题的作品，但是他总是"太害怕"结果没去做。"我热爱和钦佩作为一名伟大艺术家的他，"肖斯塔科维奇写道，"我钦佩他对俄罗斯人民的爱,他对受辱者和可怜人的爱。"[159]

最终,肖斯塔科维奇在莫斯科的大都会酒店与斯特拉文斯基会面了,当时文化部长叶卡捷琳娜·福尔采娃(肖斯塔科维奇叫她"叶卡捷琳娜三世")为斯特拉文斯基举办了一次晚宴。对这两位自1917年之后就分道扬镳的俄国人来说,这次会面既不是重聚,亦非和解,但它是文化终将战胜政治的象征。两位作曲家生活在不同的世界里,但他们的音乐却有着同样的俄罗斯脉动。"那是一次很紧张的会面",哈恰图良回忆道:

> 他们的座位紧挨着,就那么一言不发地坐着。我坐在他们对面。最后肖斯塔科维奇鼓起勇气,开始搭话:
> "你觉得普契尼怎么样?"
> "我无法忍受他。"斯特拉文斯基答道。
> "哦,我也是,我也是。"肖斯塔科维奇说。[160]

这基本上就是两人交谈的全部。但是在斯特拉文斯基离开的前一晚,在大都会酒店举行的第二次晚宴上,他们又说上话了,而且勉强算是有了点交流。那是一个难忘的场面——典型的"俄国"晚会,其间人们经常被越来越开放的伏特加敬酒所打断。据克拉夫特回忆,会场很快就变成了"一场芬兰浴,在氤氲蒸汽中,每个人都说着几乎一样的话,宣扬着自己和其他人的俄国魂……一次又一次,每个人都在神秘的俄国魂面前贬抑着自己,而令我震惊的是,I. S. 也是如此,他的回答很快就把祝酒辞盖过去了"。斯特拉文斯基——他是房间里醉得最轻的一个——说道:

> 俄国土地的气味是不一样的,而这样的事物是不可能忘怀的……每个人都有一个诞生地,有一个故土,有一个国家——

586

他只能有一个国家——而他出生的地方是他生命中最重要的因素。我很遗憾当时的形势将我与祖国分离，悔恨自己的作品没有在这里诞生，而我尤其悔恨的，是我没能帮助新生的苏联创造出它自己的音乐。虽然我讨厌我生活过的俄罗斯——也包括俄罗斯整体——的很多地方，但我离开俄国并非出于自己的意志。然而，我是有权批评俄国的，因为俄国是我的，也因为我爱它，我不会让任何一个外国人享有同样的权利。[161]

他对每个字都是认真的。

注 释

注释中使用的档案馆简称如下：

AG：　　　 Gorky Archive, Institute of World Literature, Moscow

GARF：　　 State Archive of the Russian Federation, Moscow

IRL RAN：　Institute of Russian Literature, Russian Academy of Sciences,St Petersburg

RGASPI：　 Russian State Archive of Social and Political History

RGIA：　　 Russian State Historical Archives, St Petersburg

SP-PLMD：　St Petersburg Public Library, Manuscript Division

TsGADA：　 Central State Archive of Ancient Acts, Moscow

导读 "娜塔莎起舞"与俄罗斯文化之婆娑丽影

1. 中译本更名《古拉格之恋：一个爱情与求生的真实故事》，李广平译，广西师范大学出版社 2016 年版。

2. Anna Akhmatova, *You Will Hear Thunder*, trans. D. M. Thomas, Ohio University Press,1985.

3. 无独有偶，俄罗斯最高文学奖"布克奖"（1997）和以列夫·托尔斯泰庄园命名的"雅斯纳亚—波良纳"奖获得者乌特金（А.А.Уткин，1967—　 ）的小说《环舞》（*Хоровод*）也是以俄罗斯民间舞蹈的名称为书名，以这种手拉手围成圈而舞，象征主人公环环相扣和命运相关，借喻反映 1812 年战争后的俄国社会风情。有趣的是，乌特金 1992 年毕业于莫斯科大学历史学系，而《环舞》是他还是历史系大学生时于 1991 年开始写作的首部作品。

4. 恰达耶夫著，刘文飞译：《哲学书简》，作家出版社 1998 年版，第 33 页。

5. 俄国伟大作家陀思妥耶夫斯基认为，俄罗斯性格只能用 Характер 这个纯俄文词，英文的 character 与它完全不对译。

6. 希科曼：《祖国历史活动家：传记指南》，第 512 页。

7. 《列宁选集》第 4 卷，人民出版社 1995 年版，第 773、774 页

8. 《斯大林论苏联宪法草案的报告：苏联宪法（根本法）》，莫斯科外国文书籍出版局 1950 年版，第 14 页。

9. 玛尔莱娜·拉吕埃勒：《文化学——俄罗斯新的"老套思想"》，《第欧根尼》2005 年第 1 期。

10. 代表著作如：康达科夫《俄国文化史导论》；泽金娜等《俄国文化史》（中文版由刘文飞等译，上海译文出版社 2000 年版）；利哈乔夫《思考俄罗斯》（中文版书名为《解读俄罗斯》，吴晓都等译，北京大学出版社 2003 年版）；伊戈尔《文明搏击中的俄罗斯民族》。

11. 谢缅尼科娃：《世界文明共同体中的俄罗斯》，第 4—5 页。

12. 代表著作如：康达科夫《文化学：俄国文化史》、沙波瓦洛夫《俄罗斯学》。

13. 沙波瓦洛夫：《俄罗斯学》，第 2—3 页。

14. *Times Literary Supplement*, 30 December 2008, p.7.

15. "Current RSL Fellows", Royal Society of Literature. Retrieved 18 March 2014.

16. 张建华：《暗夜耳语的人们》，《时尚先生》2014 年第 12 期。

17. 如新文化史大师海登·怀特在《元史学——十九世纪欧洲的历史想象》中特别强调："将历史学视为一种文字虚构，以发明（invented）而不是发现（found）为特征，因此历史学更接近文学作品，而不是科学"，"言辞的虚构，其内容在同等程度上既是被发现的，又是被发明的，并且其形式与其在文学中的对应物比之在科学中对应物，有更多的共同之处"。

导言

1. L. Tolstoy, *War and Peace*, trans. L. and A. Maude（Oxford, 1998），p. 546.

2. E. Khvoshchinskaia, "Vospominaniia", *Russkaia starina* vol.93（1898），p.581 即为一例。该主题会在第二章进行讨论。

3. L. Tolstoi, *Plonoe sobranie sochinenii*, 91 vols.（Moscow, 1929-64），vol. 16, p.7.

4. Richard Taruskin 对此写过一篇很好的文章，题为 "N. A. Lvov and the Folk"，收录于 *Defining Russia Musically: Historical and Hermeneutical Essays*（Princeston, 1997），pp. 3-24.

5. A. S. Famintsin, *Domra I rodnye ei muzykal'nye instrumentry russkogo naroda*（St Pertersburg, 1891）.

6. V. Nabokov, *Speak Memory*（Harmondswort, 1969），p.35.

第一章　欧化的俄罗斯

1. S. Soloviev, *Istoriia Rossii ot drevneishikh vremen*, 29 vols.（Moscow,1864-79）, vol. 14, p. 1270.

2. 'Peterburg v 1720 g. Zapiski poliaka-ochevidtsa', *Russkaia starina*, 25（1879）, p.265.

3. *Peterburg petrovskogo vremeni*（Leningrad, 1948）, p. 22; 'Opisanie Sanktpeterburga I Kronshlota v 1710-m I 1711-m gg.', *in Russkaia starina*, 25（1879）, p.37.

4. A. Darinskii, *Istoriia Sankt-Peterburga*（St Petersburg, 1999）, p. 26. 书中给出的数据是 15 万名工人，但是不包括士兵和瑞典俘虏。

5. A. S. Pushkin, *Polnoe sobranie sochinenii*, 17 vols.（Moscow,1937-49）, vol. 5, p. 436.

6. A. Bulak and N. Abakumova, *Kamennoe ubranstvo tsentra Leningrada*（Leningrad, 1987）, pp.4-11.

7. Ia. Zembnitskii, *Ob upotreblenii granite v Sankt-Peterburge*（St Petersburg, 1834）, p. 21.

8. O. Monferran, *Svedeniia o dobyvanii 36-ti granitnykh kolonn, naznachennykh dlia portikov Isaakievskogo sobora*（St Petersburg, 1820）, pp. 18ff.

9. S. Alopeus, *Kratkoe opisanie mramornykh I rossiiskoi Karelii*（St Petersburg 1787）, pp.35-6; V.P.Sobolevskii, 'Geognosticheskoe obozrenie staroi Finliandii I opisanie ruskol' skikh mramornykh lomok', *Gornyi zhurnal*（1839）kn. 2-6, pp. 72-3.

10. *Journey for Our Time: The Journals of the Marquis de Custine*, trans. P. Penn Kohler（London, 1953）, p.110.

11. G. Kaganov, *Images of Space: St Petersburg in the Visual and Verbal Arts*, trans. S. Monas（Standford, 1997）, p.15.

12. 'Peterburg v 1720 g. Zapiski poliaka-ochevidtsa', p. 267.

13. S. Luppov, *Istoriia Stroitelśtva Peterburga v pervoi chetverti XVIII veka*（Moscow-Leningrad, 1957）, p. 48; *Ocherki istorii Leningrada, vol. 1, Period feodalizma*（Moscow-Leningrad, 1955）, p.116.

14. *Letters to Lord Harvey and the Marquis Scipio Maffei, containing the state of the trade, marine, revenues, and forces of the Russian empire:with the history of the late war between the Russians and the Turks*（Glasgow, 1770）, p. 76.

15. A. I. Gertsen, 'Moskva I Peterburg', *Polnow sobranie sochinenii*, 30 vols.（Moscow, 1954）, vol. 2, p. 36.

16. A. Benua, 'Zhivopisnyi Peterburg', *Mir iskusstva*, vol. 7, no. 2.（1902）, p.1.

17. F. Dostoevsky, *Notes from Underground. The Double*, trans. J.Coulson（Harmondsworth, 1972）, p. 17.

18. L. E. Barry and R.O. Crumney（eds.）, *Rude and Barbarous Kingdom: Russia in the Accounts of Sixteenth-centry English Voyagers*（Madison, Wisc., 1968）, p. 83.

19. L. Hughes, *Russia in the Age of Peter the Great*（New Haven, 1998）, p. 317.

20. Benua, 'Zhivopisnyi Peterburg', p.1.

21. *Journey for Our Time*, p. 97.

22. 引自 N. P. Antsiferov, *Dusha Peterburga* (Petrograd, 1922) , p. 98.

23. Hughes, *Russia in the Age of Peter the Great*, p. 222.

24. *Peterburg i drugye novye rossiiskie goroda XVIII-pervoi poloviny XIX vekov* (Moscow, 1995) , p. 168.

25. 'Shards' (1952) , *The Complete Poems of Anna Akhmatova*, trans. J. Hemschemeyer (Edinburgh, 1992) , p. 701.

26. B. M. Matveev and A. V. Krasko, *Fontanny dom* (St Petersburg, 1996) , p. 16.

27. *The Travels of Olearius in Seventeenth-century Russia*, ed. and trans. S. Baron (Stanford, 1967) , p. 155.

28. Yasnaya Polyana. *Putevoditel'* (Moscow-Leningrad, 1928) , pp. 10-12.

29. *The Travels of Olearius in Seventeenth-century Russia*, p. 131.

30. S. Collins, *The Present State of Russia: In a Letter to a Friend at London* (London, 1671) , p. 68.

31. P. Roosevelt, *Life on the Russian Country Estate: A Scoial and Cultural History* (New Haven, 1995) , p. 12.

32. N. Chechulin, *Russkow provintsial'noe obshchestvo vo vtoroi polovine XVIII veka* (St Petersburg, 1889) , p. 35.

33. Ia. Tolmachev, *Voennoe krasnorechie, osnovannoe na obshchikh nachalakh slovesnosti*, chast' 2 (St Petersburg, 1825) , p. 120.

34. E. Lavrent'eva, Svetskii etiket pushkinskoi pory (Moscow, 1999) , pp. 23, 25.

35. Iu. Lotman, *Besedy o russkoi kul'ture: kyt I traditsii russkogo dvorianstva XVIII-nachalo XIX veka* (St Petersburg, 1994) , p. 31.

36. *Zhizn', anekdoty, voennye i politicheskie deianiia rossiiskogo general-fel'd-marshala grafa Borisa Petrovicha Sheremeteva* (St Petersburg, 1808) , p. 182.

37. V. Staniukevich, *Biudzhet sheremetevykh* (1798-1910) (Moscow, 1927) , pp. 19-20; G. Mingay, *English Landed Society in the Eighteenth Century* (London, 1963) , pp.10ff.

38. Staniukevich, *Biudzhet sheremetevykh*, p.17.

39. V. S. Dediukhina, 'K voprosu o roli krepostnykh masterov v istorii stroitelstva dvorianskoi usad'by XVIIIv. (na primere Kuskovo i Ostankino) , *Vestnik moskovskogo gosudarstvennogo universiteta* (*Istoriia*) , ser. 8. 4 (1981) , p. 85.

40. Staniukevich, *Biudzhet sheremetevykh*, p. 10; Matveev and Krasko, *Fontanny Dom*, p. 55; B. and J. Harley, *A Gardener in Chatsworth: Three Years in the Life of Robert Aughtie* (1848-1850) (n.p., 1992) .

41. *Memoirs of Louis Philippe Comte de Ségur*, ed. E. Cruickshanks (London, 1960) , p. 238.

42. *Zapiski Dmitriia Nikolaevicha Sverbeeva*, 2 vols. (St Peterburg, 1899) , vol. 1, p. 48.

43. V. V. Selivanov, *Sochineniia* (Vladimir, 1901), pp. 25, 35.

44. M. D. Priselkov, 'Garderob vel'mozhi Kontsa XVIII-nach. XIX v.v.', in *Zapiski istoriko-bytovogo otdela gosudarstvennogo russkogo muzeia, 1* (Leningrad, 1928), pp. 107-15.

45. N. Sindalovskii, *Peterburgskii fol'klor* (St Petersburg, 1994), pp. 149, 281.

46. L. D. Beliaev, 'Zagranichnye zakupki grafa P. B. Sheremeteva za 1770-1788 gg., in *Zapiski istoriko-bytovogo otdela gosudarstvennogo russkogo muzeia*, vyp. 1 (Leningrad, 1928), p. 86.

47. Mateev and Krasko, *Fotanny dom*, pp. 27, 29, 25-6.

48. 同上, p. 38。

49. A. Chenevière, *Russian Furniture: The Golden Age 1780-1840* (New York, 1988), pp.89-93, 122-3; E. Beskin, *Krepostnoi teatr* (Moscow, 1927), p. 12.

50. L. Lepskaia, *Repertuar krepostnogo teatra Sheremetevykh* (Moscow, 1996), pp. 26, 31, 39; N. Elizarova, *Teatry Sheremetevykh* (Moscow, 1944), pp. 30-32.

51. E. Beskin, Krepostnoi teatr (Moscow, 1927), pp. 13-14.

52. V. K. Staniukevich, 'Krepostnye khudozhniki Sheremetevykh. K dvukhsotletiiu so dnia rozhdeniia Ivana Argunova', in *Zapiski istoriko-bytovogo otdela*, pp. 133-65.

53. S. D. Sheremetev, *Otgoloski VIII veka, vyp. 11, Vremia Imperatora Pavla, 1796-1800* (Moscow, 1905), pp. 15, 142, 293.

54. 同上, p. 161。

55. Lepskaia, *Repertuar krepostnogo teatra Sheremetevykh*, p. 24.

56. 请参考 Lepskaia, *Repertuar krepostnogo teatra Sheremetevykh* 一书中之医学报告, pp. 21-9。

57. RGIA, f. 1088, op. 1, d. 68, l. 3.

58. P. Bessonov, *Praskovia Ivanovna Sheremeteva, ee narodnaia pesnia I rodnow ee Kuskovo* (Moscow, 1872), pp. 43, 48; K. Bestuzhev, *Krepostnoi teatr* (Moscow, 1913), pp. 62-3.

59. Sheremetev, *Otgoloski VIII veka*, vyp. 11, pp. 102, 116, 270. 还可参考 Roosevelt, *Life on the Russian Country Estate*, p. 108。

60. 同上, p. 283。

61. S. T. Aksakov, *The Family Chronicle*, trans. M. Beverley (Westport, Conn., 1985), pp. 55-62.

62. Selivanov 的 *Sochineniia* 即为一例, p. 37; N. D. Bashkirtseva, 'Iz ukrainskoi stariny. Moia rodoslovnaia', *Russkii arkhiv* (1900), vol. 1, no. 3, p. 350。

63. 'Zapiski Ia. M. Neverova', *Russkaia starina* (1883), vol. 11, pp. 429ff. 欲了解有关科舒卡洛夫的资料, 可以参考 Roosevelt, *Life on the Russian Country Estate*, pp. 183-7。

64. Lepskaia, *Repertuar krepostnogo teatra Sheremetevykh*, pp. 37-8.

65. Bestuzhev, *Krepostnoi teatr*, pp. 66-70.

66. Lepskaia, *Repertuar krepostnogo teatra Sheremetevykh*, p. 42; Sheremetev, Otgoloski VIII veka, vyp. 4 (Moscow, 1897), p. 12.

67. Sheremetev, *Otgoloski VIII veka*, vyp. 4, p. 14.

68. Sheremetev, *Otgoloski VIIIveka*, vyp. 11, *Vremia Imperatora Pavla, 1796-1800*, p. 322; Matveev and Krasko, *Fontanny dom*, p. 45.

69. 'Iz bumag i perepiski grafa Nikolaia Petrovicha Sheremeteva', p. 527.

70. It can now be found in RGIA, f. 1088, op. I, d. 65, l. 3.

71. 'Iz bumag i perepiski grafa Nikolaia Petrovicha Sheremeteva', p. 517.

72. RGIA, f. 1088, op. 1, d. 24, l.4.

73. RGIA, F. 1088, OP. 1, D. 24, ll. 6-7.

74. 'Iz bumag i perepiski grafa Nikolaia Petrovicha Sheremeteva', p. 515.

75. S. D. Sheremetev (ed.) , *Otgoloski XVIII veka*, vyp. 11, pp. 249, 277; RGIA, f. 1088, op. 1, d.770, l.27.

76. S. D. Sheremetev, *Strannoprimny dom Sheremetevykh*, 1810-1910 (Moscow, 1910) , p. 22.

77. Sherremetev, *Otgoloski XVIII veka*, vyp, 2, p. 11.

78. 'Iz bumag i perepiski grafa Nikolaia Petrovicha Sheremeteva', p. 511.

79. RGIA, f. 1088, op.1, d. 76, l.11.

80. RGIA, f. 1088, op.1, d.24, l.5.

81. RGIA, f. 1088, op.1, dd. 770, 776, 780.

82. RGIA, f. 1088, op.1, d. 79, ll.1-8. 俄语版资料经过编辑，为了便于理解，作者精简了部分内容。这里是首次发表。

83. D. Blagovo, 'Rasskazy babushka. Iz vospominanii piati pokolenii (Elizaveta Petrovna Iankova, 1768-1861)' , *Rasskazy babushka, zapisannye I sobrannye eio vnukom* (St Petersburg, 1885) , p. 207.

84. Lepskaia, *Repertuar krepostnogo teatra Sheremetevykh*, p. 17; *Glinka v vospominaniiakh sovremennikov* (Moscow, 1955) , p. 30.

85. Beskin, *Krepostnoi teatr*, p. 13.

86. Lepskaia, *Repertuar krepostnogo teatra Sheremetevykh*, pp. 19, 28-9.

87. 同上，p. 23。

88. 请参考 Roosevelt, *Life on the Russian Country Estate*, pp. 130-32。

89. A. Pushkin, *Eugene Onegin*, trans. J. Falen (Oxford, 1990) , p. 15.

90. *Iunosti chestnoe zertsalo* (St Petersburg, 1717) , pp. 73-4.

91. Iu. Lotman, L. Ginsburg, B. Uspenskii, *The Semiotics of Russian Cultural History* (Ithaca, 1985) , pp. 67-70.

92. 引自 Lavrent'eva, *Svetskii etiket pushkinskoi pory*, p. 228。

93. L. Tolstoy, Childhood, Boyhood and Youth, trans. L. Maude and A. Maude (Oxford, 1969) ,p. 339.

94. E. Lansere, 'Fotanny dom (postroika I peredelki)' , in *Zapiski istorikobytovogo otdela*

gosudarstvennogo russkogo muzeia, vyp.1（Leningrad, 1928）, p. 76.

95. Matveev and Krasko, *Fontanny dom*, p. 55.

96. I. A. Bogdanov, *Tri veka peterburgskoi bani*（St Petersburg, 2000）, p. 59.

97. *Zapiski Iusta Iiulia, datskogo poslannika pri Petre Velikom*（Moscow, 1899）, p.85.

98. 请参考 E. Levin, 'Childbirth in Pre-Petrine Russia: Canon Law and Popular Traditions', in B. Clements et al.（eds.）, *Russia' s Women. Accommodation, Resistance, Transformation*（Berkeley, 1991）, 特别是 pp. 44-51;（如果想了解这种风俗在近代的演变）还可参考 T. Listova, 'Russia Rituals, Customs and Beliefs Associated with the Midwife（1850-1930）', in H. Balzer（eds.）, *Russian Traditional Culture*（Armonk, N.Y. 1992）, pp. 130-31。

99. Bogdanov, *Tri veka peterburgskoi bani*, p. 16.

100. *Memoirs of Louis Philippe Comte de Ségur*, pp. 236-7.

101. Pushkin, *Eugene Onegin*, p. 196.

102. A. S. *Pushkin v vospominaniiakh sovremennikov*, 2 vols.（Moscow, 1974）, vol.1, p. 63.

103. 引自 S. M. Volkonskii, *Moi vospominaniia*, 2 vols.（Moscow, 1992）, vol. 1, p.130。

104. A. Pushkin, *The Queen of Spades and Other Stories*, trans. R. Edmonds（Harmondsworth, 1962）, p. 158.

105. V. V. Sipovskii, *Ocherki iz istorii russkogo romana*（St Petersburg, 1909）, kn. 1, vyp. 1, p. 43.

106. 请参考卡拉姆津 1802 年的一篇文章 'Otchego v Rossii malo avtorskikh talantov', in *Sochineniia*, vol. 3, pp. 526-33。

107. *Pomeshchich' ia Rossiia po zapiskam sovremennikov*（Moscow, 1911）, p. 134.

108. V. Vinogradov, *Ocherki po istorii russkogo literaturnogo iazyka XVII-XIX vv.*（Leiden, 1949）, p. 239.

109. Pushkin, *Eugene Onegin*, p. 16.

110. Iu. Lotman and B. Uspenskii, '"Pis' ma russkogo puteshestvennika" Karamzina I ikh mesto v razvitii russkoi kul tury,' in N. M. Karamzin, *Pis ma russkogo puteshestvennika*（Leningrad, 1984）, p. 598; N. Kheraskov, *Izbrannye proizvedeniia*（Moscow-Leningrad, 1961）, p. 83.

111. L. Toysoy, *War and Peace*, trans. L. Maude and A Maude（Oxford, 1998）, p. 3.

112. Vinogradov, *Ocherkipo istorii russkogo literaturnogo iazyka ZVII-XIX vv.*, p. 239.

113. S. Karlinsky, *Russian Drama from Its Beginnings to the Age of Pushkin*（Berkeley, 1985）, pp. 143-4.

114. *Rossiiskii featr*, 43 vols.（St Petersburg, 1786-94）, vol 10（1786）, p. 66.

115. *Rossiiskii featr*, vol. 16（1787）, p. 17; *Russkaia komediia XVIII veka*（Moscow-Leningrad, 1950）, pp. 76-7.

116. D. I. Fonvizin, *Sobranie sochinenii*, 2 vols.（Moscow-Leningrad, 1959）, vol. 1, pp. 77-8.

117. F. Dostoevsky, *A Writer's Diary*, trans. K. Lantz, 2 vols.（London, 1993）, vol. 2, p. 986.

118. L. Toltoy, *Anna Karenin*, trans. R. Edmonds（Harmondsworth, 1974）, p. 34.

119. M. E. Saltykov-Shchedrin, *Polnoe sobranie sochinenii*, 20 vols.（Moscow, 1934-47）, vol. 14, p. 111.

120. *Vospominaniia kniagina E. R. Dashkovoi*（Leipzig, n.d.）, pp.11, 32.

121. C. Sutherland, *The Princess of Siberia: The Story of Maria Volkonsky and the Decembrist Exiles* (London, 1984) , pp. 172-3. 还可参考 Volkonskii *Moi vospominaniia*, vol. 2, p. 20。

122. Tolstoy, *War and Peace*, p. 3.

123. E. Khvoshchinskaia, 'Vospominaniia' , in *Russkaia starina*, vol. 89 (1898) , p.518.

124. A. K. Lelong, 'Vospominaniia' , in *Russkii arkhiv* (1914) , kn.2, nos.6/7, p. 393.

125. E. I. Raevskaia, 'Vospominaniia' , *Russkii arkhiv* (1883) , kn.1, no.1, p. 201.

126. Tolstoy, *Anna Karenin*, pp. 292-3.

127. V. Nabokov, *Speak, Memory* (Harmondsworth, 1967) , p. 57.

128. A. Herzen, *My Past and Thoughts: The Memoirs of Alexander Herzen*, trans. C. Garnett (Berkeley, 1982) , p. 242; J. Frank, *Dostoevsky: Seeds of Revolt, 1821-1849* (Princeton, 1977) , pp. 42-3.

129. *Four Russian Plays*, trans. J. Cooper (Harmondsworth, 1972) , p. 74.

130. 'Derevnia' ('The Village') in P. A. Viazemskii, *Izbrannye stikhotvoreniia* (Moscow-Leningrad, 1935) , p. 123.

131. *Satiricheskie zhurnaly N. I. Novikova* (Moscow-Leningrad, 1951) , pp. 65-7.

132. 'Neizdannye stikhi N. A. Lvova' , in *Literaturnoe nasledstvo*, nos. 9-10 (1933) , p. 275.

133. A. Radishchev, *A Journey from St Petersburg to Moscow*, trans. L. Wiener (Cambridge, Mass., 1958) , p. 131.

134. Pushkin, *Eugene Onegin*, p. 37.

135. Pushkin, *Polnoe sobranie sochinenii*, vol.11, p. 249.

136. H. M. Hyde, *The Empress Catherine and the Princess Dashkov* (London, 1935) , p. 107. Dashkova's *Journey* ('Puteshetvie odnoi rossiiskoi znatnoi gospozhi po nekotorym angliiskim provintsiiam') , in *Opyt trudov vol' nogo rossiiskogo sobraniia*, vyp. 2, (1775) , pp. 105-45.

137. Lotman and Uspenskii, '"Pis' ma russkogo puteshestvennika" Karamzina I ikh mesto v razvitii russkoi kul' tury' , pp.531-2.

138. N. M. Karamzin, *Pis' ma russkogo puteshestvennika* (Leningrad, 1984) , pp. 12, 66. 关于法国人的态度，可以参考 D. von Mohrenschildt, *Russia in the Intellectual Life of Eighteenth-centruy France* (Columbia, 1936) , pp. 56-7。

139. Karamzin, *Pis' ma russkogo puteshestvennika*, p. 338.

140. Fonvizin, *Sobranie sochinenii*, vol. 2. Pp. 449, 480.

141. 请参考 Mohrenschildt, *Russia in the Intellectual Life of Eighteenth-century France*, pp. 40, 46。

142. Fonvizin, *Sobranie sochinenii*, vol. 2, pp. 420, 439, 460,476-7, 480-81, 485-6.

143. Karamzin, *Pis' ma russkogo puteshestvennika*, p. 243; A. P. Obolensky, Food Notes on Gogol (Machitoba, 1972) , p. 109.

144. A. Nikitenko, *The Diary of a Russian Censor*, H. Jacobsoned. and trans. (Amherst, 1975) , pp. 213-4.

145. R. Jakobson, 'Der russische Frankreich-Mythus' , in *Slavische Rundschau*, 3 (1931) , pp. 639-40.

146. A. I. Gertsen, 'Dzhon-stiuart Mill' I ego kniga "On Liberty"' , in *Sobranie sochinenii*, 30

vols.(Moscow, 1954-65) , vol. 11, p. 66.

147. Herzen, *My Past and Thoughts*, p. 97.

148. *Aglaia*, kn. 2(1975) , p. 68.

149. Karamzin, *Sochineniia*, vol. 3, p. 349.

150. 同上 , p. 444。

151. V. P. Semennikov (ed.) , *Materialy dlia istorii russkoi literatury* (St Petersburg, 1914) , p. 34.

152. 引自 H. Rogger, *National Consciousness in Eighteenth-century Russia* (Cambridge, Mass., 1960) , p. 247。

153. Karamzin, *Sochineniia*, vol. 7, p. 198.

第二章 1812年的孩子

1. S. M. Volkonskii, *Zapiski* (St Petersburg, 1901) , p. 193.

2. M. I. Murav' ev-Apostol, *Vospominaniia i pis' ma* (Petrograd, 1922) , p. 178.

3. A. Bogdanov, *Skazanie o volkonskikh kniaz'iakh* (Moscow, 1989) , pp. 4-5.

4. S. M. Volkonskii, *O dekabristakh: po semeinum vospominaniiam* (Moscow, 1994) , p. 77.

5. Volkonskii, *Zapiski*, pp. 136-7. 另外三位分别是尼基塔·沃尔孔斯基和尼古拉·沃尔孔斯基（谢尔盖的两个兄弟），以及彼得·米哈伊洛维奇·沃尔孔斯基公爵（他的连襟）。保罗·沃尔孔斯基将军后来也成了皇帝的心腹。

6. C. Sutherland, *The Princess of Siberia: The Story of Maria Volkonsky and the Decembrist Exiles* (London, 1984) , p. 111.

7. RGIA, f. 844, op. 2, d. 42.

8. F. Glinka, *Pis' ma russkogo ofitsera* (Moscow, 1815) , part 5, pp. 46-7, 199.

9. TsGADA, f. 1278, op. 1, d. 362, l. 183.

10. *Vosstanie dekabristov*, 11 vols.(Moscow, 1925-58) , vol. 1, p. 267.

11. Volkonskii, *Zapiski*, p. 387.

12. IRL RAN, f. 57, op.1, n.9, ll. 1-9.

13. IRL RAN, f. 57, op. 1, no. 21, ll. 9-10.

14. N. P. Grot, *Iz semeinoi khroniki. Vospominaniia dlia detei i vnukov* (St Petersburg, 1900) , pp. 1-8.

15. D. Davydov, *Sochineniia* (Moscow, 1962) , p. 320.

16. Volkonskii, *Zapiski*, p. 327.

17. E. Lavrent' eva, *Svetskii etiket pushkinskoi pory* (Moscow, 1999) , pp. 198, 290-91.

18. *Zapiski, stat' i, pis' ma dekabrista I. D. Iakushkina* (Moscow, 1951) , p. 9.

19. 'To Chaadaev' (1812) , in A. S. Pushkin, *Polnoe sobranie sochinenii*, 17 vols. (Moscow, 1937-49) , vol. 7, p. 246.

20．A. Herzen, *My Past and Thoughts*, trans. C. Garnett（Berkeley, 1973）, p. 68.

21．I. Vinogradov, 'Zapiski P. I. Vinogradova', in *Russkaia starina*, vol. 22（1878）, p. 566.

22．F. F. Vigel', *Zapiski*, chast'1（Moscow, 1891）, p. 159.

23．Lavrent'eva, *Svetskii etiket pushkinskoi pory*, p. 22.

24．N. Rimsky-Korsakov, *My Musical Life*（London, 1989）, p. 9.

25．N. Gogol, *Diary of a Madman and Other Stories*, trans. R. Wilks（Harmondsworth, 1972）, p. 32; A. Chekhov, 'Uprazdnili!', in *Polnoe sobranie sochinenii*, 30 vols.（Moscow, 1974-83）, vol. 3, p. 226.

26．*The Complete Prose Tales of Alexander Sergeyevitch Pushkin*, trans. G. Aitken（London, 1966）, p. 73.

27．Volkonskii, *Zapiski*, pp. 130-31.

28．N. A. Belogolovoi, *Vospominaniia i drugie stat'i*（Moscow, 1898）, p. 70.

29．请参考 Iu. Lotman, 'Dekabrist v povsednevnoi zhizni', in *Besedy o russkoi kul'ture: byt I traditsii russkogo dvorianstva XVIII-nachalo XIX veka*（St Petersburg, 1994）, pp. 360-64。

30．'To Kaverin', in Pushkin, *Polnoe sobranie sochinenii*, vol. 1, p. 238.

31．Volkonskii, *Zapiski*, p. 4.

32．L. Tolstoy, *War and Peace*, trans. L. Maude and A. Maude（Oxford, 1998）, p. 417-18.

33．Ia. A. Gallinkovskii, *Korifei ili kliuch literatury*（St Petersburg, 1802）, kn.2, p. 170.

34．'The Time Has Come'（19 October, 1836）, in *The Complete Works of Alexander Pushkin*, 15 vols., I. Sproat et al.（Norfork, 1999）, vol. 3, p. 253-4.

35．Pushkin, *Polnoe sobranie sochinenii*, vol. 2, p. 425.

36．请参考他写的《第八封信》, 出自 'A Novel in Letter'——写于 1829 年，但直到 1857 年才发表（精简过）——收录于 Pushkin, *Polnoe sobranie sochinenii*, vol. 8, pp. 52-4。

37．*Vosstanie dekabristov*, vol. 7, p. 222.

38．*Syn otechestva*（1816）, chast' 27, p. 161.

39．A. Bestuzhev, 'Pis'mo k N. A. i K. A. Polevym, 1 ianvaria 1832', *Russkii vestnik*（1861）, vol. 32, p. 319.

40．引自 A. Ulam, *Russia's Failed Revolutuions: From the Decembrists to the Dissidents*（New York, 1981）, p. 21。

41．IL RAN, f. 57, op.1, no. 63, l. 57.

42．Pushkin, *Polnoe sobranie sochinenii*, vol.6, p. 525.

43．*Arkhiv dekabrista S. G. Volkonskogo*, t. 1., *Do sibiri*（Petrograd, 1918）, p. 149.

44．Pushkin, *Polnoe sobranie sochinenii*, vol. 12, p. 303.

45．Volkonskii, *Zapiski*, p. 212.

46．同上, p. 402。

47．A. Pushkin, *Eugene Onegin*, trans. J. Falen（Oxford, 1990）, p. 19.

48. Pushkin, *Polnoe sobranie sochinenii*, vol.2, p. 72.

49. 有关在招募普希金的问题沃尔孔斯基所发挥的作用，可以参考 S. M. Volkonskii, *O dekabristakh: po semeinum vospominaniiam* (Moscow, 1994) , pp. 35-6。

50. Volkonskii, *Zapiski*, p. 434.

51. Ulam, *Russia's Failed Revolutions*, p. 44.

52. Volkonskii, *Zapiski*, p. 421.

53. GARF, f. 48, op. 1, d. 412, l. 19.

54. Ulam, *Russia's Failed Revolutions*, p. 5.

55. RGIA, f. 1405, op. 24, d. 1344, l. 12; GARF, f. 1146, op. 1, d. 2028, l. 6.

56. *Arkhiv dekabrista S. G. Volkonskogo*, pp. xixi, xxiii.

57. IRL RAN, F. 57, op. 1, no. 61, l. 65.

58. GARF, f. 1146, op. 1, d.2028, l.7.

59. GARF, f. 1146, op. 1, d. 2028, l. 13.

60. 'Neizdannye pis'ma M. N. Volkonskoi', in *Trudy gosudarstvennogo istoricheskogo muzeia*, vyp. 2 (Moscow, 1926) , p. 16.

61. 引自 K. Bestuzhev, *Zheny dekabristov* (Moscow, 1913) , p. 47。

62. Lotman, 'Dekabrist v povsednevnoi zhizni', pp. 352-3.

63. F. F. Vigel', *Zapiski*, chast' 1 (Moscow, 1891) , p. 12.

64. K. Batiushkov, *Sochineniia* (Moscow-Leningrad, 1971) , p. 168.

65. Lotman, 'Dekabrist v povsednevnoi zhizni', pp. 353-4.

66. K. Ryleev, *Polnoe sobranie stikhotvorenii* (Leningrad, 1971) , p. 168.

67. GARF, f. 1146, op. 1, d. 2028, l. 12.

68. IRL RAN, f. 57, op. 5, n. 22, l. 88.

69. *The Complete Works of Alexander Pushkin*, vol. 3, p. 42.

70. GARF, f. 1146, op.1, d. 2028, l. 28.

71. *Zapiski kniagini M. N. Volkonskoi* (Chita, 1960) , p. 66.

72. 同上 , p. 67。

73. 同上 , p. 70。

74. *Arkhiv dekabrista S. G. Volkonskogo*, p. xxxi.

75. *Dekabristy, Letopisi gosudarstvennogo literaturnogo muzeia*, kn. 3 (Moscow, 1938) , p. 354.

76. *Zapiski kniagini M. N. Volkonskoi* (Chita, 1960) , p. 101.

77. 引自 Sutherland, *The Princess of Siberia*, p. 253。

78. M. P. Volkonskii, 'Pis'ma dekabrista S. G. Volkonskogo', *Zapiski otedela rukopisei*, vyp. 24 (Moscow, 1961) , p. 399.

79. Volkonskii, *O dekabristakh*, p. 66.

80. *Dekabristy. Letopisi gosudarstvennogo literaturnogo muzeia*, pp. 91, 96, 100; Volkonskii, 'Pis'ma dekabrista S. G. Volkonskogo', pp. 369, 378, 384.

81. N. A. Belogolovoi, *Vospominaniia*, p. 36.

82. IRL RAN, f. 57, op. 1, n. 50, ll. 11-19.

83. IRL RAN, f. 57, op. 1, n. 63, l. 52.

84. IRL RAN, f. 57, op. 1, n. 65, l. 2.

85. IRL RAN, f. 57, op. 1, n. 97, l. 1.

86. Belogolovoi, *Vospominaniia*, p. 37.

87. Volkonskii, 'Pis'ma dekabrista S. G. Volkonskogo', p. 371.

88. 同上, p. 372。

89. Volkonskii, *Zapiski*, p. 478.

90. Belogolovoi, *Vospominaniia*, p. 37.

91. Tolstoy, *War and Peace*, p. 582.

92. F. F. Vigel', *Zapiski*, chast' 2 (Moscow, 1892), p.56.

93. RGIA, f. 1088, op. 1, d. 439.

94. N. S. Ashukin, *Pushkinskaia Moskva* (St Petersburg, 1998), p. 44.

95. S. L. Tolstoi, Mat'i dd L. N. Tolstogo (Moscow, 1928), p. 45.

96. Iu. Lotman, 'Zhenskii mir', in *Besedy o russkoi kul'ture*, p. 57.

97. Toltoy, *War and Peace*, pp. 159, 898.

98. RGIA, f. 1035, op. 1, d. 87, ll. 1-2; f. 914, op. 1, d. 34, ll. 3-10 (esp. l.5) 即为两例。

99. N. A. Reshetov, 'Delo davno minuvshikh dnei', in *Russkii arkhiv* (1885), kn. 3, no. 11, pp. 443-5.

100. I. S. Zhirkevish, 'Zapiski', in *Russkaia starina*, vol. 9 (1876), p. 237.

101. D. I. Zavaliashin, 'Volpominaniia o grafe A. I. Osterman-Tolstom (1770-1851)', in *Istoricheskii vestnik* (1880), vol. 2, no. 5, pp. 94-5.

102. Lavrent'eva, *Svetskii etiket*, p. 321.

103. E. Khvoshchinskaia, 'Vospominaniia', in *Russkaia starina* (1898), vol. 93, p. 581.

104. M. N. Khrushchev, 'Petr Stepanovich Kotliarevskii (otryvok iz vospominanii)', in *Izvestiia tavricheskoi uchenoi arkhivnoi komissii*, no. 54 (1918), p. 298; K. A. Soloviev, '*V vkuse umnoi stariny'. Usadebnyi byt rossiiskogo dvorianstva II poloviny VXIII- 1 poloviny XIX vekov* (St Petersburg, 1998), p. 30; V. V. Selivanov, *Sochineniia* (Vladimir, 1901), p. 151; S. M. Zagoskin, Vospominaniia', *Istoricheskii vestnik* (1900), vol. 79, no. 1, p. 611; V. N. Kharuzina, *Proshloe. Vospominaniia detskikh I otrocheskikh let* (Moscow, 1999), p. 312; N. P. Grot, *Iz semeinoi khroniki, Vospominaniya dlia detei i vnukov* (St Petersburg, 1900), pp. 58-9.

105. Tolstoy, *War and Peace*, p. 544.

106. Selivanov, *Sochineniia*, p. 78.

107. E. Mengden, 'Iz dnevnika vnuchki', in *Russkaia starina*, vol. 153, no. 1, p. 105.

108. 可参考以下几个例子：*Pomeshchich'ia Rossia. Po zapiskam sovremennikov*（Moscow, 1911）, pp. 61-2; N. V. Davydov, 'Ocherki byloi pomeshchechei zhizni', in *Iz Proshlogo*（Moscow, 1914）, p. 425; 以及 S. T. Aksakov 出色的回忆录：*The Family Chronicle*, trans. M. Beverley（Westport, Conn., 1985）, 特别是 p. 199。

109. I. Turgenev, *Sketches from a Hunters' Album*, trans. R. Freeborn（Harmondsworth, 1967）, p. 247.

110. *Sharfy i shali russkoi raboty pervoi poloviny XIX v.*（Leningrad, 1981）.

111. Sverbeev, *Zapiski, 1799-1826*, vol. 1, p. 415.

112. M. Fairweather, *The Pilgrim Princess: A Life of Princess Zinaida Volkonsky*（London, 1999）, p. 36.

113. Iu. Lotman, 'Zhenskii mir', p. 52.

114. 同上。

115. Pushkin, *Eugene Onegin*, p. 209.

116. 同上, p. 232。

117. 同上, p. 65。

118. 同上, p. 167。

119. 同上, p. 210。

120. W. M. Todd III, '*Eugene Onegin*:" Life's Novel"', in same author（ed.）, *Literature and Society in Imperial Russia, 1800-1914*（Standford, 1978）, pp. 228-9.

121. M. Azadovskii, *Literature I fol'klor*（Leningrad, 1938）, pp. 89, 287-9.

122. 1831 年 8 月 21 日的信，收录于 C. Proffered. and trans. *Letters of Nikolai Gogol*（Ann Arbor, 1967）, p. 38（本书作者对译文做过修改）。

123. *Mikhail Lermontov: Major Poetical Works*, trans. A. Liberman（London, 1984）, p. 103.

124. 请参考 R. Taruskin, *Defining Russia Musically*（Princeton, 1997）, pp. 41-7。

125. R. Taruskin, *Musorgsky: Eight Essays and an Epilogue*（Princeton, 1993）, pp. 302-8.

126. 引自 Taruskin, *Defining Russia Musically*, p. 33。

127. *Aleksei Gavrilovich Venetsianov*（Leningrad, 1980）, p. 13.

128. Selivanov, *Sochineniia*, p. 12. E. I. Stogove（1797-1880）在 'Zapiski E. I. Stogova' 一文中关于自己的成长也有类似的描述。见 *Russkaia starina*, vol. 113（1898）, pp. 137-8。

129. V. A. Sollogub, *Otryvki iz vospominaniia*（St Petersburg, 1881）, p. 7.

130. N. I. Shatilov, 'Iz nedavnego proshlogo', in *Golos minuvshego*（1916）, no. 4, p. 219.

131. 可参考以下例子：A. Labzina, *Vospominaniia*（St Petersburg, 1914）, p. 9; A. N. Kazina, 'Zhenskaia zhizn', in *Otechestvennye zapiski*, 219, no. 3（1875）, p. 211; E. Iunge, *Vospominaniia*（Moscow, 1933）, p. 41。

132. L. Tolstoy, *Anna Karenin*, trans. R. Edmonds（Harmondsworth, 1974）, p. 650.

133. Herzen, *My Past and Thoughts*, p. 26.

134. 同上, pp.32-3。

135. A. K. Lelong, 'Vospominaniia' 即为一例, in *Russkii arkhiv*（1913）, kn. 2, chast' 6, p. 789。

136. Pushkin, *Eugene Onegin*, p. 115.

137. Lelong, 'Vospominaniia', pp. 794, 808. 关于乡下的游戏，可以参考 I. I. Shagina, *Russkie deti i ikh, igry* (St Petersburg, 2000)。

138. Herzen, *My Past and Thoughts*, p. 26.

139. K. Grup, *Rukovodstvo k vospitaniiu, obrazovaniiu I sokhraneniiu zdorov'ia detei*, 3 vols. (St Petersburg, 1843) , vol. 1, p. 63.

140. P. Sumarokov, *Stary i novy byt. Maiak sovremennogo prosveshcheniia i obrazovannosti* (St Petersburg, 1841) , no. 16, p. 20.

141. Lelong, 'Vospominaniia' , chast' 6, p. 788 and chast' 7, p. 99.

142. A. Tyrkova-Williams, *To, chego bol'she ne budet* (Paris, 1954) , p. 38.

143. Lelong, 'Vospominaniia' , chast' 6, p. 785.

144. A. K. Chertkova, *Iz moego detstva* (Moscow, 1911) , p. 175.

145. A. V. Vereshchagin, *Doma i na voi e* (St Petersburg, 1885) , p. 48.

146. V. A. Tikhonov, 'Byloe (iz semeinoi khroniki)', in *Istoricheskii vestnik*, vol. 79, no. 2 (1900), pp. 541-2; no. 3 (1990) , pp. 948-9.

147. *Druz'ia Pushkina*, 2 vols. (Moscow, 1984) , vol. 2, p. 117.

148. 'To My Nanny' (1826) , in *The Complete Poems of Alexander Pushkin* 15 vols. (London, 1999-   ) , vol. 3, p. 34.

149. S. Lifar, *Diagilev i s Diagilevym* (Moscow, 1994) , pp. 17-19.

150. L. Toltoy, *Childhood, Boyhood and Youth*, trans. L. Maude and A. Maude (London, 1969), p. 58. 关于这部经典作品，可以参考 A. Wachtel, *The Battle for Childhood: Creation of a Russian Myth* (Stanford, 1990)。

151. Herzen, *My Past and Thoughts*, p. 10.

152. Lelong, 'Vospominaniia' , chast' 6, pp. 792, 797.

153. *Pis'ma N. M. Karamzina k I. I. Dmitrievu* (St Petersburg, 1866) , p. 168.

154. Pushkin, *Polnoe sobranie sochinenii*, vol. 11, p. 57.

155. V. G. Belinskii, *Polnoe sobranie sochinenii*, 13 vols. (Moscow, 1953-9) , vol. 10, p. 18.

156. *Sochineniia i pis'ma P. Ia. Chaadaeva*, 2 vols. (Moscow, 1913-14) , vol. 1, p. 188.

157. 同上，pp. 74-92。

158. R. T. McNally, *Chaadayev and His Friends* (Tallahassee, fla., 1971) , p. 32.

159. 引自 M. Gershenzon, *Chaadaev* (St Petersburg, 1908) , p. 64。

160. A. Koryé, *La Philosophie et le problem national en Russie au début du XIX siècle* (Paris, 1929) , p. 286.

161. I. Turgenev, *A Nobleman's Nest*, trans. R. Hare (London, 1947) , p. 43.

162. I. I. Panaev, *Literaturnye vospominaniia* (Leningrad, 1950) , P. 151.

163. *Dekabristy-literatory. Literaturnoe nasledstvo* (Moscow, 1954) , vol. 59, p. 582.

164. N. M. Karamzin, *Istoriia gosudarstva rossiiskogo*, 3 vols. (St Petersburg, 1842-3) , vol. 1, p. 43.

165. S. S. Volk, *Istoricheskie vzglizdy dekabristov* (Moscow-Leningrad, 1958) , pp. 331-3, 342.

166. D. V. Venevitanov, *Polnoe sobranie sochinenii* (Leningrad, 1960) , p. 86.

167. V. A. Ashik, *Pamiatniki medali v pamiat' boevykh podvigov russkoi armii v voinakh 1812, 1813 i 1814 godov i v pamiat' Imperatora Aleksandra I* (St Petersburg, 1913) , p. 182.

168. IRL RAN, f. 57, op. 1, no. 62, l. 31.

169. L. N. Tolstoi, *Polnoe sobranie sochinenii v 90 tomakh* (Moscow, 1949), vol. 60, p. 374.

170. 研究托尔斯泰的学者鲍里斯·艾亨鲍姆（Boris Eikhenbaum）相信沃尔孔斯基是托尔斯泰人物创作的原型，同时也认为博尔孔斯基身上有另外一个十二月党人 D. I. 扎瓦利申（D. I. Zavalishin）的影子。[*Lev Tolstoi: 60e gody* (Leningrad-Moscow, 1931), pp. 199-208.]

171. 引自 V. Shklovsky, *Lev Tolstoy*, trans. O. Shartse (Moscow, 1988), p. 31。

172. S. L. Tol'stoi, *Mat' i ded L. N. Tol'stogo* (Moscow, 1928), p.9.

173. S. L. Tol'stoi, 'Te Devil', trans. A. Maude, in *The Kreutzer Sonata and Other Tales* (Oxford, 1968), p. 236.

174. Volkonskii, *O dekabristakh*, p. 82.

175. IRL RAN, f. 57, op. 3, n. 20, l. 1.

176. Belogolovoi, *Vospominaniia*, p. 37; *Dekabristy. Letopisi gosudarstvennogo literaturnogo muzeia*, p. 119.

177. IRL RAN, f. 57, op. 1, n. 65, l. 79.

178. Volkonskii, *O dekabristakh*, p. 81.

179. 同上, p. 81-2。

180. RGIA, f. 914, op. 1, d. 68, ll. 1-2.

181. IRL RAN, f. 57, op. 1, n.7, l. 20.

182. IRL RAN, f. 57, op. 1, n. 7, l.16.

183. *Dekabristy. Letopisi gosudarstvennogo literaturnogo muzeia*, p. 113.

184. IRL RAN, f. 57, op. 1, n.7, ll. 20-23.

185. RGIA, f. 914, op.1, d. 68, ll. 1-3.

186. IRL RAN, f. 57, op.1, n. 80, ll. 58-9.

187. Volkonskii, *O dekabristakh*, p. 3.

第三章　莫斯科！莫斯科！

1. D. Olivier, *The Burning of Moscow*, trans. M. Heron (London, 1966), p. 43.

2. L. Tolstoy, *War and Peace*, trans. L. Maude and A. Maude (Oxford, 1998), p. 935.

3. S. N. Glinka, *Zapiski* (St Petersburg, 1895), p. 263.

4. N. Nicolson, *Napoleon: 1812* (London, 1985), pp. 95-7; Count P. de Ségur, *Napoleon's Russian Campaign*, trans. J. Townsend (London, 1959), p. 114.

5. 同上, p. 117。

6. *The Memoirs of Catherine the Great*, ed. D. Maroger, trans. M. Budberg (London, 1955), p. 365.

7. *Four Russian Plays*, trans. J. Cooper (Harmondsworth, 1972), p. 155.

8. 请参考 A. Schmidt, 'The Restoration of Moscow after 1812,' in *Slavic Review*, vol. 40, no. 1 (Spring 1981), pp. 37-48。

9. Tolstoy, *War and Peace*, p. 1186.

10. K. N. Batiushkov, *Sochineniia* (Moscow, 1955), pp. 308-9.

11．V. G. Belinskii, *Polnoe sobranie sochinenii*, 13 vols.（Moscow 1953-9）, vol. 8, p. 391.

12．Marquis de Custine, *Empire of the Czar*（New York, 1989）, p. 419.

13．A. Brett-James（ed.）, *1812: Eyewitness Accounts of Napoleon's Defeat in Russia*（London, 1966）, pp. 176-7.

14．K. N. Batiushkov, 'Progulka po Moskve', in *Sochineniia*（Moscow, 1902）, p. 208.

15．同上。

16．A. Gaydamuk, *Russian Empire: Architecture, Decorative and Applied Arts, Interior Decoration 1800-1830*（Moscow, 2000）, pp. 26-37.

17．S. D. Sheremetev, *Staraia Vozvdvizhenka*（St Petersburg, 1892）, pp. 5-7.

18．S. D. Sheremetev, *Moskovskie vospominaniia, 1860 gg.*（Moscow, 1900）, p. 8.

19．N. V. Gogol, *Sobranie sochinenii v semi tomakh*（Moscow, 1978）, vol. 6, p. 172.

20．M. I. Semevskii, *Slovo i delo! 1700-1725*（St Petersburg, 1884）, pp. 87-90.

21．A. D. P. Briggs, *Alexander Pushkin: A Critical Study*（London, 1983）, p. 117; W. Lednicki, *Pushkin's Bronze Horseman*（Berkeley, 1955）, p. 80.

22．R. D. Timenchuk, '"Medny Vsadnik" v literaturnom soznanii nachala XXveka', in *Problemy pushkinovedeniia*（Riga, 1938）, p. 83.

23．A. S. Pushkin, *Polnoe sobranie sochinenii*, 17 vols.（Moscow, 1937-49）, vol. 5, p. 447.

24．N. Gogol, *Plays and Petersburg Tales*, trans. C. English（Oxford, 1955）, pp. 35-6.

25．引自 W. Rowe, *Through Gogol's Looking Glass*（New York, 1976）, p. 113。

26．请参考 D. Fanger, *Dostoevsky and Romantic Realism*（Cambridge, Mass., 1965）, p. 132。

27．F. M. Dostoevskii, *Polnoe sobranie sochinenii*, 30 vols.（Leningrad, 1972-88）, vol. 19, p. 69.

28．Pushkin, *Polnoe sobranie sochinenii*, vol. 11, p. 246.

29．'Dnevniki N. Turgeneva', in *Arkhiv brat'ev Turgenevykh*, vol. 3, no. 5（Petrograd, 1921）, p. 259.

30．F. F. Vigel', *Zapiski*, chast' 1（Moscow, 1891）, p. 169.

31．V. Giliarovskii, *Moskva i moskvichi*（Moscow, 1955）, pp. 151-2, 304-15.

32．M. I. Pyliaev, *Staroe zhit'e. Ocherki I rasskazy*（St Petersburg, 1892）, pp. 5-6, 10.

33．同上, pp. 15-16。

34. S. D. Sheremetev, *Otgoloski XVIII veka, vyp. 1, Vremia Imperatora Pavla, 1796-1800*（Moscow, 1905）, p. 15. 一位农奴厨师在主人的庄园歉收时，曾借给主人 4.5 万卢布。[请参考 E. Lavrent'eva, *Svetskii etiket pushkinskoi pory*（Moscow, 1999）, p. 470。]

35．Pyliaev, *Staroe zhit'e*, p. 6.

36．E. Lavrenteva, *Kul'tura zastol'ia XIX veka pushkinskoi pory*（Moscow, 1999）, p. 51.

37．同上, p. 2。

38．R. E. F. Smith and D. Christian, *Bread and Salt: A Social and Economic History of Food and Drink in Russia*（Cambridge, 1984）, pp. 174-6.

39. S. Tempest, 'Stovelore in Russian Folklife', in M. Glants and J. Toomre (eds.) , *Food in Russian History and Culture* (Bloomington, 1997) , pp. 1-14.

40. Lavrenteva, *Kul' tura zastol' ia*, pp. 44-5.

41. G. Munro, 'Food in Catherinian St Petersburg', in M. Glants and J. Toomre (eds.) , *Food in Russian History and Culture*, p. 32.

42. A. Chekhov, *Plays*, trans. E. Fen (Harmondsworth, 1972) , p. 344.

43. 同上 , p. 275。

44. *The Complete Tales of Nikolai Gogol*, ed. and trans. L. Kent, 2 vols. (Chicago, 1985) , vol. 2, p. 24.

45. Smith and Christian, *Bread and Salt*, p. 324.

46. E. I. Stogov, 'Zapiski', *Russkaia starina* (April 1903) , p. 135.

47. N. Matveev, *Moskva i zhizn' ee nakanune nashestviia 1812 g.* (Moscow, 1912) , p. 35.

48. Iu. Shamurin, *Podmoskov' ia*, in Kul' turnye sokrovishcha Rossii, vyp. 3 (Moscow, 1914) , pp. 30-31; L. Lepskaia, *Repertuar krepostnogo teatra Sheremetevykh* (Moscow, 1996) , p. 39; E. Beskin, *Krepostnoi teatr* (Moscow, 1927) , pp. 13-14; K. Bestuzhev, *Krepostnoi teatr* (Moscow, 1913) , pp. 58-9.

49. Lavrent' eva, *Svetskii etikt pushkinskoi pory*, pp. 81-2, 84.

50. 'Zametka iz vospominanii kn. P. A. Viazemskogo (o. M. I. Rimskoi Korsakovoi)', in *Russkii arkhiv* (1867) , no. 7, p. 1069.

51. 'Vospominaniia o Lialichakh', in *Istoricheskii vestnik*, vol. 120 (1910) , no. 4.

52. *Russkii byt' po vospominaniiam sovremennikov. XVIII vek*, chast' 2, Ot petra do pavla 1 (Moscow, 1918) , p. 66.

53. D. I. Zavalishin, 'Vospominaniya o grafe A. I. Osterman-Tolstom (1770-1851)', in *Istoricheskii vestnik*, vol. 2, no. 5 (1880) , p. 90; Lavrent' eva, *Svetskii etiket pushkinskoi pory*, p. 376.

54. S. M. Volkonskii, *Moi vospominaniia*, 2 vols. (Moscow, 1992) , vol. 2, p. 191.

55. E. V. Dukov, 'Polikhroniia rossiiskikh razvlechenii XIX veka', in *Razvlekatel' naia kul' tura Rossii XVIII-XIX vv.* (Moscow, 2000) , p. 507.

56. S. I. Taneev, 'Maskarady v stolitsakh', *Russkii arkhiv* (1885) , no. 9, p. 152.

57. C. Emerson, *The Life of Musorgsky* (Cambridge, 1999) , pp. 122, 169.

58. N. Sultanov, 'Vozrozhdenie russkogo iskusstva', in *Zodchii* (1881) , no. 2, p ii.

59. 关于索恩采夫和斯特罗加诺夫艺术学校，可以参考 E. Kirichenko, *Russian Design and the Fine Arts: 1750-1917* (New York, 1991) , pp. 78-86。

60. V. I. Plotnikov, *Folklor I russkow izobratelʹnoe iskusstvo vtoroi poloviny XIX veka* (Leningrad, 1987) , p. 58.

61. V. Stasov, Izbrannye sochineniia, 3 vols. (Moscow-Leningrad, 1937) , vol. 2, p. 214.

62. 引自 Kirichenko, *Rissian Design and the Fine Arts*, p. 109。

63. *The Musorgsky Reader: A Life of Modeste Petrovich Musorgsky in Letters and Documents*, ed. and trans. J. Leyda and S. Bertensson (New York, 1947), pp. 17-18.

64. M. A. *Balakirev: vospominaniia i pis'ma* (Leningrad, 1962), p. 320.

65. V. Stasov, 'Dvadtsat' pisem Turgeneva i moe znakomstvo s nim', in *Sobranie kriticheskikh materialov dlia izucheniia proizvedenii I. C. Turgeneva*, 2 vols. (Moscow, 1915), vol. 2, vyp. 2, p. 291.

66. *V. V. Stasov i russkoe iskusstvo* (St Petersburg, 1998), p. 23.

67. 请参考 R. Taruskin 的杰出文章 'How the Acorn Took Root', in his *Defining Russia Musically* (Princeton, 1997), ch. 8。

68. V. V. Stasov, *Izbrannye sochineniia*, 2 vols. (Moscow, 1937), vol. 2, p. 536.

69. 同上, p. 557。

70. 请参考 Taruskin, *Defining Russia Musically*, pp. xiii ff。

71. N. A. Rimsky-Korsakov, *My Musical Life*, trans. J. Joffe (London, 1924), p. 331; V. V. Yastrebtsev, *Reminiscences of Rimsky-Korsakov*, trans. F. Jonas (New York, 1985), p.38.

72. *The Musorgsky Reader*, p. 120.

73. N. M. Karamzin, *Istoriia gosudarstva rossiiskogo*, 12 vols. (St Petersburg, 1892), vol. 11, p. 57.

74. R. Taruskin, '"The Present in the Past" : Russian Opera and Russian Historiography, c. 1879', in M. H. Browned (ed.), *Russian and Soviet Music: Essays for Boris Schwarz* (Ann Arbor, 1984), pp. 128-9.

75. 同上, p. 124-5。

76. N. I. Kostomarov, *Sobranie sochineniia*, 8 vols. (St Petersburg, 1903-6), vol. 2, p. 43.

77. M. P. Musorgskii, *Pis'ma* (Moscow, 1981), p. 138.

78. *The Musorgsky Reader*, pp. 17-18.

79. *Modeste Petrovich Musorgsky. Literaturnoe nasledie*, 2 vols. (Moscow, 1971-2), vol. 1, p. 132.

80. *The Musorgsky Reader*, p. 244.

81. M. A. Voloshin, 'Surikov (materially dlia biografii)', in *Apollon* (1916), nos. 6-7, p. 65.

82. S. Glagol', 'V. I. Surikov', in *Nasha starina* (1917), no. 2, p. 69; Voloshin, 'Suritov', p. 56.

83. *Vasilii Ivanovich Surikov. Pis'ma, vospominaniia o khudozhnike* (Leningrad, 1977), p. 185; V. S. Kemenov, *V. I. Surikov. Istoricheskaia zhivopis'*, 1870-1890 (Moscow, 1987), p. 385.

84. Kemenov, *V. I. Surikov*, p. 402.

85. J. Bradley, 'Moscow: From Big Village to Metropolis', in M. Hamm (ed.), *The City in Late Imperial Russia* (Bloomington, 1986), p. 13.

86. V. G. Belinskii, *Sochineniia*, 4 vols. (St Petersburg, 1900) , vol. 4, p. 198.

87. M. M. Dostoevskii, ' "Groza" A. N. Ostrovskogo' , in *Svetoch*, vol. 2 (March 1860), pp. 7-8.

88. J. Patouillet, *Ostrovski et son théâter de moeurs russes* (Paris, 1912) , p. 334.

89. V. Nemirovitch-Dantchenko, *My Life in the Russian Theatre*, trans. J. Cournos (London, 1968) , pp. 131-2.

90. 引自 S. Grover, 'Savva Mamontov and the Mamontov Circle, 1870-1905: Artistic Patronage and the Rise of Nationalism in Russian Art' , Ph.D. diss. (University of Wisconsin, 1971) , p. 18。

91. C. Stanislavski, *My Life in Art* (London, 1948), p. 296; Nemirovitch-Dantchenko, *My Life*, p. 117.

92. *Pis' ma Khudozhnikov Pavlu Mikhailovichu Tret' iakovu 1856-1869* (Moscow, 1960) , p. 302.

93. Ia. Minchenkov, *Vospominaniia o peredvizhnikakh* (Leningrad, 1963) , p. 118.

94. A. Benois, *Vozniknoveniia mira iskusstva* (Lenignrad, 1928) , p. 23.

95. 引 自 J. Ruckman, *The Moscow Business Elite: A Social and Cultural Portrait of Two Generations*, 1840-1905 (DeKalb, Ill., 1984) , p. 98。

96. V. I. Konashevich, 'O sebe i svoem dele' , *Novyi mir*, no. 10 (1965) , p. 10.

97. A. Chekhov, ' Poprygun'ia' , *Polnoe sobranie sochinenii*, 30 vols. (Moscow, 1974-83), vol. 7, p. 9.

98. RGIA, f. 528, op. 1, d. 960, ll. 9-10; f. 1340, op1, d. 545, l. 10; f. 472, op.43, d. 19, l. 179.

99. *Viktor Mikhailovich Vasnetsov: zhizn' i tvorchestvo* (Moscow, 1960) , p. 148.

100. Plotnikov, *Fol'klor I russkow izobratel'noe iskusstvo vtoroi poloviny XIX veka*, p. 156.

101. *Vrubel: perepiska, vospominaniia o khudozhnike* (Moscow, 1963) , p. 79.

102. Stanislavski, *My Life in Art*, pp. 141-2.

103. SP-PLMD, f. 640, op.1, d.1003, ll. 25-32.

104. 引自 V. V. Iastrebtsev, *Nikolai Andreevich Rimskii-Korsakov: vospominaniia, 1886-1908*, 2 vols. (Leningrad, 1959-60) , vol. 1, p. 434.

105. RGIA, f. 799, 'Cherez 10 let posle protsessa po neizdannym dokumentam' (1910) .

106. Stanislavski, *My Life in Art*, pp. 12, 22-3.

107. Nemirovitch-Dantchenko, *My Life in the Russian Theatre*, pp. 80-81, 159-60.

108. 同上 , p. 108。

109. 同上 , p. 188。

110. A. Chekhov, *Sredi milykh moskvichei* (Moscow, 1988) , p. 3.

111. Chekhov, *Polnoe sobranie sochinenii*, vol. 1, p. 311.

112. O. Mandelšhtam, 'O p'ese A. Chekhova "Diadia Vania",' in *Sobranie sochinenii*, 4 vols. (Paris, 1981) , vol. 4, p. 107.

113. A. Chehov, *Plays*, trans. E. Fen (Harmondsworth, 1954) , p. 306.

114. 引自 D. Rayfield, *Understanding Chekhov* (London, 1999) , p. 117。

115. A. P. Chekhov, *Polnoe sobranie sochinenii i pisem*, 18 vols. (Moscow, 1973-83), vol. 17, p. 17.

116. Chehov, *Plays*, pp. 244-5.

117. P. S. Sheremetev, *O russkikh khudozhestvennykh promyslakh*（Moscow, 1915）, p. 469.

118. Nemirovitch-Dantchenko, *My Life in the Russian Theatre*, p. 209.

119. A. P. Chekhov, *Polnoe sobranie sochinenii i pisem*, 20 vols.（Moscow, 1944-51）, vol. 20, p. 160.

120. E. Clowes, 'Social Discourse in the Moscow Art Theatre', in E. Clowes, S. Kassow and J. West（eds.）, *Between Tsar and People: Educated Society and the Quest for Public Identity in Late Imperial Russia*（Princeton, 1991）, p xxx.

121. V. Meyerhold, 'The Naturalistic Theatre and the Theatre of Mood', in *Meyerhold on Theatre*, trans. and ed. Edward Braun（London, 1969）, p. 29.

122. 引自 S. Grover, 'The World of Art Movement in Russia', in *Russian Review*, vol. 32, no. 1（1973）, p. 34。

123. A. Belyi, *Mezhdu dvukh revoliutsii*（Leningrad, 1934, p. 244.

124. 同上, pp. 219, 224-5。

125. A. Lentulov, 'Avtobiografiia', in *Sovetskie khudozhniki*, 3 vols.（Moscow, 1937）, vol. 1, p. 162.

126. F. Bowers, *Scriabin*, 2 vols.（London, 1969）, vol. 2, p. 248.

127. 'From Street into Street'（1913）, in V. Maiakovskii, in *Polnoe sobranie sochinenii*, 13 vols.（Moscow, 1955-61）, vol. 1, pp. 38-9.

128. 引自 N. Khardzhiev 和 V. Trenin, *Poeticheskaia kul'tura Mayakovskogo*（Moscow, 1970）, p. 44。关于马雅可夫斯基与马列维奇之间的亲密关系，请参考 J. Stapanian, *Mayakovsky's Cubo-Futurist Vision*（Hudson, Texas, 1986）, 特别是第四章。

129. M. Tsvetaeva, *A Captive Spirit: Seleted Prose*, trans, and ed. King（London, 1983）, p. 168. 这些诗句选自组诗 'Poems to Akhmatova', in *Sochineniia v dvukh tomakh*（Moscow, 1980）, vol. 1, p. 85。

130. N. Mandelstam, *Hope Abandoned*, trans. M. Hayward（London, 1984）, p. 397.

131. M. Bulgakov, The Master and Margarita, trans. M. Glenny（London, 1984）, p. 397.

132. 'Spring'（1914）, in C. Barnes, *Boris Pasternak: A Literary Biography*, 2 vols.（Cambridge, 1989-98）, vol. 2, p. 202.

第四章　与农民结合

1. O. V. Aptekhman, *Obshchestvo 'Zemlia i Volia' 70-kh godov*（Petrograd, 1924）, p. 168.

2. 引自 T. Szamuely, *The Russian Tradition*（London, 1974）, p. 201。

3. F. M. Dostoevskii, *Polnoe sobranie sochinenii*, 30 vols.（Leningrad, 1972-88）p. 18, 57.

4. G. I. Uspenskii,*Polnoe sobranie sochinenii*, 15 vols.（Moscow-Leningrad, 1940-54）, vol. 14, p. 576-7.

5. I. S. Turgenev, *Polnoe sobranie sochineniia i pisem*, 28 vols.（Moscow- Leningrad, 1960-68）,

vol. 2, p. 160.

6. 'Silence' (1857) , in N. A. Nekrasov, *Sochineniia*, 3 vols. (Moscow, 1959) ,

7. F. Buslaev, 'Etnograficheskie vymysly nashikh predkov', *Sbornik antropologicheskikh i etnograficheskikh statei o Rossii i stranakh ei prilezhashchikh* (Moscow, 1868) , p. 95.

8. I. D. Beliaev, 'Po povodu etnograficheskoi vystavki imeiushchei otkryt' sia vesnoi 1867 goda', *Den'* (1865) , no. 41, p. 983.

9. 参阅 C. Frierson, *Peasant Icons: Representations of Rural People in Late Nineteenth- century Russia* (Oxford, 1993) , p. 128。

10. B. Sokolov, 'Muzhik v izobrazhenii Turgeneva', in I. N. Rozanov and Iu. M. Sokolov (eds.), *Tvorchestvo Turgeneva: sbornik statei* (Moscow, 1920) , p. 203.

11. S. Birkenmayer, Nikolaj Nekrasov: His Life and Poetic Work (The Hague, 1968) , p. 76. 关于 "对诗歌的攻击" 的指控，出自 A. Grigor'ev, 'Stikhotvoreniia N. Nekrasova', *Vremia*, vol. 12 (1862) , p. 38。

12. Dostoevskii, *Polnoe sobranie sochinenii*, vol. 22, p. 44.

13. K. S. Aksakov, *Polnoe sobranie sochinenii,* 2 vols. (St Petersburg, 1861) , vol. 1, p. 292.

14. F. Dostoevsky, *A Writer's Diary*, trans. K. Lantz (Illinois, 1993) , p. 160 and elsewhere.

15. V. G. Belinskii, *Izbrannye filosofskie sochineniia*, 2 vols. (Moscow, 1948) , vol. 2, p. 443.

16. 比如参阅 I. S. Aksakov, 'Moskva, 24 marta', in *Den'* (24 March 1862) , p. 2-3。

17. A. Blok, 'The People and the Intelligentsia', in M. Raeff, *Russian Intellectual History: An Anthology* (New Jersey, 1978) , p. 359.

18. Szamuely, *The Russian Tradition*, p. 383.

19. 关于屠格涅夫在这一问题上严重的矛盾心理，参阅 A. Kelly, 'The Nihilism of Ivan Turgenev', in *Toward Another Shore: Russian Thinkers between Necessity and Chance* (New Haven, 1998)。

20. F. Seeley, *Turgenev: A Reading of His Fiction* (Cambridge, 1991) , p. 339.

21. V. S. Pritchett, *The Gentle Barbarian: The Life and Work of Turgenev* (London, 1977) , p. 216.

22. GARF, f. 112, op. 1, d. 395,l. 96.

23. Aptekhman, *Obshchestvo 'Zemlia i Volia' 70-kh godov*, p. 145.

24. GARF, f. 112, op. 1, d. 282,l.151.

25. 1. Repin, *Dalekoe i blizkoe*, 5th edn (Moscow, 1960) , p. 238.

26. 同上 , p. 247。

27. 同上 , p. 272。

28. 同上 , p. 251-2, 272-3。

29. V. V. Stasov, *Izbrannye sochineniia*, 2 vols. (Moscow, 1937) , vol. 1, p. 94.

30. E. Valkenier, *Ilya Repin and the World of Russian Art* (New York, 1990) , p. 32.

31. 参阅他给 Antokolsky 的信，in IRL LAN, f. 294, op. 1, p. 22。

32. I. Repin, *Izbrannye pis'ma v dvukh tomakh* (Moscow, 1969) , vol. 1, p. 184-5.

33. R.Taruskin, *Musorgsky: Eight Essays and an Epilogue* (Princeton, 1993) , p. 9.

34. *The Musorgsky Reader: A Life of Modeste Petrovich Musorgsky in Letters and Documents*, trans, and ed. J. Leyda and S. Bertensson (New York, 1947) , p. 244.

35. M. P. Musorgskii, *Pis'ma i dokumenty* (Moscow-Leningrad, 1932) , p. 251.

36. 关于民粹主义解释的一份开创性评价，参阅 R. Taruskin, Musorgsky, especially 'Who Speaks for Musorgsky?' , p. 3-37。

37. M. P. Musorgskii, *Literaturnoe nasledie*, 2 vols. (Moscow, 1971-2) , vol. 1, p. 270.

38. N. Gogol, *Village Evenings near Dikanka and Mirgorod*, trans. C. English (Oxford, 1994), p. 12.

39. M. P. Musorgskii, *Pis'ma i dokumenty*, p. 250.

40. V. V. Stasov, *Pis'ma k deiateliam russkoi kul'tury*, 2 vols. (Moscow, 1962) , vol. 1, p. 19.

41. I. Repin, *Izbrannye pis'ma*, vol. 1, p. 143.

42. Repin, *Dalekoe i blizkoe*, p. 382.

43. *Tolstoy's Diaries*, trans, and ed. R. F. Christian (London, 1994) , p. 100.

44. V. Shklovsky, *Lev Tolstoy*, trans. O. Shartse (Moscow, 1988) , p. 33.

45. A. Fodor, *Tolstoy and the Russians: Reflections on a Relationship* (Ann Arbor, 1984) , p. 27.

46. A. N. Wilson, *Tolstoy* (London, 1988) , p. 219-20.

47. *Reminiscences of Lev Tolstoi by His Contemporaries* (Moscow, 1965) , p. 148-9.

48. 引自 K. Feuer, *Tolstoy and the Genesis of War and Peace* (Cornell, 1996) , p. 29.

49. L. Tolstoy, *Anna Karenin*, tarns. R. Edmonds (Harmondsworth, 1974) , p. 272-3.

50. *Tolstoy's Diaries*, p. 134.

51. 同上。

52. 同上，p. 140。

53. Pis'ma k A. B. Druzhininu, *Gosudarstvennyi literaturnyi muzei* (Moscow, 1948) , p. 328.

54. 参阅 V. S. Pritchett, *The Gentle Barbarian: The Life and Work of Turgenev* (London, 1977), p. 71。

55. L. N. Tolstoi, *Polnoe sobranie sochinenii*, 90 vols. (Moscow-Leningrad, 1928-58) , vol. 57, p. 218。

56. Tolstoi, *Polnoe sobranie sochinenii*, vol. 7, p. 58.

57. 引自 A. Tolstoi, 'Tolstoy and the Peasants' , *Russian Review*, vol. 19, no. 2 (April 1960) , p. 151。

58. 1. E. Repin, *L. N. Tolstoi*, 2 vols. (Moscow-Leningrad, 1949) , vol. 2, p. 36.

59. Repin, *Dalekoe i blizkoe*, p. 370.

60. L. Tolstoy, *War and Peace*, trans. L. and A. Maude (Oxford, 1998) ,

61. I. Tolstoy, *Tolstoy, My Father: Reminiscences*, trans. A. Dunnigan (London, 1972) , p. 174.

62. L. Tolstoy, *Anna Karenin*, trans. R. Edmonds (Harmondsworth, 1974) , p. 467.

63. A. Pushkin, *Eugene Onegin*, trans. J. Falen (Oxford, 1990) , p. 65-6.

64. Tolstoy, *Anna Karenin*, p. 481-2.

65. 参阅 J. Hajnal, 'European Marriage Patterns in Perspective', in D. Glass and D. Eversley (eds.), *Population in History: Essays in Historical Demography* (London, 1965) , p. 101-43.

66. P. Laslett, 'Characteristics of the Western Family Considered over Time' , in *Family Life and Illicit Love in Earlier Generations* (Cambridge, 1977) , p. 29.

67. D. A. Sverbeev, *Zapiski, 1799-1826*, 2 vols. (Moscow, 1899) , vol. 2, p. 43.

68. E. I. Raevskaya, 'Vospominaniia' , *Russkii arkhiv* (1883) , kn. 2, ch. 3, p. 72.

69. 关于农民的习俗和婚礼仪式 , 参阅 C. Worobec, *Peasant Russia: Family and Community in the Post-emancipation Period* (Princeton, 1991) , ch 4, 5。

70. V. Dal, Tolkovyi slovar'zhivogo velikorusskogo iazyka, 4 vols. (St Petersburg, 1882), vol. 3, p. 119.

71. W. R. Shedden-Ralston, *The Songs of the Russian People, as Illustrative of Slavonic Mythology and Russian Social Life* (London, 1872) , p. 289.

72. S. T. Aksakov, *The Family Chronicle*, trans. M. Beverley (Westport, Conn., 1985) , p. 108.

73. N. Chechulin, *Russkoe provintsial'noe obshchestvo vo vtoroi polovine XVIII veka* (St Petersburg, 1889) , p. 43-4.

74. Aksakov, *The Family Chronicle*, p. 109.

75. Russkii, *byt'po vospominaniiam sovremennikov. XVIII vek, chast' 2, Ot petra do pavla 1* (Moscow, 1918) , p. 275.

76. Pushkin, *Eugene Onegin*, p. 168.

77. F. F. Vigel' *Zapiski*, chast'1 (Moscow 1891) , p. 174.

78. Tolstoy, *Anna Karenin*, p. 483-4.

79. Chechulin, *Russkoe provintsial'noe obshchestvo vo vtoroi polovine XVIII veka*, p. 44.

80. W. Wagner, *Marriage, Property, and Law in Late Imperial Russia* (Oxford, 1994) , p. 63.

81. 同上 , p. 134。

82. 更多请参阅 Wagner, *Marriage, Property and Law in Late Imperial Russia*, p. 66。

83. V. Dal, *Poslovitsy russkogo naroda*, 2 vols. (Moscow, 1984) , vol. 1, p. 291.

84. Dostoevskii, *Polnoe sobranie sochinenii*, vol. 21, p. 21.

85. A. Labzina, *Vospominaniia* (St Petersburg, 1914) , p. 16-109.

86. M. Adam, *Iz semeinoi khroniki'*, *Istoricheskii vestnik*, vol. 94, no. 12 (1903) , p. 816-21.

87. Wagner, Marriage, *Property and Law in Late Imperial Russia*, p. 70.

88. Tolstoy, *Anna Karenin*, p. 483.

89. Tolstoi, *Polnoe sobranie sochinenii*, vol. 52, p. 143.

90. A. Chekhov, 'Peasants', in *The Kiss and Other Stories*, trans. R. Wilks (Harmondsworth, 1982) , p. 79-80.

91. L. N. Tolstoi, *A. P. Chekhov: Rasskazyvaiut sovremenniki, arkhivy, muzei* (Moscow, 1998), p. 233.

92. A. P. Chekhov, *Polnoe sobranie sochinenii*, 30 vols. (Moscow, 1974-83) , vol. 9, 519-23; D. Rayfield, *Anton Chekhov: A Life* (London, 1997) , p. 431.

93. D. Rayfield, *Chekhov: The Evolution of His Art* (London, 1975) , p. 177.

94. Chekhov, *Polnoe sobranie sochinenii*, vol. 9, p. 400.

95. A. Chekhov, *Letters of Anton Chekhov*, selected by S. Karlinsky (London, 1973) . p. 237.

96. Rayfield, *Chekhov: The Evolution of His Art*, p. 171.

97. P. Gatrell, *The Tsarist Economy 1850-1917* (London, 1986) , 50-51; G. T. Robinson, *Rural Russia under the Old Régime* (Berkeley, 1932), 94-7; T. Shanin, *The Awkward Class* (Oxford, 1972) , p. 48.

98. J. Brooks, *When Russia Learned to Read: Literacy and Popular Literature, 1861-1917* (Princeton, 1985) , pp. 13, 55-6.

99. S. T. Semenov, *Dvadtsat' piat' let v derevne* (Petrograd, 1915) , p. 5-6.

100. T. Lindstrom, 'From Chapbooks to Classics: The Story of the Intermediary', *The American Slavic and East European Review*, vol. 15 (1957) , p. 193.

101. 同上 , p. 195。

102. *Landmarks: A Collection of Essays of the Russian Intelligentsia*, trans. M. Schwartz (New York, 1977) , p. 80-81.

103. A. M. Gor' kii, *vepokhu revoliutsii, 1905-1907gg. Materialy, vospominaniia, issledovaniia* (Moscow, 1957) , p. 52.

104. T. Marullo, *Ivan Bunin: Russian Requiem*, 1885-1920 (Chicago, 1993) , p. 112-13.

105. 1. Bunin, *Stories and Poems*, trans. O. Shartse (Moscow, 1979) , 179.

106. 引自 R. Pipes, *The Russian Revolution, 1899-1919* (London, 1990) , p. 113。

107. M. Gorky, *Letters* (Moscow, 1964) , p. 54.

108. M. Gorky, *My Childhood* (Harmondsworth, 1966) , p. 9.

109. M. Gorky, *My Universities* (Harmondsworth, 1966) , p. 140-50.

110. M. Gorky, 'On the Russian Peasantry', in R. E. F. Smith (ed.) , *The Russian Peasant 1920 and 1984* (London, 1977) , p. 18-19.

111. 引自 R. Buckle, *Diaghilev* (New York, 1979) , p. 300。

112. V. D. Polenov, *E. D. Polenova. Khronika sem' i khudozhnikov* (Moscow, 1964) , p. 363.

113. N. V. Polenova, *Ambramtsevo: vospominaniia* (Moscow, 1922) , p. 44.

114. V. D. Polenov, *E. D. Polenova. Khronika sem' i khudozhnikov*, p. 507.

115. M. Tenisheva, *Vpechatleniia moei zhizni* (Paris, 1933) , p. 337.
116. W. Salmond, *Arts and Crafts in Late Imperial Russia: Reviving the Kustar Art Industries, 1870-1917* (Cambridge, 1996) , p. 86.
117. S. Diaghilev, 'Neskol' ko slov o S. V. Maliutine' , *Mir iskusstva*, no. 4 (1903) , p. 159-60.
118. Tenisheva, *Vpechatleniia moei zhizni*, p. 263.
119. S. Diaghilev, 'Slozhnye voprosy. Nash mnimyi upadok' , *Mir iskusstva*, no. I (1898-9) , p. 10-11.
120. A. Benua, *Moi vospominaniia*, 2 vols. (Moscow, 1980) , vol. 1, p. 500.
121. A. Haskell, *Diaghileff. His Artistic and Private Life* (London, 1935) ,
122. S. Diaghilev, 'Evropeiskie vystavki i russkie khudozhniki' , *Novosti i birzhevaia gazeta* (26 August 1896) .
123. M. Normand, 'La Russie à l' Exposition' , *L 'Illustration* (5 May 1900) ,p. 282, 283.
124. 参阅 Salmond, *Arts and Crafts in Late Imperial Russia*, p. 102-3,161-3。
125. Tenisheva, *Vpechatleniia moei zhizni*, p. 426.
126. 引自 Sergei Diaghilev, *i russkoe iskusstvo* (Moscow, 1982) , p. 109-10。
127. Prince P. Lieven, *The Birth of the Ballets-Russes* (London, 1936) , p. 56.
128. R. Taruskin, *Stravinsky and the Russian Traditions: A Biography of the Works through Mavra*, 2 vols. (Oxford, 1996) , vol. 1, p. 536.
129. N. A. Rimsky-Korsakov, *Polnoe sobranie sochinenii: literaturnye proiz- vedeniia i perepiska*, 8 vols. (Moscow, 1955-82) , vol. 8b, p. 105.
130. P. Chaikovskii, *Polnoe sobranie sochinenii: Hteraturnye proizvedeniia i perepiska* (Moscow, 1953-81) , vol. 15b, p. 293.
131. A. Benois, *Reminiscences of the Russian Ballet* (London, 1941) , p. 124.
132. 同上 , 266。
133. A. Benois, 'Russkie spektakli v Parizhe' , *Rech* ' (25 July 1909) , p. 2.
134. A Benois, 'Khudozhestvennye pis ma: russkie spektakli v Parizhe: "Zhar ptitsa" ' *Rech* ' (18 July 1910) .
135. 关于此剧音乐与场景的精彩分析，请参阅 Taruskin, *Stravinsky and the Russian Traditions*, vol.1, 第 9 章。
136. E. Lineva, *Velikorusskie pesni v narodnoi garmonizatsii*, 2 vols. (St Petersburg, 1904-9) . 此书有英文版本 : *The Peasant Songs of Great Russia as They Are in the Folk's Harmonization: Collected and Transcribed from Phonograms by Eugenie Lineff* (St Petersburg, 1905-12) .
137. Lineva, *Velikorusskie pesni v narodnoi garmonizatsii*, vol. 2, xxv-xxvi.
138. L. Bakst, 'Puti klassitsizma v iskusstve' , *Apollon*, no. 2 (1909) , p. 77.
139. 详尽分析请参阅 Taruskin, *Stravinsky and the Russian Traditions*, vol. 1, p. 695-717。
140. N. Rerikh, 'Na Kurgane' , in *Pervaia kniga* (Moscow, 1914) .
141. Taruskin, *Stravinsky and the Russian Traditions*, vol. 1, p. 881-6.
142. 关于这些民间来源的精彩分析，请参阅 Taruskin, *Stravinsky and the Russian Traditions*, vol. 1, p. 891-965。
143. 引自 M. Oliver, *Stravinsky* (London, 1995) , p. 88。
144. R. Rolland, *Journal des années de guerre, 1914-1919* (Paris, 1952) , p. 59.

145. E. White, *Stravinsky: The Composer and His Works* (London, 1979) , p. 151.

146. 这些歌曲的曲谱并未出版。资料可以在 Paul Sacher Archive in Basel (Igor Stravinsky Sketchbook A) 找到。关于斯特拉文斯基对这些歌曲投入的感情，请参阅 Taruskin, *Stravinsky and the Russian Traditions*, vol. 2, p. 1192。

147. I. Stravinsky and R. Craft, *Expositions and Developments* (Berkeley, 1980) , 138. 斯特拉文斯基在其自传《我的生命纪事》, *Chronique de ma vie*, 2 vols. (Paris, 1935-6) 中，首次披露了他的观察。

148. C.-F. Ramuz, *Souvenirs sur Igor Strawinsky, in Oeuvres complètes*, 20 vols. (Lausanne, 1941) , vol. 14, p. 68.

149. Stravinsky Craft, *Expositions and Developments*, p. 118.

150. B. Nijinska, 'Creation of Les Noces', in *Dance Magazine* (December 1974) , p. 59.

第五章　　寻找俄罗斯灵魂

1. L. Stanton, *The Optina Pustyn Monastery in the Russian Literary Imagination: Iconic Vision in Works by Dostoevsky, Gogol, Tolstoy, and Others* (New York, 1995) , p. 63-4.

2. S. Chetverikov, *Optina Pustyn* (Paris, 1951) , p. 26.

3. 同上 , 40; Stanton, *The Optina Pustyn Monastery in the Russian Literary Imagination*, p. 46。

4. 更多内容请参阅 V. Lossky, *The Mystical Theology of the Eastern Church* (London, 1957) , 尤其是第 1 章。

5. R. Ware, *The Orthodox Church* (Harmondsworth, 1997) , p. 264-5.

6. A. Chekhov, *Polnoe sobranie sochinenii*, 30 vols. (Moscow, 1974-83) , vol. 5, 100-101 (translation by Rosamund Bartlett) .

7. A. Gertsen, *Byloe i dumy*, 2 vols. (Moscow, 1962) , vol. 1, p. 467.

8. L. Ouspensky, 'The Meaning and Language of Icons', in *The Meaning of Icons* (New York, 1982) , p. 42.

9. 参阅 M. Cherniavsky, *Tsar and People: Studies in Russian Myths* (New Haven, 1961) , p. 44-71。

10. A. K. Lelong, 'Vospominaniia', *Russkii arkhiv* (1913) , kn. 2, no. 7, p. 65.

11. N. M. Zernov (ed.) , *Na perelome: tri pokoleniia odnoi moskovskoi sem'i* (Paris, 1970) , p. 228.

12. 同上 , p. 230。

13. M. Nikoleva, 'Cherty starinnogo dvorianskogo byta', *Russkii arkhiv* (1893) , kn. 3, chast' 10, p. 130-31.

14. V. N. Kharuzina, *Proshloe. Vospominaniia detskikh i otrocheskikh let* (Moscow, 1999) , p. 363-4.

15. V. D. Bonch-Bruevich, 'O religii, religioznom sektanstve i tserkvi', *Izbrannye sochineniia*, 3 vols. (Moscow, 1959-63) , vol. 1, p. 174-5.

16. V. S. Solov' ev, *O khristianskom edinstve* (Moscow, 1994) , p. 171.

17. F. Dostoevsky, *A Writer's Diary*, trans. K. Lantz, 2 vols. (London, 1994) , vol. 2, p. 1351.

18. A. Tereshchenko, *Byt russkogo naroda* (St Petersburg, 1848) , chast' 3, p. 254.

19. K. V. Chistov, *Russkie narodnye sotsial' no-utopicheskie legendy XVII- XIX vv.* (Moscow, 1967) , 290-91; N. K. Rerikh, 'Serdtse Azii' , in *Izbrannoe* (Moscow, 1979) , p. 177.

20. Z. Gippius, 'Svetloe ozero. Dnevnik', *Novyiput'* (1904) , no. 1, p. 168-9。

21. Chistov, *Russkie narodnye sotsial' no-utopicheskie legendy XVII-XIX vv*, p. 239-40, 248-9.

22. 同上 , p. 261-70。

23. Stanton, *The Optina Pustyn Monastery in the Russian Literary Imagination*, p. 51.

24. V. Setchkarev,*Gogol: His Life and Works* (New York, 1965) , p. 5.

25. V. Veresaev, *Gogol v zhizni: sistemacheskii svod podlinnikh svidetel' stv sovremennikov* (Moscow, 1990) , p. 43.

26. 参阅 Gogol' s letter to S. P. Shevyrev ('I came to Christ by the Protestant path'), in *Letters of Nikolai Gogol*, ed. and trans. C. Proffer (Ann Arbor, 1967) . p. 171-2。

27. G. Florovsky, *Puti russkogo bogosloviya* (Paris, 1937) , p. 262.

28. 参阅 J. Schillinger, 'Gogol' s *The Overcoat* as a Travesty of Hagiography' , *Slavic and East European Journal*, 16 (1972) , 36-41; V. E. Vetlovskaia, 'Zhitiinye istochniki gogolevskoi Shinel' , *Russkaia literatura*, 1 (1999) , p. 18-35。

29. L. Knapp, 'Gogol and the Ascent of Jacob's Ladder: Realization of Biblical Metaphor' , Christianity and the Eastern Slavs, *Californian Slavic Studies* vol. 3, no. 18 (1995) . p. 8.

30. Florovsky, *Puti russkogo bogosloviya*, p. 278.

31. K. Aksakov, *Polnoe sobranie sochinenii*, 3 vols. (Moscow, 1861-80) , vol. 1, p. 630.

32. F. Odoevsky, *Russian Nights*, trans. O. Koshansky-Olienikov and R. E. Matlaw (New York, 1965) , p. 37-8.

33. 'Nechto o vrozhdennom svoistve dush rossiiskikh' , *Zritel'* (1792) , no. 3, p. 173.

34. N. Gogol, 'Taras Bulba' , in *Village Evenings near Dikanka and Mirgorod*, trans. C. English (Oxford, 1994) , p. 327-8.

35. N. Gogol, *Dead Souls*, trans. D. Magarshack (Harmondsworth, 1961) , p. 258.

36. M. Malia, *Alexander Herzen and the Birth of Russian Socialism* (Cambridge, 1961) , p. 223.

37. *Letters of Nikolai Gogol*, p. 162.

38. V. A. Kotel'nikov, 'Optina pustyn' i russkaia literatura' , *Russkaia literatura*, no. 1 (1989) , p. 69.

39. N. Gogol' , *Polnoe sobranie sochinenii*, 14 vols. (Moscow-Leningrad, 1937-52) , vol. 6, 200; vol. 10, 181. 详细信息请参阅 E. A. Smirnova, *Poema Gogolia 'Mertvye dushi'* (Leningrad, 1987) , p. 70-74。

40. Smirnova, *Poema Gogolia 'Mertvye dushi'* , p. 143.

41. Gogol', *Polnoe sobranie sochinenii*, vol. 14, p. 191.

42. N. V. Gogol, *Pis'ma*, 4 vols. (St Petersburg, n.d.) , vol. 2, p. 508.

43. V. G. Belinskii, *Polnoe sobranie sochinenii*, 13 vols. (Moscow, 1953-9) ,

44. S. T. Aksakov, *Istoriia moego zhakomstva s gogolem* (Moscow,1960) , p. 170.

45. 引自 D. P. Bogdanov, 'Optina Pustyn' i polomnichestvo v nee russkikh pisatelei', *Istoricheskii vestnik*, 112 (October 1910) , p. 332-4。

46. 引自 J. M. Holquist, 'The Burden of Prophecy: Gogol's Conception of Russia', in *Review of National Literatures*, vol. 3. no. 1 (1973) , p. 39。

47. 'Pis' mo k N. V. Gogoliu', in *Belinskii, Polnoe sobranie sochinenii*, vol. 4, p. 215.

48. 1. S. Belliutsin, *Description of the Clergy in Rural Russia*, trans. G. Freeze (Cornell, 1985) , p. 35.

49. M. Gorky, *My Universities* (Harmondsworth, 1966) , p. 122.

50. G. Fedotov, *The Russian Religious Mind*, 2 vols. (Cambridge Mass., 1966) , vol. 1, 12-14, 358-62; J. Hubbs, *Mother Russia: The Feminine Myth in Russian Culture* (Bloomington, 1988) , p. 19-20.

51. V. G. Vlasov, 'The Christianization of the Russian Peasants', in M. Balzer (ed.) , *Russian Traditional Culture: Religion, Gender and Customary Law* (London, 1992) , p. 25.

52. J. Billington, *The Face of Russia* (New York, 1999) , p. 52.

53. E. A. Boriak, 'Traditsionnye znaniia, obriady i verovaniia ukraintsev sviazannye s tkachestvom (seredina XIX v - nachalo XX v)', Kand. diss. (Kiev University, 1989) , p. 157.

54. P. P. Chubinskii, *Trudy etnografichesko-statisticheskoi ekspeditsii v zapadno-russkii krai* (St Petersburg, 1877) , vol. 4, p. 4.

55. 1. V. Kostolovskii, 'K pover'iam o poiase krest'ian'iaroslavskoi gubernii', *Etnograficheskoe obozrenie* (1909) , no. 1, 48-9; I. A. Kremleva, 'Ob evoliutsii nekotorykh arkhaichnykh obychaev russkikh', in *Russkie: semeiny i obshchestvennyi byt* (Moscow, 1989) , p. 252.

56. A. Pushkin, *Eugene Onegin*, trans. J. Falen (Oxford, 1990) , p. 52.

57. N. Chechulin, *Russkoe provintsial'noe obshchestvo vo vtoroi polovine XVIII veka* (St Petersburg, 1889) , 36; Lelong, 'Vospominaniia', *Russkii arkhiv*, kn. 2, no. 6, p. 807.

58. Lelong, 'Vospominaniia', *Russkii arkhiv*, p. 52-3.

59. C. Beaumont, *Serge Diaghilev* (London, 1933) , p. 26.

60. 参阅 P. A. Vyazemskii 关于这个话题的评论, in *Pushkin v vospomi- naniiakh sovremennikov* (Moscow, 1985) , p.194。

61. A. P. Mogilianskii, *Lichnost' Pushkina* (St Petersburg, 1995) , 38; *Druz'ia Pushkina*, 2 vols. (Moscow, 1985) , vol. 2, p. 318.

62. V. V. Gippius, *Gogol* (Ann Arbor, 1981) , 176. 关于托尔斯泰, 请参阅 K. Parthe, 'Death-masks in Tolstoi', in *Slavic Review*, vol. 41, no. 2 (1982) , 297-305 ; 以及同一作者, 'The

Metamorphosis of Death in L. N. Tolstoi', *Language and Style*, vol. 18, no. 2（1985）, p. 205-14。

63. *Vospominaniia o Chaikovskom*（Moscow, 1962）, p. 29.

64. 参阅 Dostoevsky's letter to V. V. Mikhailov（16 March 1878）, in *F. Dostoevsky, Complete Letters*, ed. and trans. D. Lowe and R. Meyer, 5 vols.（Ann Arbor, 1988-91）, vol. 5, p. 18。

65. Stanton, *The Optina Pustyn Monastery in the Russian Literary Imagination*, p. 174-5.

66. V. A. Kotel'nikov, 'Optina Pustyn' i russkaia literatura', *Russkaia literatura*, no. 1（1989）, p. 20, 22.

67. F. Dostoevsky, *The Brothers Karamazov*, trans. D. Magarshack（Harmondsworth, 1988）, p. 51-3.

68. 同上, p. 287。

69. Dostoevsky, *Complete Letters*, vol. 5, p. 83.

70. J. Frank, *Dostoevsky: The Seeds of Revolt*（Princeton, 1977）, p. 43ff.

71. Dostoevsky, *A Writer's Diary*, vol. 1, p. 129.

72. Dostoevsky, *Complete Letters*, vol. 1, p. 190（作者对原文做了些许修改）.

73. F. Dostoevsky, *The House of the Dead*, trans. D. McDuff（London, 1985）, p. 35-6.

74. Dostoevsky, *A Writer's Diary*, vol. 2, p. 351-5.

75. 同上, vol. 2, p. 354。

76. 同上, vol. 2, p. 355。

77. 同上, vol. 2, p. 347-8。

78. Dostoevsky, Complete Letters, vol. 3, p. 114.

79. F. M. Dostoevskii, *Pis'ma*, 4 vols.（Moscow, 1928-59）, vol. 1, p. 141.

80. F. Dostoevsky, *The Devils*, trans. D. Magarshack（Harmondsworth, 1971）, p. 259.

81. 在这一问题上关于陀思妥耶夫斯基的精彩讨论，参阅 A. Kelly, 'Dostoevsky and the Divided Conscience,' in *Toward Another Shore: Russian Thinkers between Necessity and Chance*（New Haven, 1998）, 55-79。T. Masaryk 也有类似的观点，参阅其 *The Spirit of Russia*, 3 vols.（London, 1967）, vol. 3, 54-63。

82. Dostoevsky, *Complete Letters*, vol. 1, p. 95.

83. Dostoevsky, *The Brothers Karamazov*, 152.

84. F. Dostoevsky, *Crime and Punishment*, trans. D. McDuff（Harmondsworth, 1991）, p. 629.

85. Iu. Mann, *V poiskakh zhivoi dushi*. 'Mertvye dushi': pisatel' - kritika - chitatel'（Moscow, 1984）, 321-2; Gogol', *Polnoe sobranie sochinenii*, vol. 14, 264-5.

86. S. G. Volkonskii, *Zapiski*（St Petersburg, 1901）, p. 499.

87. Dostoevsky, *A Writer's Diary*, vol. 1, p. 130（斜体部分）.

88. 同上, vol. 1, p. 135。

89. 同上, vol. 1, p. 162。

90. Dostoevsky, *The Brothers Karamazov*, p. 190, 339, 356.

91. 同上, p.350。

92. 同上, p. 596-7。

93. 同上, p. 667。

94. 同上, p. 694。

95. Archimandrite Bukharev 的思想或许影响了陀思妥耶夫斯基, 关于这一点请参阅 G. Freeze, 'Die Laisierung des Archimandriten Feodor (Bucharev) und ihre kirchenpolitische Hintergründe. Theologie und Politik im Russland der Mitte des 19. Jahrhunderts', *Kirche im Osten*, 28 (1985), 26-52。同样还有 K. Onasch, 'En quête d'une orthodoxie "alternative". Le Christ et l' église dans l' œuvre de F. M. Dostoïevski', *Mille ans de christianisme russe 988-1988. Actes du Colloque International de L'Université de Paris X-Nanterre 20-23 Janvier 1988* (Paris, 1989), p. 247-52。

96. Dostoevsky, *The Brothers Karamazov*, 65-75 (引文来自 73 页). 关于其政治背景, 参阅 O. Khakhordin, 'Civil Society and Orthodox Christianity', *Europe-Asia Studies*, vol. 50, no. 6 (1998), p. 949-68。

97. Dostoevsky, The Brothers Karamazov, 73-4. 陀氏论及奥普京修道院的部分, 参阅 Stanton, *The Optina Pustyn Monastery in the Russian Literary Imagination*, p. 174-5。

98. V. S. Solov' ev, *Sobranie sochinenii*, 6 vols. (St Petersburg, 1901-7), vol. 3, p. 182.

99. Dostoevsky, *The Brothers Karamazov*, p. 612.

100. 同上, p. 32。

101. V. Lebedev, 'Otryvok iz romana "Brat'ia Karamazovy" pered sudom tsenzury', *Russkaia literatura*, no. 2 (1970), pp. 123-5.

102. Dostoevsky, *A Writer's Diary*, vol. 2, p. 1351.

103. 参阅 R. Gustafson, *Leo Tolstoy, Resident and Stranger: A Study in Fiction and Theology* (Princeton, 1986)。

104. 同上, p. 334-5。

105. 参阅, 例如, N. Berdiaev, 'Vetkhii i novyi zavet v religioznom soznanii L. Tolstogo', in *O religii L'va Tolstogo* (Moscow, 1912)。更多详细的论点, 请参阅 D. Matual, *Tolstoy's Translation of the Gospels: A Critical Study* (Lewiston, 1992), 14。文学研究者在托尔斯泰的作品中发现了佛教的痕迹, 尤其是,《战争与和平》中安德烈死时的场景。参阅 A. N. Strizhev (ed.), *Dukhovnaia tragediia L'va Tolstogo* (Moscow, 1995), p. 17-18。

106. A. S. Suvorin, *Diary* (Moscow-Petrograd, 1923), p. 263.

107. S. Pozoiskii, *K istorii otluchenii L. Tolstogo ot tserkvi* (Moscow, 1979), p. 65-71.

108. A. N. Wilson, *Tolstoy* (London, 1988), p. 458.

109. *Lev Tolstoi i V. V. Stasov. Perepiska 1878-1906* (Leningrad, 1929), pp. 227, 235.

110. A. Donskov (ed.), *Sergei Tolstoy and the Doukhobors: A Journey to Canada* (Diary and Correspondence) (Ottawa, 1998), p. 151-2. *Pozoiskii, K istorii otluchenii L. Tolstogo ot tserkvi*, pp. 113-17.

111. 参阅 Donskov, 同上。

112. A. Etkind, *Khlyst: Sekty, literatura i revoliutsiia* (Moscow, 1998), 128-9. 关于托尔斯泰与

其他教派之间的通信，参阅 A. Donskov（ed.），*L. N. Tolstoi i T. M. Bondarev: perepiska*（Munich, 1996）; A. Donskov（ed.），*L. N. Tolstoi i M. P. Novikov: perepiska*（Munich, 1996）; V. Bonch-Bruevich, *Materialy k istorii i izucheniu russkgo sektanstva i raskola, vyp. i*（St Petersburg, 1908）。关于托尔斯泰主义的重要评价，参阅 T. V. Butkevich and V. M. Skvortsov, 'Tolstovstvo kak sekta', *Missionerskoe obozrenie*（1897），no. 1, pp. 807-31。

113. A. Heard, *The Russian Church and Russian Dissent, Comprising Orthodoxy, Dissent and Errant Sects*（London, 1887），pp. 37-8

114. Tolstoi, *Polnoe sobranie sochinenii*, 91 vols.（Moscow, 1929-64），vol. 26, p. 401

115. 参阅 M. Aucouturier and M. Sémon, *Polstoi' et la mort, Cahiers Léon Tolstoi*, no. 4（Paris, 1986）。

116. P. Chekhov, *Polnoe sobranie sochinenii i pisem*, 20 vols.（Moscow, 1944-51），vol. 18, 386

117. 同上 vol. 17, p. 64。

118. *A. S. Suvorina*（Moscow-Petrograd, 1923），p. 165。

119. McVay, Religioznaia tema v pis' makh A. P. Chekhova', in Kataev et al.（eds.），*Anton P. Cechov - Philosophische und religiose Dimensionen im Leben und im Werk*（Munich, 1997），251-64; A. Izmailov, *Chekhov, 1860-1904, biograficheskii ocherk*（Moscow, 1916），p. 536.

120. A. V. Chanilo, 'Ikony i kresty A. P. Chekhova i ego blizkikh v yaltinskom muzee', in Kataev et al.（eds.），*Anton P. Cechov*, p. 385-9.

121. A. P. Kuzicheva, 'Ob istokakh rasskaza "Arkhierei"', in Kataev et al.（eds.），*Anton P. Cechov*, pp. 437-9.

122. McVay, *'Religioznaia tema v pis' makh A. P. Chekhova'*, pp. 253-9,262.

123. Izmailov, *Chekhov*, p. 552.

124. Letter of December 1895, in *McVay, 'Religioznaia tema v pis' makh A. P. Chekhova'*, p. 258.

125. A. Chekhov, *Three Sisters*, trans. M. Frayn（London, 1983），p. 35.

126. A. Chekhov, *Polnoe sobranie sochinenii i pisem*, 30 vols.（Moscow, 1974-83），vol. 2, pp. 280-81.

127. Izmailov, *Chekhov*, p. 546.

128. Chekhov, *Polnoe sobranie sochinenii*, vol. 5, p. 468.

129. A. Chekhov, *Plays*, trans. E. Fen（Harmondsworth, 1972），pp. 244-5.

130. Perepiska, *A. P. Chekhova v trekh tomakh*（Moscow, 1996），vol. 3, p. 536.

131. V. Feider, *A. P. Chekhov. Literaturnyi byt i tvorchestvo po memuarnym materialam*（Leningrad, 1927），p. 453.

132. 同上，p. 456。

133. 参阅 J. Metzele, *The Presentation of Death in Tolstoy's Prose*（Frankfurt, 1996）。

134. L. Tolstoy, *The Death of Ivan Ilich and Other Stories*, trans. R. Edmonds（Harmondsworth, 1960），pp. 140, 143.

135. Aucouturier and Sémon, *Tolstoï et la mort*, pp. 77-8.

136. D. I. Pisarev, *Sochineniia*, 4 vols.（Moscow 1955），vol. 1, p. 36.

137. 1. Turgenev, *Sketches from a Hunter's Album*, trans. R. Freeborn（Har-mondsworth, 1990），p. 222.

138. 同上，p. 225。

139. A. Solzhenitsyn, *Cancer Ward*, trans. N. Bethell and D. Burg（London, 2000）, pp. 110-11.

140. 关于回忆录的资料，参阅 E. Fevralev, *Russkii doreformenny byt i khristian- skie idealy*（Kiev, 1907）; N. V. Davydov, 'Ocherki byloi pomeshchechei zhizni', *Iz Proshlogo*（Moscow, 1914）, pp. 384-5; D. I. Nikiforov, *Vospominaniia iz vremen imp. Nik. I*（Moscow, 1903）, 116-25。关于民俗学的研究，参阅 V. Nalimov, 'Zagrobnyi mir po verovaniiam zyrian', *Etnografi- cheskoe obozrenie*（1907）, nos. 1-2, pp. 1-23; 以 及 P. V. Ivanov, 'Ocherk vozzrenii krest' ianskogo naseleniia kupianskogo uezda na dushi i na zagrob- nuiu zhizni', *Sbornik khar' kovskogo istoriko-filologicheskogo obshchestva*（1909）, no. 18, pp. 244-55。更多内容参阅 C. Worobec, 'Death Ritual among Ukrainian Peasants: Linkages between the Living and the Dead', in S. Frank and M. Steinberg（eds.）, *Cultures in Flux: Lower-class Values, Practices and Resistance in Late Imperial Russia*（Princeton, 1994）, pp. 11-33。

141. Pevralev, *Russkii doreformenny byt i khristianskie idealy*, p. 161.

142. D. Ransel, 'Infant-care Cultures in the Russian Empire', in *Russia's Women: Accommodation, Resistance, Transformation*, B. Clements, ed. B. Engel, C. Worobec（Berkeley, 1991）, p. 120.

143. T. Ivanovskaia, 'Deti v poslovitsakh i pogovorkakh russkogo naroda', *Vestnik vospitaniia*（1908）, no. 19, p. 124.

144. Ransel, 'Infant-care Cultures in the Russian Empire', p. 121; 同 一 作 者, *Mothers of Misery: Child Abandonment in Russia*（Princeton, 1988）.

145. 'Smert' i dusha v pover' iakh i v razskazakh krest' ian' i meshchan' riazanskogo, ranenburgskogo, i dankovskogo uezdov riazanskoi gubernii', *Zhivaia starina*（St Petersburg, 1898）, vyp. 1, p. 231.

146. 回忆录文学作品中关于这一进程的详实资料，参阅 Nikiforov, *Vospominaniia iz vremen imp. Nik. I*, 120-25。另外可 参 阅 Nalimov, 'Zagrobnyi mir po verovaniiam zyrian', 10; Ivanov, 'Ocherk', 248-9; 以及 Worobec, 'Death Ritual among Ukrainian Peasants', pp. 16-18。

147. Worobec, 'Death Ritual among Ukrainian Peasants', p. 30.

148. Ivanov, 'Ocherk', 250-53; A. Tereshchenko, *Byt russkogo naroda*（St Petersburg, 1848）, p. 84; Nalimov, 'Zagrobnyi mir po verovaniiam zyrian', pp. 5-7.

149. Tereshchenko, *Byt russkogo naroda*, 95, 121-4; 'Smert' i dusha', pp. 231-2.

150. Dostoevsky, *The Brothers Karamazov*, p. 906.

151. Strizhev, *Dukhovnaia tragediia L' va Tolstogo*, p. 67.

152. L. Tolstoi, *Polnoe sobranie sochinenii*, vol. 54, p. 133.

153. Pozoiskii, *K istorii otluchenii L. Tolstogo ot tserkvi*, pp. 128-34.

154. Wilson, *Tolstoy*, p. 517.

第六章　成吉思汗的后裔

1. N. A. Dobrotvorskii, 'Permiaki', *Vestnik evropy*, no. 3（1833）, p. 261.

2. 参阅 P. Weiss, *Kandinsky and Old Russia. The Artist as Ethnographer and Shaman*（New Haven,

1995）。

3. V. V. Kandinskii, 'Stupeni', in *Tekst khudozhnika*（Moscow, 1918）, p. 27.

4. V. V. Kandinskii, 'Iz materialov po etnografii sysol'skikh i vychegodskikh zyrian', *Etnograficheskoe obozrenie*, no. 3（1889）, pp. 105-8.

5. L. N. Zherebtsov, Istoriko-kulturnye vzaimootnosheniia komi s sosednimi narodami（Moscow, 1982）, 19；康定斯基关于此次旅程的未发表日记，现藏于巴黎蓬皮杜现代艺术中心。

6. M. A. Castren, *Nordische Reisen*（St Petersburg, 1853-6）.

7. 参 阅 F. Oinas, 'Shamanic Components in the Kalevala', in J. Fernandez-Vest（ed.）, *Kalevale et traditions orales du monde*（Paris, 1987）, pp. 39-52。

8. N. Findeizin, *Ocherki po istorii muzyki v Rossii*, 2 vols.（Moscow- Leningrad, 1929）, vol. 2, pp. 219-21.

9. 康定斯基的族谱，参阅 V. V. Baraev, *Drevo dekabristy i semeistvo kandinskikh*（Moscow, 1991）。

10. N. A. Baskakov, *Russkie familii tiurkskogo proiskhozhdeniia*（Moscow 1979）, pp. 11, 58, 83,100,155-6,169, 201-3, 223.

11. 同上, 142; V. Nabokov, *Strong Opinions*（New York, 1973）, p. 119。

12. 关 于 这 部 作 品 的 评 价， 参 阅 B. Farmakovskii, *N. I. Veselovskii - Arkheolog*（St Petersburg, 1919）。

13. E. V. Anichkov et al., *Istoriia russkoi literatury*（Moscow, 1908）, vol. 1, 99; P. Bogaevskii, 'Religioznye predstavleniia votiakov', *Etnograficheskoe obozrenie*（1890）, no. 2.

14. V. G. Tan-Bogoraz, 'K psikhologii shamanstva narodov severnovostochnoi Azii', *Etnograficheskoe obozrenie*, nos. 1-2（1910）.

15. D. Zelenin, *Le Culte des idoles en Siberie*（Paris, n.d.）, pp. 13-59,118-20, 153.

16. 参阅 J. Fennell, *The Crisis of Medieval Russia*（London, 1983）, p. 78-9, 87-9。

17. 参阅 D. Likhachev, *Russkaia kul'tura*（Moscow, zooo）, p. 21。

18. N. M. Karamzin, *Istoriia gosudarstva rossiiskogo*（St Petersburg, 1817）, vol. 5, pp. 358, 359-60, 373-4.

19. Letter（in French）to Chaadaev, 19 October 1836, in *Sochineniia Pushkina. Perepiska*, 3 vols.（St Petersburg, 1906-11）, vol. 3, p. 388.

20. A. Pushkin, *Eugene Onegin*, trans. J. Falen（Oxford, 1990）, p. 26.

21. V. O. Kliuchevskii, *Kurs russkoi istorii*, 5 vols.（Moscow, 1937）, vol. 4, p. 352.

22. M. Cherniavsky, 'Khan or Basileus: An Aspect of Russian Medieval Political Theory', *Journal of the History of Ideas*, 20（1959）, pp. 459-76; C. Halperin, *Russia and the Golden Horde: The Mongol Impact on Medieval Russian History*（Bloomington, 1985）, p. 98.

23. B. Ischboldin, *Essays on Tartar History*（New Delhi, 1973）, 96-109.

24. V. V. Stasov, 'Kritika moikh kritikov', in *Sobranie sochinenii V. V. Stasova, 1847-1886*, 3 vols.（St Petersburg, 1894）, vol. 3, pp. 1336,1350.

25. 引自 G. Vernadsky, *The Mongols and Russia* (New Haven, 1953) , p.383。

26. N. I. Veselovskii, 'Perezhitki nekotorykh Tatarskikh obychaev u russkikh' , *Zhivaia starina*, vol. 21, no. 1 (1912) , pp. 27-38.

27. V. Nabokov, *Speak, Memory* (Harmondsworth, 1969) , pp. 26-7.

28. D. Mackenzie Wallace, *Russia*, 2 vols. (London, 1905) , vol. 1, pp. 331-2.

29. L. Tolstoy, *Childhood, Boyhood, Youth*, trans. R. Edmonds (London, 1964) , pp. 43-4.

30. 参阅 P. Longworth, 'The Subversive Legend of Stenka Razin' , in V. Strada (ed.) , *Russia*, 2 vols. (Turin, 1975) , vol. 2, p. 29。

31. *Russkii traditsionnyi kostium. Illiustrirovannia entsiklopedia* (St Petersburg, 1999) , pp. 21-2,91-2, 107, 282-6, 334-5.

32. R. Wortman, *Scenarios of Power: Myth and Ceremony in Russian Monarchy*, 2 vols. (Princeton, 1995) , vol. 1, p. 26.

33. E. Edwards, *Horses: Their Role in the History of Man* (London, 1987) , 213; F. Simmons, *Eat Not This Flesh: Food Avoidance from Prehistory to the Present* (London, 1994) , p. 183.

34. M. Khodarkovsky, *Where Two Worlds Met: The Russian State and the Kalmyk Nomads 1600-1771* (Ithaca, 1992) , pp. 5-28.

35. M. Bassin, 'Inventing Siberia: Visions of the Russian East in the Early Nineteenth Century' , *American Historical Review*, vol. 96, no. 3 (1991) , p. 767.

36. M. Khodarkovsky, '"Ignoble Savages and Unfaithful Subjects" : Constructing Non-Christian Identities in Early Modern Russia' , in D. Brower and E. Lazzerini (eds.) , *Russia's Orient: Imperial Borderlands and Peoples, 1700-1917* (Bloomington, 1997) , p. 10.

37. Bassin, 'Inventing Siberia' , pp. 768-70.

38. 引自 A. I. Stepanchenko, *Gordost' nasha Sibir': molodym o zavetnom krae* (Irkutsk, 1964) , p. 5。

39. Bassin, 'Inventing Siberia' , 772. 在民间传说中，有西伯利亚本是海洋的说法。参阅 F. F. Vigel', *Zapiski*, chast' 2 (Moscow, 1892) , p. 154。

40. V. Dal', *Tolkovyi slovar'zhivago velikomskago iazyka*, 4 vols. (St Petersburg, 1882) , vol. 4, p. 180.

41. K. Ryleev, 'Voinarovskii' (1825) , in *Polnoe sobranie sochinenii* (Leningrad, 1971) , p. 192.

42. Iu. Lotman, L. Ginsburg, B. Uspenskii, *The Semiotics of Russian Cultural History* (Ithaca, 1985) , 111; A. Herzen, *My Past and Thoughts*, trans. C. Garnett (Berkeley, 1999) , 170; Vigel, *Zapiski*, 144; E. Lavrent' eva, *Svetskii etiket pushkinskoi pory* (Moscow, 1999) , p. 346.

43. Marquis de Custine, *Empire of the Czar: A Journey through Eternal Russia* (New York, 1989) , p. 211.

44. S. T. Aksakov, *The Family Chronicle*, trans. M. Beverley (Westport, Conn., 1985) , pp. 208-11.

45. E. I. Stogov, 'Zapiski', *Russkaia starina* (1903), vol. 114, p. 123.

46. S. M. Volkonskii, *O dekabristakh: po semeinum vospominaniiam* (Moscow, 1994), p. 72.

47. S. Sebag Montefiore, *Prince of Princes: The Life of Potemkin* (London, 2000), p. 293.

48. 参阅 D. Shvidkovsky, *The Empress and the Architect: British Architecture and Gardens at the Court of Catherine the Great* (New Haven, 1996), ch. 4。

49. F. I. Lobysevich, *Gorod Orenburg: Istoricheskii-statisticheskii ocherk* (St Petersburg, 1878), 7; A. Alektorov, *Istoriia orenburgskoi gubernii* (Orenburg, 1883), p. 4.

50. S. M. Volkonskii, *Arkhiv dekabrista S. G. Volkonskogo*, t. 1, Do sibiri (Petrograd, 1918), pp. 79-80, 276.

51. 同上, pp. 45-51。

52. 同上, pp. 116-18。

53. P. I. Rychkov, *Istoriia orenburgskaia* (Orenburg, 1896), p. 13.

54. Volkonskii, *Arkhiv dekabrista S. G. Volkonskogo*, p. 261.

55. IRL RAN, f. 57, op. 2, n. 20,ll. 95,130,154; op. 4, n. 96,l.17.

56. IRL RAN, f. 57, op. 4, n. 144,ll.17-18.

57. IRL RAN, f. 57, op. 4, n. 95,l.14.

58. IRL RAN, f. 57, op. 4, n. 95,l. 29.

59. IRL RAN, f. 57, op. 2, n. 20,ll. 7, 9 and elsewhere.

60. IRL RAN, f. 57, op. 4, n. 95,ll.12,16.

61. IRL RAN, f. 57, op. 4, n. 96,l. 6.

62. 引自 G. Semin, *Sevastopol': istoricheskii ocherk* (Moscow, 1954), p. 24。

63. S. Dianin, *Borodin* (Oxford, 1963), p. 307.

64. S. Layton, *Russian Literature and Empire: The Conquest of the Caucasus from Pushkin to Tolstoy* (Cambridge, 1994), p. 54.

65. 同上, p. 110。

66. V. K. Kiukhel'beker, *Sochineniia* (Leningrad, 1989), p. 442.

67. L. Grossman, 'Lermontov i kul'tura vostoka'. *Literaturnoe nasledstvo*, nos. 43-4 (1941), p. 736.

68. N. Gogol', *Polnoe sobranie sochinenii*, 14 vols. (Moscow-Leningrad, 1937-52), vol. 8, p. 49.

69. 同上, pp. 56-8。

70. Pushkin, *Polonoe sobranie sochinenii*, vol. 8, p. 463.

71. Izmail Bey (1832), in M. Lermontov, *Polnoe sobranie sochinenii*, 10 vols. (Moscow, 1999), vol. 3, p. 189.

72. 同上, pp. 275-6。

73. 参阅，例如 M. A. Balakirev, *vospominaniia i pis'ma*（Leningrad, 1962）and *Balakirev: Issledovaniia i stat'i*（Leningrad, 1961）中插入的相片。

74. E. Brown, *Balakirev: A Critical Study of his Life and Music*（London, 1967），pp. 48-50.

75. N. Rimsky-Korsakov, *My Musical Life*, trans. J. Joffe（London, 1924），33; I. Stravinsky and R. Craft, *Conversations with Igor Stravinsky*（London, 1959），p. 45.

76. M. A. Balakirev, *V. V. Stasov. Perepiska*, 2 vols.（Moscow, 1970-71），vol. 1, p. 188.

77. 'Tamara'（1841），in M. Lermontov, *Polnoe sobranie sochinenii*, 5 vols.（St Petersburg, 1910-13），vol. 2, p. 342.

78. A. N. Rimskii-Korsakov, *N. A. Rimskii-Korsakov: zhizn' i tvorchestvo*, vyp. 2（Moscow, 1935），p. 31.

79. V. Stasov, *Izbrannye sochineniia v trekh tomakh*（Moscow, 1952），vol. 2, p. 528.

80. 引自 V. Karenin, *Vladimir Stasov. Ocherk ego zhizni i deiatel'nosti*, 2 vols.（Leningrad, 1927），vol. 1, p. 306。

81. V. Stasov, *Russkii narodnyi ornament*（St Petersburg, 1872）. 由于此书花了几年时间才得以出版，因此比斯塔索夫论 "英雄歌谣" 的作品（出版于 1868 年）要晚。参见注释第 83 条。

82. 同上，p. 76。

83. V. Stasov, *Proiskhozhdenie russkikh bylin'*, 3 vols.（St Petersburg, 1868），vol. 1, pp. 225-62.

84. 同上，vol. 2, 651-75; vol. 3, p. 617。

85. Stasov, 'Kritika moikh kritikov', 1317-18. 这里涉及的语言学者，主要是 Wilhelm Schott, *Über das Altaische oder finnische-tatarische Sprachgeschlecht*（Berlin, 1849）.

86. Stasov, *Proiskhozhdenie russkikh bylin'*, vol. 3, pp. 334-6.

87. G. Gilferding, 'Proiskhozhdenie russkikh bylin V. V. Stasova', *Vestnik evropy*（1868），vols. 1-4, 687; Stasov, 'Kritika moikh kritikov', pp. 1324, 1350; A. A. Shifner, 'Otzyv o sochinenii V. Stasova: "O proiskhozhdenii russkikh bylin"'（St Petersburg, 1870），p. 2.

88. V. Miller, 'O sravnitel'nom metode avtora "Proiskhozhdeniia russkikh bylin"', n.d., Petersburg Public Library, cat. no. 18.116.2.292.

89. K. Aksakov, 'Bogatyri vremen velikogo kniazia Vladimira', *Sochineniia*, 2 vols.（St Petersburg, 1861），vol. 1, p. 342.

90. F. Buslaev, 'Russkii bogatyrskii epos', *Russkii vestnik*（1862），vol. 5, p. 543.

91. N. Rimskii-Korsakov, *Literaturnye proizvedeniia i perepiska*（Moscow, 1963），p. 417.

92. 参阅 R. Zguta, *Russian Minstrels: A History of the Skomorokhi*（Pennsylvania, 1978）。

93. A. S. Famintsyn, *Skomorokhi na Rusi. Izsledovanie*（St Petersburg, 1889），pp. 161-7.

94. SP-PLMD, f. 738, op. 1, d. 17; *Rimskii-Korsakov, Literaturnye proizvedeniia*, p. 420.

95. Rimsky-Korsakov, *My Musical Life*, p. 79.

96. Stasov, *Russkii narodnyi ornament*, xiii-xiv, xviii-xix.

97. A. Chekhov, *Polnoe sobranie sochinenii,* 30 vols. (Moscow, 1974-83) , vol. 4, p. 31.

98. Chekhov, *Polnoe sobranie sochinenii,* vol. 16, pp. 236-7.

99. 同上 , vol. 4, p. 19。

100. 同上 , vol. 4, pp. 31-2。

101. A. Chekhov, *The Island of Sakhalin,* trans. L. Terpak and M. Terpak (London, 1989) , 208. 由 B. Reeve 翻译的这一段见 A. Chekhov, *A Journey to Sakhalin* (Cambridge, 1993) , pp.329-30。

102. 参 阅 N. Frieden, *Russian Physicians in the Era of Reform and Revolution, 1856-1905* (Princeton, 1985) , pp. 189-90。

103. Chekhov, *A Journey to Sakhalin,* p. 59.

104. 同上 , p. 72。

105. 同上 , p. 338。

106. 同上 , p. 145。

107. R. Hingley, *A Life of Chekhov* (Oxford, 1976) , pp. 63-4.

108. V. S. Pritchett, *Chekhov: A Spirit Set Free* (London, 1988) , pp. 111, 148, 155-6.

109. A. Fedorov-Davydov, *Isaak Wich Levitan: Pis' ma, dokumenty, vospom- inaniia* (Moscow, 1956) , p. 37.

110. Chekhov, *Polnoe sobranie sochinenii,* vol. 6, p. 210.

111. A. Chekhov, 'Three Years' , in *The Princess and Other Stories,* trans. R. Hingley (Oxford, 1990) , pp. 128-9.

112. S. Lafitte, 'Deux amis: Cechov et Levitan' , *Revue des Etudes Slaves,* 41 (1962) , p. 147.

113. Fedorov-Davydov, *Isaak Wich Levitan,* p. 136.

114. A. Chekhov, 'The Steppe' , trans. C. Garnett and D. Rayfield, in *The Chekhov Omnibus: Selected Stories* (London, 1994) , pp. 5-6.

115. Fedorov-Davydov, *Isaak Wich Levitan,* pp. 8,133.

116. Chekhov, *Polnoe sobranie sochinenii,* vol. 15, p. 368.

117. S. P. Kuvshinnikova, 'Iz vospominanii khudozhnitsy' , in A. Fedorov-Davydov, *Isaak Il' ich Levitan,* p. 58.

118. Chekhov, 'The Steppe' , pp. 3,13.

119. 参阅 N. Berdyaev, *The Russian Idea* (London, 1947) , pp. 2-3。

120. Chekhov, 'The Steppe' , p. 34.

121. O. Mandelstam, *The Collected Critical Prose and Letters,* trans. J. Harris and C. Link (London, 1991) , p. 352; M. P. Musorgskii, *Pis' ma i dokumenty* (Moscow, 1932) , 250 (letter to the painter Repin, 1873) .

122. 引自 T. Shanin (ed.) , *Peasants and Peasant Societies* (Oxford, 1987) , pp. 382-3。

123. M. Saltykov-Shchedrin, *The Golovlyov Family,* trans. R. Wilks (Harmondsworth, 1988) , p. 113.

124. N. A. Dobroliubov, *Sobranie sochinenii,* 9 vols (Moscow, 1962) , vol. 4, p. 336.

125. 1. Goncharov, *Oblomov,* trans. D. Magarshack (Harmondsworth, 1954) , p. 14.

126. V. I. Lenin, *Polnoe sobranie sochinenii,* 56 vols. (Moscow, 1958-65) , vol. 45, p. 13.

127. SP-PLMD, f. 708, op. 1, d. 1315,1. 20.

128. F. I. Bulgakov, *V. V. Vereshchagin i ego proizvedeniia* (St Petersburg, 1905), p. 9.

129. SP-PLMD, f. 708, op. 1, d. 1315,1. 6.

130. Perepiska, *V. V. Vereshchagina i V. V. Stasova. I:1874-1878* (Moscow, 1950), p. 15.

131. SP-PLMD, f. 708, op. 1, d. 1315,l. 22.

132. SP-PLMD, f. 708, op. 1, d. 1315,l. 24.

133. *Russkii mir* (1875), no. 65, 27.

134. Bulgakov, *V. V. Vereshchagin i ego proizvedeniia*, p. 17.

135. 同上 , p. 44。

136. SP-PLMD, f. 708, op. 1, d. 1315,l. 23.

137. 同上 1. 30。

138. 同上 , 1. 31。

139. 同上 , 1. 27。

140. V. Grigor' ev, *Ob otnoshenii Rossii k vostoku* (Odessa, 1840), pp. 8-9,11.

141. M. I. Veniukov, '*Postupatel' noe dvizhenie Rossii v Srednei Azii*', *Sbomik gosudarstvennykh znanii* (1877), no. 3, p. 164.

142. A. Malozemoff, *Russian Far Eastern Policy 1881-1904* (Berkeley, 1958), pp. 43-4.

143. F. Dostoevsky, *A Writer' s Diary*, trans. K. Lantz, 2 vols. (London, 1994), vol. 2, pp. 1369-74.

144. 引 自 J. Frank, *Dostoevsky: The Years of Ordeal, 1850-1859* (London, 1983), p. 182。

145. Pushkin, *Polnoe sobranie sochinenii*, vol. 3, p. 390.

146. A. I. Gertsen, *Sobranie sochinenii v tridtsati tomakh* (Moscow, 1954- 65), vol. 23, p. 175.

147. G. S. Lebedev, *Istoriia otechestvennoi arkheologii 1700-1917* gg. (St Petersburg, 1992), p. 238.

148. N. K. Rerikh, *Pism' ak V. V. Stasovu. Pis' tna V. V. Stasova k N. K. Rerikhu* (St Petersburg, 1993), p. 27.

149. 同上 , pp. 28-9。

150. E. Iakovleva, *Teatral'no-dekoratsionnoe iskusstvo N. K. Rerikha* (n.p., 1996), pp. 56-7,134-40.

151. A. Blok, *Sobranie sochinenii v vos'mi tomakh* (Moscow-Leningrad, 1961-3), vol. 3, pp. 360-61.

152. A. Blok, *Polnoe sobranie sochinenii i pisem v dvadtsati tomakh* (Moscow, 1997-) . vol. 5, pp. 77-80.

153. 引自 *Istoricheskii vestnik*, no. 1 (1881), p. 137。

154. 引自 N. P. Antsiferov, *Dusha Peterburga* (St Petersburg, 1922), p. 100。

155. 'Na pole Kulikovom' (1908), in *Blok, Polnoe sobranie sochinenii ipisem*, vol. 3, p. 172.

156. A. Bely, Petersburg, trans. R. Maguire and J. Malmstad (Harmondsworth, 1983), pp. 52-3.

157. 同上 , p. 167。

158. N. S. Trubetskoi, *K probleme russkogo samopoznaniia* (Paris, 1927), pp. 41-2,48-51. 哲学家 Lev Karsavin 在 *Vostok, zapad i russkaia ideia* (Petrograd, 1922) 中，对类似的观点做了进一步阐述。

159. 参阅 R. Taruskin, *Stravinsky and the Russian Traditions: A Biography of the Works through Mavra*, 2 vols. (Oxford, 1996) , vol. 2, pp. 1319-1440；以及同一作者, *Defining Russia Musically* (Princeton, 1997) , pp. 389-467。

160. Kandinskii, 'Stupeni' , 27.

161. 引自 C. Gray, *The Russian Experiment in Art, 1863-1922* (London, 1986) , p. 138。

162. A. Shevchenko, 'Neoprimitivism: Its Theory, Its Potentials, Its Achievements' , in J. Bowlt (ed.) , *Russian Art of the Avant-garde: Theory and Criticism, 1902-34* (New York, 1976) , p. 49.

163. *Kandinsky: Complete Writings on Art*, K. Lindsay and P Vergo (eds.) , 2. vols. (Boston, 1982) , vol. 1, p. 74.

164. Weiss, *Kandinsky and Old Russia*, pp. 49-52.

165. 同上 , pp. 56-60。

166. 同上 , pp. 153-70。

167. Oinas, 'Shamanic Components in the Kalevala' , pp. 47-8.

168. A. Pushkin, *Collected Narrative and Lyrical Poetry*, trans. W. Arndt (Ann Arbor, 1984) , p. 437.

第七章 透过苏维埃看俄罗斯

1. N. Drizen, 'Iz star' i "Teatre vo vremia revoliustii"' , in R.D.Timenchik and V. Ia. Morderer (eds.) , *Poema bez geroia* (Moscow, 1989) , p. 147.

2. *The Complete Poems of Anna Akhmatova*, trans. J. Hemschemeyer, ed. R. Reeder (Edinburg, 1992) , p.417.

3. A. Naiman, 'Introduction' , in *The Complete Poems of Anna Akhmatova*, p.24.

4. The Complete Poems of Anna Akhmatova, pp.210-11.

5. N. I. Popava and O. E. Rubinchuk, *Anna Akhmatova I fontanny dom* (St Petersburg, 2000) , p.18.

6. O. Figes, *A People's Tragedy: The Russian Revolution, 1891-1924* (London, 1996) , pp.603-5.

7. 'Petrograd, 1919', from *Anno Domini MCMXXI*, in *The Complete Poems of Anna Akhmatova*, p.259.

8. Figes, *A People's Tragedy*, p.727.

9. N. Mandelstam, *Hope Abandoned*, trans. M. Hayward (London, 1989) , p.64

10. '15 Sepetember, 1921', from *Anno Domini MCMXXI*, in *The Complete Poems of Anna Akhmatova*, p.297.

11. 'July 1922' , from *Anno Domini MCMXXI*, 同上 , p.263。

12. *Anno Domini MCMXXI* 第三章的标题, 同上。

13. K.Chukovskii, 'Akhmatova i Maiakovskii', in *Dom iskusstv*, no. 1 (1921) , p.42.

14. 'Prayer, May 1915, Pentecost', from *White Flock*, in *The Complete Poems of Anna Akhmatova*, p.203.

15. 她的 'The Way of All the Earth'（1940）即为一例。同上，pp.530-34。

16. *Zapisnye knizhki Anny Akhmatovy（1958-1966）*（Moscow, 1996），p 32.

17. Poem without a Hero（1940-1963），in *The Complete Poems of Anna Akhmatova*, p.583.

18. 这些文章（'Vneoktiabrškaia literatura'）发表于 1922 年 10 月 17 日和 22 日的《真理报》上。

19. N. N. Punin, 'Revoliutsia bez literatury', in *Minuvshee*, no.8（1989）.p.346.

20. Popova and Rubinchuk, *Anna Akhmatova i fontanny dom*, p.68.

21. 同上，p.67。

22. L. Chukovskaya, The Akhamatova Diaries: Volume 1. 1938-41, trans. M. Michalski and S. Rubashova（New York, 1994），p.10.

23. L. Anninskii and E. L. Tseitlin, *Vekhi pamiati: o knigakh N. A. Ostrovskogo 'Kak zakalialas stal' i Vs.Ivanova 'Bronepoezd 14-69'*（Moscow 1987）.

24. S. M. Volkonskii, *Moi vospominaniia v dvukh tomakh*（Moscow, 1992），vol.2,pp.326-7.

25. O.Matich, 'Utopia in Daily Life', in J. Bowlt and O. Matich（eds.），*Laboratory of Dreams: The Russian Avant-garde and Culture Experiment*（Stanford, 1996），pp.65-6; V. Buchli, *An Archaeology of Socialism*（Oxford, 1999），p.29.

26. Buchli, An Archaeology of Socialism, pp.65-8.

27. R.Stites, *Revolutionary Dreams: Utopian Vision and Experimental Life in the Russian Revolution*（Oxford, 1989），pp.190-99; M. Bliznakov, 'Soviet Housing during the Experimental Years, 1918-1933', in W.Brumfield and B. Ruble（eds.），*Russian Housing in the Modern Age: Design and Social History*（Cambridge, 1993），pp.89-90; F. Starr, 'Visionary Town Planning during the Cultural Revolution', in S. Fitzpatrick（ed.），*Cultural Revolution in Russia, 1928-1931*（Bloomington, 1978），pp.207-11.

28. V. I. Lenin, *Polnoe sobranie sochinenii*, 56 vols.（Moscow,1958-65），vol.42, p.262.

29. L. Trotskii, *Sochineniia*（Moscow, 1925-7），vol.21, pp.110-12.

30. 欲了解构成主义者的意识形态，参见 C. Lodder, *Russian Constructivism*（New Haven, 1983）。

31. 参见 C. Kaier, 'The Russian Constructivist "Object" and the Revolutionizing of Everyday Life, 1921-1929', Ph.D. diss（Univ. of California, 1995），pp.66-8。

32. Lodder, Russian Constructivism, p. 159; 'Utopia in Daily Life', p.60.

33. 帕维尔·列别杰夫−波利扬斯基的话引自 L. Mally, *Culture of the Future: The Prolekult Movement in Revolutionary Russia*（Berkeley, 1990），p. 160。

34. Mally, *Culture of the Future*, p.xix; RGASPI, f.17, op.60, d.43, l.19; C. Read, *Culture and Power in Revolutionary Russia: The Intelligentsia and the Transition from Tsarism to Communism*（London, 1990），pp.113-14.

35. V. Kirillov, 'My'（1917），in *Stikhotvoreniia i poemy*（Moscow, 1970），p.35。

36. K. Zetkin, *Reminiscences of Lenin*（London, 1929）, p.14.

37. M. Bliznakov, 'Soviet Housing during the Experimental Years, 1918 to 1933', p.117.

38. T. Colton, *Moscow: Governing the Socialist Metropolis*（Cambridge, Mass., 1995）, p.223.

39. M. Chagall, *My Life*（London, 1965）, p.137.

40. J. Brooks, 'Studies of the Reader in the 1920s', in *Russian History*, vol.9, nos.2-3（1982）, pp.187-202; BV.Volkov, 'Limits to Propoganda: Soviet Power and the Peasant Rader in the 1920s', in J. Raven, *Free Print and Non-commercial Publishing since 1700*（Aldershot, 2000）, p.179.

41. R. Rülöp-Miller, *Geist und Gesicht des Bolschewismus*（Zurich, 1926）, p.245.

42. *Samoe vazhnoe iz vsekh iskusstv. Lenin o kino*（Moscow, 1963）, p.124.

43. P. Kenez, *The Birth of the Propaganda State: Soviet Methods o Mass Mobilization*（Cambridge, 1985）, p.74

44. L. Trotsky, 'Vodka, tservkov I kinematograf'（见 1923 年 6 月 12 日《真理报》）. L. Trotsky, *Problems of Everyday Life and Other Writings on Culture and Science*（New York, 1973）, pp.31-5 中引用了该文的英译文。

45. 欲了解苏联观众的数据，请参见 D. Youngblood, *Movies for the Masses: Popular Cinema and Soviet Society in the 1920s*（Cambridge, 1992）, pp.25-8。

46. K. Samrin, 'Kino ne teatre', in *Sovetskoe kino*, no.2（1927）, p.8.

47. G. M. Boltianskii, 'Iskustvo budushchego', in *Kino*, nos. 1/2（1922）, p.6.

48. D. Vertov, *Stat' i, dnevniki, zamysli*（Moscow, 1966）, p.90.

49. R. Taylor, *The Politics of the Soviet Cinema, 1917-1929*（Cambridge, 1979）, p.129. 维尔托夫理论著述的英译本，可参见 D. Vertov, *Kino-Eye*, ed. A. Michelson, trans. K. O'Brien（Berkeley, 1984）。

50. V. Pudovkin, *Film Technique and Film Acting*, trans. I. Montagu（New York, 1970）, pp.168-9.

51. I. Christie, 'Making Sense of Early Soviet Sound' 是对该主题的一篇优秀概述；见 R. Taylor and I. Christie（eds.）, *Inside the Film Factory: New Approaches to Russian and Soviet Cinema*（London, 1991）, pp.176-92。关于对位法配音的叙述，见 R. Taylor and I. Christie（eds.）, *The Film Factory: Russian and Soviet Cinema Documents, 1896-1939*（London, 1994）, pp.234-5。

52. S. M. Volkonskii, *Moi vospominaniia v dvukh tomakh*（Moscow, 1992）, vol.1, p.19.

53. S. M. Volkonskii, *Vyrazitel' nyi chelovek: stsenicheskoe vospitanie zhesta*（po Del' sartu）（St Petersburg, 1913）, p. 132.

54. M. Yamposlky, 'Kuleshov's Experiments and the New Anthropology of the Actor', in Taylor and Christie, *Inside the Film Factory*, pp.42-50.

55. S. Eisenstein, *Selected Works*, 4 vols.（London, 1988-1995）, vol.4, p.67.

56. 同上，vol.4, p.527。

57. 引自 R. Bergan, *Eisenstein: A Life in Conflict* (London, 1997), p.28。

58. Eisenstein, *Selected Works*, vol.4, p.27.

59. 引自 Bergan, *Eisenstein*, p.50。

60. 欲了解爱森斯坦自己对这一系列影像的评论，参见其文章 'A Dialectic Approach to Film Form', in *Film Forms: Essays in Film Theory*, ed. and trans. J. Leyda(New York, 1949), p.62。

61. Eisenstein, *Selected Works*, vol.1, p.131.

62. K. Rudnitsky, *Russian and Soviet Theater: Tradition and Avant-garde*, trans R.Permar (London, 1988), p.63.

63. V. Maiakovskii, *Polnoe sobranie sochinenii*, 13 vols. (Moscow, 1955-61), vol.2. p.248.

64. E. Braun, *The Theater of Meyerhold: Revolution and the Modern Stage* (London, 1986), pp.169-73, 180-82.

65. 参见 A. Fevralskii, *Putik sintezu: Meierhol' d I kino* (Moscow, 1978)。

66. Braun, *The Theater of Meyerhold*, pp.196, 211, 218.

67. A. van Gyseghem, *Theater in Soviet Russia* (London, 1943), pp.27-9 中包含了上过梅耶荷德生物力学课程的学生讲述的亲身经历。

68. A. Law and M. Gordon, *Meyerhold, Eisenstein and Biomechanics: Actor Training in Revolutionary Russia* (Jefferson, N.C.,1996), pp.30-31.

69. 同上，pp.40-41。

70. *Deiateli soiuza sovetskikh sotsialisticheskikh respublik I oktiabr' skoi revloiutsii. Entsklopedichekii slovar*, 7th edn (Moscow,1989), vol.41, pt 2, pp.101-2.

71. Stites, *Revolutionary Dreams*, pp.146-57; E. Toller, *Which World? Which Way?* (London, 1931), p.114.

72. 欲了解奥威尔从扎米亚京中吸取的元素，参见 E. Brown, *Brave New World, 1983, and We: An Essay on Anti-Utopia* (Ann Arbor, 1976)，尤其是 pp 221-6。欲了解奥威尔对扎米亚京的评论，参见 S. Orwell and I. Angus (eds.), *The Collected Essays, Journalism and Letters of George Orwell*, 4 vols. (London, 1968), vol.4, pp.72-5, 485。

73. E. Wilson, *Shostakovich: A Life Remembered* (London, 1994), p.61.

74. D. Flanning, *Shostakovich Studies* (Cambridge, 1995), p.426.

75. E. Egorovna, *Soviet Film Music: An Historical Survey* (Amsterdam, 1997) 是该主题一部很好的入门读物。

76. Flanning, *Shostakovich Studies*, p.426.

77. G. Kozintsev, *Sobranie sochinenii v piati tomakh* (Leningrad, 1984), vol.4, p.254.

78. V. Maiakovskii, 'Teatr I kino', in *Polnoe sobranie sochinenii*, vol.I, p.322.

79. 同上，vol.II, p.339。

80. S. Boyn, *Common Places: Mythologies of Everyday Life in Russia* (Cambridge, Mass., 1994) 引人入胜地讲述了这段文化史。

81. Maiakovskii, *Polnoe sobranie sochinenii*, vol.2, p.74-75.

82. 同上，vol.4, p.436。

83. 同上，vol 4, p.184。

84. 'Presdsmertnoe pis'mo maiakovskogo', in *Literaturnoe nasledstvo*, vol.65（Moscow, 1958）, p.199.

85. A. Charters and S. Charters, *I Love: The Story of Vladimir Mayakovsky and Lily Brik*（London, 1979）, p.362.

86. V. Skoriatin, 'Tania gibeli Vladimira Maiakovskogo: novaia versiia tragicheskikh sobytii, osnovannaia na poslednikh nakhodkakh v sekretnykh arkhivakh', in *XX vek: liki, litsa, lichiny*（Moscow, 1998）, pp.112-14, 125, 139, 223（爱森斯坦的话见页 112）.

87. K. Rudinsky, *Meyerhold the Director*（Ann Arbor, 1981）, p.445.

88. *Izvestiia*（26 February 1929）.

89. O. Berggoltz, 'Prodolzhenie zhizni', in B. Kornilov, *Stikhotvoreniia i poemy*（Leningrad, 1957）, p.10.

90. Maiakovskii, *Polnoe sobranie sochinenii*, vol.12, p.423.

91. 引自 H. Borland, *Soviet Literary Theory and Practice during the First Five-year Plan, 1928-1932*（New York, 1950）, p.24。

92. W. Woroszylski, *The Life of Mayakovsky*, B. Taborski（New York, 1970）, p.516.

93. Borland, *Soviet Literary Theory and Practice during the First Five-year Plan, 1928-1932*, pp.57-8.

94. *Soviet Writers' Congress, 1934. The Debate of Socialist Realism and Modernism*（London, 1977）, p.157.

95. 欲了解社会主义现实主义之为一种吹捧艺术，参见 A. Tertz, *On Socialist Realism*（New York, 1960）, p.24。

96. K. Clark, *The Soviet Novel: History as Ritual*（Chicago, 1981）中有一段精彩的论述，本节第一部分就是以其为基础写成的。

97. L. Feuchtwagner, *Moskva, 1937*（Talinn, 1990）, p.33.

98. I. Berlin, 'Meeting with Russian Writers in 1945 and 1956', in *Personal Impressions*（Oxford, 1982）, p.162.

99. P. Kenez, *Cinema and Soviet Society, 1917-1953*（Cambridge, 1992）, pp.91-2; Taylor, *The Politics of the Soviet Cinema*, pp.95-6.

100. *Puti kino: pervoe vsesoiuznoe soveshchanie po kinematografii*（Moscow, 1929）, p.37.

101. Youngblood, *Movies for the Masses*, pp.93-4; Taylor, *The Politics of the Soviet Cinema*, p.141.

102. 引自 M. Turovskaya, 'The 1930s and 1940s: Cinema in Context', in R. Taylor and D. Spring（eds.）, *Stalinism and Soviet Cinema*（London, 1993）, p.43。

103. 参见 D. Youngblood, *Soviet Cinema in the Silent Era, 1917-1935*（Ann Arbor, 1985）, pp.230-2。

104. 'O fil'me "Bezhin lug"'（1939 年 3 月 19 日的《真理报》）, p.3.

105. Bergan, *Eisenstein*, pp.283-6.

106. *Pervyi vsesoiuznyi s' ezd sovetskikh pisatelei*（Moscow, 1934）, p.316.

107. R.Taruskin, 'Shostakovich and Us', in R. Bartlett（ed.）, *Shostakovich in Context*（Oxford, 2000）, pp.16-17.

108. 'Sumbur vmesto muzyki'（1936 年 1 月 28 日的《真理报》）.

109. 欲了解他的痛苦与坦白，参见 V. Shentalinsky, *The KGB's Literary Archive: The Discovery and Ultimate Fate of Russia's Suppressed Writers*, trans. J. Crowfoot（London, 1995）, pp.25-6。

110. 引自 M. Brown, *Art under Stalin*（New York, 1991）, p.92。

111. Iu. Molok, *Pushkin v 1937 godu*（Moscow, 2000）, p.31.

112. M. Levitt, *Russian Literary Politics and the Pushkin Celebration of 1880*（Cornell, 1989）, p.164.

113. A. Platonov, *Thoughts of a Reader*（Moscow, 2000）, p.31.

114. 引自 Levitt, *Russian Literary Politics*, p.165。

115. N. Mandelstam, *Hope Against Hope*, trans. M. Hayward（London, 1989）, p.159.

116. R. Conquest, *Tyrants and Typewriters: Communiqués from the Struggle for Truth*（Lexington, 1989）, p.61.

117. Mandelstam, *Hope Against Hope*, p.26.

118. R. Reeder, *Anna Akhmatova: Poet and Prophet*（London, 1995）, p.197.

119. Mandelstam, *Hope Against Hope*, p.161.

120. 同上 , p.13. 这是落到人民内务委员会手里的该诗首稿。

121. A. Akhmatova, *My Half Century: Selected Prose*, ed. R. Meyer（Ann Arbor, 1992）, p.101.

122. E. Polyanovskii, *Gibel' Ostipa Mandelstama*（St Petersburg, 1993）, p.104.

123. Shentalinsky, *The KGB's Literary Archive*, p.183.

124. 欲了解帕斯捷尔纳克在这场著名事件中的作为——有人谴责他背叛了曼德尔施塔姆，最好去读一读季娜伊达·曼德尔施塔姆的论述，她说自己的丈夫对"帕斯捷尔纳克处理这件事的方式感到极为高兴"（*Hope Against Hope*, p.148）。

125. 'A Little Geography, O.M.'（1937）, in *The Complete Poems of Anna Akhmatova*, p.664.

126. Akhmatova, *My Half Century*, p.108.

127. O. Kalugin, 'Delo KGB na Annu Akhmatovu', in *Gosbezopasnost' i literatura na opyte Rossii i Germanii*（Moscow, 1994）, p.32.

128. Popova and Rubinchuk, *Anna Akhmatova I fontanny dom*, p.70.

129. *The Complete Poems of Anna Akhmatova*, p.384.

130. 同上 , p.393。

131. 同上 , p.386。

132. *Requiem*（1961）的前言，同上 , p.384。

133. Mandelstam, *Hope Abandoned*, p.252.

134. B. Pasternak, *Doctor Zhivago*, trans. M. Hayward and M. Hari（London, 1988）, p.453.

135. 引自 O. Ivinskaia, *V plenu vremeni: gody s B. Pasternakom*（Moscow, 1972）, p.96。

136. *On Early Trains*（1943）, in B.Pasternak, *Sobranie sochinenii v piati tomakh*（Moscow, 1989）, vol.2, pp.35-6.

137. 《真理报》, 1941 年 6 月 24 日。

138. *Krasnaia zvezda*（24 June 1941）.

139. 参见 F. Corley, *Religions in the Soviet Union: An Archived Reader*（Basing-stoke, 1996），pp.142-4。

140. Berlin, 'Meeting with Russian Writers', pp.160-61.

141. *Mikhail Zoshchenko:materialy k tvorcheskoi biografii*, ed. N. Gronzanova（St Petersburg, 1997），pp.173, 193.

142. Popova and Rubinchuk, *Anna Akhmatova I fontanny dom*, pp.91-2.

143. 'Courage'（1942）, in *The Complete Poems of Anna Akhmatova*, p.428.

144. 引自 A. I. Pavlovkii, *Anna Akhmatova*（Leningrad, 1982），p.99。

145. A. Haight, *Anna Akhmatova: poeticheskoe stranstvie: dnevnik, vospominaniia, pis'ma*（Moscow, 1991），p.122.

146. G. P. Makogonenko, 'Iz tret'ei epokhi vospominanii', in *Ob Anne Akhmatovoi*（Leningrad, 1990），pp. 263-4.

147. D. Oistrakh, 'Velikii khudozhnik nashego vremeni', in *Shostakovich: stati i materialy*（Moscow, 1976），p.26.

148. I. MacDonald, *The New Shostakovich*（Oxford, 1991），pp.153-5.

149. Wilson, *Shostakovich*, p.134.

150. 欲了解这部交响乐终章中借鉴自马勒之处，参见 I. Barsova, 'Between "Social Demands" and the "Music of Grand Passions": The Years 1934-1937 in the Life of Dmitry Shostakovich', in R. Barlett（ed.）, *Shostakovich in Context*（Oxford, 2000），pp.85-6。

151. A. Rozen, 'Razgovor s drugom', in *Zvezda*, vol.2, no.1,（1973），p.81.

152. 引自 H. Robinson, 'Conposing for Victory: Classical Music', in R. Bartlett（ed.）, *Culture and Entertainment in War-time Russia*（Indiana, 1995），p.62。

153. *Sergei Prokofiev: materialy, dokumenty, vospominaniia*（Moscow, 1960），p.457.

154. 参见 H. Robinson, *Sergei Prokofiev*（London, 1987），ch.22。

155. S. Eisenstein, 'From Lectures on Music and Colour in *Ivan the Terrible*', in *Selected Works*, vol.3, pp.153, 168-9, 317-19, 326-7.

156. 参见 *Sergei Prokofiev: materialy, dokumenty, vospominaniia*, pp481-92。

157. Ivinskaia, *V plenu vremeni*, p.96.

158. L. Kozlov, 'The Artist and the Shadow of Ivan', pp.115,123.

159. Io. Iuzovskii, *Eizenshtein v vospominaniiakh sovremennikov*（Moscow, 1974），p.402 中清楚地记述了爱森斯坦的意图。欲了解当时普希金及其戏剧对这位导演的影响，参见 Kozlov, 'The Artist and the Shadow of Ivan', pp.115, 123。

160. 欲了解关于斯大林精神状况的最新证据，参见 R. Brackman, *The Secret File of Joseph Stalin: A Hidden Life*（London, 2001），pp.195-7, 219-21, 416-17。

161. Kozlov, 'The Artist and the Shadow of Ivan', p.127.

162. *Moscow News*（1988），no.32, p.8.

163. Kozlov, 'The Artist and the Shadow of Ivan', p.148.

164. J. Goodwin, *Eisenstein, Cinema and History*（Urbana, 1993），p.191.

165. 引自 Kozlov, 'The Artist and the Shadow of Ivan', p.123。

166. Iuzovskii, *Eizenshtein v vospominaniiakh sovremennikov*（Moscow, 1974），p.412-13.

167. Berlin, 'Meeting with Russian Writers', p.198.

168. Lu. Budyko, 'Istoriia odnogo, posviashcheniia', in Russkaia literatura, no.1 (1984), p.236.

169. Berlin, 'Meeting with Russian Writers', p.189.

170. 同上, p.190。

171. '20 December 1945', in The Complete Poems of Anna Akhmatova, p.454.

172. Mandelstam, Hope Abandoned, pp.350-57.

173. 'Doklad t. Zhdanova o zhurnalakh Zvezda i Leningrad', in Znamiia, vol.10 (1946), pp.7-22.

174. Mandelstam, Hope Abandoned, pp.350-57.

175. E. Gershtein, Memuary (St Petersburg, 1998), p.345.

176. Berlin, 'Meeting with Russian Writers', p.202.

177. 参见 G. Dalos, The Guest from the Future: Anna Akhmatova and Isaiah Berlin (London, 1998), p.85。

178. Mandelstam, Hope Abandoned, p.375.

179. G. Carleton, The Politics of Reception: Critical Constructions of Mikhail Zoshchenko (Evanston, Ill.,1998), pp.231-2.

180. B. Schwarz, Music and Musical Life in Soviet Russia, 1917-1970 (London, 1972), pp.208, 218.

181. 《真理报》, 1949 年 1 月 9 日。

182. A. Tarkhanov and S. Kavtaradze, Architecture of the Stalin Era (New York, 1992), p.144; A.V. Ikonnikov, Istorizm v arkhitekturu (Moscow, 1997), pp.462-84; A. Ryabushin and N. Smolina, Landmarks of Soviet Eastern Europe (Durham, N.C.,1996).

183. 参见 M. Slobin (ed.),Returning Culture: Musical Changes in Central and Eastern Europe (Durham, N.C.,1996)。

184. M. Frolova-Walker, '"National in Form, Socialist in Content": Musical Nation-Building in the Soviet Republics', in Journal of the American Musicological Society, vol.51, no.2(1998), p.334.

185. Frolova-Walker, '"National in Form, Socialist in Content"', pp.331-8, 349-350; T. C. Levin, 'Music in Modrern Uzbekistan: The Convergence of Marxist Aesthetics and Central Asian Tradition', Asian Music, vol.12 (1979), no.1, pp.149-58.

186. Brackman, The Secret Files of Joseph Stalin, p.373.

187. 欲想了解斯大林对犹太人的态度, 可参见他女儿 Svetlana Allilueva 在 Dvadstat' pisem k drugu (New York, 1967) 中富有启发性的评论。

188. A.Vaisberg, 'Evreiskii antifashistskii komitet u M. A. Suslov', in Zveniiaistoricheskii almanakh (Moscow, 1991), pp.535-54.

189. Brackman, The Secret Files of Joseph Stalin, p.380.

190. J. Garrard and C. Garrard, The Bones of Berdichev: The Life and Fate of Vasily Grossman (London, 1996), p.298.

191. I. Ehrenburg, Men, Years-Life, 6 vols. (London, 1961-6), vol.6, p.55.

192. 同上, vol.6, p.55。

193. Berlin, 'Meetings with Russian Writers', p.183.

194. C. Barnes, Boris Pasternak: A Literary Biography, 2 vols. (Cambridge, 1998), vol 2, pp.233-4.

195. Egorovna, *Soviet Film Music*, p.122.

196. 引自 Wilson, *Shostakovich*, p.242。

197. V. Raznikov, *Kirill Kondrashin rasskazyvaet o muzyke I zhizni* (Moscow, 1989) , p.201.

198. Wilson, *Shostakovich*, p.235.

199. *Shostakovich 1906-75* (London, 1998) , p.62.

200. H. G. Wells, 'The Dreamer in the Kremlin', in *Russia in the Shadows* (London, 1920) .

201. 引自 R. Marsh, *Soviet Science-fiction since Stalin: Science, Politics and Literature* (London, 1986) , p.216。

202. A. Tarkovsky, *Sculpting in TIme: Reflections on the Cinema*, trans. K. Hunter-Blair (Austin, 1986) , p.42.

203. 同上 , p.192。

204. 同上 , p.89。

205. A. Tarkovsky, *TIme within Time: The Diaries, 1970-1986,* trans. K. Hunter-Blair (Calcutta, 1991) , p.159.

206. Tarkovsky, *Sculpting in Time*, p.42.

207. Y. Brudny, *Reinventing Russia: Russian Nationalism and the Soviet State, 1953-1991* (Cambridge, Mass.,1998) , pp.61-73; John B. Dunlop, *The Faces of Contemporary Russian Nationalism* (Princeton, 1983) , pp.226-8.

208. *Veche*, no. 1 (January 1971) , p.2.

209. 引自 B. Eisenschitz, 'A Fickle Man, or Portrait of Boris Barnet as a Soviet Director' , in Taylor and Christie, *Inside the Film Factory*, p.163。

210. 'Leningrad, 1959' , in *The Complete Poems of Anna Akhmatova*, p.716.

211. Berlin, 'Meeting with Russian Writers' , p.194.

212. *The Complete Poems of Anna Akhmatova*, p.545.

213. O. Mandelstam, *Selected Poems*, trans. D. McDuff (London, 1983) , p.69.

第八章 俄罗斯在海外

1. M. Tsvetaeva, 'Homesickness' (1934) , in Y. Yevtushenko (ed.) ,*Twentieth-century Russian Poetry* (London, 1993) , pp.234-5. Translation by Elaine Feinstein.

2. 引 自 Inna Broude, *Ot Khodasevicha do Nabokova: nostal'gicheskaia tema v poezii pervoi russkoi emigratsii* (Tenafly, N.J., 1990) , p.49。

3. N. Mandelstam, *Hope Abandoned*, trans. M. Hayward (London, 1989) , p.468.

4. M. Tsvetaeva, *Neizdannye pis'ma*, ed. G. and N. Struve (New York, 1972) .

5. Kudrova, *Posle Rossii*, p.203.

6. V. Khodasevich, *Stikhotvoreniia* (Leningrad, 1989) , p.295.

7. O. Fredrich, *Before the Deluge* (New York, 1972) , p.86; B. Boyd, *Nabokov. The Russian Times* (London, 1990) , p.376.

8. Boyd, *Nabokov: The Russian Years,* p.197.

9. 'To the Tsar at Easter, 21 May 1917', in M.Tsvtaeva, *Stikhotvoreniia i poemy v piati tomakh*, ed. A. Sumerkin and V. Schweitzer (New York, 1980-90) , vol.2, p.63.

10. R. Taruskin, *Stravinsky and the Russian Traditions: A Biography of the Works through Marva*, 2 vols.(Oxford, 1996) , vol.2, p.965.

11. Tsvetaeva, *Stikhotvoreniia i poemy*, vol.3, pp.168-9.

12. From 'Otplytie na ostrov Tsiteru' (1937), in G. Ivanov, *Izbrannye stikhi* (Paris, 1980), p.35.

13. 参见 Broude, *Ot Khodasevicha do Nabokova*, p.66。

14. A. Saakiants, *Marina Tsvetaeva: zhizn' i tvorchestvo* (Moscow, 1997) , p.725.

15. 'White Guards' (1918 年 7 月 27 日), from *The Camp of Swans* (1917-1921), 收录于 M. Tsvetaeva, *Selected Poems*, trans. H. Willetts (London, 1992) , pp.182-3。

16. 引自 V. Schweitzer, *Tsvetaeva*, trans. D. McDuff (London, 1992) , pp.182-3。

17. 未发表的信，引自 Schweitzer, *Tsvetaeva*, p.168。

18. 引自 L. Feiler, *Marina Tsvetaeva* (London, 1995) , p.203。

19. 'Russkoi rzhi ot menia poklon' (7 May 1925), in Tsvetaeva, *Stikhotvoreniia i poemy*, vol. 3, p.164.

20. Tsvetaeva, *Stikhotvoreniia i poemy*, vol. 3. p.164.

21. Tsvetaeva, *Neizdannye pis'ma*, p.411. 其中很多篇都见于英译本：M. Tsvetaeva, *A Captive Spirits: Selected Prose*, trans. J.King (London, 1983).

22. Tsvetaeva, 'Homesickness', in *Twentieth-century Russian Poetry*, p.234.

23. S. M. Volkonskii, *O dekabristakh: po semeinum vospominaniiamI* (Moscow, 1994) , p.214. 季娜伊达·沃尔孔斯基关于建立美术馆的想法发表于 1831 年的 *Teleskop* 杂志上。欲了解更多，参见 M. Fairweather, *Pilgram Princess: A Life of Princess Zinaida Volkonsky* (London, 1999) , pp.226-7。

24. Saakiants, *Marina Tsvetaeva*, p.249.

25. Tsvetaeva, *Stikhotvoreniia i poemy*, vol 3, p.187.

26. S. M.Volkonskii, *Moi vospominaniia v dvukh tomakh* (Moscow, 1992) , p.32.

27. 同上，pp. 234-5。

28. V. Nabokov, *Speak, Memory: An Autobiography Revisited* (Harmondsworth, 1969) , p.216.

29. 同上，p.216。

30. 同上，pp.213-14。

31. B. Boyd, *Nabokov: The Russian Years* (London, 1990) , p.161.

32. 参见 M. Raeff, *Russia Aborad: A Cultural History of the Russian Emigration, 1919-1939* (New York, 1990) , ch.4。

33. A. Pushkin, *Evgenii Onegin*, trans. V. Nabokov, 4 vols. (London, 1964).

34. F. Stepun, 'Literaturnye zametki', *Sovremennye zapiski*, vol. 27 (Paris, 1926) , p.327; N. Berberova, *The Italics Are Mine*, trans. P.Radley (London, 1991) , p.180.

35. Ivan Bunin: *From the Other Shore, 1920-1933: A Portrait from Letters, Diaries and Fiction*, ed. T. Marullo（Chicago, 1995）, p.5.

36. J. Woodward, *Ivan Bunin: A Study of His Fiction*（Chapel Hill, 1980）, p.164.

37. 引自 J. Haylock, *Rachmaninov*（London, 1996）, p.82。

38. S. Rakhmaninov, *Literaturnoe nasledie*, pp.128-31.

39. 同上, p.52。

40. 同上, p.53。

41. Haylock, *Rachmaninov*, p.58.

42. Rakhmaninov, *Literaturnoe nasledie*, pp.128-31.

43. A. Swan and K. Swan, 'Rachnamaninoff: Personal Reminiscences', in *The Musical Quarterly*, vol.30（1944）, p.4.

44. B. Martin, *Rachmaninov: Composer, Pianist, Conductor*（London, 1990）, p.312.

45. Berberova, *The Italics Are Mine*, p.347.

46. 同上, p.268。

47. Tsvetaeva, *Stikhotvoreniia i poemy*, vol. 1, p.140.

48. Berberova, *The Italics Are Mine*, p.348.

49. 同上, p.321。

50. 同上, p.319。

51. 纳博科夫未发表手稿, 引自 Boyd, *Nabokov: The Russian Years*, p.351。

52. Nabokov, *Speak, Memory*, p.63.

53. V. Nabokov, *Strong Opinions*（London, 1973）, p.178.

54. Nabokov, *Speak, Memory*, p.201.

55. 同上, p.61。

56. 同上, p.59。

57. 引自 Boyd, *Nabokov: The Russian Years*, p.177。

58. Nabokov, *Speak, Memory*, p.214.

59. 引自 B. Boyd, *Nabokov: The American Years*（London,1992）, pp.463-4。

60. 引自 A. Milbauer, *Transcending Exile: Conrad, Nabokov, I.B.Singer*（Miami, 1985）, p.41。

61. *The Garland Companion to Vladimir Nabokov*（New York, 1995）, p.64.

62. V. Nabokov, 'On a Book Entitled *Lolita*', in *Lolita*（Harmondsworth, 1995）, pp.316-17.

63. S. Schiff, *Vera（Mrs Vladimir Nabokov）*（New York, 1999）, pp.97-8.

64. Nabokov, *Speak, Memory*, p.215.

65. M. Tsvetaeva, 'An Otherwordly Everning', in *Captive Spirit*, p.166.

66. 与 Alvin Toffler 的访谈, in Nabokov, *Strong Opinions*, p.37。

67. 引自 V. S. Yanovsky, *Elysian Fields*（De Kalb, Ill., 1987），p.12。

68. Boyd, *Nabokov: The American Years*, p.13.

69. 同上，p.22; Nabokov, *Strong Opinions*, p.26。

70. Schiff, *Vera*, p.246.

71. V. Nabokov, *Look at the Harlequins!*（Harmondsworth, 1980），p.105.

72. 引自 Schiff, *Vera*, p.338。

73. Boyd, *Nabokov: The American Years*, pp.84-5.

74. V. Nabokov, *Selected Letters*（New York, 1989）中有一例。

75. Boyd, *Nabokov:The American Years*, pp.371, 648.

76. 引自上书，p.490。

77. Berberova, *The Italics Are Mine*, pp.240-41.

78. M. Oliver, *Igor Stravinsky*（London, 1995），p.96.

79. A. Bruneau, *Musiques de Russie et musiciens de France*（Paris, 1903），p.28.

80. 引自 Taruskin, *Stravinsky and the Russian Traditions*, vol.2, pp.1529, 1532。

81. A. Benois, *Reminiscences of the Russian Ballet*（London, 1941），p.130.

82. R. Craft, *Stravinsky: Chronicle of A Friendship*（New York, 1994），p.315.

83. S. Volkov, *St.Ptersberg: A Cultural History*（London, 1996），p.315.

84. 引自 H. Sachs, *Music in Facist Italy*（London, 1987），p.168。

85. Oliver, *Igor Stravinsky*, p.139.

86. 同上，p.143。

87. *Twentieth-century Russian Poetry*, pp.379-80.

88. 引自 F. Lesure（ed.），*Stravinsky: Etudes et témoignages*（Paris, 1982），p.243。

89. Taruskin, *Stravinsky and the Russian Traditions*, vol.1, p.891.

90. I. Starvinsky, *Chronique de ma vie*（1935）；引自英译本 *An Autobiography*（New York, 1962），p.53。

91. N. Nabokov, *Old Friends and New Music*（London, 1951），p.143.

92. T. Stravinsky, *Catherine and Igor Stravinsky: A Family Album*（London, 1973），p.4.

93. S. Walsh, *Igor Stravinsky: A Creative Spring. Russia and France 1882-1934*（London, 2000），p.351.

94. I. Stravinsky and R.Craft, *Expositions and Developments*（London, 1962），p.33.

95. Craft, *Stravinsky*, p.120.

96. 同上，p.320。

97. 引自 Walsh, *Igor Stravinsky*, p.500。

98. Stravinsky and Craft, *Expositions and Developments*, p.76.

99. V. Stravinsky and R. Craft, *Stravinsky in Pictures and Documents* (New York, 1978) , p.76.

100. Craft, *Stravinsky,* p.329.

101. S. Alexander, *Marc Chagall: A Biography* (London, 1979) , p.51.

102. O. Figes, *A People's Tragedy: The Russian Revolution, 1891-1924* (London, 1996) , pp.749-50.

103. Alexander, *Marc ChagallI,* p.312.

104. *The New York Times* (15 February 1944) .

105. Alexander, *Marc Chagall,* pp.255, 434.

106. 关于曼德尔施塔姆的这一面，请参见 C.Cavanagh, 'Synthetic Nationality: Mandel'shtam and Chaadaev' , in *Slav Review,* vol.49, no.4 (1990) , pp.597-610。

107. Nabokov, *Speak, Memory* (p.217) .

108. Kudrova, *Posle Rossii,* p.201.

109. M. Tsvetaeva, *Pis'ma k A. Teskovoi* (Prague, 1969) , pp.96-7.

110. Berberova, *The Italics Are Mine,* p.202.

111. Feiler, *Marina Tsvetaeva,* p.189.

112. Tsvetaeva, *Stikhotvoreniia I poemy,* vol.3, p.176.

113. Tsvetaeva, *Pis'ma k A. Teskovoi,* p.112.

114. Schweizer, *Tsvetaeva,* p.189.

115. 引自 Broude, *Ot Khodasevicha do Nobokova,* pp.19-20。

116. Berberova, *The Italics Are Mine,* p.352.

117. Tsvetaeva, *Pis'ma k A. Tskovoi,* p.112.

118. Tsvetaeva, *Stikhotvoreniia i poemy,* vol.2, p.292.

119. AG, Pg-In.

120. Berberova, *The Italics Are Mine,* p.189.

121. 参见 V. Shentalinsky, *The KGB's Literary Archive: The Discovery and Ultimate Fate of Russia's Suppressed Writers,* trans. J. Crowfoot (London, 1995) , pp.252-4。

122. L. Spiridonova, 'Gorky and Stalin (According to New Materials from A. M. Gorky's Archive)' , in *Russian Review,* vol.54, no.3 (1995) , pp.418-23.

123. Shentalinsky, *The KGB's Literary Archive,* p.262.

124. 欲了解更多信息，参见 R. Conquest, *The Great Terror: A Reassessment* (London, 1990) , pp.387-9; V. V. Ivanov, 'Pochemu Stalin ubil Gor'kogo?' , in *Voprosy literatury* (1993) , no.1。

125. *Sergei Prokofiev: materialy, dokumentry, vospominaniia* (Moscow, 1960) , p.166.

126. Berberova, *The Italics Are Mine,* p.352.

127. *Sergei Prokofiev,* p.150.

128. S. S. Prokofiev, *Soviet Diary 1927 and Other Writings* (London, 1991) , p.69.

129. *Sergei Prokofiev,* pp.161-2.

130. 参见 S. Moreux, 'Prokofiev: An Intimate Portrait' , in *Tempo,II* (Spring, 1949) , p.9。

131. *Sergei Prokofiev,* p.454.

132. N. Mandelstam, *Hope Abandoned* (London, 1973) , p.464.

133. Tsvetaeva, *Stikhotvoreniia i poemy,* vol.3, p.212.

134. 同上，vol.3, p.213。

135. 引自 Feiler, *Marina Tsvetaeva*, p.263。

136. I. Stravinsky and R.Craft, *Memories and Commentaries* (London, 1960) , p.26.

137. Craft, *Stravinsky*, p.171.

138. 引自 B. Schwarz, *Music and Musical Life in Soviet Russia* (Bloomington, 1982) , p.355。

139. 同上, p.354。

140. Craft, *Stravinsky*, p.461.

141. Schwarz, *Music and Musical Life in Soviet Russia*, p.355.

142. Craft, *Stravinsky*, p.313.

143. 同上, p.317。

144. N. Slominsky, *Music Since 1900* (New York, 1971) , p.1367.

145. Craft, *Stravinsky*, p.316.

146. 同上, pp.316-17。

147. 同上, p.315。

148. 同上, p.318。

149. 同上, p.319。

150. 欲了解更多, 请参见 Taruskin, *Stravinsky and the Russian Traditions*, vol.2, pp.1605-75。

151. *Komsomol' skaia pravda* (27 September 1962) .

152. Stravinsky and Craft, *Stravinsky in Pictures and Documents*, p.470.

153. Craft, *Stravinsky*, p.331.

154. Stravinsky and Craft, *Expositions and Developments*, p.86.

155. 同上, p.335。

156. 同上, p.332。

157. E. Wilson, *Shostakovich: A Life Remembered* (London, 1994) .

158. 同上, p.466。

159. 同上, pp.460-61。

160. 同上, p.375。

161. Craft, *Stravinsky*, p.328.

术语表

artel：农民或工人的（生产）合作社

balalaika：一种俄式的吉他，很有可能是从中亚的冬不拉演变而来

banya：俄式的蒸气浴，通常靠柴火加热

bogatyr：民间传说中的英雄或骑士；俄国"英雄歌谣"（byliny）的主要描述对象

bogoroditsa：圣母马利亚

boyar：沙俄贵族体系的一个阶层（该体系由彼得大帝于 18 世纪初建立）

bylina：带有神话元素的古老民间史诗。大多数民俗学者认为英雄歌谣可以追溯至 10 世纪的基辅罗斯时期。最初是由贵族的侍从吟唱，后来被社会底层的吟游艺人传唱。从 18 世纪起，民俗学者开始搜集这些歌谣。伊利亚·穆洛密茨是基辅地区一个杰出的英雄人物。萨德科则是诺夫哥罗德地区的典型形象，与中世纪欧洲歌谣中的人物风格很接近

byt：生活方式（来自动词 *byvat*，意为发生）；19 世纪开始，越来越多的知识分子用这一词汇来指代旧的俄国生活方式，与之相对应的是 *bytie*

bytie：有意义的存在——俄国知识分子用来与旧生活相对应的词汇

chastushka：简单而且通常是粗俗的小调

dacha：俄国乡间的小别墅；通常是城里人夏天用来避暑

devichnik：婚前的仪式，需要伴着歌声完成：新娘沐浴后，其少女时代的大辫子被解开，重新梳成两条辫子，象征着她从此进入了婚姻生活

gusli：一种古老的俄国乐器

Holy Fool (*yurodivyi*)：一种先知或者法师，"耶稣基督的愚人"，简称"圣愚"，经常像隐士一样在乡间流浪。在百姓中，圣愚有着 644 极高的声望，也经常受到贵族的款待。和萨满教徒类似，圣愚在做礼拜时会边跳舞边大声尖叫；他们衣着古怪，头戴铁盔；做法时会使用鼓和铃铛

izba：农民的房子

kaftan：带腰带的长衫

khalat：一种俄式睡袍

khan：蒙古首领

khorovod：一种俄国的集体舞

kokoshnik：俄国传统妇女头饰，形状被用作新俄式建筑设计中的装饰

koumis：发酵过的马奶

kuchka：字面意思是"集团"——这是弗拉基米尔·斯塔索夫 1867 年造的一个词，用来描述以巴拉基列夫为首的民族主义作曲家，以及他们所代表的"新俄国风格"。有时他们也被称作"强力五人

组"或"五人乐派",成员包括:巴拉基列夫、里姆斯基—科萨科夫、穆索尔斯基、鲍罗丁和居伊

kulak:富农

kvas:一种柔和的俄国啤酒,由发酵的黑麦、水和糖酿造。

LEF:左翼艺术阵线(1922—1925);1927—1929 年间重建,名为新 LEF

lubok:一种彩色的木雕或者木版印画,内容通常是与民间传说故事或人物有关。

matrioshka:俄罗斯套娃

muzhik:俄国农民

narod:劳动人民

NEP:新经济政策(1921—1929)

nepodvizhnost:音乐学者用来描述俄国民间音乐中静止或者不发展的特点的词汇

NKVD:内务人民委员会;20 世纪 30 年代发展成为俄国秘密警察机构

Oblomovshchina:用来描述俄国人的惰性——奥勃洛莫夫是冈察洛夫同名小说的主人公

oprichnina:伊凡雷帝的个人统治

pliaska:一种俄国舞蹈

pochvennichestvo, pochvenniki:一场名为回到"本土"的运动——19 世纪 60 年代一群俄国知识分子支持将斯拉夫主义和西方准则融合的运动

Proletkult:无产阶级文化运动

RAPP:无产阶级作家协会(1928—1932)

raznochintsy:有着混合家庭背景的人(通常父母一方是贵族,另一方是神职人员或商人);这种情况在 19 世纪俄国激进知识分子

645

中间十分常见

samizdat：非官方或者地下的发行刊物；通常与勃列日涅夫时期的异见分子有关

samovar：大的带龙头的金属罐，用来盛开水泡茶

sarafan：一种上衣

skomorokhi：弹奏古斯勒琴，演唱"英雄歌谣"的流浪民间艺人，很有可能是古代斯拉夫萨满教徒的后裔。1648 年被沙皇阿列克谢封禁

smotrinie：俄国的一种习俗，在订婚之前，新郎的家庭要对新娘进行审查

sobornost：斯拉夫主义者的一种主张，认为俄国教会是真正的基督友爱团结的团体

streltsy：在一系列叛乱中崛起的射手部队，在 17 世纪末对抗彼得大帝改革的运动中，保卫了俄国特权贵族和旧礼仪派

troika：三套车；三驾马车

veche：诺夫哥罗德和其他城市在 15 世纪晚期效忠莫斯科之前的市民议会组织

zakuski：俄国的一种开胃菜

zemstvo：1864—1917 年间，主要由贵族控制的俄国地方议会组织

Zhdanovshchina：字面意思为"日丹诺夫统治时期"。安德烈·日丹诺夫，斯大林时期（1945 年以后）主管意识形态的苏联主要领导人之一

大事年表

历史事件

862 年——基辅大公国

911 年——斯拉夫人袭击士坦丁堡

10 世纪 60 年代——哈扎尔人和佩切格格人入侵

988 年——弗拉基米尔大公皈依拜占庭基督教

1054 年——拜占庭教会与罗马教廷分裂

1094 年——鞑靼人占领基辅

文化坐标

约 1017 年——《往年纪事》

约 1040 年——第一部基辅罗斯编年史

1041 年——基辅圣索菲亚主教座堂落成

1050 年——诺夫哥罗德圣索菲亚主教座堂落成

历史事件

1439 年——佛罗伦萨大公会议召开

1453 年——君士坦丁堡陷落

1462—1505 年——伊凡三世统治时期

1471 年——莫斯科吞并诺夫哥罗德

15 世纪 80 年代——金帐汗国分裂

1485 年——莫斯科吞并特维尔

1505—1533 年——瓦西里三世统治时期

1510 年——莫斯科吞并普斯科夫

1533—1584 年——伊凡四世（伊凡雷帝）统治时期

1552—1556 年——征服喀山和阿斯特拉罕汗国

1565 年——特辖制确立

文化坐标

1405 年——卢布廖夫完成《耶稣诞生》

1410—1422 年——卢布廖夫完成《圣三一画像》

1433 年——圣人尼尔·索斯基出生

1487 年——克里姆林宫军械所建立

1560 年——莫斯科圣瓦西里主教座堂落成

1564 年——俄国第一本印刷刊物出版

历史事件

1582 年——叶尔马克征服西伯利亚汗国

1584－1598 年——费多尔一世统治时期；鲍里斯·戈东诺夫摄政

1589 年——莫斯科大牧首职位创立

1598－1605 年——鲍里斯·戈东诺夫统治时期

1605－1613 年——"混乱时期"

1610 年——波兰军队占领莫斯科

1612 年——米宁和波扎尔斯基驱逐波兰军队

1613－1645 年——米哈伊尔·罗曼诺夫统治时期

1639 年——哥萨克人抵达太平洋海岸

1645－1676 年——阿列克谢统治时期

1653 年——尼康宗教改革

1654 年——旧礼仪派分裂教会

1670－1671 年——斯捷潘·拉辛叛乱

1676－1682 年——费多尔·阿列克谢维奇统治时期

文化坐标

1598 年——莫斯科三一教堂落成

1614 年——莫斯科印刷厂成立

1632 年——基辅学院成立

1636 年——克里姆林特雷姆宫建成

1648 年——取缔吟游艺人（skomorokhi）

1678 年——乌沙科夫《基督显圣像》

历史事件

1682—1725 年——彼得一世（"彼得大帝"）统治时期

1697—1698 年——彼得大帝访问欧洲

1698 年——镇压近卫军叛乱

1703 年——圣彼得堡奠基

1709 年——在波尔塔瓦战役中击败瑞典军队

1711 年——参议院建立

1712 年——迁都圣彼得堡

1721 年——大牧首被神圣宗教会议取代

1722 年——"文武官员等级表"确立

1725—1727 年——凯瑟琳一世统治时期

1727—1730 年——彼得二世统治时期

1730—1740 年——安娜一世统治时期

文化坐标

1685 年——莫斯科斯拉夫-希腊-拉丁学院成立

1700 年——采用儒略历

1703 年——第一份俄文报纸发行；彼得保罗要塞奠基

1710 年——首份民用字母表发行

1714 年——圣彼得堡夏宫落成；俄罗斯珍奇收藏馆（Kunstkamera）创立

1717 年——《体面青年之鉴》发行

1725 年——俄罗斯科学院成立

1731 年——俄国第一次歌剧演出

1733 年——特列津尼设计的彼得保罗大教堂落成

历史事件

1741—1761 年——伊丽莎白统治时期

1762—1796 年——叶卡捷琳娜二世（叶卡捷琳娜大帝）统治时期

1762 年——免除贵族为政府服役的义务

1764 年——政府收回贵族妇女专用的斯莫尔尼女修道院的教会土地

1768—1774 年——俄土战争

文化坐标

1734 年——冬宫剧院落成

1737 年——《关于圣彼得堡有序发展的法令》颁布

1739 年——塔季谢夫主张以乌拉尔山脉为亚欧分界线

1740 年开始——重建喷泉宫（含列梅捷夫宫）

1741 年开始——兴建拉斯特雷利设计的圣彼得堡夏宫

1750 年——苏马罗科夫《怪物》发表

1754 年开始——兴建拉斯特雷利设计的圣彼得堡冬宫

1755 年——莫斯科大学成立

1757 年——圣彼得堡艺术学院成立

1757 年——罗蒙诺索夫《俄语语法》发表

1766 年——特列季阿科夫斯基诗歌《提尔玛喜达》发表

1768 年——法尔科内的彼得大帝青铜骑士像开工

1769 年——冯维辛《旅长》发表

历史事件

1773—1774 年——普加乔夫起义

1775 年——地方行政机构改革

1783 年——吞并克里米亚

1788—1791 年——第六次俄土战争

1789 年——法国大革命

1796—1801 年——保罗统治时期

文化坐标

1772 年——福民发表《阿纽塔》

1777 年——库斯科沃舍列梅捷夫剧院开工建设

1779 年——普拉斯科维娅在舍列梅捷夫剧院首演；克尼亚兹宁《举止带来的不幸》发表

1780 年开始——卡梅隆着手进行巴甫洛夫斯克的宫殿修建

1782 年——冯维辛《纨绔少年》发表

1783 年——俄罗斯语文科学院（Russian Academy）成立

1784 年——谢尔巴托夫公爵《俄斐国之旅》

1790 年开始——兴建奥斯坦金诺宫（舍列梅捷夫宫）

1790 年——利沃夫、普拉奇《俄罗斯民间歌曲集》发表

1790 年——拉季舍夫《从圣彼得堡到莫斯科的旅程》发表

1791—1801 年——卡拉姆津《一位俄国旅行家的书信》发表

1792 年——卡拉姆津《可怜的丽莎》发表

历史事件

1801—1825 年——亚历山大一世统治时期

1801 年开始——向高加索扩张

1805—1807 年——与法国战争

1812 年——拿破仑入侵

1814 年——俄国军队进入巴黎

1815 年——维也纳会议召开

1825 年——十二月党人起义

1825—1855 年——尼古拉一世统治时期

文化坐标

1802 年——卡拉姆津编纂的《万神殿》发表

1803 年——公共剧院由皇家专营

1810 年——皇村学校建立

1818 年开始——卡拉姆津创作《俄罗斯国家史》

1818 年开始——圣彼得堡圣以撒主教座堂兴建

1819 年——圣彼得堡大学成立

1820 年——韦涅齐阿诺夫画作《打谷场》发表

1820 年——普希金《鲁斯兰和柳德米拉》发表

1820—1821 年——普希金《高加索的俘虏》发表

1822—1824 年——格里博耶多夫《聪明误》发表

1825 年——普希金《鲍里斯·戈东诺夫》发表

1830—1831 年——波兰反俄起义

1837 年——冬宫大火

1842 年开始——第一条铁路兴建

1849 年——彼得拉舍夫斯基小组被捕（陀思妥耶夫斯基）

1827 年——基普连斯基创作《普希金画像》

1831 年——果戈理《狄康卡近乡夜话》发表

1833 年——普希金《叶甫盖尼·奥涅金》、《青铜骑士》、《普加乔夫暴动始末》发表；布留洛夫画作《庞贝的末日》发表

1834 年——普希金《黑桃皇后》发表

1835 年——果戈理《塔拉斯·布尔巴》发表

1836 年——恰达耶夫《哲学书简》（第一封）发表；格林卡歌剧《为沙皇献身》发表，果戈理《钦差大臣》发表

1840 年——莱蒙托夫《当代英雄》发表

1842 年——果戈理《死魂灵》第一部分发表

1844 年——奥多耶夫斯基《俄罗斯之夜》发表

1846 年——果戈理《与友人书信选》发表

1846 年开始——索恩采夫创作《俄罗斯古代文物》

1847 年——别林斯基《给果戈理的信》发表

1852 年——屠格涅夫《猎人笔记》发表

1852 年开始——赫尔岑着手创作《往事与随想》

历史事件

1853—1856 年——克里米亚战争

1855—1881 年——亚历山大二世统治时期

1858 年——征服阿穆尔地区（中国）

1859 年——征服高加索地区

1861 年——农奴解放

1864 年——地方自治委员会（zemstvos）成立，司法系统改革，新的初级教育条例颁布

1865 年——放松出版物审查

1865—1876 年——征服撒马尔罕、希瓦、布哈拉等地区

1870 年开始——普热瓦利斯基探险中亚

文化坐标

1859 年——冈察洛夫《奥勃洛莫夫》发表

1860 年——奥斯特洛夫斯基《大雷雨》在莫斯科上演

1861 年——"14 人暴动"：巡回展览派艺术家与彼得堡皇家美术学院决裂

1862 年——陀思妥耶夫斯基《死屋手记》发表；屠格涅夫《父与子》发表；车尔尼雪夫斯基发表《怎么办》

1863 年开始——涅克拉索夫创作《谁在俄罗斯能上好日子》

1865 年——托尔斯泰《战争与和平》发表

1866 年开始——巴拉基列夫创作《塔玛拉》；陀思妥耶夫斯基《罪与罚》发表；阿法纳谢夫《斯拉夫人的浪漫主义自然观》发表

1868 年——斯塔索夫《俄国英雄歌谣起源》发表；陀思妥耶夫斯基《白痴》发表

1868—1874 年——穆索尔斯基创作《鲍里斯·戈东诺夫》

历史事件	文化坐标
	1887年——契诃夫《草原》发表；列维坦画作《伏尔加河上的夜晚》完成
1890年——颁布新的地方自治机构条例	1890年——鲍罗丁《伊戈尔王子》发表；柴可夫斯基《黑桃皇后》、《睡美人》发表
1891—1893年——大饥荒	1891年——拉赫玛尼诺夫《第一钢琴协奏曲》发表
	1892年——列维坦《弗拉基米尔卡》完成，特列季亚夫美术馆建立
	1893—1894年——契诃夫《萨哈林岛》发表
1894—1917年——尼古拉二世统治时期	1894年开始——俄国象征主义运动
	1895年——柴可夫斯基《天鹅湖》上演；苏里科夫《叶尔马克征服西伯利亚》完成；圣彼得堡民俗学博物馆成立
	1896年——契诃夫《海鸥》、《万尼亚舅舅》发表
1897年——第一次全国人口普查	1897年——里姆斯基-科萨科夫《萨德科》上演，契诃夫《农民》发表
1898年——社会民主工人党成立	1898年——莫斯科艺术剧院落成
	1898年起——《艺术世界》，塔拉什基诺艺术家聚居地
1900年——俄国占领满洲里	1899年——托尔斯泰《复活》发表
1901年——社会革命党成立	1901年——廖里赫《偶像》完成；契诃夫《三姐妹》发表

历史事件	文化坐标
1903 年——跨西伯利亚铁路完工；社会民主党分裂；布尔什维克诞生	
1904—1905 年——日俄战争	1904 年——契诃夫《樱桃园》发表；勃洛克《美妇人诗集》创作
	1904 年开始——利尼奥夫编农民歌曲
1905 年——革命分子反对《十月宣言》	1905 年开始——斯克里亚宾创作《狂喜之诗》
1906 年——第一届国家杜马成立	1906 年——高尔基《母亲》发表；滴血救世主大教堂落成
1907 年——第二届杜马；第三届杜马	1907 年——康定斯基《多彩多姿的生活》发表；里姆斯基-科萨科夫《隐形城市基捷日传奇》发表
	1909 年——《路标》发行；拉赫玛尼诺夫《第三钢琴协奏曲》发表
	1910 年——蒲宁《乡村》发表，斯特拉文斯基／俄罗斯芭蕾舞团《火鸟》上演；冈察洛娃发表画作《割草者》
	1910 年开始——"方块 J"展览
1911 年——斯托雷平遇刺	1911 年——斯特拉文斯基／俄罗斯芭蕾舞团《彼得鲁什卡》上演；康定斯基《全圣日 II》发表
1912 年——第四届杜马	
1913 年——罗曼诺夫王朝建立 300 周年	1913 年——斯特拉文斯基／俄罗斯芭蕾舞团《春之祭》上演；马列维奇构思《黑色方块》；曼德尔施塔姆第一部诗集《石头》发表；茨维塔耶娃诗集《摘自两本书》发表

历史事件	文化坐标
1914年——第一次世界大战爆发；圣彼得堡改名彼得格勒	1913-1914年——别雷《彼得堡》发表
	1914年——阿赫玛托娃诗集《念珠》发表
1916年——拉斯普京遇刺	1915年——拉赫玛尼诺夫《晚祷》发表
1917年——二月革命；沙皇退位；临时政府建立；布尔什维克上台；列宁成为苏维埃政府主席	1917年开始——无产阶级文化运动；茨维塔耶娃完成《天鹅营》（苏联1957年出版）
1918年——立宪会议闭幕；《布列斯特-立陶夫斯克条约》签订	1918年——勃洛克长诗《十二个》《野蛮人》发表，马雅可夫斯基《宗教滑稽剧》发表
1918—1921年——内战	1920年——塔特林第三国际纪念碑落成，扎米亚京完成《我们》（苏联1988年出版）
1921年——新经济政策颁布	1921年——处决古米廖夫；茨维塔耶娃《里程碑》出版
1921—1922年——大饥荒	
1922年——斯大林任共产党总书记，苏维埃政权成立	1922年——托洛茨基批判阿赫玛托娃和茨维塔耶娃；阿赫玛托娃《耶稣纪元1921》出版；曼德尔施塔姆《忧伤》发表；左翼战线（LEF）创立；
	1923年——马雅可夫斯基《关于这个》出版；斯特拉文斯基／俄罗斯芭蕾舞团《婚礼》上演；茨维塔耶娃诗集《手艺》出版
1924年——列宁逝世，彼得格勒改名为列宁格勒	1924年——爱森斯坦电影《罢工》上映

历史事件	文化坐标
1927年——托洛茨基被驱逐出党	1925年——爱森斯坦《战舰波将金号》上映；布尔加科夫《白卫军》发表
1928年起——第一个五年计划开始	1928年——爱森斯坦《十月》上映；茨维塔耶娃诗集《离开俄罗斯以后》出版；俄国无产阶级作家协会成立
1929年起——强制农业集体化	1929年——维尔托夫《持摄影机的人》上映；马雅可夫斯基/梅耶荷德《臭虫》上演
1930年——古拉格体系建立	1930年——马雅可夫斯基自杀，斯特拉文斯基《诗篇交响曲》发表；肖斯塔科维奇歌剧《鼻子》发表
1932年——斯大林的妻子自杀	1932年——苏联作家协会建立，社会主义现实主义学说形成；奥斯特洛夫斯基《钢铁是怎样炼成的》出版
1932—1934年——饥荒危机	1933年——蒲宁荣获诺贝尔文学奖
1934年——基洛夫被暗杀	1934年——第一届苏联作协代表大会召开；曼德尔施塔姆首次被捕；肖斯塔科维奇歌剧《姆钦斯克县的麦克白夫人》上演
1935年起——党内整肃	1935年起——阿赫玛托娃创作《安魂曲》
1936—1938年——摆样子公审	
1937—1938年——大清洗时期	1937年——肖斯塔科维奇《第五交响曲》发表
1939年——苏德秘密协定	1938年——曼德尔施塔姆第二次被捕，纳博科夫《天赋》出版；爱森斯坦/普罗科菲耶夫《亚历山大·涅夫斯基》上映

历史事件

1941 年——德国入侵苏联

1941—1944 年——列宁格勒围城战

1942 年——斯大林格勒战役

1943 年——斯大林允许召开最高宗教会议

1945 年——苏联军队攻入柏林

1947 年——冷战开始

1948 年——反扰运动；米雷埃尔斯遇害；对"形式主义者"的批判

1953 年——医生案；斯大林去世；赫鲁晓夫担任总书记

文化坐标

1940 年——布尔加科夫完成《大师与玛格丽特》(苏联 1966 年出版)

1940 年起——阿赫玛托娃创作《没有主人公的叙事诗》

1941 年——纳博科夫《塞巴斯蒂安·奈特的真实生活》出版

1941 年——普罗科菲耶夫歌剧《战争与和平》上演

1942 年——肖斯塔科维奇《第七（列宁格勒）交响曲》发表

1945 年——爱森斯坦/普罗科菲耶夫《伊凡雷帝》（第一部）上映

1946 年——党批判阿赫玛托娃与左琴科

1951 年——纳博科夫《说吧，记忆》发表

致 谢

写这本书花了很长时间，如果没有其他人的诸多帮助与指导，我是不可能完成这个任务的。

我无比感谢英国社会科学院和利华休姆信托基金在我创作的最后一年中授予我高级研究员奖金。这使我能够暂时放下在伦敦大学伯贝克学院的教学任务，并由劳伦斯·科尔（Laurence Cole）接替我的工作，在此感谢伯贝克学院的宽宏。同时我也非常幸运地获得了利华休姆信托基金一项两年期的研究资助，这使得贝克学院可以聘请两名兼职研究员来帮我完成这项工作。我十分感激利华休姆信托基金，尤其是基金会董事巴里·萨普（Barry Supple）先生，感谢他对我的关注与支持。

我十分幸运能与一个优秀的研究团队一起工作。在音乐和其他许多方面，玛丽安娜·哈兹尔丁（Mariana Haseldine）提供了专业的指导意见。期间她把自己年幼的孩子留给丈夫理查德照顾，陪同我一起前往俄国进行为期一个月的实地考察。她的魅力让我们的调查进行得甚为顺利，这一切都让我心存感激。罗莎蒙德·巴特利特

（Rosamund Bartlett）是我在文学方面最主要的顾问，在其他许多话题上也给我许多有用的建议。她搜集并筛选了大量的资料，通过史料来佐证我的观点，并帮我审阅稿件中的拼写错误。如果书中仍有谬误，那完全是我的责任。这个项目在进行到一半的时候，丹尼尔·比尔（Daniel Beer）加入了我们，那时他刚刚取得俄国历史的博士学位。在那个关键的时刻，丹尼尔的热情与勤奋带给了我们极大的鼓舞。汉娜·惠特利（Hannah Whitley）、曼迪·列托（Mandy Lehto）、蒂莫非·洛格维年科（Timofei Logvinenko）和玛莎·卡皮察（Masha Kapitsa）也在不同时期做过我的研究助理，我非常感谢他们付出的辛勤劳动。

在俄罗斯，我很幸运能比一般西方学者获得更多的史料和博物馆资源。这要感谢所有帮助过我的人。由于人数众多，无法一一列出，但其中一些我还是要特别提及。圣彼得堡俄罗斯博物馆的副馆长塔蒂亚娜·威林巴科娃（Tatiana Vilinbakhova），在查询资料时给了我许多方便；伊里娜·拉皮纳（Irina Lapina）在查阅手稿时给了我许多专业指导；列娜·巴斯纳（Lena Basner）在资料搜集上给了我许多忠告。我尤其感谢圣彼得堡艾尔米塔什博物馆的高级研究员柳芭·范松（Liuba Faenson），她牺牲自己的休息时间带我参观博物馆，并解答了很多研究中遇到的问题。我要特别感谢圣彼得堡俄罗斯文学研究所（普希金之家）手稿部总监塔蒂亚娜·伊万诺娃（Tatiana Ivanova），没有她的帮助，我不可能有机会接触到那些特别的手稿。纳塔利娅·柯克洛娃（Natalia Khokhlova）在沃尔孔斯基作品上给了我很多专业意见，加林娜·加拉甘（Galina Galagan）在托尔斯泰的研究上也给予了帮助。我还要感谢奥斯坦基诺博物馆的利娅·勒普斯克亚（Lia Lepskaia）在研究舍列梅捷夫歌剧方面给我的帮助；感谢圣彼得堡国家历史档案馆的塞拉菲玛·伊格洛夫纳（Serafima Igorovna）（如她一直以来所做的那样）帮我寻找舍列梅捷夫的文件以及其他许多事情上的帮助；圣彼得堡公共图书馆手稿部主任弗拉基米尔·扎伊采夫（Vladimir Zaitsev），感谢他在斯塔索夫和里姆斯基-科萨科夫的研究上为我提供的帮助；莫斯科俄罗斯联邦档案馆的加利亚·库兹涅佐娃（Galia Kuznetsova），感谢他帮我找到了马蒙托夫的手稿。我深深地感谢圣彼得堡公共图书馆和莫斯科列宁图书馆的员工，在那里我完成了大部分的研究工作；还有圣彼得堡涅克拉索夫博物馆、普希金造型艺术博物馆（位于沃尔孔斯基故居）、舍列梅捷夫宫（喷泉宫）、阿赫玛托娃博物馆以及亚斯纳亚-博利尔纳的托尔斯泰博物馆的员工们，他们都给了我很大的帮助。

我要感谢我的经纪人德博拉·罗杰斯（Deborah Rogers），感谢她对我一如既往的支持。

我还要感谢我的编辑们：企鹅出版社的西蒙·温德尔（Simon Winder）和都市出版社的萨拉·贝尔施泰尔（Sara Bershtel）。西蒙不断地用自己的热情激励着我：出于对我工作的关怀，他的意见总是非常温和。萨拉非常认真地阅读我的手稿，并细致审阅其中的细节，这在如今的出版界是十分难得的。同时我也十分感谢我在格兰塔图书公司的第一位编辑，尼尔·贝尔顿（Neil Belton），他也审阅了我最初的手稿。

还有另外两个人通读了我的打字稿：我的母亲，伊娃·费吉斯（Eva Figes），她的文学品位是我所有作品的试金石；理查德·亚洛特（Richard Yarlott），20年前我们在剑桥大学相识时他就是个充满智慧的人，如今他依然保持着这份睿智。

我还要感谢乔纳森·胡里根（Jonathan Hourigan），他对于苏联电影及电影艺术的博学和深刻见解给了我许多的帮助——这句感谢和我们平时开切尔西足球俱乐部玩笑时的嘻嘻哈哈真的不一样。

最后，我要感谢企鹅出版社的塞西莉亚·麦凯（Cecilia

Mackay），她帮我找到了这本书所有的配图，还有安德鲁·巴克
（Andrew Barker），他对这些图重新做了设计。

　　还有许多人在细节上指正了我，并推荐给我此前我所不知道的
参考资料。我要特别感谢伊里娜·基里洛娃（Irina Kirillova）让我 659
真正理解了东正教的礼拜仪式；斯蒂芬·昂温（Stephen Unwin）
关于斯坦尼斯拉夫斯基理论及梅耶荷德的介绍；东方及非洲研究
学院的威廉·克拉伦斯－史密斯（William Clarence-Smith），感谢
他提供的蒙古人饮食习惯及餐饮习俗的内容；感谢埃德蒙·赫齐
格（Edmund Herzig）和拉吉·昌达瓦卡（Raj Chandavarkar）帮
助我正确认识了俄国人对于东方的态度。在与马克·巴辛（Mark
Bassin）、杰弗里·霍斯金（Geoffrey Hosking）、杰勒德·麦
克伯尼（Gerard McBurney）、迈克尔·霍尔奎斯特（Michael
Holquist）、鲍里斯·科洛尼斯基（Boris Kolonitskii）、劳拉·恩
格尔斯泰恩（Laura Engelstein）、亚历克斯·麦凯（Alex McKay）、
海伦·拉波波特（Helen Rappoport）和西蒙·塞巴格·蒙蒂菲奥
里（Simon Sebag Montefiore）的谈话中我也受益匪浅。

　　最重要的是，我要感谢我亲爱的妻子和朋友斯蒂芬妮·帕尔默
（Stephanie Palmer），感谢她与我这样一个令人厌烦的家伙一起生
活。斯蒂芬妮在我衣衫不整高谈阔论的时候耐心地做我的听众。她
陪我一起观看了数不清的晦涩乏味的俄国戏剧，而这些本是她根本
不会感兴趣的东西。尽管她平日里十分繁忙，但她总是抽出时间阅
读我的手稿，并给我中肯的建议。这本书也献给我们的女儿们，她
们给了我无数工作的灵感和激励。我写这本书也是希望将来有一天
她们能够明白，在她们之外，她们的父亲心中所热爱的东西。

2001 年 11 月

于伦敦

版权许可

本书作者感谢以下相关人士和组织为本书中所用的引用信息提供版权许可：

The British Film Institute：Richard Taylor 编选的爱森斯坦作品集 *Selected Works*。

Cambridge University Press：Christopher Barnes 的 *Boris Pasternak: A Literary Biography* 中的引言。

Carcanet Press：Elaine Feinstein 翻译的玛琳娜·茨维塔耶娃诗作。

Harvill Press/Random House 与 Atheneum/Simon & Schuster：Max Hayward 翻译的 *Hope Against Hope*。

Northwestern University Press：Kenneth Lantz 翻译的陀思妥耶夫斯基《作家日记》。

Oxford University Press：L. Maude 与 A. Maude 翻译的《战争与和平》；James E. Falen 翻译的《叶甫盖尼·奥涅金》；C. English 翻译的 *Village Evenings near Dikanka*；以及 Robert Hingley 翻译

的 *The Princess and Other Stories*。

　　Penguin Books：Rosemary Edmonds 翻译的《安娜·卡列尼娜》、《伊凡·伊里奇之死》和《童年·少年·青年》；David Magarshack 翻译的《死魂灵》和《卡拉马佐夫兄弟》；Charles Johnston 翻译的《叶甫盖尼·奥涅金》；Ronald Wilk 翻译的 *The Kiss and Other Stories*、《我的童年》和《我的大学》中的段落；David McDuff 翻译的 *The House of the Dead*；Elisaveta Fen 翻译的契诃夫戏剧；以及 Richard Freeborn 翻译的《猎人笔记》。

　　Pocket Books/Simon & Schuster：Luba Terpak 与 Michael Terpak 翻译的《萨哈林岛》。

　　Zephyr Press：Judith Henschmeyer 翻译的安娜·阿赫玛托娃作品；以及 Anatoly Naiman 为 *The Complete Poems of Anna Akhmatova* 撰写的引言节选。

　　本书中弗拉基米尔·纳博科夫著作的选段来自 Estate of Vladimir Nabokov 整理的重印本。

延伸阅读

　　由于本书在研究过程中所用到的书目过于庞杂，无法用参考书目一一列出。书中每一个人物和话题的背后都有无数的俄国文学作品和资料。在注释中我只是标注了书中大量引用的资料来源，这个章节的目的是为了给英文读者一些建议，把我在查阅资料过程中所发现的有用或者有意思的书籍列出来，供有兴趣的读者参考。有个别例外的地方，我并没有列出法语、德语或俄语的书目。

导 言

　　关于俄国历史概论，我推荐 Geoffrey Hosking, *Russia and the Russians: A History from Rus to the Russian Federation*（London，2001），不过还有另外两本书也很好：Nicholas Riasanovsky, *A History of Russia*, 6th edition（New York，2000）和 Paul Dukes, *A History of Russia: Medieval, Modern, Contemporary, c.882-1996,* 3rd edition（Basingstoke，1998）。

　　有两本一流的自中世纪以来俄国艺术编年史：James Billington, *The*

Icon and the Axe: An Interpretive History of Russian Culture（New York，
1966）和 W. Bruce Lincoln, *Between Heaven and Hell: The Story of A Thousand Years of Artistic Life in Russia*（New York，1998）。James Billington, The face of Russia（New York，1998）很有点导购读物（a TV tie-in）的意思，但里面也有一些很有趣的内容。还有三本老书值得一提：Pavel Miliukov, *Outlines of Russian Culture*, 3 vols（New York，1972, 初版发行时间为 1896—1903 年）；Tomas Masaryk, *The Spirit of Russia*（New York，1961）和 Nikolai Berdyaev, *The Russian Idea*（London，1947）。

Robin Milner-Gulland, *The Russians*（Oxford，1997）对俄国文化史上许多重要的事件有着精准且深刻的见解，在信仰体系和圣像艺术方面尤其出色。Nicholas Rzhevsky, *The Cambridge Companion to Modern Russia Culture*（Cambridge，1998）和 Catriona Kelly, *Constructing the Russian Culture in the Age of Revolution, 1881-1940*（Oxford，1998）中有许多有用的文章。 662

在信仰体系、神话和符号学方面，我还推荐：Michael Cherniavsky, *Tsar and the People: Studies in Russian Myths*（New York，1969）；J. Hubbs, *Mother Russia: The Feminine Myth in Russian Culture*（Bloomington, 1988）；以及 Elena Hellberg-Hirn, *Soil and Soul: The Symbolic World of Russianness*（Aldershot，1997）。

关于俄国艺术史的英文出版物，其中最详尽的是 George Hamilton, *Art and Architecture of Russia*, 3rd edition（Harmondsworth，1983）。Milner-Gulland and John Bowlt, *The Cambridge Companion to Russian Studies*, vol 3, *An Introduction to Russian Art and Architecture*（Cambridge, 1980）也很不错。关于建筑学更细致的研究，可以参考 William Brumfield, *A History of Russian Architecture*（Cambridge, 1993）。

Victor Terras（ed.），*The Handbook of Russian Literature*（New Haven, 1985）是一本不可或缺的参考资料。我同样推荐 Charles Moser,

The Cambridge History of Russian Literature, revised Edition（Cambridge, 1992）；Victor Terras, *A History of Russian Literature*（New York, 1991）；Richard Freeborn, *Russian Literary Attitudes for Pushkin to Solzhenitsyn*（London, 1976）； 以 及 Malcolm Jones and Robin Feuer Miller（eds.）, *The Cambridge Companion to the Classic Russian Novel*（Cambridge, 1998）。在西方，研究俄国音乐史的老前辈，首屈一指的要数 Richard Taruskin，他的论文集 *Defining Russia Musically*（Princeton, 1997）是一本随便从哪儿翻起都很精彩的书。对于去俄罗斯旅游的朋友，我推荐大家带上一本 Anna Benn and Rosamund Bartlett, *Literary Russia: A Guide*（London, 1997）。

第一章　欧化的俄罗斯

关于 18 世纪俄国及其在欧洲的地位，首先推荐的入门读物是 Simon Dixon, *The Modernization of Russia, 1676-1825*（Cambridge, 1999）， 书中充满了对俄国文化和社会的深刻见解。关于彼得统治时期俄国历史概况的优秀书籍有 Lindsey Hughs, *Russia in the Age of Peter the Great*（New Haven, 1998）；叶卡捷琳娜大帝时期的有 Isabel de Madariaga, *Russia in the Age of Catherine the Great*（London, 1991）。Marc Raeff 写 过一系列颇有影响的关于彼得时期思想文化史论文，其中最优秀的 20 篇载 于 他 的 *Political Ideas and Institutions in Imperial Russia*（Boulder, 1994）。Richard Wortman, *Scenarios of Power: Myth and Ceremony in the Russian Monarchy*, vol 1, *from Peter the Great to the Death of Nicholas I*（Princeton, 1995）中 有 关 于 俄 国 神 话 的 出 色 研 究。Simon Sebag Montefiore, *Prince of Princes: The Life of Potemkin*（London, 2000） 对 18 世纪的俄国有着精彩的阐述，这本书也得到读者普遍的喜爱。

关于圣彼得堡文化史，最优秀的著作来自俄语世界。不过英语读者

663

可 以 先 读 Solomon Volkov, *St Petersburg: A Cultural History*（London, 1996），虽然这本书漫谈收不住，略显离题。对于革命时代的先锋文化，请参阅 Katerina Clark, *Petersburg: Crucible of Revolution*（Cambridge, Mass, 1995）。James Cracraft, *The Petrine Revolution in Russian Architecture*（London, 1988）研究圣彼得堡的建筑史，书中回顾了这座城市自建造以来的故事。Kathleen Murrell, *St Petersburg: History, Art and Architecture*（London, 1995）一 书 中 也 对 这 段 历 史 有 所 概 述。Iurii Egorov, *The Architectural Planning of St Petersburg*（Athen, Ohio, 1969）是从俄语翻译过来的一篇极为有用的专题论文。

圣彼得堡的宫殿建筑就是一部文化史。最好的入门读物是 Priscilla Roosevelt, *Life on the Russian Country Estate: A Social and Cultural History*（New Haven, 1995）。Dimitri Shvidkovsky 的精彩作品 *The Empress and the Architect: British Architecture and Gardens at the Court of Catherine the Great*（New Haven, 1996）探讨了圣彼得堡的建筑风格元素。关于冬宫和艾尔米塔什博物馆，参阅 Geraldine Norman, *The Hermitage: The Biography of a Great Museum*（London, 1997）。

关于圣彼得堡作为文学主题，相关探讨作品有：Sidney Monas, 'Unreal City: St Petersburg and Russian Culture', in Kenneth Brostrom（ed.），*Russian Literature and American Critics*（Ann Arbor, 1984），pp.381-91；他还有另一篇文章 'Petersburg and Moscow as Cultural Symbols', in Theofanis Stavrou（ed.），*Art and Culture in Nineteenth Century Russia*（Bloomington, 1983），pp.26-39。此外还有两篇不错的文章，分别是 Yury Lotman, 'The Symbolism of St Petersburg', in *Universe of the Mind: A Semiotic Theory of Culture*, trans. Ann Shukman（London, 1990），pp.191-216；Aileen Kelly, 'The Chaotic City', in *Towards Another Shore: Russian Thinkers between Necessity and Chance*（New Haven, 1998），pp.201-20。 关 于 普希金和圣彼得堡，可以参阅 Veronica Shapovalov, 'A. S. Pushkin and the St Petersburg Text', in Peter Barta and Ulrich Goebel (eds.), *The Contexts of Aleksandr Sergeevich Pushikin* (Lewiton, N.Y., 1988), pp.43-54。关于陀思妥耶夫斯基和圣彼得堡，请参阅 Sidney Monas, 'Across the Threshold: The Idiot as a Petersburg Tale', in Malcolm Jones (ed.), *New Essays on Dostoevsky* (Cambridge, 1983), pp.67-93。末日主题在 David Bethea 的专题论著 *The Shape of Apocalypse in Modern Russian Fictions* (Princeton, 1989) 中有深入的讨论。关于阿赫玛托娃，请参阅 Sharon Leiter, *Akhmatova's Petersburg* (Cambridge, 1983)。其他更宽泛题材的书籍我推荐 Grigorii Kaganov, *Image of Space: St Petersburg in the Visual and Verbal Arts*, trans. Sidney Monas (Stanford, 1997)，此书精彩地阐述了这座城市在俄罗斯人想象中的地位。圣彼得堡也是 Joseph Brodsky 抒情散文的主题：'A Guide to a Renamed City', in *Less Than One: Selected Essays* (London, 1986), pp.69-94。

664

18 世纪俄国贵族的思想文化史是一个庞大且复杂的主题。读者们可以先从 Marc Raeff, *Origins of the Russian Intelligentsia* (New York, !966) 读起，另外一本有大量俄国历史文献的对照读物是 Dominic Lieven, *The Aristocracy in Europe, 1815-1914* (London, 1992)。Isabel De Madariaga, *Politics and Culture in Eighteenth-century Russia* (Oxford, 1973) 中收录了许多有用的论文。Iurii Lotman 对俄国文学史和文化史中符号学的研究作品也是必读书目。他的一些文摘，包括那篇重要的 'The Decembrist in Everyday Life' 收录在 Iu. Lotman, L. Ginsburg, B. Upenski, *The Semiotics of Russian Cultural History* (Ithaca, 1985)。关于俄国贵族社会和文化的话题，John Garrard (ed.), *The Eighteenth Century in Russia* (Oxford, 1973) 有多篇颇具启发性的文章。关于文学沙龙和其他文学团体的发展，可以参阅 William Mills Todd, *Fiction and Society in the Age of Pushkin: Ideology, Institution and Narrative* (Cambridge, Mass., 1986)。关于 18 世纪俄国音乐生活的英文读物非常少，但关于戏剧（包括歌剧）的书，读者

可以选择 Simon Karlinsky, *Russian Drama from Its Beginnings to the Age of Pushinkin*（Berkeley, 1985）。关于冯维辛的书目，可进一步参阅 Charles Moser, *Denis Fonvizin*（Boston, 1979）。关于卡拉姆津，可以阅读 Anthony Cross, *N. M. Karamzin, A Study of His Literary Career*（London, 1971），以及 Joseph Black, *Nicholas Karamzin and Russian Society in the Nineteenth Century: A study in Russian Political and Historical Thought*（Toronto, 1975）。关于 18 世纪俄国民族主义最好的概论性读物仍是 Hans Rogger, *National Consciousness in Eighteenth Century Russia*（Cambridge, Mass., 1960）。不过 Liah Grenfeld, *Nationalism: Five Road to Modernity*（Cambridge, Mass., 1992）中也有一些有意思的内容。

第二章　1812 年的孩子

关于拿破仑在俄国的历史，请先从 Nigel Nicolson, *Napoleon:1812*（London, 1985），或者 Alan Palmer, *Napoleon in Russia*（London, 1967）读起。关于莫斯科大火，见 D. Olivier, *The Burning of Moscow*（London, 1966）。A. Brett-James（ed.）, *1812：Eyewitness Accounts of Napoleon's Defeat in Russia*（London, 1966）也有许多有用的片段。但最好的一手资料是 *Memoirs of General de Caulaincourt Duke of Vincenza*, 2 vols.（London, 1935）；以及 Philippe-Paul de Ségur, *Napoleon's Russian Campaign*（London,1959）。关于法国入侵对于俄国农村的影响，请参阅 Janet Hartley, 'Russia in 1812: Part I: The French Presence in the Gubernii of Smolensk and Mogilev', *Jahrbücher für Geschichte Osteuropas*, vol. 38, no.2（1990）, pp.178-98；'Part II: The Russian Administration of Kaluga Gubernia', *Jahrbücher für Geschichte Osteuropas*, vol. 38, no.3（1990）, pp.399-416。

托尔斯泰的《战争与和平》本身就是关于"1812 年人"的历史。

Kathryn Feuer, *Tolstoy and the Genesis of War and Peace*（Cornell, 1996）精彩地论述了这本书的历史以及其历史观。还可参照 R. F. Christian, *Tolstoy's 'War and Peace'*（Oxford, 1962）。

关于十二月党人，可以从 Marc Raeff（ed.），*The Decembrist Movement*（Englewood Cliffs, 1966）读起。关于他们的思想文化背景，不妨参阅 Iurii Lotman, 'The Decembrists in Everyday Life', in Iu. Lotman, L. Ginsburg, B. Uspenskii, *The Semiotics of Russian Cultural History*（Ithaca, 1985）；Marc Raeff, 'Russian Youth on the Eve of Romanticism: Andrei I. Turgenev and His Circle', in *Political Ideas and Institutions in Imperial Russia*（Boulder, 1994）；以及 Franklin Walker, 'Christianity, the Service Ethic and Decembrists Thought', in Geoffrey Hosking（ed.）, *Church, Nation and State in Russia and Ukraine*（Basingstoke, 1991）, pp.79-95。我还想推荐 Patrick O'Meara and K. F. Ryleev, *A Political Biography of Decembrist Poet*（Princeton, 1984）。

关于沃尔孔斯基只有两本英文专著：Christine Sutherland, *The Princess of Siberia: The Story of Maria Volkonsky and the Decembrists Exiles*（London, 1984）；以及 Maria Fairweather, *Pilgrim Princess: A Life of Princess Zinaida Volkonsky*（London, 1999）。

关于普希金的文学作品有许多，想要了解这位诗人的生活，Elaine Feinstein, *Pushkin*（London, 1998）是个不错的选择。同样，Robin Edmond, *Pushkin: The Man and His Age*（London, 1994）也不错。关于他的诗歌，可以从 A. D. P. Briggs, *Pushkin: A Critical Study*（London, 1983）以及 John Bayley, *Pushkin: A Comparative Commentary*（Cambridge, 1971）读起。关于《叶甫盖尼·奥涅金》，我从两份研究中受益匪浅，分别是 Douglas Clayton, *Ice and Flame: Alexander Pushkin's Eugene Onegin*（Toronto, 1985），以及 William Mills Todd III, 'Eugene Onegin: "Life's Novel"', 此文收录在他本人编辑的 *Literature and Society in Imperial*

Russia, 1800-1914（Stanford, 1978），pp.203-35。关于《叶甫盖尼·奥涅金》的"社会性解读"，可追溯到 19 世纪 40 年代的 Vissarion Belinsky。别林斯基最重要的一篇文章是'Tatiana: A Russian Heroine', trans. S. Hoisington, in *Canadian-American Slavic Studies,* vol.29, nos. 3-4（1995），pp.371-95。关于《叶甫盖尼·奥涅金》的文化语境，可以参阅弗拉基米尔·纳博科夫四卷本译文（Princeton, 1975）的注释，纳博科夫拘泥于原文的做法可能会让读者很头疼。作为备选，我推荐 James Falen 更为生动的译本（Oxford, 1990）。关于普希金其他的诗歌，我推荐 *The Bronze Horseman and Other Poems*（Harmondsworth, 1982），翻译及前言都由 D. M. Thomas 完成。

关于民间传说对于俄国文学的影响，只有很少的专题研究。这一主题的一些观点可以从 Faith Wigzel 'Folk Stylization in Leskov's *Ledi Makbet of Mtsensk*' 一文中窥见一斑，in *Slavonic and East European Review*, vol. 67, no.2（1986）。关于果戈理，最佳入门读物是 Donald Fanger, *The Creation of Nikolai Gogol*（Cambridge, Mass., 1979）。关于乌克兰的文化影响，有一本十分精彩的书，David Saunders, *The Ukrainian Impact on Russian Culture, 1750-1850*（Edmonton, 1985）。关于莱蒙托夫，请参阅 Jessie Davis, *The Fey Hussar: The Life of the Russian Poet Mikhail Yur'evich Lermontov, 1814-41*（Liverpool, 1989）。关于那一时期的文学审美，请阅读 Victor Terras, *Belinsky and Russian Literary Criticism: The Heritage of Organic Esthetics*（Madison, 1974），以及别林斯基的评论文章选摘：V. Belinskdy, 'Thoughts and Notes on Russian Literature', in Ralph Matlaw（ed.）, *Belinsky, Chernyshevsky and Dobrolyubov: Selected Criticism*（Bloomington, 1962），pp. 3-22。

关于民间传说和音乐的研究，Richard Taruskin, *Defining Russia Musically* 一书给予我极大的帮助，尤其是这几篇文章：'N. A. Lvov and the Folk（pp.3-24）', ' M. I. Gliunka and the State'(pp. 25-47）和 'How the Acorn Took Root'(pp.131-51）。我同时还推荐 Alfred Swan, *Russian*

Music and Its Sources in Chant and Folk Song（New York, 1973）。关于俄国艺术的民间主题，请参阅 S. Frederick Starr, 'Russian Art and Society, 1800-1850', in Theofanis Starvrou（ed.）, *Art and Culture in Nineteenth Century Russia*（Bloomington, 1983）, pp.87-112。关于韦涅齐阿诺夫，Rosalind Gray 有篇绝妙的文章，'The Real and the Ideal in the work of Aleksei Venetsianov', in *Russian Review*, vol.4（1999）, pp.655-75。Alison Hilton, *Russian Folk Art*（Bloomington, 1995）是一本精彩的学术研究，其中也涉及这一主题。

关于俄国文学作品中对于童年的态度，Andrew Wachtel, *The Battle for Childhood: Creation of a Russian Myth*（Stanford, 1990）有相关的讨论，这本优秀的作品给了我很大的启发。Catriona Kelly 那本关于俄国风俗的杰出研究，*Refining Russia: Advice Literature, Polite Culture, and Gender from Catherine to Yeltsin*（Oxford, 2001）, 其中也有关于童年的探讨。

667

关于赫尔岑，最佳的入门书籍是他饱受赞誉的自传 *My Past and Thoughts*（Berkeley, 1999）。Isaiah Berlin 是赫尔岑在西方最有力的拥护者，参见 'Herzen and His Memoirs', in H. Hardy and R. Hausheer（eds.）, *Proper Study of Mankind: An Anthology of Essays*（London, 1997）（这篇文章也载于上面提到的赫尔岑回忆录版本）; 'Alexander HerzenHerzen' and 'Bakunin on Individual Liberty' in *Russian Thinkers*（Harmondsworth, 1978）中。Aileen Kelly 在 *Toward Another Shore: Russian Thinkers between Necessity and Chance*（New Haven, 1999）（尤其是第6、15和16章）以及 *View from the Other Shore: Essays on Herzen, Chekhov and Bakhtin*（New Haven, 1999）中，对于赫尔岑的哲学有着独到的见解。此外，还有两本精彩的传记：Martin Malia, *Alexander Herzen and the Birth of Russian Socialism*（Cambridge, Mass., 1961）; 以及 Edward Acton, *Alexander Herzen and the Role of the Intellectual Revolutionary*（Cambridge, 1979）。

恰达耶夫的哲学书简，Raymond T. McNally and Richard Tempest

（eds.），*Philosophical Works of Peter Chaadaev*（Boston, 1991）中收有英
译本。想了解更多关于恰达耶夫的内容，可以参考 Raymond T. McNally,
*Chaadayev and His Friend: An Intellectual History of Peter Chaadayev and
His Russian Contemporaries*（Tallahassee, 1971）。

关于斯拉夫主义者，读者应该先从 Andrzej Walicki 出色的作品读
起：*The Slavophile Controversy: History of a Conservative Utopia in
Nineteenth-century Russian Thought*（Oxford, 1975）。另外一本关于
伊凡·基列耶夫斯基的研究也很出彩，Abbott Gleason, *European and
Muscovite: Ivan Kireevsky and the Origins of Slavophilism*（Cambridge,
Mass., 1972）。还有一些关于斯拉夫主义者的英文文章：Ivan Kireevsky,
'On the Nature of European Culture and Its Relation to the Culture of
Russia'；以及 Konstantin Aksakov, 'On the Internal State of Russia',
in Marc Raeff（ed.），*Russian Intellectual History: An Anthology*（New
York, 1966），pp.174-207; 230-251。对一般读者来说，19 世纪早期思想文
化史我会推荐 Nicholas Riasanovsky, *A Parting of the Ways: Government
and the Educated Public in Russia, 1801-1855*（Oxford, 1976）；Peter
Chiristoff, *The Third Heart: Some Intellectual-Ideological Currents and
Cross-currents, 1800-1830*（The Hague, 1970）；以及 19 世纪作家 Pavel
Annenkov 生动的个人传记 *The Extraordinary Decade,* trans. I. Titunik（Ann
Arbor, 1968）。Isaiah Berlin 的作品属于必读，尤其是 'The Birth of the
Russian Intelligentsia'、'Vissarion Belinsky' 和 'German Romanticism in
Petersburg and Moscow'，均收录在 *Russian Thinkers*（Harmondsworth,   668
1978），他关于别林斯基的出色文章，参见 Artistic Commitment: A
Russian Legacy, in Henry Hardy（ed.），*The Sense of Reality: Studies in
the Ideas and Their History*（London, 1996），pp.194-231。

对卡拉姆津历史作品的探究，可见 S. Mark Lewis, *Modes of Historical
Discourse in J. G. Herder and N. M. Karamzin*（New York, 1995）。N.

M. Karamzin, *A Memoir on Ancient and Modern Russia: The Russian Text*（Cambridge, Mass., 1959）中 Richard Pipes 的导论也可一读。关于俄罗斯起源的辩论，可以参考 Nicholas Riasanovsky, 'The Norman Theory of the Origin of the Russian State', in *The Russian Review*, vol.7, no.1（1947），pp.96-110；关于君主制的辩论，可以参阅 Frank Mocha, 'The Karamzin-Lelewel Controversy', in *Slavic Review*, vol. 31, no.3（1972），pp. 592-610。

　　"1855 年精神"——尼古拉一世死后思想文化的解放——在 Aileen Kelly, 'Carnival of the Intellectuals' 一文中有着深刻的阐述，in *Towards Another Shore: Russian Thinkers between Necessity and Chance*（New Haven, 1998），pp. 37-54。关于亚历山大二世，可以阅读 W. F. Mosse, *Alexander II and the Modernization of Russia*（London, 1992）（1958年初版）；或者 Norman Pereira, *Tsar Liberator: Alexander II of Russia*（Newtonville, 1983）。关于解放农奴的更多资料，请参阅 Terence Emmons, *The Russian Landed Gentry and the Peasant Emancipation of 1861*（Cambridge, 1967）。

第三章　莫斯科！莫斯科！

　　1812 年之后莫斯科的重建，在 A. Schmidt, 'The Restoration of Moscow After 1812' 中有相关讨论，此文刊载于 *Slavic review*, vol.40, no.1（1981），pp.37-48；另外 Kathleen Berton 的综述研究也很有帮助：*Moscow: An Architectural History*（London, 1990）。关于俄罗斯帝国的艺术风格，可参阅 A. Gaydamuk, *Russian Empire: Architecture, Decorative and Applied Arts, Interior Decoration 1800-1830*（Moscow, 2000）。Laurence Kelly（ed.）, *Moscow: A Traveler's Companion*（London, 1983）中包含了叙述俄国 19 世纪早期氛围的回忆录。欲了解莫斯科风格在各种艺

术形式中的表现，*Moscow: Treasures and Traditions*（Washington, 1990）中有数篇文章能提供帮助。Evgenia Kirichenko, *Russian Design and the Fine Arts: 1750-1917*（New York, 1991）一书也追溯了莫斯科风格的起源，于我大有裨益。

关于俄国餐饮，可以参阅 R. E. F. Smith and David Christian, *Bread and Salt: A Social and Economic History of Food and Drink in Russia*（Cambridge, 1984），以及 M. Glants and J. Toomre（ed.）, *Food in Russian: History and Culture*（Bloomington, 1997）。R. D. LeBlanc 的文 669 章 'Food, Orality, and Nostalgia for Childhood: Gastronomic Slavophilism in Mid Nineteenth-century Russian Fiction' 专业性较强，却饶富趣味，它刊载于 *Russian Review*, vol. 58, no.2（1999）。关于伏特加的著作数不胜数，但是最好的入门读物应该是 David Christian, '*Living Water*'. *Vodka and Russian Society on the Eve of Emancipation*（Oxford, 1990）和 V. V. Pokhlebin, *A History of Vodka*（London, 1992）。

两位杰出的美国学者的作品深深改变了我们对穆索尔斯基的看法，这两位学者将穆索尔斯基从苏联音乐史中民粹主义和民族主义的泥坑中拯救出来，让人们重新认识到他思想的复杂转变历程：Richard Taruskin, *Musorgsky: Eight Essays and an Epilogue*, 2nd edition（Princeton, 1997）；Caryl Emerson, *The Life of Musorgsky*（Cambridge, 1999）。关于穆索尔斯基与维克多·哈特曼之间的友谊，请参阅 Michael Russ, *Musorgsky, Pictures at an Exhibition*（Cambridge, 1992）；Alfred Frankenstein, 'Victor Hartmann and Modeste Musorgsky', *Musical Quarterly*, 25（1939），pp. 268-91（这里也包括对哈特曼作品的阐释）。关于《鲍里斯·戈东诺夫》的思想文化史进程，请参考 Caryl Emerson and Rober Oldani, *Modest Musorgsky and Boris Godunov: Myths, Realities, Reconsiderations*（Cambridge, 1994）。Richard Taruskin 在修正我们对穆索尔斯基歌剧看法的方面无人能及，请参阅 ' "The Present in the Past": Russian Opera and

Russian Historiograghy, c. 1870', in Malcolm Brown (ed.) , *Russian and Soviet Music: Essays for Boris Schwarz* (Ann Arbor, 1984) , pp. 77-146。关于《霍宛斯基党人之乱》，可以在 Jennifer Batchelor 和 Nicholas John 编辑的 *Khovanshchina* (London, 1994) 中找到一些有用的文章。如欲深入了解穆索尔斯基生平，请参阅 Alexandra Orlova, *Musorgsky Remembered* (Bloomington, 1991) ; ed. Malcolm Brown (Ann Arbor, 1982) ; *The Musorgsky Reader: A Life of Modest Petrovich Musorgsky in Letters and Documents*, ed. and trans. J. Leyda and S. Bertensson (New York, 1947) .

关于斯塔索夫最好的入门读物是 Yuri Olkhovsky, *Vladimir Stasov and Russian National Culture* (Ann Arbor, 1983)。斯塔索夫关于音乐的相关作品有英译本：V. V. Stasov, Selected Essays on Music, trans. Florence Jonas (New York, 1968). 俄罗斯民族乐派建立的由来经过，可见 Robert Ridenour, *Nationalism, Modernism, and Personal Rivalry in Nineteenth-century Russian Music* (Ann Arbor, 1981)。关于巴拉基列夫，可参考 Edward Garden, *Balakierev: A Critical Study of His Life and Music*(London, 1967)。关于"强力五人组"，可参阅 David Brown et al, *The New Grove Russian Masters I: Glinka, Borodin, Balakirev, Musorgsky, Tchaikovsky* (London, 1986)。关于里姆斯基–科萨科夫更详细的研究，可参考 V. V. Yastrebtsev, *Reminiscences of Rimsky-Korsakov*, ed. and trans. Florence Jonas (New York, 1985) ; Gerald Abraham, *Rimsky Korsakov: A Short Biography* (London, 1945) ; 以及 Gerald Seaman and Nikolai Andreevich, *Rimsky-Korsakov: A Guide to Research* (New York, 1988)。

关于莫斯科商人的文献资料有很多。我认为关于社会和文化生活方面最有用的是：Jo Ann Ruckman, *The Moscow Business Elite: A Social and Cultural Portrait of Two Generations, 1840-1905* (Dekab, Ill., 1984) ; T. Owen, *Capitalism and Politics in Russia: A Social History of the Moscow Merchants, 1855-1905* (Cambridge, 1981) ; E. Clowes, S. Kassow, J.

670

West (eds.), *Between Tsar and People: Educated Society and the Quest for Public Identity in Late Imperial Russia* (Princeton, 1991); R. W. Thurston, *Liberal City, Conservative State: Moscow and Russia's Urban Crisis, 1906-1914* (Oxford, 1987); J. L. West, 'The Riabushinkii Circle: Russian Industrialists in Search of a Bourgeoisie 1909-1914', *Jahrbücher für Geschichte Osteuropas*, vol. 32, no. 3 (1984), pp. 358-77; W. Blackwell, 'The Old Believers and the Rise of Private Industrial Enterprise in Early Nineteenth-century Moscow', *Slavic Review*, vol. 24, no. 3 (1965), pp. 407-24. 对于扎莫斯科沃雷奇区的描写，19 世纪作家 Apollon Grigor'ev 的著作无出其右 : *My Literary and Moral Wanderings,* trans. Ralph Matlaw (New York, 1962)。也可参阅 Robert Whittaker, 'My Literary and Moral Wanderings: Apollon Grigor'ev and the Changing Cultural Topography of Moscow', in Slavic *Review*, vol.42, no.3(1983), pp.390-407。关于帕维尔·特列季亚科夫，请参考 John Norman, 'Pavel Tretiakov and Merchant Art Patronage, 1850-1900', in E. Clowes, S. Kassow, J. West (eds.), *Between Tsar and People: Educated Society and the Quest for Public Identity in Late Imperial Russia* (Princeton, 1991), pp.93-107。关于马蒙托夫，S. R. Grover 的相关研究可谓首屈一指 : *Savva Mamontov and the Mamontov Circle, 1870-1905: Art Patronage and the Rise of Nationalism in Russian Art* (Ann Arbor, 1971)。关于艺术赞助商的通俗作品，可参阅 Beverly Kean, *All The Empty Palaces: The Merchant Patrons of Modern Art in Pre-revolutionary Russia* (London, 1983)。关于奥斯特洛夫斯基，请参阅 Marjorie Hoover, *Alexander Ostrovsky* (Boston, 1981); 以及近来研究，Kate Rahman, *Ostrovsky: Reality and Illusion* (Birmingham, 1999)。本书中 "根基主义" (pochvennichestvo) 的相当一部分内容，我引自 Wayne Dowler, *Dostoevsky, Grigor'ev and Native Soil Conservatism* (Toronto, 1982)。

Wendy Salmond 在 *Arts and Crafts in Late Imperial Russia: Reviving the Kustar Art Industries, 1870-1917*（Cambridge, 1996）中讨论了关于阿布拉姆采沃、索洛缅科和塔拉什基诺等艺术家聚居地的情况。我从这本超前的著作中获益匪浅。John Bowlt 的出色作品 *The Silver Age: Russian Art of the Early Twentieth Century and the 'World of Art' Group*（Newtonville, Mass., 1979）中也有对阿布拉姆采沃和塔拉什基诺的勾勒。

关于莫斯科的现代艺术，可参阅 William Brumfield, *Origins of Modernism in Russian Architecture*（Berkely, 1993）。关于舍赫杰尔和里亚布申斯基的豪宅，可参考 Catherine Cook, 'Fedor Osipovich Shekhtel: An Architect and His Clients in Turn-of-century Moscow', in *Architectural Association Files*, nos.5-6（1984, pp.5-31）; William Beumfield, 'The Decorative Arts in Russian Architecture, 1900-1907', in *Journal of Decorative and Propaganda Arts*, no.5（1987）, pp.23-6. 关于法贝热的文献有很多，但是他莫斯科工作室的资料则相对缺乏。最好的入门读本是：Gerald Hill（ed.）, *Fabergé and the Russian Master Goldsmith*（New York, 1989）; Kenneth Snowman, *Fabergé*（New York, 1993）。Evgenia Kirichenko, *Russian Design and the Fine Arts: 1750-1917*（New York, 1991）中对法贝热和其他莫斯科手工艺人亦有探讨，包括谢尔盖·瓦什科夫和奥夫钦尼科夫。现在专攻瓦斯涅佐夫作品的西方学者尚且虚位以待，但是弗鲁贝尔则在 Aline Isdebsky-Prichard, *The Art of Mikhail Vrubel*（*1856-1910*）（Ann Arbor, 1982）一书中得到了细致研究。

研究斯特拉文斯基，最好的入门读物是 David Magarshack, *Stanislavsky: A Life*（London, 1986）。关于斯特拉文斯基音乐体系的著作汗牛充栋，但在我看来，这位指挥家自己的解释是最具启发性的：*Stanislavsky on the Art of the Stage*, trans. David Magarshck（London, 1967）。同理，要论莫斯科艺术剧院建立的历程，还是创建者自己谈得最好：C. Stanislavski, *My Life in Art*（London, 1948）; V. Nemirovitch-Dantchenko,

My Life in the Russian Theatre（London, 1968）。我的论述还参考了 E. Clowes, 'Social Discourse in the Moscow Art Theatrey', in E. Clowes, S. Kassow 和 J. West（eds.）, *Between Tsar and People: Educated Society and the Quest for Public Identity in Late Imperial Russia*（Princeton, 1991）, pp. 271-87。

契诃夫是一个宏大而深邃的研究对象。我从中受益最多的是 Donald Rayfield 的三部作品：*Understanding Chekhov*（London, 1999）、*Anton Chekhov: A Life*（London, 1997） 和 *Chekhov: The Evolution of His Art*（New York, 1975）。V. S. Pritchett, *Chekhov: A Biography*（Harmondsworth, 1988） 和 Ronald Hingley, *A Life of Anton Chekhov*（Oxford, 1976）这两本书比较老，但仍然值得一读。通过阅读 Vera Gottlieb, *Chekhov and the Vaudeville: A Study of Chekhov's One-act Plays*（Cambridge, 1982），我对莫斯科大众文化对契诃夫的影响有了深入认识。关于契诃夫的主要戏剧作品，我推荐 Richard Pearce, *Chekhov: A Study of the Four Major Plays*（New Haven, 1983）; Gordan McVay, *Chekhov's Three Sisters*（London, 1985）; Laurence Senelick, *The Chekhov Theatre: A Century of the Plays in Performance*（Cambrdige, 1997）。Vera Gottlieb and Paul Allain（eds.）, *The Cambridge Companion to Chekhov*（*Cambridge, 2000*）一书中不乏有益洞见。契诃夫的宗教观是个复杂的话题（本书第五章对此有探讨），由于缺乏足够有分量的英语专作，我推荐 Vladimir Kataev et al.（eds.）, *Anton P. Cechov – Philosophische und religiose Dimensionen im Leben und im Werk*（Munich, 1997）。Julie de Sherbinin's, *Chekhov and Russian Religious Culture: The Poetics of the Marian Paradigm*（Evanson, 1997）是一本专业性非常强的著作。Jerome E. Katsell, 'Mortality: Theme and Structure of Chekhov's Later Prose', in Paul Debreczeny and Thomas Eekman（eds.）, *Chekhov's Art of Writing: A Collection of Critical Essays*（Columbus, 1977）, pp. 54-67 一文探讨了

契诃夫对死亡的态度。契诃夫谜一般的个性在他的书信中有所反应。我推荐 *Letters of Anton Chekhov*, ed. Simon Karlinsky（London, 1973）；*Chekhov: A Life in Letters*, ed. Gordan McVay（London, 1994）；*Anton Chekhov's Life and Thought: Selected Letters and Commentary*, trans. Michael Heim，commentary by Simon Karlinsky（Evanston, Ill., 1997）；以及 *Dear Writer – Dear Actress: The Love Letter of Olga Knipper and Anton Chekhov*, ed. And trans. Jean Benedetti（London, 1996）。

关于莫斯科的先锋运动（我在第七章会再次讨论），我推荐 Camilla Gray 写的一本入门读物：*The Russian Experiment in Art, 1863-1922,* revised edition（London, 1986）；John Bowlt, *The Silver Age: Russian Art of the Early Twentieth Century and the 'World of Art' Group*（Newtonville, Mass., 1979）；以及 John Bowlt（ed.）, *Russian Art of the Avant Garde: Theory and Criticism, 1902-1934*（New York, 19888）。关于里亚布申斯基和金羊毛团体，参见 William Richardson, *Zolotoe Runo and Russian Modernism, 1905-1910*（Ann Arbor, 1986）。John Bowlt, 'The Moscow Art Market', in E. Clowes, S. Kassow, J. West（eds.）, *Between Tsar and People*（Princeton, 1991），pp.108-28 此文也令我获益匪浅。

关于冈察洛娃，Mary Chamot, *Goncharova: Stage Designs and Paintings*（London, 1979）值得一读。冈察洛娃作品的艺术精髓在玛琳娜·茨维塔耶娃的长诗 *Nathalie Goncharova*（Paris, 1990）（只有法语译本）中得到精彩的描述。如果想更广泛地了解女性先锋艺术家，参见 Myuda Yablonskaya, *Women Artists of Russia's New Age, 1900-1935*（London, 1990）；以及 John Bowlt and Matthew Drutt（eds.）, *Amazons of the Avant-garde,* exhibition catalogue, Royal Academy of Arts（London, 1999）。

关于夏里亚宾，我推荐 Faubion Bowers, *Scriabin: A Biography*, 2 vols.（London, 1969）；James Baker, *The Music of Alexander Scriabin*（New

Haven, 1986）。如果想了解这位作曲家的神秘主义思想，参见 Boris de Schloezer, *Scriabin: Artist and Mystic, trans.* Nicolas Slonimsky（Oxford, 1987）。关于帕斯捷尔纳克、马雅可夫斯基、茨维塔耶娃和布尔加科夫的相关作品推荐，请参见下面第七和第八章的内容。

第四章　与农民结合

673

关于民粹主义运动，最经典的作品是 Franco Venturi, *Roots of Revolution: A History of the Populist and Socialist Movement in Nineteenth-century Russia*，trans. Francis Haskell（New York, 1960）。我还借鉴了 Tibor Szamuely 那篇优秀（也有所争议）的论著：*The Russian Tradition*（London, 1988）；以及 Richard Wartman 的心理学研究著作：*The Crisis of Russian Populism*（Cambridge, 1967）。关于"走到人民中去"，我还推荐 Daniel Field, 'Peasants and Propagandists in the Russian Movement to the People of 1874', *in* Journal *of Modern History*, no.59（1987），pp. 415-38；关于民粹主义运动的思想文化背景，我推荐 Abbott Gleason, *Young Russia: The Genesis of Russian Radicalism in the 1860s*（New York, 1980）。Cathy Frierson, *Peason Icons: Representations of Rural People in Late Nineteenth-century Russia*（Oxford, 1993）是一本改变 19 世纪末农民在人们心目中形象的优秀著作。

关于列宾和巡回展览画派的进一步认识，可以参阅 Elizabeth Valkenier, *Russian Realist Art: The State and Society: The Peredvizhniki and Their Tradition*（Ann Arbor, 1977），以及她同样优秀的 *Ilya Repin and the World of Russian Art*（New York, 1990）。这两本书都让我受益匪浅。作为备选，读者也可以参阅 Fan and Stephen Parker, *Russia on Canvas: Ilya Repin*（London, 1980），或 Grigory Sternin and Yelena Kirillina, *Ilya Repin*（Bournemouth, 1996）。

关于屠格涅夫以及他对学生革命分子复杂的态度，我从三篇精彩的作品中受益良多：Isaiah Berlin, 'Fathers and Children: Turgenev and the Liberal Predicament', in *Russian Thinkers*（Harmondsworth, 1978），pp.261-305；Leonard Schapiro, 'Turgenev and Herzen: Two Modes of Russian Political Thought', in *Russian Studies*（London, 1986），pp.321-37；以及 Aileen Kelly, 'The Nihilism of Ivan Turgenev', in *Toward Another Shore: Russian Thinkers between Necessity and Chance*（New Haven, 1998），pp.91-118。关于屠格涅夫的概论，我推荐三本著作：Leonard Schapiro, *Turgenev: His Life and Times*（Oxford, 1978）；F. Seely, *Turgenev: A Reading of His Fiction*（Cambridge, 1991）；以及 V. S. Pritchett, *The Gentle Barbarian: The Life and Work of Turgenev*（London, 1977）。关于涅克拉索夫的作品相比要少很多，但有一本非常不错的书：Sigmund Birkenmayer, *Nikolai Nekrasov: His Life and Poetic Work*（The Hague, 1968）。关于 19 世纪 60 年代以及改革运动时期的文艺状况，我从两本著作中学到很多：Rufus Matthewson, *The Positive Hero in Russian Literature*（Stanford, 1975）和 Irina Paperno, *Chernyshevsky and the Age of Realism*（Stanford, 1988）。Donald Fanger 有一篇不错的文章 'The Peasant in Literature'，收录在 Wayne Vucinich（ed.）, *The Peasant in Nineteenth-century Russia*（Stanford, 1968）。这篇文章也给了我很大帮助。

关于托尔斯泰的专著多到可以成立专门的托尔斯泰研究图书馆。我强烈推荐一本传记：A. N. Wilson 的 *Tolstoy*（London, 1988），不过我依然热爱那本在我还是学童时期就给我启发的 Henri Troyat, *Tolstoy*, trans. Nancy Amphoux（Harmondsworth, 1970）。这一章中我许多关于托尔斯泰的论点，但其实第五章更明显，都受到 Richard Gustafson 的 *Leo Tolstoy, Resident and Stranger: A Study in Fiction and Theology*（Princeton, 1986）的影响。关于托尔斯泰的宗教信仰，另外一些我觉得很有用的作品包括 E. B. Greenwood, 'Tolstoy and Religion', in M. Jones（ed.）, *New Essays*

674

on *Tolstoy* (Cambridge, 1978) , pp.149-74 ; David Matual, *Tolstoy's Translation of the Gospels: A Critical Study* (Lewiston, 1992) ; 以及 Josef Metzele, *The Presentation of Death in Tolstoy's Prose* (Frankfurt, 1996)。 想要了解托尔斯泰，他的信件和日记属于必读资料：*Tolstoy's Letters*, ed. R. F. Christian (London, 1978) ; *Tolstoy's Diaries*, ed. R. F. Christian (London, 1985)。更多关于托尔斯泰生平和作品的专著我推荐：Viktor Shklovsky, *Lev Tolstoy*, trans. Olga Shartse (Moscow, 1988) ; Boris Eikhenbaum, *Tolstoy in the Sixties*, trans. D. White (Ann Arbor, 1979) ; 以 及 *Tolstoy in the Seventies*, trans. Albert Kaspin (Ann Arbor, 1972) ; Donna Orwin, *Tolstoy's Art and Thought,1847-1880* (Princeton, 1993) ; Malcolm Jones (ed.) , *New Essays on Tolstoy* (Cambridge, 1978) ; A. Donskov, 'The Peasant in Tolstoy's Thought and Writing', in Canadian *Slavonic Papers*, no.21 (1979) , pp.183-96 ; Alexander Fordor, *Tolstoy and the Russians: Reflection on a Relationship* (Ann Arbor, 1984) ; Alexander Fordor, *A Quest for a Non-violent Russia— The Partnership of Leo Tolstoy and Vladimir Chertkov* (London, 1989) ; Andrew Donskov and John Wordsworth (eds.) , *Tolstoy and the Concept of Brotherhood* (New York, 1996)。

关于俄国婚礼习俗，我尤其要感谢 Christine Worobec, *Peasant Russia: Family and Community in the Post-emancipation Period* (Princeton, 1991) ; *Russia's Women: Accommodation, Resistance, Transformation,* ed. Barbara Clements, Barbara Engel and Christine Worobec (Berkeley, 1991)。我还要感谢 William Wagner, *Marriage, Property and Law in Late Imperial Russia* (Oxford, 1994) ; David Ransel (ed.) , *The Family in Imperial Russia: New lines of Research* (Urbana, 1978) ; 以 及 Laura Engelstein, *The Keys to Happiness: Sex and the Search for Modernity in Fin-de-siecle Russia* (Cornell, 1992)。

Lee J. Williams, *Chekhov the Iconoclast* (Scranton, 1989) 中大篇幅讨论了契诃夫《农民》的影响力；一本更老但也很有用的书是 Walter Bruford, *Chekhov and Russia: A Sociological Study*, 2nd edition (London, 1948)。关于蒲宁我推荐 James Woodward, *Ivan Bunin: A study of His Fiction* (Chapel Hill, 1980)，和 Thomas Gaiton Marullo, *Ivan Bunin: Russian Requiem, 1885-1920* (Chicago, 1993)。

675

关于 19 和 20 世纪之交城市流行文化，我推荐 Richard Stites, *Russian Popular Culture: Entertainment and Society since 1900* (Cambridge, 1992)。其对农村人口的影响，请参阅 Jeffrey Brooks 这本精彩的 *When Russia Learned to Read: Literacy and Popular Literature, 1861-1917* (Princeton, 1985)。Stephen Frank and Mark Steinburg (eds.), *Culture in Flux: Lower-class Values, Practice and Resistance in Late Imperial Russia* (Princeton, 1994) 中也有一些有趣的文章。

关于《路标》和俄国知识分子对 1905 年革命的反应，请参考 Leonard Schapiro, 'The Vekhi Group and the Mystique of Revolution', in *Slavonic and East European Review*, no.44 (1955), pp.6-76。关于这场运动的哲学思考，Aileen Kelly, 'Which Signpost？' 是一篇很有洞见的文章，in *Towards Another Shore: Russian Thinkers between Necessity and Chance* (New Haven, 1998), pp.155-200。

现在关于佳吉列夫和让俄罗斯芭蕾舞团的传记如雨后春笋，大部分是英文，不过近几年也出了几本珍贵的俄语作品。Lynn Garafola, *Diaghilev's Ballets Russes* (Oxford, 1989) 是关于俄罗斯芭蕾舞团最详尽的研究。另外 Lynn Garafola and Nacncy Van Norman Baer (eds.), *The Ballet Russes and Its World* (New Haven, 1999) 也值得一看。除此之外，我推荐一部对俄罗斯芭蕾舞团的全方位概览：Ann Kodicek (ed), *Diaghilev: Creator of the Ballets Russes: Art, Music, Dance*, exhibition catalogue, Barbican Art Gallery (London, 1996)。John Drummond, *Speaking of Diaghilev* (London,

1997）独一无二，书中有当年芭蕾舞团成员所讲述的亲身经历。我还推荐 Peter Lieven 的 经 典 之 作：*The Birth of the Ballet Russes*（London, 1936）。关于佳吉列夫，最好的作品依然是 Richard Buckle 的 *Diaghilev*（London, 1979）。不过 Serge Lifar, *Serge Diaghilev: His Work, His Legend. An Intimate Biography*（New York, 1976）（初版于 1940 年发行）中也有许多有意思的内容。贝诺瓦回忆录的英文版收录不全，但可读性也很强：*Alexander Benois, Memoir*, 2 vols（trans. Moura Budberg, London, 1964）。另外请参阅他的 *Reminiscence of the Russian Ballet*（trans. Mary Britnieva, London, 1941）。关于俄罗斯芭蕾舞团的相关艺术研究，我推荐 Alexander Schouvaloff, *The Art of the Ballets Russes: The Serge Lifar Collection of Theater Designs, Costumes and Paintings at the Wadsworth Atheneum, Harttford, Connecticut*（New Haven, 1997）以及 John Bowlt, *Russian Stage Design: Scenic Innovation, 1900-1930*（Jackson, Miss., 1982）。关于舞蹈编排的传统：Tim Scholl, *From Petipa to Balanchine: Classical Revival and the Modernization of Ballet*（London, 1993）；以及 Michel Fokine 充满趣味性的回忆录，*Memoirs of a Russian Ballet Master*, trans. Vitale Fokine（Boston, 1961）。Richard Buckle 的 *Nijinsky*（London, 1980）仍然是关于这名舞者生活的最佳介绍。关于廖里赫生平的英文作品只有一本：Jacqueline Decter, *Nicholas Roerich: The Life and Art of a Russian Master*（Rochester, Vt., 1989）。

关于斯特拉文斯基和俄罗斯芭蕾舞团，没有哪本书可匹敌 Richard Taruskin, *Stravinsky and the Russian Traditions: A Biography of the Work through Mavra*, 2 vols.（Berkeley, 1996）。这本杰作让我受益良多，阅读它并非易事（我不得不靠一名音乐学家的帮助才理解其中许多意思）。如果读者因为这本书的厚度（1756 页）或者其中大量关于音乐方面的专业知识而难以进入，可以选择 Stephen Walsh, *The Music of Stravinsky*（Cambridge, 1993），或者他另一本更详尽的传记作品, *Igor Stravinsky: A Creative*

676

Spring. Russia and France, 1882-1934（London, 2000）。关于著名的《春之祭》首演，请参阅 Thomas Kelly, 'The Rite of Spring', in *First Nights: Five Music Premieres*（New Haven, 2000），pp.258-99。Igor Stravinsky, *The Rite of Spring: Sketches*（London, 1969）中包含了斯特拉文斯基写给廖里赫的信件。关于《春之祭》的发展历程，还可参考 Richard Taruskin, 'Stravinsky and the Subhuman: A Myth of the Twentieth Century: The Rite of Spring, The Tradition and the New, and "The Music Itself"', in *Defining Russia Musically*（Princeton, 1997），pp. 368-88。关于《婚礼》, Richard Taruskin, 'Stravinsky and the Subhuman: Notes on Svadebka', in *Defining Russia Musically*（Princeton, 1997），pp. 389-467 让我受益良多，尽管我对他认为芭蕾是一门欧洲艺术的说法保留自己的意见。

第五章　寻找俄罗斯灵魂

关于东正教的概论，我推荐：Timothy Ware, *The Orthodox Church*（Harmondsworth, 1997）。关于俄国教会，最详尽、涵盖最广的研究是 Georges Florovsky, *Ways of Russian Theology*, 2 vols（Belmont, Mass., 1979-87），不过这本书读起来需要下些功夫。Jane Ellis, *The Russian Orthodox Church: A Contemporary History*（Bloomington, 1986）相对容易些。Georgii Fedotov, *The Russian Religious Mind*, 2 vols.（Cambridge, Mass., 1946）将俄国宗教信仰放在文化与历史的大背景之下，讲述了许多有趣的内容。想要准确了解宗教在俄国文化中的地位，我推荐 Dmitry Likhachev, 'Religion: Russian Orthodoxy', in Nicholas Rzhevsky（ed.）, *The Cambridge Companion to Modern Russian Culture*（Cambridge, 1998）。Gregory Freeze 在研究俄国教会组织上做了重要的工作。关于教会与沙皇政府之间关系的讨论，请参考他的 'Handmaiden of the State? The Church in Imperial Russia Reconsidered', in *Journal of Ecclesiastical*

677

History, vol.36（1985）。关 于 隐 士 的 传 统， 我 从 V. N. Lossky, *The Mystical Theology of the Eastern Church*（London, 1957）中学到了很多。关于教会在莫斯科社会中的角色，可以参考 Paul Bushkovitch, *Religion and Society in Russia: The Sixteenth and Seventeenth Centuries*（New York, 1992）。欲进一步了解关于奥普京修道院及其文化影响，请参考 Leonard Stanton, *The Optina Pustyn Monastery in the Russian Literary Imagination: Iconic Vision in Works by Dostoevsky, Gogol, Tolstoy and Others*（New York, 1995）。

关于圣像在社会文化中扮演的角色，读者们可以从 Leonid Ouspensky 充满新意的 'The Meaning and Language of Icons' 一文读起，收录在 L. Ouspensky and V. Lossky, *The Meaning of Icons*（New York, 1989）, pp.23-50。Boris Uspensky, *The Semiotics of the Russian Icon*（Lisse, 1976）是一本重要的著作。想要了解圣像对俄国艺术传统的影响，请参考 Robin Milner-Gulland, 'Iconic Russia', in *The Russians*（Oxford, 1997）, pp. 171-226。同样的主题也可以参阅 John Bowl, 'Orthodoxy and the Avant-garde: Sacred Images in the Work of Goncharova, Malevich and Their Contemporaries', in William Brumfield and Milos Velimirovic（eds.）, *Christianity and the Arts in Russia*（Cambridge, 1991）。

Robert Crumney 是关于旧礼仪派研究顶尖的西方学者。他关于 Vyg community 的研究著作 *The Old Believer and the World of the Antichrist: The Vyg Community and the Russian State, 1694-1855*（Madison, 1970）是一本精彩的著作。他的文章也让我获益良多：'Old Belief as Popular Religion: New Approaches', in *Slavic Review*, vol. 52, no.4（1993）, pp. 700-712。此外还有 Michael Cherniavsky, 'The Old Believers and the New Religion', in *Slavic Review*, vol. 25, no.1（1966）, pp.1-39；以及 Roy R. Robinson, 'Liturgy and Community among Old Believers, 1905-1917', in *Slavic Review*, vol. 52, no.4（1993）, pp. 713-724。关于这一主题的更多内

容，请参阅：A. I. Klibanov, *History of Religious Sectarianism in Russia, 1860s-1917*, trans. Ethel Dunn（Oxford, 1982）；Laura Engelstein, *Castration and the Heavenly Kingdom*（Ithaca, 1999）。

俄国广大农村的宗教信仰是个令人着迷的课题，这方面还缺一本权威著作。一些有趣的文章从各个方面对此进行探讨：Eve Levin, 'Dvoeverie and Popular Religion', in S. K. Batalden（ed.）, *Seeking God: The Recovery of Religious Identity in Orthodox Russia, Ukraine and Georgia* （DeKalb, Ill., 1993）, pp.31-52；Chris Chulos, 'Myth of the Pious or Pagan Peasant in Post-emancipation Central Russia（Voronezh Province）', *Russian History*, vol. 22, no. 2（1995）, pp. 181-216；Simon Dixon, 'How Holy was Holy Russia? Rediscovering Russian Religion', in G. Hosking and R. Service（eds.）, *Reinterpreting Russia*（London, 1999）, pp. 21-39；V. Shevzov, 'Chapels and the Ecclesial World of Prerevolutionary Russian Peasants', *Slavic Review*, vol. 52, no. 3（1996）, pp. 593-607；Linda Ivantis, *Russian Fold Belief*（New York, 1989）是一本关于俄国民间宗教与仪式的实用总结。关于教会努力使农民皈依基督的历史，请参阅 Gregory Freeze, 'The Rechristianization of Russia: The Church and the Popular Religion, 1750-1850', in *Studia Slavica Finlandensia,* no.7（1990）, pp. 101-36；V. G. Vlasov, 'The Christianization of Russian Peasants', in M. Balzer（ed.）, *Russian Traditional Culture: Religion, Gender and Customary Law*（London, 1992）。关于农民对死亡的态度，我从 Christine Worobec 那里学到很多：'Death Ritual among Russian and Ukrainian Peasants: Linkage between the Living and the Dead', in S. Frank and M. Steinberg （eds.）, *Culture in Flux: Lower-class Values, Practices and Resistance in Late Imperial Russia*（Princeton, 1994）, pp. 11-33。

关于斯拉夫派的神学理论，我推荐 Peter K. Christoff, *An Introduction to Nineteenth-century Russian Slavophiles: A. S. Xomjakov*（The Hague,

1961）, *An Introduction to Nineteenth-century Russian Slavophiles: F. Samarin*（Westview, 1991） 和 *An Introduction to Nineteenth-century Russian Slavophiles: I. V. Kirevskii*（The Hague, 1972）。关于"自由统一体"（sobornost）这一对俄罗斯灵魂极为重要的概念，我推荐 Georges Florovsky, 'Sobornost: The Catholicity of the Church', in E. Mascall（ed.）, *The Church of God*（London, 1934）, pp. 53-74；N. Riasanovsky, 'Khomiakov on sobornost', in E. J. Simmons（ed.）, *Continuity and Change in Russian and Soviet Thought*（Cambridge, Mass., 1955）, pp. 183-196；P. Tulaev, 'Sobor and Sobornost: The Russian Orthodox Church and Spiritual Unity of the Russian People', in *Russian Studies in Philosophy*, vol. 31, no. 4（1993）, pp. 25-53。

关于果戈理作为作家身上的宗教色彩, Vsevolod Setchkarev, *Gogol. His Life and Works*（New York, 1965） 以 及 Robert Maguire, *Exploring Gogol*（Stanford, 1994）都有很多相关论述。他作品中的宗教内容在以下书目中有探讨：Dmitry Merezhkovsky, 'Gogol ad the Devil', in Robert Maguire（ed.）, *Gogol from the Twentieth Century*（Princeton, 1974）；A. Ebbinghaus, 'Confusions and Allusions to the Devil in Gogol's Revizor', in *Russian Literature*, vol. 34, no.3（1993）, pp. 291-310；J. Schillinger, 'Gogol's "The Overcoat" as a Travesty of Hagiography', in *Slavic and East European Journal*, no.16（1972）, pp. 36-41；L. Knapp, 'Gogol and the Ascent of Jacob's Ladder: Realization of Biblical Metaphor', in *Christianity and the Eastern Slavs, Californian Slavic Studies* vol.3, no.18（1995）。关于果戈理在创作《死魂灵》时的矛盾斗争, *The Letters of Gogol*, ed. and trans. C. Proffer（Ann Arbor, 1967）有深刻的见解。这一话题我还推荐 James Woodward, *Gogol's 'Dead Souls'*（Princeton, 1978）；Susanne Fusso, *Designing Dead Souls: An Anatomy of Disorder in Gogol*（Stanford, 1993）；以及 J. M. Holquist, 'The Burden of Prophecy: Gogol's

Conception of Russia', in *Review of National Literature*, vol. 3, no. 1（1973）, p. 39。

关于陀思妥耶夫斯基，Joseph Frank 的著作影响巨大：*Dostoevsky: The Seeds of Revolt, 1821-1849*（Princeton, 1979）；*Dostoevsky: The years of Ordeal, 1850-1859*（Princeton, 1983）；*Dostoevsky: The Stir of Liberation, 1860-1865*（Princeton, 1988）；*Dostoevsky: The Miraculous Years, 1865-1871*（Princeton, 1995）。关于陀思妥耶夫斯基的信仰，我的观点受到 Aileen Kelly 文章的巨大启发：'Dostoevsky and the Divided Conscience', in *Towards Another Shore: Russian Thinkers between Necessity and Chance*（New Haven, 1998）, pp. 55-79。在这一主题上，我从以下作品中获益匪浅：V. Zenkovsky, 'Dostoevsky's Religious and Philosophical Views', in Rene Wellek（ed.）, *Dostoevsky: A Collection of Critical Essays*（Engelwood Cliffs, 1962）；Gein Kjetsaa, *Dostoevsky and His New Testament*（Oslo, 1984）；Robert L. Jackson, *The Art of Dostoevsky*（Princeton, 1981）；Sergei Hackel, 'The Religious Dimension: Vision or Evasion? Zosima's Discourse in *The Brother Karamazov*', in M. V. Jones and G. M. Terry（eds.）, *New Essays on Dostoevsky*（Cambridge, 1983）, pp. 139-68；Sven Linnér, Starets Zosima in The Brothers Karamazov: *A Study in the Mimesis of Virtue*（Stockholm, 1975）；Frank Seely, 'Ivan Karamazov', in *Old and New Essays on Tolstoy and Dostoevsky*（Nottingham, 1999）, pp.127-44；以及 Ellis Sandoz, *Political Apocalypse: A Study of Dostoevsky's Grand Inquisitor*（Baton Rogue, Lou., 1971）。关于《罪与罚》，我推荐：Victor Terras, 'The Art of Crime and Punishment', in *Reading Dostoevsky*（Madison, Wis., 1998）, pp. 51-72；Robert L. Jackson（ed.）, *Twentieth-century Interpretations of Crime and Punishment*（Engelwood Cliffs, 1974）；Joseph Brodsky, 'The Power of the Elements', in *Less Than One*（London, 1986）, pp. 157-63。关于

《白痴》以及圣愚，请参阅 S. Lesser, 'Saint & Sinner: Dostoevsky's Idiot', *in Modern Fiction Studies*, vol. 4（1958）; Frank Seeley, 'The Enigma of Prince Myshkin', *in Old and New Essays on Tolstoy and Dostoevsky* （Nottingham, 1999）, pp.111-18。关于《作家日记》和陀思妥耶夫斯基复杂的民族主义立场，请参阅 Gary Morson, *The Boundaries of Genre: Dostoevsky's Diary of a Writer and the Traditions of Literary Utopia* （Austin, 1981）; Hans Kohn, 'Dostoevsky and Danielevsky: Nationalist Messianism', in E. J. Simmons（ed.）, *Continuity and Change in Russian and Soviet Thought*（Cambridge, 1955）, pp. 500-15。

关于契诃夫和托尔斯泰对宗教的态度，请分别参阅第三章和第四章的 680 推荐阅读。

第六章　成吉思汗的后裔

关于康定斯基，我要感谢 Peg Weiss 杰出的著作：*Kandinsky and Old Russia. The Artsit as Ethnographer and Shaman*（New Haven, 1995）。 Ulrik Beck-Malorney, *Wassily Kandinsky, 1866-1944: The Journey to Abstraction*（London, 1999）也予我不少裨益；以及 Rose-Carol Washton Long, *Kandinsky: The Development of an Abstract Style*（Oxford, 1980）。 更多关于康定斯基与俄国的关系，请参阅 John Bowlt and Rose-Carol Washton Long（eds.）, *The Life of Vasilii Kandinsky in Russian Art: A Study of 'On the Spiritual in Art'*（Newtonville, Mass., 1980）。 康定斯基的部分论著有英译本：Kenneth Lindsay and Peter Vergo（eds.）, *Kandinsky: Complete Writings on Art*, 2 vols.（London, 1982）（其中科米地区之旅的部分在 vol. 1, pp.886-98）。

关于欧亚地区萨满教的内容，我推荐 Ronald Hutton, *Shamans: Siberian Spirituality and the Western Imagination*（London, 2001）。

Hutton 在书中探讨了 18 和 19 世纪萨满教的研究以及其他话题。更多请参考 Gloria Flaherty, *Shamanism and the Eighteenth Century* (Princeton, 1992)。

关于俄国与西伯利亚异教部落之间的冲突，请参阅 Yuri Slezkine 卓越的研究著作 *Arctic Mirrors: Russia and the Small Peoples of the North* (Cornell, 1994)。另外还有：Galya Diment and Yuri Slezkine (eds.), *Between Heaven and Hell: The Myth of Siberia in Russian Culture* (New York, 1993)；James Forsyth, *A History of the People of Siberia: Russia's North Asian Colony, 1581-1990* (Cambridge, 1994)；Michael Khodarkvosky, 'Ignoble Savages and Unfaithful Subjects: Constructing Non-Christian Identities in Early Modern Russia', in D. Brower and E. Lazzerini (eds.), *Russia's Orient: Imperial Borderlands and Peoples, 1700-1917* (Bloomington, 1997)。我还要感谢 Mark Bassin, 'Expansion and Colonialism on the Eastern Frontier: Views of Russia and the Far East in Pre-Petrine Russia', in *Journal of Historical Geography*, no. 14 (1988, pp. 3-21)；'Inventing Siberia: Visions of the Russia East in the Early Nineteenth Century', *American Historical Review*, vol. 96, no.3 (1991)；'Asia', in Nicholas Rzhevsky (ed.), *The Cambridge Companion to Modern Russian Culture* (Cambridge, 1998)。

欧亚主义历史学家 George Vernadsky 在 *The Mongols and Russia* (New Haven, 1953) 中强调了蒙古对俄国的影响。同时推荐他的文章 'The Eurasian Nomads and Their Impact on Medieval Europe', in *Studii Medievali*, series 3, vol. 4 (1963)。更多清晰的观点请参考 Charles Halperin, *Russia and the Golden Horde* (Bloomington, 1985)。关于圣愚与吟游艺人，请参阅 Eva Thompson, *Understanding Russia: The Holy Fool in Russian Culture* (Lanham, Mad., 1987), Russell Zguta, *Russian Minstrels: A History of the Skomorokhi* (Pennsylvania, 1978)。关于卡

681

尔梅克人请参阅 Michael Khodarkovsky, *Where Two Worlds Met: The Russian State and the Kalmyk Nomads 1600-1771* (Ithaca, 1992)。俄国与中亚之间碰撞的其他方面请参考 Emmanuel Sarkisyanz, 'Russian Conquest in Central Asia: Transformation and Acculturation', in Wayne Vucinich (ed.), *Russia and Asia* (Stanford, 1972); Seymour Becker, 'The Muslim East in Nineteenth-century Russian Popular Historiography', *in Central Asian Survey*, vol. 5 (1986), pp. 25-47 ; Peter Weisensel, 'Russian Self-identification and Traveler's Description of the Ottoman Empire in the First Half of the Nineteenth Century', in *Central Asian Survey*, vol. 10 (1991)。

关于俄国人对于东方的看法，我要感谢 Daniel Brower and Edward Lazzerini (eds.), *Russia's Orient: Imperial Borderland and Peoples, 1700-1917* (Bloomington, 1997); Milan Hauner, *What is Asia to Us?* (London, 1990); 以及 Nicholas Riasanovsky, 'Asia Through Russian Eyes', in Wayne Vucinich (ed.), *Russia and Asia* (Stanford, 1972)。关于俄国文学中对于东方的想象，我强烈推荐 Susan Layton, *Russian Literature and Empire: The Conquest of the Caucasus from Pushkin to Tolstoy* (Cambridge, 1994)。另外也可以参阅 Robert Stacy, *India in Russian Literature* (Delhi, 1985)。哥萨克的问题在 Judith Kornblatt, *The Cossack Hero in Russian Literature: A Study in Cultural Mythology* (Madison, Wisc., 1992) 有所探讨。

斯塔索夫关于俄罗斯装饰的论著选摘有英译本：*Vladimir Stasov, Russian Peasant Design Motifs for Needleworkers and Craftsmen* (New York, 1876)。关于民间传说的部分请参阅 William Clouston, *Popular Tales and Fictions: Their Migration and Transformations*, 2 vols. (London, 1987)。更多关于民间史诗的内容，请参阅 Alex Alexander, *Bylina and Fairy Tale: The Origins of Russian Heroic Poetry* (The Hague, 1973);

以 及 Felix Oinas and Stephen Soudakoff（eds.）, *The Study of Russian Folklore*（The Hague, 1975）。

目前没有关于列维坦的英文读物。但关于韦列夏金可以参考 Vhan Barooshian, *V. V. Vereshchagin: Artist at War*（Gainesville, Flo., 1993）。

关于勃洛克和象征主义，我要感谢 Avril Pyman 的杰作 *The Life of Aleksandr Blok*, 2 vols.（Oxford, 1979-80） 以 及 *A History of Russian Symbolism*（Cambridge, 1994）。我 还 要 感 谢 Stefani Hoffman, *Scythianism: A Cultural Vision in Revolutionary Russia*, Ph.D. diss（Columbia University, N.Y., 1975）。欲了解更多关于别雷的内容，我推荐 Samuel Cioran, *The Apocalyptic Symbolism of Andrei Bely*（The Hague, 1973）; John Elsworth, *Andrey Bely: A Critical Study of His Novels*（Cambridge, 1983）; Vladimir Alexandrov, *Andrei Bely: The Major Symbolist Fiction*（Cambridge, Mass., 1985）; 以 及 John Malmstad and Gerald Smith（eds.）, *Andrey Bely: Spirit of Symbolism*（Cornell, 1987）。关 于 彼 得 堡，请 参 阅 Magnus Ljunggren, *The Dream of Rebirth: A Study of Andrej Belyj's Novel Petersburg, Acta Universitatis Stockholmiensis'*, *Stockholm Studies in Russian Literature*, no. 15（Stockholm, 1982）; 以 及 Robert Mann, *Andrei Bely's Petersburg and the Cult of Dionysus*（Lawrence, Kan., 1986）。我还推荐别雷《彼得堡》的译注（Harmondsworth, 1983, trans. Robert A. Maguire and John E. Malmstad）。关于索洛维约夫，我 推 荐 Eugenia Gourvitch, *Soloviev: The Manand the Prophet*, trans. J. Deverill（Sussex, 1992）。

Nicholas Riasanovsky, 'The Emergence of Eurasianism', in *Californian Slavic Studies*, no. 4（1967）, pp. 39-72 对欧亚运动有所探究。另外还有 Charles Halperin, 'Russia and the Steppe: George Vernadsky and Eurasianism', Forschungcn zur osteuropaischen Geschichte, no. 36（1985）pp.55-194。尼古拉·特鲁别茨柯依的作品选有英译本: *The Legacy of*

682

Genghiz Khan and Other Essays on Russia's Identity, trans. Anatoly Liberman（Ann Arbor, 1991）。

第七章　透过苏维埃看俄罗斯

阿赫玛托娃是几本质量很高的传记的主角：Roberta Reeder, *Anna Akhmatova: Poet and Prophet*（London, 1995）；Amanda Haight, *Anna Akhmatova: A Poetic Pilgrimage*（Oxford, 1979）；以及 Jessie Davies, *Anna of All The Russias: The Life of Anna Akhmatova（1889-1966）*（Liverpool, 1988）。关于她的优秀作品大部分都是回忆录：Lydia Chukovskaya, *The Akhmatova Journals*（New York, 1994）；Anatoly Nayman, *Remembering Anna Akhmatova*, trans. Wendy Rosslyn（London, 1991）。Nadezhda Mandelstam, *Hope Abandoned*, trans. M. Hayward（London, 1989）中对她的刻画也占了很大比重。György Dalos, *The Guest form the Future: Anna Akhmatova and Isaiah Berlin*（London, 1999）一书探讨了她与 Isaiah Berlin 之间的友谊。关于阿赫玛托娃的诗歌，请参阅 David Wells, *Anna Akhmatova: Her Poetry*（Oxford, 1996）；Susan Amert, *In a Shattered Mirror: The Later Poetry of Anna Akhmatova*（Amersham, 1984）；以及 Sharon Leiter, *Akhmatova's Petersburg*（Cambridge, 1983）。*The Complete Poems of Anna Akhmatova*, trans. J. Hemschemeyer, ed. R. Reeder（Edinburgh, 1992）中有许多珍贵的笔记与资料。

关于苏维埃乌托邦前卫艺术，相关的作品有很多。在概论方面，我推荐 Richard Stites 那本生动的 *Revolutionary Dream: Utopian Vision and Experimental Life in the Russian Revolution*（Oxford, 1989）。另外可参阅 Victor Arwas, *The Great Russian Utopia*（London, 1993）。John Bowlt and Olga Matich（eds.）, *Laboratory of Dreams: The Russian Avant-garde and Cultural Experiment*（Stanford, 1996）中有许多有用的文章；同样我

683

还推荐 Abbott Gleason, Peter Kenez and Richard Stites（eds.）, *Bolshevik Culture: Experiment and Order in the Russian Revolution*（Bloomington, 1985）。

关于苏联公共宿舍工程我推荐一本非常出色的书籍：Victor Buchli, *An Archaeology of Socialism*（Oxford, 1999）。另外请参阅两篇文章：Milka Bliznakov, 'Soviet Housing during the Experimental Years, 1918 to 1933', Vladimir Paperny, 'Men, Women, and Living Space', in William Brumfield and Blair A. Ruble（eds.）, *Russian Housing in the Modern Age: Design and Social History*（Cambridge, 1993）, pp.85-148 和 pp. 149-70。苏维埃早期建筑史，读者可进一步参考：William Brumfield（ed.）, *Reshaping Russian Architecture: Western Technology, Utopian Dreams*（Cambridge, 1990）; Catherine Cooke, *Russian Avant-garde: Theories of Art, Architecture and the City*（London, 1995）, 'Beauty as a Route to "the Radiant Future": Responses of Soviet Architecture', in *Journal of Design History*, vol. 10, no. 2（1997）, pp. 137-60; Frederick Starr, 'Visionary Town Planning during the Cultural Revolution', in Sheila Fitzpatrick（ed.）, *Cultural Revolution in Russia, 1928-1931*（Bloomington and London, 1978）, pp. 207-40; Sima Ingberman, *ABC: International Constructivist Architecture, 1922-1939*（Cambridge, Mass., 1994）; 以及 Hugh Hudson, *Blueprints and Blood: The Stalinization of Soviet Architecture, 1919-1937*（Princeton, 1994）。

关于苏维埃塑造的新人，请参阅 Lynne Attwood and Catriona Kelly, 'Programmes for Identity: The "New Man" and the "New Woman"', in Catriona Kelly and David Shepherd（eds.）, *Constructing Russian Culture in the Age of Revolution*（Oxford, 1998）, pp. 256-90。托洛茨基的相关作品可见于 *Problems of Everyday Life and Other Writings on Culture and Science*（New York, 1973）。布尔什维克主义者对心理分析很感兴

趣。关于这个话题可以参考 Martin Miller, *Freud and the Bolsheviks: Psychoanalysis in Imperial Russia and the Soviet Union*（New Haven, 1998），以及 David Joravasky, *Russian Psychology: A Critical History*（Oxford, 1989）。Svetlana Boym, *Common Places: Mythologies of Everyday Life in Russia*（Cambridge, Mass., 1994）是一本言之有物的精彩作品，讲述了俄罗斯人和苏维埃想要超越日常文化的迫切。

前卫艺术在 20 世纪二三十年代文化革命期间所扮演的角色是个复杂且具有争议性的话题。近来一些历史学家强调前卫艺术对社会主义现实 684 主义发展的作用：Boris Groys, *The Total Art of Stalinism, Avant-garde, Aesthetic Dictatorship and Beyond*, trans. Charles Rougle（Princeton, 1992）；Igor Golomshtock, *Totalitarian Art*, trans. Robert Chandler（London, 1990）。另外一些人则把前卫艺术描绘成自由主义的同盟和新经济政策的伙伴：David Elliot, *New Worlds: Russian Art and Society, 1900-1937*（London, 1986）；John Bowlt, *The Russian Avant-garde: Theory and Criticism, 1902-34*（New York, 1976）。

关于构成主义者，读者应该先 Christine Lodder 那本精彩的著作入手：*Russian Constructivism*（New Haven, 1983）。另外还有 George Rickey, *Constructivism: Origins and Evolution*（New York, 1995）；Richard Andrews et al.（eds.）, *Art into Life: Russian Constructivism, 1914-1932*（New York, 1990）；Alexander Lavrent'ev and John Bowlt, *Varvara Stepanova: A Constructivist Life*（London, 1988）；John Milner, *Vladimir Tatlin and the Russian Avant-garde*（New Haven, 1983）；Peter Noever（ed.）, *Aleksandr M. Rodchenko, Vavara F. Stepanova: The Future is Our Only Goal*（New York, 1991）.Christine Kaier, *The Russian Constructivist 'Object' and the Revolutionizing of Everyday Life, 1921-1929*, Ph.D. diss（Univ. of California, 1995）也有助益。关于无产阶级文化，最好的指导来自 Lynn Mally, *Culture of the Future: The Proletkult Movement in*

Revolutionary Russia（Berkeley, 1990）。

关于苏联电影，我推荐 Peter Kenez, *Cinema and Soviet Society, 1917-1953*（Cambridge, 1992）; Dmitry and Vladimir Shlapentokh, *Soviet Cinematography, 1918-1991: Ideological Conflict and Social Reality*（New York, 1993）; Richard Taylor and Ian Christie（eds.）, *Inside the Film Factory: Russian and Soviet Cinema in Documents, 1896-1939*, trans. R. Taylor（Cambridge, Mass., 1988）; Richard Taylor, *The Politics of the Soviet Cinema 1917-1929*（Cambridge, 1979）; Denise Youngblood, *Movies for the Masses: Popular Cinema and Soviet Society in the 1920s*（Cambridge, 1992），以及同一作者的 *Soviet Cinema in the Silent Era, 1917-35*（Ann Arbor, 1985）; Richard Taylor and Derek Spring（eds.）, *Stalinism and Soviet Cinema*（London, 1993）。关于"电影眼睛派"，请进一步参阅 *Kino-Eye: The Writings of Dziga Vertov*, ed. Annette Michelson, trans. Kenneth O'brien（Berkeley, 1984）。同样还有 Kuleshov and Pudovkin, *Lev Kuleshov on Film: Writings of Lev Kuleshov*, trans. and ed. Ronaldo Levaco（Berkeley, 1974）; Vsevolod Pudovkin, *Film Technique and Film Acting*, trans. I. Montagu（New York, 1970）。关于爱森斯坦，有本非常好的作品: Ronaldo Bergan, *Eisenstein: A Life in Conflict*（London, 1997），以及对其历史片的出色论著: Jason Goodwin, *Eisenstein, Cinema and History*（Urbana, 1993）。另外我还推荐 David Bordwell, *The Cinema of Eisenstein*（Cambridge, Mass., 1993）; Ian Christie and Richard Taylor（eds.）, *Eisenstein Rediscovered*（London, 1993）; Jay Leyda and Zina Voynow, *Eisenstein at Work*（New York, 1982），这本有些年头了，但趣味仍不减当年。

关于梅耶荷德，最好的英文著作是 Edward Braun, *The Theatre of Meyerhold: Revolution and the Modern State*（London, 1986）; 另外还有他编辑的 *Meyerhold on Theatre*（London, 1969）; Robert Leach, *Vsevolod*

685

Meyerhold（Cambridge, 1989）也很有用。关于他和生物力学这一更专门的话题，请务必参阅 Alma Law and Mel Gordon, *Meyerhold, Eisenstein and Biomechanics: Actor Training in Revolutionary Russia*（Jefferson, N.C., 1996）。更多关于苏联前卫戏剧的内容，我推荐著名的苏联学者 Konstantin Rudnitsky, *Russian and Soviet Theatre: Tradition and Avant-garde*, trans. R. Permar（London, 1988）。此外还有：Lars Kleberg, *Theatre as Action: Soviet Russian Avant-garde Aesthetics*, trans. Charles Rougle（London, 1993）；Nancy Van Norman Baer, *Theatre in Revolution: Russian Avant-garde Stage Design 1913-1935*（London, 1991）。关于街头艺术和露天剧场，我推荐 Vladimir Tolstoi（ed.）, *Street Art of the Revolution: Festivals and Celebrations in Russia 1918-33*（London, 1990）, 以及 James von Geldern, *Bolshevik Festivals, 1917-1920*（Berkeley, 1993）。

关于肖斯塔科维奇的著作正不断涌现。最新且最为准确的传记是 Laurel Fay, *Shostakovich: A Life*（Oxford, 2000）。另外值得一读的是 Ian MacDonald, *The New Shostakovich*（London, 1990）, 尽管读者可能会质疑这本书将肖斯塔科维奇塑造成了一名异见分子。David Fanning（ed.）, *Shostakovich Studies*（Cambridge, 1995）中有一些重要的文章。另外还有 Allan Ho and Dmitry Feofanov（eds.）, *Shostakovich Reconsidered*（London, 1998）；以及 Rosamund Bartlett（ed.）, *Shostakovich in Context*（Oxford, 2000）, 尤其是其中 Richard Taruskin 那篇对肖氏生平及艺术细致解读的文章 'Shostakovich and Us'。另外我还推荐一本学术专著：Esti Sheinberg, *Irony, Satire, Parody and the Grotesque in Music of Shostakovich*（Ashgate, 2000）。Elizabeth Wilson, *Shostakovich: A Life Remembered*（London, 1994）中包含了对这位作曲家的珍贵回忆。关于这个题材，Dmitri Sollertinsky and Liudmilla Sollertinsky, *Pages from the Life of Dmitri Shostakovich*, trans. G. Hobbs and C. Midgley（New York, 1980）, 以及 *Story of a Friendship: The Letters of Dmitry Shostakovich to*

Isaak Glickman, 1941-1975（Cornell, 1997），我都从中受益良多。Solomon Volkov, *Testimony: The Memoirs of Dmitry Shostakovich*（New York, 1979）是一本充满争议的作品，或许不一定代表肖斯塔科维奇自己真正的观点。关于肖斯塔科维奇与电影，我主要受到以下作品的启发：Tatiana Egorova, *Soviet Film Music: An Historical Survey*（Amsterdam, 1997）。

关于马雅可夫斯基的著作都有些久远，而且关于他死亡的最新研究也还没有英文版本。这些作品中我推荐：Victor Terras, *Vladimir Mayakovsky*（Boston, 1983）；Edward Brown, *Mayakovsky: A Poet in the Revolution*（Princeton, 1973）；Wilktor Woroszylski and Bolesaw Taborski, *The Life Of Mayakovsky*（London, 1972）。关于马雅可夫斯基与布里克夫妇的纠葛，更多请参阅 Vahan Barooshian, *Brik and Mayakovsky*（New York, 1978）以及 Ann Charters and Samuel Charters, *I Love: The Story of Vladimir Mayakovsky and Lili Brik*（London, 1979）。

关于苏维埃讽刺文学，英语著作中没有什么特别让人满意的。关于左琴科我想推荐：Gregory Carleton, *The Politics of Reception: Critical Constructions of Mikhail Zoshchenko*（Evanston, Ill., 1998）；Linda Scatton, *Mikhail Zoshchenko: Evolution of a Writer*（Cambridge, 1993）；以及 A. B. Murphy, *Mikhail Zoshchenko: A Literary Profile*（Oxford, 1981）。关于布尔加科夫，请参阅 Leslie Milne, *Mikhail Bulgakov: A Critical Biography*（Cambridge, 1990）；Edythe Haber, *Mikhail Bulgakov: The Early Years*（Cambridge, 1987）；以及 Julie Curtiss, *Bulgakov's Last Decade: The Writer as a Hero*（Cambridge, 1987）。关于普拉东诺夫，请参阅 Thomas Seifrid, *Andrei Platonov: Uncertainties of Spirit*（Cambridge, 1992）；以及 Joseph Brodsky, 'Catastrophes in the Air'，收录在 *Less Than One*（Harmondsworth, 1986）。关于扎米亚京以及他对奥威尔《1984》的影响，我建议读者进一步阅读 Gary Kern（ed.），*Zamyatin's We: A Collection of Critical Essays*（Ann Arbor, 1988）；以及 Robert Russel,

686

Zamiatin's We（Bristol, 2000）。

将五年计划看作"文化革命"的理论首见于 Sheila Fitzpatrick（ed.），*Cultural Revolution in Russia, 1928-1931*（Bloomington, 1978）。她的另外一部作品 *The Cultural Front: Power and Culture in Revolutionary Russia*（Cornell, 1992）也值得一读。那一时期的文学政策，请参阅那本年代久远却并不过时的著作：Harriet Borland, *Soviet Literary Theory and Practice during the First Five-year Plan, 1928-1932*（New York, 1950）。关于 20 世纪二三十年代的更多内容，请阅读 Victor Erlich, *Modernism and Revolution: Russian Literature in Transition*（Cambridge, Mass., 1994）。Katerina Clark, *The Soviet Novel: History as Ritual*（Chicago, 1981）是一本关于社会主义现实主义小说作为一种文学形式的优秀研究。这一题材其他的杰作还有：Abram Tertz, *On Socialist Realism*（New York, 1960）；Nina Kolesnikoff and Walter Smyrniw（eds.）, *Socialist Realism Revisited*（Hamilton, 1994）；Thomas Lahusen, *How Life Writes the Book: Real Socialism and Socialist Realism in Stalin's Russia*（Cornell, 1997）；以及 Piotr Fast, *Ideology, Aesthetics, Literary History: Socialist Realism and Its Others*（New York, 1999）。关于苏维埃的阅读习惯与大众文化，我要感谢 Jeffery Brooks, *Thank You, Comrade Stalin! Soviet Public Culture from Revolution to Cold War*（Princeton, 2000）；以及 Stephen Lovell, *The Russian Reading Revolution: Print Culture in the Soviet and Post-Soviet Eras*（London, 2000）。关于俄国文学的苏维埃化，有一本很不错的作品：Maurice Friedberg, *Russian Classics in Soviet Jackets*（New York, 1962）。欲了解更多普希金崇拜的内容，请参阅 Marcus Levitt, *Russian Literary Politics and the Pushkin Celebration of 1880*（Cornell, 1989）。我还推荐一本有着深刻洞见的作品，Vera Dunham, *In Stalin's Time: Middle-class Values in Soviet Fiction*（Cambridge, 1976）。

关于大恐怖时期的生活，最好的作品要数曼德尔施塔姆夫人的回忆录：

687

Hope Against Hope, trans. M. Hayward（London, 1989）。关于曼德尔施塔姆，进一步请参阅：Clarence Brown, *Mandelstam*（Cambridge, 1973）。Vitaly Shentalinsky, The KGB's *Literary Archive*, trans. John Crowfoot（London, 1995）中包含了许多克格勃档案的有用资料。关于这一题材，研究大恐怖时期的著名历史学家 Robert Conquest 有一本杰作：*Tyrants and Typewriter: Communiqués in the Struggle for Truth*（Lexington, Mass., 1989）。

　　关于战争年代有一本实用的论文集，Richard Stites（ed.）, *Culture and Entertainment in Wartime Russia*（Bloomington, 1995）。关于普罗科菲耶夫，最佳的入门读物是 Daniel Jaffe, *Sergey Prokofiev*（London, 1998）；或者 Harlow Robinson, *Sergei Prokofiev*（London, 1987）。我还从以下这些书中获益良多：Izrael Nestyev, *Prokofiev*（Stanford, 1960）；David Gutman, *Prokofiev*（London, 1990）；以及 Neil Minturn, *The Music of Sergei Prokofiev*（New Haven, 1997）。

　　关于战后俄国文化的输出以及苏联政权，我推荐 Iurii Elagin 的回忆录：Taming of the Arts（Tenafly, N.J., 1988）。关于少数民族音乐的俄罗斯化，我推荐 M. Slobin（ed.）, *Returning Culture: Musical Changes in Central and Eastern Europe*（Durham, N.C., 1996）；Maria Frolova-Walker, 'National in Form, Socialist in Content: Musical Nation-building in the Soviet Republics', in *Journal of the American Musicological Society*, vol. 51, no. 2（1998）, pp. 331-50；T. C. Levin, 'Music in Modern Uzbekistan: The Convergence of Marxist Aesthetics and Central Asian Tradition', in *Asian Music*, vol. 12, no. 1（1979）, pp. 149-58。

　　关于格罗斯曼，以下作品值得一读：John Garrard and Carol Garrard, *The Bones of Berdichev: The Life and Fate of Vasily Grossman*（New York, 1996）；以及 Frank Ellis, *Vasiliy Grossman: The Genesis and Evolution of a Russian Heretic*（Oxford, 1994）。

关于帕斯捷尔纳克，推荐大家从 Christopher Barnes, *Boris Pasternak: A Literary Biography*, 2 vols.（Cambridge, 1989-98）读起，不过 Lazar Fleishman, *Boris Pasternak: The Poet and His Politics*（Cambridge, Mass., 1990）和 Larissa Rudova, *Understanding Boris Pasternak*（Columbia, S.C., 1997）中信息量也很大。Peter Levi, *Boris Pasternak*（London 1991）在诗歌方面的论述非常出色。另外还有两本回忆录值得一读：一本作者是他的儿子，Evgeny Pasternak, *Boris Pasternak: The Tragic Years 1930-60*, trans. Michael Duncan（London, 1991）；另外一本作者是他长期的情人（也是他《日瓦戈医生》中 Lara 的原型）：Olga Ivinskaya, *A Capture of Time: My Years with Pasternak: The Memoirs of Olga Ivinskaya*, trans. Max Hayward（London, 1979）。

关于科幻小说，Rosalind Marsh, *Soviet Science Fiction since Stalin: Science, Politics and Literature*（London, 1986）是本很好的作品。另外还有 David Suvin, 'The Utopian Tradition of Russian Science Fiction', in *Modern Language Review*, no. 66（1971），pp. 138-51。关于后斯大林时代的电影，我要感谢 Josephine Woll, *Reel Images: Soviet Cinemas and the Thaw*（London, 2000）。欲了解更多关于塔可夫斯基的内容，我推荐 Maya Turovskaya, *Tarkovsky: Cinema as Poetry*（London, 1989）；Vida Johnson and Graham Petrie, *The Films of Andrei Tarkovsky: A Visual Fugue*（Bloomington, 1992）；Mark Le Fanu, *The Cinema of Andrei Tarkovsky*（London, 1987）；以及塔可夫斯基本人对于电影艺术的理解：*Sculpting in Time: Reflections on the Cinema*, trans. K. Hunter-Blair（Austin, 1986）。

第八章　俄罗斯在海外

关于俄罗斯流亡群体，最权威的著作要数 Mark Raeff, *Russia Abroad: A Cultural History of the Russian Emigration, 1919-1939*（New York,

1990）。提及在巴黎的俄罗斯人，Robert Johnston, *New Mecca, New Babylon: Paris and the Russian Exiles, 1920-1945*（Montreal, 1988）是本不错的作品。关于在柏林的俄罗斯人，请参阅 Robert Williams, *Culture in Exile: Russian Emigrés in Germany, 1881-1941*（Ithaca, 1972）。此外还有一本必读的精彩著作，即 Nina Berberova 的回忆录 *The Italics Are Mine*，trans. Philippe Radley（London, 1991）；*Ivan Bunin: From the Other Shore, 1920-1933: A Portrait from Letters, Diaries and Fiction*，ed. T. Marullo（Chicago, 1995）相比要逊色一些，但仍值得一读。Michael Glenny and Norman Stone（eds.），*The Other Russia: The Experience of Exile*（London, 1990）是一本非常有用的回忆录集子。

关于茨维塔耶娃，可以先从 Maria Razumovsky, *Maria Tsvetaeva: A Critical Biography*，trans. A. Gibson（Newcastle, 1992）读起；或者 Lily Feiler, *Maria Tsvetaeva: The Double Beat of Heaven and Hell*（Durham, N.C., 1994）。另外三本也值得一读：Viktoria Schweitzer, *Tsvetaeva*，trans. Robert Chandler and H. T. Willetts（London, 1992）；Elaine Feistein, *Maria Tsvetaeva*（London, 1989）；以及 Simon Karlinsky, *Marina Tsvetaeva: The Woman, Her World and Her Poetry*（Cambridge, 1985）。Joseph Brodsky 对于她的诗歌有着独到的见解，参见 'Footnote to a Poem', *in Less Than One: Selected Essays*（London, 1986），pp. 195-261。对于她诗歌更多细致的研究，请参阅 Michael Makin, *Marina Tsvetaeva: Poetics of Appropriation*（Oxford, 1993）。

关于拉赫玛尼诺夫，我推荐：Geoffrey Norris, *Rachmaninoff*（Oxford, 2000）；Barrie Martyn, *Rachmaninov: Composer, Pianist, Conductor*（London, 1990）；Julian Haylock, *Sergei Rakhmaninov: An Essential Guide to His Life and Works*（London, 1996）；Sergei Bertensson and Jay Leyda, *Sergei Rachmaninoff*（London, 1965）；以及苏联的经典叙述：Nikolai Bazhanov, *Rachmaninov*，trans. A. Bromfield（Moscow, 1983）。

689

关于纳博科夫有本很不错的传记：Brian Boyd, *Nabokov: The Russian Years* (London, 1990)；以及 *Nobokov: The American Years* (London, 1992)。另外我还推荐 Neil Cornwell, *Vladimir Nabokov* (Plymouth, 1999)。Vladimir Alexandrov, *The Garland Companion to Vladimir Nabokov* (New York, 1995) 是一本珍贵且涵盖面极广的论文集。*The Nabokov-Wilson Letters: 1940-71,* ed. Simon Karlinsky (New York, 1980) 也非常值得一看。我还要感谢可读性极高的 Stacy Schiff, *Vera (Mrs Vladimir Nabokov)* (New York, 1999)。但任何作品都不能取代纳博科夫本人的回忆录 *Speak, Memory: An Autobiography Revisited* (Harmondsworth, 1969)。

译名对照表

格奥尔格·格洛特，Georg Grot

戈蒂耶，Théophile Gautier

戈利岑公爵，Prince Golitsyn

戈列尼谢夫—库图佐夫伯爵，Arseny Golenishchev-Kutuzov

格奥尔基·马科戈年科，Georgy Makogonenko

格奥尔基·伊凡诺夫，Georgy Ivanov

格列博沃，Glebovo

格拉祖诺夫，Alexander Glazunov

格里高利·奥特列皮耶夫，Grigory Otrepev

格里戈里·科津采夫，Grigory Kozintsev

格里高列·索罗卡，Grigory Soroka

葛丽泰·嘉宝，Greta Garbo

格林卡，Mikhail Glinka

格列布·乌斯宾斯基，Gleb Uspensky

根纳季·罗日杰斯特文斯基，Gennady Rozhdestvensky

格涅季奇，Nikolay Ivanovich Gnedich

《哥萨克的帽子》，Cossack Hat

根忒木尔，Gantimur

《古尔萨拉》，Gulsara

古契柯夫家族，the Guchkovs

古斯塔夫·克鲁特西斯，Gustav Klutsis

《关于〈战争与和平〉》，"A Few Words on War and Peace"

H

H. G. 威尔斯，H. G. Wells

《哈利梵萨》，Harivansa

《海尔达马其》，Haïdamaki

海菲兹，Jascha Heifetz

赫尔曼·黑塞，Hermann Hesse

赫拉斯科夫，Mikhail Matveyevich Kheraskov

红菜汤，borshcht

《红星报》，Krasnaia zvezdá

华盛顿·欧文，Washington Irving

皇村，Tsarskoe Selo

皇家美术学院，Imperial Academy of Arts

《混乱时代》，The Time of Troubles

霍洛维茨，Vladimir Horowitz

霍宛斯基亲王，Prince Ivan Andreyevich Khovansky

《霍宛斯基党人之乱》，Khovanshchina

I

I. S. 贝利钦，I. S. Belliutsin

I. P. 巴甫洛夫，Ivan Petrovich Pavlov

J

吉洪·赫连尼科夫，Tikhon Khrennikov

吉加·维尔托夫，Dziga Vertov

《嫉妒》，Green with Jealousy

季娜依达·吉皮乌斯，Zinaida Gippius

季娜伊达·沃尔孔斯基，Zinaida Volkonsky

季诺维也夫，Grigory Yevseevich Zinoviev

《祭献》，The Sacre

杰尔查文 Gavrila Romanovich Derzhavin

杰利维格，Baron Anton Antonovich Delvig

杰米扬·别德内依，Demian Bedny

《金鸡》，Le Coq d'Or

旧礼仪派，Old Believers

救世主大教堂，Cathedral of Christ the Saviour

《剧院情史》，Black Snow

《举止带来的不幸》，Misfortune from a Carriage

K

卡尔·布留洛夫，Karl Bruillov

卡尔·拉狄克，Karl Radek

卡尔·涅谢尔罗迭伯爵，Count Karl Nesselrode

《卡佳·卡巴诺娃》，Katja Kabanova

卡佳·特鲁别茨科伊，Katya Trubetskoi

卡捷宁（诗人），Pavel Aleksandrovich Katenin

《卡兰德罗》，Calandro

《卡勒瓦拉》（芬兰民族史诗），Kalevala

卡卢加省，Kaluga

喀山，Kazan